【図解】
建築施工用語辞典

改訂版

建築施工用語研究会［編］

ARCHITECTURAL CONSTRUCTION

井上書院

# [はしがき]

　建築に関する図書には種々雑多な専門用語が登場しますが，案外特異なものが多くて，なかなか理解しにくい場合があります。そこで，建築用語を解説した用語辞典が欲しくなるのですが，すべてを網羅したものは分厚くなって扱いにくいし，簡素で持運びのよいものは，解説が簡単になってわかりにくいということがありました。したがって，本書は，その中間的なものに標準をあわせて編集しました。

　とは言っても，各分野にわたって基本的なものを集めるだけでは中途半端になりかねませんので，分野をしぼって，しかも広範囲にまたがる施工用語を取り上げることにしました。施工用語というのは，構造用語を含んで，建築を学習するうえで，まず理解しなければならない重要なものであるからです。

　本書の特色として，すべての用語を図解することを原則にとりかかりましたが，図で表現できないものもありますので，その点ついてはご容赦願います。かわりに図解できるものについてはできるだけわかりやすく表示することにしました。

　専門学校，大学で学ぶ建築学科の学生諸君に，また，建設会社で現場管理にたずさわる若き技術者諸氏のために，いささかでもお役に立てば望外の喜びとするものであります。

1991年9月

建築施工用語研究会

[改訂版にあたって]

　本書は初版を出してから15年程の歳月が流れました。その間，建築を学ぶ多くの方々にご活用をいただき感謝しております。これまでも，版刷を重ねるたびに部分的な見直しなど加えてまいりましたが，年月の経過は技術の進展をもたらしますし，行政の対応も社会情勢とともに変化いたします。そこで本書も，15年を経た現在に相応しいものにと大改訂を行うことにしました。

　大改訂といいましても，建築の専門用語そのものである施工・構造・材料分野の用語を取り上げるという骨子は変えず，本書の特色である，すべての用語を図解するという基本概念も踏襲しています。取り上げた用語の数は前版の倍近くになっていますが，施工分野の範囲を拡大し，関連用語の充実を図った結果であります。よく使われる新しいカタカナ用語も若干加えました。

　用語数を増やすと解説が簡単になりがちですが，それは極力おさえ，参考になることを一言付け加えることにも配慮しております。また，ひとつ一つの図には付随するものをなるべく多く取り上げ，まとめて表示すべきものは種別ごとに集めて，関連する用語を同時に理解できるようにしました。

　専門用語は，それぞれの時代の技術を表現するものでありますから，時の流れを反映し，社会の移り変わりに従って変化しますが，建築の歴史は人間の歴史のように永く，不易流行の不易の部分も大切にしなければなりません。今は使わなくなった用語も，伝統的で忘れてはならないものは残しました。

　現代社会の中で生きた用語集として利用されるためには，これからも，時宜に即した改訂を行っていかなければと思っております。本書が，建築を学ぶ学生諸君や，建設の現場で活躍する若い人たちのお役に立つことを願っております。

2006年6月

　　　　　　　　　　　　　　　　　　　　　　　　　建築施工用語研究会代表

## [凡　例]

### ●見出し語と配列
1. 見出し語は，五十音順に配列し，太字で表記した。
2. 長音を示す「ー」は，直前に含まれる母音（ア・イ・ウ・エ・オのいずれか）を繰り返すものとして，その位置に配列した。
   （例）アーク＝アアク　　ウォーター＝ウオオタア
3. 同一音の配列は，清音・濁音・半濁音の順とした。
4. 英語における「V」の音は「ヴ」を用いず，バ・ビ・ブ・ベ・ボと表した。
5. 漢字は常用漢字にとらわれず，古来の用語を採用した。
6. 一つの見出し語に別の言い方がある場合は，原則として解説の中で「　　」で囲んで示した。

### ●原　語
1. 見出し語直後の〈　　〉や解説文の先頭に示した。
2. 漢語や和語との混合語や商品名・工法等で適当な原語がない場合は省略した。

### ●解　説
1. 解説文は現代仮名遣いとし，原則として常用漢字によった。
2. 外国語・外来語・外国人名は原則として片仮名を用いた。
3. 語義がいくつかに分かれる場合は，①，②の番号を付した。

### ●参照記号
⇨　解説はその項を見よ
→　その項を参照せよ

### ●アルファベット文字
A エー　　B ビー　　C シー　　D ディー　　E イー　　F エフ　　G ジー
H エッチ　I アイ　　J ジェー　K ケー　　　L エル　　M エム　　N エヌ
O オー　　P ピー　　Q キュー　R アール　　S エス　　T ティー　U ユー
V ブイ　　W ダブリュー　　X エックス　　Y ワイ　　Z ゼット

＊建築関係法規，基準・規準，団体名等は2006年5月現在のもので，改正または変更されることがあります。必ず諸官庁および関係機関が発表する情報で確認してください。

# ARCHITECTURAL CONSTRUCTION

**アーキテクチュア**〈architecture〉建築物，構築物，建築様式および建築学。

**アーキテクト**〈architect〉建築技術者，建築士，建築設計者。→けんちくか

**アークスタッドようせつ**〈―溶接〉鉄骨材に取り付けるスタッドボルトの先端からアークを発生させ，溶融したのち母材に押し付けて溶着するもの。

**アークようせつ**〈―溶接〉母材と溶接棒との間にアーク熱を発生させ，接合部を溶融して溶加材を加え接合するもの。「電弧溶接」ともいう。直流形と交流形がある。

**アーケード**〈arcade〉アーチ状の屋根を架けた空間で，商店街の街路などに設けて，日避けや雨避けとするもの。

**アースアンカーこうほう**〈―工法〉⇒タイバックこうほう

**アースオーガー**〈earth auger〉らせん旋状のせん孔刃を持つスクリューオーガーを筒の中で回転させ地中に穴を掘る機械。コンクリート杭の無振動打込みなどに利用される。

**アースドリル**〈earth drill〉先端に刃の付いた回転式バケットをもつ掘削機。場所打ちコンクリート杭の造成など，大口径孔の掘削に用いられる。

**アースドリルこうほう**〈―工法〉大口径場所打ちコンクリート杭造成工法の一つ。アースドリルにより直径1～3ｍの穴を掘削し，穴の崩れはベントナイト液注入やケーシングチューブを入れて防ぎ，組み立てた挿入鉄筋（鉄筋かご）を建て込んでからレミー管を通してコンクリートを流し込む。場所打ちコンクリート杭を「ピア」ともいう。

**アーチ**〈arch〉開口部の上部，天井，屋根などを円弧状に構築したもの。

**アーバンデザイン**〈urban design〉新都市計画または都市再開発計画。安全で快適な都市環境の整備を行うこと。「都市設計」ともいい，都市の中心的性格を策定するとともに，業務環境・住環境・サービス環境の設計整備のほか，歴史的景観地区や自然環境の保存などがある。

**アームロック**〈arm lock〉枠組足場を組み立てるとき，建枠を積み上げ，固定させるために用いる金具。

**アールシーぐい**〈RC杭〉既製鉄筋コンクリート杭のことで，遠心力を利用してつくる中空円筒形断面のものが多い。そのほか振動詰めによる十字形，三角形，六角形断面のものや節を付けたものがある。→きせいコンクリートぐい

**アールシーぞう**〈RC造〉鉄筋コンクリート構造（Reinforced Concrete Construction）の略称。圧縮力に強く防錆・耐火性のあるコンクリートと，引張力に強い鉄筋の特性を組み合わせた一体式構造。

**あいがき**〈相欠き・合欠き〉継手・仕口の一つ。接合する部材を互いに半分ずつ欠いて組み合わせるもの。「段継ぎ」ともいう。

**あいがきかまつぎ**〈相欠き鎌継ぎ〉継手の一つ。接合する部材を互いに鎌状に引っ掛け，段継ぎするもの。通し貫の継手などに用いる。「略鎌継ぎ」ともいう。

**アイがたこう**〈Ⅰ形鋼〉鋼材でⅠ形の断面をもつ形鋼。H形鋼とは区別される。→かたこう

**あいくぎ**〈合釘〉両端ともに尖った釘で，木製，竹製，鉄製のものがあり，板のはぎ合わせなどに使用される。

**あいじゃくり**〈合决り，相决り〉しゃくりまたははぎ方の一つ。板のそば断面をそれぞれ半分ずつ欠き取って合わせる方法。→いたはぎ

**あいじゃくりさねはぎ**〈相决り実矧ぎ〉しゃくりまたははぎ方の一つ。板のそば断面をそれぞれ凹凸状に加工して合わせるもの。合いじゃくりとさねはぎを合わせた形のもので，表面にへこみ目地を取ることもある。→あいじゃくり，さねはぎ

**あいじるし**〈合印〉部材加工のための墨付けに使われる記号。消し印，水印，ほぞ穴印など多くの合印がある。付図参照

**アイソレーター**〈isolater〉基礎の上に設置し上部構造の揺れを減少させる免震装置。ゴムと鋼板を交互に積層するもの，鋼材ダンパー，球形のものなどがある。

**あいば**〈合端〉石積み・石張りで，石と石が合わさる面のこと。そのすきまが目地となる。合端は外面から20mm以上を表面と同程度の仕上げとする。「合口」ともいう。

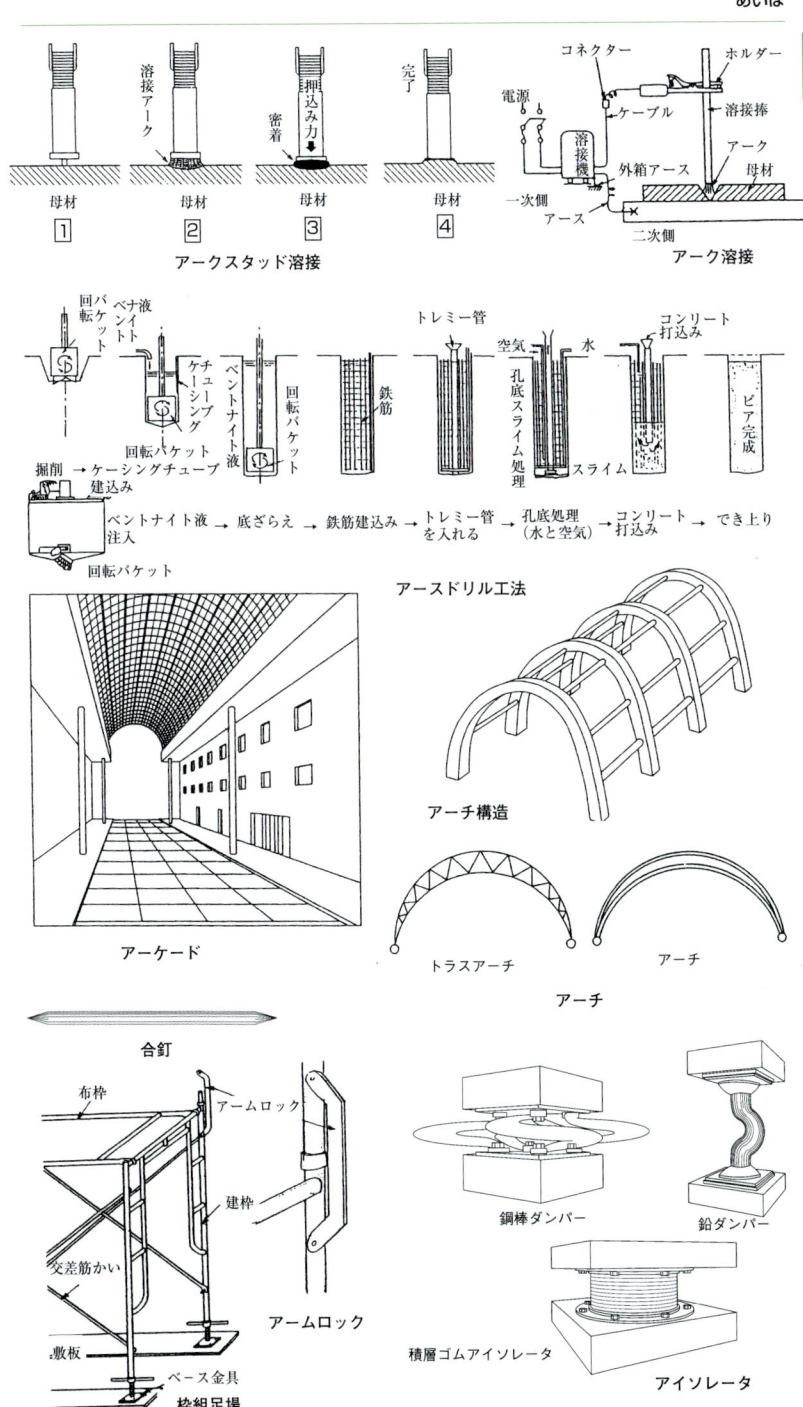

**アイバー**〈eye bar〉先端部に接合のための円形孔を有する棒鋼または鋼板。「生子棒（なまこぼう）」ともいう。

**アイランドキッチン**〈island kitchen〉厨房器具の調理台、流し、レンジなどの全部、または一部を室の中央部に配置し、四周から作業できるようにしたもの。

**アイランドこうほう**〈―工法〉基礎および地下室構築工法の一つ。根切り部分の回りに矢板を打ち込み、矢板の内側をのり付けオープンカットにより根切り底まで掘り下げ、中央部分の基礎を構築する。この基礎構造体と周囲の矢板との間に斜めに切梁を架け、残された部分の根切りを行って地下部分を築造し、同時に中央の上階工事を進めていく工法。

**アウトリガー**〈out rigger〉トラッククレーン車などの、作業中の荷重による転倒を防ぐため、車体の下部架台から外に張り出して安定度を増す装置。

**アウトレットボックス**〈outlet box〉照明器具やコンセントなどを接続するための電線の取出し口。屋内配線管の中間または端部に設けられる分岐ボックス。「アウトレット」ともいう。

**あえんてっぱん**〈亜鉛鉄板〉防錆のため亜鉛めっきをした薄い鉄板で、外装材や屋根葺き材に用いられる。「トタン板」ともいう。

**あおず**〈青図〉トレーシングペーパーに描かれた原図を感光紙に複写するもので、線や文字を白く残し、地色を青くしたことから言われる。「青写真」「青焼き」ともいう。

**あおりいた**〈障泥板〉金属板葺き屋根などの棟や、差掛け屋根と外壁との取合せ部に用いる厚板。屋根面の見切りや、雨仕舞い鉄板の取付けのために用いられる。

**あおりどめ**〈煽り止め〉開き戸の戸当たりなどに取り付け、開けた扉が風に煽られたりしないよう留めておく金具。「ドアホルダー」ともいう。

**あかみ**〈赤身、赤味〉木材の樹心部で色の濃い部分をいう。「心材」ともいう。

**あがりがまち**〈上り框〉玄関、勝手口などの床端部に設ける縁木。

**あかりしょうじ**〈明かり障子〉⇒しょうじど

**あき**〈明き〉鉄筋の配筋間隔。粗骨材が引っ掛かってコンクリートが行き渡らないことを避けるための制限があり、隣り合う鉄筋の明きは、骨材最大粒径の1.25倍以上かつ2.5cm以上、鉄筋径の1.5倍以上とする。一般には材と材との内のり間隔をいう。

**アキスハンマー**〈axe hammer〉釘抜き部分を付けたハンマー。

**あくあらい**〈灰汁洗い〉古くなった建具、床、壁などの木部をソーダ溶液で洗い、汚れを落とすこと。砂を用いて水洗いする場合もある。水洗いの場合は「清め洗い」ともいう。

**アクセス**〈access〉目的の場所、区域、建物への交通手段。または、そこへ近づく方法。

**アクティビティ**〈activity〉①ネットワーク工程表で矢線で表される作業。②都市活動によって定義される地域とか界隈をいう。

**アクリルエナメルぬり**〈―塗り〉メタアクリル酸エステルを主体にしたワニスと顔料を合わせた塗料を塗るもの。耐候性が大きい。

**アクリルゴム**〈acrylic rubber〉アクリルの合成ゴムで、耐熱性、耐油性、耐候性に優れている。

**アクリルさんじゅしとりょう**〈―酸樹脂塗料〉アクリル樹脂を塗膜形成要素とするもので、耐候性に優れ、外装や上塗りに使用される。

**アクリルじゅし**〈―樹脂〉アクリル酸、メタクリル酸およびその誘導体を重合させたものの総称で、塗料、接着剤、有機ガラスなどに多用されている。

**あげおとし**〈上げ落し〉両開き戸や窓の片方を留め付けるための金具。建具の召し合せ部、片方の上下部に取り付け、ボルトの上げ下げで留めるもの。「フランス落し」「南京落し」などがあり、上下を同時に操作できるものを「クレモンボルト」という。また、木戸などの施錠に用いられる木製の「上げ猿」「落とし猿」などがある。

**あげかま**〈上げ鎌〉仕口の一つ。柱に貫を取り付ける場合などの仕口で、貫の端を片ありにしてくさびで打ち上げる。

**あげこし**〈上越〉鴨居など、後日荷重によって下がると思われるものをいくぶん上げて取り付けておくもの。

**あげさげまど**〈上げ下げ窓〉上下方向に動かして開閉する窓。

**あげぼり**〈上げ彫り〉雨戸や引き戸の竪がまちの上端を延ばしておき、かも居溝の一か所で取り外せるよう、その部分に深い溝彫りをすること。「上げ溝」ともいう。

**あご**〈腮、顎〉仕口の一部分。下木の中央を一部残し、両稜角を切り欠いて上木を載せ

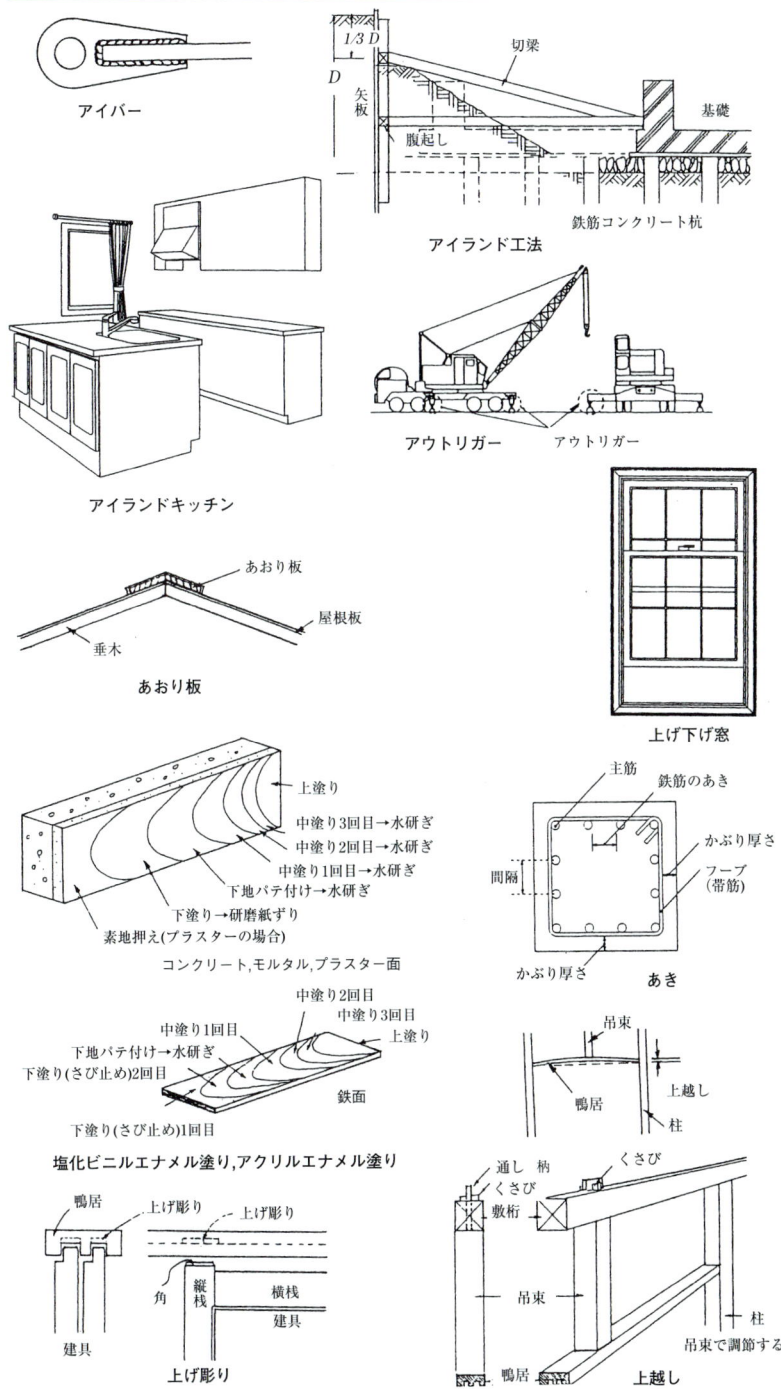

る部分をいう。「切り欠きあご」ともいう。
→わたりあご

**アコーディオンドア**〈accordion door〉⇒しんしゅくど

**あごかき**〈腮欠き〉⇒きりかき

**あさがお**〈朝顔〉⇒ようじょうあさがお

**あしがため**〈足固め，足堅め〉柱と柱の足元を相互につないで，柱脚を補強する部材。

**あしかなもの**〈足金物〉開口部のサッシ枠を建物の構造体に取り付けるための金物。鉄骨や鉄筋に溶接したり，木部にねじ留めしたり，コンクリートに埋め込んだりする。

**アジテータートラック**〈agitator truck〉⇒トラックミキサー

**あしどめ**〈足止め〉①瓦葺き屋根の土居葺きの上に取り付け，葺き土の滑り落ちを防ぐための細木。②足場の登り桟橋や歩み板に取り付ける滑り止めの細木。

**あしば**〈足場〉工事用の通路や作業用の仮設床として組み立てる仮設物。使用材料としてはパイプや丸太などが用いられ，外部足場，天井足場などのほか固定式，移動式のものなど使用目的によって多くの種類がある。

**あしばいた**〈足場板〉足場の作業床に用いる板のことで，架け渡しが1.5mくらいの場合，板は長さ3.6m，幅240mm，厚さ36mm程度の松材が用いられる。

**あじろ**〈網代〉杉皮・竹皮，はぎ板などの薄材で，斜めまたは縦横に編んだもの。数寄屋の天井，垣根などに用いられる。

**アスファルト**〈asphalt〉天然のものと石油精製時に産するものがあり，ストレートアスファルトは道路舗装などに，より精製されたブローンアスファルトは防水工事に使用される。

**アスファルトコンパウンド**〈asphalt compound〉ブローンアスファルトの耐候性・耐熱性を高めるために，動植物油を混合したもの。主としてアスファルト防水層に用いる。

**アスファルトシングル**〈asphalt shingle〉厚めのアスファルトフェルトにアスファルトを塗布し，着色砂を付着させた屋根葺き材。

**アスファルトディストリビュータ**〈asphalt distributer〉路盤とその上に舗装するアスファルトとの付着を良くするため，下層の表面にアスファルト乳剤などを散布する専用車。

**アスファルトにゅうざい**〈―乳剤〉乳化剤を用いて，アスファルトを水中に分散させたもので，塗膜防水，簡易舗装などに使用される。

**アスファルトフェルト**〈asphalt-saturated felt〉繊維を加熱・固着してつくるフェルトにストレートアスファルトを浸透させたもの。アスファルト防水や屋根下地，壁下地の防水に使用される。「フェルト」ともいう。

**アスファルトプライマー**〈asphalt primer〉アスファルトを石油ナフサなどの揮発性溶剤に溶解したもので，アスファルトのモルタル面などへの接着性を増すために使用する。

**アスファルトぼうすい**〈―防水〉コンクリートを主体とする屋根，地下室，貯水槽などの防水にアスファルトを用いるもので，アスファルトルーフィング類を，溶かしたアスファルトで数層に貼り付けて防水層を形成する。

**アスファルトモルタルぬり**〈―塗り〉溶融アスファルトに乾燥した砂・石粉などを入れて練り，乾燥したコンクリート面に焼ごてで塗り付けるもの。土間仕上げ，簡易舗装などに用いられる。

**アスファルトルーフィング**〈asphalt-saturated and coated felt, asphalt roofing〉ストレートアスファルトを浸透させたフェルトの両面をブローンアスファルトで被覆し，さらに粘着防止剤を散布したもの。アスファルト防水層や下地材・屋根葺き材として使用される。

**アスファルトルーフコーティング**〈asphalt roof coating〉防水層の端部や接続部に使用するゴムアスファルトなどのシール材をいう。

**アスベスト**〈asbestos〉蛇紋岩，角閃石類が変化した繊維状鉱物。耐火断熱性能があるため，建築材料として多く利用されたが，浮遊繊維が人体に有害とされ使用が制限されている。「石綿」「石わた」ともいう。

**あずまや**〈四阿，東屋〉中央の柱から四方に屋根を葺き下ろした方形屋根の小屋で，庭園内の休み処などに設けられる。

**あぜ**〈畔，畦〉鴨居や敷居の溝と溝の間の盛り上がった部分をいう。溝の外側を「樋端」ということから「中樋端」ともいう。

**あぜくらづくり**〈校倉造り〉断面が三角形や円形をした横木を井桁状に積み上げて壁とする建物。「ログハウス」に用いられる。高床で倉庫とした東大寺正倉院等がある。

**あぜびきのこ**〈畔挽鋸〉のこ身の先端をV形

あせひき

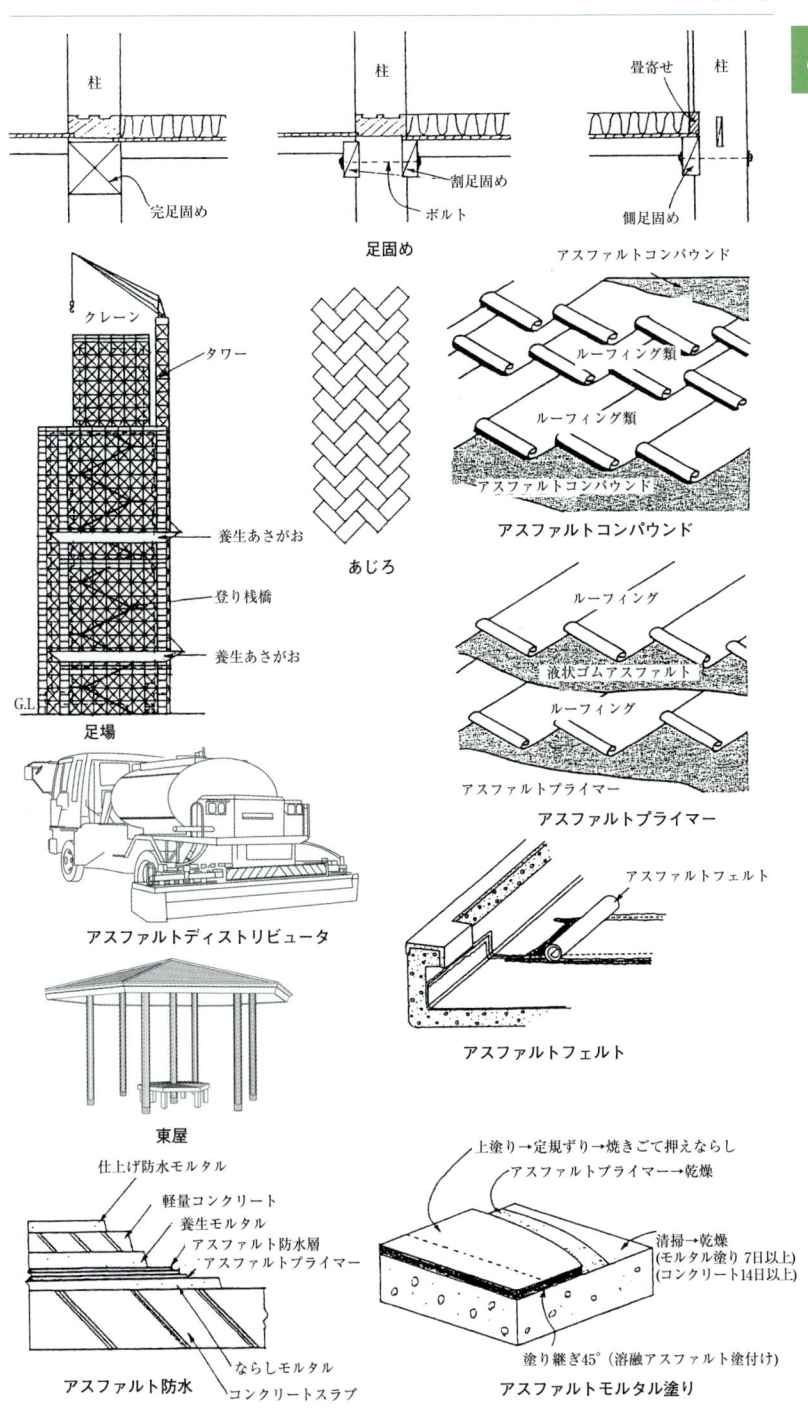

にし，歯渡りを短くしてむくりを付けた縦びきのこ。溝挽き等に使われる。付図参照

**あぜりはめ**〈阿迫羽目〉板壁・板塀の羽目板の一つ。両側の柱に溝を刻んで板を挟み落とす仕上げ法。

**あそび**〈遊び〉部材と部材の合わせ部分に，ゆとりやすきまなどを設けること。緊結部に緩みがあると力の伝達が十分に行われないが，逆に，がさつきは振動などを吸収するという利点もある。

**あだおり**〈仇折り〉金属薄板などの端を180°折り返すこと。あだ折りしたり，針金を入れ込んだりして端部を丈夫にすることができる。

**あたまつきスタッド**〈頭付き―〉スタッドボルトに釘頭のように頭を付けたもので，溶接時の加圧押付けのためやコンクリートへの定着をよくするためのもの。

**あたまつなぎ**〈頭繋ぎ〉①木造柱の上端に梁や桁が配置されない場合に，柱の上端を固定するために取り付ける水平材。②ツーバイフォー工法の壁枠組を連結するため，上部に配置される水平材。

**あつえんこうざい**〈圧延鋼材〉鋼を回転するローラで圧延加工するもので，900～1200℃の高温で加工する熱間圧延鋼材と，720℃以下で加工する冷間圧延鋼材がある。冷間加工材としては軽量形鋼などがある。

**あっさいき**〈圧砕機〉油圧ショベルなどの先端に取り付けたアームに部材などを挟み込み，油圧により破砕する解体装置。

**あっしゅくざい**〈圧縮材〉部材を両端から圧縮するとき内部に生じる力を圧縮応力といい，圧縮応力の生じる部材を圧縮材という。他に引張材，曲げ材，せん断材などがある。

**あっしゅくしけん**〈圧縮試験〉供試体に圧縮力を加えて，圧縮強度，破壊強度，変形などを調査するための試験。

**あっしゅくてっきん**〈圧縮鉄筋〉鉄筋コンクリート造で圧縮力を負担させるように配置する鉄筋。柱の主筋のほか，梁中央部の上端筋，梁端部の下端筋などがある。

**あっせつ**〈圧接〉⇒ガスあっせつき

**あっそうコンクリート**〈圧送―〉コンクリートポンプで圧力をかけ，管を通して打設するコンクリートのこと。

**あっちゃくばり**〈圧着張り〉張付け用モルタルを下地に塗り付け，その上にタイルを押し付けて張るもの。

**あつにゅうこうほう**〈圧入工法〉油圧または水圧によって，杭やシートパイルを地中に押し込む工法で，無振動・無騒音である。

**あつのみ**〈厚鑿〉木材の穴あけ加工に用いるたたきのみの一種。太くて肉厚のあるのみをいう。付図参照

**あつりょくタンクきゅうすい**〈圧力―給水〉鋼板製密閉型の給水タンクを用い，圧縮空気の入ったタンク内に水を圧入し，空気圧を利用して水を送り出す給水方式。

**あつみつちんか**〈圧密沈下〉粘土層などの地盤が静的荷重を受けて間隙水を排出し，長時間かけて徐々に沈下する現象。

**あて**〈當，反木〉年輪の一部に秋材が集中し，他の部分にくらべて極度に堅く，もろくなったところ。加工が困難で仕上げの後，くるいが生じやすい。木材の欠点の一つ。「陽疾（ようしつ）」ともいう。

**あてとろ**〈当とろ〉大理石などの大板を張り付ける場合，外部からの衝撃により破損しないよう，石裏の中央部に団子状のモルタルを挟むこと。

**あてばん**〈当て盤〉リベット打ちの際，リベットハンマーの反対側のリベット頭を支える工具。「ドーリー」ともいう。

**あとぶみ**〈後踏み〉外部足場の2列の建地の外側のものをいう。「うしろぶみ」ともいう。

**アトリウム**〈atrium〉建物内部に吹抜けをつくり，天窓などの採光部を設けた内部空間。また，建物で囲まれた中庭のような，採光を得るための大空間。西欧では教会などの柱列で囲まれた広場など。

**アトリエ**〈atelier〉画家，彫刻家などが制作活動をする部屋。

**あなぐり**〈孔刳り〉鉄骨溶接合部で，リベットや高力ボルトを通す穴を，前もってリーマーで調整すること。

**アネモスタット**〈anemostat〉空調用送風設備で，天井に取り付け，下向きに吹き出す空気拡散器。→ふきだしぐち

**あばた** ⇒ジャンカ

**あばらきん**〈肋筋〉鉄筋コンクリート梁の上下主筋の外回りに入れ，梁に生じるせん断力に抵抗させる補強筋。「スターラップ」ともいう。図次頁

**アプセットバットようせつ**〈―溶接〉突合せ抵抗溶接の一つで，主に鉄筋の継手溶接に用いられる。溶接する材を一直線上にお

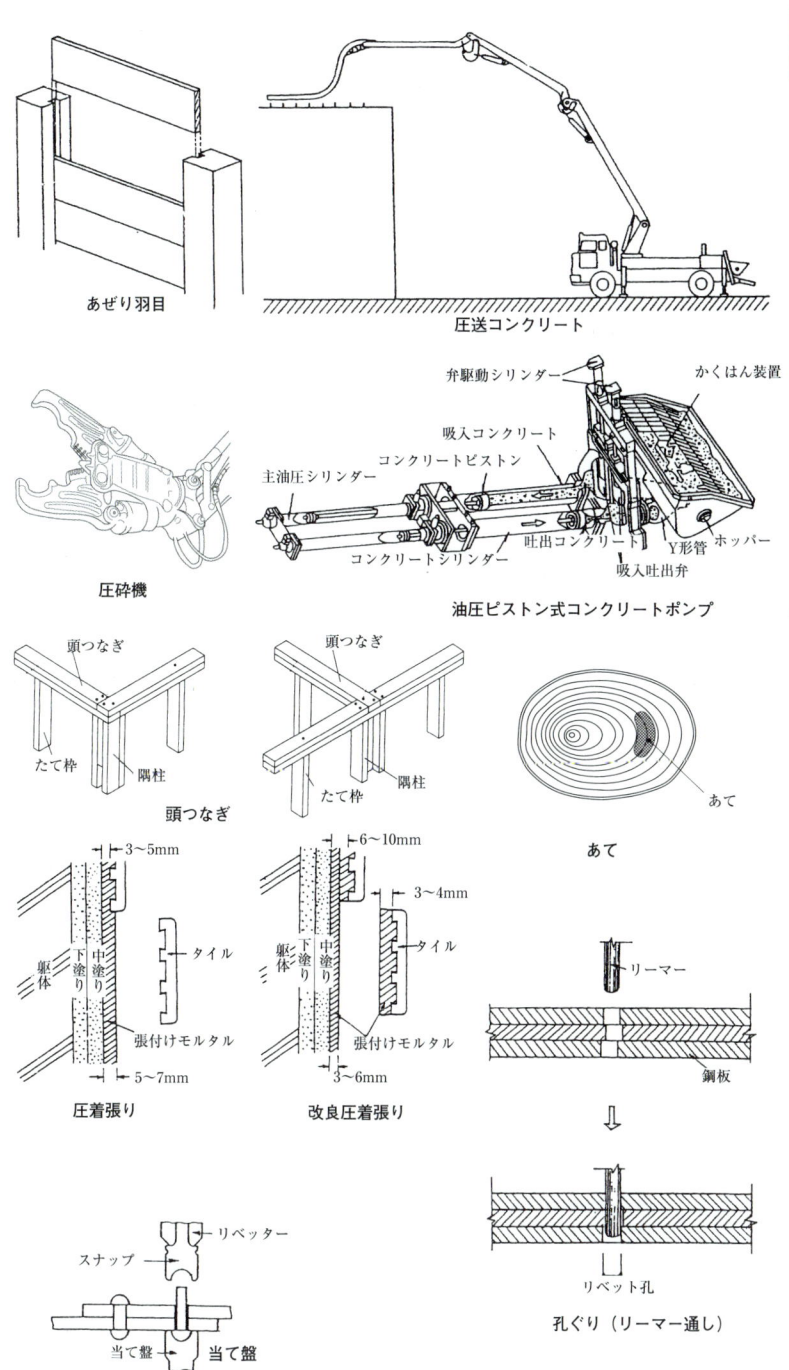

き，双方を固定電極と移動電極で締め付けたあと，電流を流して加熱し，適度の温度になったとき加圧して溶接を行うもの。「アプセット溶接」ともいう。

**アフターケア**〈after care〉⇒メンテナンス

**あぶみかなもの**〈鐙金物〉木造建築物などで，大梁に小梁を取り付ける仕口を補強する金物。大梁にあぶみ状の金物を取り付け，小梁を受けて支えるようにしたもの。「腰掛金物」ともいう。

**あぶらとぎ**〈油研ぎ〉木部の透明塗料塗りの素地ごしらえで，水ぶきでは取れない汚れなどを白灯油を用い，粒子の細かい耐水研磨紙で研いで除くもの。

**アブレーシブウォータージェットこうほう**〈―工法〉コンクリートや岩盤などを研磨材(アブレーシブ)を含んだ高圧水で切断する工法。

**あふれかん**〈溢れ管〉⇒オーバーフローかん

**アプローチ**〈approach〉道路から建築物の出入口に至る通路。または，目的の建築物へ近づくための経路，その周辺の環境，景観などをいう。

**アベニュー**〈avenue〉都市を貫いて区画する大通り。主要な並木道などをいう。

**あま**　⇒セメントペースト

**あまおさえ**〈雨押え〉開口部と外壁面との取合せ部などから，雨水が侵入するのを防ぐために設けられるもの。通常，金属薄板を折り曲げたものが使用される。また，外まわりすきま部分の雨仕舞いに用いるコーキング材などをいう。

**あまがけ**〈あま掛け〉セメントやプラスターなどを水で練り，ペースト状にしたものを下地などにこてで薄く塗り付けること。ペースト状のものを「あま」「のろ」といい，「あまごすり」「のろ掛け」ともいう。

**あまじまい**〈雨仕舞〉雨水が建物の中に入らないようにすること。屋根葺き材の継手，重ね部分，軒先や開口部の水切り部分または水返し部，外壁取合せ部のコーキングなどの施工をいう。

**あまど**〈雨戸〉建物外周の開口部を暴風雨から守るための建具。通常は一筋レールの引込み形式が多く，雨戸相互の縦がまちには丸印ろうなどを用いて雨水の浸入を防ぐ。雨戸は暴風雨に対するほか，防犯上からも用いられ，木製・金属製の板戸が多い。

**あまにゆ**〈亜麻仁油〉亜麻の種子から採取する乾性油で，油性調合ペイント，エナメルペイント，油ワニスなどの展色剤(ビヒクル)として用いられる。

**あみいりみがきいたガラス**〈網入り磨き板―〉金網を封入し，表面を研磨して平滑面とした透明板ガラス。破損時に飛散するのを防止するようにしたもの。

**アミノじゅし**〈―樹脂〉アミノ化合物とアルデヒド類の縮合型プラスチックの総称。メラミン樹脂，尿素樹脂等があり，食器・化粧板・電気器具類などの成形品，接着剤，塗料など広く用いられる。熱硬化性樹脂の一つ。

**あゆみ**〈歩み〉同じものが並ぶ場合の間隔，ピッチをいう。

**あゆみいた**〈歩み板〉足場に歩行用として架ける道板。→あしばいた

**あらいだし**〈洗い出し〉⇒じんぞうせきぬりあらいだししあげ

**あらかべ**〈荒壁〉小舞下地真壁の中心部に一番先に塗る土壁のこと。一般に粘土を水で練り，稲わらを刻み込んだものを使用する。

**あらかべぬり**〈荒壁塗り〉荒壁土を水で練り，わらすさを混ぜたものを小舞下地にすり込み，貫材と同一面に塗り付けるもの。「荒打ち」ともいう。

**あらしめ**〈荒し目〉⇒めあらし

**あらずな**〈粗砂〉粒径の大きい砂をいい，京都の白川砂は花崗岩が風化した径 3 mm 内外の純白な粗い砂で，庭園の敷砂として広く用いられている。

**あらためぐち**〈改め口〉屋根裏の電気配線などを修理・点検するために設けられる天井裏への上がり口のこと。「点検孔」ともいう。

**あらとぎ**〈荒研ぎ〉⇒じんぞうせきぬりとぎだししあげ

**あらゆか**〈荒床〉畳床の下，根太の上に敷く下地板。一般に仕上材の下敷きとする下地床をいう。フローリング床の下張りは「捨て床」ともいう。

**あり**〈蟻〉木造骨組みの継手・仕口に用いる形の一つ。逆台形状につき出したほぞをいう。付図参照。

**ありあな**〈蟻孔〉ありほぞを入れるほぞ穴のこと。

**ありおとし**〈蟻落し〉柱端と土台が接合する場合の仕口。建物の出入口柱の下端を，土台より下に落して納めるときに用いる。

**ありかけ**〈蟻掛け〉継手・仕口の一つ。あり

ありかけ

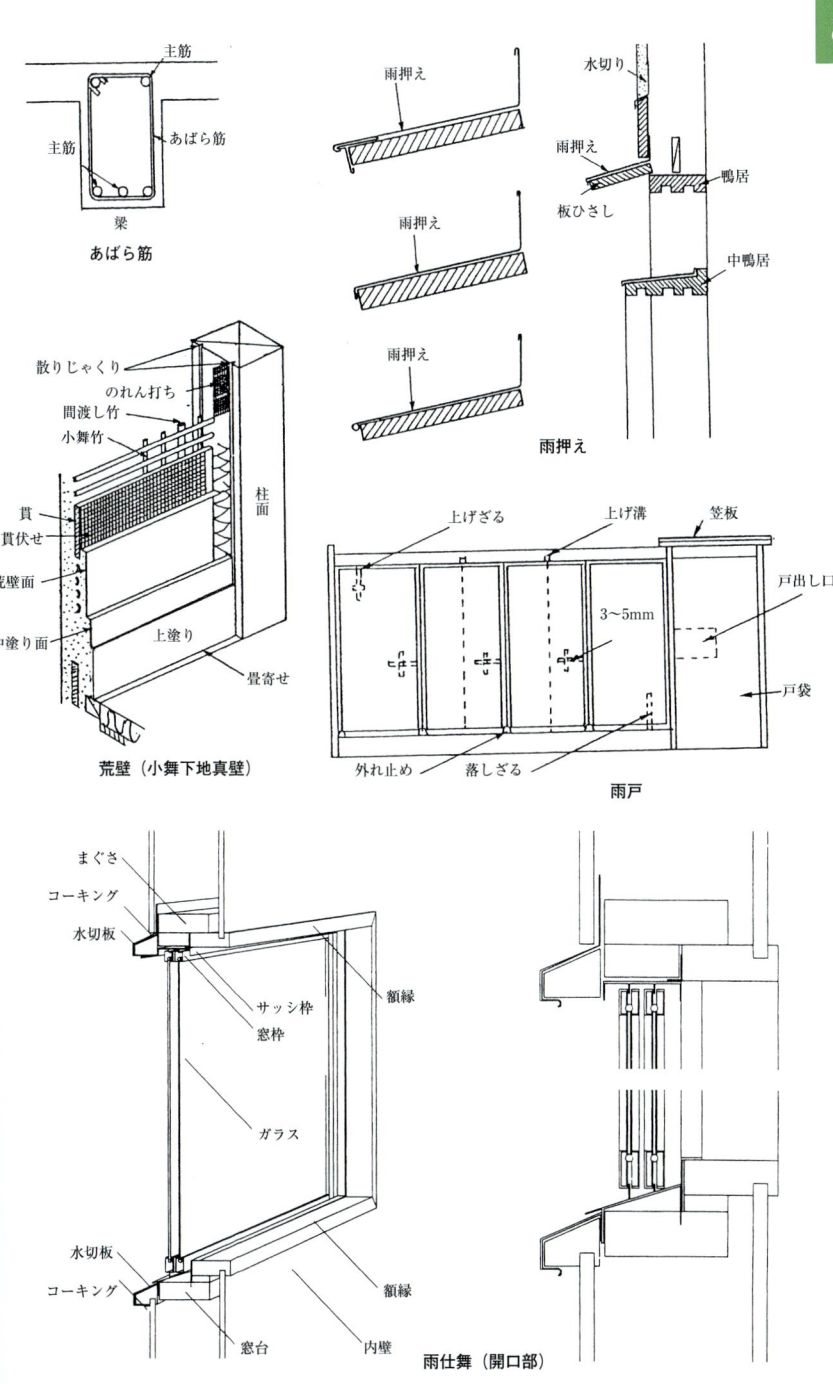

ほぞ，あり孔を組み合わせるもので，土台の隅，T字形接合部，小屋梁の仕口に使われる。

**ありくび**〈蟻首〉あり形のほぞをいう。

**ありざし**〈蟻差し〉あり形のほぞを組み合わせたもの。建具や家具の仕口に用いられる。

**ありざん**〈蟻桟〉あり形の吸付き桟で，板と板をはぎ合わせる場合や，板の反りを防ぐ場合などに用いられる。

**アリダード**〈alidade〉平板測量用の器具。三脚で立てた図板上に置き，視準孔から視準糸を見通して目標物の方向や傾斜を測定する器具。

**ありつぎ**〈蟻継ぎ〉材と材をありほぞとあり孔で継ぐ方法で，一般的に多く用いられる木造継手の一つ。

**ありづり**〈蟻吊り〉仕口の一つ。吊束で鴨居を吊る場合に使用される。

**ありどめ**〈蟻留め〉木造仕口の一つ。上がりがまちや床がまちの出隅部に用いられる。

**ありほぞ**〈蟻柄〉あり継ぎに用いる逆台形状のほぞ。男木(おぎ)のことをいう。

**アルコーブ**〈alcove〉廊下や通路や室内に付属的に設けられる窪んだ場所。ある用途のために壁面を一部凹ませた空間をいう。

**アルミナセメント**〈alumina cement〉アルミナ(酸化アルミニウム)を含むボーキサイトと石灰からつくられるセメント。耐火性に優れ，硬化，強度発現がきわめて早いところから寒冷時，緊急時などの工事に用いられる。特殊セメントの一つ。

**アルミニウムサッシ**〈aluminum sash〉アルミニウム製の建具およびそれらの枠組材。木製，鋼製の建具と比較して軽量でくるいが少ないため，広く一般的に用いられる。「アルミサッシ」ともいう。

**アルミニウムペイント**〈aluminum paint〉油性ワニスにアルミニウム顔料を加えてつくられる塗料。表面に光沢の強い被膜をつくり，光線や熱線を反射して，油の乾固被膜の風化を防ぐ。暖房器具類，航空機の塗装などのほか，耐熱・防水・さび止め用として広く用いられる。

**アロー**〈arrow〉ネットワーク工程表における記号の一つで，作業の進行を示す矢印。

**アローがたネットワークこうていひょう**〈—型—工程表〉作業の結合点を示す○印をアロー(矢線)で結んで表示するネットワーク工程表。作業順序および各作業相互の関連を明確に表すことができる。「アクティビティ形ネットワーク工程表」ともいう。

**あわせガラス**〈合せ—〉2枚の板ガラスの間に，透明なプラスチックフイルムを接着し挟み込んだもので，割れたとき破片が飛散しないようにした安全ガラス。「合せ板ガラス」ともいう。

**あわせばり**〈合せ梁〉柱を挟むような形で2本並べて用いる梁。スパンの大きい木造床梁，軽量鉄骨梁などに用いられる。「抱合せ梁」「挟み梁」ともいう。

**あわせめじ**〈合せ目地〉たて目地のこと。

**アンカー**〈anchor〉部材を動かない堅固なものに固定すること。または固定された部分。

**アンカーピン**〈anchor pinning〉コンクリートやモルタルの浮きやはく離を防止するために埋め込むステンレス製のピン。

**アンカープレート**〈anchor plate〉鋼構造の柱脚部を基礎コンクリートに固定する場合，アンカーボルトの引抜き抵抗を大きくするために用いる鋼板。

**アンカーボルト**〈anchor bolt〉鉄骨柱脚や木造土台などをコンクリート基礎に緊結するための埋込みボルト。

**アングル**〈angle〉断面がL形に加工された形鋼材。一般には角度のあるものなどを総称していう。「山形鋼」ともいう。

**アングルカッター**〈angle cutter〉山形鋼を切断する機械。

**アングルドーザー**〈angle dozer〉土工事用ブルドーザーの一種。トラクターの進行方向に対して，排土板(ブレード)の角度を変えれるようにしたもの。斜面の掘削や鋤(すき)取り土を側方に寄せる作業に向く。

**あんこ**　仕上げの塗面に，その下の下地塗面が現れていること。図次頁

**あんこう**〈鮟鱇〉軒どいから竪どいに雨水を流す部分に付けられるとい。通常は「呼びどい」というが，この部分を意匠的に飾り「鮟鱇」のように見せたところからこの名がある。

**あんざんがん**〈安山岩〉鉄平石などの火成岩で，硬質，耐摩耗性があり，板状の節理がよく，壁や床に使用される。

**あんぜんガラス**〈安全—〉合せガラス，強化ガラスなどを総称していう。割れにくく，割れても飛散しないよう，また粒状の破片になったりするように工夫されているもの。

**あんぜんかんりしゃ**〈安全管理者〉労働安

あんせん

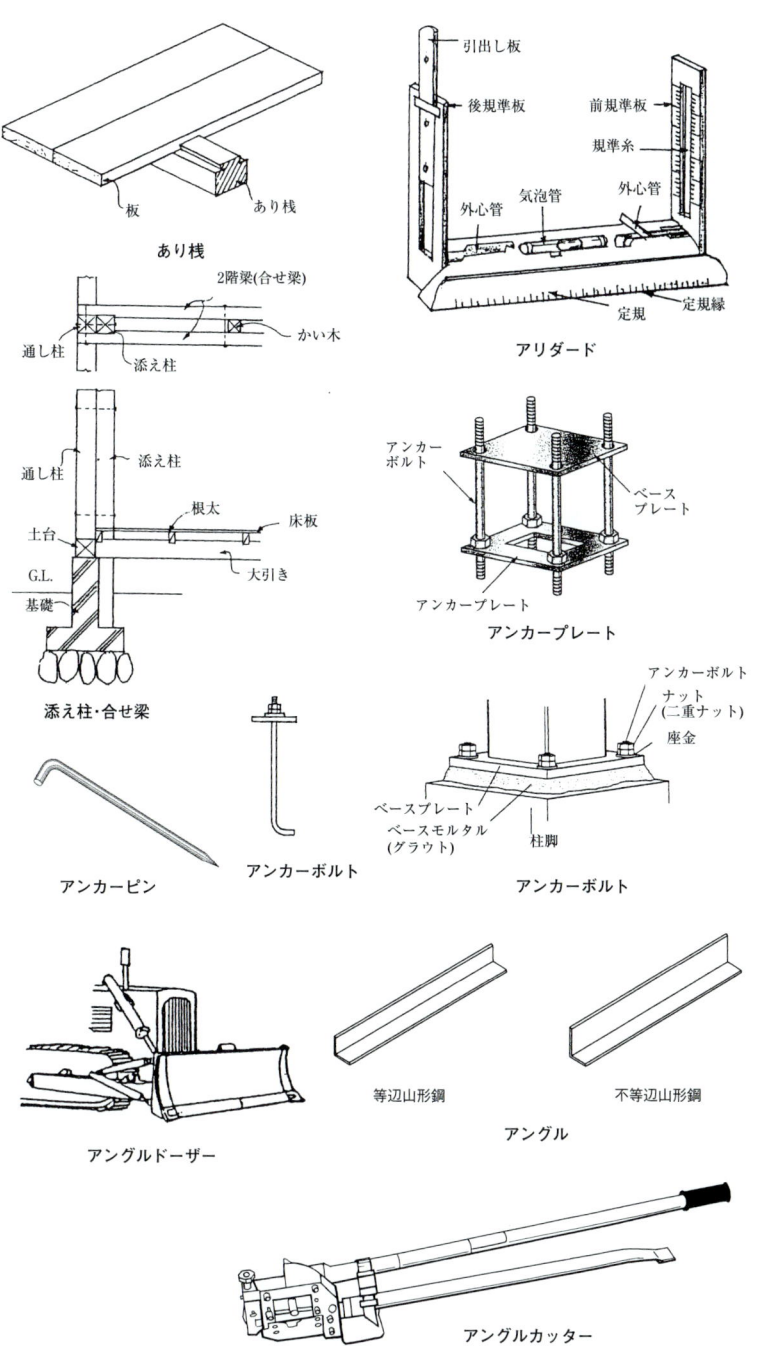

あり桟

アリダード

添え柱・合せ梁

アンカープレート

アンカーピン

アンカーボルト

アンカーボルト

アングルドーザー

等辺山形鋼　不等辺山形鋼

アングル

アングルカッター

## あんせん

全衛生法第11条に規定する管理者をいう。「事業者は，政令で定める業種及び規模の事業場ごとに，厚生労働省令で定める資格を有する者のうちから，厚生労働省令で定めるところにより，安全管理者を選任し，その者に前条第1項各号の業務のうち安全に係る技術的事項を管理させなければならない。」（第1項）

**あんぜんき**〈安全器〉電気回線の開閉を行う家庭用の機器。蓋の裏側にヒューズが取り付けられている。「カットアウトスイッチ」ともいう。

**あんぜんたい**〈安全帯〉高所作業者が落下防止のために身に付けるもので，腰に巻くベルトと支援綱をつなぐ命綱をまとめていう。単に「命綱」ともいう。

**あんぜんにっし**〈安全日誌〉建設現場における安全管理者が記録する，日々の作業安全に関する日誌。作業現場で起きる事故や安全設備の点検，安全指導に関する状況などが記録保存される。

**あんぜんネット**〈安全―〉建設現場の墜落災害防止のために，床面の開口部に設置するネット。

**あんそくかく**〈安息角〉土を切り取ったり盛り上げた場合，時間の経過に伴いある傾斜角になると斜面は安定する。このときの斜面と水平面の角度をいう。

**アンダーカット**〈under cut〉溶接部分に沿って母材が溶けて溝となった欠陥部分。

**アンダーピニング**〈underpining〉既存建築物の増築・改築などに伴う基礎の補強工事。または補強のための新規基礎の設置をいう。「根継ぎ」ともいう。

**アンツーカー**〈en-tout-cas〉陸上競技場やテニスコートなどで使用されるれんが色をした多孔性の人工土。水はけをよくするためのもので，高温で熱加工される。

**あんていえき**〈安定液〉軟弱な地中に連続壁や大口径場所打ち杭を造成する場合など，掘削壁面の崩壊を防ぐために用いるベントナイトなどを混合した泥水。

**いかだうち**〈筏打ち〉コンクリートスラブを打設するとき，床面をます目に区切って交互に打ち込むこと。型枠や支保工への荷重の集中を防ぐため床面が広いときに行う。「ます打ち」ともいう。

**いかだじるし**〈筏印〉合印の一つ。中心を表す記号で心印と同じもの。→あいじるし

**いかだばり**〈筏張り〉床板などを張る場合の張り方。長手方向の継ぐ位置をずらして張る方法。

**イギリスづみ**〈―積み〉れんがの積み方の一つ。段ごとに小口，長手面が交互に現れる積み方。出隅などで縦半割りの羊かんを用いていも目地を避け，切りものを多く要しない簡単で経済的な積み方。

**いぐさ**〈藺草〉畳表や薄縁を編む原料の多年生植物。

**いけいてっきん**〈異形鉄筋〉コンクリートとの付着をよくするために，鉄筋の表面にリブや節などの突起を付けた鉄筋コンクリート用棒鋼。鉄筋は種類と降伏点を組み合わせた記号によって表わされ，異形棒鋼記号はSD295などと，径の呼び名はD10，D13などと表示される。「異形棒鋼」ともいう

**いけいブロック**〈異形―〉空洞コンクリートブロックの基本形（390×190×100〜190）に対し，用途に応じて形を変えた隅用・半切・横筋用ブロックなどをいう。

**いけがき**〈生垣〉ヒバ・ヒイラギ・マキ・サンゴジュなど，常緑樹を植えめぐらしてつくった垣根。一般に，同じ大きさの同種の樹を揃えて使用する。

**いげたづみ**〈井桁積み〉校倉造りなどの構法で，横木を「井」の形に組んで積み上げるもの。

**イコスこうほう**〈―工法〉場所打ちコンクリート杭やコンクリート地中壁構築工法の一つ。崩壊を防ぐケーシングを用いずにベントナイト液を循環させながら，特殊なビットやハンマーグラフで地盤を掘削する工法。掘削後，ベントナイト液で壁の崩壊や湧き水を押さえながらトレミー管を用いてコンクリートを打ち込む。

**いしがき**〈石垣〉石積みによる擁壁で，積石の形により間知石積み，切石積み，玉石積みなどがあり，目地の形により布積み，谷積み，亀甲積みなどがある。また目地モルタルの有無により練積み，から積みがある。

いしかき

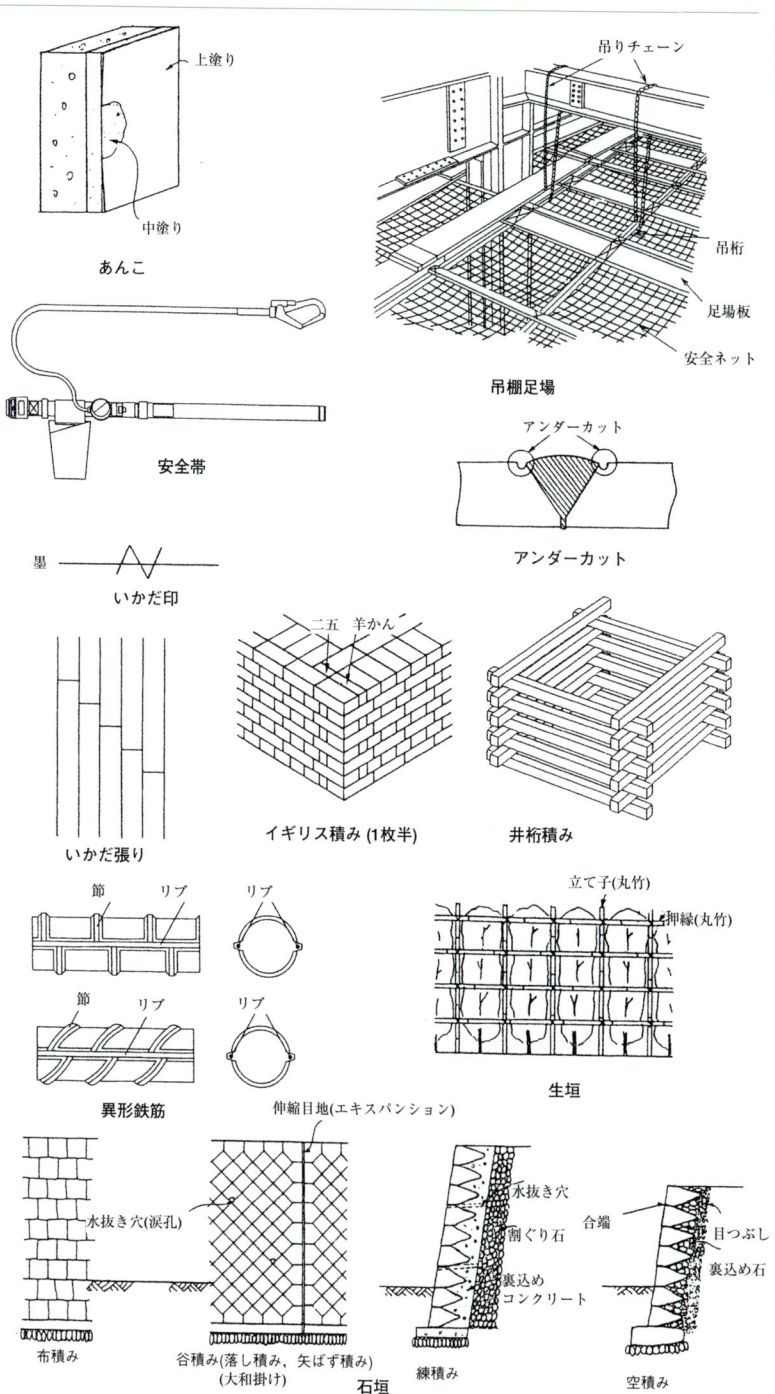

**いしがきとり**〈石垣取り〉石垣の石を積み上げる作業，またはその石工のこと。この石工を「石垣師」ともいう。

**いしく**〈石工〉採石，加工，石積み，石張り，石敷きなど石に関する仕事をする職人の総称。「石屋」ともいう。

**いしこうじ**〈石工事〉石材の加工，積上げ，張付け，敷込みなどの工事のこと。組積工事，張石工事，敷石工事などがある。

**いしじり**〈石尻〉石垣の積石などで，表の面とは反対側にあたる裏面端部のこと。→けんちいし

**いしづみ**〈石積み〉石材を組み積みして石壁，石垣をつくるもので，切石積み，野石積みなどがある。また，積み方により整層積み，整層乱積み，乱層積み，乱積みなどがある。

**いしばり**〈石張り〉石材を構造体にだぼ，引金物，注そとろなどで取り付けて仕上げとするもの。また，石材を敷き込んで床とすることをいう。

**いしびきてっきん**〈石引き鉄筋〉引金物を固定するため，張石の目地に合わせて下地壁面に取り付ける鉄筋のこと。

**いしわり**〈石割り〉設計図にもとづいて納まりよく割り合わせ，石の大きさを定めること。これを図面にしたものを「石割り図」という。

**いすかぎり**〈鵤切り〉遣方に使用する水杭の上端を，いすかのくちばしのように食い違いに切った形で，杭に外力が加えられて上下したとき，先端の損傷で判明しやすくするためのもの。

**いすかつぎ**〈鵤継ぎ〉継手の一つ。互いにいすか切りした端部を組み合わせるもの。野縁，根太，垂木などに用いられる

**いたあて**〈板当て〉化粧面の面に，工事中の不注意等で欠陥を生じさせないように，薄板を当てて保護するもの。

**いたがかり**〈板掛り〉板の木端を納める方法で，縁かまちなどに使用されるしゃくりのこと。「板欠き」「板決（じゃく）り」ともいう。

**いたガラス**〈板―〉出入口，窓などの建具に用いる板状の平らなガラス。

**いたじき**〈板敷き〉板張りの床。

**いたじゃくり**〈板決り〉⇒いたがかり

**いたず**〈板図〉大工が木材の加工をするにあたってベニヤ板などに墨刺しで描く伏せ図。1/50位の縮尺で平面図，床伏図，小屋伏図などが描かれ，右上隅から横通りに数字を，縦通りに仮名を振り，番付けをして柱や梁などの位置を示したもの。→ばんずけ

**いただたみ**〈板畳〉床の間に敷く畳で，板の上に畳表を張ったもの。

**いたちがい**〈板違い〉床板張りなどの方法で，市松模様に張ること。

**いたど**〈板戸〉かまちおよび桟木に板を張った建具。合板を用いるものを「ベニヤ板戸」細い横桟を何本も用いる板戸を「舞良（まいら）戸」という。付図参照

**いたどこ**〈板床〉床を木板で仕上げた床の間の総称。昔は無垢の一枚板が使われたが，通常合板の突き板が用いられる。板床に対して畳や畳床を用いる「畳床」がある。

**いたのき**〈板軒〉軒天井を板で仕上げたもの。垂木の下端に板を打って仕上げる。図次頁

**いたはぎ**〈板矧ぎ〉板材を幅の方向に接合する方法。木造の床張りなどは，さねはぎが用いられる。図次頁

**いたばりてんじょう**〈板張り天井〉化粧板を張る天井で，板の張り方により平板張り天井，目透かし天井，さお縁天井，鏡板格天井などがある。「板天井」ともいう。

**いたびさし**〈板庇，板廂〉板で葺いたひさし。→ひさし

**いたべい**〈板塀〉木柱を建て，胴縁を打って板で仕上げた塀。大和塀，目透かし木さく塀などがある。

**いためざい**〈板目材〉板材の表面とか木材側面の繊維の模様で，木目が平行でなく山形模様などが入るもの。心持ち材の角材などは四面板目となる。木目が平行なものを「柾目材」という。

**いためどり**〈板目取り〉木取り法の一つ。原木から板材を取る場合，板目になるように木取りをすること。

**いたるい**〈板類〉JASによる製材呼称で，板類は厚さ75mm未満，幅が板厚の4倍を超えるものをいう。板類には厚さと板幅により小幅板，斜面板，厚板，板の区分がある。

**いちく**〈移築〉解体した建物を他の場所に復元させるもの。また，解体せずに曳家として移動定着させるものがある。

**いちじじめ**〈一次締め〉鉄骨構造の仕口，継手に用いる高力ボルトは2回の締付けが原則で，1回目の締付けをいう。

**いちばんふだ**〈一番札〉競争入札において最も低い入札金額のものをいい，落札業者となる。

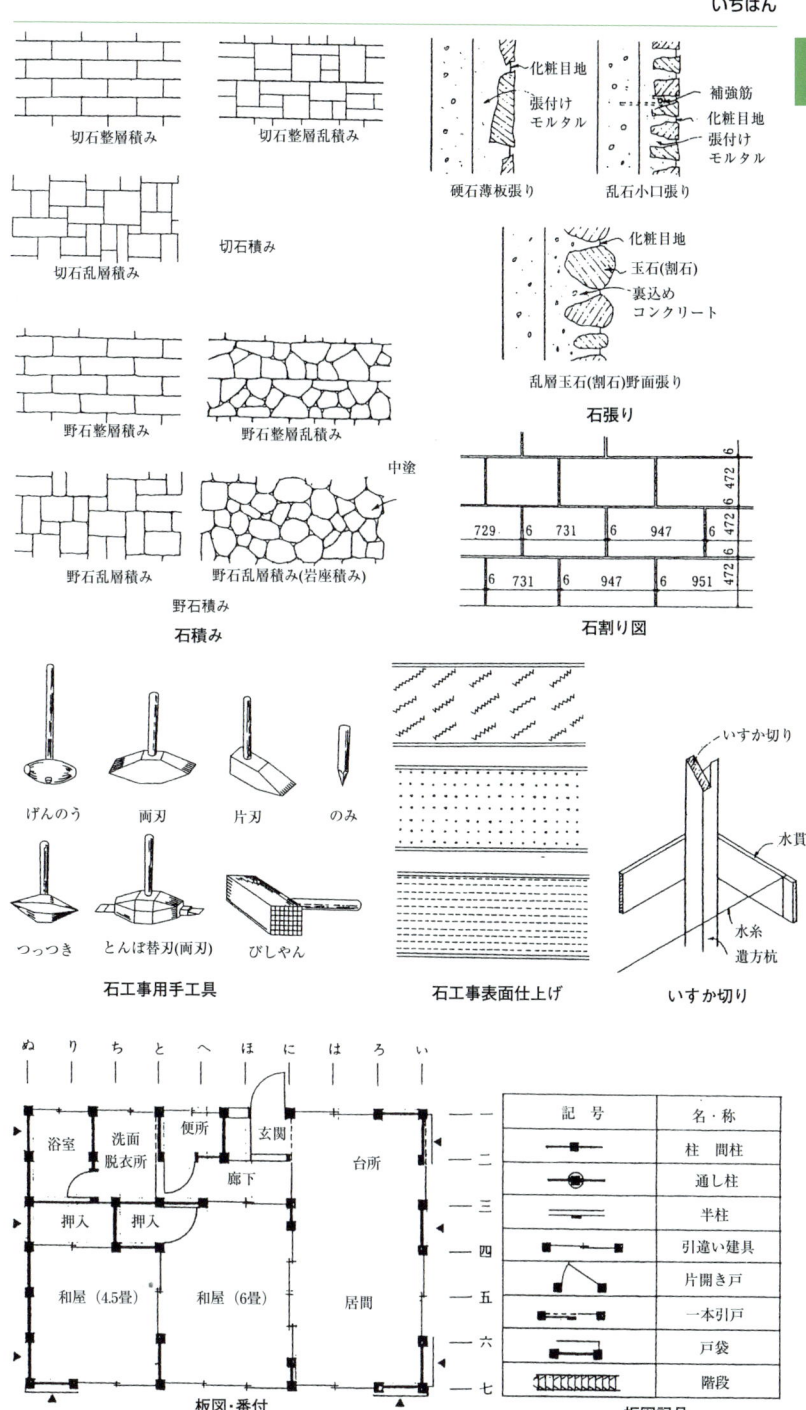

**いちまいづみ**〈一枚積み〉れんがの積み方の一つ。小口面を見せ，壁厚が長手の幅になる積み方。

**いちまつばり**〈市松張り〉板床の張り方で，正方形の板材を縦向きと横向きを交互に張って仕上げる方法。

**いちもんじがわら**〈一文字瓦〉軒先瓦の一つで，見付け下端部が一直線になる桟瓦。軒回りを金属平板葺きとし，上部に向かって瓦葺きする場合の先端瓦として使用される。→かわら

**いちもんじぶき**〈一文字葺き〉金属板で屋根を葺く場合の葺き方の一つ。規定の大きさに加工した板の継ぎ目が，屋根面の水平方向に一直線になるようにした葺き方。金属板のほかにスレート板を葺く場合などにも用いられる。「平板葺き」の一つ。

**いちるいごうばん**〈1類合板〉普通合板，特種合板，型枠用合板，構造用合板，難燃合板，防災合板のすべてについて，その耐水性能に従って付けられる区分。特類（完全耐水性「構造外装用」），1類（完全耐水性），2類（普通耐水性），3類（非耐水性）がある。フェノール樹脂接着剤などが使われ，長時間の外気や湿潤露出に耐えられる。「タイプⅠ合板」ともいう。

**いっかつしたうけおい**〈一括下請負〉請け負った工事全部を他の一業者に請け負わせるもので，建設業法では発注者の書面による承諾なしでは禁止されている。「丸投げ」「トンネル」ともいう。

**いっしきうけおい**〈一式請負〉工事代金の総額を請負金額とする契約で，工種によって数量などの変更があっても契約額の変更はない。「総額確定請負」「定額請負」「親金請負」単に，「一式」ともいう。

**いったいしきこうぞう**〈一体式構造〉型枠を組み，鉄筋や鉄骨を骨組にしてコンクリートを打ち込み，柱や梁や壁が継ぎ目なく連続的に造られる構造。鉄筋コンクリート構造，鉄骨鉄筋コンクリート構造などがある。「一体打ち構造」ともいう。

**いづつこうほう**〈井筒工法〉鉄筋コンクリート製の中空円筒状の管を立て，内部の土砂を掘削しながら所定の位置まで継ぎ足して沈設し，基礎杭を造成するもの。場所打ちコンクリート杭の一工法。

**いっぱんかんりひ**〈一般管理費〉原価計算でいう企業の経営に必要な費用。工事現場以外の本店，支店の維持に必要な経費などを指し，建設工事費の一部として積算される。

**いっぱんきょうそうにゅうさつ**〈一般競争入札〉入札者資格，入札条件，工事内容などを公示して，広く一般から入札者を募る方法。「競争入札」「公入札」ともいう。

**いっぽんあしば**〈一本足場〉⇒かたあしば

**いどうあしば**〈移動足場〉⇒ローリングタワー

**いどうかたわくこうほう**〈移動型枠工法〉⇒トラベリングフォームこうほう

**いとじゃく**〈糸尺〉塗装工事，左官工事で塗面に凹凸がある場合，塗り面積を求めるために凹凸に沿って測る長さのこと。

**いとのこ**〈糸鋸〉歯幅が細く，板材などの曲線をひくのに用いる。

**いとまさ**〈糸柾〉柾目材の木目が，糸を並べたように直線状で狭く繊細なもの。

**いとめん**〈糸面〉柱や造作材などの角を糸幅のような細い面取りとすること。

**いなご**〈稲子〉さお縁天井の天井板を羽重ねにする場合，すきまができないように裏側から押さえる小さなくさびのようなもの。

**いなかま**〈田舎間〉木造建築物の柱割り基準尺の一つ。京間の一間を6尺5寸（約1.97m）とするのに対し，田舎間は6尺（約1.82m）とする。心々一間四方の面積（1坪）は畳2枚の広さとなる。「江戸間」ともいう。

**いなづまかなもの**〈稲妻金物〉床の間の軸掛釘として，天井回り縁の下端や無双四分一に取り付ける金物。

**イナンデータ**〈inundator〉コンクリートの材料計量装置の一つ。水セメント比を決めるもの。

**いにんけいやく**〈委任契約〉当事者の一方が建設工事等の行為について他者に委託し，相手方がこれを承諾することによりその効力を生ずる契約。業者が建築主からの委任を受けて工事を行い，工事に要した実費と定められた報酬を建築主から受けることを約束した契約。「実費清算契約」ともいう。

**いぬばしり**〈犬走り〉建物周囲の軒下に，基礎からわずかに出して打たれるコンクリートなどの床面。付図参照

**いのちづな**〈命綱〉⇒あんぜんたい

**いもつぎ**〈芋継ぎ〉継手の一つ。継手加工をせず，部材の切り口を互いに突き付けて継ぐ方法。

**いもつけ**〈芋付け〉鴨居，敷居などの材をほ

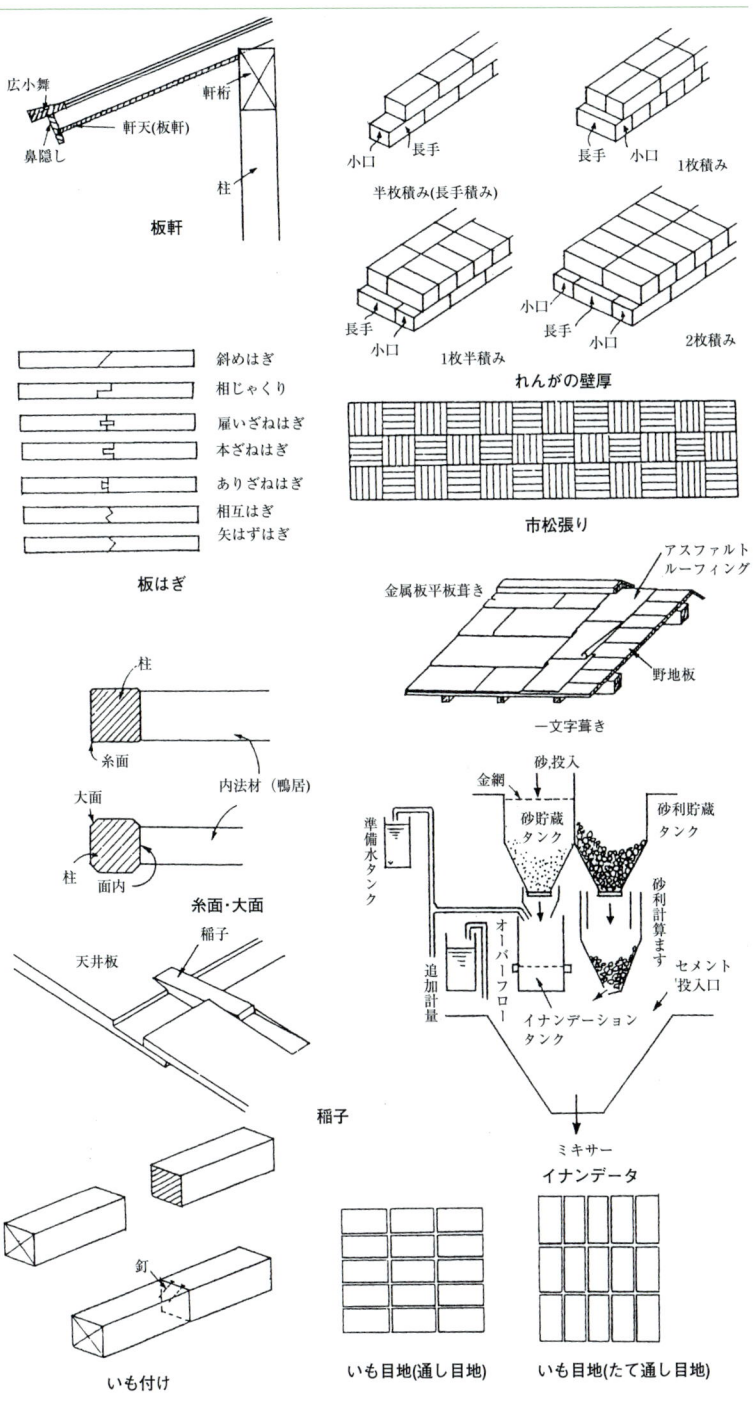

ぞなしで釘留めとしたもの。

**いもはぎ**〈芋矧ぎ〉板を張る場合の板端部の処理として、しゃくりなどの加工をせずそのまま突き付けて張ること。荒床や野地板などに使用される。「突合せ」「添え付け」「胴付きはぎ」ともいう。

**いもめじ**〈芋目地〉れんがやブロックなどを積む場合の目地が、縦横に真っすぐ通るように仕上げたもの。単に「芋」ともいう。図前頁

**いりかわ**〈入皮〉木材が損傷を受けたりして、樹皮や年輪が辺材部にくい込んだもの。木材の欠点の一つ。「猿ばみ」ともいう。

**いりかわ**〈入側〉①建物内部の南側に面した縁側のこと。奥行を一間から一間半位とる場合が多い。②引出しの左右の側板をいう。

**いりかわえん**〈入側縁〉座敷と掃出し窓との間につくる細長い縁側部分。特に奥行き一間（約1.82m）から一間半ほどの広縁で、全面または一部を畳敷きとしたもの。→えんざしき

**いりこみ**〈入込み〉方形の和室の一部に出張りがあり、畳が敷かれている部分。床の間の横に敷き込んだ畳の部分や、出入りのために入れ込みがつけられた畳の部分をいう。

**いりすみ**〈入隅〉2つの材が出合ってできる内側の隅。壁の屈折部の内側など。

**いりもやづくり**〈入母屋造り〉上方が切妻、下方が寄棟の形をした入母屋屋根をもつ木造建物をいう。

**いりもややね**〈入母屋屋根〉妻側のひさし屋根と上部切妻屋根を合体した形状のもの。切妻けらば部分に入母屋破風が取り付けられる。破風下部よりの隅棟を妻降りという。付図参照

**いれこぶち**〈入れ子縁〉桟唐戸の鏡板をかまちに取り付けるための繰形の縁材。かまちと鏡板の間に入れて両者を接合させるもの。

**いろあわせ**〈色合せ〉塗料などを希望の色に合わせ調合すること。

**いろざかい**〈色境〉違う色または異種の塗料を仕切って塗り分ける場合の境目。「塗り境」ともいう。

**いろずな**〈色砂〉自然石を粉砕したり、風化した岩石の砂を精製した化粧壁用の砂。

**いろづけ**〈色付け〉木材に透明塗料を塗って仕上げをする場合、まえもって素地にステインなどの着色材を塗ること。

**いろモルタルぬり**〈色―塗り〉顔料などで着色したセメントに、寒水石などの砕砂を練り合わせたモルタルを上塗りするもの。左官仕上げの一つ。

**インサート**〈insert〉コンクリートの壁やスラブなどに、仕上材・下地材を取り付けるための金具で、コンクリート打ちの際、型枠に留め付けておいてコンクリート躯体に埋め込まれるもの。天井下地材はこれに吊ボルトを取り付け、吊り下げられる。

**インシュレーションボード**〈insulation board〉比重0.4未満の繊維板で、断熱材や吸音材として使用される。「軟質繊維板」ともいう。

**インターホン**〈interphon〉一般の局線電話機と接続しない構内専用電話をいう。一般電話機と同じ形式のものと、拡声器・マイクロホンを組み合わせたものがあり、接続方式により親子式・相互式・複合式がある。

**インターロッキングブロック**〈inter-locking block〉歩道や広場などの舗装に使用されるコンクリートモルタル製のブロック。四辺が波形に加工されていて、目地モルタルを使わずそのまま下地面に並べられる。

**インダストリアルデザイン**〈industrial design〉工業製品の意匠、造形、設計の総称。工業生産品の機能、性能を美的に、魅力的に表現するためのデザイン。

**インテリアデザイン**〈interior design〉建築物、車輌などの室内環境を快適に美的に創造するためのデザイン。空間、家具、設備機器などを対象として行う総合的なもの。

**インテリジェントビル**〈intelligent building〉ビルの管理システムや情報通信システムを中央コンピューターで自動制御し、テナントが共同して使用することができる高度情報化設備を完備したビル。

**インパクトレンチ**〈pneumatic impact wrench〉⇒くうきレンチ

**インパクトローラー**〈impact roller〉鋼鉄製円筒形のローラーを前輪とし、衝撃を与えながら地盤や割石を締め固める転圧機械。舗装工事などに使用される土工機械の一つ。

**いんぺいこうじ**〈隠蔽工事〉配管・配線などを建物の壁・床・天井に埋め込み見えないようにする工事。室内意匠や安全保護のための工事で、設備機器全般について行われる。

**いんろうかんな**〈印籠鉋〉材をそば継ぎにする場合など互いに凹凸に加工するが、その凹凸を削り出すかんな。

いんろう

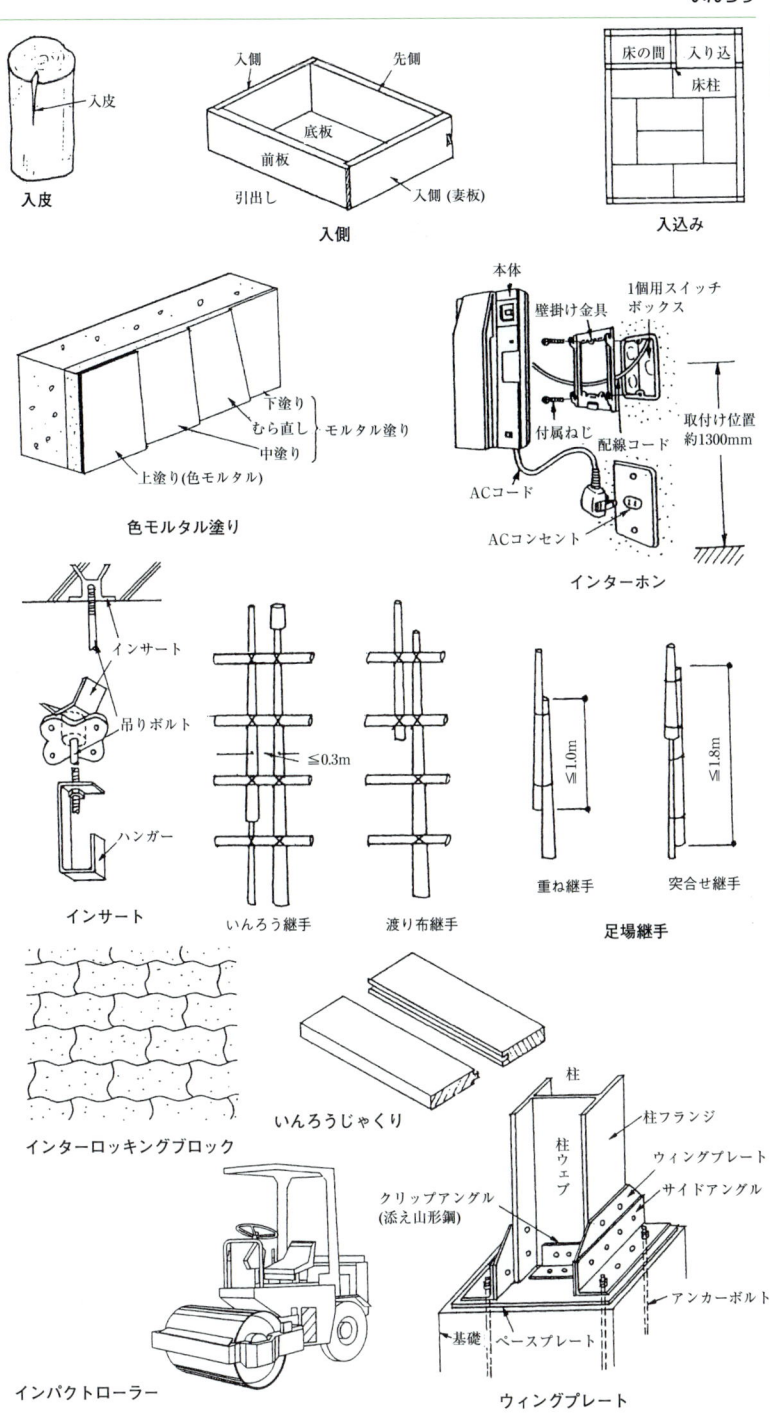

**いんろうじゃくり**〈印籠決り〉材の合せ目が透かないように、互いに凹凸にしゃくる加工法。木製雨戸などの連結部である竪かまちなどに施される。「さね造り」ともいう。

**いんろうつぎて**〈印籠継手〉丸太足場に用いられる建地丸太の継手。2本の建地丸太を30cmくらい離して建て、それぞれ末口と元口とを合わせて継ぎ足し、布丸太で2本の建地を緊結するもの。高い足場や重量作業に用いられる。

**ウィービング**〈weaving〉スラグの巻き込みなどの溶接欠陥を防ぐための運棒で、溶接棒を波形に動かしながら進めること。

**ウィングプレート**〈wing plate〉鉄骨の柱脚部に取り付けられる鋼板で、応力をベースプレートへ分散し基礎へ伝える。図前頁

**ウインチ**〈winch〉巻胴にロープを巻き取って重量物を上げ下げし、移動する機械。単胴式、複胴式、多胴式があり、動力としては電気、ディーゼル、蒸気、人力などがある。

**うえこみボルト**〈植込み―〉⇒スタッドボルト

**ウエス**〈waste〉機械器具の掃除や汚れ取りなどに使う布きれをいう。

**ウエスコポンプ**〈wesco pump〉羽根車に多数の溝が刻まれ、これを回転することにより揚水する方式のポンプ。家庭用の給水ポンプなどに用いられる。「渦流ポンプ」「ロータリーポンプ」ともいう。

**ウエットジョイント**〈wet joint〉接合部にモルタルやコンクリートを充填する方式の接合法。プレキャストコンクリート部材の接合部などに用いられる湿式の接合法。

**ウェブ**〈web〉鉄骨の組立梁やH形鋼のフランジをつなぐプレート。梁や柱ではせん断応力に抵抗する。「ウェブ材」「ウェブプレート」ともいう。

**ウェブシェル**〈web shell〉コンクリートブロックの両側表面の板状部（フェイスシェル）を繋ぐ部分。空洞を区画している部分。

**ウェブプレート**〈web plate〉⇒ウェブ

**ウェル**〈well〉①井筒工法に用いられる鉄筋コンクリート製の中空円筒状のもの。②井戸。③回り階段の中心部吹抜け部分。

**ウェルポイントこうほう**〈―工法〉ウェルポイントとよばれる吸水パイプを約1mおきに地中に埋設し、これを地上の集水管に連結して特殊ポンプで排水する工法。根切り面に沿って埋設し、地下水がわき出するのを防いだりする。

**ウォータージェット**〈water jeting〉杭の先端から圧力水を噴射させ、地盤を緩めて杭の貫入を容易にする装置や、直接地盤に噴射して掘削の手段とする高圧水などをいう。

**ウォールガーダー**〈wall girder〉鉄筋コンクリート構造で、壁と梁を一体と考えるせいの高い壁状の梁。「壁梁」ともいう。

**ウォールシールド**〈wall shield〉特殊な基礎工事の場合に使用するもので、矢板兼用の型枠として用いられる鋼板。

**ウォッシュプライマー**〈wash primer〉⇒エッチングプライマー

**ウォッシュボーリング**〈wash boring〉ボーリングロッドの先端に取り付けたウォッシュポイントから圧力水を噴射し、地盤を緩めながらせん孔するボーリング工法。

**うぐいすばり**〈鶯張り〉人が歩くと床板がきしむように張ってある板床。床板を根太からすこし浮かせて張ることにより、板と板の摩擦からきしみ音を発生させる。

**うけおい**〈請負〉建築工事や土木工事を受注者が契約にもとづいて引き受けること。「コントラクト」ともいう。

**うけおいぎょうしゃ**〈請負業者〉建設工事を契約にもとづいて引き受け、工事を施工する業者。「コントラクター」ともいう。

**うけおいけいやく**〈請負契約〉工事業者が設計図書どおりに建造物を完成させることを約束し、これに対して発注者が一定の代金を支払うことを約束する取り決め事。請負契約には種々の方式があるが、工事業者が発注者と直接結ぶものを「元請契約」、工事業者間で結ぶものを「下請契約」という。

**うけしょ**〈請書〉請け負うことを承諾する文書。一般に依頼されたことを責任をもって引き受ける旨、相手に知らせる文書。

**うけとり**〈請取り〉部分的な工事または一定量の作業について報酬を決め、個人あるいはグループで請け負うこと。「小回り」と

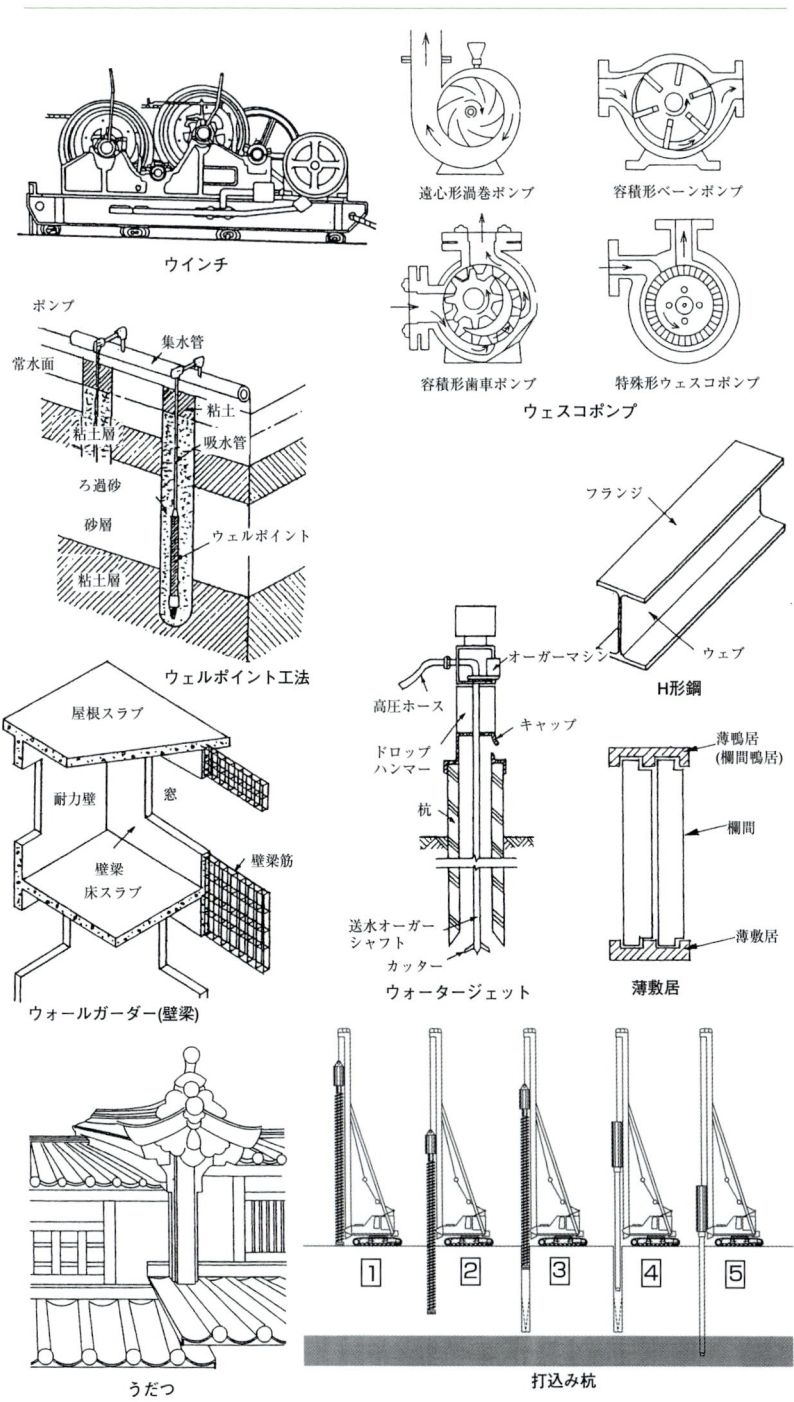

**うしばり**〈牛梁〉梁間方向の大きい和小屋で，小屋梁を継ぐため，両側の桁の中間に設けて小屋梁を支持するための梁。桁行方向に設けるもの。「敷梁」ともいう。

**うしろぶみ**〈後踏み〉→あとぶみ

**うすがもい**〈薄鴨居〉⇒らんまがもい

**うすしきい**〈薄敷居〉欄間に使われている敷居のこと。普通の敷居より見付けが薄いもの。

**うすのみ**〈薄鑿〉刃先が薄く，突きのみの一種。「格子のみ」ともいう。→あつのみ

**うすべり**〈薄縁〉畳表に縁を付けた敷物。いぐさと麻糸で織られている。

**うすべりどこ**〈薄縁床〉床の間に，畳の代わりに薄縁を敷き込んだ床。

**うずまきポンプ**〈渦巻―〉渦巻室を満水させて羽根車を回転し，その遠心力で揚水するポンプ。清水の揚水，工事現場の排水など広く使用される。「遠心ポンプ」ともいう。図前頁

**うだつ**〈卯立，卯建〉旧街道筋などで，隣家との境の妻面に立ち上げられた防火壁。木造建物が軒を連ねた町屋で，延焼を防ぐため妻壁を屋根面より高くしたもの。その壁の上にも小さな屋根を載せ家格を誇示した。図前頁

**うちあげてんじょう**〈打上げ天井〉野縁を下地として，小幅板などを下から打ち上げて張った天井。「張り上げ天井」ともいう。付図参照

**うちこみ**〈打込み〉コンクリートを所定の型枠内に流し込むこと。

**うちこみかたわくこうほう**〈打込み型枠工法〉薄肉のプレキャストコンクリート板を型枠としてコンクリートを打ち込む工法。

**うちこみぐい**〈打込み杭〉杭打ち機械などにより，既製RC杭や鋼杭を重錘を落下させて打ち込むもの。騒音や振動の問題がある。

**うちだし**〈打出し〉ほぞ仕口の一つ。ほぞを相手材の裏側まで突き出すこと。

**うちだんねつこうほう**〈内断熱工法〉断熱層を構造体の内側に施工するもので，暖冷房始動時の室温の反応は早い。

**うちつぎ**〈打継ぎ〉コンクリート工事で，前に打ったコンクリートに継ぎ打ちすること。

**うちづら**〈内面〉部材などの内部側の面をいう。

**うちどい**〈内樋〉パラペットの内側に設ける箱樋などをいい，軒樋を外側から見えないようにしたもの。

**うちどめ**〈打止め〉コンクリート打込みが1日で終わらない場合，予定の打継ぎ部で一時コンクリート打ちを終了すること。また，コンクリートの打込み作業が完了すること。

**うちなおし**〈打直し〉型枠を外したコンクリート面に大きな不良箇所がある場合は，状況に応じてはつり取ってコンクリートを打ち直すなどの補修をする。

**うちぬき**〈打抜き〉形鋼や鉄板に，ボルトなどの穴を打ち抜くこと。→ポンチ

**うちぬきほぞ**〈打抜き柄〉ほぞ仕口の一つ。突き出しはしないが，ほぞが相手材の端面まで出ているもの。打出しほぞと区別する。「通し柄」ともいう。

**うちのり**〈内法〉材と材の間隔寸法で，材間の内側から内側への長さ。水平方向を「内法幅」，垂直方向を「内法高さ」という。

**うちのりざい**〈内法材〉木造建物の鴨居・敷居・なげしなどの造作材をいう。敷居上端から鴨居下端までを内法ということによる。

**うちのりだか**〈内法高〉敷居上端から鴨居下端までの寸法をいう。

**うちのりなげし**〈内法長押〉⇒なげし

**うちのりぬき**〈内法貫〉木造真壁用の壁貫で，鴨居や窓・出入口の上部に取り付ける貫材。天井貫の一段下のもの。→ぬき

**うちはなしコンクリート**〈打放し―〉型枠をはずしたコンクリート面がそのまま仕上げ面となるコンクリート。板目のきれいなせき板を使ったり，撥水材を塗ったりして壁面などに用いられる。

**うちびらき**〈内開き〉室内側だけに開く方式の開き戸。

**うちぼうすい**〈内防水〉地下室防水法の一つで，地下壁の内側に防水層を設けるもの。外防水にくらべ防水性は劣るが，施工しやすく，敷地に余裕のない場合によい。

**うちほぞどめ**〈内柄留め〉材を留めに納める場合，内部仕口をほぞにする方法。

**うちわけめいさいしょ**〈内訳明細書〉工事費についてその内容を種目別・科目別・細目別に詳しく記したもの。工事契約の締結後に施工者から発注者に提出される。「建築工事内訳書標準書式」などがあり，「工事明細書」ともいう。

**うでぎ**〈腕木〉①木造建物で窓ひさしなどの桁を受ける部材。②本足場の布丸太の間に

うてき

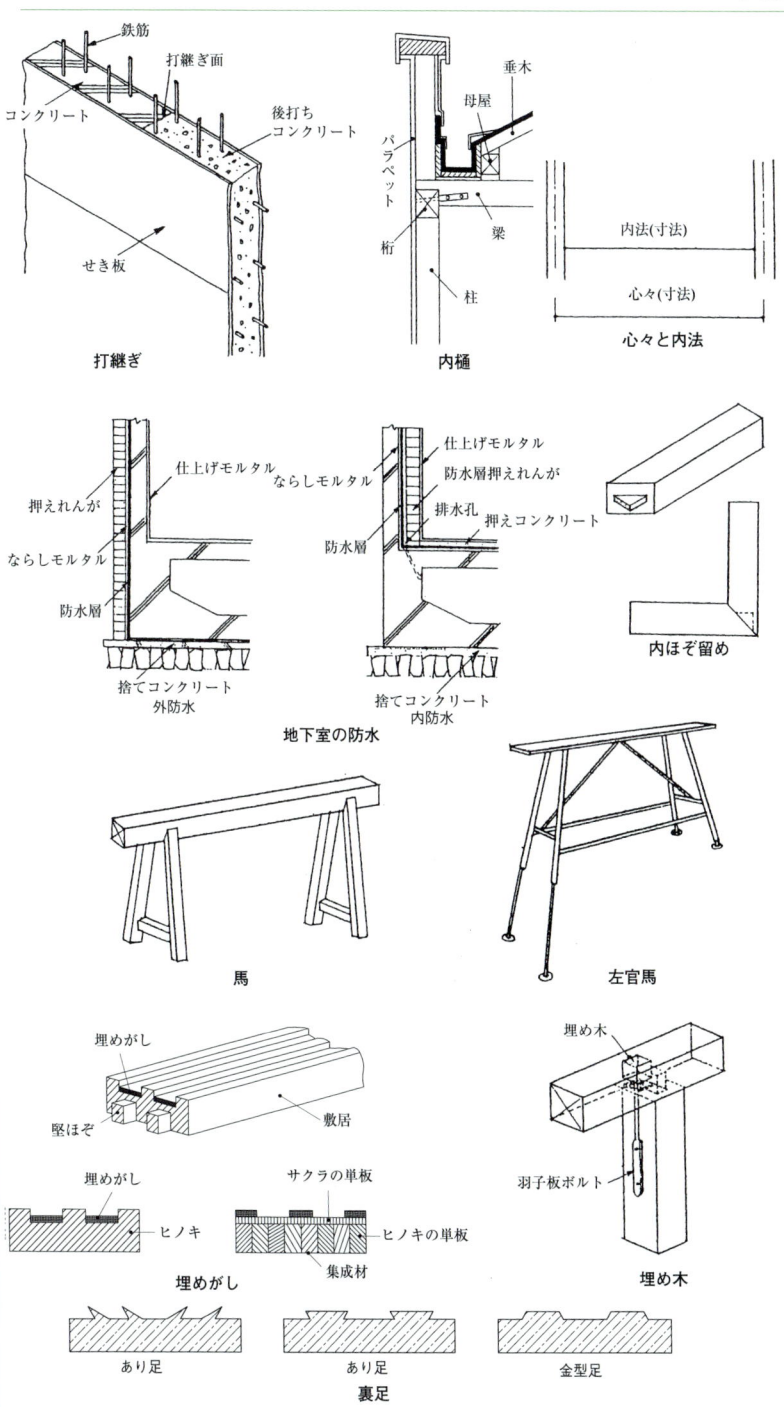

水平に架け渡す丸太材のことで，足場板を載せる支点となる。→ひさし，ほんあしば

**うでぎひさし**〈腕木庇〉窓ひさしの構造で，柱から出した腕木の先端に出し桁を架け渡してつくられるもの。「出し桁庇」ともいう。→ひさし

**うでぎもん**〈腕木門〉左右の親柱から前後に腕木を出して桁を載せ，棟木に当たる冠木から垂木を架けて屋根をつけ，板戸か格子戸を設けた門。「木戸門」ともいう。

**うま**〈馬〉運搬しやすいようにつくられた4本足の架台。のこ挽台や作業足場の架台として用いられる。「架台」ともいう。図前頁

**うまのりそぎつけ**〈馬乗り殺付け〉木造仕口の一つ。洋小屋組の合掌と陸梁の仕口部に用いられ，合掌が陸梁に馬乗り状に取付くことからいう。これを「合掌尻」という。

**うまのりめじ**〈馬乗り目地〉⇒やぶれめじ

**うめがし**〈埋め樫〉敷居溝に埋め込む堅木で，戸滑りをよくしたり，摩耗を防ぐために用いるもの。「滑り木」ともいう。図前頁

**うめき**〈埋め木〉木材の節穴や傷あとを補修するため，そこに埋め込む詰木。また，釘の頭を隠す場合に用いられる栓木。図前頁

**うめこみぐい**〈埋込み杭〉⇒セメントミルクこうほう

**うめごろし**〈埋め殺し〉根切りで使用した矢板や基礎の型枠などを取り出さずにそのまま地中に残して工事を終了するもの。

**うめぶし**〈埋め節〉抜けた節穴に，別の枝を成形加工して埋め込み接着するもの。

**うめもどし**〈埋め戻し〉基礎や地下部分の工事をするために根切りをし，その工事が終わった後，周囲の切り取った部分に土を入れて元に戻すこと。

**うらあし**〈裏足〉タイルの裏面などに付いている凹凸。モルタルや接着剤との付着をよくすることができる。図前頁

**うらあてがね**〈裏当て金〉溶接合部において，溶着金属の抜落ちや底部の溶込み不足をふせぐために，裏当てに用いられる金属片。

**うらあてようせつ**〈裏当て溶接〉アーク溶接で，溶接金属が裏側に抜け落ちるのを防ぐために，あらかじめ裏側から行う溶接。

**うらおし**〈裏押し〉かんな刃の研ぎ方で，裏出しをした刃を，金砥石の上に金剛砂をひいて研ぐこと。

**うらがえし**〈裏返し〉木造真壁の荒壁の塗り方で，まず小舞竹の片面を塗り付け，片面

が乾燥してからその裏側を塗り付けること

**うらがね**〈裏金〉二枚かんなの押え刃のこと。逆目を防ぐためにある。「裏座」ともいう。→かんな

**うらがね**〈裏矩〉⇒うらめ

**うらかべ**〈裏壁〉真壁の裏側をいい，碁盤状の小舞の間渡し竹が縦方向に組んである側をいう。主要な室に面する表側は横に組む。

**うらごめ**〈裏込め〉タイル張りや石張りなどをする場合，タイルや張石の裏側に注ぎとろを入れること。また，石垣などの積み石の裏側に，積み石の安定や排水をよくするために割石や砂利などを詰めること。後者は「裏込め石」ともいう。

**うらざん**〈裏桟〉屋根下地の押えや，天井板の裏側に取り付ける材のこと。裏側の桟木。

**うらなで**〈裏撫で〉小舞の片側に荒壁を塗ったとき，裏側に突き出た壁土をその日の内にこてでなで返し，小舞竹になじませて余分な土をかき落としておくこと。

**うらはつり**〈裏斫り〉両面からの溶接で，欠陥の生じやすい第一層を裏面からの溶接前に削り落すこと。

**うらめ**〈裏目〉かね尺の裏目盛りのこと。裏側の長手に目盛ってあり，表目盛りの$\sqrt{2}$倍の長さになっている。すなわち，10cm角の対角線は裏目10cmとなる。「裏矩（うらがね）」ともいう。→おもてめ

**うわがまち**〈上框〉建具の上枠のこと。「上桟」「上框(かみがまち)」ともいう。→しょうじど　付図参照

**うわぬり**〈上塗り〉左官工事や塗装工事で最後に仕上げとして塗る塗材。またはその塗った層をいう。「仕上塗」ともいう。

**うわば**〈上端〉部材などの上側の面をいう。「天端」ともいう。

**うわばきん**〈上端筋〉RC造の梁やスラブの上側部分に配置する鉄筋。「上端鉄筋」ともいう。

**うわばどめ**〈上端留め〉仕口の一つ。上端見付けを留めにして，その下を小根ほぞとしたもの。側面からは木口やほぞの先端が見える。

**うわや**〈上家〉建設現場の仮設建物で，資材などの置場につくる屋根。また，解体修復工事で建物全体を覆う仮設屋根などをいう。

**うんぼう**〈運棒〉アーク溶接などで，溶接線上を移動させながら溶接棒を操作すること。

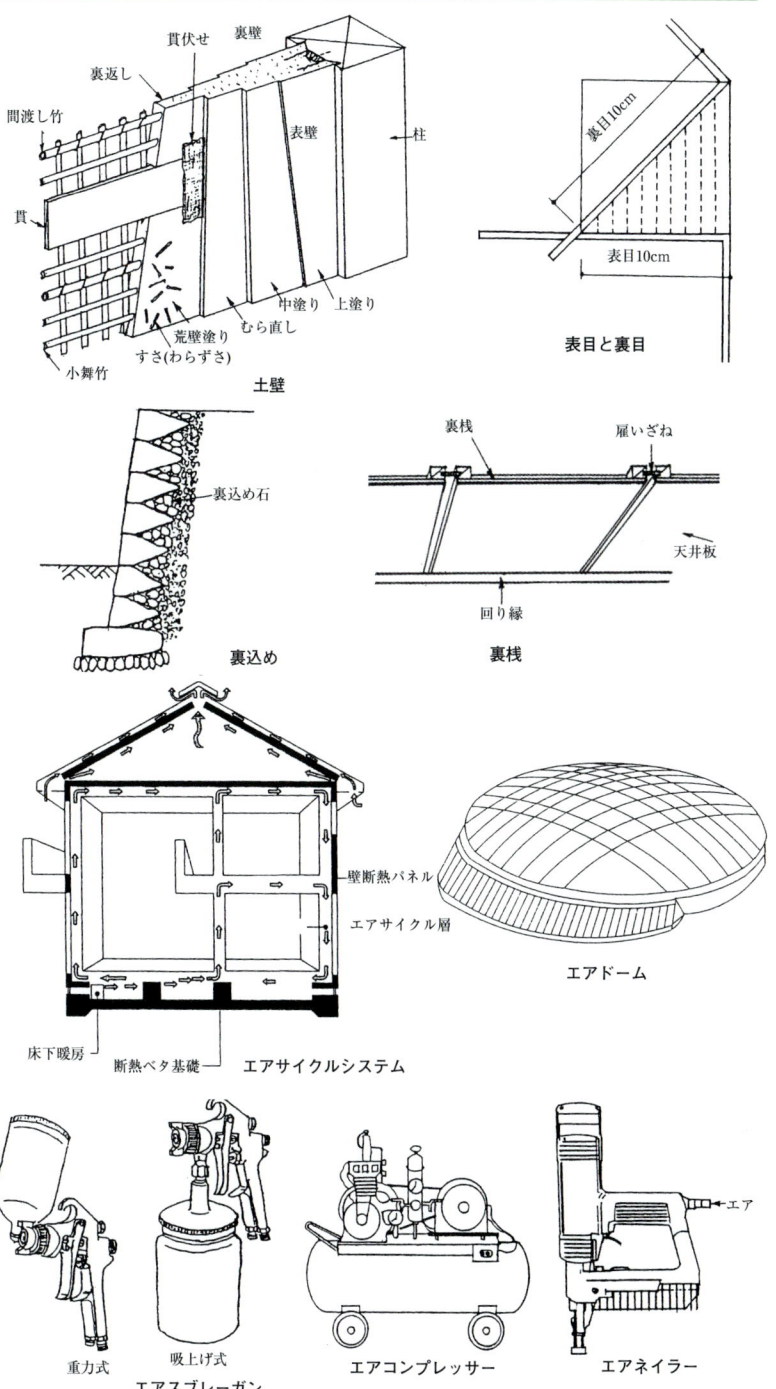

**エアカーテン**〈air curtain〉出入口に一定風速の空気膜をつくり，ドアを開放のまま外気の侵入を防ぎ，室内の温湿度環境を保つもの。出入の激しい百貨店等で使用される。

**エアコン** ⇒くうきちょうわき

**エアコンディショナー**〈air conditioner〉⇒くうきちょうわき

**エアコンプレッサー**〈air compressor〉空気を所要の圧力に高め供給する機械。圧縮機本体，空気タンク，空気清浄圧力調整機，原動機，アンローダーなどで構成されるところに用いる。圧縮空気は工具・器具類などの動力源として用いる。「空気圧縮機」ともいう。図前頁

**エアサイクルシステム**〈air cycle system〉建物の外壁に設けた通気層に，床下や屋根裏の自然の空気を循環させて温度の均一化を図り，冷暖房効果を高めようとするもの。図前頁

**エアスプレーガン**〈air spray gun〉塗料を圧縮空気で霧状に吹き付ける器具で，塗料供給方式により重力式，吸上げ式，圧送式がある。図前頁

**エアタイトサッシ**〈air tight sash〉騒音や塵埃，すきま風を防ぐために気密性を高めようとしたサッシ。戸を枠に押し付けるなどの機構をもっている。

**エアドーム**〈air dome〉屋根に補強した膜材を張り，内部に外気圧より高い空気圧を加えて屋根を支え，大空間を構成するもの。「空気膜構造」ともいう。図前頁

**エアネイラー**〈air nailer〉圧縮空気を利用して釘を打つ器械。「釘打ち機」ともいう。図前頁

**エアハンドリングユニット**〈air handling unit〉空気調和機のこと。熱交換器，加湿器，空気ろ過器，送風機などで構成され，工場でユニット生産されるものをいう。

**エアメーター**〈air meter〉硬化前の混練したコンクリート中の空気量を測定する機器。

**エアレススプレー**〈airiess spray〉圧縮空気を用いず塗料自体に直接圧力を加え，ガン先端のノズルから塗料を霧状に噴射して塗装する器具。

**エアロック**〈air lock〉ニューマチックケーソン工法でケーソン上部にある気圧調整室。

**えいせいかなぐ**〈衛生金具〉給排水，給湯などの設備で用いられる給排水栓，給排水管，接続金具，取付け金具などを総称していう。

**えいせいかんりしゃ**〈衛生管理者〉労働安全衛生法第12条に規定する管理者をいう。「事業者は，政令で定める規模の事業場ごとに，都道府県労働基準局長の免許を受けた者その他厚生労働省令で定める資格を有する者のうちから，厚生労働省令で定めるところにより，衛生管理者を選任し，その者に第10条第1項各号の業務のうち衛生に係る技術的事項を管理させなければならない。」

**えいせいきぐ**〈衛生器具〉給排水，給湯設備で用いられる容器，装置，器具類を総称していう。洗面器，大小便器，浴槽，調理台，各種付属器具類などがある。衛生器具のうち窯業製品は特に「衛生陶器」という。

**えいせいせつびはいかんずきごう**〈衛生設備配管図記号〉衛生設備配管図は給排水配管図，空気調和暖冷房用配管図，空気調和換気用ダクト図などであるが，機器の位置，配管，ダクト配置，屋外との接続などを示し，JIS（日本工業規格）配管図示記号，HASS（空気調和衛生工学会）配管図記号がおもに使用される。

**えいぜん**〈営繕〉建物物の新築，増改築，模様替えなどの工事および修繕工事の総称。

**エーイーげんすいざい**〈AE減水剤〉コンクリートのワーカビリティーを改良する混和剤の一つ。AE剤と減水剤の特性を生かし，流動性を確保しながら水量を減らし，微細な気泡を発生させて，強度を落とさずワーカビリティーを向上させるもの。

**エーイーコンクリート**〈AE—〉AE剤を添加し，凍害の抵抗性を大きくしたコンクリート。

**エーイーざい**〈AE剤〉コンクリートのワーカビリティーを良くするための混和剤。コンクリート中に細かな気泡を多量に発生させることで，水量を増やさずに流動性を高めようとするもの。凍害を受けるコンクリートの耐久性を増大することもできる。

**エーエルシーパネル**〈ALC panel〉ALCは

えあえる

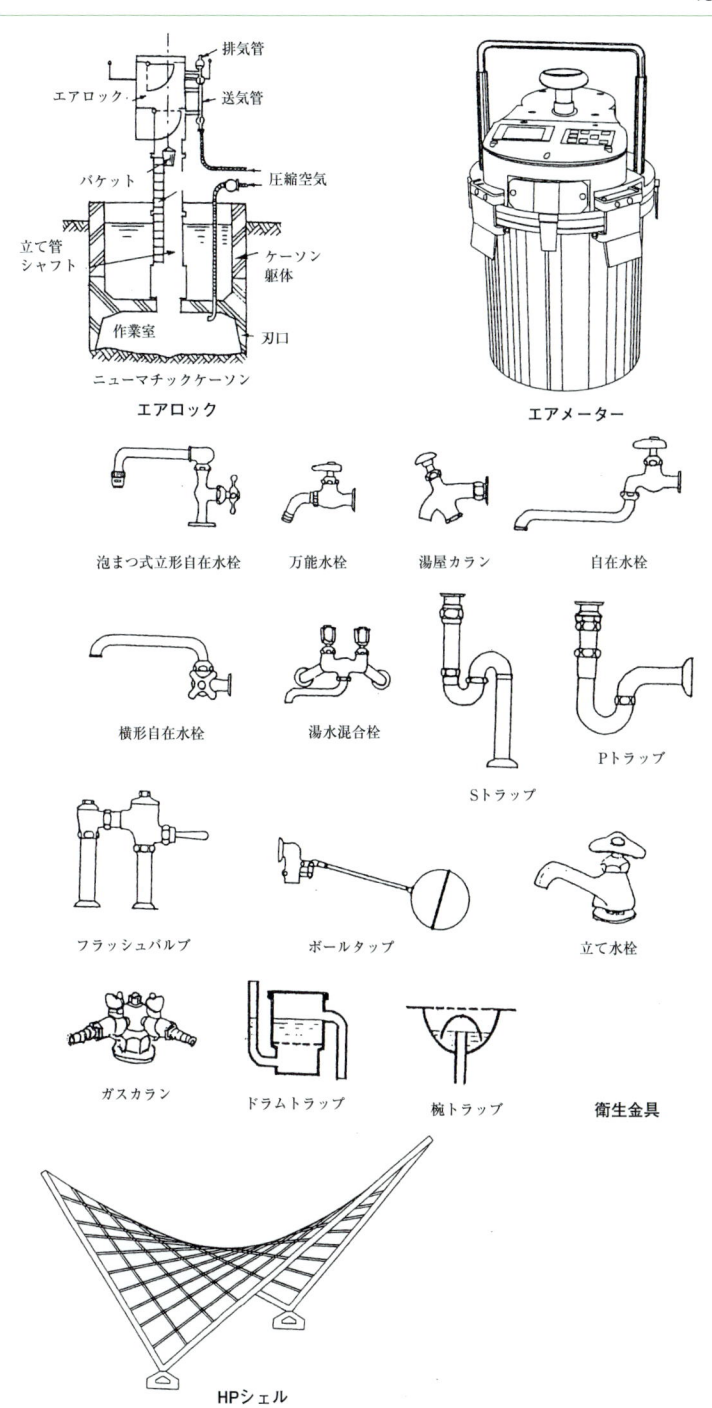

| | |
|---|---|
| ニューマチックケーソン<br>**エアロック** | **エアメーター** |

泡まつ式立形自在水栓　万能水栓　湯屋カラン　自在水栓

横形自在水栓　湯水混合栓　Sトラップ　Pトラップ

フラッシュバルブ　ボールタップ　立て水栓

ガスカラン　ドラムトラップ　椀トラップ　**衛生金具**

**HPシェル**

autoclaved light weight concreteの略。セメントペーストに発泡剤を加えてつくった多孔質の軽量気泡コンクリート版。断熱性、耐火性があり、鉄骨造や鉄筋コンクリート造の床、屋根、外壁、間仕切り壁などに使用される。「ALC板」ともいう。

**えきじょうか**〈液状化〉地下水位以下にある緩い砂質地盤が、地震動などにより液状化し強度を喪失する現象。流動化して地上に噴出することもある。「クイックサンド」ともいう。

**エキスパンションジョイント**〈expansion joint〉建物間、部材間の接合部において、地震動や不同沈下、温度変化による部材変位などが直接伝わらないよう工夫された接合部。L字形の建物や橋梁の路盤の継手部などに見られる。「伸縮継手」ともいう。

**エキスパンデッドメタル**〈expanded metal〉⇒メタルラスしたじ

**エクステリア**〈exterior〉門、へい、植栽、玄関ポーチなど、建物周辺の外周工作物をいう。またはそれらのデザイン。

**エスアールシーぞう**〈SRC造〉⇒てっこつてっきんコンクリートぞう

**エスアイたんいけい**〈SI単位系〉世界共通の国際単位系で、MKS単位系を拡張し基本単位に補助単位、組立単位、またニュートン、パスカルなどの固有名詞を使用している。

**エスエスざい**〈SS材〉SSはsteel structureの略。JISに規定される一般構造用圧延鋼材。形鋼、鋼板、平鋼、棒鋼などがある。

**エスエムざい**〈SM材〉SMはsteel marineの略。JISで規定される溶接構造用圧延鋼材。降伏点がやや高く、溶接性の良い鋼材。

**エスキス**〈esxuisse〉建物の設計を進めるための構想スケッチ。または形態イメージを固めるための下絵作り。

**エスぞう**〈S造〉⇒てっこつこうぞう

**エスティースラブ**〈ST slab〉工場生産されるT形断面のプレストレストコンクリート板。PC鋼線を挿入した高強度のコンクリート板で、床や屋根のスラブとして用いられる。「シングルティースラブ」ともいう。

**エッチがたこう**〈H形鋼〉鋼構造の柱や梁に用いられるH形断面の形鋼。Hを90度回転した形で用いる梁は、大きな曲げ応力に耐えられる。→かたこう

**エッチピーシーこうほう**〈HPC工法〉柱、梁にH形鋼を使用し、床、壁、屋根にPC版(プレキャストコンクリート板)を用いて躯体を構成する工法。

**エッチピーシェル**〈hyperbolic paraboloidal shell〉凸形の放物線を凹形の放物線に沿って推動させたときに得られる曲面をもつシェル。外観が鞍形の曲面で、曲面を水平面で切ると切り口が双曲線になる。「双曲放物線面シェル」ともいう。図前頁

**エッチングプライマー**〈etching primer〉金属面の塗装前に、下地処理とさび止めを同時に行う塗料。「ウオッシュプライマー」ともいう。

**えどぎり**〈江戸切り〉表面をこぶ出し、のみ切り程度の粗面とし、周囲に縁を彫り込み小たたきとする切石の加工仕上げ。

**えどま**〈江戸間〉木造用寸法基準の一つ。柱間心々の寸法を6尺(約1.82m)として、6尺四方(1間四方=1坪)に畳2枚を敷くというもの。江戸とその周辺地域で主に使用され、現在も用いられている。「田舎間」ともいう。

**エナメルラッカー**〈enamel lacquer〉⇒ラッカーエナメルぬり

**エヌシーボールばん**〈NC―盤〉高力ボルトなどの孔あけを数値制御により自動化する機械。

**エヌち**〈N値〉標準貫入試験による打撃回数で、土層の硬軟の度合いを表すとともに、$N$値を利用して地盤の地耐力を推定することができる。

**えびこうりょう**〈海老虹梁〉唐様、禅宗様の建築で用いられる、えび状に湾曲した梁。

**えびづか**〈海老束〉床脇の違い棚において、下棚の端部で上棚を支えている束。「雛束(ひなづか)」ともいう。

**エフアールピー**〈FRP : fiber reinforced plastic〉ガラス繊維を混入補強した強化プラスチックで、ポリバスや高置水槽などに使用される。

**エフロレッセンス**〈efflorescence〉石張り、れんが積み、タイル張りなどの目地の表面に、モルタル中の遊離石灰がしみ出して結晶化するもの。「白華」「鼻垂れ」ともいう。

**エポキシアンカー**〈epoxy anchor〉コンクリートにボルトをアンカーとして取り付けるとき、ドリルで穴をあけ、エポキシ樹脂とともに挿入し固定するもの。

**エポキシじゅし**〈―樹脂〉エピクロルヒド

えほきし

え

江戸切り積み

エフロレッセンス

エポキシアンカー
既設コンクリート
エポキシ樹脂接着剤
ボルト

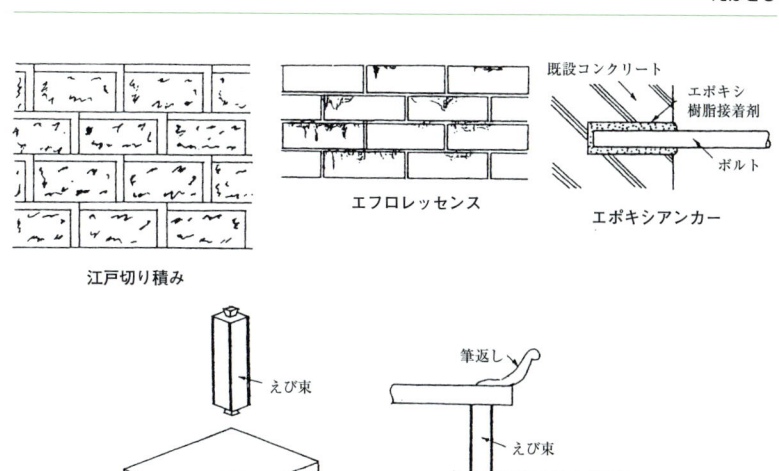

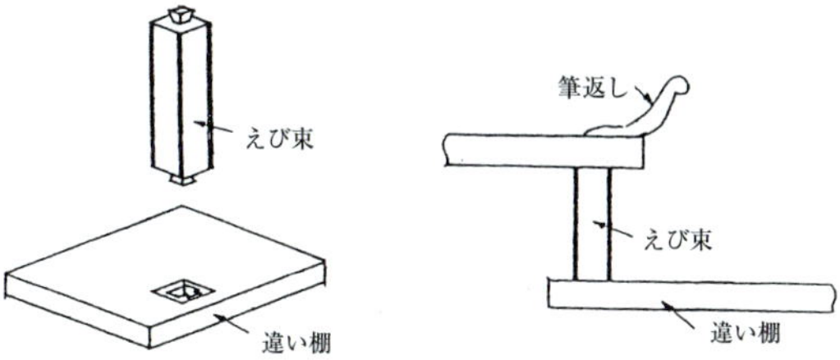

えび束
違い棚

えび束
筆返し
えび束
違い棚

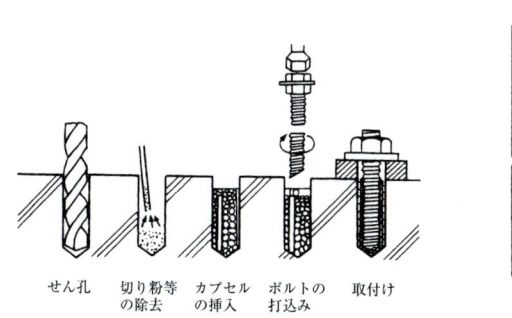

エポキシアンカー
せん孔　切り粉等の除去　カプセルの挿入　ボルトの打込み　取付け

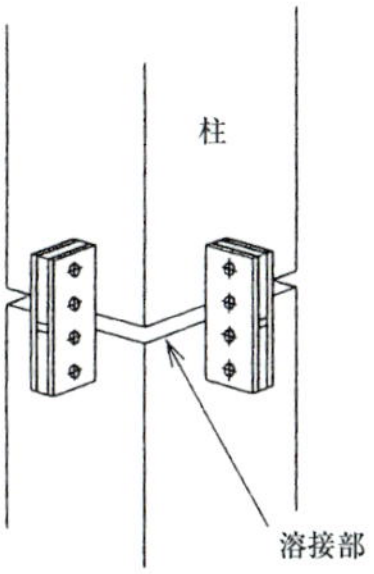

エレクションピース
柱
溶接部

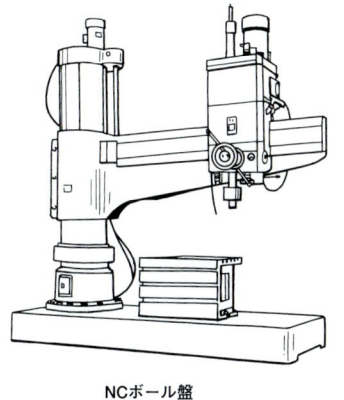

NCボール盤

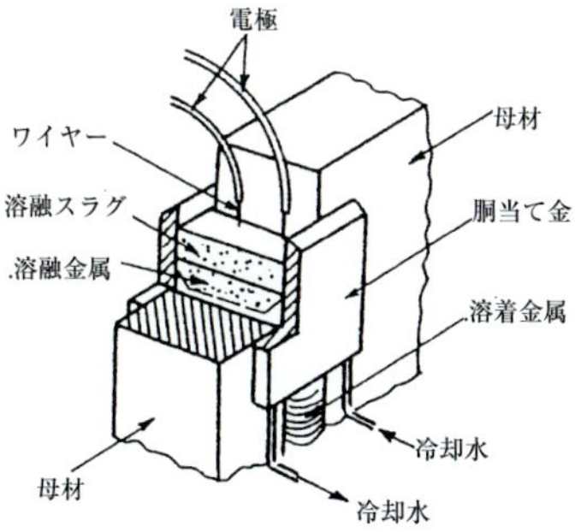

エレクトロスラグ溶接
電極
ワイヤー
溶融スラグ
溶融金属
母材
母材
胴当て金
溶着金属
冷却水
冷却水

37

リンとビスフェノール類，または多価アルコールによってつくられた樹脂。電気絶縁性，耐熱性，耐薬品性などの長所があり，特に接着力に優れ，接着剤，成形材料，積層板，塗料，コンクリートの亀裂補修などに広く用いられる。熱硬化性樹脂の一つ。

**エポキシじゅしとりょう**〈―樹脂塗料〉エポキシ樹脂に顔料などを加えてつくられた塗料。耐候，耐薬品性に優れ，金属，化学機器，食品容器などの塗料として用いられる。

**えぼしじあげ**〈烏帽子仕上げ〉モルタル塗りやしっくい塗りなどで，上塗りの表面をたわしなどでたたいて粗面にし，こてで軽く押さえる仕上げ。

**エマルジョン**〈emulsion〉ある液体が他の液体の中で，相互に解け合わないで微小な形で分散しているような状態。エマルジョンペイントなどがある。「乳剤」ともいう。

**エマルジョンけいごうせいじゅしとりょう**〈―系合成樹脂塗料〉乳状の合成樹脂塗料で，コンクリート面やモルタル面の塗装に使用される。

**エムアイピーこうほう**〈MIP工法〉MIPは mixed in place pileの略。場所打ちコンクリート杭工法の一つ。中空シャフトの先端に取り付けたオーガーを回転させて地盤を掘削し，シャフト先端よりプレパクトモルタルを注入して，周囲の礫や土粒子を練り混ぜたソイルコンクリート杭をつくるもの。

**エムケーエスたんいけい**〈MKS単位系〉長さにメートル（m），質量にキログラム（kg），時間に秒（s）を基本単位とする単位系。

**えりわ**〈襟輪〉木造仕口に使われる部分の名称。断面の辺端部に付けた短い突出部。付図参照。

**えりわかき**〈襟輪欠き〉木造仕口に使われる部分の名称。柱に天井回り縁やなげしを取り付ける場合，襟輪を差し込むために掘る柱への欠込み。

**えりわほぞさし**〈襟輪枘差し〉木造仕口の一つ。2段になった小根ほぞと襟輪を併用し，土台の出隅部などに用いられる。付図参照。

**エルボ**〈elbow〉⇒きゅうすいかん

**エレクションピース**〈election piece〉鉄骨柱を現場溶接で組み立てる場合などで，仮止めするために取り付けるプレートをいう。図前頁

**エレクトロスラグようせつ**〈―溶接〉フラックスを溶融してスラグをつくり，溶融スラグが流れ出ないようにして電流を流し，発生した熱で母材と溶接棒を溶かして行う溶接。厚板の突合せ溶接などに用いられる。図前頁

**エレベーション**〈elevation〉直立投影図で建物の全体的な外観を表す正面図，立面図をいう。

**エレベーター**〈elevator〉人荷を動力で上下方向に運搬する装置。用途別に乗用，貨物用，人貨用，患者用，自動車用などがあり，速度別に低速度（45m/min以下），中速度（45-90m/min），高速度（105m/min以上）用がある。また巻上げ電動機の電源別・減速機による分類，操作方式による分類などがある。

**エレベーターシャフト**〈elevator shaft〉エレベーターが走行する垂直方向の空洞部。「昇降路」ともいう。

**エロフィン**〈earofin〉空気調和機の熱交換などに使用されるもので，熱伝達面積を大きくするために管の外周にらせん状に取り付けられた羽根。

**えんいた**〈縁板〉縁側に張る床板で，ヒノキ，マツ，スギなどの縁甲板が使用される。

**えんかゴムとりょう**〈塩化―塗料〉生ゴム，四塩化炭素，塩素を成分とする塩化ゴムに，顔料や溶剤を加えてつくられた塗料。耐水性，耐薬品性に優れ，内外装に用いられる。

**えんかビニルじゅし**〈塩化―樹脂〉主原料は石油と海水塩。アセチレンと塩化水素によってつくられる熱可塑性樹脂。耐水性，耐薬品性，絶縁性に優れ，板材，パイプ，タイル，シート材，塗料などに用いられる。

**えんかビニルじゅしとりょう**〈塩化―樹脂塗料〉塩化ビニル樹脂に顔料などを加えてつくられた塗料。耐アルカリ，耐酸，耐水性に優れ，コンクリートやモルタル，木部，金属部などに広く用いられる。

**えんがまち**〈縁框〉縁側またはぬれ縁の床の外端部に取り付ける部材で，縁側の場合は雨戸の敷居を兼ねることもある。

**えんがわ**〈縁側〉和室の外側に面して設けられる細長い板張りの部分で，和風サンルーム様のもの。幅が1間程あるものを「広縁」，一部を畳敷きにしたものを「入側縁」という。

**えんかん**〈鉛管〉耐食・耐酸性がきわめて大

えんかん

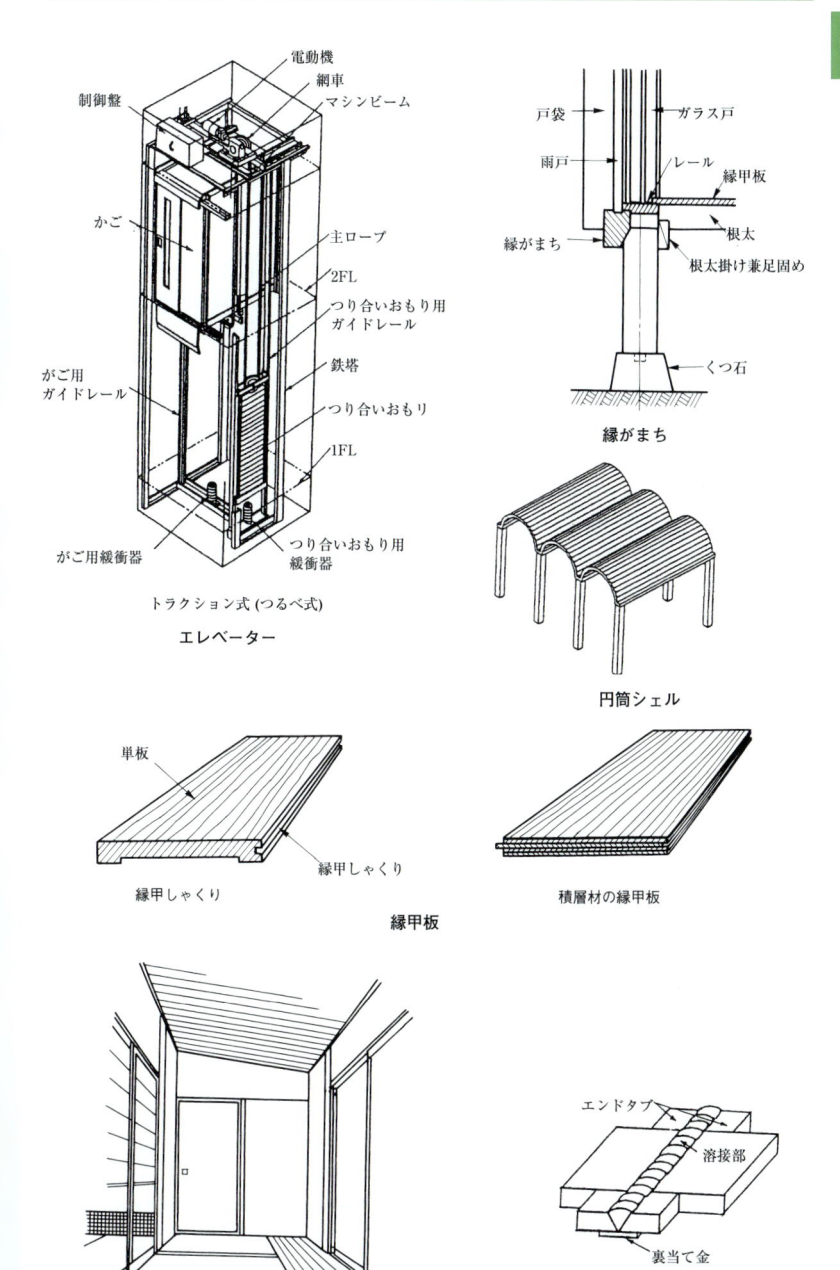

**エレベーター** — トラクション式 (つるべ式)
ラベル: 制御盤、電動機、網車、マシンビーム、かご、主ロープ、2FL、つり合いおもり用ガイドレール、がご用ガイドレール、鉄塔、つり合いおもり、1FL、がご用緩衝器、つり合いおもり用緩衝器

**縁がまち**
ラベル: 戸袋、ガラス戸、雨戸、レール、縁甲板、縁がまち、根太、根太掛け兼足固め、くつ石

**円筒シェル**

**縁甲板**
ラベル: 単板、縁甲しゃくり、縁甲しゃくり、積層材の縁甲板

**縁座敷（入縁）**
ラベル: 畳、縁甲板

**エンドタブ**
ラベル: エンドタブ、溶接部、裏当て金

きい鉛製の導管で，給排水管やガス管などに用いられる。アルカリには侵食されるので，コンクリート埋設部分には被覆をする。

**えんげた**〈縁桁〉縁側の柱に架け渡す桁。垂木を受ける横架材のこと。

**えんこういた**〈縁甲板〉床，壁などの仕上材として用いられる幅100mm前後の板。ひのき，ならなどの板へりをさねはぎにして張り付ける。

**えんざしき**〈縁座敷〉畳が敷かれた縁側。幅は1間～1間半程で，一部に縁甲板を張るものもある。「入側縁」ともいう。

**えんしんりょくてっきんコンクリートかん**〈遠心力鉄筋―管〉遠心力を応用して機械成形した鉄筋コンクリート管で，上下水道や地中配線の保護用に使用される。「ヒューム管」ともいう。

**えんたん**〈鉛丹〉酸化鉛を焼いてつくる朱色の顔料。主にさび止め塗料に用いられる。

**えんづか**〈縁束〉床下を吹抜けにした縁側の縁がまちや，ぬれ縁のかまちを支える束。縁束はくつ石の上に立てられる。

**えんとうシェル**〈円筒―〉円筒の曲面を持つシェル。

**エンドタブ**〈end tab〉突合せ溶接の始点，終点の欠陥を防ぐための補助板。図前頁

**えんなげし**〈縁長押〉縁側に面して設けられる内法なげし。

**えんびかん**〈塩‐管〉硬質塩化ビニル管の略称。

# お

**おいかけぬり**〈追掛け塗り〉左官工事で一層を塗った後，水引きぐあいを見はからって続けて塗り重ねること。「おっかけ塗り」ともいう。

**おいまさ**〈追柾〉年輪に対して斜めに製材して得られる実際より幅広の柾目の木目。

**オイルジャッキ**〈oil jack〉油圧によって重量物を押し上げる加力機器。

**オイルステイン**〈oil stain〉油溶性染料をボイル油，乾性油などの展色剤に溶解したもの。木部の着色に用いる着色剤の一つ。

**オイルステインぬり**〈―塗り〉木部素地に着色剤を吸収させ，表面に塗膜をつくらずに木材の持ち味を生かした塗装。

**オイルペイント**〈oil paint〉顔料を油脂などの展色剤と練り合わせ，溶剤，乾燥剤などを加えて調合した塗料。塗布後に油が乾固し，溶剤や水分が揮発・蒸発して不透明の皮膜をつくる。→ゆせいちょうごうペイントぬり

**おうぎこうばい**〈扇勾配〉⇒てらこうばい

**おうぎだるき**〈扇垂木〉放射状に配置する垂木で，出隅部分だけと軒全体の場合がある。

**おうぎほぞ**〈扇柄〉木造の隅柱を土台に建て込むときに用いられる仕口の一つ。断面を台形にしたほぞ。

**おうふくポンプ**〈往復―〉シリンダー内をピストンが往復運動することにより吸入，排出をする給水ポンプ。

**おうりょく**〈応力〉外部からの荷重に対応して，部材の内部に生じる力。

**おおいれ**〈大入れ，追入れ〉仕口の一つ。部材を取り付ける場合，一方の材の木口全体を他材に差し込むものをいう。「尾入れ」ともいう。

**おおいれのみ**〈大入れ鑿，追入れ鑿〉たたきのみの一つ。浅く広い穴を彫るのに用いる一般的なのみ。「尾入れ鑿」ともいう。

**おおが**〈大鋸〉原木の大材などを横にしたまま縦にひき割るためののこぎり。のこ幅が広くなっている。帯鋸盤がなかったときに使われた。

**オーガー**〈auger〉土中に孔をあけるための器具で，錐状の刃先をしたせん孔具。動力でこれを回転させ，せん孔する機械を「アースオーガー」という。「スクリューオーガー」ともいう。

**オーガーパイル**〈auger pile〉アースオーガーで掘削した後，シャフトの先端よりモルタルを注入しながらオーガーを引き抜き，必要に応じて鉄筋で補強する造成杭。場所打ちコンクリート杭の一つ。

**オーガーヘッド**〈auger head〉地中に穴を掘るためにロッドの先端に取り付けられる刃先。砂用，礫用，一般用などさまざまな形をしたものがある。

**オーガーボーリング**〈auger boring〉せん孔用工具をロッドの先端に取り付け，人力または動力で地中に回し込み孔を掘る方

おおかあ

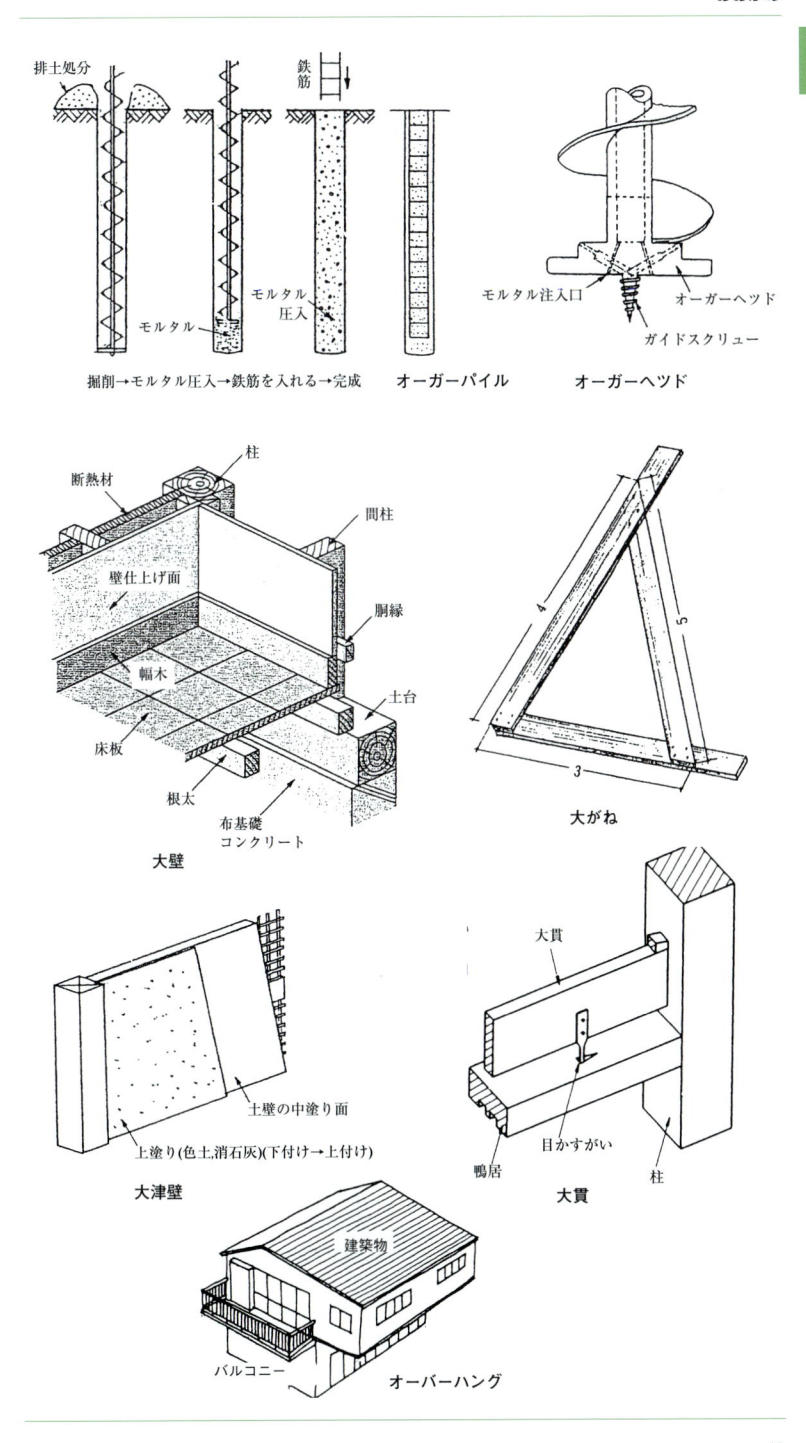

**掘削→モルタル圧入→鉄筋を入れる→完成**　**オーガーパイル**　**オーガーヘッド**

**大壁**

**大がね**

**大津壁**

**大貫**

**オーバーハング**

41

法。人力による場合を「ハンドオーガーボーリング」、動力による場合を「アースオーガーボーリング」という。

**おおかざい**〈横架材〉水平に架け渡した構造部材のことで、梁や桁などをいう。

**おおがたかたわくこうほう**〈大型型枠工法〉壁と梁の型枠を一体に組み立てて、クレーンなどで所定の位置に設置する工法。

**おおがね**〈大矩〉遣方工事の水糸を直角に張るときなどに用いられる現場用の大きな直角定規。まっすぐな貫材を用いて、3辺の長さの比を3:4:5にしてつくられる。→さんしご 図前頁

**おおかべ**〈大壁〉木造壁の構造で、柱を隠して内装、外装を行う壁。壁の中には断熱材が詰められる。図前頁

**おおかまつぎ**〈大鎌継ぎ〉継手の一つ。かま首を上から下面までつくったもので、土台などの継手に用いる。「真鎌継ぎ」ともいう

**おおつかべ**〈大津壁〉白土、浅黄土、黄土などの色土に消石灰を加え、水で練ったものを上塗りとする土壁で、色土によりそれぞれ白大津、浅黄大津、黄大津と呼ばれる。「大津仕上げ」ともいう。図前頁

**おおづち**〈大槌〉⇒かけや

**オートクレーブようじょう**〈一養生〉セメントやコンクリートの工場製品を高温、高圧で養生するもので、短時間に堅固な硬化体にすることができる。

**おおどめ**〈大留め〉部材を直角に接合する場合の仕口で、互いの断面を45°にそぎ落とし、留めに継ぎ合わせるもの。付図参照

**オーナー**〈owner〉⇒せしゅ

**おおなおし**〈大直し〉荒壁の荒打ちの後、不陸を直すために荒឵土を塗り付けること。→つちかべ

**おおぬき**〈大貫〉鴨居の上の小壁に塗り込まれる貫材。鴨居を目かすがいで吊る材のこと。「力貫」ともいう。図前頁

**おおねほぞ**〈大根柄〉ほぞ自体が通常のものより太く、ほぞ周囲の切り取りが四周同じ寸法のもの。

**オーバーハング**〈over hang〉上階が下階より張り出している部分をいう。上階のバルコニーなどがある。図前頁

**オーバーブリッジ**〈over bridge〉歩道上に柱を立て、その上に設置する仮設物で、1階部分は歩道に使用し、2階部分を現場事務所などに利用するもの。

**オーバーフローかん**〈一管〉予定の水面より上がるのを防ぐために、あふれた水を逃がすための管。「あふれ管」ともいう。

**オーバーラップ**〈over lap〉溶接棒の操作の不適などにより、溶接ビードの端部が母材に融着せずに重なっている部分。

**オーバーレイごうばん**〈一合板〉合板にメラミン、ポリエステル、薄い金属板などを張り付けたもので、テーブル、カウンター、家具などに使用される。

**おおばり**〈大梁〉柱の上に直接取り付けられる梁で、通常、小梁を受ける横架材のこと。

**おおびき**〈大引き〉1階の床組材の一つで、根太を支える横材のこと。

**おおびきうけ**〈大引き受け〉大引きの端部を受ける横材。土台側面に取り付ける。

**オープンカット**〈open cut〉地盤を掘削する工法の一つ。地表面から下の掘削部分がそのまま露出する根切りの方法。「山留めオープンカット」と「のり付けオープンカット」がある。

**オープンケーソン**〈open caison〉地下室部分の外枠壁を地上でつくり、内部の地盤を掘削しながらこれを水平に沈下させ、地下部分を構築する方法。基礎部分は、所定の深さに達した後、施工される。→ケーソン

**おおむね**〈大棟〉切妻屋根、入母屋屋根、寄棟屋根などの頂部の水平棟をいう。

**おおめん**〈大面〉柱材などの角を大きく削ること。大面取りをした面。→いとめん

**おおめんとり**〈大面取り〉⇒おおめん

**オールケーシングこうほう**〈一工法〉ケーシングチューブを回転圧入し内部を掘削排土後、鉄筋かごを挿入してコンクリートを打ち込み、大口径の場所打ちコンクリート杭を造る工法。

**おかぐら**〈お神楽〉木造2階建の建物で通し柱を使わず、1、2階別々の管柱を使った構造。また、平家建に2階を増築するような場合も「おかぐら」にするという。「お神楽建築」「太神楽造り（だいかぐら）」ともいう。

**おがみ**〈拝み〉破風板や垂木などを棟の部分で突き合わせること。手を合わせて拝むような形をいう。

**おぎ**〈男木〉部材の継手・仕口で、凸部を持つほうの材をいう。→めぎ

**おきどこ**〈置床〉床の間の形式の一つ。本床

おきとこ

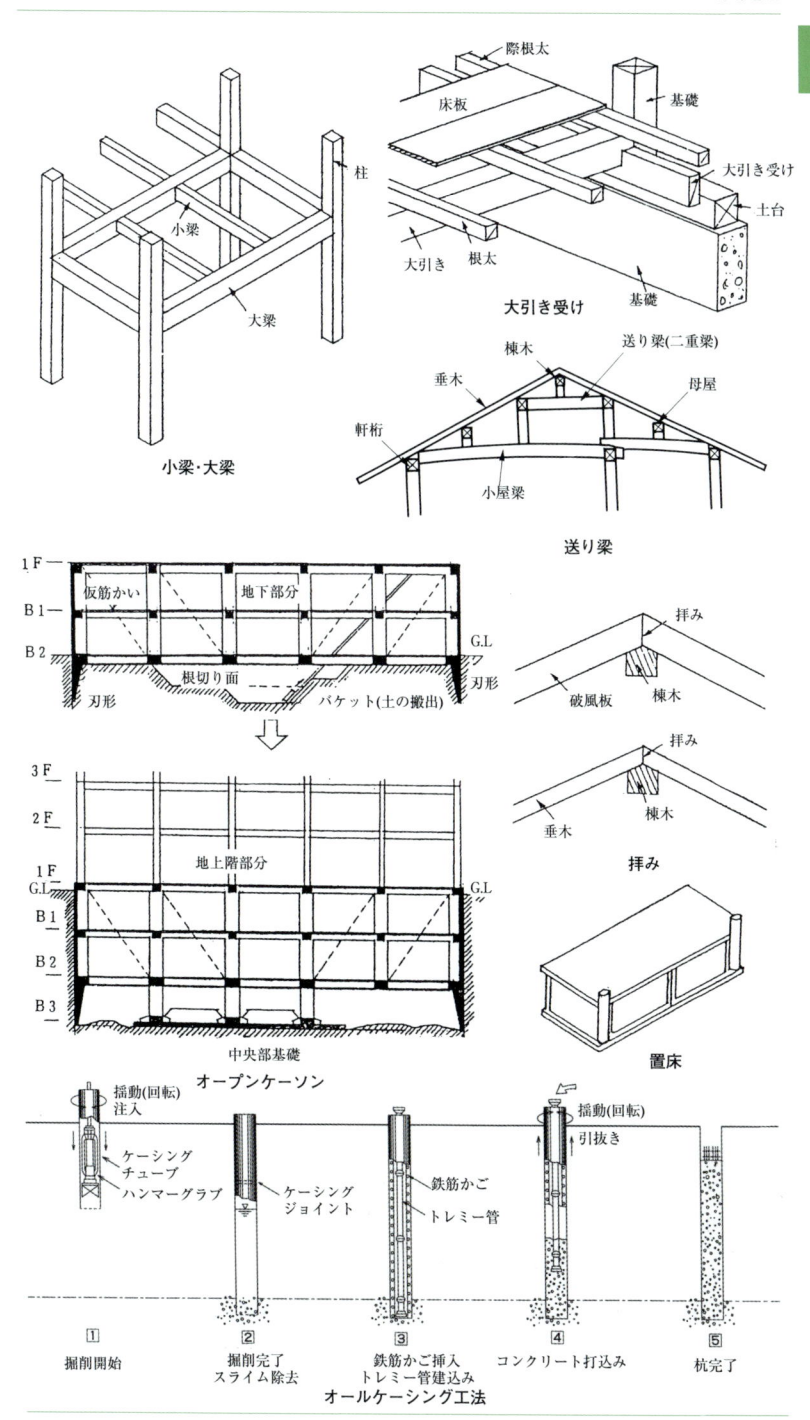

小梁・大梁

大引き受け

送り梁

拝み

置床

オープンケーソン

オールケーシング工法
① 掘削開始
② 掘削完了 スライム除去
③ 鉄筋かご挿入 トレミー管建込み
④ コンクリート打込み
⑤ 杭完了

43

と違って，すでに仕組んだものを壁際に置いた形の床の間。「付け床」ともいう。

**おくがいかいだん**〈屋外階段〉避難階段など建物の外部に取り付けている階段。

**おくじょう**〈屋上〉屋根部分を歩行などの活動ができる平坦な床とするもの。

**おくじょうていえん**〈屋上庭園〉屋上に土盛りをして庭園を造るもので，鑑賞用や温度上昇を防ぐ目的のもの。

**おくないかいだん**〈屋内階段〉建築物の内部に造られる階段。

**おくないはいかん**〈屋内配管〉給排水，ガス，廃棄物処理などのための配管で，屋内に設けられるもの。

**おくないはいせん**〈屋内配線〉建築物の内部に取り付けられる電気機器，照明などのための配線。設置場所や使用機器によってさまざまな配線方式が用いられる。

**おくりつぎ**〈送り継ぎ〉木材を継ぎ足す場合，材の元口と末口を継ぐことをいう。

**おくりばり**〈送り梁〉和小屋組の梁で，二重に組んだ上方の梁。母屋に架け渡し，棟束を受ける部材。図前頁

**おけわ**〈桶輪〉石垣の隅部において，丸みを大きくとること。

**おこし** ⇒リフティング

**おさえかなもの**〈押え金物〉床材の接合部を上から押さえて止め付ける化粧金物。石張り，人造石張りなどの化粧目地として用いられる。

**おさえコンクリート**〈押え―〉防水層を保護するため，防水層の上に施す軽量コンクリートなどをいう。

**おさえれんが**〈押え煉瓦〉陸屋根防水層の端部たち上げ部を押さえたり，地下防水層の保護のために積み上げるれんが。モルタルなどで固められる。

**おさまり**〈納まり〉部材と部材の取合せ，仕上げ細部のでき栄えなど，工作部分の仕上がりぐあいをいう。

**おしいた**〈押板〉和室の化粧床板で，床脇棚の下やかまち床の前，付け書院の下などに用いる幅1尺ほどの化粧板。

**おしいれ**〈押入れ〉寝具などを入れておく和室の収納部。中棚などを設け，引違いの襖戸を建て込む。

**おしがく**〈押角〉心持ち材の丸太を角材に製材した場合に，断面に原木の丸味が残っているものをいう。

**おしきり**〈押切り〉壁土の中に入れるわらずさ（藁苆）を切る工具。

**おしぶち**〈押縁〉合板，石膏板，羽目板などの張り板壁で，その継目を隠すために用いる細長い材。真ちゅう，アルミニウム，木製などがある。

**おだるき**〈尾垂木〉社寺建築の軒の組物の上部に配する垂木。

**おちえん**〈落ち縁〉座敷や縁側より一段低く造られる縁で，縁側の外に設けられる濡れ縁などをいう。

**おっかけだいせんつぎ**〈追掛け大栓継ぎ〉木造継手の一つ。継手の元から先にかけて双方の材を斜め半割りにし，先端を目違いほぞで組んで側面より2本の栓を打ち込んだもの。胴差し，梁，けたなどの横架材で，比較的大きな断面をもつ材の継手に使われる。「滑り大栓継ぎ」ともいう。付図参照

**おっかけつぎ**〈追掛け継ぎ〉継手の一つ。互いの木口を斜めに加工し組み合わせるもの。追掛け大栓継ぎの用途と類似しているが，込栓のない継手。

**おっつけしごと**〈押付け仕事〉その場，そのとき限りに行う仕事。

**おとしがかり**〈落し掛り〉仕口の一つ。部材が重なって交差するとき，上または下の材を少し切り欠いて落とした仕口。→かきこみ

**おとしがけ**〈落し掛け〉①床の間の上部正面に取り付ける横材のこと。鴨居・長押回りよりすこし上に取り付けられる。②⇒おとしづみ

**おとしざる**〈落とし猿〉雨戸の下框に取り付けた棒状材を，敷居の穴に差し込み戸締りとする装置。

**おとしづみ**〈落し積み〉石積法の一つで，目地が斜めに交差するように積むもの。「落し掛け」「谷積み」「矢筈（やはず）積み」「大和掛け」ともいう。

**おどりば**〈踊り場〉階段の途中に設ける面の広い平坦な部分。足休め，方向転換，昇降安全などのために設けられる。建物の用途，階段の高さなどにより法規制がある。

**おにいた**〈鬼板〉⇒おにがわら

**おにがわら**〈鬼瓦〉大棟や下り棟の端部を納める大形の化粧瓦。

**オニックスマーブル**〈onyx marble〉波状の縞模様がある淡褐色の大理石（変成岩）。装飾仕上げ材として用いられる。「オニッ

おにつく

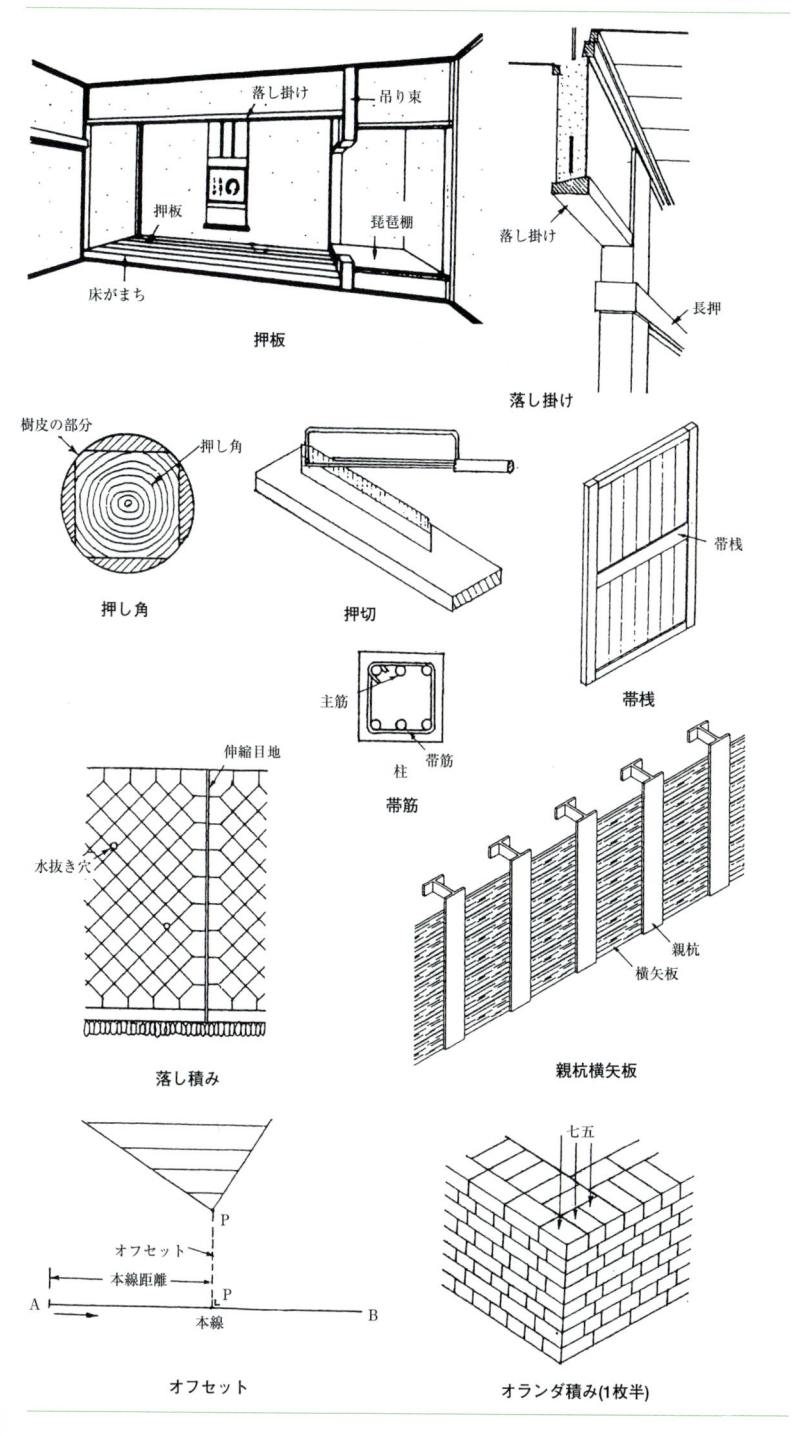

押板
- 落し掛け
- 吊り束
- 押板
- 琵琶棚
- 床がまち

落し掛け
- 落し掛け
- 長押

押し角
- 樹皮の部分
- 押し角

押切

帯桟

帯筋
- 主筋
- 柱
- 帯筋

落し積み
- 伸縮目地
- 水抜き穴

親杭横矢板
- 親杭
- 横矢板

オフセット
- オフセット
- 本線距離
- 本線

オランダ積み(1枚半)
- 七五

クス」「縞大理石」ともいう。

**おびいたばり**〈帯板梁〉鉄骨の組立梁で，フランジにアングルを用い，ウェブ材に一定間隔で鋼板の帯板を配置するもの。

**おびきん**〈帯筋〉鉄筋コンクリート柱の主筋を外側から巻くように取り付けられる鉄筋。柱に生じるせん断力に抵抗させる。「フープ」ともいう。

**おびざん**〈帯桟〉建具の中間にある横桟のこと。「腰桟」ともいう。

**おびのこばん**〈帯鋸盤〉のこ身が帯状になっていて，これをプーリで回転させ木材をひき割りする機械のこと。「バンドソー」ともいう。

**オフセット**〈offset〉測量によって求めようとする測点Pから，基準となる測線（本線）に直角に引いた線（PP'）。図のA点からの本線距離とオフセットによりP点を測定する。これを用いる平面形状測量法を「オフセット測量」という。図前頁

**おぶせ**〈お伏せ〉⇒ぬきぶせ

**おもてげんかん**〈表玄関〉来客用の玄関をいい，家人用の内玄関に対していう。

**おもてめ**〈表目〉かね尺の表目盛りのことで，これに対して裏目盛りのことを「裏目」という。表目は通常の実寸が目盛ってある。→うらめ

**おもや**〈主屋〉敷地内に数棟の建物がある場合に最も主となる建物。

**おやがねうけおい**〈親金請負〉⇒いっしきうけおい

**おやぐい**〈親杭〉→おやぐいよこやいた

**おやぐいよこやいた**〈親杭横矢板〉H形鋼やI形鋼を親杭として等間隔に打ち込み，掘削に合わせて親杭間に横矢板をはめ込み山留め壁とするもの。→やまどめ　図前頁

**おやこど**〈親子戸〉⇒おやことびら

**おやことびら**〈親子扉〉戸の大きさが違う両開き戸で，平常は大きい戸を使用し，必要によって他方の戸も開く。

**おやばしら**〈親柱〉階段の手摺りの端部や屈曲部に設け，手摺りより頭を高くした柱。

**オランダつみ**〈—積み〉外観はイギリス積みと同様で，出隅などに長さが3/4の七五を用いるれんがの積み方。図前頁

**おりあげごうてんじょう**〈折上げ格天井〉天井なげしから海老形に高くして持ち上げた格天井。格天井は格縁を碁盤目に配したものだが，折上げ部には「亀の尾」と呼ばれる折上げ支輪が用いられる。中央部を折上げ二段にするものもある。

**おりあげしりん**〈折上げ支輪〉折上げ天井の折上げ部である蛇腹部分をいう。海老形をした竪木を並べて背面に裏板を張る。竪木を蛇骨子（じゃほこ）といい，格縁と繋がる太いものを亀の尾という。

**おりあげてんじょう**〈折上げ天井〉折上げ支輪を用いて，中央部，または全体を折り上げた天井。

**おりおき**〈折置き〉木造小屋組の軒げたと小屋梁の組み方の一つ。柱で直接小屋梁を受け，その上に軒げたを渡して柱を繋いでいくもの。柱で軒げたを受け，梁を載せるものを「京呂組」という。

**おりじゃく**〈折り尺〉木製，鋼製の折りたたみができるように工夫されている物差し。

**おりたたみど**〈折畳み戸〉複数の建具を開口部に沿って畳んだり伸ばしたりして開閉する戸。

**おりべいた**〈織部板〉織部床に用いられる化粧板。正面上方の回り縁の下に取り付ける幅18〜21cmほどの板。「綿板（わたいた）」ともいう。

**おりべどこ**〈織部床〉床の間形式の一つ。織部板を取り付け，掛け軸などを吊るすようにした壁床。床の間の奥行はない。

**おりまげきん**〈折曲げ筋〉鉄筋コンクリート構造の梁の主筋の一つで，端部では上側にあり中央部で下側にくるように折り曲げられた鉄筋。梁に生じる曲げ応力，せん断応力に対応するように加工されたもの。「ベンドアップバー」ともいう。

**おれかいだん**〈折れ階段〉途中の踊り場などで，折り返したり，方向が変わる階段。

**おれくぎ**〈折れ釘〉直角に曲げてあり，掛け軸，のれん，額などを掛けるための釘。

**おんすいだんぼう**〈温水暖房〉ボイラーで熱した温水をファンコイルユニットやコンベクターなどの放熱器に循環させて行う暖房。

**おんぷうだんぼう**〈温風暖房〉熱交換器で加熱した温風を室内に吹き出して暖房する方式のもの。機械室で加熱しつくり出した温風をダクトで送り出すダクト方式と，蒸気や熱水を導いた加熱コイルを通して，温風を小型ファンで吹き出すユニット方式がある。

おんふう

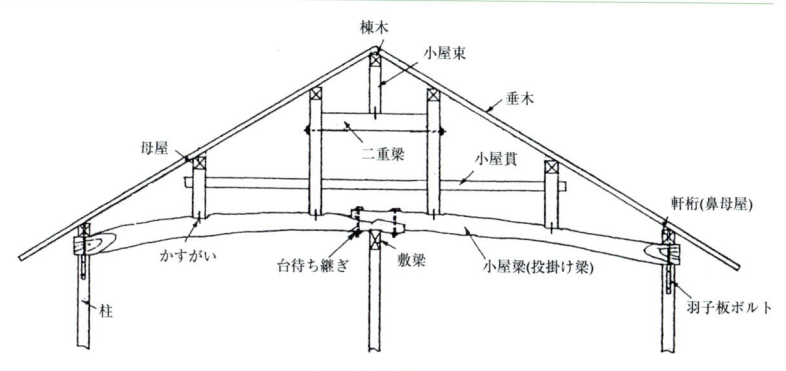

**和風小屋組(折置き)**

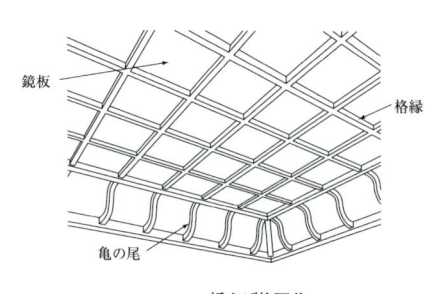

各部名称:棟木、小屋束、垂木、母屋、二重梁、小屋貫、軒桁(鼻母屋)、柱、かすがい、台待ち継ぎ、敷梁、小屋梁(投掛け梁)、羽子板ボルト

**折上げ格天井**

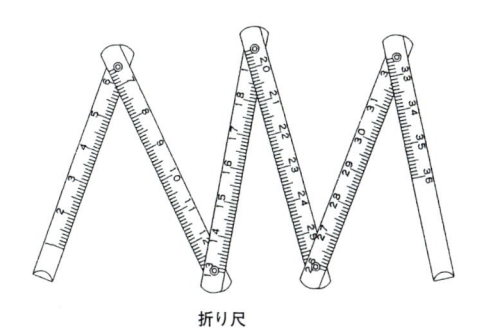

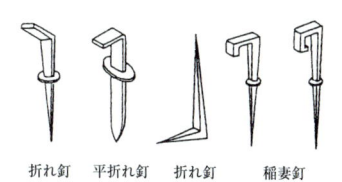

各部名称:鏡板、格縁、亀の尾

**織部床**

各部名称:折れ釘、織部板

**折り尺**

**折れ釘**

折れ釘、平折れ釘、折れ釘、稲妻釘

47

# か

**ガーダー**〈girder〉一般には骨組式構造の大梁をいう。特に橋桁や天井クレーンの移動梁のような鉄骨の大型梁をいうこともある。

**カーテンウォール**〈curtain wall〉骨組みとしての強度を期待しない仕切り壁などをいう。外壁として用いられるものには金属パネル，ガラスウォール，プレキャストコンクリート版などがある。「帳壁」ともいう。

**カーテンかなぐ**〈一金具〉カーテンレール，これを支えるブラケット，カーテンを移動させるランナー，ひるかん（鐶），ストッパーなどの金物をいう。

**カーテンボックス**〈curtain box〉カーテンレールを納めるために開口部上部の天井や壁に設ける細長い箱。

**カート**〈cart〉コンクリート運搬用の手押し二輪車で，容積は $0.1〜0.2m^3$ のものが多い。一輪車よりも安定性があり作業能率がよい。「ねこ車」ともいう。

**カートあしば**〈一足場〉コンクリートを打ち込むとき，カートの通路となる仮設足場。「ねこ足場」ともいう。

**カーペット**〈carpet〉繊維製床材の総称。織物にしたもの，繊維を加湿・加熱してシート状にしたものなどがある。

**カーペットじき**〈一敷き〉⇒じゅうたんじき

**カーペンター**〈carpenter〉大工。

**カーボランダム**〈carborundum〉電気炉で精製される炭化ケイ素。硬度高い結晶粒で，石材などの研磨材として用いられる。

**ガイ**〈guy〉⇒ガイデリック，とらづな

**かいぎ**〈飼い木〉合せ梁の，2つの材の間隔を保つために使用するもの。または，すきまにかって，物の安定をはかるもの。

**かいきょ**〈開渠〉蓋のない排水溝で，道路脇のU字溝などをいう。

**かいくさび**〈飼い楔〉部材を固定するため，すきまを埋めるように使用するくさび。壁貫を柱に固定する場合などに使われる。

**かいこうぶ**〈開口部〉出入り口，窓のほか，換気のため壁や屋根に設けられる開き口。

**かいこみ**〈掻込み〉窓台や笠木などをモルタルでつくる場合に，定木でつくった型枠を固定してそれにモルタルを塗り込むこと。

**がいざい**〈外材〉外国から輸入する原木や製材品。

**かいさき**〈開先〉突合せ溶接で，溶接部に施される溝加工。溶着金属の溶込みをよくするための開先加工にはV形やK形などがあり，さらに母材と母材との間にはすきま（ルート）をとる。「グルーブ」ともいう。

**かいさきかくど**〈開先角度〉突合せ溶接における開先面の角度。

**かいさつ**〈開札〉入札参加者の面前で開封して，結果を調べ発表すること。

**がいさんせきさん**〈概算積算〉過去の実績資料を参考に大まかな工事費用を算出するもので，単位面積や単位設備から算出するもの，床，壁，天井などの部分別に算出するものがある。

**がいしびきこうじ**〈碍子引き工事〉磁器製絶縁具の碍子を使用して，電線を支持する工事。

**かいしゃくづな**〈介錯綱〉⇒ガイロープ

**かいしょます**〈会所枡〉屋外の排水管の合流点などに設けるコンクリート製の枡。

**かいそう**〈改装〉建築物の内外装の仕上げ部分を変更すること。

**かいぞう**〈改造〉既存の建築物の一部，または大部分を造り替えることで，大規模の場合は法的規制を受ける。

**がいそうこうじ**〈外装工事〉建物の外壁など外部回りの仕上工事を総称していう。

**かいたい**〈解体〉建物を修理または移築するため，損傷を与えないよう分解・取り壊すこと。解体修理，解体移築のように使われる。

**かいだか**〈階高〉その階の床から直上階の床までの高さをいう。

**かいだん**〈階段〉下階と上階をつなぐ段状の通路。構造による分類としては，木造では箱階段，側桁階段，ささら桁階段などがあり，鉄筋コンクリート造・鉄骨造では桁式，スラブ式，片持式階段などがある。また，形状から分類すると直階段，折れ階段，折返し階段，らせん階段などがある。

**かいちく**〈改築〉建築物の一部または全部を除去し，用途・規模・構造が以前と著しく異ならないものを築造することをいい，建築基準法上は，建築となる。

かいちく

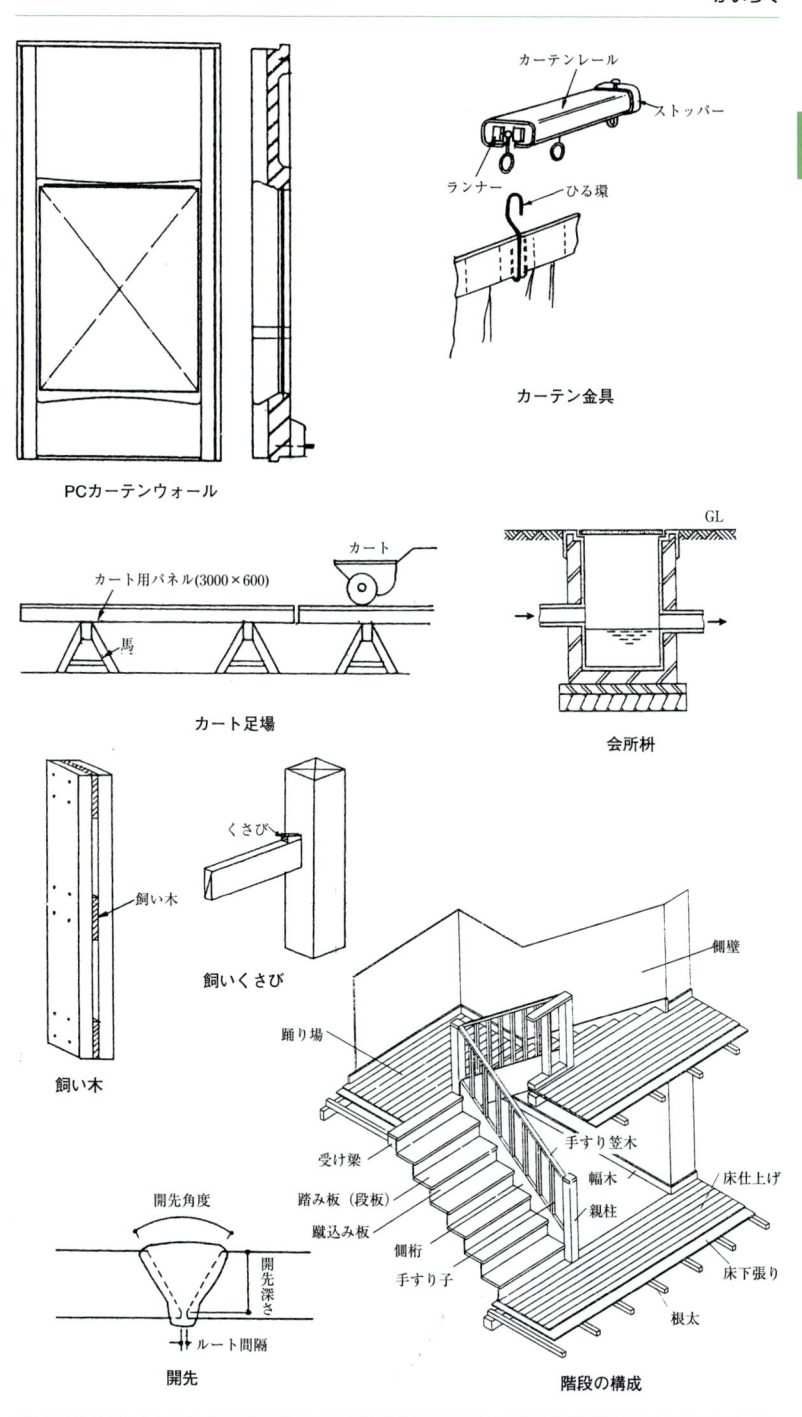

PCカーテンウォール

カーテン金具

カート足場

会所枡

飼い木

飼いくさび

開先

階段の構成

側壁
踊り場
手すり笠木
幅木
受け梁
親柱
踏み板（段板）
蹴込み板
側桁
手すり子
床仕上げ
床下張り
根太

開先角度
開先深さ
ルート間隔

**がいちゅう**〈外注〉当事者が部材や製品，図面などの製作を下請負者に発注して行わせること。

**ガイデリック**〈guy derrick〉揚重機械の一つ。ステップという基台にマストを建て，これを倒れないようにとら綱（ガイ）で固定し，基台から斜めに出したブームの先端を介して重量物を吊り下げ，移動させるもの。ブームや吊り荷ブロックの上下はウインチに取り付けたワイヤーロープで行われ，マストの脚部が回転するようになっている。略して「ガイ」ともいう。

**かいてんシェル**〈回転—〉平面上に描いた曲線を同一平面内の軸の回りに回転させてできる曲面。球形シェル，円錐シェル，円筒シェルなどがある。

**かいてんしきボーリング**〈回転式—〉⇒ロータリーボーリング

**かいてんど**〈回転戸〉4枚の戸を十字形に組み，中心軸の回りに回転させて開閉する戸で，ホテルなどの玄関口に使用される。

**かいてんねがためこうほう**〈回転根固め工法〉既製コンクリート杭の先端に特殊金物をつけて回転圧入し，支持地盤到達後セメントミルクを注入して根固めする工法。

**かいてんまど**〈回転窓〉戸の中央の軸を中心に回転させて開閉する窓で，「竪軸回転窓」と「横軸回転窓」がある。

**かいてんりつ**〈回転率〉再使用し得る仮設材料などの損料を計算する損率の根拠になるもので，材料を繰り返し使用する回数をいう。

**ガイドレール**〈guide rail〉①エレベーターのかごやバランスウエートの上下走行を案内するレール。②吊り戸などの戸車が外れないように設けられたレール。

**かいばい**〈貝灰〉貝殻を焼いた灰で，しっくいの原料となる。

**かいはつこうい**〈開発行為〉未利用地を切り拓き利用すること。建築物を建てたり，特定工作物の建設のために土地利用の変更を行うこと。

**がいぶあしば**〈外部足場〉建物の外周に組み立てる足場。

**がいぶこうじ**〈外部工事〉庭園などを含む建築物の外部空間を造成する工事。

**かいへいき**〈開閉器〉電気回路を開閉する器具。電動機用としての金属箱開閉器やカバー付きのナイフスイッチ，住宅用としてのカットアウトスイッチなどがある。また照明器具用の点滅器なども開閉器の一つである。

**かいへき**〈界壁〉共同住宅や貸事務所ビルなど利用者が異なる住居，事務所を区切る壁。

**かいもの**〈飼物〉木構造の合せ梁の間，柱と建具枠のすきまなどに挟み込む小片材。「飼木」ともいう。

**かいりょうあっちゃくばり**〈改良圧着張り〉タイルの一枚張りで，下地中塗り面とタイル裏面の両面に張り付けモルタルを付け，たたき押して張るもの。

**かいりょうつみあげばり**〈改良積上げ張り〉タイルの一枚張りで，張り付けモルタルをタイル裏面に付けて下地面に押し付け，下部から順次上へ張るもの。

**がいりょく**〈外力〉構造部材に外部より作用する力。建物に作用する荷重（外力）としては，固定荷重（自重），積載荷重，積雪荷重，地震力，風圧力などがある。

**かいろ**〈回路〉電流を流すための配線。電気回路。

**ガイロープ**〈guy rope〉揚重機で物を移動する場合など，荷物が揺れないように荷物に取り付ける控え綱。「介錯綱」ともいう。

**ガウケーソンこうほう**〈—工法〉粘性地盤を通して深礎をつくる場合に，円筒ケースを打ち込みながら内部の土を掘削し，深くなると内側に小さい円筒ケースを入れて掘る深礎工法。

**カウンターウエート**〈counter weight〉揚重機，起重機，エレベーター，劇場の吊り物などで，荷吊りのバランスを保つために付けられるおもり。「カウンター」「バランスウエート」ともいう。

**かえしくさび**〈返し楔〉両側から打つくさびのこと。

**かえり**〈返り〉逃げ墨の心墨からの距離。

**かえりかん**〈返り管〉温水や蒸気を放熱器へ送ったのち，冷えた水をボイラーへ戻すための配管。

**かえりしん**〈返り心〉基準になる通り心から，一定の間隔をとってしるす逃げ墨のこと。一定の距離を返れば心墨であるという線

**かえるまた**〈蟇股〉社寺建築に見られるもので，横架材の中央部で上の材を支持する束の役目をする化粧材。

**かかえじこみ**〈抱え仕込み〉仕口の一つ。梁を柱の側面へ取り付ける場合，えり輪をつくってほぞを打ち出し，鼻栓留めとする

かかえし

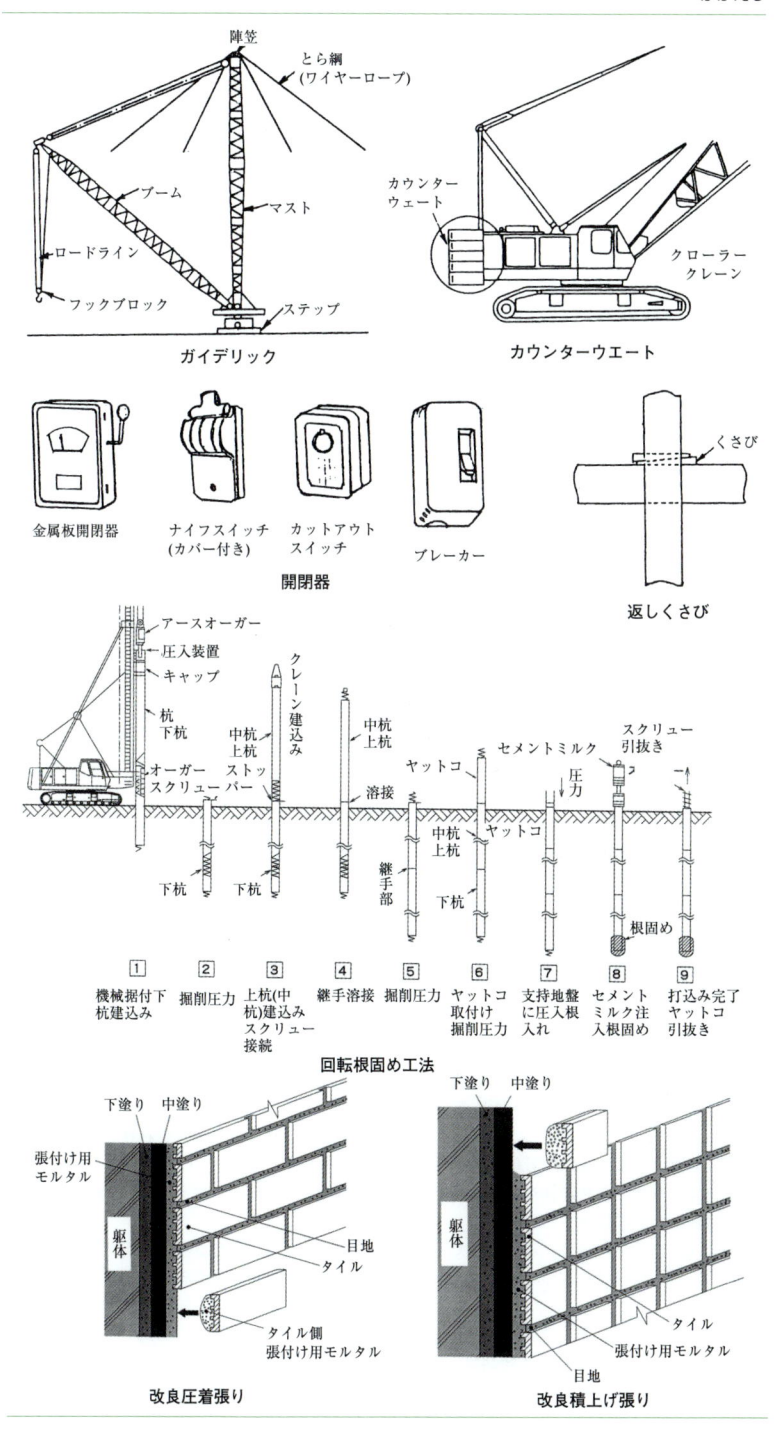

**ガイデリック** — 陣笠、とら綱(ワイヤーロープ)、ブーム、マスト、ロードライン、フックブロック、ステップ

**カウンターウエート** — カウンターウェート、クローラークレーン

**開閉器** — 金属板開閉器、ナイフスイッチ(カバー付き)、カットアウトスイッチ、ブレーカー

**返しくさび** — くさび

**回転根固め工法**

1. 機械据付下杭建込み（アースオーガー、圧入装置、キャップ、杭、下杭、オーガースクリュー）
2. 掘削圧力（中杭上杭、ストッパー、下杭）
3. 上杭(中杭)建込みスクリュー接続（クレーン建込み、溶接）
4. 継手溶接（中杭上杭、継手部）
5. 掘削圧力（下杭）
6. ヤットコ取付け掘削圧力（ヤットコ、中杭上杭）
7. 支持地盤に圧入根入れ（圧力）
8. セメントミルク注入根固め（セメントミルク、スクリュー引抜き、根固め）
9. 打込み完了ヤットコ引抜き

**改良圧着張り** — 下塗り、中塗り、張付け用モルタル、躯体、目地、タイル、タイル側張付け用モルタル

**改良積上げ張り** — 下塗り、中塗り、躯体、タイル、張付け用モルタル、目地

仕口。

**かがみいた**〈鏡板〉平滑な面をもつ一枚板をいう。板戸などの建具のほか，天井，板壁などにも用いられる。

**かがみいたばりてんじょう**〈鏡板張り天井〉格縁や竿縁を用いず，木目のきれいな一枚板（鏡板）を天井に張るもの。床の間の天井などに用いられる。「鏡天井」ともいう。

**かがみど**〈鏡戸〉無垢の一枚板や合板を建具枠にはめ込んでつくられた戸。

**かきおとし**〈搔落し〉モルタル塗り仕上げ法の一つ。色モルタルなどを使い，上塗りした仕上げ面が硬化するころ，表面をこてや金ぐしでかき削って粗面とする仕上げ。「かき落し粗面仕上げ」ともいう。

**かきこみ**〈欠込み〉仕口の一つ。部材が交差する場合，他材の幅だけ切り欠いて納める方法。「落し掛り」に類似する。

**かきつけ**〈搔付け〉小舞下地をつくるとき，間渡し竹と小舞竹を小舞縄（搔縄ともいう）で巻き付けて取り付けること。→こまいかき

**がくいりしょうじ**〈額入り障子〉障子戸の中央部に額縁を付け，透明ガラスを嵌めて外が見えるようにしたもの。→しょうじど

**かくがたこうかん**〈角形鋼管〉鋼構造の骨組に使用される一般構造用角形鋼材で断面が角形のもの。「角鋼管」ともいう。

**かくざい**〈角材〉正方形や長方形の断面をした部材の総称。木材では，JASにより「ひき角類」に分類され，正角，平角がある。

**かくしあり**〈隠し蟻〉留め仕口の一つ。内部に蟻ほぞを隠したもので長押や建具の留め仕口に使われる。「ひな留め」に類似する。

**かくしくぎうち**〈隠し釘打ち〉仕上げ表面から見えないように釘を打つこと。

**かくせんせき**〈角閃石〉岩石を構成する鉱物の一つ。ほかに造岩鉱物として石英，長石，方解石，雲母，輝石，かんらん石などがある。

**かくていぐい**〈拡底杭〉場所打ちコンクリート杭で，支持力や経済性を考慮し杭先端部だけを拡大するもの。

**がくなげし**〈額長押〉洋間，廊下などで，額を吊る金具の取付けなどのために設ける水平化粧材。

**かくにんしんせいしょ**〈確認申請書〉建築基準法第6条第1項に規定する申請書。「建築主は，……当該工事に着手する前に，その計画が当該建築物の敷地，構造及び建築設備に関する法律並びにこれに基づく命令及び条例の規定に適合するものであることについて，確認の申請書を提出して建築主事の確認を受けなければならない。……」。確認を受けなければならない建築物については，同条第1項1～4号に規定される。

**かくにんつうちしょ**〈確認通知書〉建築基準法第6条第4項に規定する通知書。確認申請書を審査し，敷地・構造・建築設備に関する規定に適合することを確認したとき建築主事から当該申請者（建築主）に通知される。

**かくのみばん**〈角鑿盤〉木材に角穴を彫るときに使う機械。ほぞ穴などの加工に利用される。

**がくぶち**〈額縁〉洋間の開口部回りに取り付ける縁木で，窓・出入口と壁との納まりに用いられる。

**かくへき**〈隔壁〉仕切りの壁をいい，間仕切り壁をいうこともある。

**かくぼり**〈角掘り〉⇒つぼほり

**かくれせん**〈隠れ線〉図面上では裏側になり見えない部分を破線を用いて表現するもの。

**かけ**〈掛け〉垂木や根太などを壁際で支える受け材のこと。→ひさし

**かけがね**〈掛け金〉開き戸の簡単な戸締り金具で，輪形の掛け金を掛けて，その外側に釘や南京錠を差して締まりとするもの。

**かけがわら**〈掛け瓦〉入母屋根の破風上など，けらばに沿って掛ける唐草瓦をいう。→かわら

**かけこみてんじょう**〈掛込み天井〉草庵茶室の天井で，平天井と傾斜する化粧屋根裏などを組み合わせて変化を求めるもの。

**かけや**〈掛矢〉木杭の打込みや建入れなどに用いる堅木でつくられた大きな木づち。カシやケヤキなどの堅木のつちに柄を取り付けたもの。「大づち」「矢助」ともいう。

**かこうがん**〈花崗岩〉火成岩の一つで，通常御影石と呼ばれる硬質の石材。圧縮強さがあり耐久性が大きいことから，外壁，床，階段などに用いられる。大材が得やすいが耐火性は小さい。

**かこうしきこうぞう**〈架構式構造〉細長い直線材で骨組みを構成する構造法。柱に梁を架け渡す形式の木構造，鉄骨構造などをいう。「まぐさ式構造」ともいう。

**かさいし**〈笠石〉組積造の塀や擁壁，パラペット，手すりなどの頂部に，保護および装

かさいし

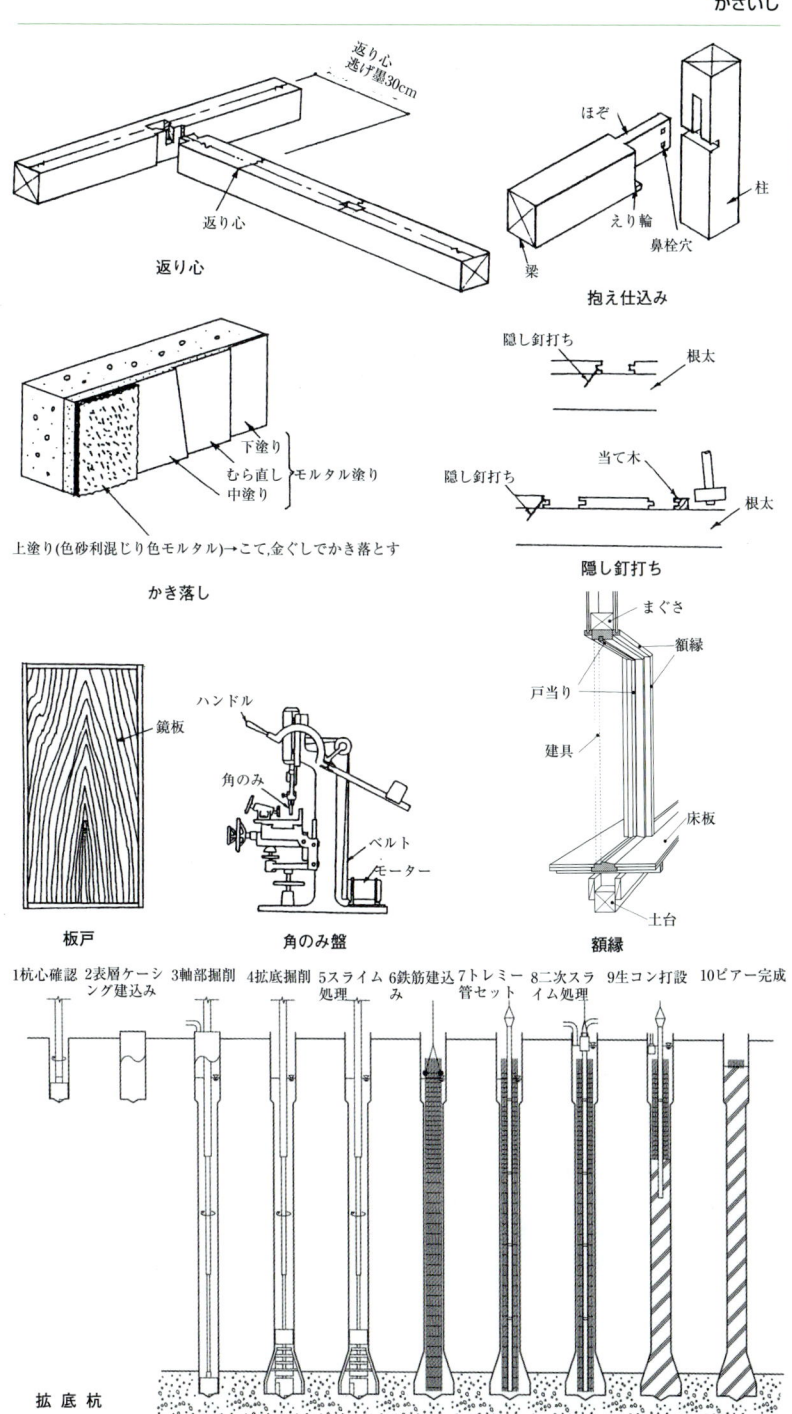

返り心
返り心
返り心逃げ墨30cm

抱え仕込み
ほぞ
えり輪
鼻栓穴
柱
梁

かき落し
下塗り
むら直し
中塗り
モルタル塗り
上塗り(色砂利混じり色モルタル)→こて,金ぐしでかき落とす

隠し釘打ち
隠し釘打ち
根太
当て木
隠し釘打ち
根太

板戸
鏡板

角のみ盤
ハンドル
角のみ
ベルト
モーター

額縁
まぐさ
額縁
戸当り
建具
床板
土台

拡底杭
1杭心確認　2表層ケーシング建込み　3軸部掘削　4拡底掘削　5スライム処理　6鉄筋建込み　7トレミー管セット　8二次スライム処理　9生コン打設　10ピア完成

飾を兼ねて載せる石。
**かさいた**〈笠板〉戸袋などの上部に取り付ける天板をいう。→あまど
**かさいほうちせつび**〈火災報知設備〉火災の発生をすみやかに通報・警報する装置。火災を自動的に検出する感知器および発信器と，火災場所を表示する受信装置およびベルなどの警報装置で構成される。感知器には定温式，差動式，補償式のほか煙感知器がある。また，消防機関への通報装置としては，火災報知機や非常通報機などがある。
**かさぎ**〈笠木，蓋木〉板塀や階段の手すりの最上部に取り付ける材のこと。
**かさねがまち**〈重ね框〉引違い戸，上げ下げ窓などの召し合せ部分の重なり合うかまちをいい，気密性を重視する場合は引掛け具などの細工をする。
**かさねつぎ**〈重ね継ぎ〉2材を重ね合わせて接合するもので，釘，ボルト，溶接などで接合される。→ラップジョイント
**かさねつぎて**〈重ね継手〉⇒ラップジョイント
**かさねていこうようせつ**〈重ね抵抗溶接〉接合する部材の接触部に通電し，発生する抵抗熱を利用して加熱，加圧して接合する溶接。
**かさねほぞ**〈重ね柄〉2段に長くのばすほぞで，折置組の桁と梁を貫く柱の先端などに使われる。付図参照
**かさねめじ**〈重ね目地〉⇒よこめじ
**かざりこうじ**〈錺工事〉⇒ばんきんこうじ
**かざりぶち**〈飾り縁〉窓回りの納まりに使われる部材の一つで，ぜん板の下に取り付けるもの。
**かし**〈瑕疵〉建築物に生じている疵，欠点，故障，不具合などをいい，価値を減じさせるもの。
**かしたんぽ**〈瑕疵担保〉瑕疵の無償修理を保障すること。
**かしつき**〈加湿器〉室内の湿度を高めるのに用いる装置。空気調和機に組み込まれるもので，加湿タンク部の水を加熱し，発生する水蒸気を使用する加湿パン式と，空気中に直接水蒸気を放出する蒸気噴霧式がある。
**かしめ**鋼板の端部をすきまなくたたきつぶすこと。またはリベットを打つことをいう。
**かしめあしば**〈かしめ足場〉⇒こうびょうあしば

**かじゅう**〈荷重〉固定荷重，積載荷重，積雪荷重，風圧力，地震力などの建築物に作用する力をいう。
**カシューじゅしとりょう**〈―樹脂塗料〉カシューナッツの皮から精製し，合成樹脂などを加えてつくられた塗料。耐油・耐水性に優れ，耐候性があることから家具，工芸品，建築内部仕上げなどに用いられる。「カシュー塗料」ともいう。
**かじゅうてんスチフナー**〈荷重点―〉鉄骨構造の大梁などで，荷重を受ける部分のウェブ材を補強する鋼材。大梁に小梁が取り付く部分などのフランジやウエブ材の座屈を防止する。
**かしら**〈頭〉一般に職人グループの親方をさす。
**かしらぬき**〈頭貫〉社寺建築の柱頭に設置する横架材で，貫通せず欠込み部に落とし込んで頭つなぎとするもの。
**ガスあっせつき**〈―圧接機〉鉄筋継手の溶接合に用いられる機器。2本の鉄筋を直線上におき，ガスバーナーで均等に加熱しながら加圧して接合するもの。この機器による接合法を「ガス鉄筋圧接法」という。
**かすがい**〈鎹〉建材，部材を結合するために打ち込むコの字形の大釘。
**ガスかん**〈―管〉水，ガス，蒸気などの供給に用いられる配管用炭素鋼管。亜鉛めっきをした「白ガス管」と，そのままの「黒ガス管」がある。
**ガスケット**〈gasket〉⇒グレイジングガスケット
**ガスせつだん**〈―切断〉酸素とアセチレンの酸化炎を吹き付けて，鋼材を溶融させて切断する方法。
**ガスようせつ**〈―溶接〉母材の接合部をアセチレンガスと酸素の火炎で溶融し，溶加材を加えて接合する溶接法。
**かせいがん**〈火成岩〉岩石成因上の名称。地球内部の岩しょう（マグマ）が凝固したもので，深い地中で凝固したものを深成岩，地表や地表近くで凝固したものを火山岩，その中間で凝固したものを半深成岩という。凝固の位置によって組織が異なり，深成岩には花崗岩，火山岩には安山岩や玄武岩，半深成岩には石英はん岩などがある。
**かぜうけトラス**〈風受け―〉鉄骨構造の2階以上の床面や小屋梁面の外周部に，水平

かせうけ

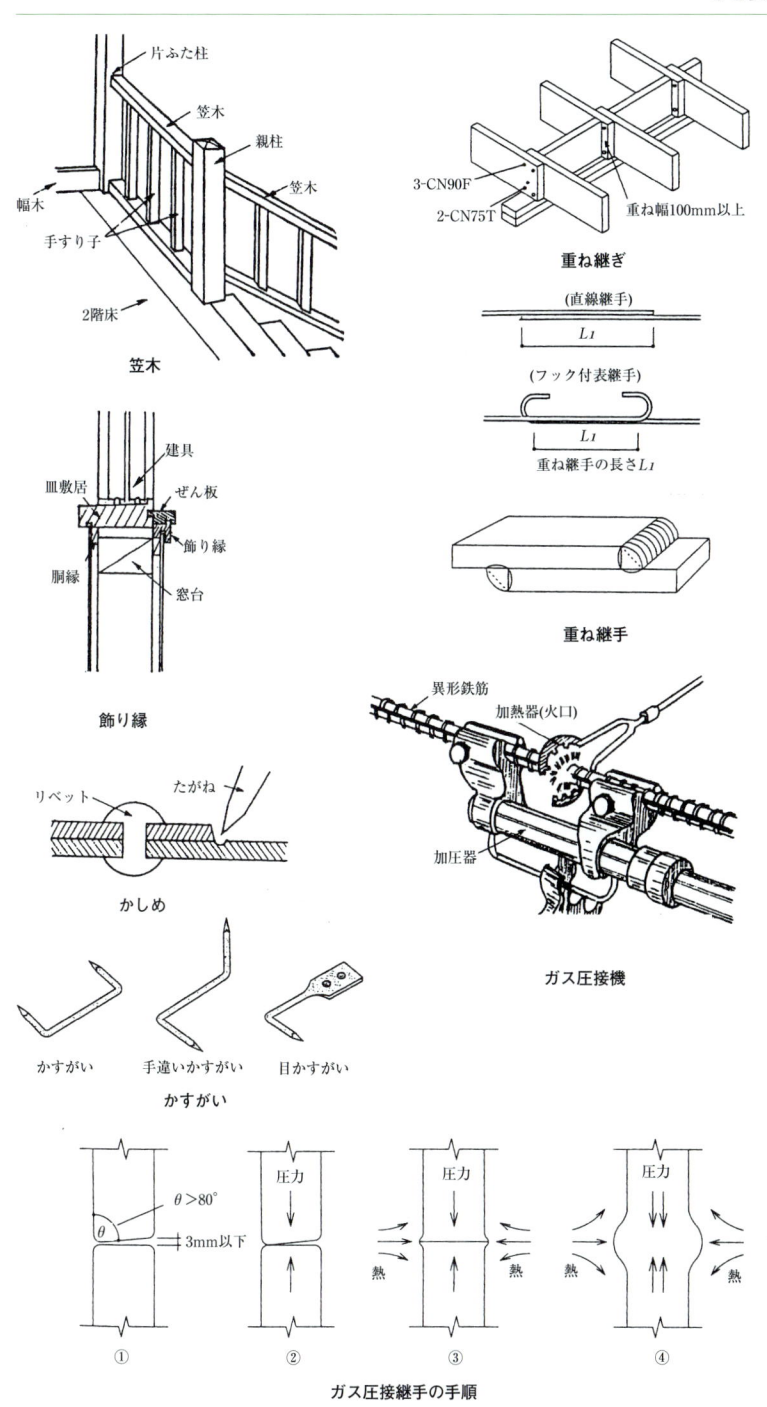

片ふた柱
笠木
親柱
笠木
幅木
手すり子
2階床

笠木

建具
皿敷居
ぜん板
飾り縁
胴縁
窓台

飾り縁

リベット
たがね

かしめ

かすがい　手違いかすがい　目かすがい

かすがい

3-CN90F
2-CN75T
重ね幅100mm以上

重ね継ぎ

(直線継手)
$L_1$

(フック付表継手)
$L_1$

重ね継手の長さ$L_1$

重ね継手

異形鉄筋
加熱器(火口)
加圧器

ガス圧接機

① $\theta > 80°$ 3mm以下
② 圧力
③ 圧力 熱
④ 圧力 熱

ガス圧接継手の手順

に取り付けられるトラスで、壁面に作用する風圧力を軸組やブレース（筋違い）に伝えるもの。「水平トラス」ともいう。

**かぜかじゅう**〈風荷重〉建築物に作用する風の圧力をいい、風速と建築物の形状に左右される。

**かぜきりまるがわら**〈風切丸瓦〉瓦屋根の切妻部に並べるけらば瓦を押さえる丸瓦。装飾性の高い瓦屋根などに用いられる。

**かせつけんちくぶつ**〈仮設建築物〉工事期間中、現場敷地内またはその周辺に仮設される建物で、材料置場、倉庫、下小屋、現場事務所、作業員宿舎などをいう。

**かせつこうじ**〈仮設工事〉建設工事を効率よく円滑に進めるために行う各種準備作業。測量、地盤調査、水盛り・やり方などの作業のほか、仮囲い、現場事務所、下小屋、建設機械などの設置、足場・桟橋、災害防止・養生設備などの構築作業、その他工事規模に応じた諸作業がある。

**かせつこうじけいかく**〈仮設工事計画〉仮設工事を行う際、施工者が関係法令に準拠して実施計画をたてること。必要な施設は仮設計画図に、工程は工程表などに表される。

**かせつそんりょう**〈仮設損料〉工事用仮設物の中には、１回の使用で消耗する全損材料と再使用のできる損耗材料があり、この損耗する仮設材の消費費用をいう。工事費算出の際の一つの項目。

**かせつどうろ**〈仮設道路〉工事のため一時的に設ける道路で、主として車両用の道路。

**ガセットプレート**〈gasset plate〉鋼構造において、部材と部材を接合する場合に用いる鋼板。特にトラス部材の接合部、筋かい端部などに用いられるもの。

**かせつばりかたわくこうほう**〈仮設梁型枠工法〉梁型枠間に仮設梁をかけてスラブ型枠を支える工法で、支保工をなくして下部の作業場所を確保するもの。

**かぜよけしつ**〈風除室〉出入口扉の開閉により起こる内外の極端な気流変動を防ぐために設ける前室。多雪地域の建物や事務所、ホテル等の玄関ホールに接して設けられる。

**かぜをひく**〈風邪を引く〉セメントなどが風化してしまって、硬化しなくなること。

**かたあしば**〈片足場〉「一本足場」のこと。一側足場の一つで、布材・建地を一面に組み、足場板はなく、簡単な工事に用いられる。

**かたあり**〈片蟻〉仕口・継手の一つ。逆台形のあり首を、縦半分の片側だけにしたもの。

**かだい**〈架台〉⇒うま

**かたいた**〈型板〉鉄骨工事で、原寸図からガセットプレートなどの形をとる合成樹脂製フィルムなどをいう。

**かたいたガラス**〈型板―〉装飾的な型模様を付けて視線を遮るようにした板ガラス。

**かたおし**〈片押し〉工事を片一方から進めていくことをいう。

**かたぎ**〈堅木〉針葉樹に対して比較的堅い広葉樹をいう。代表的なものになら、けやき、ぶな、かしなどがある。

**かたぎおおいれ**〈傾ぎ大入れ〉仕口の一つ。通し柱に胴差しの端部を取り付ける場合などに使われる。胴差しの端部を斜めに切って大入れにするもので、中央をほぞにして差し込む場合を「傾ぎ大入れほぞ差し」という。「傾ぎ陰入れ」「傾ぎ入れ」ともいう。

**かたぎかげいれ**〈傾ぎ陰入れ〉⇒かたぎおおいれ

**かたこう**〈形鋼〉熱間圧延または冷間成形によって種々の断面形状に加工された構造用鋼材。熱間圧延形鋼には山形鋼、I形鋼、溝形鋼、H形鋼などがあり、冷間圧延形鋼としてはリップ溝形鋼、Z形鋼、角鋼管などがある。後者は特に「軽量形鋼」という。

**かたこうばしら**〈形鋼柱〉単一材の形鋼を柱とするもので、おもにH形鋼、角形鋼管、鋼管が使用される。

**かたこうばり**〈形鋼梁〉単一材の形鋼を梁とするもので、おもにH形鋼が使用される。

**かたさばき**〈片捌き〉長押端部の納め方で、床柱を直角に巻いて留める形。なげし木口が見えないようにするもので、出合い仕口は留めに納める。

**かたながれやね**〈片流れ屋根〉平面の屋根で、一方に傾斜させているもの。付図参照

**かたねりコンクリート**〈硬練り―〉コンクリートは硬く練るほど発生強度がよいが施工がしにくくなる。バイブレーターによる振動打ちが必要な程度に硬練りされたもの。

**かたば**〈片刃〉石材の表面を叩いて平らに仕上げる槌状の工具で、片方が平刃になっているもの。

**かたびき**〈片引き〉一枚だけの建具を使用するもので、片側に移動させて開閉するもの。

かたひき

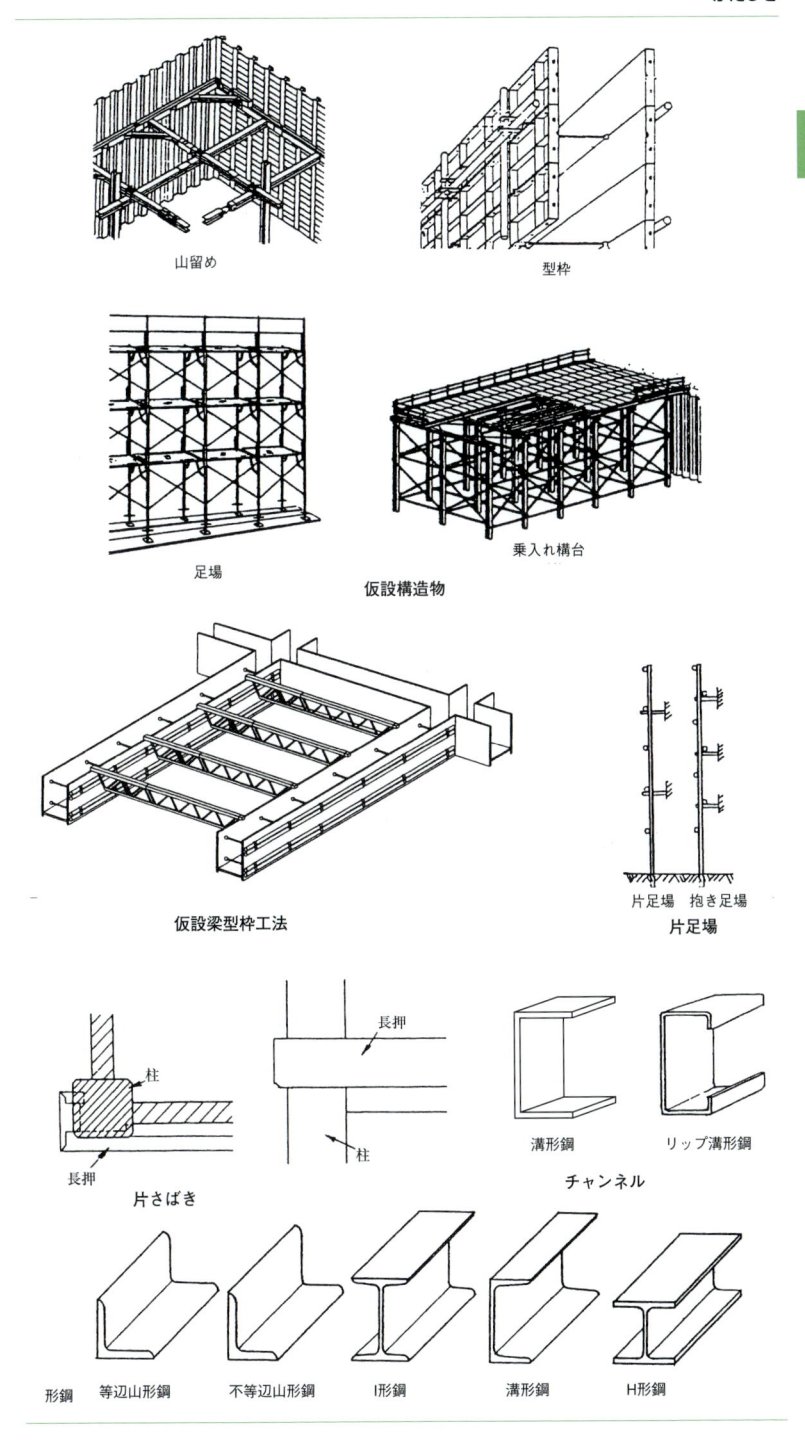

山留め

型枠

足場

仮設構造物

乗入れ構台

仮設梁型枠工法

片足場　抱き足場
片足場

長押
柱
片さばき

長押
柱

溝形鋼　リップ溝形鋼
チャンネル

形鋼　等辺山形鋼　不等辺山形鋼　I形鋼　溝形鋼　H形鋼

**かたびらき**〈片開き〉一枚だけの建具を使用するもので，端部の取付け蝶番を中心に回転させて開閉するもの。

**かたふたばしら**〈片蓋柱〉真壁端部の柱で，片引戸を納める半壁に合わせた半柱をいう。

**かたもちばり**〈片持ち梁〉梁の一端を固定して支持点とし，一方を自由に持ち出した形の梁。「キャンティレバー」「突出し梁」ともいう。

**かたわく**〈型枠〉コンクリートを流し込んで固まらせるために用いる枠板で，支保工を組み合わせた仮設材。木材・合板・鋼板が多く用いられる。「仮枠」「パネル」ともいう。

**かたわくあしば**〈型枠足場〉型枠の設置や解体のために設ける足場。

**かたわくそんちきかん**〈型枠存置期間〉コンクリートの打設後，型枠を取り外すまでの期間。存置中の気温や部位による材齢によってその期間は異なる。

**かたわくパネル**〈型枠―〉型枠として用いられる一定の大きさをもったせき板。木製，合板製，鋼製のものがある。

**かたわくようごうはん**〈型枠用合板〉コンクリート打込みに使用する合板で，一般用と打放し仕上げ用のものがある。

**かつおぎ**〈堅男木〉神社建築本殿の棟上に，棟と直角方向に間隔をおいて水平に並べられる断面が円形の短材。

**かっしゃ**〈滑車〉手動で行う揚重機器の一つ。ロープや鎖を用いて溝の付いた車を回転させ，力の向きを変えたり小さな力を大きくしたりする。軸の位置が固定された定滑車と，移動する動滑車の組合せになっている。

**がっしょう**〈合掌〉①木造洋小屋組の部材の一つ。陸梁とともにトラスを構成し，屋根面に沿って母屋を受ける斜材。②２つの部材を山形に拝み組みするものの名称。

**がっしょうづくり**〈合掌造り〉急勾配の大きな合掌を組んだ切妻造りの民家様式。叉首（さす）と呼ばれる丸太材を合掌状に組んで，茅葺きの大きな屋根裏を造る。屋根裏は２層３層に分けて養蚕部屋などとし，１階を居住空間とした大屋根の家。岐阜県白川村や富山県の五箇山地方に多く見られる。

**かってぐち**〈勝手口〉玄関とは別に設ける出入口で，台所へ通じるもの。

**カットアウトスイッチ**〈cut out switch〉蓋の開閉で電気回路を開閉するもの。過電流に反応するヒューズなどが組み込まれており，「安全器」ともいう。

**かつどうかたわくこうほう**〈滑動型枠工法〉硬化した部分の型枠を順次上のほうへ移動させながら，コンクリートの打込みをする工法。「スライディングフォーム工法」「スリップフォーム工法」ともいう。

**カットオフきん**〈―筋〉⇒トップきん

**カップラー**〈coupler〉⇒カップラージョイント

**カップラージョイント**〈coupler joint〉鉄筋の継手法の一つ。内側に鉄筋の径に合わせてねじが切ってある筒状の金具（カップラー）に，双方から鉄筋をねじ込んで接合するもの。

**カップリング**〈coupling〉配管相互を接続する短管で，内側に雌ねじが切ってある。

**かどうしきアンカーボルトうめこみ**〈可動式―埋込み〉埋込み位置を箱形などに空け，基礎コンクリート硬化後にアンカーボルトを挿入しモルタルで固定するもの。

**かとうまど**〈火灯窓〉禅宗建築で，窓枠の上部が曲線状の炎の形をしている窓。

**かどかなもの**〈角金物〉木造仕口の補強金物で，帯鋼をT形，L形に加工したもの。

**ガナイト**〈gunite〉乾式のモルタル吹付工法で，セメントガンなどを使い，ノズル先端で水を加えながら行う。「グナイト」ともいう。→セメントガン

**かなぐし**〈金櫛〉左官用工具の一つ。塗り仕上げをする下地面をこすって荒らし，付着をよくするためのもの。また，モルタル面の掻き落とし仕上げなどにも使われる。

**かなごてしあげ**〈金鏝仕上げ〉鋼製の塗りごてを使う左官の仕上げ法。使用する左官材料にもよるが，木ごてより滑らかな面にすることができる。

**かなしき**〈金敷〉⇒テストアンビル

**かなてこ**〈金梃子〉⇒バール

**かなといし**〈金砥石〉かんなやのみの刃の裏出しに使われる鋼製の砥石。金剛砂を併用して使われる。

**かなばかりず**〈矩計図〉建物の基準となる外壁部分の断面詳細図で，屋根の軒先から基礎下端までの高さ関係，部材の構成，開口部の納まりなどを表す。設計詳細図の一つ。

**かなもの**〈金物〉建築に使われる金属製の補助部材の総称。補強金物，建具金物，設備

かなもの

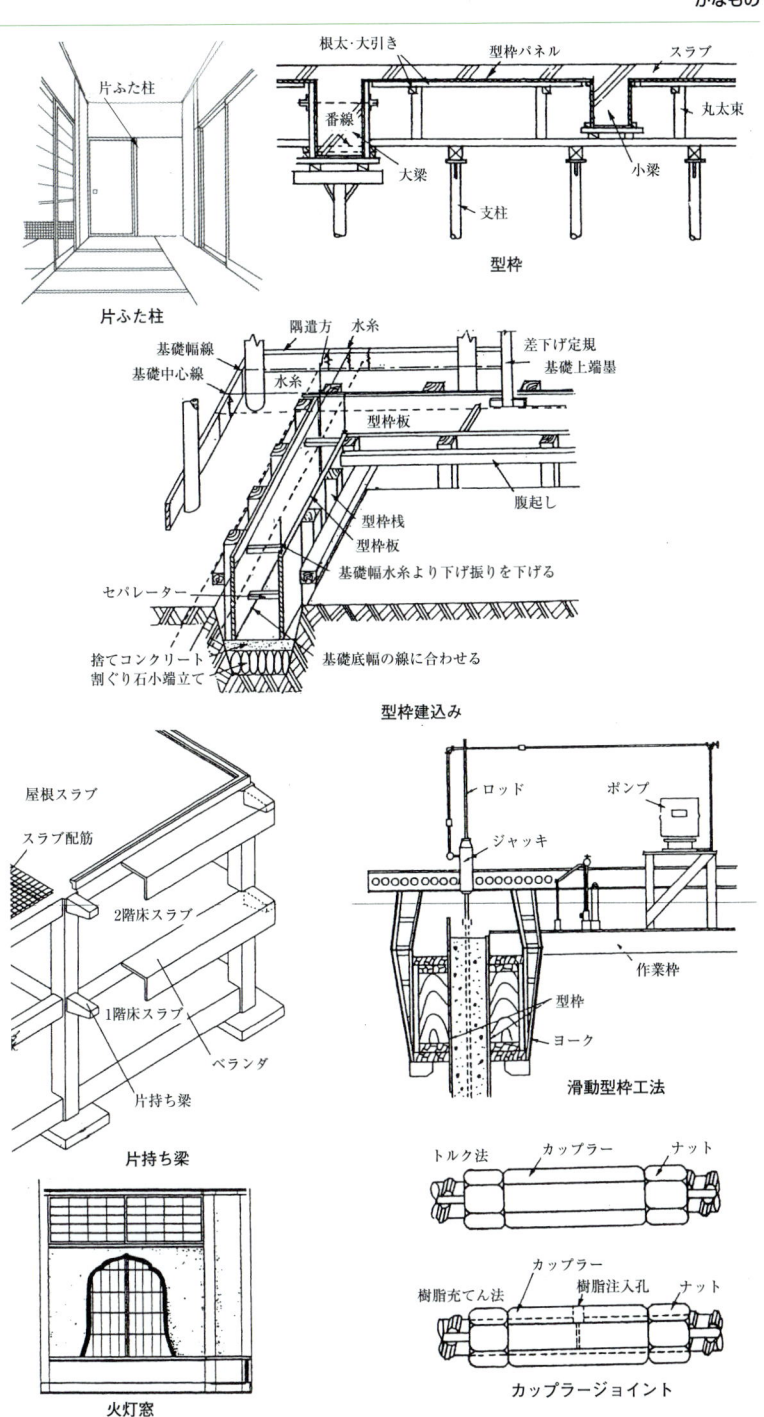

**片ふた柱**

**型枠**
- 根太・大引き
- 型枠パネル
- スラブ
- 番線
- 丸太束
- 大梁
- 支柱
- 小梁

**型枠建込み**
- 隅遣方
- 水糸
- 基礎幅線
- 基礎中心線
- 水糸
- 差下げ定規
- 基礎上端墨
- 型枠板
- 腹起し
- 型枠桟
- 型枠板
- 基礎幅水糸より下げ振りを下げる
- セパレーター
- 捨てコンクリート
- 割ぐり石小端立て
- 基礎底幅の線に合わせる

**片持ち梁**
- 屋根スラブ
- スラブ配筋
- 2階床スラブ
- 1階床スラブ
- ベランダ
- 片持ち梁

**滑動型枠工法**
- ロッド
- ポンプ
- ジャッキ
- 作業枠
- 型枠
- ヨーク

**火灯窓**

**カップラージョイント**
- トルク法
- カップラー
- ナット
- 樹脂充てん法
- カップラー
- 樹脂注入孔
- ナット

金物などがある。

**かなものこうじ**〈金物工事〉鉄骨工事，鉄筋工事，板金工事，金属製建具工事，設備工事を除いたいっさいの金属材料に関する工事をいう。構造的な金物工事と装飾的な金物工事に分けることができる。

**かなわつぎ**〈金輪継ぎ〉継手の一つ。小屋梁，合掌，敷桁などに用いるもので，上下材は同じ形に加工され，側面より栓を打って締め付けるもの。付図参照

**かにめん**〈蟹面〉瓦葺き屋根の棟部分下端の，のし瓦と平瓦の取り合い部分にできるすきまに使用する面戸瓦。

**かね**〈矩〉直角のことをいう。木造建築の規矩（きく）からきていて，その基準となる直角を出すことを「矩を出す」という。

**かねおり**〈矩折〉⇒かねのて

**かねおりかなもの**〈矩折金物〉出隅部分の通し柱に梁と胴差しがL形に取り合う部分などの仕口を補強する金物。

**かねおりめちがい**〈矩折目違い〉L字形をした目違いほぞのこと。継手・仕口の一つ。

**かねこうばい**〈矩勾配〉水平線に対して45°の勾配。底辺と垂辺が同じ長さ。

**かねざし**〈矩指〉⇒かねじゃく

**かねじゃく**〈曲尺，矩尺〉長手と短手からなるL字形の物指し。目盛りに表目と裏目があり，裏目は表の$\sqrt{2}$倍に目盛ってある。大工道具の一つ。「指金」ともいう。

**かねつほうしき**〈加熱方式〉ボイラーや湯沸器の加熱法で，燃料で直接加熱する直接式と蒸気加熱のような間接式がある。また貯湯槽をもった貯湯式と，瞬時に加熱給湯を行う瞬間式に分けられる。

**かねのて**〈矩の手〉直角に曲がっていること。「矩折」ともいう。

**かねをまく**〈矩を撒く〉角材の2面にかね尺を使って直角線を引くこと。

**かのこずり**〈鹿の子摺り〉かの子は鹿の子の毛皮のようなむらの意。しっくい塗りなどのむら直しのことで，凹所にしっくいを薄く塗って平滑にすること。

**カバープレート**〈cover plate〉鋼構造部材の曲げに対する補強部分や継手部分で，フランジの外側に添える帯状の鋼板。

**かぶきもん**〈冠木門〉左右の親柱の上部に冠木と呼ぶ貫を通し，内開きの扉を付けた門。

**かぶとあり**〈兜蟻〉仕口の一つ。京呂組の小屋組で，軒桁に小屋梁が取り付く部分の仕口。小屋梁の木口の下部にありほぞをつくり，軒桁に半乗りするような形で組み合わせる。付図参照

**かぶとづくり**〈兜造り〉茅葺の半切妻屋根をもつ民家の様式。妻壁上部に採光，通風のための開口部を設け，屋根裏を養蚕室とするもの。大きな屋根が兜に似るところからこの名がある。

**かぶらづか**〈蕪束〉木造寄棟屋根を洋小屋組とする場合の端部の真束をいう。「隅真束」ともいい，下り棟が寄合う部分の真束は，棟木と2本の合掌と2本の隅合掌，1本の妻合掌が取り付いて太く複雑な形になる。「かぼちゃづか」ともいう。

**かぶり**〈被り〉塗料の乾燥過程で湿度が高い場合，空気中の水蒸気が塗面に凝結吸着されて白くなる現象。「白化」ともいう。

**かぶりあつさ**〈被り厚さ〉鉄筋コンクリート部材の，補強鉄筋最外端からこれを覆うコンクリート表面までの寸法。鉄筋のさびを防ぐため，部所により最小被り厚さが決められている。「覆い」ともいう。

**かべしきこうぞう**〈壁式構造〉壁と床を一体にして壁で荷重を支える形式のもの。鉄筋コンクリート版を箱状に一体化したもので，仕切り壁の多い共同住宅等に用いられる。

**かべしきプレキャストこうほう**〈壁式―工法〉工場で壁や床のプレキャスト鉄筋コンクリートパネルを製造し，現場で組み立てる工法。「壁式プレキャスト鉄筋コンクリート構造」ともいう。

**かべしたじ**〈壁下地〉内外の壁を仕上げる場合の下ごしらえ。塗り壁，張り壁など仕上げ材によって異なるが，木ずり下地，小舞竹下地，ラスボード下地，ラスモルタル下地，合板下地，胴縁下地などがある。

**かべしん**〈壁心〉壁の中心線で，壁の厚さの2等分線をいう。

**かべつち**〈壁土〉真壁の塗り壁に用いられる土。下塗り用の荒壁土や中塗り土，仕上げ用の色土や色砂などがある。

**かべつなぎ**〈壁繋ぎ〉足場を安定させ，建物との間隔を一定に保つように，構造物の壁面と足場をつなぐ材。

**かべどこ**〈壁床〉⇒つりどこ

**かべばり**〈壁梁〉⇒ウォールガーダー

**かべりょう**〈壁量〉建物を平面的に見た場合の桁行方向と梁間方向の壁の量。木造，補

かへりよ

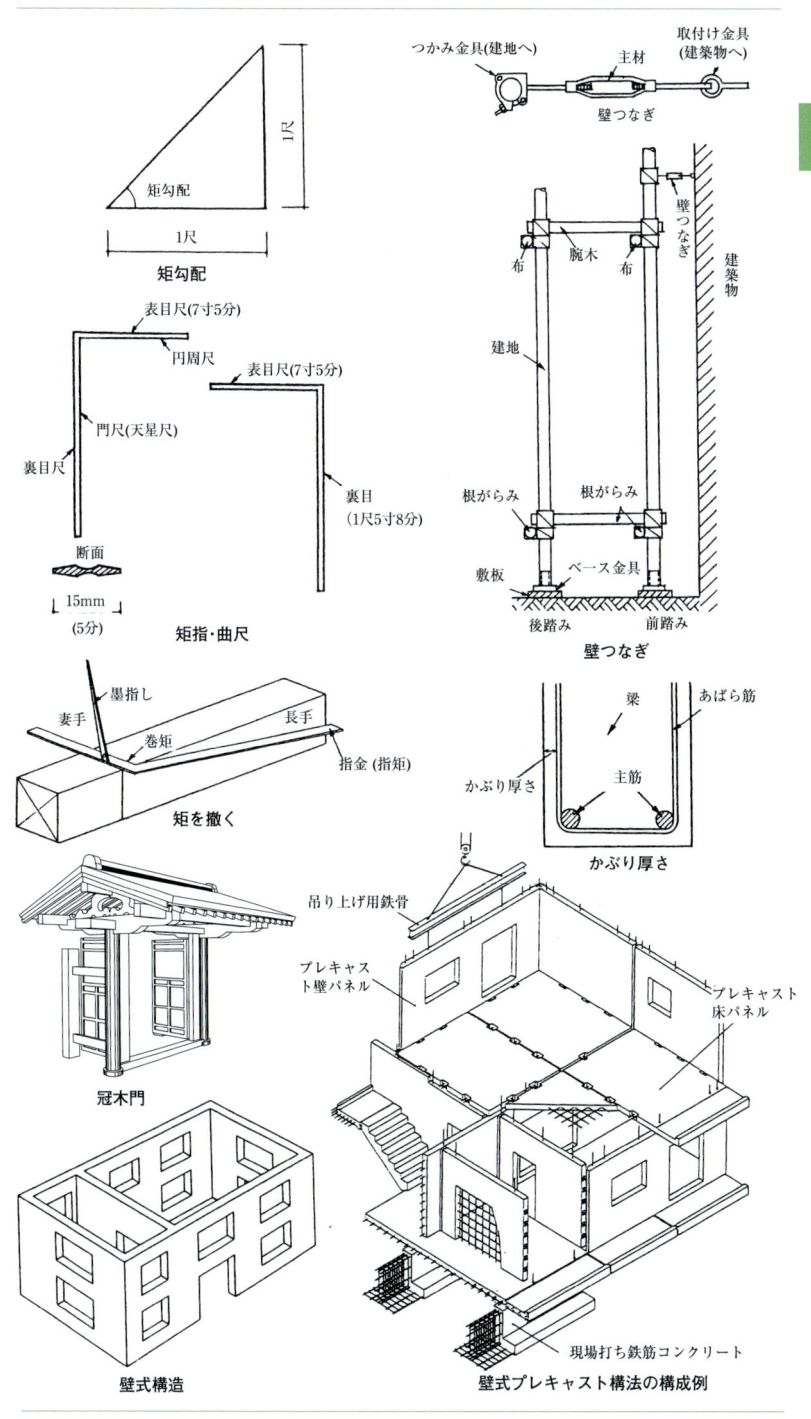

**矩勾配**（図：1尺×1尺の直角三角形、矩勾配）

**矩指・曲尺**
- 表目尺(7寸5分)
- 円周尺
- 門尺(天星尺)
- 裏目尺
- 裏目(1尺5寸8分)
- 断面
- 15mm (5分)

**矩を撒く**
- 墨指し
- 妻手
- 巻矩
- 長手
- 指金(指矩)

**壁つなぎ**
- つかみ金具(建地へ)
- 主材
- 取付け金具(建築物へ)
- 壁つなぎ
- 布
- 腕木
- 建地
- 建築物
- 根がらみ
- 敷板
- ベース金具
- 後踏み
- 前踏み

**かぶり厚さ**
- 梁
- あばら筋
- かぶり厚さ
- 主筋

**冠木門**

**壁式構造**

**壁式プレキャスト構法の構成例**
- 吊り上げ用鉄骨
- プレキャスト壁パネル
- プレキャスト床パネル
- 現場打ち鉄筋コンクリート

強コンクリートブロック造，壁式鉄筋コンクリート造等では，床面積に対して，それぞれの方向の壁の必要量が決められている。

**かぼちゃづか** 〈南瓜束〉⇒かぶらづか

**かまけびき** 〈鎌罫引き〉部材に罫筋（けすじ）を書くときに使う道具。部材の側面に罫引きの定規台をあて，側面と平行な線を引いたり，溝を付けたりする。「けびき」ともいう。付図参照

**かまち** 〈框〉床に段差がある場合など，上部の床縁に取り付ける横材をいう。玄関の上りがまち，縁側の縁がまちなどがある。また，建具の縦枠・横枠をいう場合もある。

**かまちぐみ** 〈框組〉建具の上がまち，下がまち，縦がまちおよび横木，鏡板などの組み方をいう。かまちの仕口は縦がまちを上下に通して，これに横がまちを通しほぞ，包込みほぞなどで接着剤を用いて取り付ける。→しょうじど

**かまちどこ** 〈框床〉床の間形式の一つ。かまちの付いた床の間で，床板が畳面より一段高くなる。→とこのま

**かまつぎ** 〈鎌継ぎ〉継手の一つ。土台・桁などの継手に使われるもので，かま首状のほぞを組み合わせる。下部に段型を付けたものを「腰掛かま継ぎ」という。

**かまば** 〈釜場〉根切り底の地下水を集めるための窪み。ここに吸水管を入れてポンプで揚水し排水する。「排水ピット」ともいう。

**かみがまち** 〈上框〉⇒うわがまち

**かみばり** 〈紙張り〉壁紙の張り方。細川紙・美濃紙・石州半紙などをしょうふのりで，目張り，べた張り，袋張り，清張りなどで下張りし，その上に壁紙を模様合せして上張りするもの。

**かみやすり** 〈紙鑢〉⇒けんまし

**かもい** 〈鴨居〉引違い戸や引戸を建て込むための部材で，溝を彫って建具の上部に取り付ける横材。内法材の一つ。

**かやおい** 〈茅負〉地垂木，飛えん垂木の二軒の化粧軒裏で，飛えん垂木の先端上部にのる横木。

**カラーあっちゃく** 〈―圧着〉鋼製カラーを鉄筋の継手部分にはめ込み，油圧ジャッキで締め付け，鉄筋と一体化させる接合方法。

**カラーコーン** 〈color cone〉交通規制や危険な場所の区画表示に使用する円錐形の保安用具。「セーフティーコーン」ともいう。

**カラージョイント** 〈collar joint〉RC造の管の突合せ接合で，ひと回り大きいRC造製や鋳鉄製の短管をかぶせて接合するもの。

**からくさがわら** 〈唐草瓦〉軒先に葺く瓦で，飾り唐草文様が付けられたところからこの名称がある。平唐草，桟唐草，隅唐草，けらば唐草瓦などがある。付図参照

**からくりびょううち** 〈絡繰鋲打ち〉金属薄板の端をびょうをかしめて留め継ぎすること。「ちゃんちゃん」ともいう。

**からじめボルト** 〈空締め―〉戸の堅がまち中央に内造された錠面から出る突出ボルトが，スプリングでつねに受座に入る戸締り金具で，握り玉を回して開くもの。

**ガラス** 〈glass〉酸性分（けい酸，ほう酸，りん酸）および塩基性分（かせいソーダ・カリ，石灰など）の1種または2種以上を主成分として得られる硬くてもろい透明体。建築用ガラスはほとんど板ガラスで，透明板，不透明板，型板，網入り板のほか，磨き板，すり板などの表面加工ガラスや合せガラス，強化ガラス，紫外線透過ガラス，紫外線吸収ガラス，プリズムガラスなどの特殊ガラスがある。

**ガラスきり** 〈―切り〉先端にダイヤモンドなどの硬石を付けた板ガラス切断用のカッター。定規に合わせこれで傷を付け，傷跡に沿って折って切断する。

**ガラスこうじ** 〈―工事〉建築物へのガラスの取付けを専門とする工事。建具用板ガラス・ガラスウォールなどがあり，建具工事とは別にしている。

**ガラスせんい** 〈―繊維〉ガラスを急速に引き伸ばしてつくる人造繊維で，断熱材，吸音材，光ファイバーなどに使用される。「グラスファイバー」ともいう。

**ガラスど** 〈―戸〉かまち，桟木に板ガラスをはめ込んだ建具。木製・金属製があり，一枚ガラスをそのまま建具とするものもある。

**ガラスパテ** 〈glass putty〉板ガラスを建具に固定したり，漏水を防ぐためすきまを充てんしたりするもの。主原料は炭酸カルシウムとあまに油。

**ガラスぶき** 〈―葺き〉ガラスを使って屋根を葺くもので，温室などの屋根を構成する板ガラス葺き，採光のためのガラス瓦葺きなどがある。

**ガラスブロック** 〈glass block〉ガラス製の中空ブロックで，透光性があり，壁や床に使用される。

からすふ

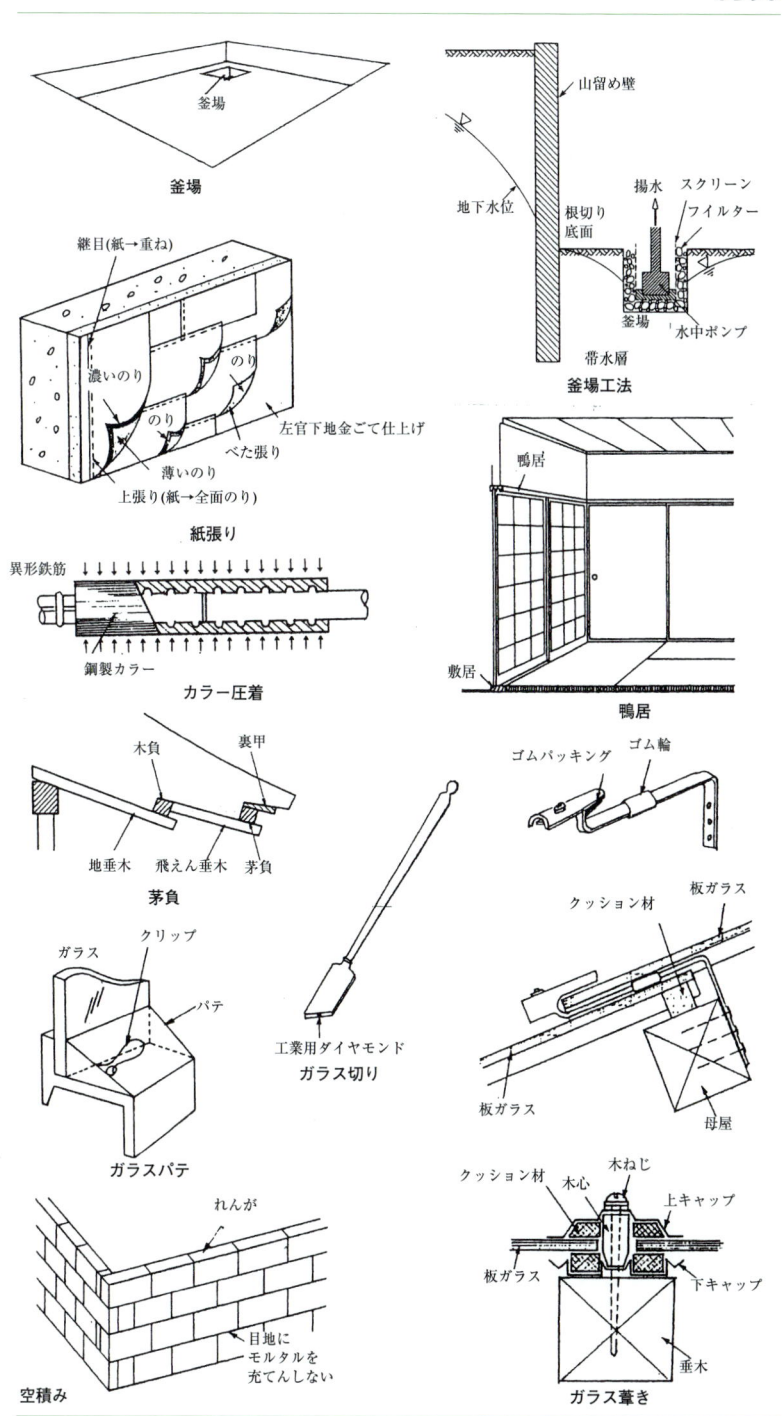

釜場

継目(紙→重ね)
濃いのり
のり
のり
べた張り
薄いのり
左官下地金ごて仕上げ
上張り(紙→全面のり)

**紙張り**

異形鉄筋
鋼製カラー

**カラー圧着**

山留め壁
地下水位
根切り底面
揚水
スクリーン
フイルター
釜場
水中ポンプ
帯水層

**釜場工法**

鴨居
敷居

**鴨居**

木負　裏甲
地垂木　飛えん垂木　茅負

**茅負**

ガラス
クリップ
パテ

**ガラスパテ**

工業用ダイヤモンド
**ガラス切り**

ゴムパッキング　ゴム輪

クッション材　板ガラス
板ガラス
母屋

クッション材　木心　木ねじ　上キャップ
板ガラス　下キャップ
垂木

**ガラス葺き**

れんが
目地にモルタルを充てんしない

**空積み**

**ガラスようぼうせいとりょう**〈—用防錆塗料〉網入り板ガラスの切断面に塗布して防錆処理を行うもの。

**からづみ**〈空積み〉石・れんがなどをモルタルを敷かずに積み上げること。石材の固定にモルタルを用いず，下段の石で支えたり，だぼ・引き金物などで張り上げるもので，大理石張り，石積み，石垣などで用いられる。図前頁

**からど**〈唐戸〉太めのかまち，桟木を使う板戸で，その間に鏡板，連子（れんじ）を入れた桟唐戸，かまちに一枚板をはめ込む板唐戸がある。

**からとぎ**〈空研ぎ〉研ぐときに，油や水などを使わず研ぐこと。

**からどめん**〈唐戸面〉建具のかまちや額縁に使用する丸面取り。

**からねり**〈空練り〉モルタルやコンクリートを，水を加えずに混練すること。

**からはふ**〈唐破風〉玄関や門などの屋根の破風で，中央部がむくり，両端は下がって反る曲線状のもの。

**からぼり**〈空堀〉採光，換気のために地下室の外部に面する部分を掘り下げて空けるもの。「ドライエリア」ともいう。

**ガラリど**〈—戸〉薄い帯板を一方向に傾け，並べた面をつくり，これをかまちに取り付けた建具。通風，換気，日照調整のほか，遮へい用として用いられる。木製・金属製がある。「しころ戸」「よろい戸」「ルーバー」ともいう。

**カラン**〈kraan〉水，湯，ガスなどを排出する箇所に設ける開閉栓の付いた口。

**かりがこい**〈仮囲い〉工事現場を仕切る板塀や鉄板塀のこと。盗難防止や危険防止のために行う工事中の仮設物。

**かりぐみ**〈仮組み〉本組立の前に一度工場や現場で組み立てること。

**かりこ**〈仮子〉墨つぼの糸を固定する針。「軽子」ともいう。→すみさし

**かりじき**〈仮敷き〉シート類を床張りするとき，張付け前の数日間，下地床面に敷き並べ伸縮が止まるまで放置してなじませること。

**かりじめ**〈仮締め〉組立に際し，本格的に接合する前に仮に結合すること。鉄骨建方などはボルトの一部を仮締めし，ひずみ直しのあと本締める。

**かりすじかい**〈仮筋違い〉建方時や工事中に建築物の傾斜を防ぎ，垂直を保持するように仮設する筋かい。

**かりづけようせつ**〈仮付け溶接〉溶接をするときに，部材が動かないようにしておくための軽微な溶接。

**かりボルト**〈仮—〉鉄骨建方で建て入れ直し後の接合部本締めに先立ち，一部のボルトで締める仮締め用のボルトをいう。

**がりょう**〈臥梁〉補強コンクリートブロックなどの組積造で，組積の頂部を固めるための鉄筋コンクリートの梁。

**かりわく**〈仮枠〉⇒かたわく

**かるこ**〈軽子〉⇒かりこ

**がわあしがため**〈側足固め〉柱の内側を欠き込んで取り付ける足固め。「半足固め」ともいう。→あしがため

**がわあしば**〈側足場〉建物の側面に組み立てる足場をいう。

**がわげた**〈側桁〉木造階段の部材で，階段を両側から支える桁材をいう。

**かわじゃり**〈川砂利〉河川から採取する砂利。

**かわすな**〈川砂〉河川から採取する砂。

**がわどだい**〈側土台〉建物の外周部に沿って取り付ける土台。これに対して内部の土台を「間仕切り土台」と呼ぶ。

**がわばしら**〈側柱〉建物の外周部にある柱のこと。

**かわら**〈瓦〉屋根葺き材の一つ。製造原料により粘土瓦，セメント瓦，金属板瓦などがあり，様式からフランス形，S形，スペイン形，イタリア形などの洋瓦と和瓦がある。また使用箇所によって各種の形状に分類される。付図参照

**かわらざ**〈瓦座〉軒先に沿って広小舞の上に打たれる横木で，軒先の敷平瓦や唐草瓦を受け，安定度をよくするためのもの。

**かわらざん**〈瓦桟〉引掛桟瓦葺きに用いられる細木の桟で，野地板の上にアスファルトルーフィングを敷き，その上から水平に間隔を取って打たれる。

**かわらじり**〈瓦尻〉瓦を葺いた場合，上部になる縁をいう。

**かわらぶき**〈瓦葺き〉瓦葺き屋根のこと。葺き方としては本瓦葺き，引掛桟瓦葺きなどがあり，材質により，粘土瓦，陶器瓦，スレート瓦，セメント瓦，金属板瓦，樹脂製瓦などがある。

**かわらぼう**〈瓦棒〉金属板葺き屋根の瓦棒葺きで，流れ方向のジョイント部に設ける

かわらぼ

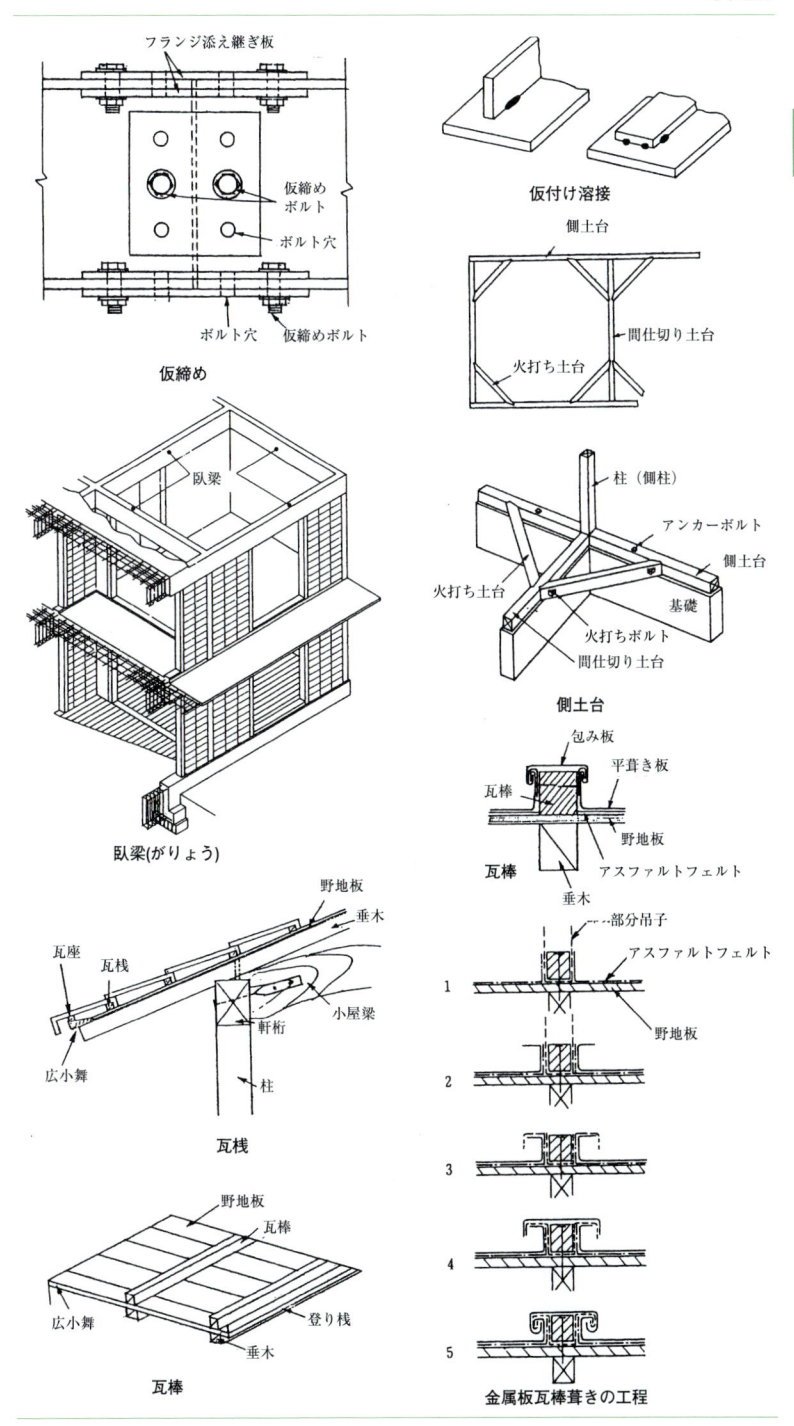

仮締め

仮付け溶接

側土台

臥梁(がりょう)

瓦桟

瓦棒

金属板瓦棒葺きの工程

65

36mm程度の細い角材。ジョイント部の心木として使う。心木を使わないものもある。

**かわらぼうぶき**〈瓦棒葺き〉屋根の勾配に沿って瓦棒を設け，この間に金属板を葺く金属板葺きの一つ。瓦棒に心木を用いる場合と金属折板を用いる場合がある。

**かわらぼうぶせ**〈瓦棒被せ〉⇒つつみいた

**かわらまき**〈瓦巻き〉⇒がんぶりがわら

**ガン**〈gun〉塗料，モルタルなどを吹き付けるための器具。→セメントガン

**かんいつりあしば**〈簡易吊り足場〉建物の屋上や途中にフックを取り付け，ワイヤーで連結した巻上機で昇降させる作業床。外部の補修や清掃に用いられる。「ゴンドラ」ともいう。

**かんき**〈換気〉人間および器物により汚染される空気を，新鮮な外気と入れ替えること。換気には自然換気と機械換気があり，機械換気は送風機，排風機によって行われ，これらの組合せによって第1種・第2種・第3種換気方式に分けられる。

**かんきこう**〈換気口〉換気するための開口部で，天井，壁面，床下などに設ける。

**がんくび**〈雁首〉直角に折れ曲がって一方につばが付いた陶管や土管で，竪樋の落し口などに使用する。

**かんこうじ**〈管工事〉空気調和設備などの配管，ダクトの設置などの工事。

**かんしきくみたてこうほう**〈乾式組立工法〉硬化，乾燥の時間待ちを省いて，現場での組立取付けにより，作業性の向上，工期の短縮，工事の均質化などを目的とする工法。

**かんしきこうほう**〈乾式工法〉張石工事にモルタルを使用せず，取付け金物，だぼで固定する工法で，エフロレッセンスがなく，多少の変形に対応できる利点がある。

**がんすいりつ**〈含水率〉水を含まない木材の重さに対して，含んでいる水の重さを百分率で表すもの。約30%以上では伸縮はないが，それ以下では比例して伸縮する。約30%の含水率を「繊維飽和点」という。

**かんせいゆ**〈乾性油〉空気中で酸素と反応して固化乾燥し，透明や半透明な膜をつくる植物油で，桐油，亜麻仁油などがある。

**かんせつこうじひ**〈間接工事費〉複数にまたがる工事に必要な施設の費用および管理費で，共通仮設費と諸経費に分類される。

**かんち**〈換地〉土地区画整理事業施行地区内の宅地について，従前の宅地に代わるべきものとして交付される宅地をいう。

**かんちき**〈感知器〉火災の発生を自動的に検出する器具。感知器には，温度が一定値に達すると作動する定温式感知器，急激な温度変化で作動する差動式感知器，この両者の機能をもった補償式感知器，煙が入ると警報を発する煙感知器がある。また差動式のものにはスポット形と分布形の2種類がある。

**かんちゅうコンクリート**〈寒中―〉打込み後の凍結防止を目的とするコンクリートで，AE剤・AE減水剤を使用し，保温養生，型枠設置延長などを必要とする。

**カンティレバー**〈cantilever〉⇒かたもちばり

**かんとくかんちょう**〈監督官庁〉建設に関しては国土交通省など。また，直接許認可，確認，指導などを行う官庁。

**ガントチャート**〈Gantt chart〉作業の日程計画や管理に使用されるグラフで，作業の開始，終了がわかる反面，各作業間の関連がわかりにくいところがある。

**かんな**〈鉋〉木材の表面を削る工具。大工道具の一つで，歴史は古く，多くの種類がある。電動式のものを電気かんな・プレーナーという。付図参照

**かんなだい**〈鉋台〉かんな刃を取り付ける台木。ナラやカシの堅い木材が使われる。

**かんなばん**〈鉋盤〉木材を削る機械で，刃物がテーブル（定盤）に固定されたものと，刃物が回転して材を削るものとがある。いずれも材料を押し入れる。「機械鉋」ともいう。

**かんなみ**〈鉋身〉かんなの刃のこと。「穂」ともいう。

**かんぬき**〈閂〉門扉や規模の大きい開き戸などを締め固める横木。この横木を支える金物を「かんぬきかすがい」という。

**かんのんびらき**〈観音開き〉両開き戸の召し合せ部が中央のもので，観世音の像を納めた厨子の扉に由来する。

**ガンぶき**〈―吹き〉吹付材などをスプレーガンで吹き付けて仕上げること。→ふきつけぬり

**がんぶりがわら**〈雁振瓦〉屋根の棟や降り棟の上端にかぶせる瓦で，丸冠，箱冠，三角冠などの形がある。「冠瓦」「ふすま瓦」「瓦巻き」ともいう。付図参照

**かんむりがわら**〈冠瓦〉→がんぶりがわら

かんむり

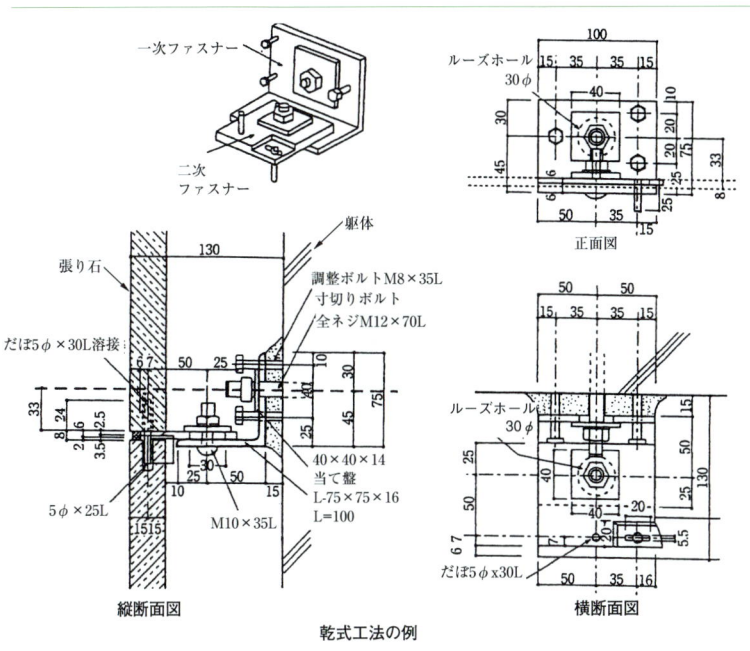

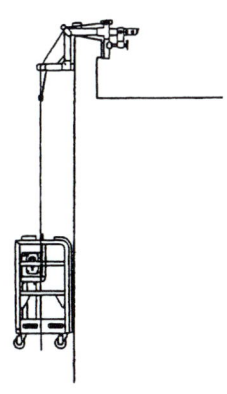

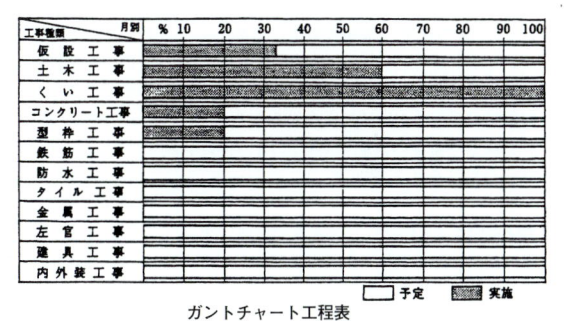

乾式工法の例

縦断面図　　　　　横断面図

簡易吊り足場（ゴンドラ）

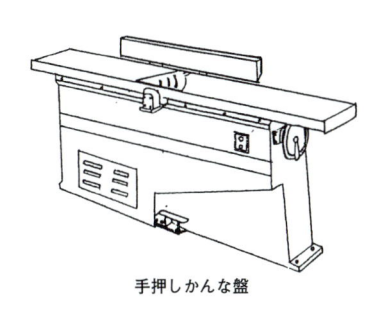

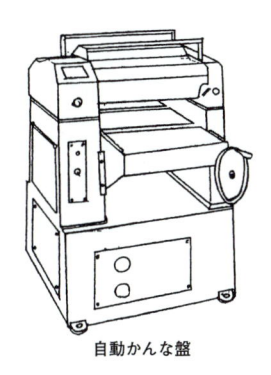

ガントチャート工程表

手押しかんな盤　　　自動かんな盤

**がんめん**〈岩綿〉玄武岩などを溶融し繊維化したもので，断熱材，吸音材，耐火被覆材などに使用される。

**ガンや**〈―屋〉ガンを使用する吹付作業を専門としている作業者をいう。

**かんりぎじゅつしゃ**〈監理技術者〉建設業法で定められた有資格の「施工の技術上の管理をつかさどる」者として工事現場に配置される技術者。

**がんりょう**〈顔料〉鉱物質または有機質の固体粉末で，水その他の溶剤に溶けず，おもに塗料の着色剤および増量剤として用いられ，塗膜の耐久性を増大させる。色付けのために混入するものを着色顔料，増量剤としてのものを体質顔料という。

**かんりょうけんさ**〈完了検査〉工事が完了した場合に建築主が建築主事に完了検査を申請し，検査を受けて検査済証の交付を受けるもの。

# き

**キーストンプレート**〈keystone plate〉鉄骨造で床をコンクリート打ちとする場合に型枠として用いられる溝付きの鋼板。

**きうら**〈木裏〉木材を板材にした場合，樹心に近いほうをいう。樹心側の面。

**きおい**〈木負〉二軒の化粧軒裏の地垂木の先端に乗り，飛えん垂木を支持する横木。

**きおもて**〈木表〉木材を板材にした場合，樹皮に近いほうをいう。樹皮側の面

**きかいがんな**〈機械鉋〉⇒かんなばん

**きかいしきつぎて**〈機械式継手〉⇒グリップジョイント

**きかくひんしょうめいしょ**〈規格品証明書〉製鋼所が発行する鋼材の検査証明書で，材料の成分や強度の試験結果を示し，JISに合格の保証をする証明書。「ミルシート」ともいう。

**きかんざい**〈気乾材〉15%前後の気乾含水率の状態にある木材で，収縮や狂いが少なく用材として最適である。

**きく**〈規矩〉⇒きくじゅつ

**きぐい**〈木杭〉マツ・ベイマツなどの腐りにくい生丸太の杭。末口12cm以上で，多少の曲がりはよいが，上下端の中心線が材外に出ない程度のものが用いられる。現在はほとんど使用しない。

**きくぎり**〈菊錐〉木ねじの頭が材の表面から出ないように木ねじの頭を埋め込むための穴を明けるきり。付図参照

**きくじゅつ**〈規矩術〉木造建築の構造各部，および仕口・継手などの墨付けや加工をするための伝統的手法。かね尺を駆使する図解技術で，直角三角形の底辺と垂辺の関係が利用される。「規矩」「墨矩（すみがね）」ともいう。

**きけんぶつちょぞうしょせっちきょか**〈危険物貯蔵所設置許可〉危険物の製造所，貯蔵所，取扱所の設置の許可を受けようとする者は，申請書を市町村長に提出しなければならない。

**きこう**〈起工〉工事に着手すること。工事着手にあたって行われる式典を「起工式」という。

**きこう**〈気孔〉⇒ブローホール

**きこうせい**〈気硬性〉空気中において，炭酸ガスを吸収して硬化する性質。セメントなどのように水と反応して硬化する性質を「水硬性」という。

**きごしらえ**〈木拵え〉造作作業の前に，造作材の加工をすること。

**きごてしあげ**〈木鏝仕上げ〉木ごてでならし押さえて平坦に仕上げるもの。左官工事の吹付仕上の下地に適している。

**きごろし**〈木殺し〉敷居，鴨居の短ほぞを，ほぞ穴に入れやすくするために金づちでたたいて圧縮することなどをいう。

**きしゃくざい**〈希釈剤〉真溶液と併用して樹脂を溶解する溶剤をいう。「薄め液」ともいう。

**きじゅうき**〈起重機〉⇒クレーン

**ぎじゅつていあんそうごうひょうかほうしき**〈技術提案総合評価方式〉工事の特性に応じて技術提案を受け，価格と総合評価して受注者を決める入札方式。

**きじゅんずみ**〈基準墨〉通り心や高さなどの墨を打ち，基準とするもの。

**きじゅんすんぽう**〈基準寸法〉許容限界寸法の基準となる寸法で，寸法許容差を表示

きしゆん

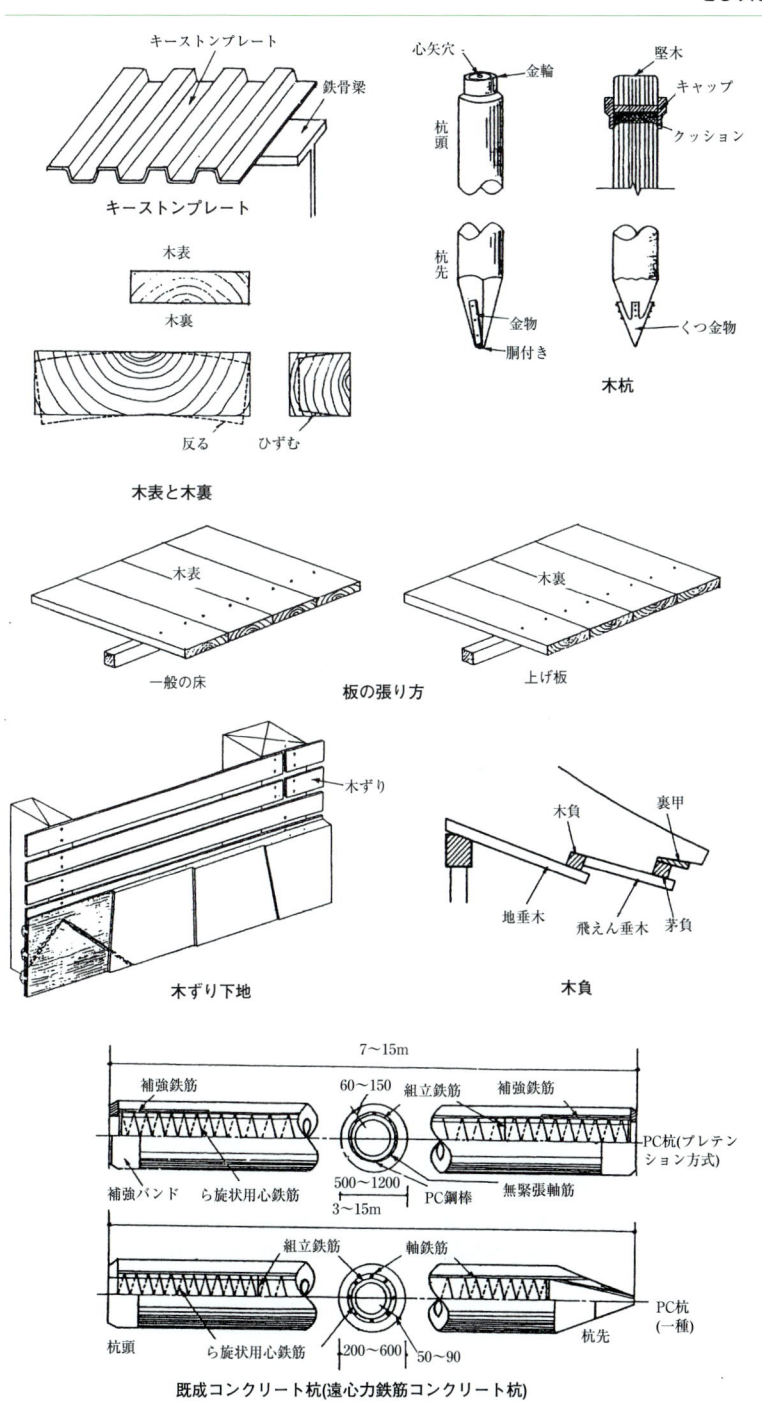

キーストンプレート / 鉄骨梁
キーストンプレート

心矢穴 / 金輪 / 杭頭
堅木 / キャップ / クッション

木表 / 木裏
反る / ひずむ
木表と木裏

杭先 / 金物 / 胴付き
くつ金物
木杭

木表（一般の床）
木裏（上げ板）
板の張り方

木ずり
木ずり下地

木負 / 裏甲 / 地垂木 / 飛えん垂木 / 茅負
木負

7〜15m
補強鉄筋 / 60〜150 / 組立鉄筋 / 補強鉄筋
補強バンド / ら旋状用心鉄筋 / 500〜1200 / PC鋼棒 / 無緊張軸筋
PC杭（プレテンション方式）

3〜15m
組立鉄筋 / 軸鉄筋
杭頭 / ら旋状用心鉄筋 / 200〜600 / 50〜90 / 杭先
PC杭（一種）
既成コンクリート杭（遠心力鉄筋コンクリート杭）

する基準の寸法。

**きずりしたじ**〈木摺下地〉スギ材などの小幅板を目透しに打ち付けた塗り下地。図前頁

**きせいコンクリートぐい**〈既成―杭〉工場または現場で前もってつくられたコンクリート杭。中空円筒形断面のものが多い。そのほか三角形・六角形・つば付きなどもある。「コンクリートパイル」「RC杭」ともいう。前図頁

**きせいてっきんコンクリートぐい**〈既製鉄筋―杭〉⇒きせいコンクリートぐい

**ぎせき**〈擬石〉白セメントに種石として花崗岩や安山岩の砕石を加え、振動加圧して成形するもの。のみ切り、小叩き、研ぎ出しなどの仕上げをして、外壁、床に使用する。

**ぎせきブロックばり**〈擬石―張り〉大理石以外の稲田石、白河石など各種の種石を用い、天然の石に似せて製作した板石ブロックを壁に張り付けて仕上げとするもの。「人造石ブロック張り」ともいう。

**きせん**〈基線〉三角測量で、長さを測定する基本の辺をいう。

**きそ**〈基礎〉構造物からの荷重を地盤に伝えるための下部構造。形式には、独立フーチング基礎、連続フーチング基礎(布基礎)、複合フーチング基礎およびべた基礎がある。

**きそばり**〈基礎梁〉柱下の独立基礎をつないで、柱脚モーメントやせん断力に抵抗させる地中の水平梁。

**きだん**〈基壇〉古代の寺院建築で外周の基礎部分をせり出し、地盤より一段上に構築して側面を石積みし壇と見せたもの。

**きちょうめんとり**〈几帳面取り〉木部材の両角を削り取り、その角を丸面取りするもの。

**きっこうぎり**〈亀甲切り〉切石の長手面を亀甲状に突出し仕上げとするもの。また、積み石の面を亀甲状に六角形に切ること。

**きづち**〈木槌〉ケヤキやカシなどの堅木で造る槌。大型ものは「掛矢」という。

**きつねごうし**〈狐格子〉表に縦桟を通し、横桟は裏から正方形になるよう組み込んだもの。入母屋造りの妻格子などに用いられる。「木連格子(きづれごうし)」ともいい、板を裏打ちした「木連格子戸」などがある。

**きづれごうし**〈木連格子〉⇒きつねごうし

**きどうぎゃくうちハンマー**〈気動逆打ち―〉⇒パイルエキストラクター

**きどもん**〈木戸門〉⇒うでぎもん

**きどり**〈木取り〉原木の丸太から角材や板材を製材する前に、むだがないように所定の形状に分割する計画を立てること。

**きねづか**〈杵束〉⇒しんづか

**きはだ**〈木肌〉和室の柱などの化粧材としての生地の表面をいう。

**きはつせいワニス**〈揮発性―〉樹脂類をアルコールなどの揮発性溶剤に溶かしたもので、溶剤揮発で乾燥塗膜となるワニス。内装や家具に使用される。

**きばな**〈木鼻〉社寺建築で梁、桁、胴差しなどの横架材の端部が壁面より突き出て、その部分の化粧として繰形などが施されているもの。

**きばんぶかさ**〈基盤深さ〉支持地盤として支持力が期待でる地層の深さ。

**きほうかん**〈気泡管〉内面を正しく一定に曲げたガラス管に、アルコールやエーテル液を入れ、気泡を残して密封してある装置。トランシットやレベルなどを水平に据え付けるために用いる。管形や円形がある。

**きほんせっけい**〈基本設計〉建築主の意図を把握し、その建築を実現するための条件を組織立て、それらに対応した設計図書で表現し提案するもの。

**きほんブロック**〈基本―〉空胴コンクリートブロックの基本の形状のもの。

**ギムネ**木材に丸孔をあけるT字形をした軸の長いきり(錐)。「ボルトぎり」ともいう。

**きもん**〈鬼門〉東北方向を指し、災いの多い方角として不浄物を置くことを避ける風習のもの。

**きゃくちょう**〈脚長〉すみ肉溶接の接合材の交点から溶接止端までの距離をいう。「サイズ」ともいう。

**きゃくど**〈客土〉不良地盤を改良するためほかからもってくる良質の土。

**キャスター**〈caster〉一般には家具の脚車のこと。ローリングタワーの脚部に付ける回転自由な脚車。

**きゃたつ**〈脚立〉作業用の自立ばしご。室内の内装工事や庭木を剪定(せんてい)するのに用いられる、はしご兼用の足場。

**きゃたつあしば**〈脚立足場〉脚立を並べ足場板を渡す簡単な足場で、壁の上部や天井の作業に使用する。

**キャッチじょう**〈―錠〉回転窓の上がまち

きやつち

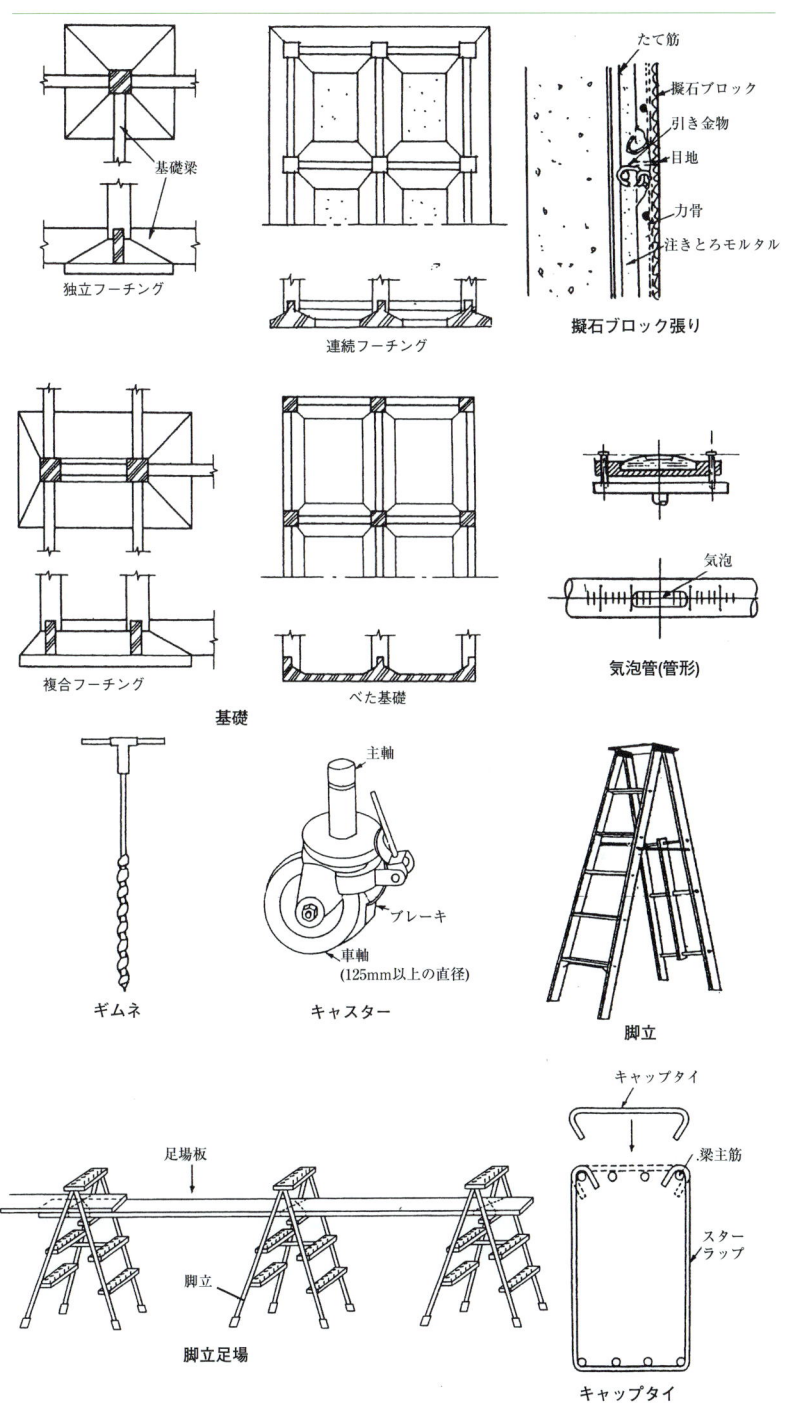

独立フーチング
基礎梁
連続フーチング
複合フーチング
べた基礎
**基礎**

擬石ブロック張り
たて筋
擬石ブロック
引き金物
目地
力骨
注きとろモルタル

気泡管(管形)
気泡

ギムネ

キャスター
主軸
ブレーキ
車軸
(125mm以上の直径)

脚立

脚立足場
足場板
脚立

キャップタイ
キャップタイ
梁主筋
スターラップ

71

**キャッピング**〈capping〉コンクリートのテストピースの上端を平滑に仕上げること。

**キャップ**〈cap〉⇒パイルキャップ

**キャップタイ**〈cap ties〉コの字形に加工し，上からかぶせるあばら筋のこと。四角形では組立てができない場合などに用いる。「らっきょ」ともいう。図前頁

**キャップナット**〈cap nut〉半球状の帽子を付けたナットで，ボルトのねじ切りを途中までとし，先端部を保護するためのもの。「袋ナット」ともいう。

**キャド**〈CAD〉コンピューターを使用して，設計作業をするシステム。

**キャビテーション**〈cavitation〉気体や液体がポンプの羽根にぶつかって方向変化がある場合などに，低圧部ができ空所ができる現象。

**キャブタイヤケーブル**〈flexible cable〉建設機械，電動工具などの移動する機械の配線用に使用するケーブル。

**キャム**〈CAM〉CADのデータを活用して精度の高い製品の製造や加工，生産性の向上を図るシステム。

**キャラメル** 鉄筋のかぶり厚さを確保するためのスペーサーで，四角いキャラメル形をしたモルタル製ブロック。「さいころ」ともいう。

**ギャラリー**〈gallery〉体育館，ホールなどの上部で壁面から張り出した回廊，通路などをいう。

**きやり**〈木遣〉普請のための大木や大石を現場に運ぶこと。そのときのはやし歌を「木遣音頭」という。

**キャンティレバー**〈cantilever〉⇒かたもちばり

**キャンバー**〈camber〉コンクリート打ちの前にあらかじめ型枠に付けておくむくり。自重による下がりで正規の位置に納めるために行う。

**きゅうおんばん**〈吸音板〉吸音性の比較的大きい多孔質の材を含んだ板状材。

**キューシーディーエスかんり**〈QCDS管理〉建設関連の品質管理目標で，Quality（品質），Cost（価格），Delivery（工期），Safety（安全）を意味する。

**きゅうしんき**〈求心器〉平板測量に用いるもので，下げ振りを下げて，地上の測点と平板面上の測点を同じ鉛直線上に合わせる器具。

**きゅうすいかん**〈給水管〉水を敷地内，建物内に供給するための管。給水管として用いられるものは鋳鉄管，亜鉛めっき鋼管（白ガス管），鉛管，銅管，硬質塩化ビニル管などがある。

**きゅうすいちょうせいざい**〈吸水調整材〉モルタル塗り仕上げとする場合に，下地のコンクリート壁の乾燥状態により吸水を調整するための塗付け材。

**きゅうすいほうしき**〈給水方式〉水道水管または井戸から建物内へ給水する方法。本管の水圧または井戸の吸上げポンプ圧によって直接給水する直結式，水を揚水ポンプで一時高架タンクに蓄え，その重力によって必要箇所へ給水する高架タンク式，圧力タンク内に水を圧入し，空気の圧力を利用して給水する圧力タンク式などがある。

**きゅうとうほうしき**〈給湯方式〉加熱装置を設けて湯を必要箇所に供給する方法。給湯箇所ごとに加熱装置を設ける局部式給湯法と，加熱装置を1箇所に設け，必要箇所に配管して給湯する中央式給湯法がある。中央式には送り管だけの単管式と，返り管を設ける二管式がある。

**きゅうはいすいせつび**〈給排水設備〉給水するための配管や設備，汚水，雑排水や雨水を下水道へ排水するための配管や設備をいう。

**キュービクル**〈cubicle〉鋼製ボックスの中に配電盤を納めたもの。室内用と室外用がある。

**きょうかガラス**〈強化—〉衝撃や曲げ，圧縮力に対する強度を大きくしたガラスで，破損しても小豆大の粒状となり安全である。

**きょうかプラスチック**〈強化—〉ガラス繊維を補強材とした強度が著しく大きいプラスチックで，壁，水槽，浴槽，建具などに使用される。

**きょうかべ**〈京壁〉聚楽土や錆土などの京土を使用して生地を生かした薄付け仕上げで，きめの細かいざらつきのある表情の日本壁。

**ぎょうけつ**〈凝結〉セメントと水が化学反応し，流動性が失われ凝結が始まる。凝結が進むと硬化が始まり，強度も大きくなる。

**ぎょうけつこうかそくしんざい**〈凝結硬化促進剤〉コンクリートの凝結を早めたり，

きようけ

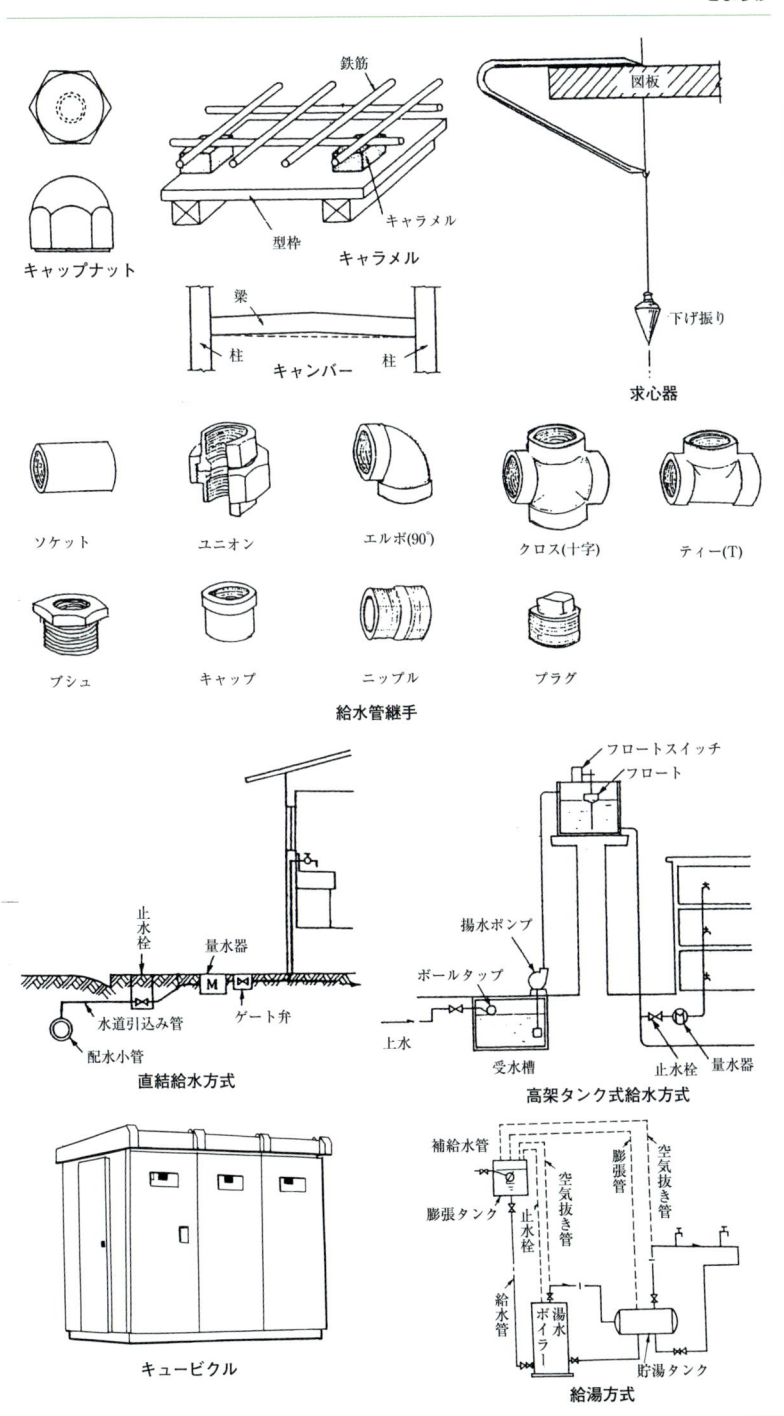

キャップナット

鉄筋　キャラメル
型枠　キャラメル

梁　柱　柱
キャンバー

図板
下げ振り
求心器

ソケット　ユニオン　エルボ(90°)　クロス(十字)　ティー(T)

ブシュ　キャップ　ニップル　プラグ

給水管継手

止水栓　量水器
水道引込み管　ゲート弁
配水小管
直結給水方式

フロートスイッチ
フロート
揚水ポンプ
ボールタップ
上水　受水槽　止水栓　量水器
高架タンク式給水方式

キュービクル

補給水管　空気抜き管　膨張管　空気抜き管
膨張タンク　空気抜き管　止水栓
給水管　湯水ボイラー　貯湯タンク
給湯方式

73

初期，早期の強度を発揮させるもので，水中工事や急ぐ工事に使用される。

**ぎょうけつちえんざい**〈凝結遅延剤〉硬化を遅らせ，発熱量を抑えるもので，長距離輸送のフレッシュコンクリートに使用する。

**きょうじ**〈経師〉障子・ふすま（襖）などの建具，または壁・天井などの内装仕上げに，紙や布を張る職人。張り物工事を「経師工事」ともいう。

**きょうそうにゅうさつ**〈競争入札〉⇒にゅうさつ

**きょうつうかせつ**〈共通仮設〉2種目以上に共通した仮設および工事全般にかかわる仮設をいい，「総合仮設」ともいう。仮囲い，現場事務所，下小屋，倉庫，材料置場，宿舎，工事用電力，給排水設備などをいう。

**きょうつうしようしょ**〈共通仕様書〉各工事に共通して適用する仕様書。該当工事特有のものを「特記仕様書」という。→しよう

**きょうつうひ**〈共通費〉共通仮設費，現場管理費，一般管理費などを合計した費用。

**きょうどううけおい**〈共同請負〉⇒ジョイントヴェンチャー

**きょうどうきぎょうたい**〈共同企業体〉2社以上の建設会社が，共同責任で当該工事を請け負う場合の一時的な企業組織。

**きょうどうじゅうたく**〈共同住宅〉一棟に複数の住戸があり，廊下，階段，その他の生活施設を共有しているもの。

**きょうま**〈京間〉京都以南に使用された基準尺の一つで，1間（柱心間）を6尺5寸（約1.97m）とするもの。

**きょうろ**〈京呂〉軒桁と小屋梁の組み方で，柱の上に軒桁をのせ，その上に梁を架ける組み方。「京呂組」ともいう。

**きょうろぐみ**〈京呂組〉⇒きょうろ

**きょくぶざくつ**〈局部座屈〉鋼材の薄板状断面の圧縮材で部分的に一部が急激に変形する現象で，耐力も急激に減少する。

**きょくめんばんこうぞう**〈曲面板構造〉⇒シェル

**きょしつ**〈居室〉居住，作業などで長時間継続的に使用する室。

**きよめあらい**〈清め洗い〉⇒あくあらい

**きょようおうりょく**〈許容応力〉各材料について許容される応力度があり，その応力度を部材の断面積倍するもの。長期と短期がある。

**きょようかじゅう**〈許容荷重〉許容応力に対応する荷重で，部材の許容応力が最大値となる場合の荷重をいう。

**きょようしじりょく**〈許容支持力〉地盤や杭の耐力が，上部構造体を支持できる最大値をいう

**きょようふちゃくおうりょく**〈許容付着応力〉鉄筋表面とコンクリートとの付着について，許容付着応力度を鉄筋の表面積倍したもの。

**きょりそくりょう**〈距離測量〉巻尺などを使用して行う距離の測量。

**きり**〈錐〉木材に穴をあける工具。三つ目ぎり，四方ぎりなどがある。付図参照

**きりいしじき**〈切石敷き〉正方形，長方形，三角形などの切石を使う石敷き。

**きりかえし**〈切返し〉コンクリートを練り板の上で練るときに，一方から他方へ練り返していくこと。→ねりいた

**きりかえしぬり**〈切返し塗り〉上等な土壁の場合，上塗りを半年～1年または数年遅らせ，この間代用として中塗りの上に塗り仕上げるものをいう。

**きりかき**〈切欠き〉柱，桁，梁などの部材に他材を取り付ける場合の仕口。「あご欠き」ともいう。

**きりこみさいせき**〈切込み砕石〉岩石をクラッシャーなどで人工的に砕いた砕石で，篩い分けをせずにそのまま使用するもの。

**きりこみじゃり**〈切込み砂利〉河床や山から採取したままの砂や土が混じっている砂利。

**きりすみじるし**〈切墨印〉墨付け川合印の一つ。木材を切断する位置にしるす記号。→あいじるし

**きりづまやね**〈切妻屋根〉水平棟から両側に流れ勾配をもつ屋根の形式。付図参照

**きりど**〈切土〉傾斜地などで整地のために土を削り取ることをいう。宅地造成で現況地盤が高い場合などに計画面に合せて地盤を切り取り，平坦にすること。

**きりとり**〈切取り〉道路や建物の敷地などをつくるため，傾斜地や山を削り取ること。

**きりねだ**〈切根太〉大引きなどとの仕口で，根太のほうを切欠き加工をして取り付ける根太。

**きりばり**〈切張り，切梁〉山留め用支保工の一つ。矢板を押さえている腹起しを支える

きりはり

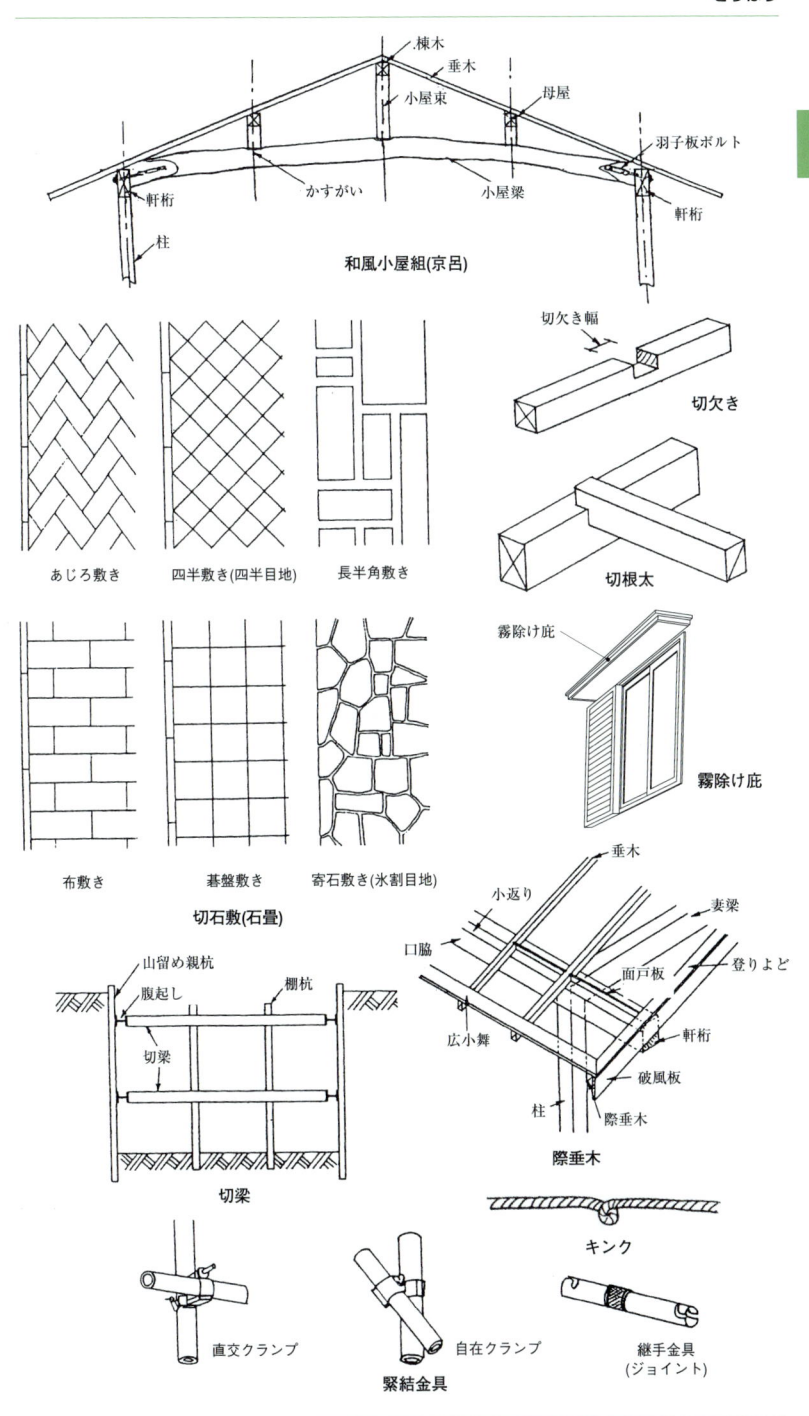

**和風小屋組(京呂)** — 棟木、垂木、小屋束、母屋、羽子板ボルト、軒桁、柱、かすがい、小屋梁、軒桁

**切欠き** — 切欠き幅

**切根太**

あじろ敷き　四半敷き(四半目地)　長半角敷き

**霧除け庇**

布敷き　碁盤敷き　寄石敷き(氷割目地)

**切石敷(石畳)**

**切梁** — 山留め親杭、腹起し、棚杭、切梁

**際垂木** — 垂木、小返り、妻梁、口脇、面戸板、登りよど、広小舞、軒桁、破風板、柱、際垂木

**キンク**

**直交クランプ**　**自在クランプ**
**緊結金具**

**継手金具(ジョイント)**

75

水平材.

**きりぶき**〈切葺き〉高級な杉皮葺きで，長さ45cm程度に切った杉皮を軒先から順次重ねて葺きあげるもの.「叩き葺き」ともいう.

**きりまわし**〈切回し〉やり繰りをする意で，長い一本の丸太を計画立てて無駄のないように複数の部材に切って使うこと.

**きりめえん**〈切り目縁〉濡れ縁の縁板を長手方向と直角に張り，板の木口が見える縁.「木口縁」ともいう.

**きりょくくいうちき**〈気力杭打ち機〉⇒スチームハンマー

**きりよけひさし**〈霧除け庇〉外部に面する窓などの開口部に付ける庇で，出が少ないものをいう.

**きれ**〈切れ〉石材の体積の呼称で，1立方尺.

**きれつ**〈亀裂〉過荷重の作用，乾燥収縮や膨張などによる変形によって生じる小さなひび割れなどをいう.

**きわがんな**〈際鉋〉斜めに取り付けた刃先を，かんな台の下端と側面から出し，溝の際などを削るかんな. 付図参照

**きわだるき**〈際垂木〉切妻屋根の妻側の端部で，破風と接して取り付けられる垂木. 図は前頁

**きわねだ**〈際根太〉壁際などの端部に取り付けられる根太.

**きわり**〈木割り〉和風木造建築で，部材の寸法や配置を柱の太さを基準にして定めるもの. 平内家伝承の『匠明』が知られている.

**キンク**〈kink〉ワイヤーロープなどのねじれた状態をいい，このままの状態で使用すると切れやすい. 図は前頁

**キングポストトラス**〈king post truss〉⇒しんづかこやぐみ

**きんけつかなもの**〈緊結金物〉木構造の仕口，継手の補強金物. コンクリート工事の型枠接合用の金物など. 図は前頁

**きんけつざい**〈緊結材〉丸太足場を組み立てるときに丸太を縛るもので，径4.19mmまたは3.4mmの焼なまし鉄線が用いられる. また，型枠の組立に用いられるセパレーター，フォームタイ，コラムクランプ，各種金物・鉄線などをいう.

**きんぞく**〈金属〉棒状や板状に加工し，また，耐食性や耐酸性の表面処理をして，構造材や諸設備などに使用するもので，用途は広い.

**きんぞくばんひらいたぶき**〈金属板平板葺き〉亜鉛鉄板，銅板，アルミ板などの金属板で屋根を葺く方法. 通常，野地板の上に防水材，断熱材などを敷いて，その上に金属板を一文字葺きなどとする.

**きんぞくばんぶき**〈金属板葺き〉⇒きんぞくばんひらいたぶき

**キンネン**⇒スナッチブロック

**キンネンブロック**⇒スナッチブロック

**きんりんせつめい**〈近隣説明〉工事に先立ち，工事中に発生するおそれのある問題などについて，近隣住民に説明し，理解を得るようにすること.

**きんりんたいさく**〈近隣対策〉工事の進行に伴い発生する事態が，近隣住民の支障にならないように対策をとること.

**クアハウス**〈kurhaus独〉ドイツの保養地で温泉を利用した保養や治療を目的とする湯治場ハウス.

**くい**〈杭〉構造物の重量を地盤あるいは地盤の深部に伝えるために用いられる柱状の構造材. 材料により，木杭，鉄筋コンクリート杭，鋼杭などがある.

**くいあつにゅうそうち**〈杭圧入装置〉油圧式ジャッキやウインチを用いて杭を圧入する装置. 必要な圧力は圧入用の重量物やカウンターウエートを用いるので，無振動・無騒音の工事が行われる.

**クイーンポストトラス**〈queen post truss〉⇒ついづかこやぐみ

**くいうちき**〈杭打ち機〉打撃によりコンクリート杭などを地中に打ち込む装置をもった機械.「ディーゼルパイルハンマー」がある.

**くいうちこうじ**〈杭打ち工事〉杭を地中に打ち込む工事. 重錘を連続的に落として打ち込むディーゼルパイルハンマー，掘削してから打ち込むプレボーリング方式，その他振動式・圧入式・ジェット式など現場に応じた各種の方法がある.

くいうち

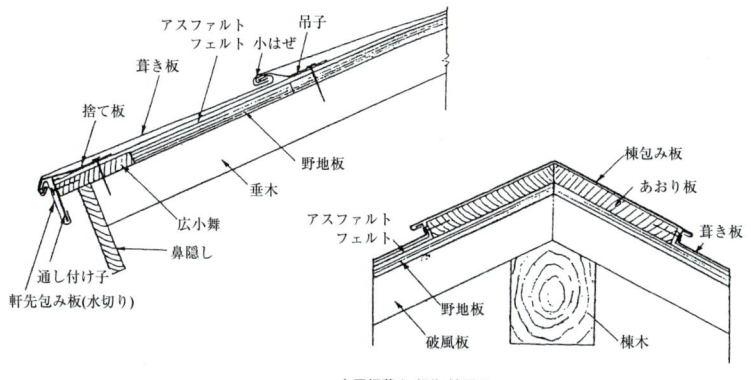

金属板葺き,軒先,棟回り

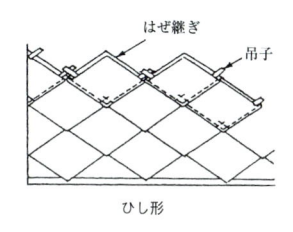

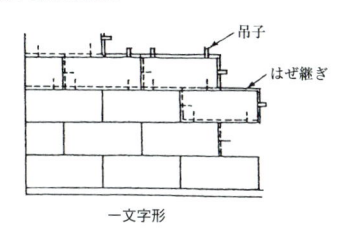

ひし形

一文字形

金属板平板葺き

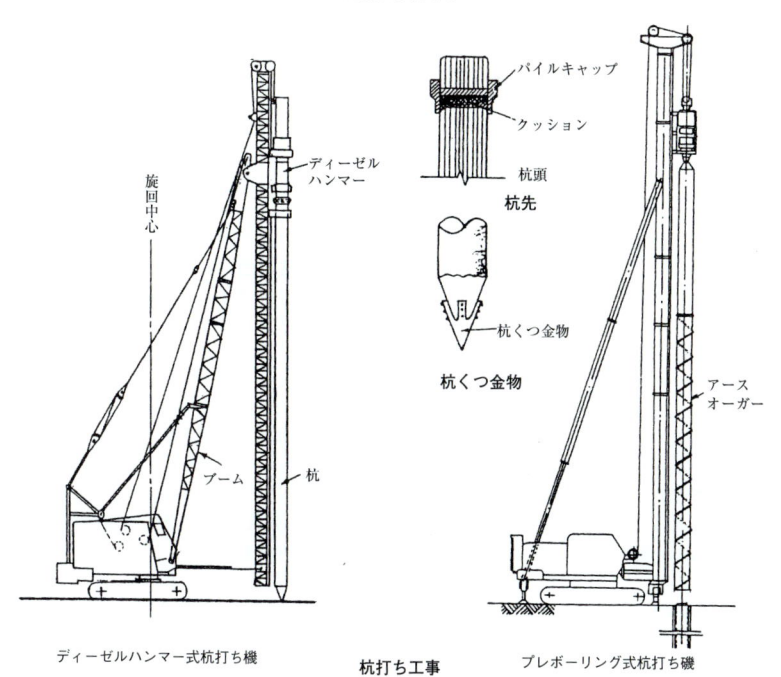

ディーゼルハンマー式杭打ち機

杭打ち工事

プレボーリング式杭打ち機

77

**くいうちじぎょう**〈杭打ち地業〉各種の杭を打ち込んで構造物を地盤に支持させるための地業。

**くいうちしけん**〈杭打ち試験〉杭を打ち込む際の沈下量を測定して,打込みエネルギーから支持杭の許容支持力を定めるもの。

**くいうちやぐら**〈杭打ち櫓〉ウインチを設置した杭打ち用のやぐら。モンケン(重錘)を落下させて杭を打ち込む。レールによる移動式とトラックによる自走式がある

**くいがしら**〈杭頭〉各種の杭の上端部で,杭打ちのとき打撃によって破損しないように金輪をはめたり,キャップをかぶせて保護したり,心矢打ち用の木杭には心矢穴をあけたりする。

**くいキャップ**〈杭—〉⇒パイルキャップ

**くいくつかなもの**〈杭沓金物〉杭を打ち込むとき杭先の破損を防ぎ,貫入しやすいように取り付ける保護用の金物。図前頁

**くいごしらえ**〈杭拵え〉マツ材の原木から皮を取り,節を払い,一定の長さに切りそろえて杭先を細く削り,杭頭の面取りなどを行って杭木をつくること。

**くいさいかしけん**〈杭載荷試験〉⇒さいかしけん

**くいさき**〈杭先〉杭の先端部,支持先端部のことで,地盤に貫入しやすいように細くとがっている。→きぐい

**くいじぎょうこうじ**〈杭地業工事〉⇒くいうちじぎょう

**クイックサンド**〈quick sand〉⇒えきじょうか

**くいぬきき**〈杭抜き機〉⇒パイルエキストラクター

**くいのさいかしけん**〈杭の載荷試験〉打込みの完了した杭に静荷重を加え,荷重と沈下量の関係を調べる試験。降伏荷重や極限応力から杭の許容支持力を定めることができる。

**くいまざらい**〈杭間浚い〉杭打ち後に盛り上がったり,乱れた杭間の土を取り去って平らにならすこと。その後,割ぐり石を小端立てに並べて目つぶし砂利を敷き込み,突き固めて基礎スラブを設置するための準備をする。

**くいわり**〈杭割り〉杭打ち工事を行う前に,杭の割付けを現場に示すこと。

**くうきあっしゅくき**〈空気圧縮機〉⇒エアコンプレッサー

**くうきちょうわ**〈空気調和〉空気浄化や温湿度管理,空気還流を行って室内環境を快適良好に保つこと。単に「空調」,「エアコンディショニング」ともいう。

**くうきちょうわき**〈空気調和機〉空気調和を行うための装置。その構成要素はろ過器,洗浄器または冷却コイル,加湿器,加熱コイルおよび送風機などである。「エアコンディショナー」「エアコン」ともいう。

**くうきちょうわほうしき**〈空気調和方式〉空気調和機と室内を結ぶ熱の運搬方式による空気調和の方法。空気を熱の運搬に用いる空気方式(ダクト方式),空気と水を併用する空気・水方式(ユニット方式,放射方式),水方式(ファンコイルユニット方式),冷媒方式(パッケージ方式)に分類される

**くうきてハンマー**〈空気手—〉⇒リベッティングハンマー

**くうきまくこうぞう**〈空気膜構造〉⇒エアドーム

**くうきリベッター**〈空気—〉⇒リベッティングハンマー

**くうきレンチ**〈空気—〉圧縮空気によって,ボルトを強力に締める道具。「インパクトレンチ」ともいう。

**くうちょう**〈空調〉⇒くうきちょうわ

**くうちょうき**〈空調器〉⇒くうきちょうわき

**クーリングタワー**〈cooling tower〉⇒れいきゃくとう

**くぎ**〈釘〉木材相互などを留め付けるための先端を尖らせた細い棒状材で,金属製,木製,竹製のものがある。

**くぎうちきごう**〈釘打ち記号〉木造枠組壁工法の釘打ちを表示する記号で,本数,専用釘の種類,釘の打ち方を示すもの。

**くぎかくし**〈釘隠し〉長押に打ち付けた釘の頭を隠すために取り付ける装飾的な金物。

**くぎじめ**〈釘締め〉釘の頭を材面より沈めるための工具。先の細くなった部分を釘の頭にあてて,金づちでたたき込む。「釘へし」「へし込み」ともいう。

**くぎぬき**〈釘抜き〉打ち込んだ釘を抜くための道具。付図参照

**くぎへし**〈釘減〉⇒くぎじめ

**くぎぼり**〈釘彫り〉斜めの面などで釘打ちがしにくい場合,前もって釘穴をあけておくこと。

**くくり**〈括り〉⇒ハッカー

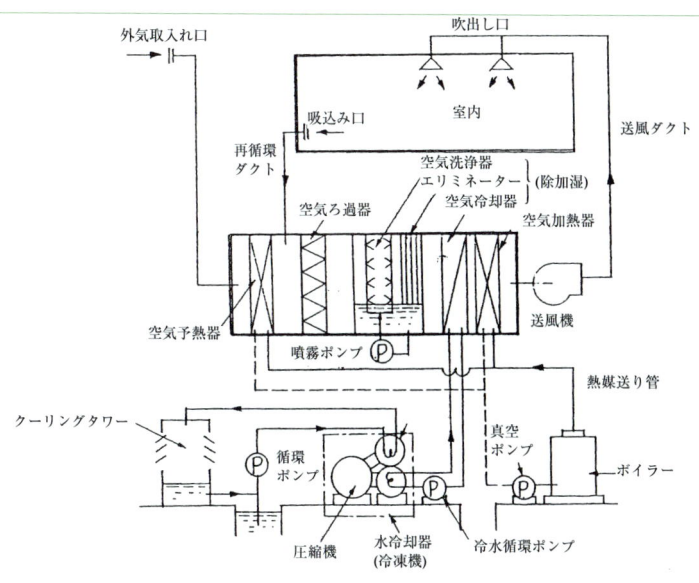

## くくり

### 空気調和設備の原理

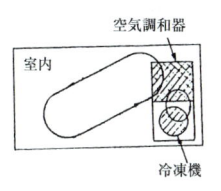

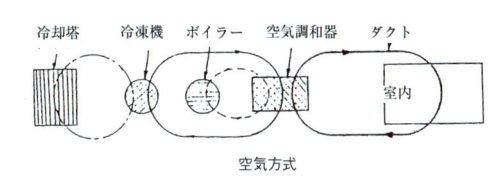

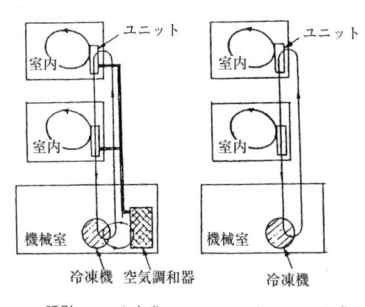

- 外気取入れ口
- 吹出し口
- 吸込み口
- 室内
- 送風ダクト
- 再循環ダクト
- 空気洗浄器
- エリミネーター（除加湿）
- 空気冷却器
- 空気加熱器
- 空気ろ過器
- 空気予熱器
- 噴霧ポンプ
- 送風機
- 熱媒送り管
- クーリングタワー
- 循環ポンプ
- 真空ポンプ
- ボイラー
- 圧縮機
- 水冷却器（冷凍機）
- 冷水循環ポンプ

### 空気調和方式

- 空気方式：冷却塔・冷凍機・ボイラー・空気調和器・ダクト・室内
- パッケージ方式：室内・空気調和器・冷凍機
- 誘引ユニット方式：室内・ユニット・機械室・冷凍機・空気調和器
- ファンコイルユニット式：室内・ユニット・機械室・冷凍機
- 各階ユニット方式：室内・空気調和器・機械室・冷凍機

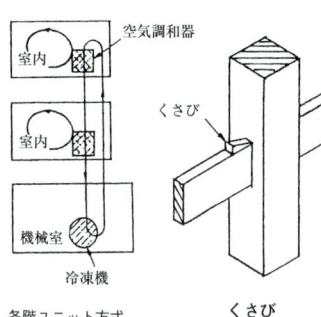

### くさび

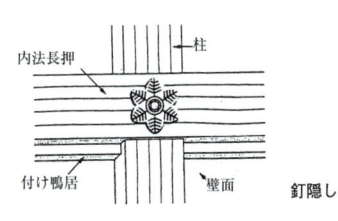

### 釘隠し
- 内法長押
- 柱
- 付け鴨居
- 壁面

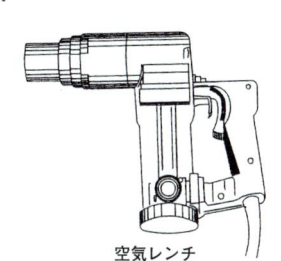

### 空気レンチ

**くけいラーメン**〈矩形―〉⇒ちょうほうけいラーメン

**くさび**〈楔〉部材の接合部を固めるために使われる三角形の堅木。割ほぞに差し込み，押し広げて摩擦力を増大させる。→じごくほぞ

**くさぶき**〈草葺き〉カヤ（茅）や，アシ（葦）などのイネ科の多年草を用いて屋根を葺くこと。麦わら，稲わらを混ぜて「わら葺き」ともいう。

**くされ**〈腐れ〉腐朽菌が繁殖して木材組織が破壊された現象。

**くしびき**〈櫛引き〉塗り重ねる層の付着をよくするため，下層表面にくしごてで筋溝を付けること。くしごてで筋溝を付ける仕上げを「櫛目仕上げ」という。

**くしやま**〈櫛山〉内装のタイル接着剤張りで，接着剤を櫛目ごてで塗布して櫛山を付けること。

**くたい**〈躯体〉構造体骨組のこと。土工事，基礎工事，鉄筋コンクリート工事，鉄骨工事または木造建築の軸組工事などを「躯体工事」という。

**くたいこうじ**〈躯体工事〉骨組を造り上げる工事で，木構造，鋼構造は建方までを，RC造はコンクリート工事までをいう。

**くだばしら**〈管柱〉木造2階建の建物の柱で，階ごとに建て込まれる柱。管柱に対して，2階建の土台から軒桁まで1本で通す柱を「通し柱」という。

**くだりむね**〈降り棟〉寄棟屋根，入母屋屋根などで，軒先に向かって降る棟をいう。

**くちわき**〈口脇〉軒桁など小返りから下の側面をいう。

**くついし**〈沓石〉柱下，床束の下に用いる基礎石のことで，多くはコンクリート製が多い。

**くつかなもの**〈沓金物〉杭の先端やケーソンの切刃部にかぶせて，地盤内での破損を防止するための金物。

**くっさくき**〈掘削機〉土砂を掘削する土工事用の機械。360°回転できる旋回台に取り付けられたブームまたはジブにバケットを付けたもので，パワーショベル，ドラグショベル，ドラグライン，クラムシェルなどがある。

**くっさくこうじ**〈掘削工事〉土工事のうち，土の掘削，積込み，運搬，排土などの作業を含めた工事。

**くつずり**〈沓摺〉開き戸が付く出入口の下枠をいう。断面を段形にして，戸当りを付ける

**くつぬぎいし**〈沓脱ぎ石〉玄関や庭から床へ上がるのに設ける段石。

**くで**〈組手〉障子の組子，ふすま（襖）戸の中子などの組み方をいう。縦横交互に組み通すものを「両組み」，縦桟を表に通して横桟を裏組みするのを「片組み」という。→しょうじど

**グナイト**〈gunite〉⇒ガナイト

**くみこ**〈組子〉障子や欄間などの枠の間に組み込まれた細い部材。釘を使わずに木を組み付ける。⇒しょうじど

**くみたてあしば**〈組立足場〉⇒わくぐみあしば

**くみたてざい**〈組立材〉形鋼や鋼板を組み合わせて部材とするもので，加工に手間はかかるが任意の断面形状にできて，大スパンの建築物などに使用される。

**くみたててっきんコンクリートこうぞう**〈組立鉄筋―構造〉工場で製作した鉄筋コンクリート構造部材を現場で組み立てる構造。

**くみたてばしら**〈組立柱〉形鋼や鋼板を組み合わせて柱とするもので，プレート柱，トラス柱，ラチス柱などがある。

**くみたてパネルしきこうぞう**〈組立―式構造〉工場で製作した床や壁のパネルを現場で組み立てる構造で，木製，金属製，鉄筋コンクリート製などのパネルがある。

**くみたてふごう**〈組立符号〉部材を組み立て結合しやすいようにしるす符号。「マーキング」「相番」ともいう。

**くみつぎ**〈組継ぎ〉板状材を直角に組み合わせる場合の仕口。木口の一方を凸形の一枚ほぞにし，他方を凹形の二枚ほぞとして組み合わせる三枚組継ぎなどがある。

**くみもの**〈組物〉寺院建築で軒の出を支持するために，斗と肘木を組み合わせるもの。「斗栱（ときょう）」「枡組」ともいう。

**くもすじかい**〈雲筋違〉⇒こやすじかい

**クライアント**〈client〉⇒せしゅ

**クライミング**〈climing〉タワークレーンの旋回体を上昇させること。「マストクライミング」と「フロアクライミング」の2通りの方法がある。図は次頁

**クライミングクレーン**〈climing crane〉⇒クライミング

くらいみ

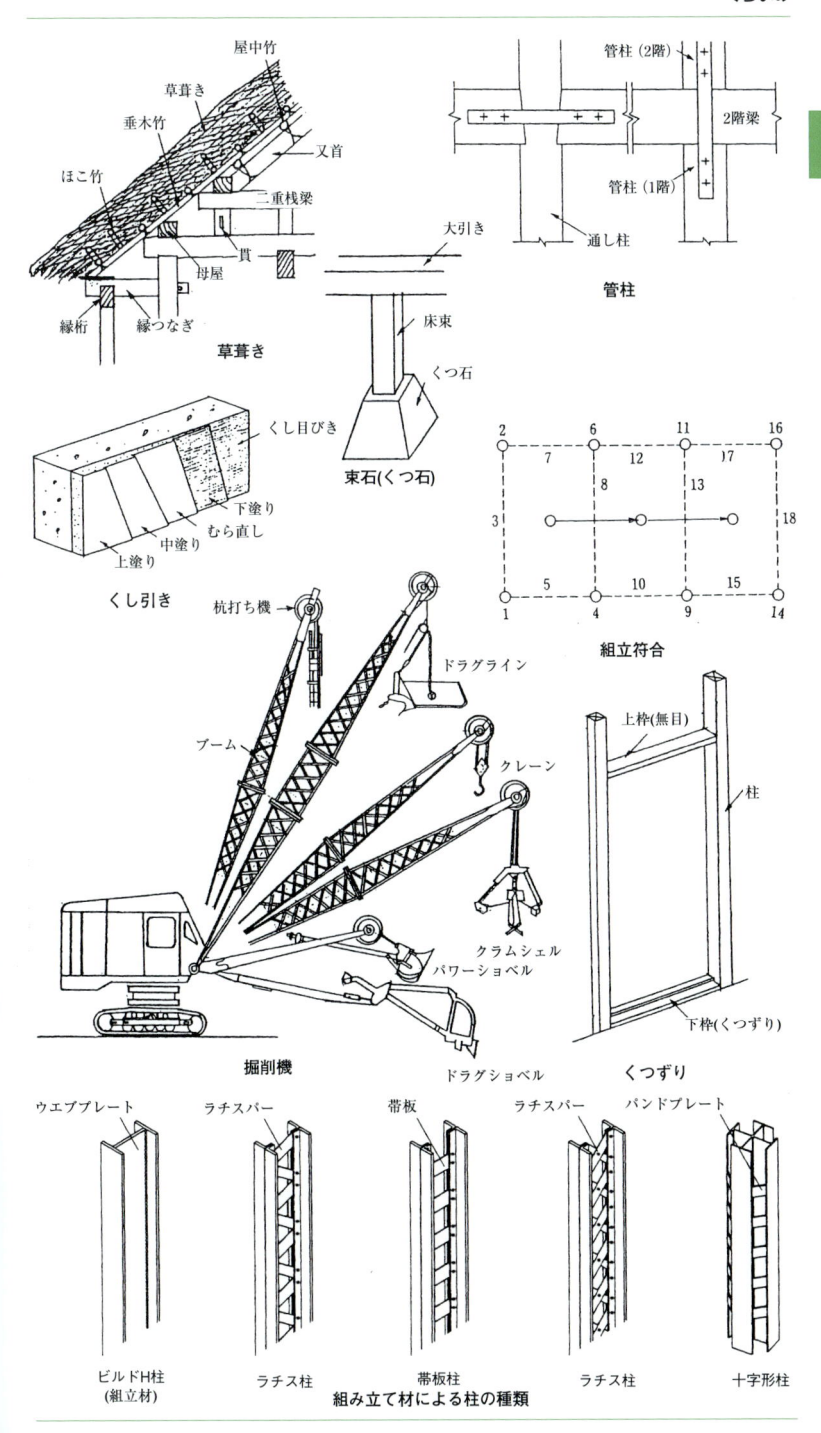

草葺き（ほこ竹、垂木竹、草葺き、屋中竹、又首、二重桟梁、貫、母屋、縁つなぎ、縁桁）

管柱（管柱(2階)、2階梁、管柱(1階)、通し柱）

束石(くつ石)（大引き、床束、くつ石）

くし引き（下塗り、むら直し、中塗り、上塗り）

組立符合

掘削機（杭打ち機、ブーム、ドラグライン、クレーン、クラムシェル、パワーショベル、ドラグショベル）

くつずり（上枠(無目)、柱、下枠(くつずり)）

組み立て材による柱の種類
- ビルドH柱(組立材)（ウエブプレート）
- ラチス柱（ラチスバー）
- 帯板柱（帯板）
- ラチス柱（ラチスバー）
- 十字形柱（バンドプレート）

81

**グラインダー**〈grinder〉⇒けんまき

**グラウティング**〈grouting〉ひび割れや亀裂を埋めるために，セメントペースト，モルタル，薬液などを注入，充てんすること。

**グラウティングこうほう**〈—工法〉セメントペースト，モルタル，ベントナイト液，薬液などのグラウトを地盤強化のために土中に注入する地盤造成工法。

**グラウト**〈grout〉⇒グラウティング

**クラウン**〈crown〉ボーリングの孔底から土の試料，スライムを取り出す際に使用するコアチューブの先端に取り付けるもので，回転によって土層をえぐる刃形がついている。ビットの一つ。

**グラウンドアンカーこうほう**〈—工法〉⇒タイバックこうほう

**グラスウール**〈glass wool〉細いガラス繊維を集めたもので，断熱材として壁の中，天井裏，床下などに使用される。

**クラック**〈crack〉亀裂，ひび割れのこと。

**グラフしきこうていひょう**〈—式工程表〉縦軸に工事の出来高，横軸に日時をとり，工事の進行状況を折れ線などで表す工程表。工事種別に作成されることが多い。

**クラムシェル**〈clamchell〉ブームの先端にバケットを吊り，バケットを開いて落下させ，閉じてつかみ取ることを繰り返して土砂を掘削する。直下の地盤や，狭い地盤での深い掘削に適する機械。

**グランドアンカー**〈ground anchor〉⇒タイバックこうほう

**グランドホッパー**〈grand hopper〉生コン車やミキサーから受けたコンクリートを，コンクリートエレベーターのバケットに入れるときに用いる定置式のホッパー。

**クランプ**〈clamp〉型枠や鋼管足場の組立に用いる結合金具。直角に固定するもの，角度を調節する自在クランプなどがある。

**くり**〈栗〉広葉樹の堅木で強度，保存性が高く，土台，家具などに使用される。

**クリアランス**〈clearance〉すきま，余裕のこと。

**クリープ**〈creep〉長時間の荷重により，ひずみが増加する現象。

**くりがた**〈繰形〉部材の端部などに装飾的に刻んだ工作をいう。

**くりこぎり**〈繰子錐〉手動式の木工用ドリル。上部に押さえるための胸当てがあり，下部のチャックにきりを取り付け，握り手を回転して使用する。付図参照

**くりだしほぞ**〈繰出し柄〉鴨居を柱に取り付ける場合に使われる仕口。台形断面の部材を別につくり，鴨居上部に付けたあり形の溝から繰り出して取り付ける。雇いほぞの変形。

**クリッパー**〈clipper〉鉄線や電線を切るための大ばさみ。

**グリッパーエッジ**〈glipper edge〉じゅうたんなどを装着するための釘を付けた板で部屋の四周に取り付ける。

**グリッパーこうほう**〈—工法〉⇒グリッパーエッジ

**クリップ**〈clip〉左官工事などの定規を固定するための挟み金物。ワイヤロープを緊結するための金具で，「ワイヤークリップ」ともいう。

**グリップ**〈grip〉ボルト接合において，ボルトで締め付ける部材の総圧をいう。

**クリップアングル**〈clip angle〉ベースプレートと柱との接合の際などに用いられる山形鋼。「添え山形鋼」ともいう。→ウイングプレート

**グリップジョイント**〈grip joint〉D25以上の異形鉄筋に適する継手で，スリーブに鉄筋を挿入して，油圧式のジャッキで締め付けて接合する。「機械式継手」「スリーブ圧着継手」ともいう。

**グリップボルト**〈grip bolt〉摩擦接合用の高力ボルトで，所要の引張力でカラーが止め溝に固定され，破断溝の破断でセットされる。

**クリティカルパス**〈critical path〉ネットワーク工程表の開始結合点から終了結合点に至る所要日数の最も大きいパスをいう。「最長パス」ともいう。

**クリノメーター**〈clinometer〉傾斜角を測る簡単な測定器。「傾斜計」ともいう。

**クリヤラッカー**〈clear lacquer〉⇒クリアラッカーぬり

**クリヤラッカーぬり**〈—塗り〉透明な塗膜を形成する速乾性の塗料。一般に吹付塗りとされ磨き仕上げにするもので塗膜が硬く，淡色で優雅な光沢をもち，木部素地に用いられる。

**グリル**〈grille〉空気調和や換気設備の吹出し口，吸込み口などに設ける金属製の格子。格子窓。

**クリンカー**〈clinker〉高温で焼成した硬い

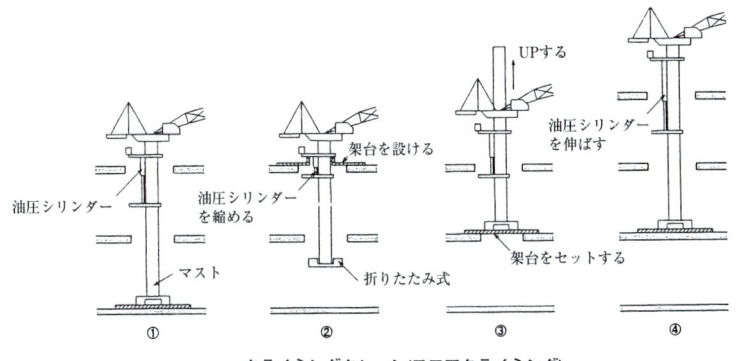

くりんか

①
油圧シリンダー
マスト

②
油圧シリンダーを縮める
架台を設ける
折りたたみ式

③
UPする
油圧シリンダーを伸ばす

④
架台をセットする

クライミングクレーン(フロアクライミング)

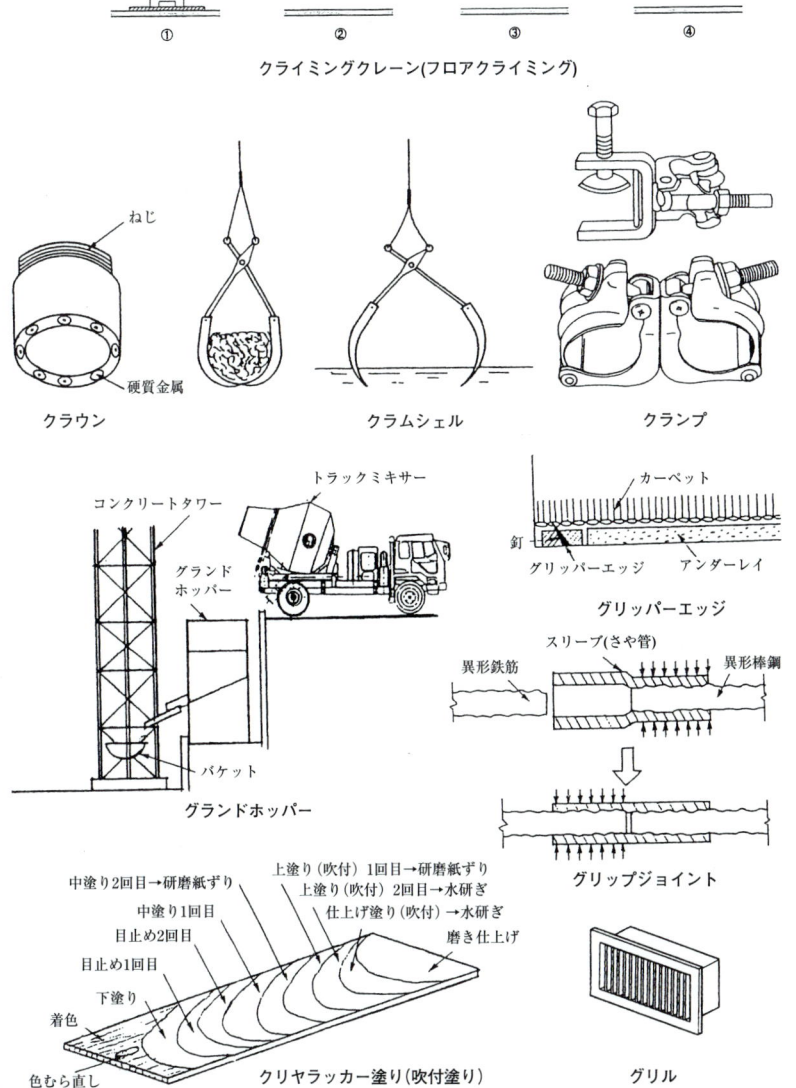

クラウン
ねじ
硬質金属

クラムシェル

クランプ

グランドホッパー
コンクリートタワー
トラックミキサー
グランドホッパー
バケット

グリッパーエッジ
カーペット
釘
グリッパーエッジ
アンダーレイ

グリップジョイント
異形鉄筋
スリーブ(さや管)
異形棒鋼

クリヤラッカー塗り(吹付塗り)
中塗り2回目→研磨紙ずり
中塗り1回目
目止め2回目
目止め1回目
下塗り
着色
色むら直し
上塗り(吹付) 1回目→研磨紙ずり
上塗り(吹付) 2回目→水研ぎ
仕上げ塗り(吹付)→水研ぎ
磨き仕上げ

グリル

緻密な焼塊で，これを微粉砕して少量の石膏を加えるとセメントが得られる。

**クリンカータイル**〈clinker tile〉高温で焼成したせっ器質タイルで，表面に滑り止めの模様が付いた床用タイル。

**くるい**〈狂い〉乾燥収縮などによって起こる曲がり，反り，ねじれなどの変形をいう。

**グルーブ**〈groove〉⇒かいさき

**くるまよせ**〈車寄せ〉出入口前の屋根付き吹き放し部分で，自動車を着けて乗降する。

**グレイジングガスケット**〈glazing gasket〉サッシにガラスを取り付けるためのクッション材。合成ゴム製品で水密性，気密性が確保できる。「ガスケット」「グレイジングチャンネル」「グレイジングビード」ともいう。

**グレイジングチャンネル**〈glazing channel〉⇒グレイジングガスケット

**グレイジングビード**〈glazing bead〉⇒グレイジングガスケット

**クレーター**〈crater〉アーク溶接の溶接部分表面にできたくぼみで，溶接欠陥の一つ。

**グレーチング**〈grating〉排水溝のふたに使用する鋳鉄製の格子状金物。

**クレーン**〈crane〉動力で重量物を吊り上げて移動させる機械装置。天井クレーン，トラッククレーン，ケーブルクレーン，ホイールクレーン，ジブクレーン，タワークレーン，スティフレッグクレーンなどがある。「起重機」ともいう。

**くれえん**〈榑縁〉縁板を長手方向に張った縁側。

**クレーンせっちとどけ**〈―設置届〉事業者はクレーンの明細，組立図，周囲の状況などを記載した設置届を所在地の労働基準監督署長に提出しなければならない。

**クレオソート**〈creosote〉ブナ科の植物を乾留してつくる淡黄色の液体で，木材の防腐剤。

**クレオソートゆ**〈―油〉コールタールを分留して得られる黒褐色の液体で，木材の防腐剤。

**クレセント**〈crescent〉引違いサッシ，上げ下げサッシなどに使用する戸締り金具。

**くれぶき**〈榑葺き〉⇒どいぶき

**クローゼット**〈closet〉洋服ダンス，押入，納戸などの役目の収納室。

**グローブべん**〈―弁〉ハンドルを回して弁を弁座に押し付けて液体の流れを止めるもので，外形が球形のもの。「玉形弁」ともいう。

**クローラークレーン**〈crawler crane〉キャタピラで走行する移動式クレーン。

**くろガスかん**〈黒―管〉ガス管，蒸気管などに使用する亜鉛めっきを施さない配管用鋼管。

**くろかわ**〈黒皮〉鋼材の製造時に表面に被膜をつくる黒い酸化物で，防食効果がある。

**くろかわボルト**〈黒皮―〉軸部の仕上げをしていない黒皮のままのボルトで，仮組立用に使用する。

**クロスばり**〈―張り〉⇒ぬのばり

**くろワニス**〈黒―〉アスファルトなどの炭化水素類を，溶剤に溶かして塗装に適するようにしたもの。

**くわいれ**〈鍬入れ〉工事着手にあたって行われる地鎮祭の儀式の一つ。地鎮祭のことを「鍬入れ式」ということもある。

**くわいれしき**〈鍬入れ式〉地鎮祭で行う儀式で，盛り砂に建築主，施工業者の代表が鍬を入れ，工事の始まりとし，また工事の無事を祈るもの。

## け

**けあげ**〈蹴上げ〉階段の1段の高さ。または階段の立上り部分をいう。

**ケアハウス**〈care house〉ホームヘルプサービスを利用して，自立した生活が送れる安価な老人ホーム。

**けいかくすうりょう**〈計画数量〉設計図書に表示されることなく，施工計画に基づいた数量で，仮設や土工などがある。

**けいきょ**〈経距〉トラバース測量の内業で，測線の直交座標水平軸への正投影をいう。

**けいしゃけい**〈傾斜計〉⇒クリノメーター

**けいゼットかたこう**〈軽Z形鋼〉⇒けいりょうかたこう

**けいそじゅし**〈珪素樹脂〉有機けい素化合物で，耐水性，耐熱性，電気絶縁性に優れ，絶縁材や耐熱塗料などに使用する。

**けいてつこう**〈軽鉄工〉壁や天井などの下地として，下地専用の軽量形鋼を取り付け

けいてつ

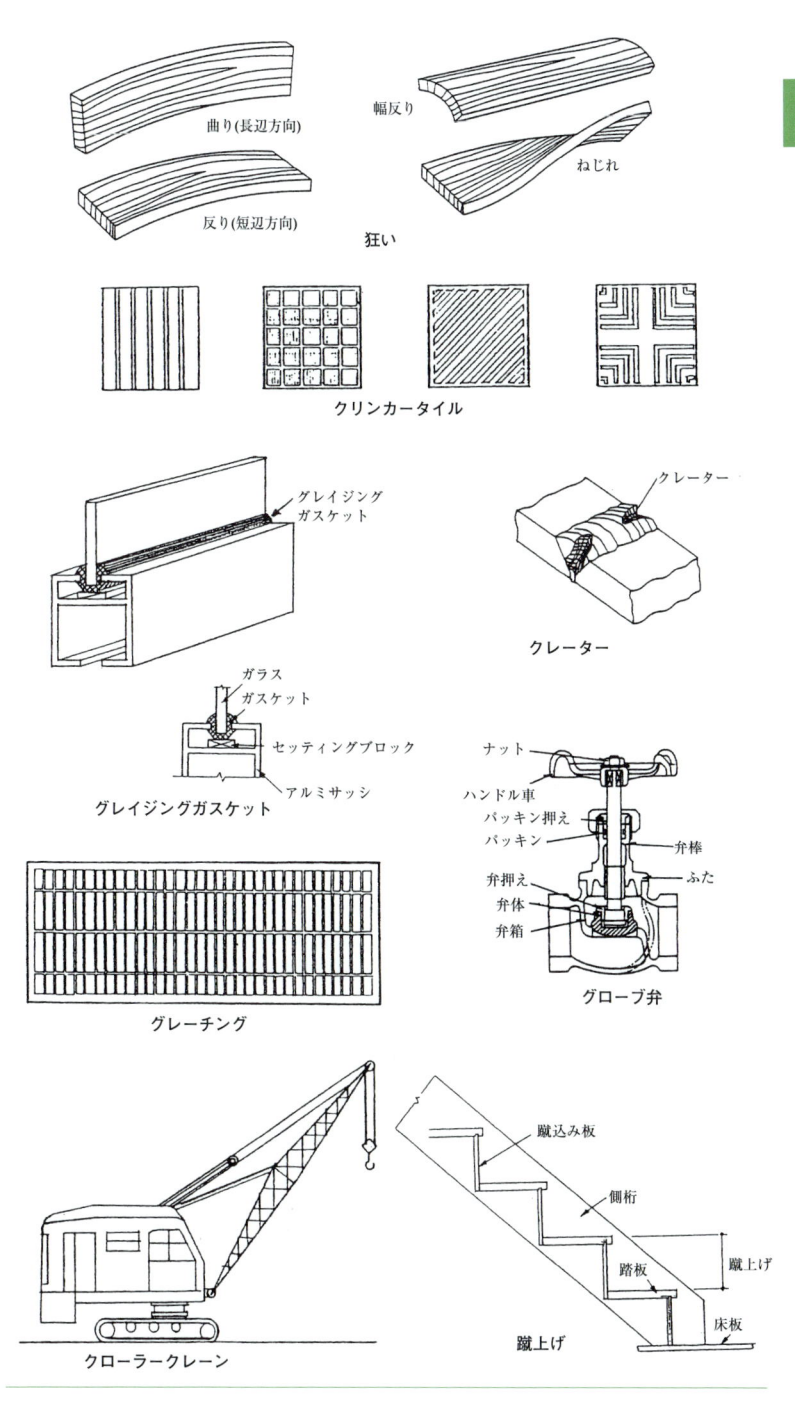

曲り(長辺方向)　幅反り
反り(短辺方向)　ねじれ
狂い

クリンカータイル

グレイジングガスケット

クレーター

ガラス
ガスケット
セッティングブロック
アルミサッシ
グレイジングガスケット

ナット
ハンドル車
パッキン押え
パッキン
弁押え
弁体
弁箱
弁棒
ふた
グローブ弁

グレーチング

クローラークレーン

蹴込み板
側桁
踏板
蹴上げ
床板
蹴上げ

る工事。

**けいとうず**〈系統図〉設備工事の配線，配管の接続や作動系統を表示する図面。

**けいほうせつび**〈警報設備〉火災やガス漏れなどに警報を発し，早期避難，初期消火を促す設備で，自動火災報知設備，ガス漏れ警報設備などがある。

**けいみぞがたこう**〈軽溝形鋼〉⇒けいりょうかたこう

**けいやく**〈契約〉請負業者が当該建築物を完成させることを約し，建築主がその仕事および結果に対して条件に従い代金を支払うことを約するもの。

**けいやくしょるい**〈契約書類〉⇒けいやくとしょ

**けいやくとしょ**〈契約図書〉工事請負契約書，請負契約約款に設計図書，仕様書などを添付したものをいい，建築主，元請負人，工事監理者が記名，押印して1通ずつ保管する。

**けいやくほしょうきん**〈契約保証金〉官公庁工事の契約時に納入する保証金で，契約金額の10％以上。指名競争入札の場合は免除され，契約不履行の場合は没収される。

**けいやまがたこう**〈軽山形鋼〉⇒けいりょうかたこう

**けいりょうかたこう**〈軽量形鋼〉4mm未満の薄肉鋼材で，同重量の普通形鋼に比べ断面性能がよいが，材厚が薄いので局部座屈や防錆に注意が必要。

**けいりょうこうこうぞう**〈軽量鋼構造〉軽量形鋼を使用する3階建以下の構造で，軽くて強く取扱いが容易である。「軽量鉄骨構造」ともいう。

**けいりょうこつざい**〈軽量骨材〉比重が粗骨材は2.0以下，細骨材は2.3以下で天然material，人工材があり，軽量コンクリートに使用される。

**けいりょうコンクリート**〈軽量―〉人工軽量骨材を使用して，普通コンクリートに比べ軽量なコンクリートで，鋼構造のデッキプレート下地の床スラブなどに使用する。

**ゲージ**〈gauge〉ゲージライン間の距離。形鋼では縁端とゲージライン間の距離。

**ゲージライン**〈gauge line〉リベット，ボルト，高力ボルトを配置する部材材軸方向の中心線。

**ケーシング**〈casing〉ボーリング孔や場所打ちコンクリート杭孔を掘削した後，崩れ落ちないように入れる鋼管。囲い・外皮の役目をするもの。「ケーシングチューブ」「鞘(さや)管」ともいう。

**ケーシングチューブ**〈casing tube〉⇒ケーシング

**ケーソン**〈caisson〉コンクリート製の中空の箱をあらかじめ地上でつくり，下方の土砂を掘削し，自重で沈下させて所定の地盤に到達させ基礎とするもの。「潜函工法」ともいう。

**ケーソンこうほう**〈―工法〉⇒ケーソン

**ケーソンびょう**〈―病〉ニューマチックケーソン工法において，潜函内の作業員が高圧の中で作業した場合に起こす潜水病に似た身体障害。「潜函病」ともいう。

**ゲートべん**〈―弁〉⇒しきりべん

**ケーブル**〈cable〉細い導線をより合わせて絶縁被覆をした電線。ビニル外装ケーブル，クロロプレン外装ケーブルなどがある。ケーブルは地中に埋設することができる。

**ケーブルクレーン**〈cable crane〉荷重を支持するキャリッジ（トロリー）が2つの支持間に架け渡したワイヤーロープを軌道として走行するクレーン。

**けがき**〈罫書き〉型板や定規で，使用する鋼材に切断や孔あけの位置を印す作業。

**けこみいた**〈蹴込み板〉階段の蹴上げ部分に用いる板。また，蹴込み床の立上り部の板をいう。

**けこみどこ**〈蹴込み床〉床がまちの代わりに蹴込み板を用い，床板を上にかぶせて納めた床の間。付図参照

**けしょうごうはん**〈化粧合板〉合板の表面に化粧突板や化粧板などを張った仕上材で，内装，建具などに使用する。

**けしょうセメントふきつけざいぬり**〈化粧―吹付材塗り〉一般に防水リシン，セメントリシンと呼ばれ，ポルトランドセメントに混和剤・粘着剤・顔料を加えたもので，外装として吹き付けて仕上げるもの。

**けしょうだるき**〈化粧垂木〉軒裏や屋根裏が下から見えるようにつくられる場合，そこに現れる垂木をいう。化粧とは，見える部分を意匠的・装飾的に仕上げることをいう。

**けしょうづみ**〈化粧積み〉れんが・ブロックなどの表面をそのまま仕上げとして積み上げるもので，目地は化粧目地とする。

**けしょうばりごうはん**〈化粧張り合板〉⇒

けしよう

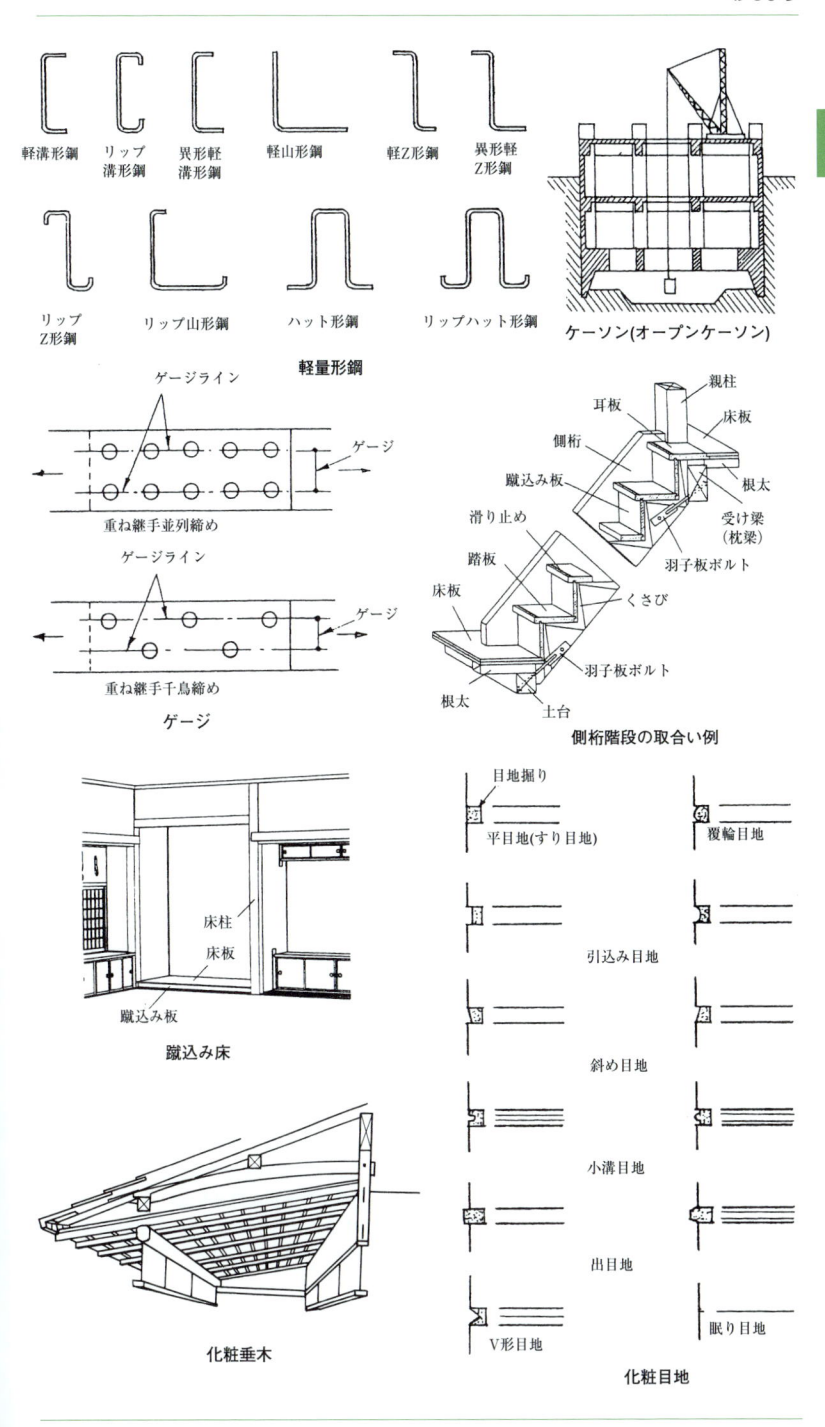

| | | | | | |
|---|---|---|---|---|---|
| 軽溝形鋼 | リップ溝形鋼 | 異形軽溝形鋼 | 軽山形鋼 | 軽Z形鋼 | 異形軽Z形鋼 |
| リップZ形鋼 | リップ山形鋼 | ハット形鋼 | リップハット形鋼 | | |

軽量形鋼

ケーソン(オープンケーソン)

重ね継手並列締め
重ね継手千鳥締め

ゲージ

側桁階段の取合い例
(親柱、耳板、側桁、蹴込み板、滑り止め、踏板、床板、くさび、羽子板ボルト、根太、土台、受け梁(枕梁))

蹴込み床
(床柱、床板、蹴込み板)

化粧垂木

化粧目地
- 目地掘り
- 平目地(すり目地)
- 覆輪目地
- 引込み目地
- 斜め目地
- 小溝目地
- 出目地
- V形目地
- 眠り目地

87

けしょうごうばん

**けしょうめじ**〈化粧目地〉目地ごてなどを用い、表面を意匠的に仕上げる目地のこと。

**けしょうやねうら**〈化粧屋根裏〉縁側などの屋根裏を化粧小舞、化粧垂木を使用して装飾的な天井として見せるもの。→けしょうだるき

**げすいどう**〈下水道〉下水を排除、処理する施設で、下水管、ポンプ施設、終末処理場からなる。

**ゲストハウス**〈guest house〉迎賓館に代表される賓客を歓迎、接待するための宿泊施設を持つ建物。

**けずりしろ**〈削り代〉木材を削り仕上げするとき、その削り取る部分の厚さをいう。

**けた**〈桁〉柱の上で梁や垂木を受ける横架材。一般に外部面の受け梁をいう。

**げた**〈下駄〉機械や足場丸太などの下にかう木材のこと。「飼い物」といわれ、「下駄をはかす」ともいう。

**げたばきじゅうたく**〈下駄履き住宅〉下の階を店舗や事務所などに使用し、上の階を共同住宅として使用するもの。

**けたゆき**〈桁行〉通常、建物の長手方向をいい、梁間に対して直角方向をいう。

**けつごうてん**〈結合点〉ネットワーク工程表で、分解した各作業が結合する点で○をつける。

**けっそくせん**〈結束線〉鉄筋組立のとき、その鉄筋の交点の緊結に用いるなまし鉄線。

**けつろ**〈結露〉室内の壁面や窓ガラス面の温度が露点以下になり、接した水蒸気が水滴となり付着するもの。

**けびき**〈罫引き〉⇒かまけびき

**ケミカルドレンこうほう**〈―工法〉粘性土の地盤改良で、化学材製のドレンを打ち込み、排水し、圧密沈下により強度を増す工法。

**けむりかんちき**〈煙感知器〉火災による煙を感知して、自動火災報知器の警報を鳴らす装置。

**げや**〈下屋〉⇒さしかけやね

**けらば**〈螻羽〉切妻屋根の妻側端部をいう。この部分は母屋の木口を隠すために破風板が取り付けられ、瓦葺きの場合は「けらば瓦」が葺かれる。軒の部分は「傍軒(そばのき)」という。

**けらばがわら**〈螻羽瓦〉⇒けらば

**けれん** ⇒けれんぼう

**けれんぼう**〈けれん棒〉型枠や床に付いたコンクリートやモルタルを削り取る場合に用いる道具。

**けん**〈間〉尺貫法による長さの単位で、1間(柱心間)を6尺(約1.818m)とするもの。

**げんかかんり**〈原価管理〉経営の能率化を検討、改善し、原価の低減を目的とする管理活動。

**げんかしょうきゃく**〈減価償却〉所有している建築物や機械設備などの価値の低下分を、取替え準備金として規定に従い留保すること。

**げんかん**〈玄関〉おもな出入口として正面などに設けられたものをいう。

**けんざお**〈間竿〉現場で作る小割材の定規で、木材の加工にあたって墨付けするとき、特に部材の長さを測るときに使う。「尺杖(しゃくづえ)」ともいう。

**けんさずみしょう**〈検査済証〉完了検査の結果、法的に適合と認められ建築主事から交付される証明書。

**げんず**〈原図〉設計者によって直接描かれたもので、複写の原紙になる図面。

**げんすいざい**〈減水剤〉セメント粒子の分散作用によりコンクリートの流動性が増すので、必要水量を減ずることができる混和剤。

**げんすんず**〈現寸図〉実物大の寸法で描く図面で、細部の納まり図や鉄骨の製作図などがある。

**けんせつぎょう**〈建設業〉建築および土木工事を請け負ってそれを業とすること。小規模な個人企業から、巨大な組織・機構をもつ法人企業までいろいろある。建設業者は、総合工事業者、職別専門工事業者または元請業者、下請業者といったように区分される。

**けんせつぎょうしゃ**〈建設業者〉建設業法による許可を受けて建設業を営む者で、2県以上で営業する場合は国土交通省の、県内の場合は知事の許可を受ける。

**けんせつぎょうほう**〈建設業法〉建設業者の資格、工事契約、施工技術の基準に関して定められた法律。「この法律は、建設業を営む者の資質の向上、建設工事の請負契約の適正化等を図ることによって、建設工事の適正な施工を確保し、発注者を保護するとともに、建設業の健全な発達を促進し、

けんせつ

結束線
鉄筋
結束線

棟
軒桁
柱
小屋梁
梁間
桁行
桁行

換気口
傍軒
けらば
小壁
軒
見切り縁
雨押え
けらば

けれん棒

間竿

## 検査済証

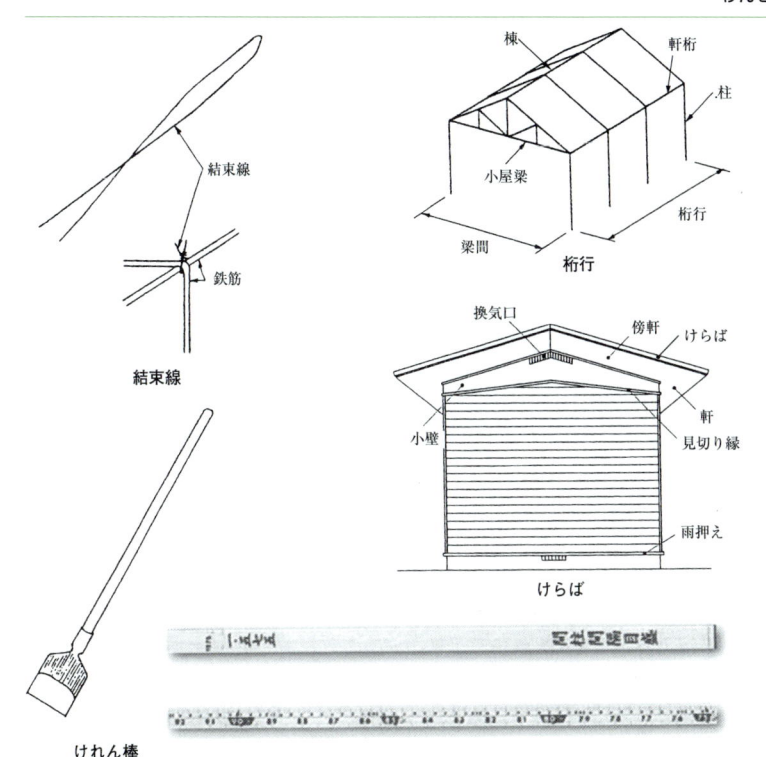

**建築主事が交付する検査済証**
（特定行政庁）

第二十一号様式（第四条の四関係）
建築基準法第7条第5項の規定による
検査済証
　　　　　　　　　　　　第　　　号
　　　　　　　　　平成　年　月
建築主、設置者又は築造主　　　様
　　　　建築主事等職氏名　　　印

　下記に係る工事は、建築基準法第7条第4項の規定による検査の結果、建築基準法第6条第1項（建築基準法第6条の3第1項の規定により読み替えて適用される同法第6条第1項）の建築基準関係規定に適合していることを証明する。

　　　　　　　　記

1. 確認済証番号　　　第　　　　号
2. 確認済証交付年月日　平成　年　月　日
3. 確認済証交付者
4. 建築場所、設置場所又は築造場所
5. 検査を行った建築物、建築設備若しくは工作物又はその部分の概要
6. 検査年月日　　　　平成　年　月　日
7. 委任した建築主事氏名

（注意）この証は、大切に保存しておいてください。

**指定確認検査機関が交付する検査済証**

第二十四号様式（第四条の六関係）
建築基準法第7条の2第5項の規定による
検査済証
　　　　　　　　　　　　第　　　号
　　　　　　　　　平成　年　月
建築主、設置者又は築造主　　　様
　　　　指定確認検査機関名　　　印

　下記に係る工事は、建築基準法第7条の2第1項の規定による検査の結果、建築基準法第6条第1項（建築基準法第6条の3第1項の規定により読み替えて適用される同法第6条第1項）の建築基準関係規定に適合していることを証明する。

　　　　　　　　記

1. 確認済証番号　　　第　　　　号
2. 確認済証交付年月日　平成　年　月　日
3. 確認済証交付者
4. 建築場所、設置場所又は築造場所
5. 検査を行った建築物、建築設備若しくは工作物又はその部分の概要
6. 検査年月日　　　　平成　年　月　日
7. 検査を行った確認検査員氏名

（注意）この証は、大切に保存しておいてください。

検査済証

けんせつ

もって公共の福祉の増進に寄与することを目的とする。」(第1条目的)

**けんせつこうじ**〈建設工事〉土木, 建築に関する工事で, 建築一式工事, 大工工事, 左官工事などをいう。

**けんせつはいきぶつ**〈建設廃棄物〉建設工事に伴い発生するもので, 現場事務所の生ゴミ, 解体工事による木材くず, 金属くず, 廃油などをいう。

**けんぞうぶつ**〈建造物〉比較的規模のある架構の建設物。

**けんちいし**〈間知石〉四角錐状に加工した石材。外側になる部分を「面」といい, 裏側のとがった部分を「胴じり」という。胴じりを壁のほうに向け, 裏込めをして石垣の積み石として用いられる。図次頁

**けんちく**〈建築〉建築基準法により, 建築物を新築, 増築, 改築, または移転することをいう。

**けんちくか**〈建築家〉職業として建築物の企画, 設計をし, 施工監理に熟練している専門家。「アーキテクト」ともいう。

**けんちくきじゅんほう**〈建築基準法〉個々の建築物の質の確保, または健全な街づくりのための技術的基準を確保するために設けられた建築に関する主要法令。「この法律は, 建築物の敷地, 構造, 設備及び用途に関する最低の基準を定めて, 国民の生命・健康及び財産の保護を図り, もって公共の福祉の増進に資することを目的とする。」(第1条目的)

**けんちくきじゅんほうしこうきそく**〈建築基準法施行規則〉国土交通大臣が定める省令で, 主として手続きなどの規定が定められている。

**けんちくきじゅんほうしこうれい**〈建築基準法施行令〉法律を適用するため内閣が定める政令で, 技術の進歩発展に対応して具体的な技術基準が定められている。

**けんちくぎょうむ**〈建築業務〉施工計画を立て, 生産工程を管理して, 建築物を完成させる一連の業務をいう。「現場管理」「施工管理」ともいう。

**けんちくきょか**〈建築許可〉計画した建築物が建築基準法に適合しない場合に, 条件に応じて特定行政庁が建築審査会の同意を得て特例として行う建築の許可。

**けんちくけいかくがいようしょ**〈建築計画概要書〉建築基準法第6条第1項の規定によ
る確認申請書の一つ。確認申請書の様式については建築基準法施行規則第1条に規定される。

**けんちくこうじうちわけしょ**〈建築工事内訳書〉工事費用について総額, 種目, 科目, 細目の順に記載するもので, 数量計算した数量, 単価, 積算の結果を記入する。「建築工事内訳書標準書式」が広く利用されている。

**けんちくこうじとどけ**〈建築工事届〉建築基準法第15条第1項に規定する届書。「建築主が建築物を建築しようとする場合又は建築物の除却の工事を施工する者が建築物を除却しようとする場合においては, これらの者は, その旨を都道府県知事に届けなければならない。ただし, 当該建築物又は当該工事に係る部分の床面積の合計が10m²以内である場合においては, この限りでない。」(建基法第15条第1項)

**けんちくこうじひょうじゅんしようしょ**〈建築工事標準仕様書〉⇒ジャス

**けんちくし**〈建築士〉建築士法の定めにより免許を取得し, 設計, 工事監理などの業務を行う者。

**けんちくしほう**〈建築士法〉一級建築士, 二級建築士および木造建築士の資格と業務を定める法律。「この法律は, 建築物の設計・工事監理等を行う技術者の資格を定めて, その業務の適正をはかり, もって建築物の質の向上に寄与させることを目的とする。」(第1条目的)

**けんちくしゅじ**〈建築主事〉建築の確認申請に対して, 法の規定に適合している確認の業務を司る者。

**けんちくしんさかい**〈建築審査会〉特定行政庁が特例で建築の許可をしようとする場合に, 先立って審議し, 同意を行う会で, 各分野の学識経験者で構成される。

**けんちくすうりょうせきさんきじゅん**〈建築数量積算基準〉「建築数量積算基準・同解説」が制定している見積りの数量積算の基準。

**けんちくずめん**〈建築図面〉建築に関する図面の総称で, 意匠図, 構造図, 設備図, 施工図など。

**けんちくせこうかんりぎし**〈建築施工管理技士〉技術検定に合格し登録された技士で, 施工計画および施工図の作成ならびに工事現場の技術上の管理, 指導監督をする技術

けんちく

建築計画概要書

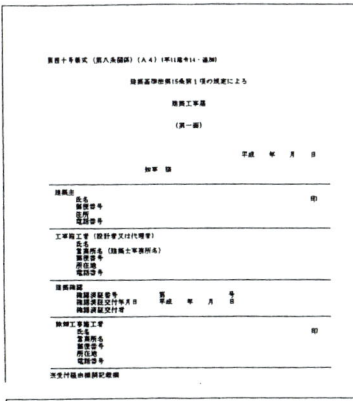

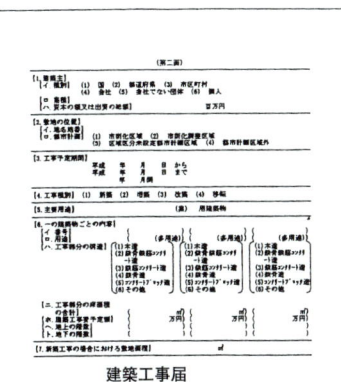

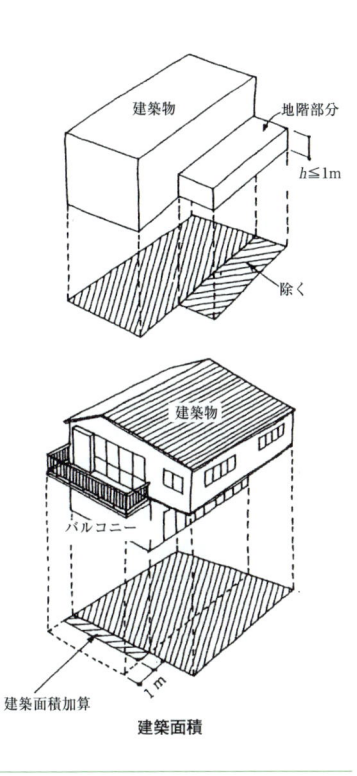

建築工事届

建築面積加算　建築面積

者。

**けんちくせっけいじむしょ**〈建築設計事務所〉建築主との委託契約に基づき、建築物を具体的に立案する設計業務を行い、設計図書を作成する事務所。

**けんちくせつび**〈建築設備〉快適な生活環境を確保するために建築物に設ける給排水、空気調和、電気、ガスなどの設備をいう。

**けんちくそくりょう**〈建築測量〉敷地の形、大きさ、高低差、建物の位置などを測定し、図面を作成すること。

**けんちくぬし**〈建築主〉建設工事の依頼主をいう。請負契約上の注文者・発注者。→せしゅ

**けんちくぶつ**〈建築物〉人間が安全に快適に生活するための空間で、基礎、床、壁、天井、屋根などで構成される。

**けんちくぶつじょきゃくとどけ**〈建築物除却届〉建築物を除却する場合は、除却工事を施工する者が、建築主を経由して知事に届出をしなければならない。

**けんちくほうき**〈建築法規〉直接関係するおもなものは、建築基準法、都市計画法、消防法、建築士法、建設業法があり、その他多数のものがある。

**けんちくめんせき**〈建築面積〉建築物(地階で地盤面上1m以下にある部分を除く)の外壁またはこれに代わる柱の中心線(軒、ひさし、はね出し縁その他これらに類するもので、当該中心線から水平距離1m以上突き出たものがある場合においては、その端から水平距離1m後退した線)で囲まれた部分の水平投影面積。(建築基準法施行令第2条)図は前頁

**げんテラ**〈現—〉⇒げんばぬりテラゾー

**けんどん**〈倹鈍〉上溝にはめ込み、その後下溝に落とし込んで戸やふたを建て込むようにしたもの。木製のはめ(嵌)殺し建具や、上げ下げ窓の分銅口、木製の出前箱のふたなど。

**けんなわ**〈間縄〉敷地などの距離を測る巻尺の代用品。伸び縮みがあるので精密な測定には用いられない。

**けんにんじがき**〈建仁寺垣〉丸太の柱、間柱を掘り立て、胴押縁に立子(たてこ)をかき付け、押縁竹を横付けする竹垣。

**げんのう**〈玄能〉金鎚のようなもので、鉄製の頭の小口は平らでのみや釘を叩くのに使用し、大きなものは石を割るのに使用する。

**げんば**〈現場〉工場内の作業場または建設工事中の施工場所をいう。

**げんばあわせかたわく**〈現場合せ型枠〉反復使用のために規格化した転用型枠に対して、規格外の現場合せで作成する型枠をいう。

**げんばいん**〈現場員〉工事現場の係員の総称で、現場管理を行う者をいう。

**げんばうちコンクリート**〈現場打ち—〉現場で型枠内に打ち込んで施工するコンクリート。

**げんばうちコンクリートぐい**〈現場打ち—杭〉⇒ばしょうちコンクリートぐい

**げんばかんり**〈現場管理〉⇒けんちくぎょうむ

**げんばかんりひ**〈現場管理費〉労務費、人件費、補償費など工事現場の管理運営に要する費用で、工事原価から純工事費を除いた費用となる。

**げんばじむしょ**〈現場事務所〉着工から完成までの工事管理を行うため、施工現場に設ける仮設事務所。

**げんばせつめい**〈現場説明〉建設工事に先だって、入札業者または請負業者に建設敷地の状況、施工方針などを現場を見ながら説明すること。通常、建築主から委嘱された設計者もしくは工事監理者が行う。

**げんばにっし**〈現場日誌〉建設の現場事務所に備え付けて、毎日の工事の状況を記録するもの。工事日誌は以後の進め方のよりどころとなるもので、毎日欠かさず正確に記入する。

**げんばぬりテラゾー**〈現場塗り—〉補強金物を伏せ込んでモルタルを下塗りし、大理石の砕石粒を加えたモルタルを上塗り、硬化後、研磨・つや出しして大理石に似せて仕上げるもの。「現テラ」ともいう。

**げんぶがん**〈玄武岩〉斜長石、輝石などを主成分とする暗色の火山岩。

**けんぺいりつ**〈建蔽率〉都市計画区域において、用途地域により規定されている制限で、敷地面積に対する建築面積の割合。

**けんまき**〈研磨機〉表面を研ぎ磨く機械。「グラインダー」ともいう。

**けんまし**〈研磨紙〉細粒の研磨材を丈夫な紙に接着剤で接着させたもの。素地ごしらえ、各塗工程の研磨に使用する。「紙やすり」「サンドペーパー」ともいう。

けんまし

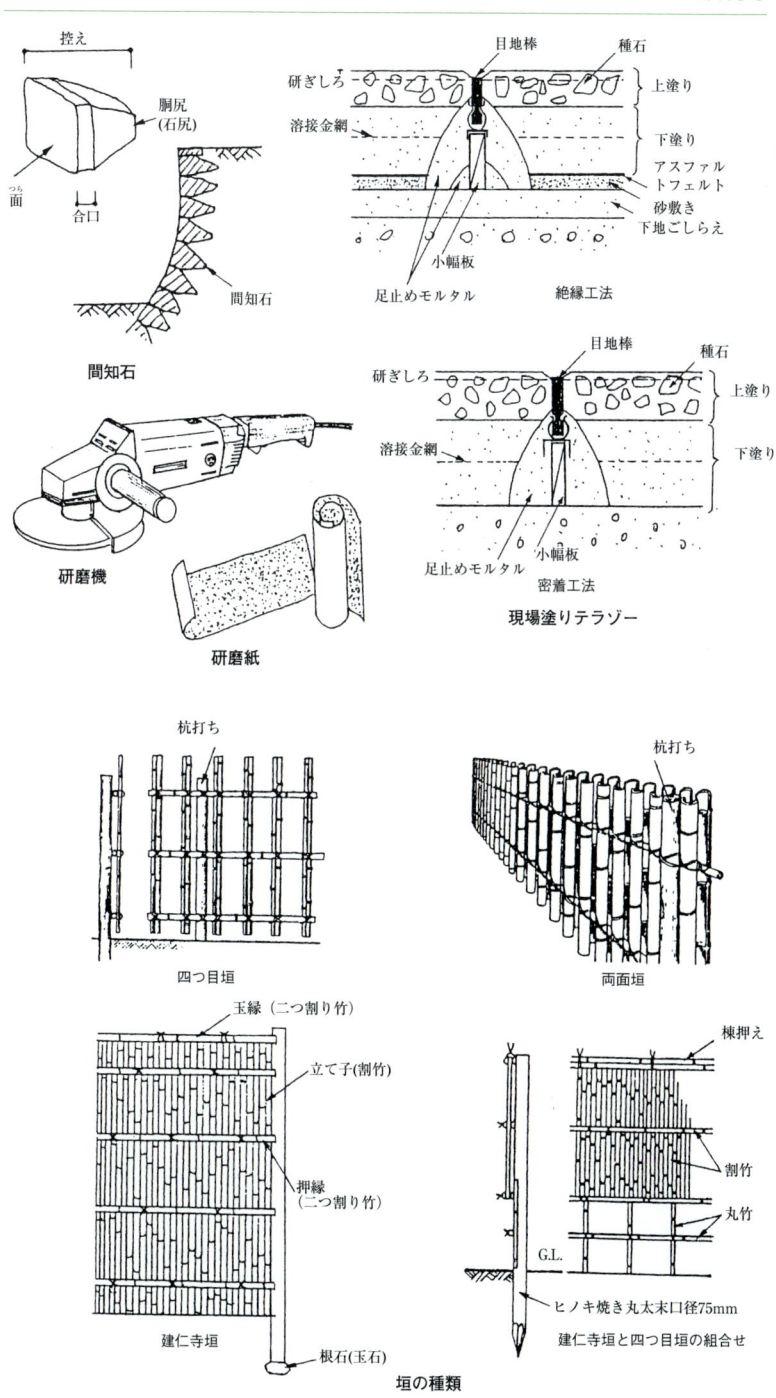

間知石
- 控え
- 胴尻(石尻)
- 面
- 合口
- 間知石

絶縁工法
- 研ぎしろ
- 溶接金網
- 目地棒
- 種石
- 上塗り
- 下塗り
- アスファルトフェルト
- 砂敷き
- 下地ごしらえ
- 小幅板
- 足止めモルタル

研磨機

研磨紙

密着工法
- 研ぎしろ
- 溶接金網
- 目地棒
- 種石
- 上塗り
- 下塗り
- 小幅板
- 足止めモルタル

現場塗りテラゾー

垣の種類

四つ目垣
- 杭打ち

両面垣
- 杭打ち

建仁寺垣
- 玉縁(二つ割り竹)
- 立て子(割竹)
- 押縁(二つ割り竹)
- 根石(玉石)

建仁寺垣と四つ目垣の組合せ
- 棟押え
- 割竹
- 丸竹
- G.L.
- ヒノキ焼き丸太末口径75mm

93

**けんまし**

**けんましずり**〈研磨紙摺り〉素地の汚れやさび，塗面の付着物などを取り除き，面を平滑にし，塗料の付着性をよくするために研磨紙で研磨するもの。

**けんまぬの**〈研磨布〉研磨材を丈夫な綿布に接着剤で接着させたもの。素地ごしらえ，付着物の除去，さび落しに使用する。

## こ

**コアごうはん**〈一合板〉小角材と添え板を心材にした特殊合板で，建具や間仕切りなどに使用する。「コアボード」ともいう。

**コアサンプル**〈core sample〉ボーリングロッドの先端に不攪乱サンプラーを取り付け，これによって採取した円柱形の土質試料。物理的試験の供試体として使われる。→ボーリング

**コアシステム**〈core system〉建築物の中央部に階段，エレベーター，パイプシャフト，便所などの共用部分を配置するもの。

**コアチューブ**〈core tube〉ボーリング孔底の掘削土または岩屑を取り出すための器具。管状の器具で先端にクラウンを取り付け，これを回転して土層をえぐり取る。→ボーリング

**こあな**〈小穴〉床板や壁材などの板材の端部を納める場合，相手の材に彫った細長い溝をいう。

**こあなつぎ**〈小穴継ぎ〉小穴を彫って，これに板材をはめ込む仕口のこと。

**コイルタイ**〈coil tie〉型枠に使用するセパレーターの一種で，鉄線数本でコイル状のねじに溶接したもの。

**こうあつじょうきようじょう**〈高圧蒸気養生〉プレキャスト鉄筋コンクリート製品を高温蒸気，高圧力を加えて行う養生で，早期に硬化，強度が得られる。ALCパネル，プレキャストコンクリート杭などの養生に使用される。

**こうか**〈硬化〉セメントと水が化合して凝結が始まる，その進行の状況をいう。

**こうかいほう**〈交会法〉測量区域内に適当な位置を2箇所設けてその距離を測り，これを基線(基準となる測線)として各測点の方向線を図上に求め，その交点によって測点の位置を求める方法。平板測量法の一つ。

**こうかく**〈交角〉トラバース測量などに用いられるもので，基準線と測線とのなす角をいう。つぎつぎと交角と距離を測って測量を進める方法を「交角法」という。

**こうかくほう**〈交角法〉トラバース測量で，各測線について前の測線とのなす角を測定していくもの。

**こうかざい**〈硬化剤〉モルタルやコンクリートの硬化を早める混和剤で，型枠の解体を早めたい場合などに使用する。

**こうかんあしば**〈鋼管足場〉軟鋼でつくられたパイプを種々の緊結金具を用いて組み立てた足場。「パイプ足場」ともいう。

**こうき**〈工期〉工事期間の略で，工事開始から完了するまでの期間。

**こうきょうげすいどう**〈公共下水道〉市町村が管理する市街地の下水を排除処理するための下水道。

**こうきょうけんちく**〈公共建築〉官公庁自体も含め，美術館，博物館，図書館などの一般の利用に供するために官公庁が設置した施設。

**こうきょうどコンクリート**〈高強度—〉設計基準強度 $36N/mm^2$ を超える普通コンクリートで，プレストレスコンクリート構造などに使用する。

**こうきょうどてっきん**〈高強度鉄筋〉高強度の鉄筋をRC造に用いる場合は，付着力が必要であり異形鉄筋が使用される。

**ごうきん**〈合金〉主になる金属元素に他の金属または非金属を溶融混成したもの。強度，硬度，鋳造性，耐食性などの向上を目的とする。黄銅，青銅，ジュラルミン，ステンレス鋼などがある。

**こうぐい**〈鋼杭〉鋼材の杭。H鋼と円筒形が多く，運搬や打込みが容易であり，溶接して長尺物に使用される。耐力は大きいが腐食する欠点がある。

**こうクロムこう**〈高—鋼〉クロム含有量が多い特殊鋼で，耐食性，耐熱性に優れ，ステンレス鋼がある。

**こうこう**〈硬鋼〉炭素含有率が0.3～0.5%の鋼で，強度は大きいが加工が難しく，歯車，レール，バネなどに使用する。

**ごうこうぞう**〈剛構造〉RC造，SRC造の骨

こうこう

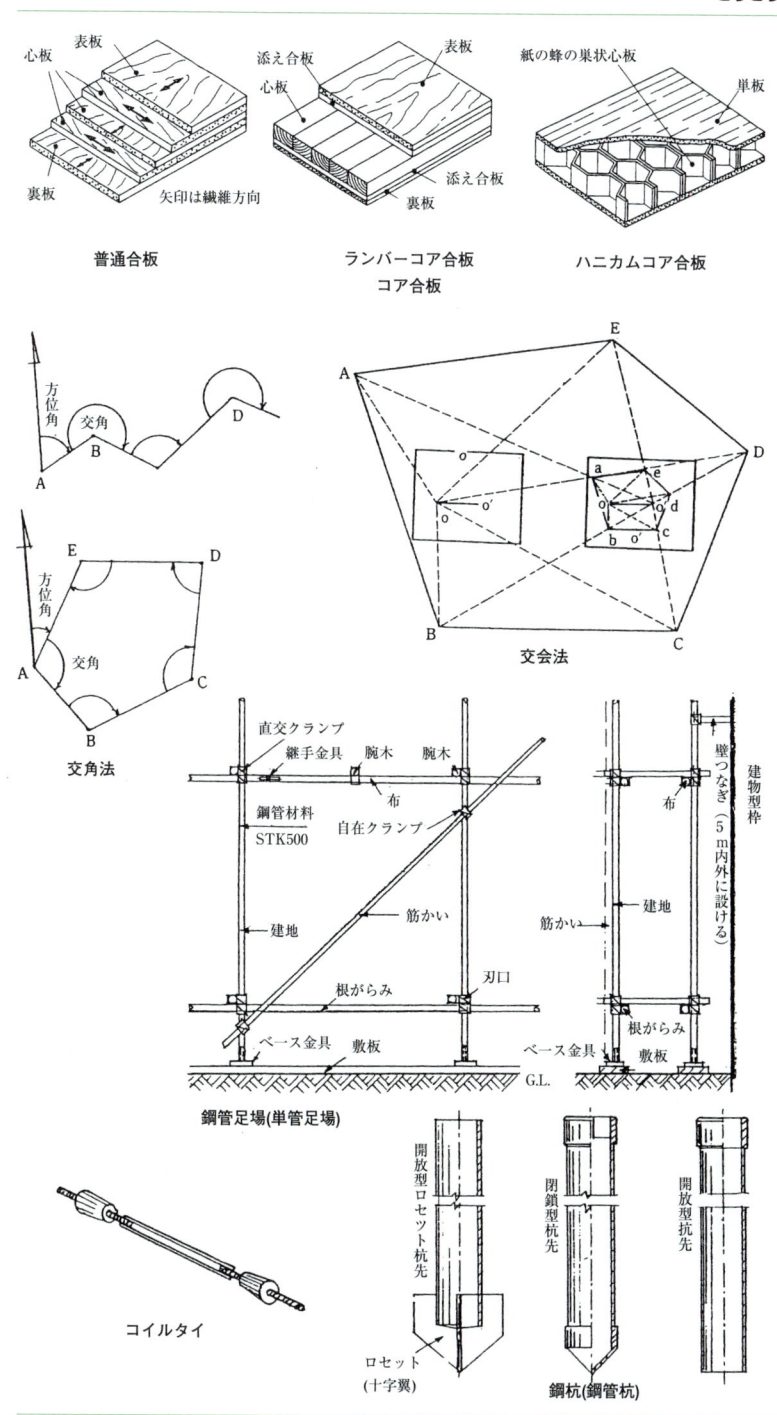

普通合板　　　　　ランバーコア合板　　　ハニカムコア合板
　　　　　　　　　　コア合板

交会法

交角法

鋼管足場(単管足場)

コイルタイ

鋼杭(鋼管杭)

組を一体的に剛に組み，地震力などの水平力に抵抗させる構造体。

**こうざい**〈鋼材〉H形鋼，L形鋼などの熱間圧延製造の構造用鋼材，溶接構造用鋼材，冷間成形の軽量形鋼，炭素鋼管，角形鋼管などがある。

**こうざいけんさしょうめいしょ**〈鋼材検査証明書〉⇒ミルシート

**こうさヴォールト**〈交差—〉アーチ状の直通ヴォールトを直角に交差させた場合の，交差部にでき上がるヴォールト天井。

**こうさく**〈鋼索〉鋼線をよってつくるロープ。「ワイヤーロープ」ともいう。

**こうさくず**〈工作図〉⇒せこうず

**こうさくぶつ**〈工作物〉人為的につくられたもので，煙突，広告塔，擁壁，昇降機，ウォーターシュート，飛行塔，サイロ，機械的駐車装置などをいう。

**こうさすじかい**〈交差筋違い〉枠組足場の部材で建枠と建枠の間にたすき状に架けて固定するもの。1.8mスパン用と1.5mスパン用とがある。

**こうし**〈格子〉木材や金属の細長い材を縦横に組んだもの。窓など開口部に取り付けたりする。

**こうし**〈後視〉水準測量で，標高が知られている点，または基準点に立てた標尺の読みをいい，B.S.と略記する。

**こうじうけおいけいやく**〈工事請負契約〉請負人は工事を完成することを約し，建築主はその結果に対して報酬を支払うことを約すこと。請負契約書に明記されるおもな事柄は工事内容，請負代金，工事の期間，代金の支払方法，これらに変更のあった場合の約定，紛争に関する解決方法などである。

**こうじかんり**〈工事監理〉工事現場に立ち入って，工事が設計図書どおりに実施されているかを監理すること。工事監理者は建築主から委嘱され，工事の進行状況を見守るとともに，適時設計図書にもとづいて指導や検査をし，工事が滞りなく完了するよう監理する責任を負う。

**こうじかんり**〈工事管理〉工事を設計図，仕様書，請負契約書にもとづいて，遅滞なく完成させるために行われる施工者側の現場業務。工事管理者の業務としては施工法の計画・管理，財務管理，労務および資材管理，安全衛生などの現場管理である。

**こうじかんりょうとどけ**〈工事完了届〉建築基準法第7条に規定される届書。「建築主は，前条第1項の規定による工事を完了した場合においては，その旨を工事が完了した日から4日以内に到達するように，建築主に文書をもって届け出なければならない。」（第7条第1項）。当該建築物は完了届にもとづく監督官庁の検査を受け，検査済証の交付を受けた後でなければ原則として使用することはできない。

**こうじけいかくず**〈工事計画図〉⇒せこうけいかくず

**こうじげんか**〈工事原価〉材料費，人件費などの直接工事費に共通仮設費，現場管理費を合わせたものをいう。

**こうじせこうしゃ**〈工事施工者〉建築物に関する工事を実施する者をいい，建築主と請負契約をした元請業者およびその下請の専門工事業者をいう。

**こうしつえんかビニル**〈硬質塩化—〉塩化ビニルの重合により得られる合成樹脂で，パイプなどに広く使用されている。

**こうしつせんいばん**〈硬質繊維板〉⇒ハードボード

**こうしど**〈格子戸〉格子を用いた建具。組子を縦横直角に交差させて組んだものを格子といい，組み方によって木連（きづれ）格子，連子（れんじ）格子，小間返し連子格子，吹寄せ格子などがある。付図参照

**こうしのみ**〈格子鑿〉⇒うすのみ

**こうじひうちわけめいさいしょ**〈工事費内訳明細書〉建築工事費の内容を総額，種目別（棟別・用途別など），科目別（各種工事別）および細目別（材料・労務・損料など）に順序だてして記載した費用算出書。

**こうじようきかい**〈工事用機械〉建築工事用の機械類で，材料運搬用，荷揚げ用，掘削用，排水用，杭打ち用，鉄筋用，鉄骨用，コンクリート用などそれぞれの用途に応じて種々のものがある。

**こうじょうくみたて**〈工場組立〉工場で加工した部材を工場で組み立てること。

**こうせいかたわく**〈鋼製型枠〉スチール製・アルミ製の型枠をいう。

**こうしょうだんめんせき**〈公称断面積〉異形鉄筋の断面積で，JISによって規定されたもの。

**こうしょうちょっけい**〈公称直径〉JISで規定された異形鉄筋の直径で，呼び名は公称直径を四捨五入した整数値としている。

こうしよ

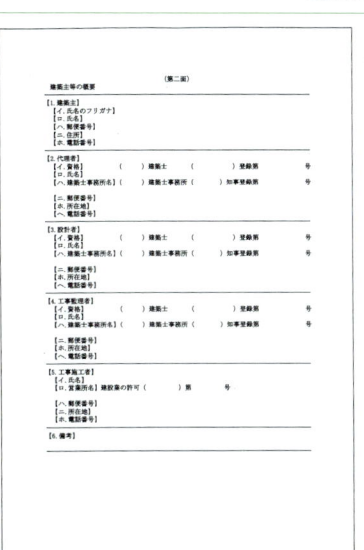

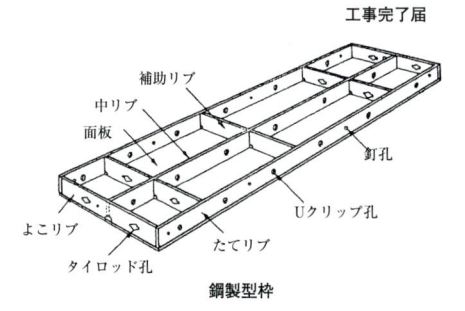

工事完了届

鋼製型枠（面板、中リブ、補助リブ、よこリブ、たてリブ、タイロッド孔、Uクリップ孔、釘孔）

交差筋かい

工事費内訳書

**こうず**〈公図〉登記所の登記簿に添付されている土地の位置，地籍などを示す原図。

**ごうせい**〈剛性〉部材，構造体の外力に対する抵抗の度合いで，変形のしにくさ，硬さをいう。

**ごうせいぐい**〈合成杭〉異種の杭を接合して一本の杭にするもの。

**ごうせいこうぶんしルーフィング**〈合成高分子一〉⇒シートぼうすい

**ごうせいゴム**〈合成一〉ゴム状の弾性がある合成高分子化合物で，耐熱性，耐薬品性，耐摩耗性に優れている。

**ごうせいじゅし**〈合成樹脂〉人為的に合成される樹脂で，耐水性，耐薬品性，電気絶縁性に優れ，各種の成型品がある。また，塗料，接着剤の原料である。

**ごうせいじゅしエマルジョンペイントぬり**〈合成樹脂―塗り〉合成樹脂と水の乳濁液に着色顔料を練り合わせたもので，乾燥塗膜は水洗い可能。耐薬品性もあり，室内外の壁塗り用に使われる。

**ごうせいじゅしちょうごうペイントぬり**〈合成樹脂調合―塗り〉顔料，長油性フタル酸ワニスをおもな原料として練り合わせたもので，一般建築用のものと塗装間隔が長い大型鋼構造物に塗られるものとがあり，乾燥が速く仕上がりが美しい。

**ごうせいじゅしとりょう**〈合成樹脂塗料〉ワニス，クリヤラッカーなどの合成樹脂に顔料を練り合わせる塗料で，耐水性，耐久性があり，さび止め，防水などに適している。

**ごうせいじゅしぬりゆか**〈合成樹脂塗り床〉モルタル塗り，コンクリートなどの下地面に合成樹脂・合成ゴム・骨材を主材料とした合成樹脂モルタルおよび仕上げ用着色合成樹脂をこて塗り，はけ塗り，吹付けなどにより仕上げるもの。防じん(塵)性，防滑性，防音性，弾力性，耐水性，耐薬品性などを目的とする床仕上げ。

**こうせいたんかんあしば**〈鋼製単管足場〉⇒たんかんあしば

**こうせいまきじゃく**〈鋼製巻尺〉幅10mm程度の薄鋼板に最小1mmの目盛りを付けた距離測定器具で，長さ20m，30m，50mのものが一般に使用されている。巻尺の中では最も正確なものである。引張りによる伸びは少ないが，温度変化による伸縮とさびやすい欠点がある。→スケール

**ごうせいゆかこうほう**〈合成床工法〉鉄骨造につくるコンクリート床で，デッキプレートの折り曲げを多くし，コンクリートとの付着をよくするもの。

**こうせきそう**〈洪積層〉約2万年以上前に形成された地層。堅固に固結しており良好な支持地盤で，大きな構造物を設置する場合の支持基盤になっている。

**ごうせつごう**〈剛接合〉ラーメン構造の柱と梁の接合部を，鉄筋コンクリートの一体化，鋼構造の工場溶接などで変形しないようにする接合。

**こうぞうけいかく**〈構造計画〉目的の建築物に適して安全で合理的な構造物の形状，骨組の組み方，材料などを検討し，決定していく計画。

**こうぞうけいさん**〈構造計算〉構造計画を具体化し，荷重の把握，骨組部材の応力算定，部材断面の設計などにより構造物に安全性を与えるための計算をすること。

**こうぞうけいしき**〈構造形式〉木構造の在来軸組工法，枠組壁工法，RC造のラーメン構造，壁式構造，鋼構造のラーメン構造，トラス構造などがある。

**こうそうけんちくぶつ**〈高層建築物〉高さ31mを超え60m以下の建築物をいい，建設に伴う周辺地域への配慮が必要で，眺望や景観の保全，風害，日照障害，電波障害などの対策が必要である。

**こうぞうせっけい**〈構造設計〉構造計画をはじめとし，構造計算により部材断面の算定，構造図の作成をするもので，技術的規定として日本建築学会の各種の「構造設計規準」がある。

**こうぞうようあつえんこうざい**〈構造用圧延鋼材〉高温の鋼を回転するロールの間を通して，所定の断面形状にするもの。

**こうぞうようごうはん**〈構造用合板〉木造枠組壁工法の床，壁，屋根に使用される下張り面材で，部分に応じて種類，品質をJISやJASで規定している。

**こうそくほう**〈降測法〉傾斜地の距離測量で，高地から低地へ区間を分けて移動しながら，巻尺を水平にして測っていく方法。

**こうだい**〈構台〉オーバーブリッジ，トラック桟橋など，作業，活動のために確保する仮設の床面。

**こうちタンクしききゅうすいほうしき**〈高置一式給水方式〉受水槽からポンプで屋上のタンクや給水塔へ揚水して，そこか

こうちた

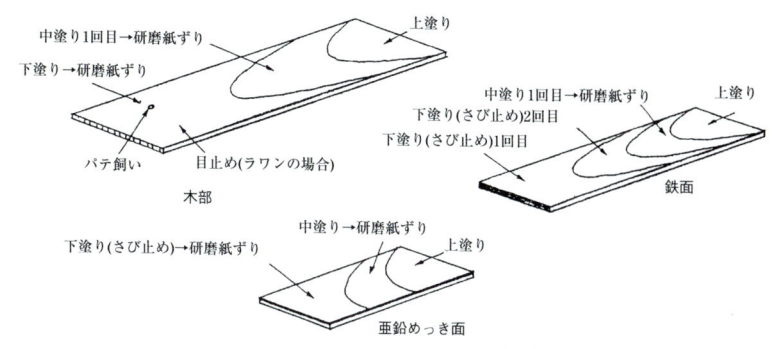

木部
- 中塗り1回目→研磨紙ずり
- 下塗り→研磨紙ずり
- 上塗り
- パテ飼い
- 目止め(ラワンの場合)

鉄面
- 中塗り1回目→研磨紙ずり
- 下塗り(さび止め)2回目
- 下塗り(さび止め)1回目
- 上塗り

亜鉛めっき面
- 下塗り(さび止め)→研磨紙ずり
- 中塗り→研磨紙ずり
- 上塗り

**合成樹脂調合ペイント塗り**

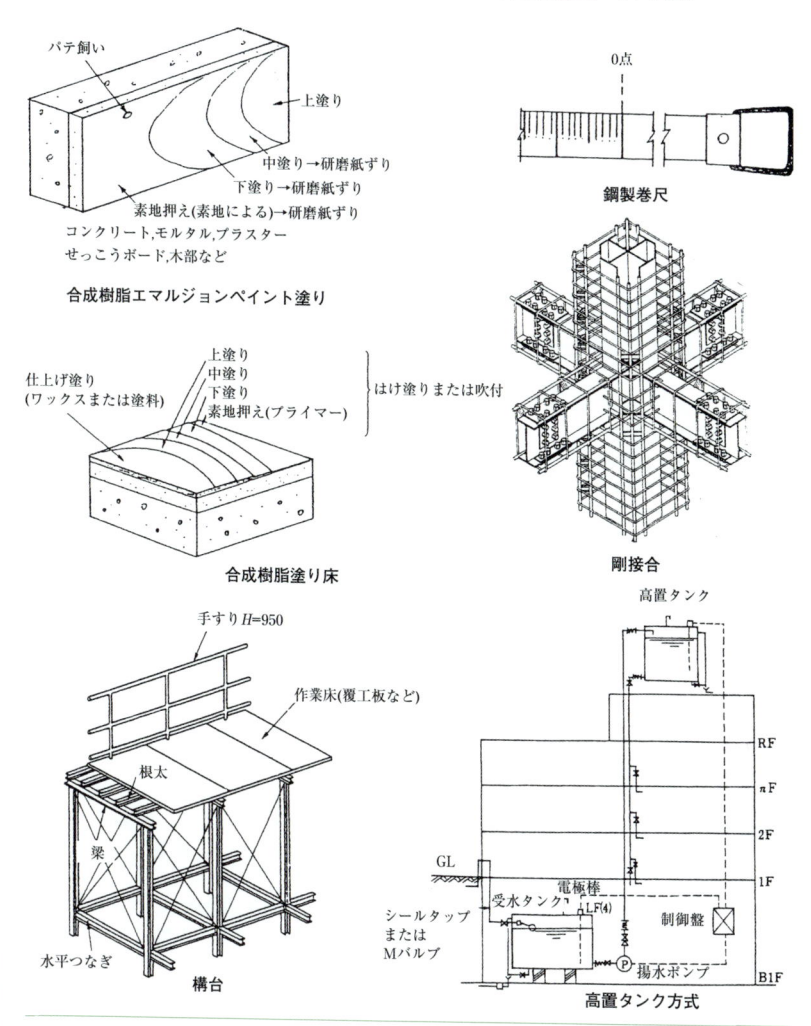

- パテ飼い
- 上塗り
- 中塗り→研磨紙ずり
- 下塗り→研磨紙ずり
- 素地押え(素地による)→研磨紙ずり
- コンクリート,モルタル,プラスター
- せっこうボード,木部など

**合成樹脂エマルジョンペイント塗り**

- 仕上げ塗り(ワックスまたは塗料)
- 上塗り
- 中塗り
- 下塗り
- 素地押え(プライマー)
- はけ塗りまたは吹付

**合成樹脂塗り床**

鋼製巻尺 (0点)

剛接合

構台
- 手すりH=950
- 作業床(覆工板など)
- 根太
- 梁
- 水平つなぎ

高置タンク方式
- 高置タンク
- 電極棒
- 受水タンク
- シールタップまたはMバルブ
- 制御盤
- 揚水ポンプ
- GL, B1F, 1F, 2F, πF, RF, LF(4)

99

ら各所へ給水するもの。

**こうちょうりょくこう**〈高張力鋼〉高力ボルトなどに使用される鋼で，強度が普通鋼材の約2倍である。

**こうちょうりょくボルトこうほう**〈高張力—工法〉⇒こうりょくボルトせつごう

**こうていかんり**〈工程管理〉定められた工期内に建築物を完成するため，あらかじめ計画した工程表をもとに，工事の進行の調整を図ること。工事管理の一つ。

**こうていそくりょう**〈高低測量〉敷地内の各点の高低を測量すること。古くは水を入れた水盛り台や水盛り器にゴム管を接続し，先端にガラス管をはめて各測点の杭にその水面の高さを印したが，いまではほとんどレベルと箱尺を用いて行う。→すいじゅんそくりょう。

**こうていひょう**〈工程表〉設計図書に示された建築物を，定められた工期内と予算内で完成させるため，各工事の施工順序・方法を計画し，一つの表にまとめたもの。総合工程表，各種工事別工程表があり，表示方法として，列記式，横線式，グラフ式，ネットワーク方式によるアロー型ネットワーク工程表がある。

**こうてつ**〈鋼鉄〉鉄と炭素の合金。「鋼」ともいう。

**ごうてんじょう**〈格天井〉格縁を碁盤目に組み，その中に鏡板を張り上げた荘重で格式の高い天井。付図参照

**ごうど**〈剛度〉梁，柱の曲がり難さの程度を表すもので，部材の断面二次モーメントを部材長で除した値。

**こうにゅうさつ**〈公入札〉⇒にゅうさつ

**こうばい**〈勾配〉屋根の傾きで，$N/10$と表示して，$N$寸勾配などという。

**ごうはん**〈合板〉丸太を薄く削り出した単板を，繊維方向を交互に直交させて接着剤で張り合わせたもので，化粧合板，普通合板，構造用合板等がある。

**ごうはんパネルこうほう**〈合板—工法〉型枠の工法で耐水性合板の裏面に，桟木または鋼製の枠を取り付けたパネルを金物で組み立てる。

**ごうはんばり**〈合板張り〉表面にプリント，単板張付けなどの化粧をした合板を釘，引金物，接着剤などで壁・天井に張り上げる仕上げ。

**こうびょう**〈鉸鋲〉鋼材に穴をあけて赤熱したリベットをリベッターでかしめる。「かしめ」「リベット打ち」ともいう。→リベットせつごう

**こうびょう あしば**〈鉸鋲足場〉リベット打ちまたはボルト締めのために，梁などに吊り下げ設けられる足場。「かしめ足場」「締め足場」ともいう。

**こうふくてん**〈降伏点〉鋼材の引張試験の弾性と塑性の分岐点で，永久ひずみが生じる点。

**ごうぶち**〈格縁〉格天井の碁盤目に組む格子状の小角材で，断面の下端は装飾として大面や銀杏面などの面取りをする。

**こうほう**〈工法〉建築物の施工方法，または骨組の構成方法をいう。

**こうみょうたん**〈光明丹〉さび止めの顔料。「鉛丹」ともいう。

**こうやいた**〈鋼矢板〉鋼製の矢板。強さ，耐久性，水密性があって，堅い地盤への打込み・引抜きが容易にしてある。断面により，U形，Z形，フラット形などがあり，小規模の場合には薄い軽量板を用いる。

**こうようじゅ**〈広葉樹〉⇒かたぎ

**こうりゅうアークようせつ**〈交流—溶接〉⇒アークようせつ

**こうりゅうどうコンクリート**〈高流動—〉多量のセメントと添加剤により分離がなく，締固めをしなくても充てん可能な流動性のあるコンクリート。

**こうりょう**〈虹梁〉仏寺建築に用いられた装飾を兼ねた梁。

**こうりょくボルト**〈高力—〉⇒こうりょくボルトせつごう

**こうりょくボルトせつごう**〈高力—接合〉高力ボルトを用いた接合法。ボルト軸の引張力が非常に大きいボルトで，鋼材を締め付けたときの部材間の摩擦力により応力を伝える。「高張力ボルト工法」「ハイテンションボルト接合」ともいう。

**こうりょくボルトまさつせつごう**〈高力—摩擦接合〉⇒こうりょくボルトせつごう

**ころう**〈硬鑞〉ろう付け用の溶加材で，はんだなどの軟ろうに比べて融点が450℃以上と高いものをいう。銅・銀・アルミニウムなどを主成分とする。

**こうろこうさい**〈高炉鉱滓〉溶鉱炉で銑鉄製造する際に出る残りカス。「高炉スラグ」ともいう。

**こうろすいさい**〈高炉水砕〉高炉鉱滓に注

こうろす

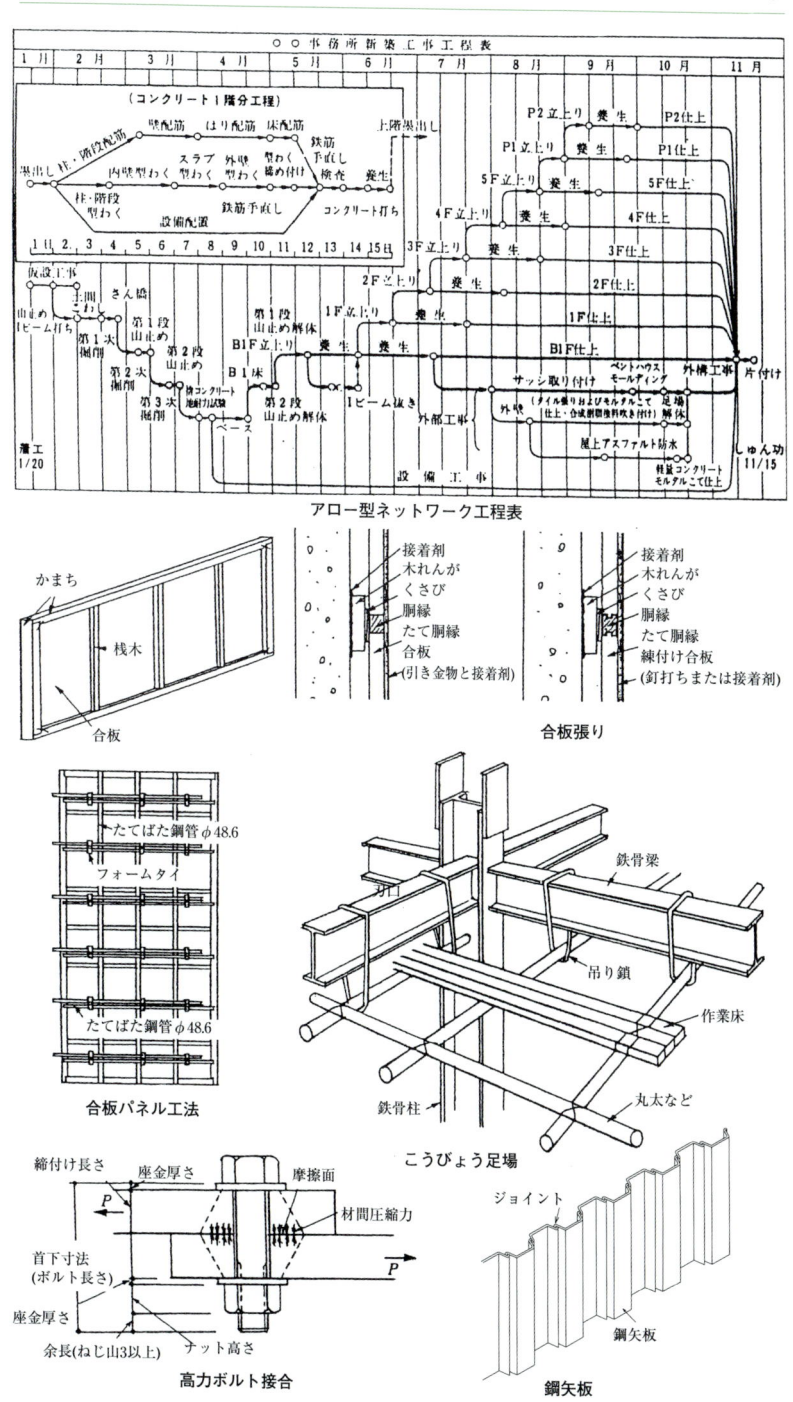

○○事務所新築工事工程表

アロー型ネットワーク工程表

合板張り

合板パネル工法

こうひょう足場

高力ボルト接合

鋼矢板

水して砂粒状，軽石状にしたもので，高炉セメントの原料や軽量骨材として使用する。「高炉スラグ」「水砕スラグ」ともいう。

**こうろスラグ**〈高炉―〉⇒こうろこうさい

**こうろセメント**〈高炉―〉高炉スラグを加えたポルトランドセメントで，耐海水性，化学抵抗性に優れ，水和熱が低いので，ダム，護岸，下水道などの工事に使用される。

**コーキング**〈caulking〉外部建具回り，外壁材の継目など漏水のおそれがあるすきまに充てん材を詰めること。パテ状の充てん材を総称して「コーキング材」という。

**コーキングざい**〈―材〉ご粉，亜鉛華，鉛白，炭酸カルシウムなどの鉱物質材料（フィラー）と合成樹脂，不乾性油，乾性油，アスファルト系などの液体（ビヒクル）とを種々組み合わせ，練り合わせて粘着性物質としたもの。

**コーティング**〈coating〉耐久性，防水性，防汚性などの向上を目的として，材料の表面を保護材で被覆すること。

**コートハウス**〈court house〉建物や塀で囲まれた中庭を持つ住宅。

**コードペンダント**〈code pendant〉天井からコードで吊り下げる照明器具。

**コードリール**〈cord reel〉電気コードの巻込み装置とコンセントを組み込んだ円筒形の器具。

**コーナービード**〈corner bead〉壁の出隅部分，コンクリートの柱の角などを保護するために取り付ける角金物。左官仕上げの場合は塗り込むが，張り仕上げのときは上から被せる。防せい処理鉄板，真ちゅう製，アルミ製などがある。

**コーパルワニス**〈copal varnish〉コーパル樹脂を用いた中油性のワニス。

**コールタール**〈coal tar〉石炭を乾留して得られる黒色の液体で，木材の防腐剤として使用する。

**コールドジョイント**〈cold joint〉コンクリートを打設した面が固まって，後打ちするコンクリートと密着しない接合面のこと。

**コールピック**〈coal pick〉コンクリートを解体または破壊するための圧縮空気を動力とした削岩機。「ブレーカー」ともいう。

**こがえり**〈小返り〉棟木，隅木，軒桁，笠木などで，上部の斜めになっている面をいう。→とうげ

**ごかくてんば**〈五角天端〉石積みの天端石の表面が五角形をなすもの。三角形をなすものを三角天端，2個1組で五角形をなすものを夫婦（めおと）天端，夫婦天端で石の大きさに差がある場合は「子持ち天端」という。

**こかべ**〈小壁〉床の間の上や開口部の上部で天井との間にできる小さな壁をいう。

**こく**〈石〉木材の体積単位。1石=10立方尺=0.27826m³。

**こくさいたんいけい**〈国際単位系〉科学技術の情報交換，工業製品の輸出入などで世界共通の単位が必要であり，日本も採用したもので，力をニュートン，圧力をパスカルなどとする単位系。「SI単位系」ともいう。

**こぐち**〈木口〉木材を繊維方向と直角に横切りしたときの断面をいう。切り口のこと。→こば

**こぐちあり**〈木口蟻〉部材をL形に組むとき，ありほぞで組む仕口。

**こぐちえん**〈木口縁〉⇒きりめえん

**こぐちけいタイル**〈小口形―〉れんがの小口と同じ大きさのタイル。「小口タイル」ともいう。

**こぐちづみ**〈小口積み〉れんが積みで各段ともに小口面が現れる積み方をいい，円形壁体に多く用いられる。「ドイツ積み」「小面（づら）積み」ともいう。

**ごくなんこう**〈極軟鋼〉炭素含有量が0.15%以下の炭素鋼で，薄鉄板，鉄線，鋼管，リベットなどに使用する。

**こけらいたぶき**〈柿板葺き〉厚さ3mm前後のこけら板という薄いはぎ板を用いて屋根を葺くこと。こけら板は長さ30cm程度のスギ，ヒノキなどの薄板で，軒先から順次，縦横に部厚く重ねて葺きあげる。「木羽板葺き」「とんとん葺き」ともいう。→したぶき

**こけらおとし**〈柿落し〉工事終了時に屋根葺き材の木屑を払い落としたところから，新築劇場の初興行をいう。

**こしいれめちがい**〈腰入れ目違い〉腰掛かま継ぎや腰掛あり継ぎの腰掛部分をほぞ首と同じ厚さにして目違いとしたもの。

**こしおれやね**〈腰折屋根〉⇒マンサードやね

**こしかけ**〈腰掛〉⇒しきめん

**こしかけありつぎ**〈腰掛蟻継ぎ〉継手の一つ。材の一方の上段にありほぞの突出部をつくり，相手材の端に同形の穴を彫って組み合わせ，下段に段をもつもの。土台，桁，

こしかけ

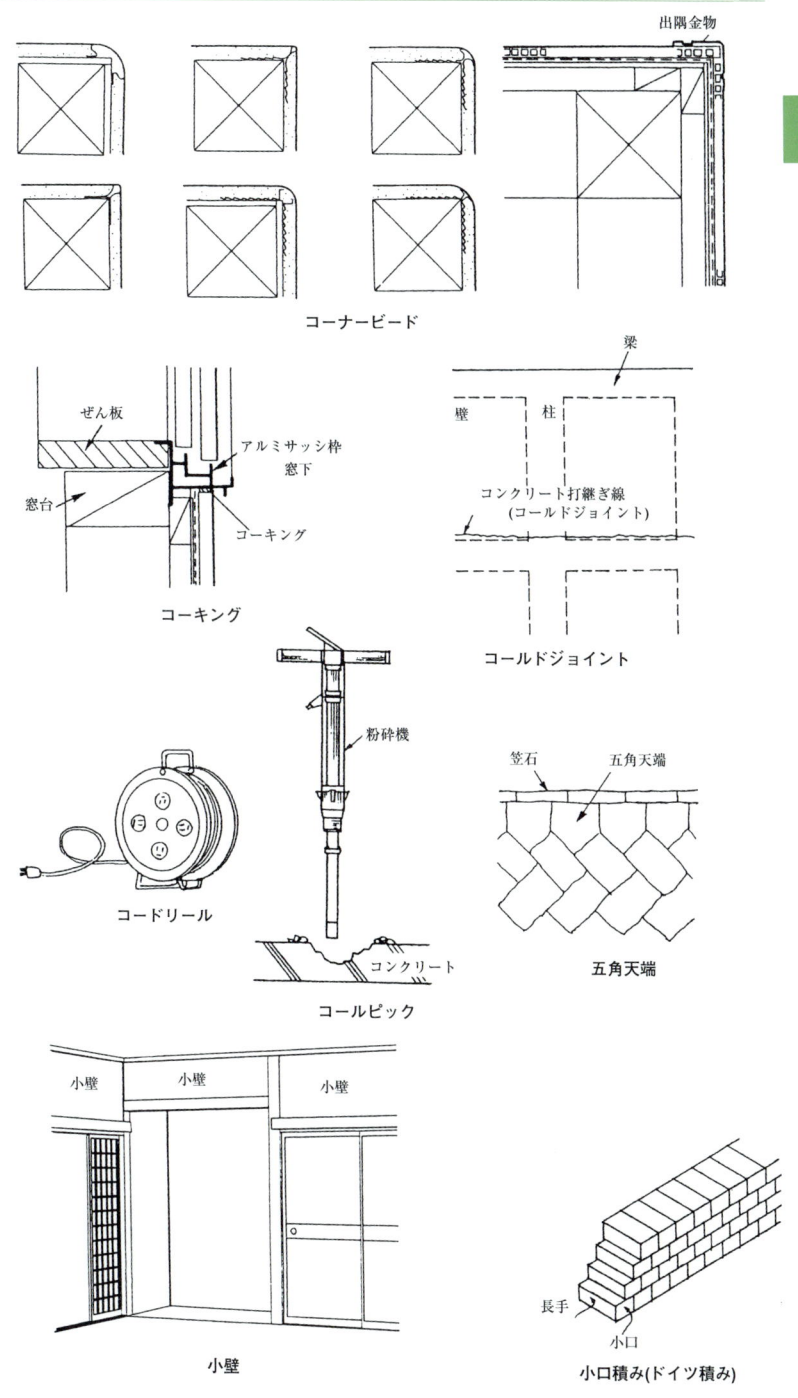

コーナービード

コーキング

梁
壁　柱
コンクリート打継ぎ線
(コールドジョイント)

コールドジョイント

コードリール

粉砕機

コールピック

コンクリート

笠石　五角天端

五角天端

小壁

小壁

長手
小口

小口積み(ドイツ積み)

**こしかけ**

大引き，母屋などの継手に使用する。「敷面あり継ぎ」ともいう。付図参照

**こしかけかなもの**〈腰掛金物〉⇒あぶみかなもの

**こしかけかまつぎ**〈腰掛鎌継ぎ〉継手の一つ。材の一方の上段にかまほぞをつくり，他方の端に同形の穴を彫り組み合わせ，下段に段形の敷面をもつもの。土台，桁，大引きなどの継手に使用する。「敷面鎌継ぎ」ともいう。付図参照

**こしかけまちあい**〈腰掛待合〉茶室建築で，客が亭主の迎えを待つために露地に設けられた腰掛付きで吹き放しの簡素な建物。

**こしかべ**〈腰壁〉床面から1～1.2mぐらいの高さまでの壁を一般の壁と区別して呼ぶ。また腰高窓の下壁をいう。

**こしざん**〈腰桟〉⇒おびざん

**こしだかしょうじ**〈腰高障子〉下部の板張り部分の高さが60～80cmのもので，雨が当たる外部に面して用いられた。

**こしつきしょうじ**〈腰付障子〉間仕切りに使われる障子で，足が当たる下部を板張りとしたもの。「腰障子」ともいう。→しょうじど

**こしなげし**〈腰長押〉窓の下端などの腰高部分の壁に配置される水平材。

**こしやね**〈越屋根〉屋根の一部を上げて小屋根を付けたもの。その壁面に窓を付けて採光に利用したり，ガラリや換気扇を取り付けて排気に利用したりする。付図参照

**こしらえ**〈拵え〉工作をすること。型枠工事で，通常のパネルでは組立ができない異形な部分などの型枠を製作すること。→げんばあわせかたわく

**こしわけ**〈漉し分け〉塗料を使用する前にふるいでこすこと。塗料が自重でこされていく自然滴下と，塗料をはけでかき混ぜながらふるいの網にこすり付けてこす「しごきごし」とがある。

**こたたき**〈小叩き〉積み石の表面加工仕上げの一つ。びしゃん100目の面，またはのみ切りの上切り面に，両刃を使い細密な平行線を刻む仕上げで，のみ跡が残らない程度の1回たたき，びしゃん目が残らないような2回たたき，3回たたきがある。「小叩き仕上げ」ともいう。

**こたたきしあげ**〈小叩き仕上げ〉⇒こたたき

**コック**〈cock〉ガス管，給水管などの開閉に使用する弁。

**こつざい**〈骨材〉モルタルやコンクリートに混ぜる砂や砂利のこと。大きさにより砂利を粗骨材，砂を細骨材という。

**こつざいあらいだししあげ**〈骨材洗い出し仕上げ〉型枠面に凝結遅延剤を塗布し，コンクリートを打ち込み，脱型後水洗いして骨材を露出させる仕上げ，または脱型後塩酸で表層モルタルを溶かし，骨材を露出させて水洗いする仕上げをいう。

**こつざいあらわししあげ**〈骨材現し仕上げ〉モルタル中塗り，コンクリートなどの表面に化粧用骨材を塗り付け，吹き付け，またはそれを洗い出し，骨材を露出させ粗面にする仕上げ。

**こつざいプラント**〈骨材―〉コンクリート用骨材の砕石を生産する装置。

**こっぱ**〈木っ端〉木材の切り屑，斫り屑。

**こづらづみ**〈小面積み〉⇒こぐちづみ

**こて**〈鏝〉左官材料の塗付けや仕上げなどに用いられる道具。鉄製の金ごて，木製の木ごて，プラスチック製のものがある。柄の取付け場所がこて板の中央のものを中首ごて，こて板の端部のものを元（もと）首ごて，ほかに鶴（かく）首ごてなどと区別し，用途により種々の形状のものがある。

**こていかじゅう**〈固定荷重〉建築物の各部自体の重力で，床，壁などは単位面積当たり，柱などは単位長さ当たりの荷重を計算する。

**こていた**〈鏝板〉練り混ぜた左官材料などを適量だけ載せる板で，この板の上でさらに練ったり，塗り付ける場合のこぼれを受けたりする。

**コテージ**〈cottage〉山間の避暑地などに建てる山小屋，山荘などをいう。

**こておさえ**〈鏝押え〉塗り付けた材料をこてで押さえ付けることで，これによってあまを表面に浮き出させるもの。→あまがけ

**こてぎれ**〈鏝切れ〉こてで塗り付ける場合のこてと材料の離れぐあい。こて切れが悪いということは，こてに材料がくっついてきて壁からはがれてしまうこと。

**こてしあげ**〈鏝仕上げ〉表面をこてでなでて仕上げるもので，金ごてでは平滑に，木ごてでは粗面に仕上がる。

**こてずり**〈鏝摺り〉⇒こてみがき

**こてならし**〈鏝均し〉主としてコンクリートの表面をこてで平らにすること。

こてなら

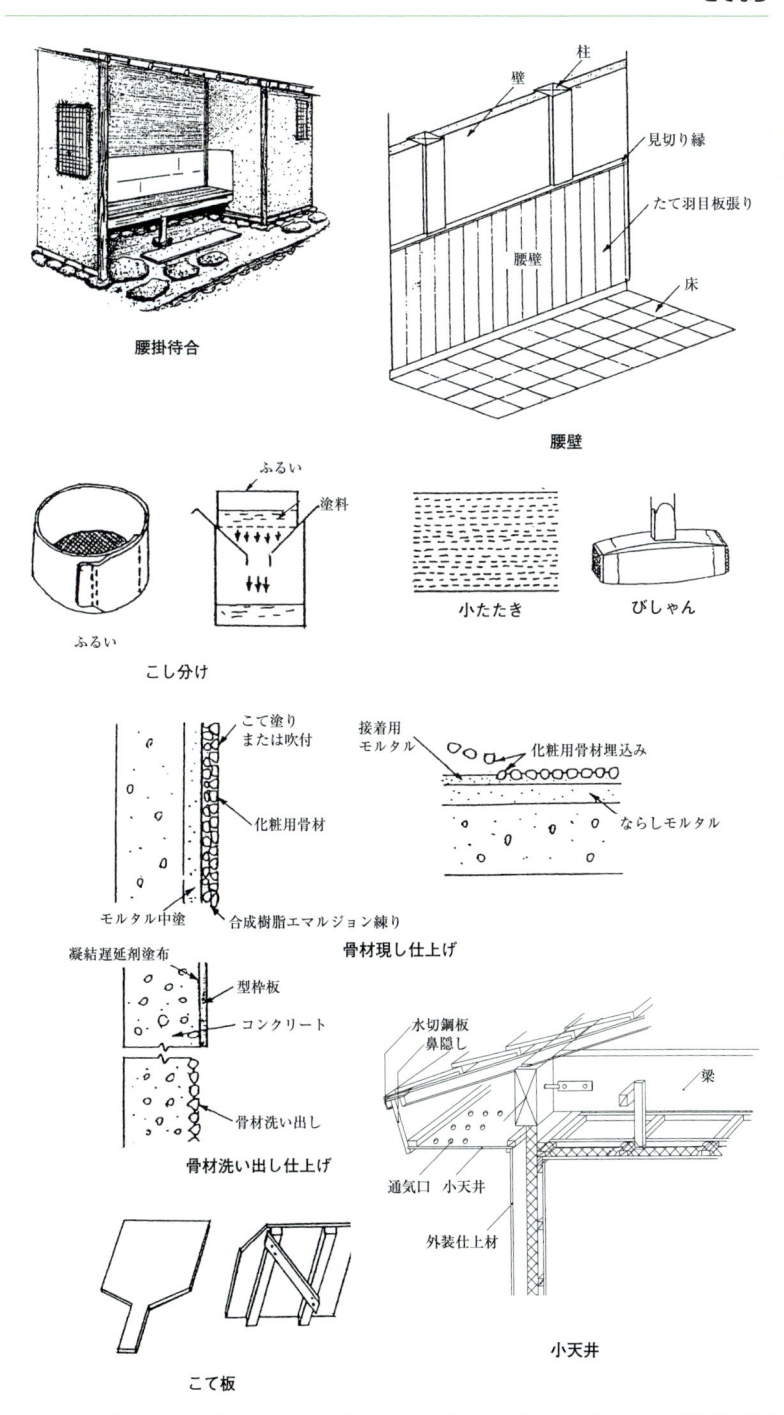

**腰掛待合**

**腰壁**
- 壁
- 柱
- 見切り縁
- たて羽目板張り
- 腰壁
- 床

**ふるい**

**こし分け**
- ふるい
- 塗料

**小たたき**

**びしゃん**

**骨材現し仕上げ**
- こて塗りまたは吹付
- 化粧用骨材
- モルタル中塗
- 合成樹脂エマルジョン練り
- 接着用モルタル
- 化粧用骨材埋込み
- ならしモルタル

**骨材洗い出し仕上げ**
- 凝結遅延剤塗布
- 型枠板
- コンクリート
- 骨材洗い出し

**こて板**

**小天井**
- 水切鋼板
- 鼻隠し
- 梁
- 通気口　小天井
- 外装仕上材

こてぬり

**こてぬりゆか**〈鏝塗り床〉モルタル塗り床などをこてで塗って仕上げること。

**こてのび**〈鏝伸び〉こてで塗る材料について，こて塗り作業のしやすさを示すもの。こて伸びがよいということは，小さい力で一様に伸びる材料であるということ。

**こてみがき**〈鏝磨き〉こて押えの後，さらに何回も金ごてでなで上げて，表面をつるつるに磨き上げる仕上げ。「鏝ずり」ともいう。

**こてむら**〈鏝斑〉粗雑なこて操作により塗面に生じるなで跡の不陸。

**こてんじょう**〈小天井〉軒の部分の天井。「軒天井」ともいう。図前頁

**コネクター**〈connector〉木材相互の接合具をいい，車知やジベルなど。また，ボルトで材間を締め付けることなど。

**こねほぞ**〈小根柄〉仕口ほぞの一つ。ほぞを二重の段形した仕口。先端の細長い部分を小根といい，元の部分を大根という。

**こば**〈木端，小端〉板材の木口でない材端面。繊維方向に平行な端部面をいう。→こぐち

**こばいたぶき**〈木羽板葺き〉⇒こけらいたぶき

**こはぜがけ**〈小鉤掛け〉金属薄板の端部継手の一つ。互いに端部を折り曲げて重ね継ぎする。上側を上はぜ，下側を下はぜという。

**こはぜつぎ**〈小鉤継ぎ〉⇒はぜつぎ

**こばだて**〈小端立て〉小端とは石・木・れんがなど六面体の一番小さい面のことをいい，割ぐり石やれんが積みのとき小端を上下方向に向けて並べること。

**こはばいた**〈小幅板〉縁甲板などで，JASの規格の厚さ3cm未満，幅12cm未満の板材。

**こばり**〈小梁〉大梁の上に直交して架け渡す梁で，床の荷重を受けて大梁に伝えるもの。

**ごばんめうち**〈碁盤目釘ち〉リベットなどを碁盤の目に配列して打つこと。

**ごひら**〈五平〉長方形の断面をした木材をいう。通常，正方形の材に対して長方形の材を指していう。

**こぶだし**〈瘤出し〉積み石の表面加工仕上げの一つ。採石した野面の不体裁な部分を玄能でたたき落とす程度の仕上げで，合端は小たたき仕上げとするもの。こぶの大小により大こぶ出し，中こぶ出し，小こぶ出しがある。

**こふん**〈胡粉〉貝殻を粉砕して精製し，塗料，パテなどに使用するもの。

**こべつしきくうきちょうわほうしき**〈個別式空気調和方式〉ユニットと呼ばれる各室個別の空気調器で空気調整するもの。

**こまい**〈小舞・木舞〉真壁の下地材で，貫を支えに竹を縦横に組んだもの。割竹を細縄で格子状に組み，補強として間渡し竹を一定間隔に入れる。

**こまいかき**〈小舞掻き〉小舞下地を組むこと。

**こまいかべ**〈小舞壁〉⇒つちかべ

**こまいたけ**〈小舞竹〉⇒こまい

**こまいぬき**〈小舞貫〉小舞竹とともに，真壁下地となる壁貫のこと。

**こまがえし**〈小間返し〉本繁垂木や格子の組子などの割付けで，あきを材の幅と同じにするもの。→せがえし

**こまがえしれんじこうし**〈小間返し連子格子〉組子の見付け寸法とあきの寸法を同じにして組んだ格子。縦桟だけの場合が多く，横桟は通常粗く組まれる。幅とあきの寸法を同じにする小間返しに対し，組子のせいとあきを同じにするのを背返しといい，このような配列を「繁(しげ)割り」という。→こうしど

**こまわり**〈小回り〉⇒うけとり

**こみせん**〈込栓〉ほぞ差しなどの仕口部を固めるために，面材を通して打ち込まれる栓。カシのような堅木(かたぎ)が使用される。

**ゴムタイル**〈rubber tile〉床用タイルで，表層は天然ゴムか合成ゴムの化粧面とし，下層は再生ゴムなどでつくる。

**こやぐみ**〈小屋組〉屋根の荷重を支える骨組。梁に小屋束を立てる「和小屋」と全体をトラス状に組む「洋小屋」がある。付図参照

**こやすじかい**〈小屋筋違い〉小屋組を補強するため，桁行方向に入れる筋かいで，棟木下の小屋束をつなぐもの。「雲筋かい」ともいう。付図参照

**こやづか**〈小屋束〉和小屋組の部材の一つ。小屋梁の上に立て，母屋を支える垂直部材。

**こやぬき**〈小屋貫〉妻側の小屋組に小舞壁をつくる場合，壁下地として小屋束に通す貫をいう。

**こやばり**〈小屋梁〉和小屋組の最下部の部材。小屋束を支え，屋根の荷重を軒桁や柱に伝える梁。付図参照

**こやぶせず**〈小屋伏図〉小屋組の部材を垂直投影して表示する図面。

**こやふれどめ**〈小屋振れ止め〉小屋組の真束の下部を，桁行方向に連結する部材。

こやふれ

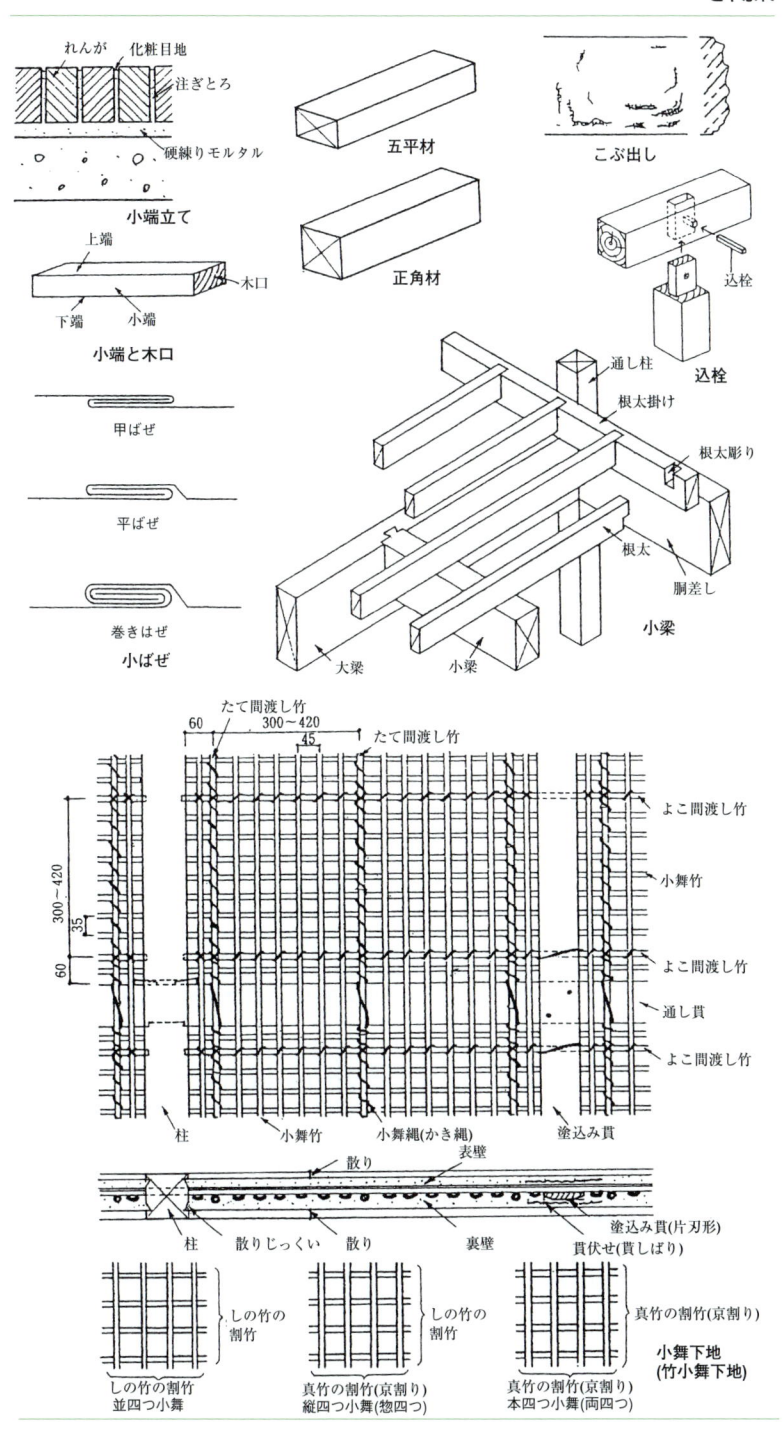

**小端立て** — れんが／化粧目地／注ぎとろ／硬練りモルタル

**五平材**

**正角材**

**こぶ出し**

**小端と木口** — 上端／下端／小端／木口

**込栓**

**小ばぜ** — 甲ばぜ／平ばぜ／巻きはぜ

**小梁** — 通し柱／根太掛け／根太彫り／根太／胴差し／大梁／小梁

**小舞下地(竹小舞下地)**

たて間渡し竹／たて間渡し竹／よこ間渡し竹／小舞竹／よこ間渡し竹／通し貫／よこ間渡し竹／柱／小舞竹／小舞縄(かき縄)／塗込み貫

散り／表壁／塗込み貫(片刃形)／貫伏せ(貫しばり)／柱／散りじっくい／散り／裏壁

しの竹の割竹／しの竹の割竹 並四つ小舞

しの竹の割竹／真竹の割竹(京割り) 縦四つ小舞(惣四つ)

真竹の割竹(京割り)／真竹の割竹(京割り) 本四つ小舞(両四つ)

107

**こやほうづえ**〈小屋方杖〉洋小屋組の部材の一つ。合掌と陸梁の間で斜めに取り付く部材。付図参照

**コラムクランプ**〈colamn clamp〉柱の型枠を四方から締め付けるための帯鉄。

**コルク**〈cork〉コルクガシの表皮の内側の組織で，軽く，弾力性があり，断熱材，吸音材などに使用する。

**ごろ** 10cmぐらいの丸味のある野石で，茶室の露地，石垣の裏込めなどに使用する。「呉呂太石」ともいう。

**ころす**〈殺す〉型枠の「埋め殺し」，窓ガラスの「はめ殺し」，仕口の柄先を潰す「木殺し」などをいう。

**ごろたいし**〈呉呂太石〉⇒ごろ

**ころばし**〈転ばし〉地盤や床に直接置く丸太や角材。

**ころばしねだ**〈転ばし根太〉コンクリート床の上にモルタルなどで固定された根太のこと。「埋め根太」ともいう。

**ころばしゆか**〈転ばし床〉最下階の床組で，大引きをコンクリート床や玉石の上に置いて根太を架ける床組。

**ころびどめ**〈転び止め〉洋小屋組の合掌に母屋を取り付ける場合，母屋が転ばないようにとめる受け材。

**コンクリート**〈concrete〉セメント，水，砂，砂利を混合し硬化させるもので，圧縮力に強く，耐久性，耐火性があり，引張強度の大きい鉄筋と組み合わせて鉄筋コンクリート造をつくる。

**コンクリートうちはなししあげ**〈―打放し仕上げ〉型枠を取り除いたままのコンクリートの地肌を仕上げ面とするもの。「打放しコンクリート」ともいう。

**コンクリートカート**〈concrete cart〉コンクリート運搬用の手押し車で，一輪車または二輪車がある。→カート

**コンクリートカッター**〈concrete cutter〉コンクリートを切断するための機械。

**コンクリートぐい**〈―杭〉⇒きせいコンクリートぐい

**コンクリートくみたてべい**〈―組立塀〉既製コンクリートの柱，控え付き柱，壁板，笠木などを現場打ち根固めコンクリートで建て込み，組み立てる塀。

**コンクリートこうじ**〈―工事〉設置した型枠内にフレッシュコンクリートを打ち込み，内部の鉄筋位置を保持し，計画した形状で強度と耐久性をもたせるように養生するもの。

**コンクリートシートパイル**〈concrete sheet pile〉建築の地下工事のときに，土砂崩れや浸水を防ぐために，並べて打ち込む鉄筋コンクリート製の板。

**コンクリートしんどうき**〈―振動機〉コンクリートの打込み時に振動を与えてコンクリート中の気泡を排除するとともに，型枠や鉄筋鉄骨の間に密実なコンクリートを充てんさせる機械。「バイブレーター」ともいう。→しんどううき

**コンクリートず**〈―図〉コンクリート工事施工のために設計図にもとづいて各階平面図および梁伏図など，コンクリート打ちに関連する図面。

**コンクリートタワー**〈concrete tower〉4本の支柱とつなぎ材・筋かいで組んだ鉄塔にガイドレールを設け，バケットを巻き上げてコンクリートを運び上げる装置。

**コンクリートちょうごう**〈―調合〉所要の強度，耐久性，ワーカビリティが得られ，経済的なセメント，水，骨材の混合割合を決定すること。

**コンクリートテストハンマー**〈concrete testing hammer〉コンクリートを叩き，ハンマーのバネの反力を利用して，硬化したコンクリートの強度を測定する非破壊試験機。「シュミットハンマー」ともいう。

**コンクリートのおんどじょうしょう**〈―の温度上昇〉コンクリート凝結時の水和熱による温度の上昇をいう。

**コンクリートパイル**〈concrete pile〉⇒きせいコンクリートぐい

**コンクリートバケット**〈concrete bucket〉コンクリートタワーを昇降してコンクリートを運ぶバケット。

**コンクリートひらいたほそう**〈―平板舗装〉砂敷きの上に歩道用コンクリート平板を敷き込んで，通路などを舗装するもの。

**コンクリートビン**〈concrete bin〉コンクリートを一時的に保存しておくホッパー。

**コンクリートフィニッシャー**〈concrete finisher〉コンクリート打込みから仕上げまでのすべての工程を行う機械。

**コンクリートブレーカー**〈concrete breaker〉圧縮空気を動力としたコンクリート破壊用削岩機。圧縮空気で先端の破砕用刃先に打撃を与えて削岩する。電動式の

こんくり

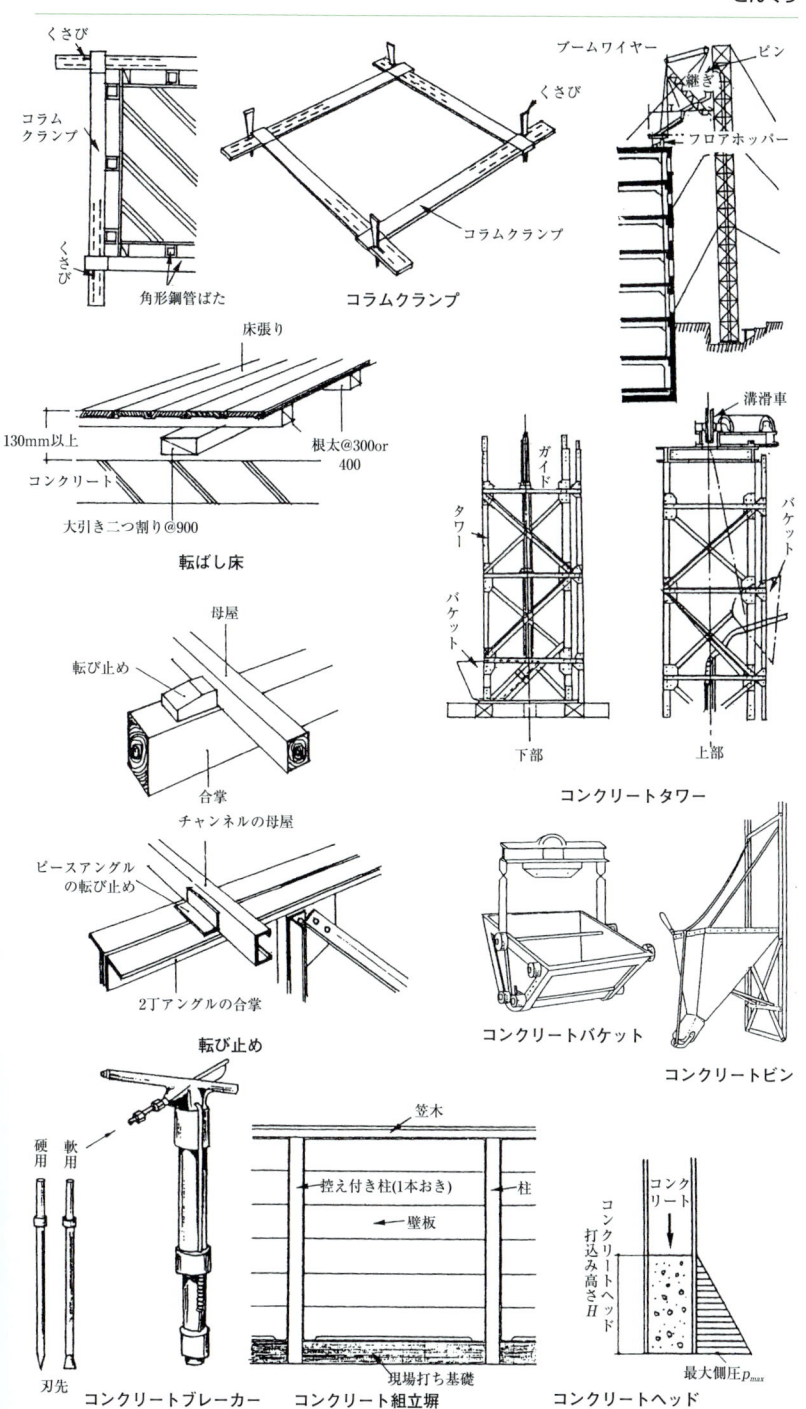

- くさび
- コラムクランプ
- くさび
- 角形鋼管ばた
- くさび
- コラムクランプ
- コラムクランプ
- ブームワイヤー
- ピン
- 継ぎ
- フロアホッパー

- 床張り
- 130mm以上
- 根太@300or 400
- コンクリート
- 大引き二つ割り@900

**転ばし床**

- 母屋
- 転び止め
- 合掌
- チャンネルの母屋

- ピースアングルの転び止め
- 2丁アングルの合掌

**転び止め**

- ガイド
- タワー
- バケット
- 溝滑車
- バケット
- 下部
- 上部

**コンクリートタワー**

**コンクリートバケット**

**コンクリートビン**

- 硬用
- 軟用
- 刃先

**コンクリートブレーカー**

- 笠木
- 控え付き柱(1本おき)
- 壁板
- 柱
- 現場打ち基礎

**コンクリート組立塀**

- コンクリート
- コンクリートヘッド
- 打込み高さ $H$
- 最大側圧 $p_{max}$

**コンクリートヘッド**

ものもある。

**コンクリートプレーサー**〈concrete placer〉コンクリートを圧縮空気によって，パイプ中を圧送する機械。

**コンクリートブロック**〈concrete block〉空胴コンクリートブロックで，基本形と横筋用や隅用の異形ブロックがあり，圧縮強さによりA種，B種，C種がある。

**コンクリートヘッド**〈concrete head〉側圧が最大となるコンクリートの打上げ高さ。

**コンクリートほそう**〈—舗装〉路面をコンクリートで仕上げること。

**コンクリートポンプ**〈concrete pump〉生コンクリートやモルタルをパイプを通して水平および垂直に輸送する圧送機械。ピストン式とスクイーズ式とがあり，パイプの径は75～150mm，揚程は30～80mくらいが多い。

**コンクリートポンプしゃ**〈—車〉生コン車から生コンをホッパーに受けて，建物にコンクリートを打設するためのコンクリートポンプを装備したトラック。

**コンクリートミキサー**〈concrete mixer〉セメント・水・骨材を所定の調合で練り混ぜ，均質なコンクリートをつくる機械。→タービンミキサー

**コンクリートゆそうきかい**〈—輸送機械〉練り混ぜたコンクリートを運搬する機械。コンクリートタワー，コンクリートポンプ，コンクリートプレーサー，バケットコンベヤー，生コン車などがある。

**こんごうセメント**〈混合—〉ポルトランドセメントに各種の混合材，添加剤を加えて，特殊の性質を与えたセメントで，高炉セメント，フライアッシュセメントなどがある。

**コンシステンシー**〈consistensy〉モルタル，コンクリートなどの流動性の程度をいう。

**コンジットパイプ**〈conduit pipe〉コンクリート内や地中に埋設する配管で，外面の腐食や断熱材の吸湿防止のために，外側にさや管を装備したもの。

**コンストラクションマネージメント**〈construction management〉建設業者などが発注者に代わって総合的な建設管理をすること。

**コンストラクター**〈constructor〉建設工事に従事する労働者。

**コンセント**〈outlet〉電気コードを接続するための差込み口。

**コンセントボックス**　電気のコードを接続するために差込み口を組み込んだ箱。

**コンデンサー**〈condenser〉電気設備で使用する蓄電器。

**コンデンシングユニット**〈condensing unit〉凝縮器と圧縮機を一体にした冷凍ユニット。

**コンドミニアム**〈condominium〉所有権のある分譲マンションやテラスハウスをいう。

**ゴンドラ**〈goundola〉⇒かんいつりあしば

**コントラクター**〈contracter〉⇒うけおいぎょうしゃ

**コントラクト**〈contract〉⇒うけおい

**コンパクションパイル**〈compaction pile〉⇒しめがためぐい

**コンパクター**〈compacter〉下部に付いた平板の上下振動により地盤を締め固める機械。

**コンパネ**　コンクリートパネルの略語で，型枠に使用する合板をいう。

**コンビネーションぬり**〈—塗り〉塗装した上に，異なった色の塗料を海綿やタオル布などに付けて模様置きして，任意の模様に仕上げるもの。

**コンプレッサー**〈compressor〉塗装吹付用などに用いる高圧空気をつくる機械。→エアコンプレッサー

**コンベヤー**〈conveyor〉土砂の搬出，積込み，埋戻しなど，対象物を一定方向にかつ連続的に運搬する搬送機械。ベルトコンベヤー，スクリューコンベヤー，バケットコンベヤーなどがある。

**こんれん**〈混練〉異種の材料を混ぜ合わせること。

**こんれんじかん**〈混練時間〉セメント，水，骨材，混和材などを混ぜ合わせてコンクリートやモルタルを均一につくるための時間のこと。

**こんわざい**〈混和剤〉ワーカビリティをよくするなど，コンクリートの品質を改良する目的で練り混ぜるものをいう。

**こんわざいりょう**〈混和材料〉比較的多量に混入するものを混和材といい，AE剤などの微量のものを混和剤という。

こんわさ

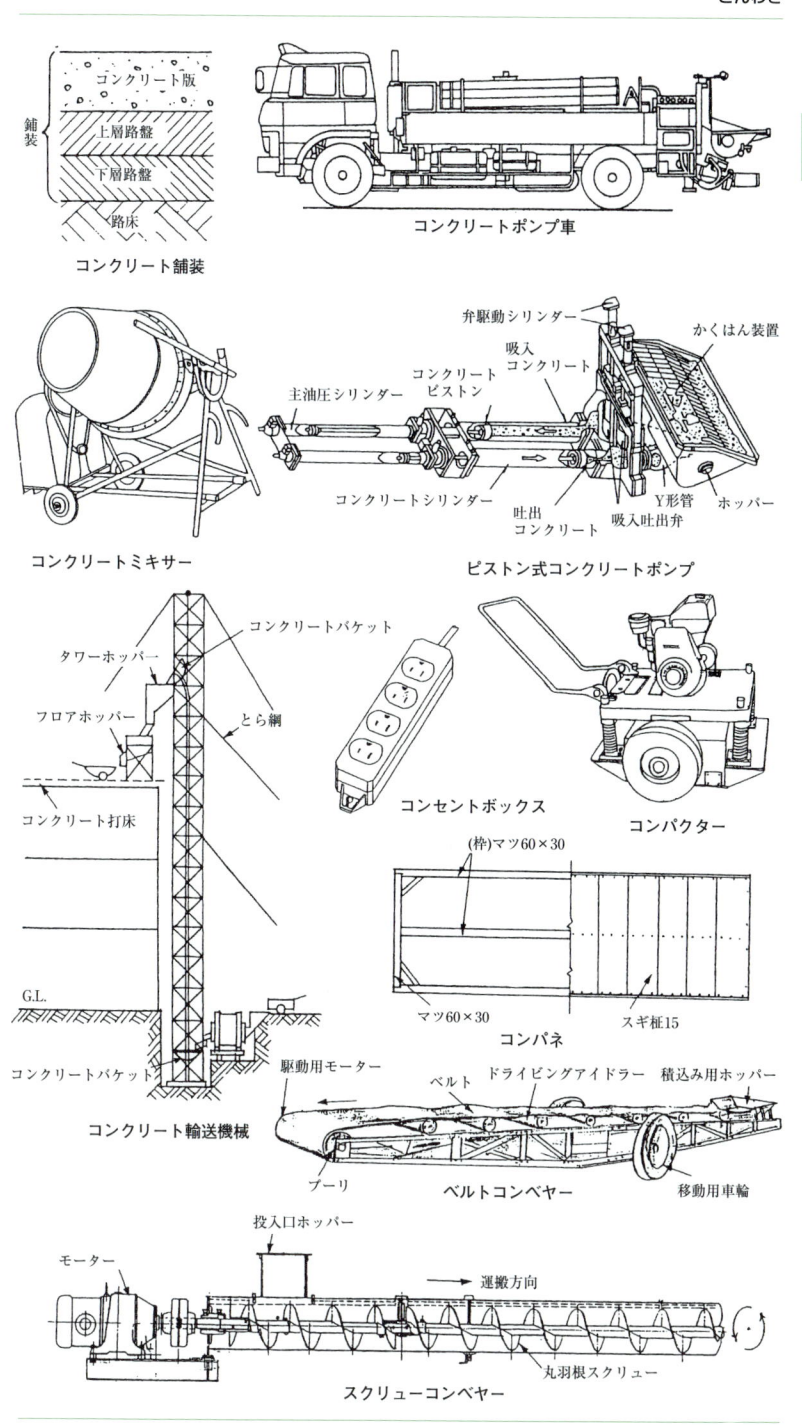

**コンクリート舗装**
- コンクリート版
- 上層路盤
- 下層路盤
- 路床
- 舗装

**コンクリートポンプ車**

**コンクリートミキサー**

**ピストン式コンクリートポンプ**
- 弁駆動シリンダー
- 吸入コンクリート
- かくはん装置
- 主油圧シリンダー
- コンクリートピストン
- コンクリートシリンダー
- 吐出コンクリート
- 吸入吐出弁
- Y形管
- ホッパー

**コンクリート輸送機械**
- タワーホッパー
- コンクリートバケット
- フロアホッパー
- とら網
- コンクリート打床
- G.L.
- コンクリートバケット
- 駆動用モーター

**コンセントボックス**

**コンパクター**

**コンパネ**
- (枠)マツ60×30
- マツ60×30
- スギ柱15

**ベルトコンベヤー**
- ベルト
- ドライビングアイドラー
- 積込み用ホッパー
- プーリ
- 移動用車輪

**スクリューコンベヤー**
- モーター
- 投入口ホッパー
- 運搬方向
- 丸羽根スクリュー

# さ

**サークルがたネットワークこうていひょう**〈一形―工程表〉⇒ネットワーク

**サーフェイサー**〈surfacer〉塗面を平坦にし、吸込みを抑える下地塗料で、仕上げが不透明なペイントやラッカーエナメル塗装に使用される。

**サーモコンクリート**〈thermo concrete〉軽量で断熱・防音の効果が高い気泡コンクリート。

**サーモスタット**〈thermostat〉温度の変化を感知し、リレー装置で機器の制御を自動的に行うもの。バイメタル式、ベローズ式、電気抵抗式などがある。

**サイアミーズコネクション**〈siamese connection〉建物正面の外壁部や路面に設ける消防隊用ホース接続口で、建物内の消火栓系へ圧力水を送るために設置されたもの。「送水口」ともいう。

**さいかしけん**〈載荷試験〉地盤および打込み杭に荷重をかけ、その支持力を調査する試験方法。載荷時間と荷重度から沈下量を記録した図表を作成し、地盤の支持力や許容応力度を算出する（建設省告示111号参照）。

**ざいこう**〈材工〉材料と工賃。建設工事費の見積計算にあたって、材料費と労務費を合わせて計上することを「材工共」または「複合単価」という。

**さいこうどこう**〈最硬度鋼〉炭素含有量が0.5～0.6%の炭素鋼で、鍛錬・鋳造が可能で、じん性もあり、軸類、軌道、バネなどに使用する。

**ざいこうとも**〈材工共〉⇒ざいこう

**さいこつざい**〈細骨材〉一般に砂と呼ばれ、セメントと混練してモルタル、コンクリートをつくる材で、網目5mmのふるいを質量で85%以上通過するもの。

**さいころ** ⇒キャラメル

**さいしゃ**〈細砂〉左官工事用の細かい砂で、0.6mm以下の粒度のもの。「細目（ほそめ）砂」ともいう。

**サイズ**〈size〉すみ肉溶接の断面に含まれる直角三角形の短辺で、応力を伝達するのど厚を指定するための寸法。

**さいせき**〈砕石〉硬質の岩石を砕いたもので、コンクリートの粗骨材、地業、道路舗装などに使用する。

**さいせきコンクリート**〈砕石―〉砕石を粗骨材として使用するコンクリート。

**ざいせきたんい**〈材積単位〉材料の体積を表す単位で、m³で統一されている。

**さいせきプラント**〈砕石―〉岩石を砕石機で砕いてコンクリート用の骨材を生産する装置。

**さいだほう**〈再打法〉⇒タンピング

**さいだんようじょう**〈採暖養生〉シートをかぶせたり、囲いや上屋などの中で採暖する寒中コンクリートの養生。

**さいちかいしじこく**〈最遅開始時刻〉ネットワーク工程の時間計算で、工期に遅れない範囲で各作業を最も遅く開始してよい時刻。「LST」ともいう。

**さいちしゅうりょうじこく**〈最遅終了時刻〉ネットワーク工程の最遅開始時刻に各作業の所要日数を加えたもので、最も遅く終了する時刻。「LFT」ともいう。

**さいちょうパス**〈最長―〉⇒クリティカルパス

**さいていげんかいかかく**〈最低限界価格〉入札において、落札の最低価格を制限するもので、それ以上の最低価格を落札とするもの。

**さいていにゅうさつかかく**〈最低入札価格〉競争入札で開札を行った結果の最低価格のもので、一般に落札者として施工者に決定される。

**サイディング**〈siding〉木板、合板、金属板などを外壁に張って仕上げること。

**サイディングボード**〈siding board〉外壁用の合板。

**サイト**〈site〉敷地。建設現場。

**サイドアングル**〈side angle〉鉄骨柱脚で、ウイングプレートの外側に設けアンカーボルトを留め付ける山形鋼。

**サイトプレファブこうほう**〈―工法〉現場でプレキャストコンクリート板を製造し、機械を用いて組み立て構築するコンクリートプレファブ工法の一つ。

**さいとり**〈才取り〉⇒さいとりぼう

**さいとりぼう**〈才取棒〉長い棒の先に塗付

再打法

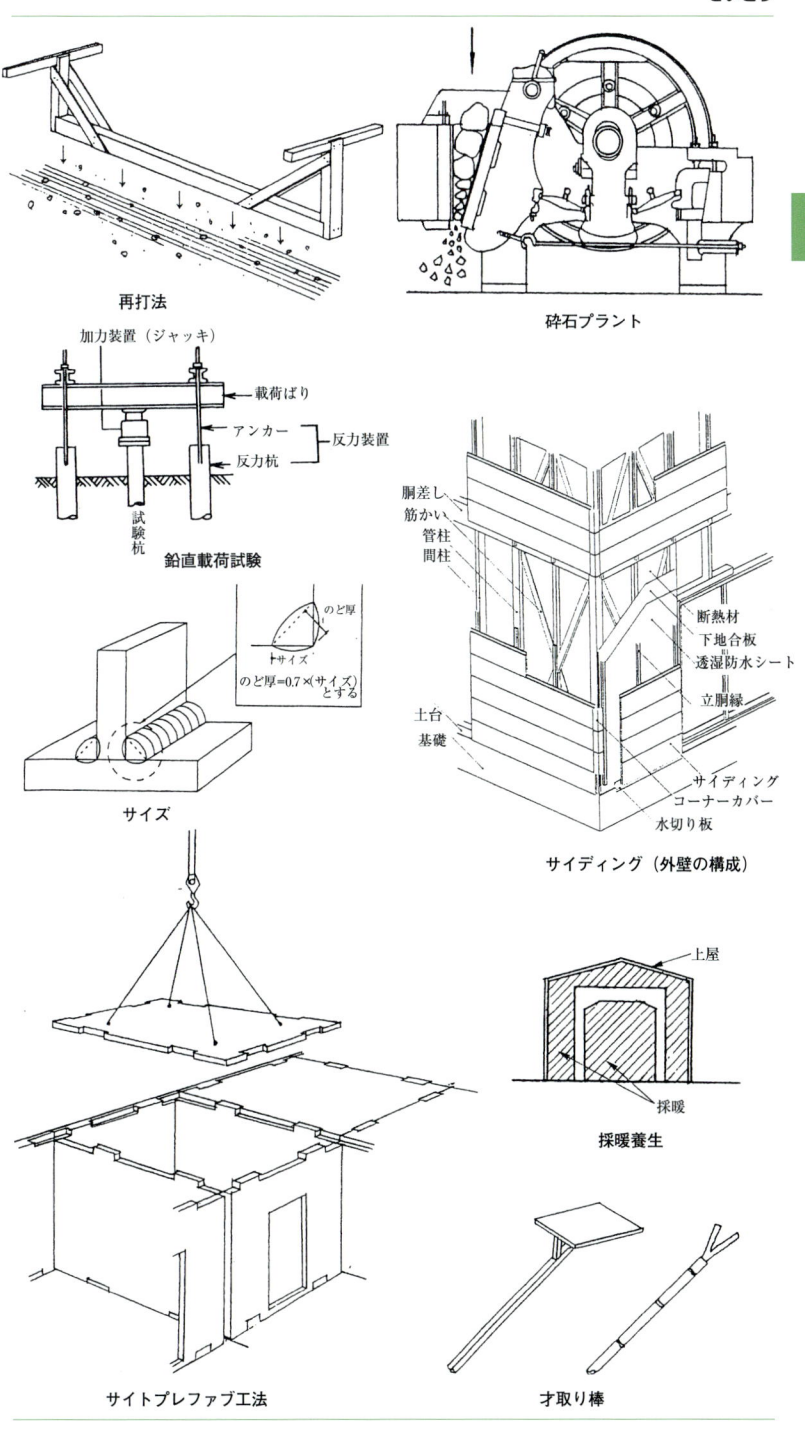

砕石プラント

鉛直載荷試験
加力装置（ジャッキ）
載荷ばり
アンカー
反力杭
反力装置
試験杭

サイズ
のど厚
サイズ
のど厚＝0.7×(サイズ)とする

サイディング（外壁の構成）
胴差し
筋かい
管柱
間柱
断熱材
下地合板
透湿防水シート
立胴縁
土台
基礎
サイディングコーナーカバー
水切り板

サイトプレファブ工法

採暖養生
上屋
採暖

才取り棒

材料を載せる盤が取り付けてあり、上にいる左官にその材料を渡すための道具。「才取り」ともいう。

**さいにゅうさつ**〈再入札〉開札を行った結果、すべてが予定の価格を超過している場合に、再度入札を行うこと。

**サイフォン**〈siphon〉液体を低位置に導くための曲管。

**サイフォンジェットしきだいべんき**〈一式大便器〉トラップ部に噴流を加えてサイフォン作用を促進させて、排水能力を高めたもの。

**ざいむかんり**〈財務管理〉資金の調達・運用に関する管理。工事現場における管理者の業務の一つで、建設費として現場に振り分けられる実行予算の管理・運用に関する業務。

**ざいらいこうほう**〈在来工法〉伝統的な継手・仕口の加工による軸組工法の木構造工法。

**ざいらいじくぐみこうほう**〈在来軸組工法〉⇒ざいらいこうほう

**ざいりょうこうぞうひょうじきごう**〈材料構造表示記号〉設計図面において、部材の断面を表示する記号で、材料の種類と図面の縮尺に応じて決められている。

**ざいりょう・せこうとも**〈材料・施工共〉⇒ざいこう

**ざいりょうたんか**〈材料単価〉材料自体の価格であるが、一般には現場までの運搬費を含むことが多い。

**ざいりょうぶがかり**〈材料歩掛り〉単位当たりの工事を施工するために必要な材料の数量。

**ざいれい**〈材齢〉モルタルやコンクリートの強度は経過時間につれて上昇するので、混練を開始してから経過した日数をいう。

**サイロ**〈silo〉セメントや石灰などを貯蔵する搭状の倉庫。

**サウンディング**〈sounding〉地盤にロッド付き抵抗体を挿入して、貫入、引抜き、回転、衝撃などに対する抵抗力から地盤の性質を探るもの。標準貫入試験などがある。

**さおぶち**〈竿縁〉和室の天井仕上材で、天井板を直角方向に支える細い桟木。さお縁を使用する天井を「竿縁天井」という。→さるぼおめん

**さおぶちてんじょう**〈竿縁天井〉⇒さおぶち

**さかうちこうほう**〈逆打ち工法〉建物本体の床、梁を先に施工し、これを支保工として下部の掘削を行い、地下の躯体工事と地上の躯体工事が同時に進められ、工期が短縮できる。

**さかぎばしら**〈逆木柱〉柱は植樹のままの末口が上、元口が下の原則であるが、逆に使用しているものをいう。

**ざがね**〈座金〉ボルトのナットの下に当てる丸く薄い金属板。「ワッシャー」ともいう。

**さかぶき**〈逆葺き〉草葺き、わら葺きは通常、穂先を上にして重ねて葺くが、穂先を下に逆さに葺くことをいう。

**さかめ**〈逆目〉木材を削る場合、木目に逆って削ること。

**さかめくぎ**〈逆目釘〉釘の胴部に逆目が付けてあり、打ち込んだら抜けなくしてある釘。

**さかんこうじ**〈左官工事〉モルタル塗り、漆喰塗り、土壁塗りなどの左官工がする工事の総称で、ガン吹きなども含む。

**さかんようミキサー**〈左官用一〉⇒モルタルミキサー

**さきずみこうほう**〈先積み工法〉鉄筋コンクリート造の躯体コンクリートを打ち込む前に、帳壁ブロックを積むもので、横筋・縦筋を柱、梁に定着できる。

**さきづけこうほう**〈先付け工法〉前もって、型枠にタイル、サッシ、ユニットなどの仕上材を取り付けておき、コンクリート打込み後は、仕上材として完成するもの。

**さぎょうかんり**〈作業管理〉現場における工事管理者の業務の一つ。工事の能率・円滑化を図るための手配と段取り、現場作業員に対する技術指導、組立・仕上げ検査など適切な工事の促進をはかるための業務。「施工管理」ともいう。

**さくがんき**〈削岩機〉コンプレッサーによる圧縮空気や電力を動力とした削岩機。刃先が回転するもの、打撃式のものなどがあり、「ジャックハンマー」「ドリフター」などと呼ばれる。

**さくさんビニルじゅし**〈酢酸―樹脂〉酢酸ビニルの合成樹脂で、塗料や接着剤として広く使用されている。

**さくさんビニルじゅしエマルジョンとりょう**〈酢酸―樹脂―塗料〉⇒さくさんビニルじゅし

**サクションホース**〈suction hose〉揚水ポンプの吸込みホース。吸い込むときに内部に

## さくしょ

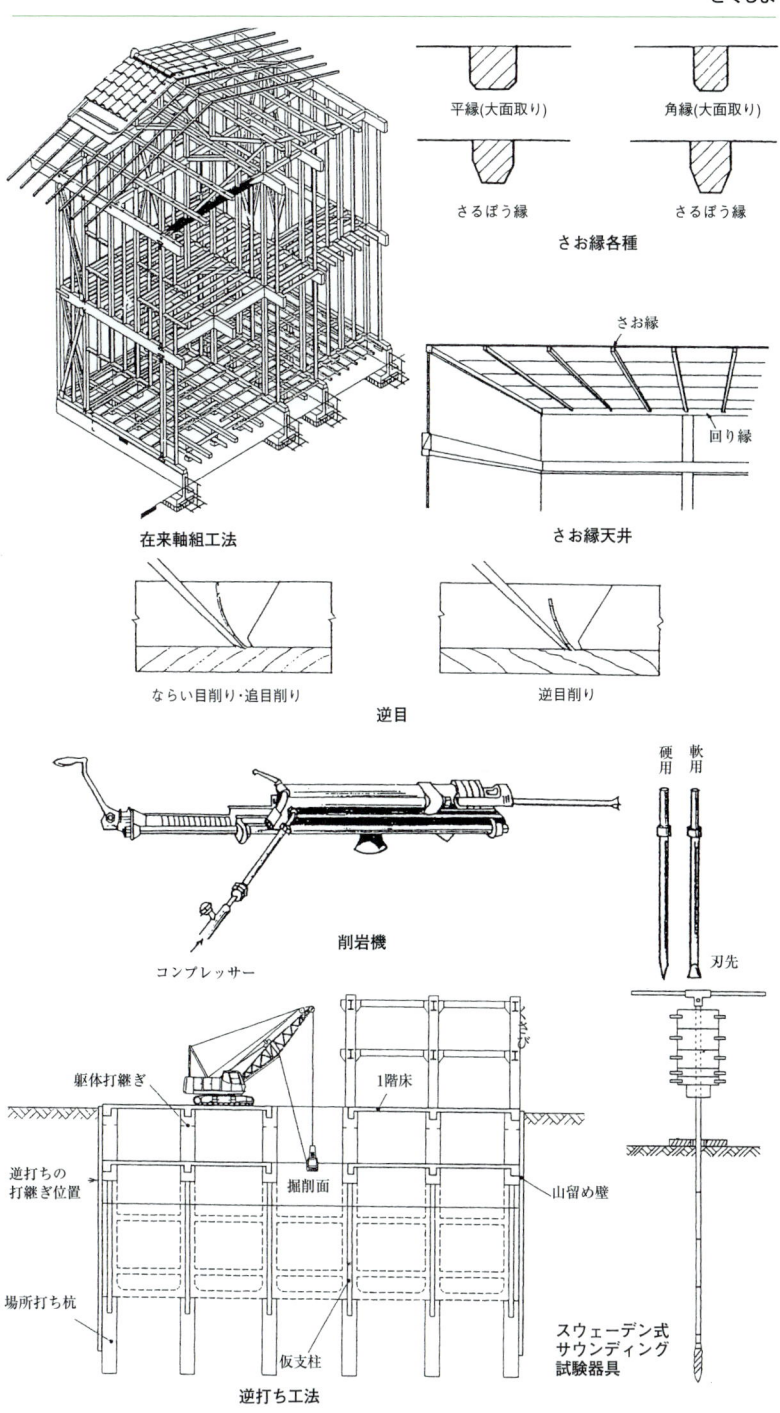

**さお縁各種**
- 平縁(大面取り)
- 角縁(大面取り)
- さるぼう縁
- さるぼう縁

**さお縁天井**
- さお縁
- 回り縁

**在来軸組工法**

**逆目**
- ならい目削り・追目削り
- 逆目削り

**削岩機**
- コンプレッサー

**スウェーデン式サウンディング試験器具**
- 硬用
- 軟用
- 刃先

**逆打ち工法**
- 躯体打継ぎ
- 逆打ちの打継ぎ位置
- 場所打ち杭
- 1階床
- 掘削面
- 仮支柱
- 山留め壁

負圧がかかるため，鋼線をホースにら旋状に巻き入れ，ホースがつぶれないようにしてある。

**さくせい**〈鑿井〉深井戸掘りで，動力で掘削し，先端に採水管を装着した鋼管を挿入する管井戸。

**ざくつ**〈座屈〉細長い部材に圧縮力が加わると，断面が圧砕するする前に，横方向に大きくふくらみ曲がること。

**ざくつかじゅう**〈座屈荷重〉部材に座屈現象が起こるときの圧縮力。

**さぐり**〈探り〉鋼棒または鋼管（直径25〜32mm）を人力で地中に打ち込みながら地層の状態を探る地盤調査法。簡便な方法で，調査深度はおよそ5〜6mまでである。

**さげお**〈下げ苧〉⇒さげおうち

**さげおうち**〈下げ苧打ち〉しっくいやプラスターなどのはく落を防ぐために行うもの。乾燥した青麻，しゅろ毛，マニラ麻などを2つ折りにして亜鉛めっき釘に結び付け，壁の場合は下塗り直後，天井は下塗り前に木ずり下地に打ち付ける。

**さげおぶせ**〈下げ苧伏せ〉下げ苧を下塗りとむら直し，または中塗りに当量ずつ扇形に開き塗り込むこと。

**さげかま**〈下げ鎌〉貫を柱に取り付ける場合の仕口で，片ありに加工して接合し，柱穴の上部すきまにくさびを打ち込んで固めるもの。

**さげふり**〈下げ振り〉糸の先端に逆円錐形のおもりを付け，これを垂らして鉛直を調べる道具。測量器械の据付け位置を決めたり，建方工事のひずみ直しに使用される。

**ささらげた**〈簓桁〉階段の支持部材で，段状に欠き込んで踏板を支える桁。

**ささらげたかいだん**〈簓桁階段〉⇒ささらげた

**ささらこしたみ**〈簓子下見〉外壁を下見板張りにする場合，のこぎり状の押縁を使って一定の間隔に押さえるものをいう。「簓子下見板張り」ともいう。

**ささらこしたみいたばり**〈簓子下見板張り〉⇒ささらこしたみ

**さしかけやね**〈差掛け屋根〉建物の外壁に差し掛けるようにつくられる片流れの屋根。「下屋（げや）」「付卸し」ともいう。

**さしがね**〈指金，指矩〉⇒かねじゃく

**さしがもい**〈指鴨居，差鴨居〉普通の鴨居より断面の大きい鴨居をいう。柱にほぞ差しとするため，取付けは建方のときに行われる。玄関の入口鴨居や上部に欄間がある場合に使用される。

**さしきん**〈差し筋〉コンクリートの打継ぎ部を一体化するために差しておく鉄筋で，壁の立上り部分などがある。

**さしげた**〈指桁〉材の両端をほぞにして柱に取り付ける桁。両側の柱で挟んだ形の桁。

**さしこみしんどうき**〈差込み振動機〉⇒ぼうじょうバイブレーター

**さしさげじょうぎ**〈差し下げ定規〉基礎工事などに用いられる現場用の逆T字形をした簡単な木製定規で，根切り底，割ぐり上端，基礎コンクリート上端などの高さを，遣方に張った水糸から下方に測るときに用いる。

**さしだるき**〈指垂木〉⇒はいつけだるき

**さしどこ**〈差し床〉天井の竿縁が床の間に向いているもの。また，畳の短手が床の間正面に接しているもの。両方とも忌み嫌われるので避ける。

**さしとろ**〈差しとろ〉⇒つぎとろ

**さしひじき**〈挿肘木〉東大寺南大門などの大仏様の特徴で，元を柱に差し込み，先を持ち出す肘木。

**さじめん**〈匙面〉断面が匙のように丸く窪んでいる面。

**さしもの**〈指物〉ひき割材や板類を用いて組み立てる家具，建具をいう。

**さすぐみ**〈扠首組〉木材で山形に組み合わせる小屋組。

**さすり**〈摩り〉⇒つらいち

**さすりめん**〈摩り面〉床面が同一の平らな平面であるもの。→つらいち，ぞろ

**ざつこうじ**〈雑工事〉工事費用の分類で，家具，カーテン類，流し台，樋，浴槽，可動間仕切りなどの工事をいう。

**サッシ**〈sash〉建具を構成する各部材。通常は金属製建具のことをいい，スチールサッシ，アルミサッシがある。建具の組子のことを「サッシバー」という。

**ざつはいすい**〈雑排水〉台所，洗面所，浴室，洗濯場などから出る排水をいう。

**サドル**〈saddle〉配管を固定するための金具。→でんきはいせんようきぐ

**サニタリーユニット**〈sanitary unit〉浴室，洗面所，便所などの衛生設備の全体，あるいは主要部分を一体化して工場生産するもの。

さにたり

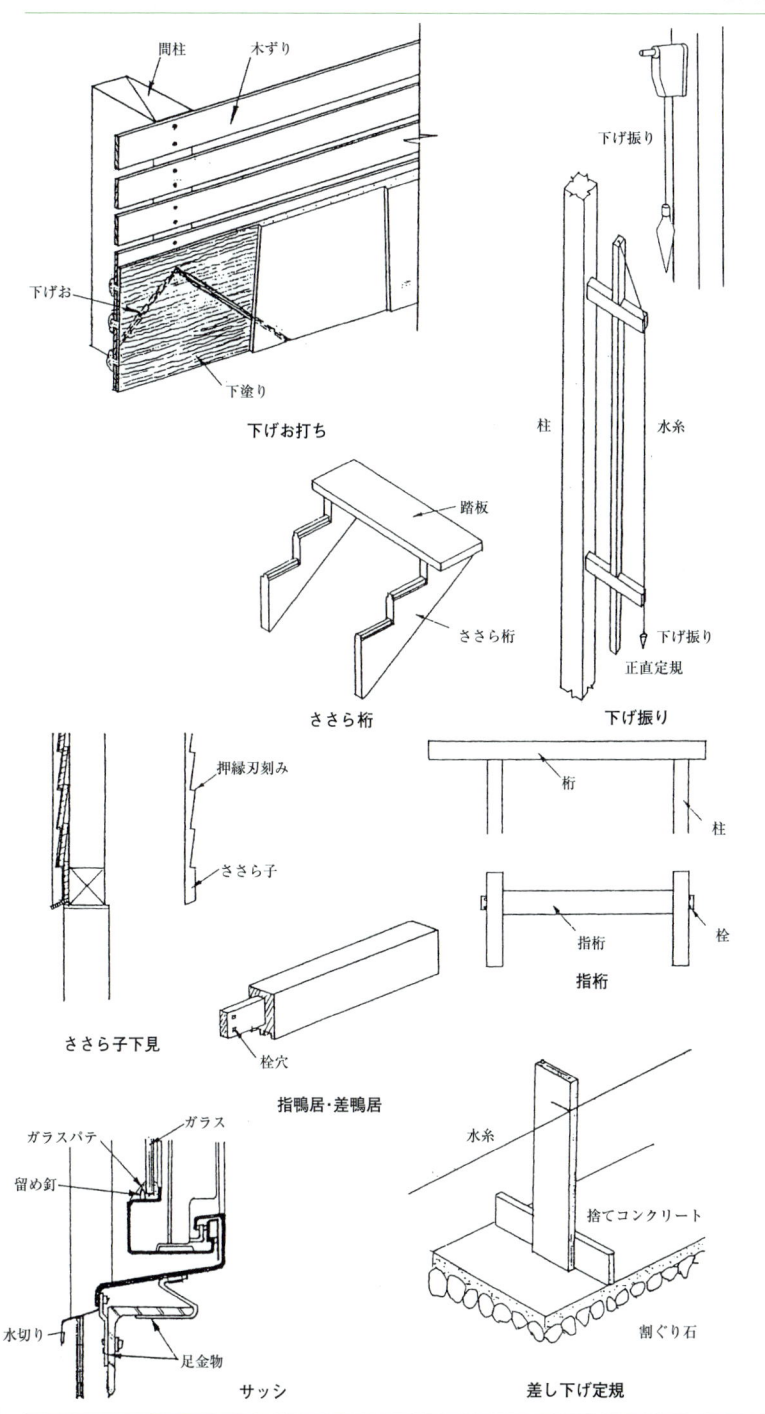

**下げお打ち**
- 間柱
- 木ずり
- 下げお
- 下塗り

**ささら桁**
- 踏板
- ささら桁

**下げ振り**
- 下げ振り
- 柱
- 水糸
- 下げ振り
- 正直定規

**ささら子下見**
- 押縁刃刻み
- ささら子

**指鴨居・差鴨居**
- 栓穴

**指桁**
- 桁
- 柱
- 指桁
- 栓

**サッシ**
- ガラスパテ
- ガラス
- 留め釘
- 水切り
- 足金物

**差し下げ定規**
- 水糸
- 捨てコンクリート
- 割ぐり石

**さねづくり**〈実造り〉⇒いんろうじゃくり

**さねはぎ**〈実矧ぎ〉板の小端を凹凸に加工して，継ぎ合わせるものをいう。「本ざね」ともいう。

**さねひじき**〈実肘木〉寺社建築の三つ斗組の巻斗の上にあり，軒桁・丸桁を直接支持する肘木。

**さびかべ**〈錆壁〉土物壁の上塗り用の土に鉄粉を混ぜて，後に発生するさびの効果をねらって仕上げる壁。

**さびどめ**〈錆止め〉金属のさびを防ぐこと。表面処理，さび止めペイントなどの塗装による方法がある。

**サブコン**　⇒したうけ

**さびどめペイント**〈錆止め―〉金属面のさび止めのため，素地面に直接塗る下塗り塗料。

**サブコントラクター**〈subcontractor〉⇒したうけ

**サブビーム**〈sub beam〉母屋スパンを小さくするために，小屋組と小屋組の中間に入れる補助の梁をいう。

**サブフープ**〈sub-hoop〉柱の主筋のはらみ出しを防ぐため，帯筋（フープ）の数段目ごとに入れる補強帯筋。「副帯筋」ともいう。

**サブポンチ**〈subpunching〉⇒サブポンチリーミング

**サブポンチリーミング**〈subpunching and reaming〉鋼材に穴をあける際に，ポンチで所定の大きさより小さな径の穴をあけ，その後リーマーで所定の径に仕上げること。「サブポンチ」ともいう。

**サブマージアークようせつ**〈―溶接〉接合部の表面に盛り上げた微粒状のフラックスの中に裸の電極ワイヤーをさし込んで，母材との間に生じるアーク熱で溶接する方法。「潜弧溶接」ともいう。

**さぶろく**〈三六〉3尺×6尺の大きさの板状材のことで，三六版，三六パネルなどという。3尺＝約91cm。

**サポート**〈support〉型枠工事の荷重を支える支柱。梁やスラブの型枠下でコンクリートの重量を支えるために用いる。切丸太，パタ角，パイプ支柱などがある。

**サムターン**〈thumb turn〉室内側のつまみを回すことで施錠できる錠前。

**さやかん**〈鞘管〉配管工事のために，あらかじめコンクリート構造体の中に埋め込まれる管。鋼管，プラスチック管などが使われる。

**さらいた**〈皿板〉⇒しきばん

**さらじきい**〈皿敷居〉外部に面して，雨仕舞のための勾配をつけ，溝を設けずレールを取り付けた敷居。

**さる**〈猿〉雨戸などの戸締り装置で，かまちや桟に取り付けた棒状材を鴨居や敷居に差し込んで止めるもの。「上げ猿」「下げ猿」「落し猿」などがある。→あまど

**さるぼうてんじょう**〈猿頬天井〉さお縁天井のさお縁を猿頬縁にする天井。

**さるぼうめん**〈猿頬面〉面角を大きく斜めに落とし猿のほおのような形をした面をいい，天井のさお縁などに用いられる。さるぼお面に加工した縁木を「猿頬縁」という。

**さんかくくぎ**〈三角釘〉木製建具でガラスをパテ止めする場合に，ガラス固定のために打つ三角形の小薄金属片。

**さんかくざひょう**〈三角座標〉土を粒度組成から分類する土質分類法。土粒子の大きさから，土を砂，シルト，粘土の3つに分け，これら3成分の重量百分率から座標を用いて分類するもの。

**さんかくざひょうしきどしつぶんるいほう**〈三角座標式土質分類法〉⇒さんかくざひょう

**さんかくそくりょう**〈三角測量〉見通しできる3点を取り，一辺と挟角を測定し二辺の長さを計算して，その三角形に接続して順次広域の地形を測定していく測量。

**さんからど**〈桟唐戸〉⇒からど

**さんがわら**〈桟瓦〉⇒かわら

**さんぎ**〈桟木〉型枠の組立で，せき板を押さえるために使う角材。

**さんきゃくデリック**〈三脚―〉⇒スチフレッグデリック

**さんぎょうはいきぶつ**〈産業廃棄物〉工事現場や工場などで発生する廃棄物で，金属くず，コンクリート破片，廃木材などの法律で定められているもの。「産廃」ともいう。

**さんしご**〈三四五〉3：4：5の比になっている直角三角形の板で，直角を決めるために使う定規。「大がね」ともいう。→おおがね

**さんすいせん**〈散水栓〉建物外部に設ける庭の散水用の水栓。

**ざんぞんりつ**〈残存率〉始価に対する残価の比率をいう。「残価率」ともいう。

## サブビーム

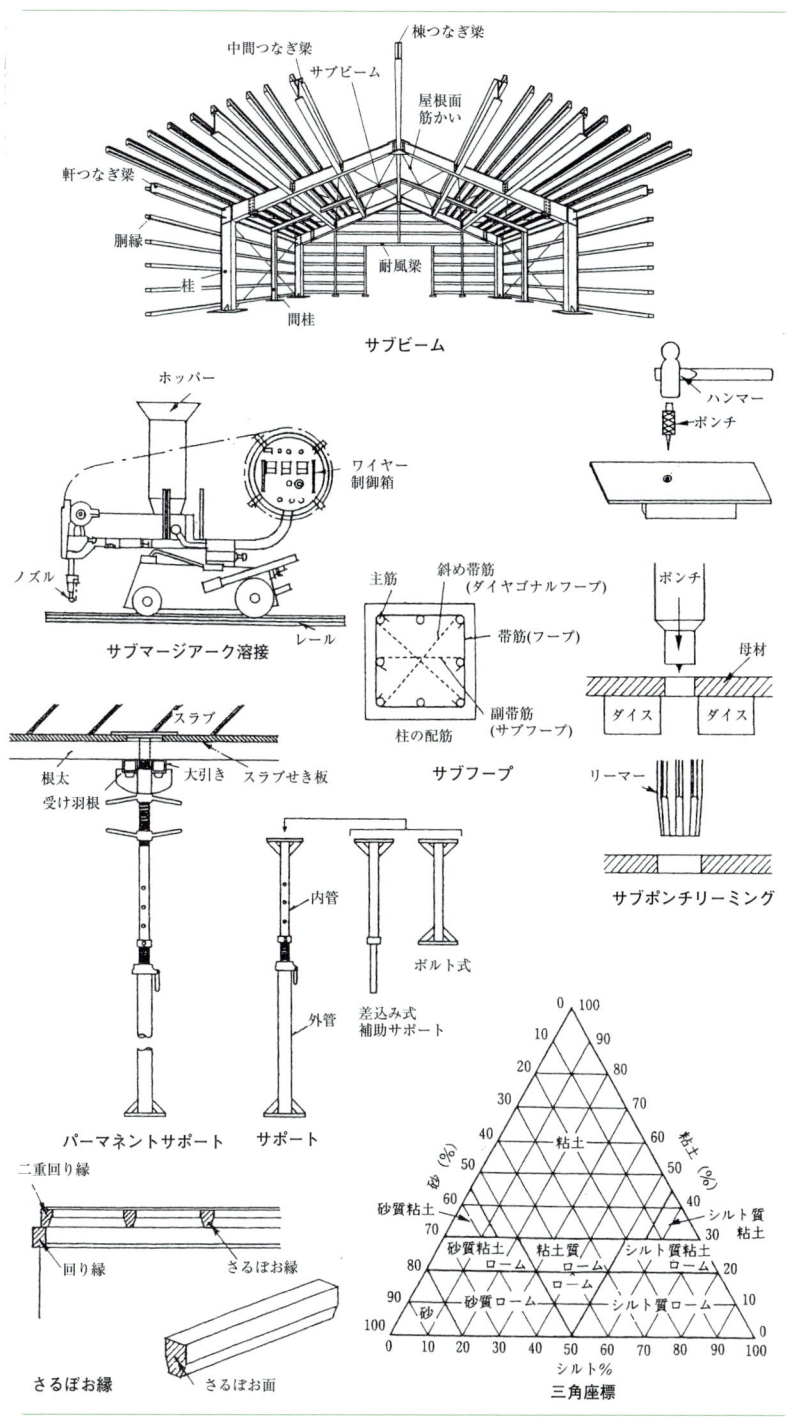

軒つなぎ梁／胴縁／柱／間柱／中間つなぎ梁／サブビーム／棟つなぎ梁／屋根面筋かい／耐風梁

**サブビーム**

## サブマージアーク溶接

ホッパー／ワイヤー制御箱／ノズル／レール

**サブマージアーク溶接**

## サブフープ

主筋／斜め帯筋(ダイヤゴナルフープ)／帯筋(フープ)／副帯筋(サブフープ)

**柱の配筋**

**サブフープ**

## サブポンチリーミング

ハンマー／ポンチ／母材／ダイス／ポンチ／リーマー

**サブポンチリーミング**

## パーマネントサポート／サポート

スラブ／根太／受け羽根／大引き／スラブせき板／内管／外管／ボルト式／差込み式補助サポート

**パーマネントサポート**　**サポート**

## さるぼお縁

二重回り縁／回り縁／さるぼお縁／さるぼお面

**さるぼお縁**

## 三角座標

砂(%)／粘土／シルト％／粘土(%)／砂質粘土／砂質粘土ローム／粘土質ローム／シルト質粘土／シルト質粘土ローム／砂／砂質ローム／シルト質ローム

**三角座標**

**さんど**〈桟戸〉幅広の横桟に板を縦に並べて打ち付けた戸。門扉，木戸，物置などに用いられる。

**サンドイッチパネル**〈sandwich panel〉断熱・吸音などの性質をもつ心材を表面材で挟んだパネル。美観，耐水，耐汚染などの性質をもたせ，構造材としても使用される。

**ざんどしょぶん**〈残土処分〉根切り土の埋戻し分以外の土を現場から搬出処分すること。

**サンドウォッシュ**〈sand wash〉金属などの表面を砂を混ぜた高圧水を吹き付けて清掃する方法。

**サンドコンパクションパイル**〈sand compaction pile〉軟弱地盤を改良するために衝撃振動で打設する砂杭。「サンドパイル」「砂杭」ともいう。

**サンドドレンこうほう**〈―工法〉⇒サンドコンパクションパイル

**サンドパイル**〈sand pile〉⇒サンドコンパクションパイル

**サンドブラスト**〈sand blast〉砂を圧縮空気でノズルから吹き付けるもので，鉄材表面のさび落としや清掃，大理石などの表面荒しやつや消しなどに用いられる。「砂吹き機」ともいう。

**サンドペーパー**〈sand paper〉⇒けんまし

**サンドポンプ**〈sand pump〉泥分や砂を含んだ水の汲み上げ輸送に適するように，羽根枚数を減らし羽根を厚くした渦巻ポンプ。

**さんぱい**〈産廃〉⇒さんぎょうはいきぶつ

**さんばし**〈桟橋〉作業員の通行，資材運搬などのために，丸太や鋼管で組み立て足場板を敷いた仮設通路。

**サンプラー**〈sampler〉土質試料採取器具。軟質土用，硬質土用，不攪乱試料用などがある。

**サンプリング**〈sampling〉地盤調査で土質資料を採取すること。

**さんぽうめちがいつぎ**〈三方目違い継ぎ〉⇒はこめちがいつぎ

**さんまいくみつぎ**〈三枚組継ぎ〉板材を直角に組む場合で，一方を山形の一枚ほぞ，他方を凹形の二枚ほぞとして組み合わせるもの。さらに「五枚組継ぎ」「七枚組継ぎ」などがある。

**さんもん**〈三門〉禅宗寺院の門で，格式高いものは5間×2間で入母屋造り，中央の3間に唐戸を開く。一般の寺院では3間×2間の入母屋造り，中央の1間に唐戸を開く。

**ざんりゅうおうりょく**〈残留応力〉荷重が取り去られても残留している応力をいう。

**さんるいごうはん**〈三類合板〉耐水性能で，三番目に分類される合板。

**サンルーム**〈sun room〉日光浴を目的として総ガラス張りなどとする部屋。

**さんろスイッチ**〈三路―〉階段の上下で点滅できるなどの2箇所で操作できる回路。

## し

**じ**〈地〉地盤や地面の土地をいう。また，仕上工事を行うその下地をいい，ボード類やコンクリートの面などが該当する。

**しあげあつ**〈仕上げ厚〉下塗りから上塗りまでの塗層全体の塗り厚の総計で，ラスこすりの厚さを除いたもの。

**しあげこうじ**〈仕上工事〉屋根，内外部の壁・床・天井などを仕上げる工事で，外部仕上げ，内部仕上げ，開口部工事などがある。

**しあげざいうちこみかたわくこうほう**〈仕上材打込み型枠工法〉仕上材や断熱材を型枠に取り付けておき，コンクリート打込みにより仕上げとなるもので，仕上工事を省略できる工法。

**しあげざい・だんねつざいうちこみかたわくこうほう**〈仕上げ材・断熱材打込み型枠工法〉⇒しあげざいうちこみかたわくこうほう

**しあげといし**〈仕上げ砥石〉中砥で研いだ面を鏡面のように仕上げるための砥石で，緻密で堅い粘板岩を使用する。

**しあげひょう**〈仕上げ表〉外部，内部の部位ごとの仕上げを図面に一覧表示するもの。

**しあげぬり**〈仕上げ塗り〉⇒うわぬり

**しあつせつごう**〈支圧接合〉ボルト接合で，ボルト軸のせん断力の耐力で力を伝達する

しあつせ

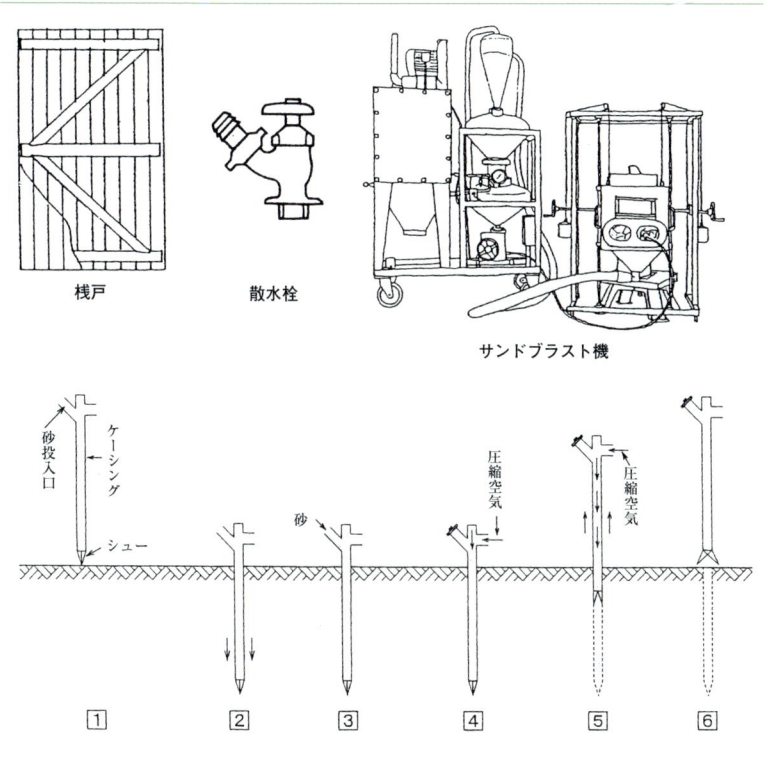

桟戸　　散水栓　　サンドブラスト機

サンドドレン(砂圧入)工法

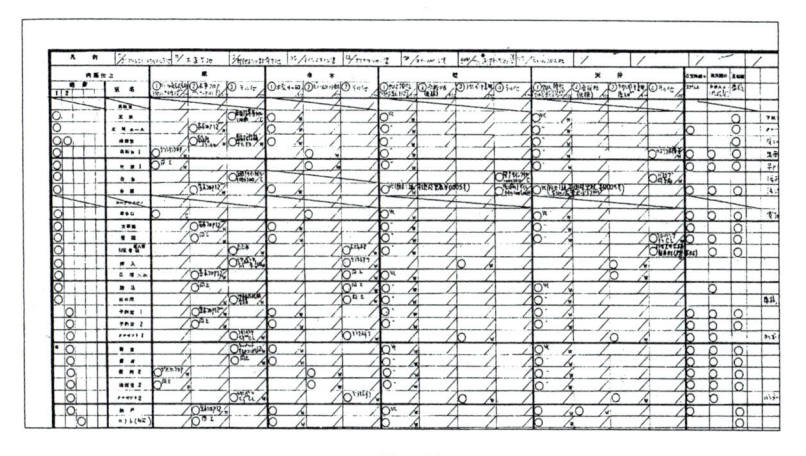

仕上げ表

**じいた**〈地板〉床の間・床脇の床板で，畳面と同じ高さのものをいう。違い棚，地袋の下で，畳面と同じ高さに張られている板。「地袋板」「敷込み板」ともいう。

**シーエーディー**〈CAD〉⇒キャド

**シーオーディー**〈COD〉水中の有機物を分解するための化学的酸素要求量のことで，水の汚染の程度を示す指標。

**シージーエスたんいけい**〈CGS単位系〉長さ(cm)，質量(g)，時間(s)を基本単位とする単位系。現在は，国際単位系(SI)が広く使用されている。→エスアイたんいけい

**シース**〈sheath〉プレストレスコンクリートに挿入するさや管で，PC鋼線と周囲のコンクリートを絶縁するために使用する。

**シーチャン**〈C—〉⇒チャンネル

**シート**〈canvas sheet〉屋外作業や工事現場で用いる防護・防じん用の布地。材質は木綿，ビニロン，ナイロンなどが多く，防水や防火処理がされている。

**シートゲート**〈sheet gate〉工事現場の出入口に設ける布製の扉。

**シートパイル**〈sheet pile〉地盤を掘削するとき，土砂崩れを防ぐためまわりに連続して打ち込む板状の杭。木製，鋼製，鉄筋コンクリート製，軽量鋼板製のものがある。「矢板」ともいう。

**シートばり**〈—張り〉リノリウム，ゴム，プラスチックなどのシートを張る床仕上げ。仮敷きした後，接着剤で張り付け，ローラー転圧などで空気が残らないように押し付け仕上げる床仕上げ。

**シートぼうすい**〈—防水〉コンクリート陸屋根などの防水法で塩化ビニル，ポリエチレンなど合成高分子シートを接着剤で張り付け，防水層を構成する。

**シートメタル**〈sheet metal〉亜鉛引き鉄板など薄鋼板の総称。

**シートようじょう**〈—養生〉鉄筋や型枠材などにシートをかぶせて雨や損傷などから保護すること。

**ジーマーク**〈G mark〉工業製品のデザイン振興のため，優秀なデザイン「good design」に選定された製品に付けられるマーク。

**シーム**〈seam〉継目，とじ目，合せ目などの意で，板金工作での薄板の端継目をいう。こはぜ掛けなどのこと。

**シームようせつ**〈—溶接〉溶接部分を円形状の電極間に挟み，加圧して電極を回転しながらスポット溶接を連続的に繰り返していく溶接。

**シームレスフロア**〈seamless floor〉床の全面を目地なしで仕上げるもの

**ジーメンスウェルこうほう**〈—工法〉径20cm程度のストレーナ管を掘削孔に入れ，周囲にフィルター層を作り，吸水管を挿入して排水する工法。

**シーラー**〈sealer〉モルタルやコンクリート面の下地処理用の下塗り材で，下地から出るアルカリやしみを止め，また，下地への吸込みの防止および脆弱下地の補強をするもの。

**シーラント**〈sealant〉⇒シーリングざい

**シーリングこうじ**〈—工事〉水密性・気密性を得るため，伸縮するすきまなどにシーリング材を充てんすること。

**シーリングざい**〈—材〉カーテンウォール・サッシ回りの目地やすきまに充てんするペースト状の材料。「シーラント」「シール材」ともいう。

**シーリングジョイスト**〈ceiling joist〉⇒てんじょうのぶち

**シーリングメタル**〈ceiling metal〉薄鋼板製の天井板。天井野縁に釘打ちし，ペンキ塗装で仕上げる。

**シーリングライト**〈ceiling light〉天井に取り付ける照明器具で，直付けや埋込みなどがある。

**シール**〈seal〉風雨の侵入を防ぐためにすきまなどをふさぐこと。目張りのためのテープ状の材料をいう。

**シールざい**〈—材〉⇒シーリングざい

**シェード**〈shade〉光を遮る物で，照明器具の笠，ブラインドなどをいう。

**ジェットこうほう**〈—工法〉先端から高圧水を噴射して杭の圧入を容易にする工法。

**シェル**〈shell〉貝がらのような曲面板の構成。曲面状の屋根，曲面板構造をシェル構造という。「シャーレン」ともいう。

**シェルこうぞう**〈—構造〉体育館や劇場などのスパンの大きい建物で，薄い曲面板を使用して全体を包み込む構造。

**しがいかくいき**〈市街化区域〉都市計画法で，計画的な市街化を図るために定められた区域で，用途地域により建築の規制がある。

**しがいかちょうせいくいき**〈市街化調整区

しかいか

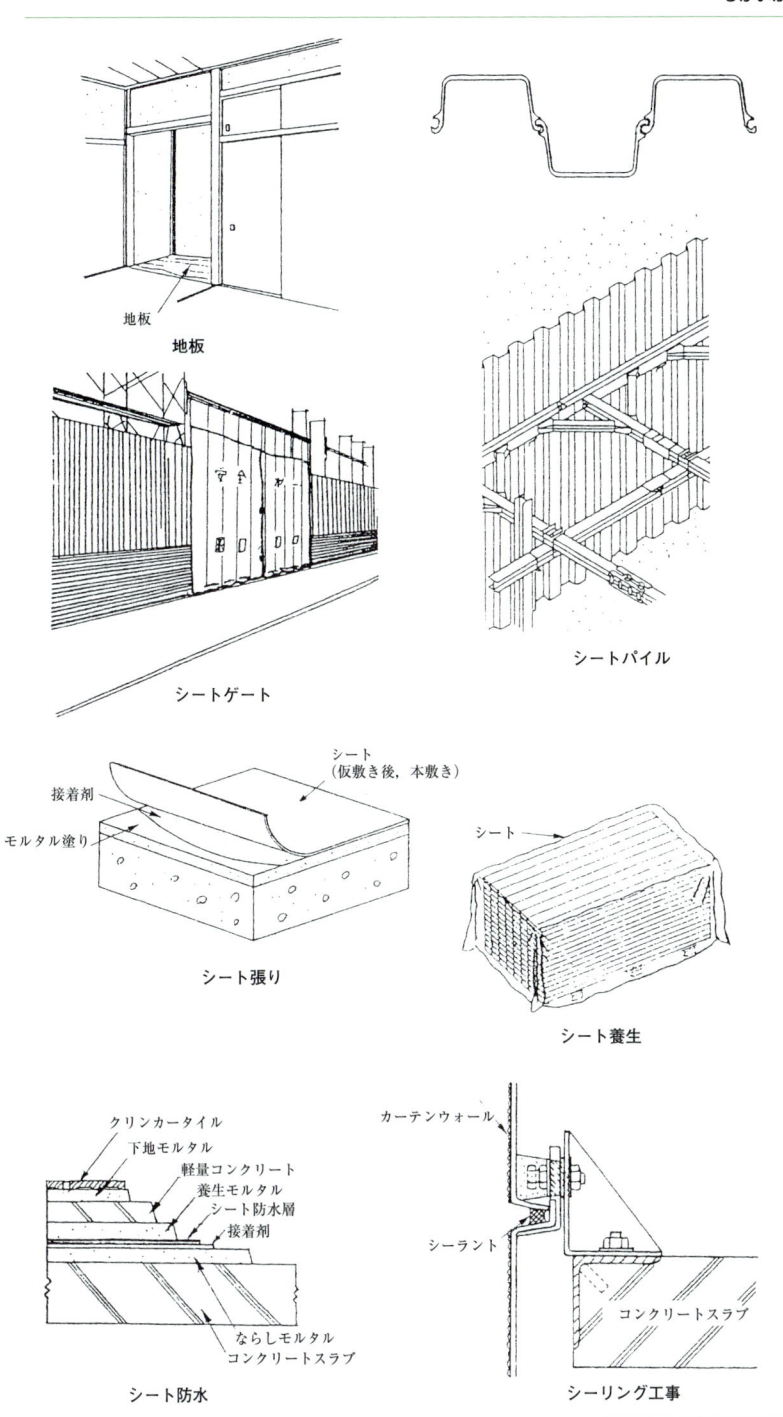

**地板**

シートゲート

シートパイル

シート張り

シート養生

シート防水

シーリング工事

域〉市街化を抑制する区域で，農業，林業，漁業など以外の開発は許可を必要とする。

**しがいせんとうかガラス**〈紫外線透過―〉紫外線の透過率を向上させたガラスで，温室，病院などで使用される。

**じかうち**〈直打ち〉コンクリートをシュートやカートから直接打ち込むことをいい，これを避けていったん枡などに受けて練り返してから打ち込むのが望ましい。

**しかくほう**〈視角法〉目測による距離の略測量法で，腕を伸ばしてスケールを垂直に持ち，距離を求めようとする地点に立てた高さのわかっている物体を準標として，その同一視角による相似三角形を利用して距離を求める方法。

**じかしあげ**〈直仕上げ〉コンクリート打込み直後，定規ずり，金ごてなどで平滑面に仕上げるもの。

**じかてんじょう**〈直天井〉上階の床の下面を，下の階の天井とするもの。

**じかばり**〈直張り〉モルタルやコンクリートの床に下張りを設けず，直接仕上げ床板を張る工法。

**しきい**〈敷居〉開口部の下部部材で，引違い戸などの建具を受ける横木をいう。

**しきいた**〈敷板〉⇒しきばん

**しきがもい**〈敷鴨居〉同一材で敷居と鴨居を兼ねたもの。欄間敷居や天袋のある押入などに使用される。

**しきげた**〈敷桁〉柱の上部にあって小屋梁を受ける材。桁行外壁面の横架材で，洋小屋組の桁をいう。

**じきしつタイル**〈磁器質―〉品質の高いタイルで，十分焼き締まって磁化し，吸水性はほとんどなく，金属性清音を発する。

**しきだい**〈式台〉玄関土間から1段上がる板敷き部分で，上がりがまちとの間に設けるもの。

**しきちきょうかいせん**〈敷地境界線〉隣地や道路との境界を示す線。

**しきとろ**〈敷とろ〉石やれんがなどを積み上げる場合，下端にあらかじめ敷きならしておくモルタルのこと。「敷モルタル」ともいう。

**しきパテ**〈敷―〉ガラスをはめ込む建具で，ガラスと建具枠のなじみをよくするために，少量のパテを前もって敷き込むこと。

**しきばり**〈敷梁〉⇒うしばり

**しきばん**〈敷盤〉足場の建地や型枠の支柱などが土の中にめり込まないように敷く板。「皿板」「敷板」ともいう。→こうかんあしば

**しきめいた**〈敷目板〉板の継目に張る幅の狭い板で，継目のすきまをふさぐために，裏から当てる目板をいう。

**しきめいたばり**〈敷目板張り〉板張りの目透かし部分の裏側に敷目板を用いるもの。

**しきめん**〈敷面〉継手・仕口の加工部分で，他材を受ける水平面をいう。「腰掛」ともいう。→こしかけありつぎ

**しきめんありつぎ**〈敷面蟻継ぎ〉⇒こしかけありつぎ

**しきめんかまつぎ**〈敷面鎌継ぎ〉⇒こしかけかまつぎ

**しきモルタル**〈敷―〉⇒しきとろ

**しきゃくもん**〈四脚門〉両側の丸柱前後に4本の柱を配して切妻屋根とし，2枚の軸吊り板扉を備えた格式高い正門に使われた門。「よつあしもん」ともいう。

**じぎょう**〈地業〉構造物を支持するための基礎工事のうち，地盤に対して行う工事をいい，杭打ち，割ぐり地業などがある。

**しきりべん**〈仕切り弁〉管を流れる液体を遮断，調整する弁で，円筒形の流れる道を円板状の弁で垂直にふさぐ。「ゲート弁」ともいう。

**ジグ**〈jig〉部材を固定したり，拘束したりするための道具。

**じくあしば**〈軸足場〉建物の内部に組む足場。

**じぐい**〈地杭〉縄張りの地縄を張りめぐらす場合の縄を留める木杭。また杭打ち工事の杭の位置を示すときに用いる細木のこと。→すみやりかた

**じくぐみ**〈軸組〉土台，柱，桁，梁，貫，筋かいなどで構成される壁の骨組で，和室の真壁と洋風の大壁のものがある。

**じくぐみこうほう**〈軸組工法〉⇒じくぐみ

**じくそくとうえいほう**〈軸測投影法〉直交する3直線を投影し，これらを立体の長さ，幅，高さの方向を示すものとして，これに準拠して立体を投影する法。

**しぐち**〈仕口〉部材を任意の角度で組み合わせ，接合する部分をいう。組合せ，加工の形によりそれぞれ名称がある。付図参照

**じくづりかなもの**〈軸吊り金物〉開き戸の吊り元に取り付ける金物で，この軸を中心に回転して開閉する。「ピボットヒンジ」ともいう。

しくつり

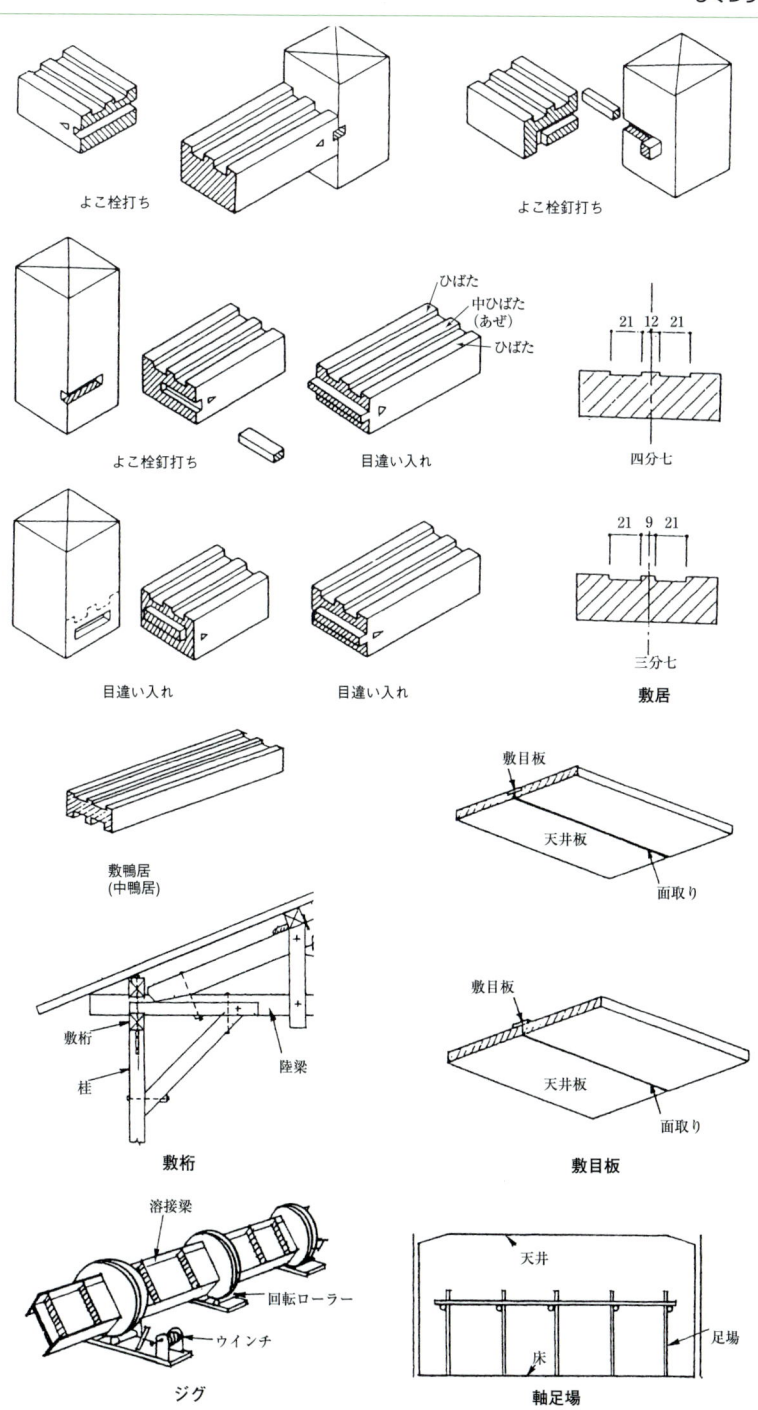

よこ栓打ち

よこ栓釘打ち

よこ栓釘打ち

目違い入れ

ひばた
中ひばた(あぜ)
ひばた

四分七

目違い入れ

目違い入れ

三分七

敷居

敷鴨居
(中鴨居)

敷目板
天井板
面取り

敷桁
柱
陸梁

敷桁

敷目板
天井板
面取り

敷目板

溶接梁
回転ローラー
ウインチ

ジグ

天井
床
足場

軸足場

125

しくみ

**じぐみ**〈地組〉上階の骨組の全体、あるいは部分的に事前に地上で組み立てること。

**しげだるき**〈繁垂木〉垂木を密に配置するもので、社寺建築に多い。

**しげわり**〈繁割り〉垂木、格子の組子、障子の桟などを密に配列するもので、あきを部材の幅と同じにするものを小間返し、せいと同じにするものを背返しという。

**しけんボーリング**〈試験—〉地盤および土質調査を目的として行われるボーリング。

**しけんぼり**〈試験掘り〉地盤の一部を実際に掘ってみて、地層を肉眼で観察調査する地盤調査方法。地下水位の確認、乱さない試料の採取による土質試験、平板載荷試験などを行うのによいが、広範囲に深く掘るには限度がある。「ためし掘り」ともいう。

**じごくほぞ**〈地獄柄〉ほぞ差しの仕口で、ほぞの先端に割りくさびを付け、そのままあり形のほぞ穴に打ち込んでほぞを開き、抜けなくするもの。

**しころど**〈錣戸〉⇒ガラリど

**しころびさし**〈錣庇〉軒下に一段下がって取り付ける庇。

**しころやね**〈錣屋根〉切妻屋根の四周に勾配の緩い屋根を取り付ける形のもの。付図参照

**しざいかんり**〈資材管理〉工事の進行に応じて行う材料の積算、発注、納入、保管、使用および残材に関する管理。現場管理者の職務の一つ。

**じざいど**〈自在戸〉自在に内外へ開く扉で、自動的に元に戻り閉まった状態になる戸。

**しじぐい**〈支持杭〉杭先端が支持地盤に達していて、建物を支持する杭。

**しじゅん**〈視準〉測量機器で目標を見ること。

**しじょうたんか**〈市場単価〉出版物などの市場データから得る材料と施工の単価。

**しじりょく**〈支持力〉地盤の強度面だけからみた荷重を支えうる能力。支持力に対して一定の安全率を適用したものを「許容支持力」という。さらに沈下に対しても一定の許容値を超えないよう考慮したものを「許容地耐力」という。

**じしんりょく**〈地震力〉地震時に建築物を揺れ動かし水平方向に変形させる力で、たて揺れもあるが水平力として扱っている。

**ジス**〈JIS：Japanese Industrial Standard〉日本工業規格。経済産業省の定める鉱工業品および構築物などに関する、工業標準化のための基準を示す規格。

**しすいこうほう**〈止水工法〉根切り工事、地下躯体工事のため、止水性のある山留め壁で地下水の流入を防ぐ工法。

**しすいせん**〈止水栓〉上階への給水管の立上り部などに使用するねじ式の通水制止用止水栓と敷地近くの公道に設けられ、上水道管理者が開閉するものがある。

**シスターン**〈cistern〉水洗便器の洗浄用水を蓄えるためのタンク。便所内に置かれ、低いものを「ロータンク」、高い所に置かれるものを「ハイタンク」という。

**システムかたわくこうほう**〈—型枠工法〉梁と柱、壁と床などの型枠を一体化して、組立・解体の手間を省き、効率・精度を向上させる工法。

**システムキッチン**〈system kitchen〉調理器具、収納ユニットなどの基準寸法、組立方式を定めたもので、半製品のものを注文者の要望によって組み合わせるもの。

**システムてんじょう**〈—天井〉天井仕上材、照明器具、空調器具などの基準寸法、組立方式を定め、工場生産品を現場で組み上げるもの。

**しずみきれつ**〈沈み亀裂〉コンクリート打ち後、分離したセメントペーストが表面に浮き、コンクリートが沈下して表面にできる亀裂。

**したうけ**〈下請〉元請業者の統括のもとに職別工事を請け負う業者。下請業者には作業だけを請け負う者(手間うけ)、材料および作業を請け負う者(材工とも)、また建設機械をもって機械作業を請け負う者などがある。「下請業者」「下請負人」「サブコン」ともいう。

**したうけおい**〈下請負〉⇒したうけ

**したうけおいぎょうしゃ**〈下請負業者〉⇒したうけ

**したうけおいにん**〈下請負人〉⇒したうけ

**したうけぎょうしゃ**〈下請業者〉⇒したうけ

**したぎ**〈下木〉⇒めぎ

**したごしらえ**〈下拵え〉現場で取り付ける前の、切断、加工などの準備作業。

**したごや**〈下小屋〉現場敷地内に設けられる仮設建築物で、木材、鉄筋、左官材料などの加工場をいう。

**したじ**〈下地〉塗装などの仕上げが施される素地をいう。構造体の表面、塗り付けるために取り付けられたラス、木ずり、小舞な

したし

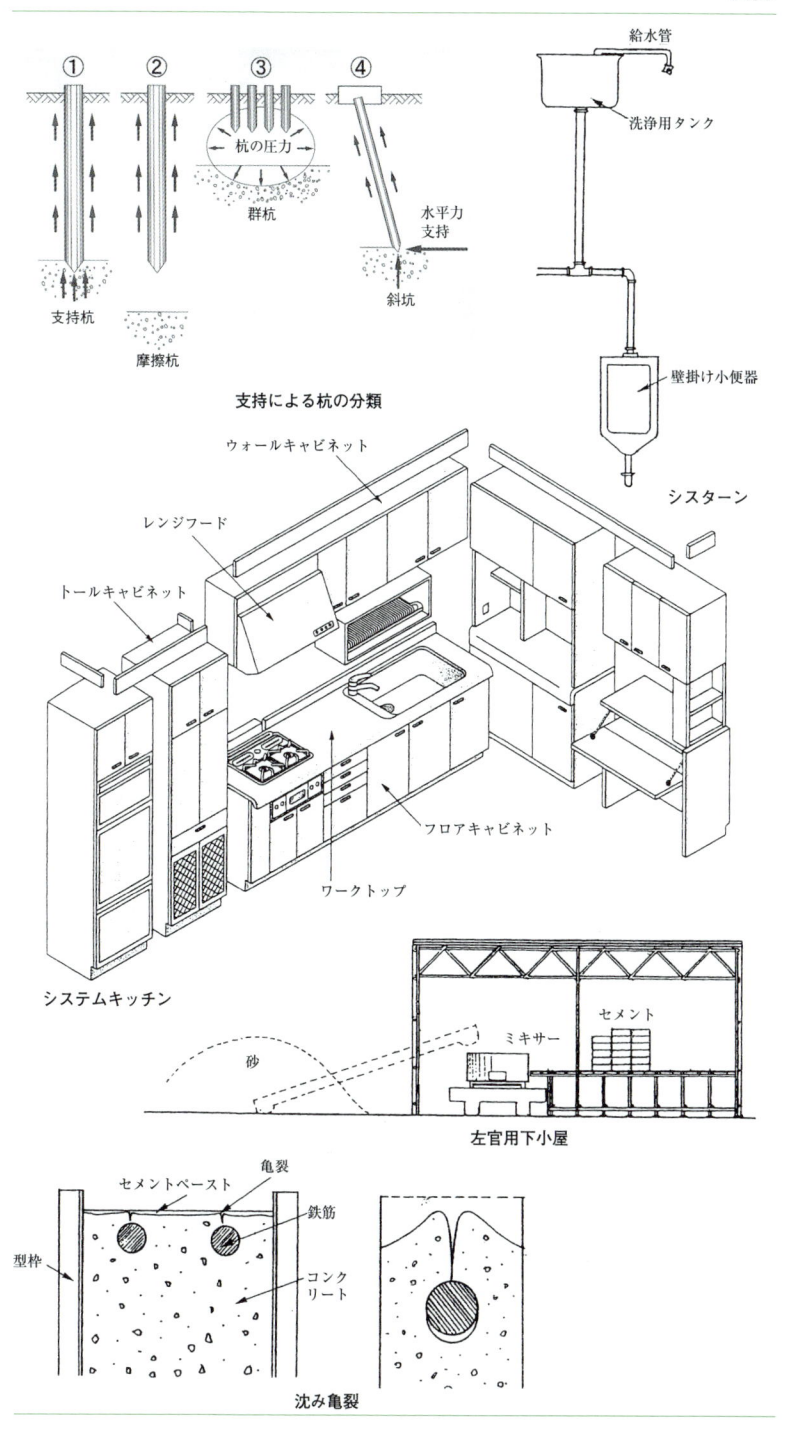

① ② ③ ④

杭の圧力

群杭

水平力支持

支持杭

摩擦杭

斜坑

**支持による杭の分類**

給水管

洗浄用タンク

壁掛け小便器

**シスターン**

ウォールキャビネット

レンジフード

トールキャビネット

フロアキャビネット

ワークトップ

**システムキッチン**

砂

ミキサー

セメント

**左官用下小屋**

セメントペースト　亀裂

鉄筋

型枠

コンクリート

**沈み亀裂**

127

どのこと。

**したじごすり**〈下地擦り〉下地の極端な不陸を直すため，凹部にモルタルなどを塗り付けること。

**したじのしょり**〈下地の処理〉下地面を均一にするため，不陸などの箇所につけ送りすること，および付着をよくするため目荒しなどを施すこと。

**したじパテづけ**〈下地―付け〉パテ飼いして研磨した後，全面にパテをへら付けまたは吹付け塗りをし，乾燥後，水研ぎを施しきわめて平坦な塗装仕上げの下地面にすること。「パテづけ」「地付け」ともいう。

**したじまど**〈下地窓〉小舞下地の土壁の一部を塗り残して窓としたもの。小舞下地は竹類のほか，ハギ（萩）・ヨシ・フジヅルなどで別につくる。数寄屋，茶室などに用いられる。

**したぬり**〈下塗り〉左官工事，塗装工事，防水工事などの最初の塗り工程で，下地の調整，次の塗り膜との付着をよくするためのもの。

**したば**〈下端〉部材，部分などの最下面のこと。

**したばじょうぎ**〈下端定規〉かんな台の下面の水平を検査する定規。

**したばらせっちん**〈下腹雪隠〉茶室建築で，外露地に設ける雪隠（便所）。

**したぶき**〈下葺き〉屋根葺きに際して，葺き仕上材の下に敷き込まれ，断熱・防水効果を高めるためのもの。こけら葺き，アスファルトフェルトまたはルーフィング葺き，ひわだ葺き，木毛板葺きなどがある。

**したぼり**〈下掘り〉急斜面の地盤の下を先に掘って，上部の土を落とす掘削方法。「たぬきぼり」ともいう。

**したみいたばり**〈下見板張り〉外壁の板張り仕上げで，板が少しずつ重なり合うように横に張るもの。「横羽目板」ともいう。下見板を張る方法として，押縁下見板張り，ささら子下見板張り，箱目地下見板張りなどがある。

**じたるき**〈地垂木〉社寺建築で，二軒の飛えん垂木の下側になる垂木。

**しちご**〈七五〉普通れんがの長手方向を3/4に切断した形のもの。

**しちゅう**〈支柱〉柱一般をいう。「サポート」ともいう。

**じちんさい**〈地鎮祭〉工事の着手にあたって敷地に祭場を設け，地主神を鎮めて工事の安全を祈願する儀式。「地祭」ともいう。

**しつぎおうとうしょ**〈質疑応答書〉現場説明から入札までの指定期間に見積りに関する疑問点を質問し，発注者が書面で回答するもので，設計図書のうちの最優先として扱われる。

**しっくい**〈漆喰〉⇒しっくいぬり

**しっくいたたき**〈漆喰叩き〉土間の仕上げで，たたき土に消石灰を混ぜ，水や苦汁（にがり）で練ったものを塗り，たたき固めるもの。「たたき」ともいう。

**しっくいぬり**〈漆喰塗り〉消石灰，砂，のり，すさを主材料としてつくったしっくいを壁に塗り上げるもの。のりだけで練る真ごねと，水も混ぜる京ごねがあり，真ごねは強度があり土蔵などの外壁に，京ごねは室内壁などに用いられる。

**シックハウスしょうこうぐん**〈―症候群〉閉め切った室内の生活で起きる疾患で，空間構成材が原因と思われるさまざまな病気。

**じづけ**〈地付け〉⇒したじパテづけ

**じっこうよさん**〈実行予算〉工事請負金額のうちから，実施工事費用として現場へ振り分けられるもの。企業運営のための経費と適正な利益を見込んで，請負金額の範囲内で再編成される実施予算。

**しっしきがんめんふきつけ**〈湿式岩綿吹付け〉鉄骨骨組の耐火被覆で，岩綿とセメントを混合し水で練り混ぜ吹き付けるものと，岩綿を接着剤入り噴霧水で吹き付けるものがあり，規定された厚さにする。

**しっしきこうほう**〈湿式工法〉左官工事のように水で練った材料を使い，乾燥して工事が完成するものをいう。反対に木材，合板，ボード類など水を使わない材料で仕上げ，完成するものを「乾式工法」という。

**じっしせっけい**〈実施設計〉基本設計に基づき，工事の施工，見積りに必要な情報を提案できる図書を作成する作業。

**しつじゅんようじょう**〈湿潤養生〉コンクリート打込み後，表面が乾燥しないよう散水などで水分を与えたり，シートなどでおおって養生すること。図次頁

**じっそく**〈実測〉敷地自体や敷地内の既存建築物などを実際に調査測定すること。

**ジッターバーグ**〈jitterburg〉コンクリートをたたいて締め固めるタンピング用の大型

しつため

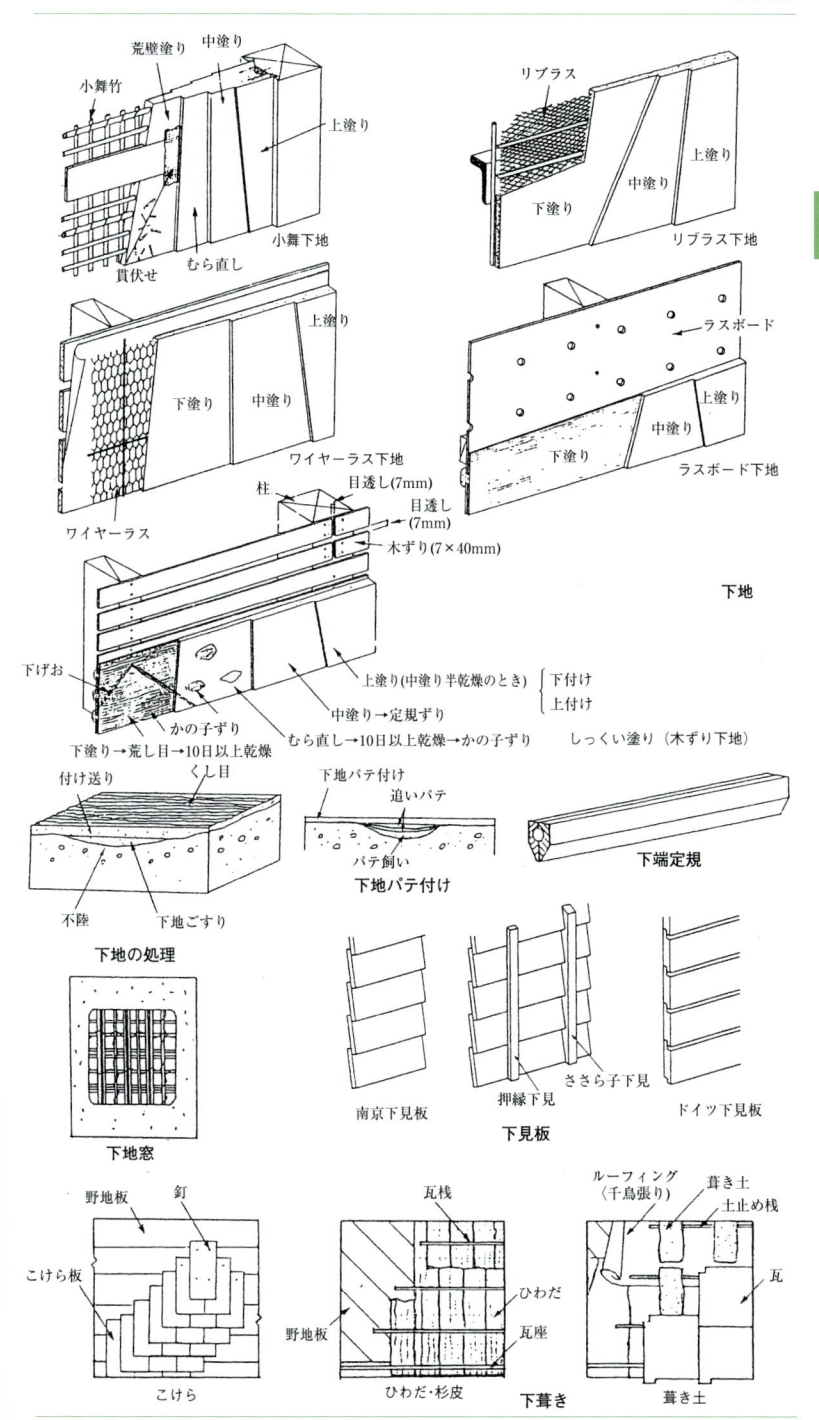

タンパー。→タンピング

**しっちようブルドーザー**〈湿地用―〉軟弱地盤の作業がしやすいように，幅広の三角断面のキャタピラを取り付けた特殊ブルドーザー。→ブルドーザー

**ジッパーガスケット**〈zipper gasket〉サッシやコンクリートにガラスを取り付ける場合に用いる合成ゴム製の接合材。気密性・水密性が得られる。

**じっぴせいさんけいやく**〈実費精算契約〉⇒じっぽうしゅうかさんしきうけおい

**じっぴせいさんほうしき**〈実費精算方式〉⇒じっぽうしゅうかさんしきうけおい

**じっぽうしゅうかさんしきうけおい**〈実費報酬加算式請負〉建築主と施工者が打合せをしながら工事を実施し，出来高に応じて工事の費用と決めた報酬を受け渡しする方式の請負。

**じつむせっけい**〈実務設計〉⇒じっしせっけい

**しつもんかいとうしょ**〈質問回答書〉⇒しつぎおうとうしょ

**していかくにんけんさきかん**〈指定確認検査機関〉確認および完了検査を行う機関で，区分，区域を定めて大臣，知事が指定する。

**してん**〈支点〉構造物を支持する点で，力学的に移動支点，回転支点，固定支点に分類される。

**じどうアークようせつ**〈自動―溶接〉自動溶接機を使用するアーク溶接。→アークようせつ

**じどうかさいほうちせつび**〈自動火災報知設備〉自動的に火災を感知して，出火場所を知らせ，警報を鳴らす設備。

**じどうせいぎょ**〈自動制御〉設備や機械などの状態の変化を感知し，必要な調整操作を自動的に行うもの。

**じどうてっきんおりまげき**〈自動鉄筋折曲げ機〉電動機で駆動する鉄筋折り曲げ機。

**しとみど**〈蔀戸〉板張りの格子戸で，柱間を上下2枚の戸に分け，上は外へ開き上げて軒へ吊り，下は柱間にはめ込むもの。

**しない**〈竹刀〉⇒じょうぎどり

**しないどり**〈竹刀取り〉⇒じょうぎとり

**じならし**〈地均し〉地盤の凹凸や障害物を除去して，表面を平らにならすこと。

**じなわ**〈地縄〉着工前に建物の位置を現場で示すときに用いる縄のこと。配置図から建物の平面形を敷地に移すことを「縄張り」という。→すみやりかた

**しにぶし**〈死節〉枯死した枝が樹幹内に残っているもので，板材にすると抜け落ちなどが起きる。

**しにょうじょうかそう**〈尿尿浄化槽〉し尿，汚水を人畜に無害な状態にまで浄化する装置。一般的に腐敗槽（沈殿分離槽，ろ過槽），酸化槽，消毒槽からなる。腐敗槽では固形物の沈殿分離と嫌気性細菌の働きによる消化分解が行われ，酸化槽で空気に触れ，好気性細菌によって酸化分解され浄化される。消毒槽は消毒剤を滴下して，病原性細菌を殺菌する目的をもっている。

**じぬき**〈地貫〉木造軸組を固める壁貫で，柱の最下位に取り付ける貫をいう。

**しの** 足場などの緊結線を締めたり，鉄骨建方でボルトやリベット孔に通して穴の位置を合わせたりするのに用いる先のとがった工具。「十手」ともいう。

**しのぎ**〈鎬〉⇒せみね

**しのぎのみ**〈鎬鑿〉刃先および両側面の三方を切れるようにしたのみ。山の背のような形を「しのぎ」という。付図参照

**しのぎぼり**〈鎬彫り〉棟木のように中央部にしのぎの山形を付けて彫りだすこと。

**しのぎめじ**〈鎬目地〉目地の断面の表面が垂直でなく，上か下へ斜めになる目地。「斜め目地」ともいう。

**しのざしあり**〈篠差し蟻〉鴨居をつる吊束の仕口に使われるもので，吊束の先端にありほぞをつくり，鴨居上端の少し大きくしたほぞ穴に入れ，そのすきまにしの竹を2枚添えて組み合わせる。→つりづか

**しのびかえし**〈忍び返し〉侵入者を防ぐために塀の上に先の尖った竹，木片，金属棒などを立て付けるもの。

**じはだじぎょう**〈地肌地業〉岩盤，土丹盤などの良好な地盤の基礎設置面を平らにする業。

**じはだぬり**〈地肌塗り〉鉄材にさび止めペイントを塗装すること。

**しはち**〈四八〉尺貫法による4尺×8尺の板材の呼称。

**しばばり**〈芝張り〉切芝を植えること。地盤が悪い場合は客土を敷きならし，切芝をいも目地とならないように張る。

**じばんアンカーこうほう**〈地盤―工法〉⇒タイバックこうほう

**じばんかいりょう**〈地盤改良〉良好な地盤

## しはんか

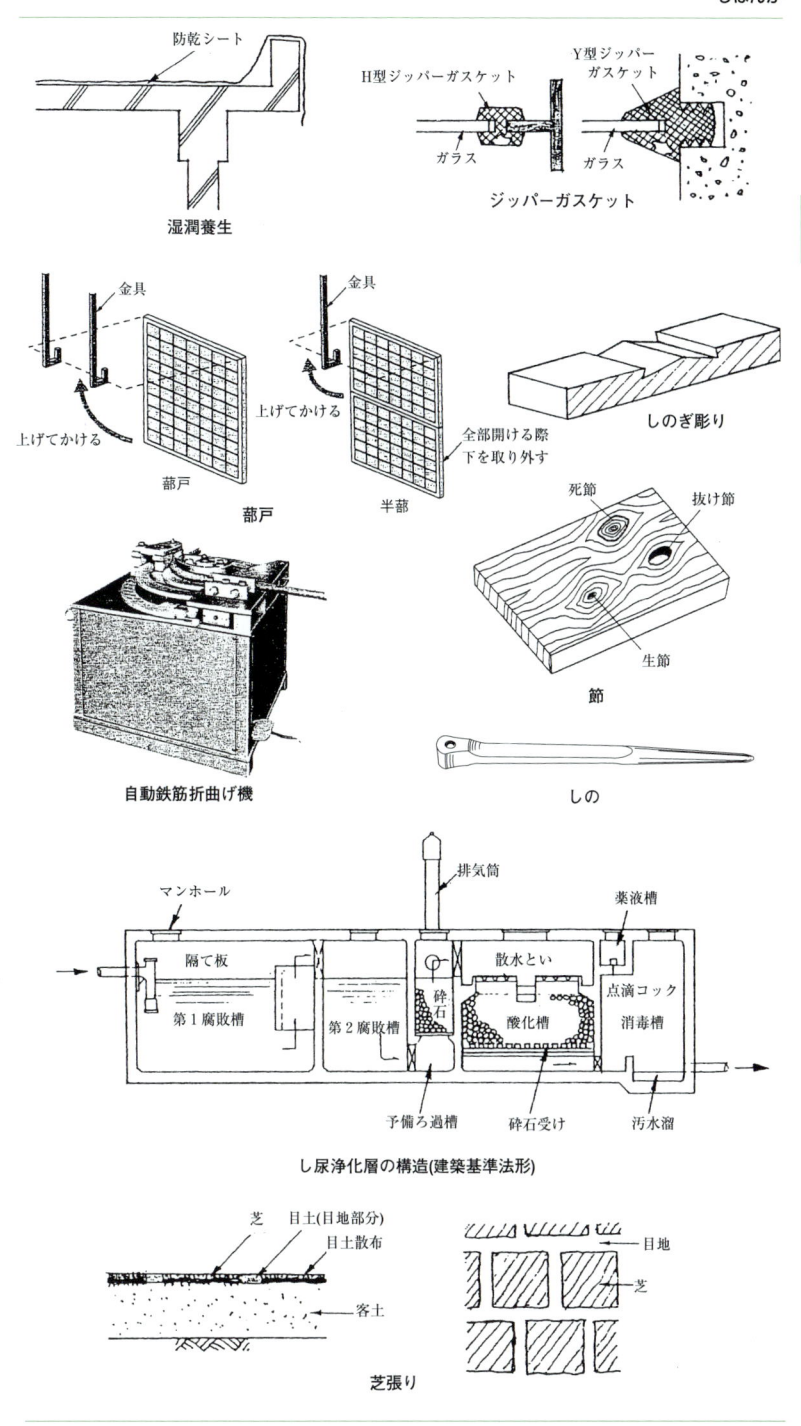

**湿潤養生** — 防乾シート

**ジッパーガスケット** — H型ジッパーガスケット、Y型ジッパーガスケット、ガラス

**蔀戸** — 金具、上げてかける

**半蔀** — 金具、上げてかける、全部開ける際下を取り外す

**しのぎ彫り**

**節** — 死節、抜け節、生節

**自動鉄筋折曲げ機**

**しの**

**し尿浄化層の構造(建築基準法形)** — マンホール、隔て板、第1腐敗槽、第2腐敗槽、排気筒、砕石、散水とい、酸化槽、薬液槽、点滴コック、消毒槽、予備ろ過槽、砕石受け、汚水溜

**芝張り** — 芝、目土(目地部分)、目土散布、客土、目地

を確保するため，表層部の置換工法，セメント安定工法，深層部の深層混合処理工法，サンドドレン工法，ドレン脱水工法がある。

**しはんじき**〈四半敷き〉禅宗の寺院の土間で，瓦を45°傾けて碁盤目に敷いたもの。

**じばんちょうさ**〈地盤調査〉地業，基礎，土工事の資料として，地盤の構成，地耐力，地下水位などを調査することで，ボーリング，標準貫入試験，平板載荷試験などがある。

**しはんぶき**〈四半葺き〉⇒ひしがたぶき

**じばんめん**〈地盤面〉構造物を支える地盤の表層。

**しび**〈鴟尾〉大棟の瓦の両端に取り付ける鬼瓦に当たる装飾瓦。

**しぶ**〈渋〉未熟な渋柿を搾った液体で，木材，紙などの防腐・防水に使用する。

**しぶ**〈師部〉樹木の組織で，細胞分裂を起こしている樹皮の部分。

**じふくいし**〈地覆石〉地盤面に据えてある基礎部分の石。

**じふくなげし**〈地覆長押〉建物の下部を固めるため，柱の最下部側面に取り付ける横木。

**じぶくろ**〈地袋〉床面に接して設ける低い物入で，上面は装飾的な厚板を張る。また，床脇の違い棚の下の戸棚。

**ジブクレーン**〈jib crane〉ジブ，塔，動力部，車台の四要素からなり，走行，巻上げ，旋回の3運動の組合せにより作業するクレーン。

**ジベル**〈dowel〉木材の継手や仕口に使い，部材同士のずれを防ぐための金物。

**しほうまさ**〈四方柾〉角材の木目が四面とも柾目になっているもの。柱材では高価で珍重される。

**しほこう**〈支保工〉型枠のせき板部分を固定させる桟木，ばた材，支柱，筋かい，金具類などを総称していう。また，矢板の位置を支持するための腹起し，切梁，支柱などの仮設物をいう。→かたわく

**しぼりまるた**〈絞り丸太〉床柱などに使われる丸太材で，樹皮をはいだ表皮の部分に縦じわを付けるもの。杉材が多く，天然のものと人工のものとがある。

**しまこうはん**〈縞鋼板〉表面に滑り止めの凹凸模様を付けた鋼板。「チェッカードプレート」ともいう。

**しまだいりせき**〈縞大理石〉⇒オニックスマーブル

**じまつり**〈地祭〉⇒じちんさい

**しめあしば**〈締め足場〉⇒こうびょうあしば

**しめいきょうそうにゅうさつ**〈指名競争入札〉技術力，実績，資本力などを考慮し，工事の施工能力のある建設業者を指名して入札に参加させる方法。

**しめがためぐい**〈締固め杭〉軟弱地盤を締め固めるために，近接させて打ち込む木杭や砂杭。「コンパクションパイル」ともいう。

**しめがためのうりょく**〈締固め能力〉コンクリートのワーカビリティ，打込み場所の施工条件などに応じて，良好な締固めを得られるようコンクリートの打込み速度を調整するもの。

**しもがまち**〈下框〉かまち戸の下部の枠。「下桟」ともいう。

**シャーカッター**〈shear cutter〉工事現場の下小屋などに設置される手動の鉄筋切断機。

**シャーリング**〈shearing〉薄板を切断するための板金用機械。「シャー」ともいう。

**シャーレン**〈schalen 独〉⇒シェル

**シャーレンこうぞう**〈―構造〉⇒シェルこうぞう

**しゃく**〈尺〉尺貫法による長さの単位で，1尺＝30.303cmとするもの。

**しゃくじょうほり**〈錫杖彫り〉禅宗建築に現れたもので，虹梁の下側に錫杖形の彫物をして装飾としたもの。

**じゃぐち**〈蛇口〉手で開閉する給水栓など。

**しゃくづえ**〈尺杖〉⇒けんざお

**しゃくり**〈决り〉密着接合させるために，板の側方に溝を掘ったり，突起を付けたりすること。

**シャコ**⇒シャックル

**しゃこまん**パネルなどの荷揚げに使用するつり具。

**ジャス**〈JAS：Japanese Agricultural Standard〉日本農林規格。農林水産省の定める関係物資の品質に関する規格。製材品・合板類などに対して定められている。

**ジャス**〈JASS：Japan Architectural Standard Specification〉日本建築学会建築工事標準仕様書。建築学会が施工基準を定めた工事仕様書。

**しゃすいかん**〈射水管〉鋼管の先にノズルを取り付け，圧力水により貫入困難な砂層

しやすい

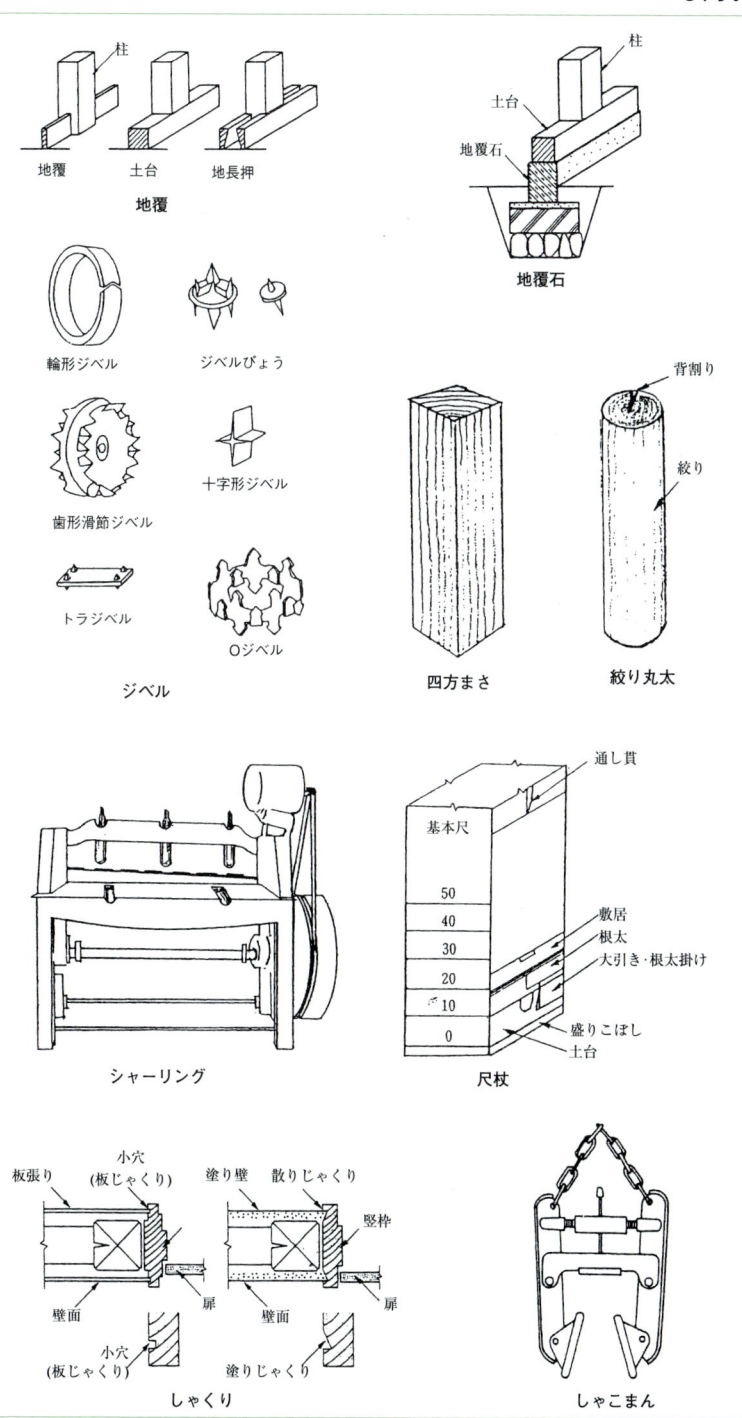

| 地覆 | 土台 | 地長押 |

**地覆**

**地覆石**

輪形ジベル　ジベルびょう

歯形滑節ジベル　十字形ジベル

トラジベル　Oジベル

**ジベル**

**四方まさ**

**絞り丸太** （背割り／絞り）

**シャーリング**

**尺杖** （通し貫／基本尺／50/40/30/20/10/0／敷居／根太／大引き・根太掛け／盛りこぼし／土台）

**しゃくり** （板張り／小穴(板じゃくり)／塗り壁／散りじゃくり／堅枠／壁面／扉／小穴(板じゃくり)／塗りじゃくり）

**しゃこまん**

しやだん

や粘土層を緩めながら杭打ちを行うためのもの。

**しゃだんき**〈遮断器〉電気回路の全部または一部を遮断するための器具。回路に制限値を超える電流・電圧が生じると自動的に遮断するが，手動によって反復使用ができる開閉器。電磁型・熱動型およびその併用型がある。

**しゃちせん**〈車知栓〉⇒しゃちつぎ

**しゃちつぎ**〈車知継ぎ〉車知栓を使用する継手を総称していう。継手・仕口を固める細長い栓を「車知栓」といい，カシやケヤキの堅木でつくられる。

**しゃっかんほう**〈尺貫法〉長さを1尺＝30.303cmとし，重さを1貫＝3.75kgとする単位系。1間＝6尺，1坪＝1間×1間。

**ジャッキ**〈jack〉重量物を持ち上げるための機器で，油圧，水圧，ねじ，てこ，歯車を利用するものがある。

**ジャックハンマー**〈jack hammer〉コンプレッサーによる圧縮空気を動力とした削岩機。大型のものを「ドリフター」という。

**シャックル**〈shackle〉ワイヤーロープを結合する金具。丸鋼をU字形に曲げ両端を環状にしてボルトをはめたもので，杭の引抜きなどに使用。「シャコ」ともいう。

**シャッター**〈shutter〉金属板を折曲げ加工した小幅板，または帯鉄，棒鋼，金網などをすだれ状に組み合わせ，上部での巻込みや引込みによって開閉するようにした扉。スチール，アルミニウム，ステンレスなどの材料を使用するが，特に鋼板1.5mm未満のものを「軽量シャッター」という。

**シャトー**〈chateau 仏〉城，宮殿，領主の館などの大邸宅をいう。

**シャフト**〈shaft〉設備の配管などのために設ける縦方向に貫通するスペース。

**じやますうりょう**〈地山数量〉建設予定地の土砂，岩石，丘陵などの除去，掘削などにより地盤として整地する工事の量。

**ジャムリベッター**〈jam riveter〉圧縮空気を利用したリベットハンマーと当て盤が一体になったリベット打ち機。「ジョーリベッター」ともいう。

**しゃめんばん**〈斜面板〉長押に使用する断面が台形の板。「長押挽き」ともいう。

**じゃもんがん**〈蛇紋岩〉緑色の変成火成岩で，壁・床の装飾用の張り石に使用する。

**じゃり**〈砂利〉岩石が自然作用によって粒状になったもの。コンクリートの粗骨材や地業用，造園用，舗装用などに用いられ，川砂利，山砂利などがある。「バラス」ともいう。

**じゃりじぎょう**〈砂利事業〉根切りした底に砂利を入れて突き固める地業。

**じゃりほそう**〈砂利舗装〉砂利・砕石を敷き詰め，通路，建物周辺を舗装するもの。

**ジャルージー**〈jalousie〉ガラスを羽板に分割し，縦に並べてレバーで角度を変えて開閉し，換気に適する建具。

**ジャンカ**打ち込んだコンクリートの表面に，セメントペーストが回らず，砂利ばかりが現れた部分。「豆板」「す」「あばた」ともいう。

**ジャンクションボックス**〈junction box〉フロアダクト工事のダクトとダクト，ダクトと電線管を接続するための鋳鉄製ボックス。

**ジャンピング**〈jambping〉モルタルやコンクリートに小穴をあけるためのドリル。

**しゅうきょくかじゅう**〈終局荷重〉構造物に作用する荷重で，これ以上は耐えられない破壊する寸前の荷重をいう。

**しゅうごうじゅうたく**〈集合住宅〉一棟に複数の住戸を構成しているもの。

**じゅうこうぞう**〈柔構造〉固有周期を長くして地震に抵抗させる構造で，上階の構造を鋼構造とするもの。

**じゅうじめちがいつぎ**〈十字目違い継ぎ〉ねじれを防ぐため十字形の目違いほぞを持つ継手をいう。付図参照

**しゅうしゅくきれつ**〈収縮亀裂〉モルタルやコンクリートの表面乾燥で収縮する場合に起こるひび割れの現象。

**しゅうすいかん**〈集水管〉ウェルポイント工法に用いられる集水主管で，各吸水管からの水を集めて排水ポンプへ導く。ポンプ1セットで約100mまで連結できる。「ヘッダーパイプ」ともいう。

**しゅうせいざい**〈集成材〉木材を切削した板や小角材の欠点を除去し，繊維方向をそろえて接着成形したもので，構造用材などに使用する。

**じゅうそうもん**〈重層門〉屋根が2層になっている2階建の門。

**じゅうたん**〈絨毯〉⇒じゅうたんじき

**じゅうたんじき**〈絨毯敷き〉下敷き用フェルトをすきまや不陸のないよう敷き詰め，

しゅうた

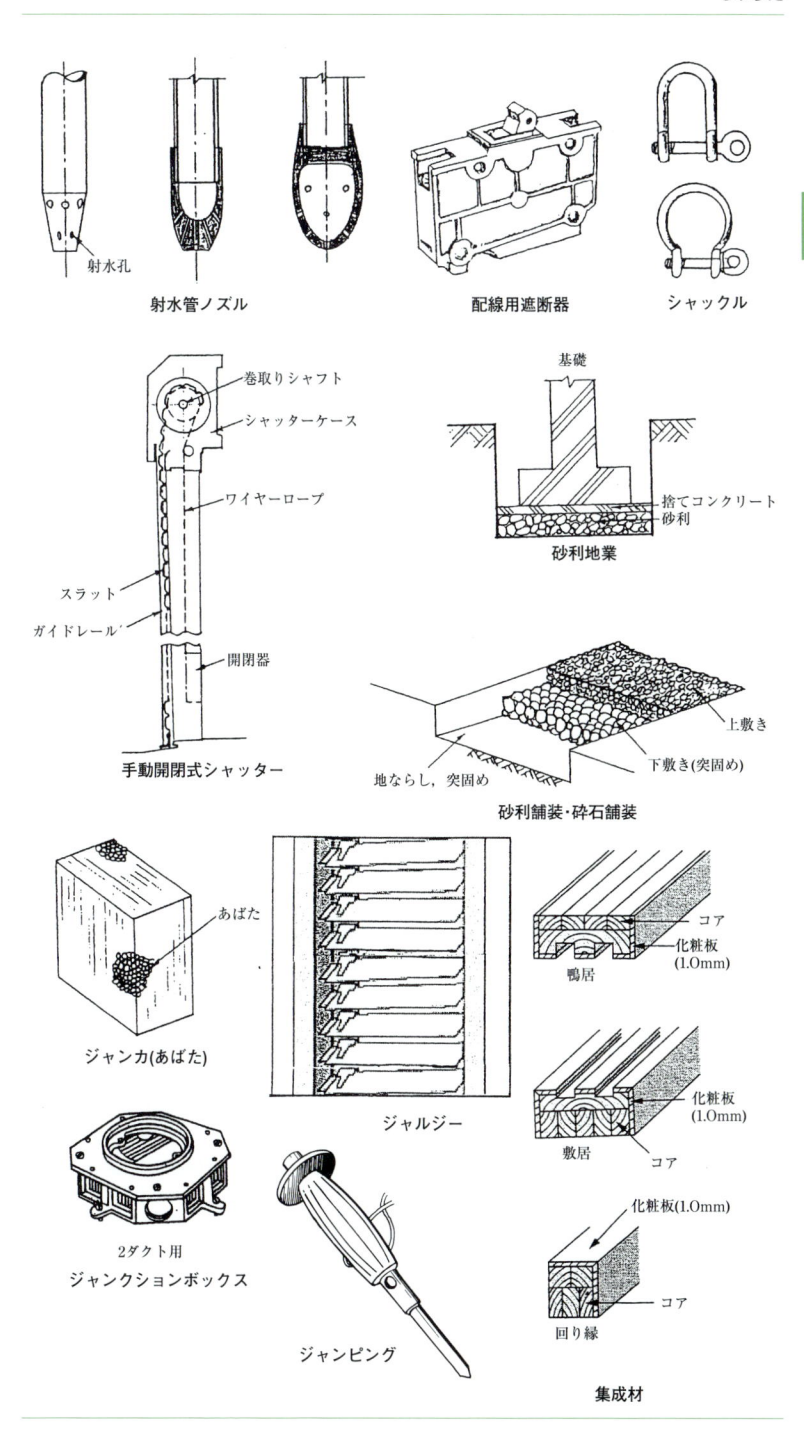

| | | |
|---|---|---|
| 射水孔 | 射水管ノズル | 配線用遮断器 |

シャックル

手動開閉式シャッター
- 巻取りシャフト
- シャッターケース
- ワイヤーロープ
- スラット
- ガイドレール
- 開閉器

砂利地業
- 基礎
- 捨てコンクリート
- 砂利

砂利舗装・砕石舗装
- 上敷き
- 下敷き(突固め)
- 地ならし,突固め

ジャンカ(あばた)
- あばた

ジャルジー

2ダクト用
ジャンクションボックス

ジャンピング

集成材
- 鴨居：コア、化粧板(1.0mm)
- 敷居：化粧板(1.0mm)、コア
- 回り縁：化粧板(1.0mm)、コア

じゅうたん・だんつう（緞通）などの敷物を周囲釘打ち，または接着剤で敷き，緩みないように張り付ける床仕上げ．

**じゅうてんざい**〈充填剤〉接着剤に混入して作業性，間隙充てん効果を高める混合物で，小麦粉・大麦粉・大豆粉などがある．

**シュート**〈chute〉コンクリート打込みで，高所から流下させるために使用する樋状のもの，管などをいう．

**じゅうりょうこつざい**〈重量骨材〉比重が3.0以上の重晶石，磁鉄鉱，鉄片などで，主として放射線遮へい用コンクリートに使用する．

**じゅうりょうちょうごう**〈重量調合〉各材料の量を重量で示して練り混ぜるコンクリートの調合．

**しゅきん**〈主筋〉鉄筋コンクリート造で部材に生じる曲げモーメントに抵抗するように配置する鉄筋．

**じゅし**〈樹脂〉樹木に含まれる有機成分のヤニや精油などで，天然樹脂という．

**しゅせいとりょう**〈酒精塗料〉溶剤揮発乾燥形の塗料で，昔から木工家具などの透明塗装に使用されてきたもの．乾燥が速く，肉もち，光沢がよく，安価である．

**しゅたいこうじ**〈主体工事〉柱，梁，壁，床などの構造体を構成している骨組を築造する工事．

**じゅって**〈十手〉⇒しの

**しゅトラス**〈主―〉骨組を構成しているうえでおもな役割をしているトラス．

**しゅにんぎじゅつしゃ**〈主任技術者〉建設業法で定められた有資格の「施工の技術上の管理を司る」技術者として工事現場に配置されている者．

**しゅみだん**〈須弥壇〉仏寺で仏像を安置する木造の高壇．

**シュミットテスト**〈schmidt concrete test〉⇒コンクリートテストハンマー

**シュミットハンマー**〈schmidt concrete test hammer〉⇒コンクリートテストハンマー

**しゅようこうぞうぶ**〈主要構造部〉法により，壁，柱，床，梁，屋根または階段をいう．

**じゅらくつち**〈聚楽土〉京都市内の聚楽第近辺で採れる土．色調で黄聚楽（灰黄色），白聚楽（浅黄色），黒聚楽（灰褐色），本錆聚楽（栗色）などがあり，土壁の代表．

**しゅんこう**〈竣工，竣功〉工事の一切が完了すること．工事完了時の検査を「竣工検査」といい，完成したことを関係者が集まって祝い，一般に披露する式典を「竣工式」または「落成式」という．

**しゅんこうけんさ**〈竣工検査〉建築主の完了検査申請書の提出により，建築主事が関係法規に適合しているかを検査するもの．

**じゅんこうじひ**〈純工事費〉材料費，直接仮設費，人件費，下請業者の経費などの直接工事費に，工事全般にかかわる共通仮設費を加えた費用．

**じゅんふねんざいりょう**〈準不燃材料〉木毛セメント板，石膏ボードなどの法的規定，性能を有するもの．

**ジョイナー**〈joiner〉ボード類の継目を接合するための目地棒．木製，アルミ製，プラスチック製がある．

**しょいん**〈書院〉中世の書斎から転じて，床の間の脇で縁側へ張り出す出窓風の付書院と，書院窓を設けるだけの平書院がある．

**ジョイントキャップ**〈joint cap〉ステンレスシート防水のシート継目の立上り部に上からかぶせるキャップ．

**ジョイントヴェンチャー**〈joint venture〉共同請負．2社以上の施工業者による共同責任請負．大規模な工事，特殊技術を必要とする工事，または中小企業が共同して融資力の増大を図るなど，特定の工事に限り共同の企業体をつくって請け負う形態．

**ジョイントピン**〈joint pin〉⇒れんけつピン

**ジョイントプレート**〈joint plate〉⇒スプライスプレート

**しよう**〈仕様〉設計図に表されない施工上の指示事項を文章で表現したもの．一般的な内容は使用材料の種類・品質・使用方法，施工の順序・方法・仕上げの程度，および工事概要，注意事項，各種検査など工事に共通的な事項など．「仕様書」ともいう．設計図と仕様書を合わせて「設計図書」という．

**じょう**〈錠〉鍵によって開閉する戸締り金物．

**しょうおんき**〈消音器〉空調機などの発生する騒音を吸収する装置で，ダクトの途中，吹出し口の手前に取り付けて所定以下に消音する．

**しょうおんそうち**〈消音装置〉換気および空気調和用ダクト内に発生する騒音を消す

しょうお

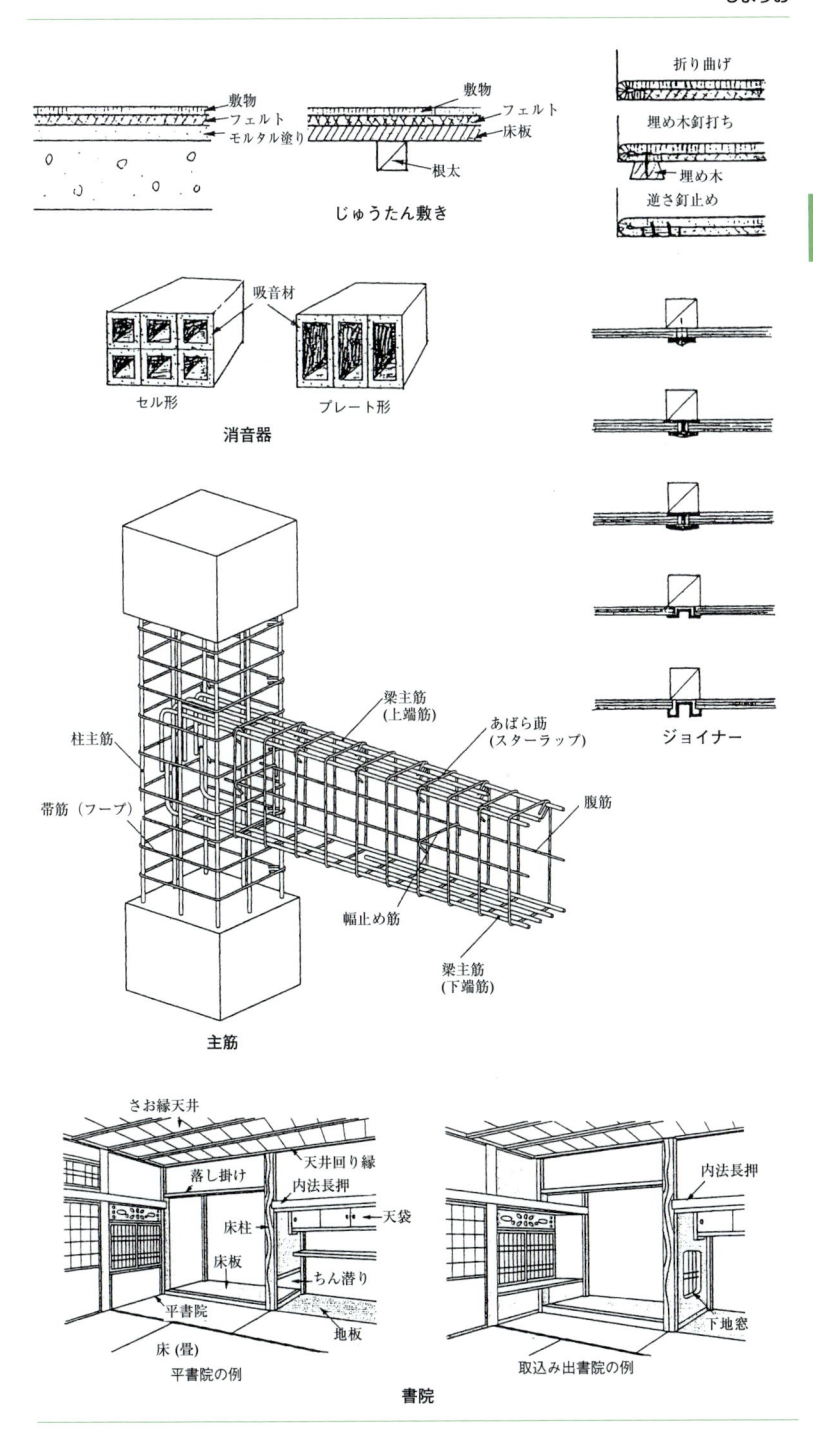

じゅうたん敷き

消音器
セル形　プレート形

ジョイナー

主筋
柱主筋
帯筋（フープ）
梁主筋（上端筋）
あばら筋（スターラップ）
腹筋
幅止め筋
梁主筋（下端筋）

書院
平書院の例
さお縁天井
落し掛け
天井回り縁
内法長押
床柱
床板
天袋
ちん潜り
平書院
床（畳）
地板

取込み出書院の例
内法長押
下地窓

137

ための装置。吸音材を張った隔壁で構成され，セル型およびプレート型消音器などがある。

**しょうがいてつづき**〈渉外手続き〉工事に伴う騒音，振動，粉じん，悪臭，交通の支障などの近隣に及ぼす影響について，着工前に説明して理解と了承を得るように努めること。

**しょうがいひよう**〈生涯費用〉建築物の計画から建設，使用，維持保全，除却までの費用を予測し合計した費用。

**しょうかく**〈正角〉木材の断面が正方形で，1辺が7.5cm以上のものをいう。

**しょうかせつび**〈消火設備〉屋内や屋外消火栓，スプリンクラー，水噴霧消火設備，泡消火設備，二酸化炭素消火栓などがあり，消防法で規定されているものをいう。

**しょうかせん**〈消火栓〉火災時に消火のための圧力水を供給する設備。屋内消火栓と屋外消火栓がある。屋外消火栓には地上式と地下式があり，ホース接続口の数によって単口型，双口型の別がある。

**じょうぎぐい**〈定規杭〉位置を定めるために打ち込む杭の総称。

**じょうぎずり**〈定規摺り〉塗り付けた面を定規ですり，突き出た部分を削って不陸のない面にする作業のこと。

**じょうきだんぼう**〈蒸気暖房〉蒸気を熱源とし，ラジエーターなどの放熱器を使用して暖房する設備。

**じょうぎづみ**〈定規積み〉コンクリートブロック造やれんが造などの組積造の工事のときに，四隅をその他の部分より先に積んで基準とすること。

**じょうぎどり**〈定規取り〉鉄骨工事で現寸図からボルト間隔，切断長さをけがきするための定規をつくること。「竹刀（しない）取り」ともいう。

**じょうぎならし**〈定規均し〉床コンクリート（モルタル）を打設後，所定の幅に設定した定規の上を直線定規を移動し，表面の余分なコンクリートを取り除き水平に仕上げる作業。

**じょうぎぬり**〈定規塗り〉塗面の規準や定規ずりの当たりとするために，墨出しに合わせて土手状・団子状に塗ること。

**じょうぎばしら**〈定規柱〉下見板張りの出隅で，板の木口を見せない納まりとして取り付ける柱形をいう。

**じょうきハンマー**〈蒸気―〉⇒スチームハンマー

**じょうぎぶち**〈定規縁〉引分け戸，両開き戸などの召し合せ部分に取り付けられる縁木。閉めたときの気密性を高めるために用いられる。

**じょうぎモルタル**〈定規―〉基準の墨に合わせて塗り付けたモルタル。型枠，石，ブロックなどの取付けや据付け，塗り壁の塗付け，鉄骨のベースを定めるときなどに使用する。

**しょうげきしきボーリング**〈衝撃式―〉⇒パーカッションボーリング

**しょうさいず**〈詳細図〉矩計図，および特定部分の取り合いなどを詳しく表現するものをいい，一般に1/20で描く。

**しょうじきじょうぎ**〈正直定規〉桟木を組んで垂直を調べる道具で，下げ振りの糸の離れが上下で同じになれば垂直が確認できる。→さげふり

**しょうじど**〈障子戸〉組子のある建具に障子紙が張られたものをいう。形状・目的により雪見障子，ねこ（猫）間障子，柳障子，すだれ障子，書院障子，そして普通の明り障子がある。図次頁

**しようしょ**〈仕様書〉⇒しよう

**じょうすいどう**〈上水道〉飲料水などを供給する公共の施設。

**しょうせっかい**〈消石灰〉酸化カルシウムに水を加えてつくるもので，しっくいの主原料。「石灰」ともいう。

**しょうそくほう**〈昇測法〉傾斜地の距離測量で，低いほうから高いほうへ上がりながら各測点間で巻尺を水平に張って測っていくもの。

**じょうとうしき**〈上棟式〉工事途中で新築の祝福と無事完成の祈願をする儀式で，木造は棟木取付け時，鉄骨造は鉄骨工事完了時，鉄筋コンクリート造は躯体コンクリート打込み完了時に行う。「棟上げ式」ともいう。

**しょうにんず**〈承認図〉建築物の各部について，施工着手前に発注者の承認を得るために作成する図面。

**しょうびょうぐ**〈障屏具〉障子，襖，屏風，衝立などの間仕切りとなるものをいう。

**しょうべんき**〈小便器〉衛生陶器で，丸型，ストール型などがある。

**しょうぼうせつびし**〈消防設備士〉消防用

しょうほ

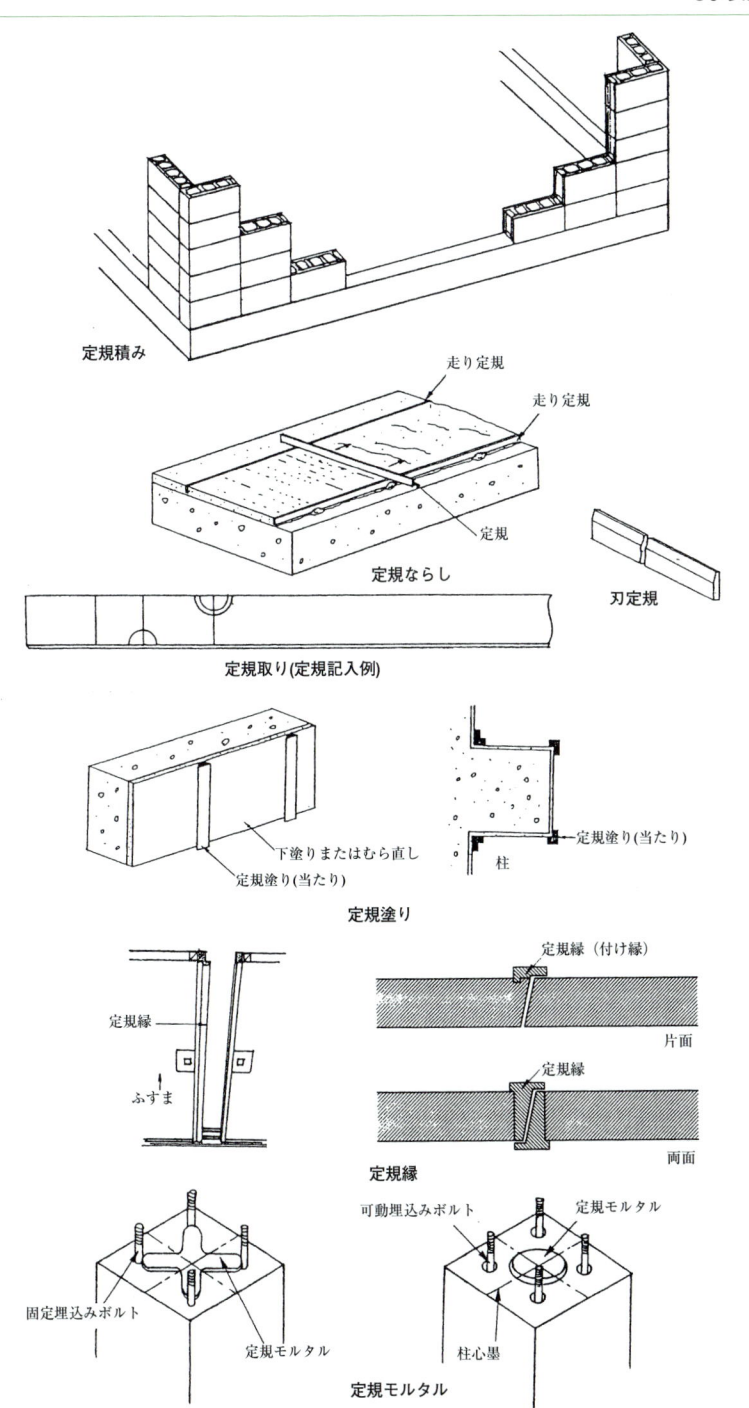

定規積み

走り定規
走り定規
定規
定規ならし
刃定規

定規取り(定規記入例)

下塗りまたはむら直し
定規塗り(当たり)
定規塗り(当たり)
柱
定規塗り

定規縁
ふすま
定規縁（付け縁）
片面
定規縁
両面
定規縁

可動埋込みボルト
定規モルタル
固定埋込みボルト
定規モルタル
柱心墨
定規モルタル

139

設備の設置，整備をする資格をもった技術者。

**しょうめい**〈匠明〉近世の大工技術書で，江戸幕府に仕えた平内家伝の木割書。

**しょうめいほうしき**〈照明方式〉電灯による照明方法。光源からの直接光を利用する直接照明と間接光を利用する間接照明があり，中間的な半直接照明，全般拡散照明，半間接照明がある。また被照面全体を一様に照明する全般照明，必要箇所だけを照明する局部照明，天井面や壁面に埋め込んだ建築化照明などがある。

**しょうもの**〈正物〉材料そのもの自体のものをいい，合板下地に張り物仕上げなどの材に対していう。「無垢（むく）」ともいう。

**じょうよう**〈常用〉臨時雇用者に対して，継続的に雇用関係を結んでいる労務者。

**じょうようせい**〈常用制〉継続的な雇用関係を結ぶもの。

**じょうりょくじゅ**〈常緑樹〉年間を通して葉をつけている樹木。

**しょうわり**〈正割り〉一辺が7.5cm未満の正方形断面の木材で，根太，垂木，天井吊り木などに使用されるもの。

**ジョーリベッター**〈jaw riveter〉⇒ジャムリベッター

**しょきようじょう**〈初期養生〉コンクリートが初期強度を得るまでの保温養生。

**しょくさい**〈植栽〉樹木，草花を植えることで鑑賞，風致，防災などを目的とするもの。

**しょくにん**〈職人〉⇒しょっかた

**しょくばい**〈触媒〉化学反応する物質に，少量添加することにより反応速度を速めたりするもの。

**しょくべつこうじ**〈職別工事〉建築工事を各工事別に区分したもの。たとえば仮設工事，土工事，杭地業工事，コンクリート工事，鉄筋工事，鉄骨工事，組積工事，防水工事，石工事，タイル工事，木工事，屋根工事，金属工事，左官工事，建具工事，ガラス工事，塗装工事，内装工事，雑工事，その他の各種の設備工事などである。

**しょくべつせんもんこうじぎょうしゃ**〈職別専門工事業者〉総合工事業者（元請）のもとで下請として工事を請け負う場合が多く，おもなものとして大工工事，とび工事，土工事，石工事，タイル左官工事，屋根防水工事，電気工事，衛生配管工事，型枠工事，鉄筋工事，鉄骨工事，建具家具工事，地盤調査ボーリング工事などがある。

**しょけいひ**〈諸経費〉現場管理費に，本店，支店などの経費および営業利益を含めた一般管理費を加えた費用。

**しょちゅうコンクリート**〈暑中―〉夏の暑いときに打つコンクリートで，著しい乾燥を防ぐため，散水や覆いを掛けるなど十分な養生が必要である。

**しょっかた**〈職方〉特定の技術をもつ各種の建築技能者。「職人」ともいう。

**ショット**〈shot〉圧縮空気を使って金属の表面処理をするために用いる細かい金属粒。

**ショットクリート**〈shot crete〉圧縮空気によってモルタル，コンクリートをパイプ輸送し，先端のノズルから高速で吹き付ける工法。「吹付けモルタル工法」「吹付けコンクリート工法」「セメントガン工法」ともいう。

**ショットブラスト**〈shot blast machine〉鋼鉄の粗粒を圧縮空気により吹き付ける機械で，鉄材表面のさび落しに用いられる。

**ショベル**〈shovel〉スコップと同じように用いられるが，ショベルは掘削用で先がとがっており，スコップは土砂をすくい上げるものとして区別することがある。

**しょようすうりょう**〈所要数量〉鉄筋，鉄骨，木材などについて，定尺寸法による切り無駄や，施工上のやむを得ない無駄を含んだ数量。

**じょれん**〈鋤簾〉土砂やコンクリートなどをかき寄せる道具で，長柄の付いた鋤のようなもの。

**しらき**〈白木〉塗料などを塗らない木地そのままの材。

**しらた**〈白太〉木材の組織で，樹皮に近い淡い色調の部分で，細胞が活動しており，軟質で狂いも出やすい。「辺材」ともいう。

**シリカセメント**〈silica cement〉けい酸質の混合物が入っているポルトランドセメント。耐化学性が大きいので，工場や下水の排水工事に使用される。

**シリコンじゅし**〈―樹脂〉有機けい素化合物からなる合成樹脂で，耐熱性，耐水性，電気絶縁性に優れ，耐熱塗料，塗膜防水材，シーリング材，絶縁材料に使用される。

**シリコンじゅしとりょう**〈―樹脂塗料〉⇒シリコンじゅし

**じりつやまどめこうほう**〈自立山留め工法〉山留め壁の根入れを深くして，根切り下の

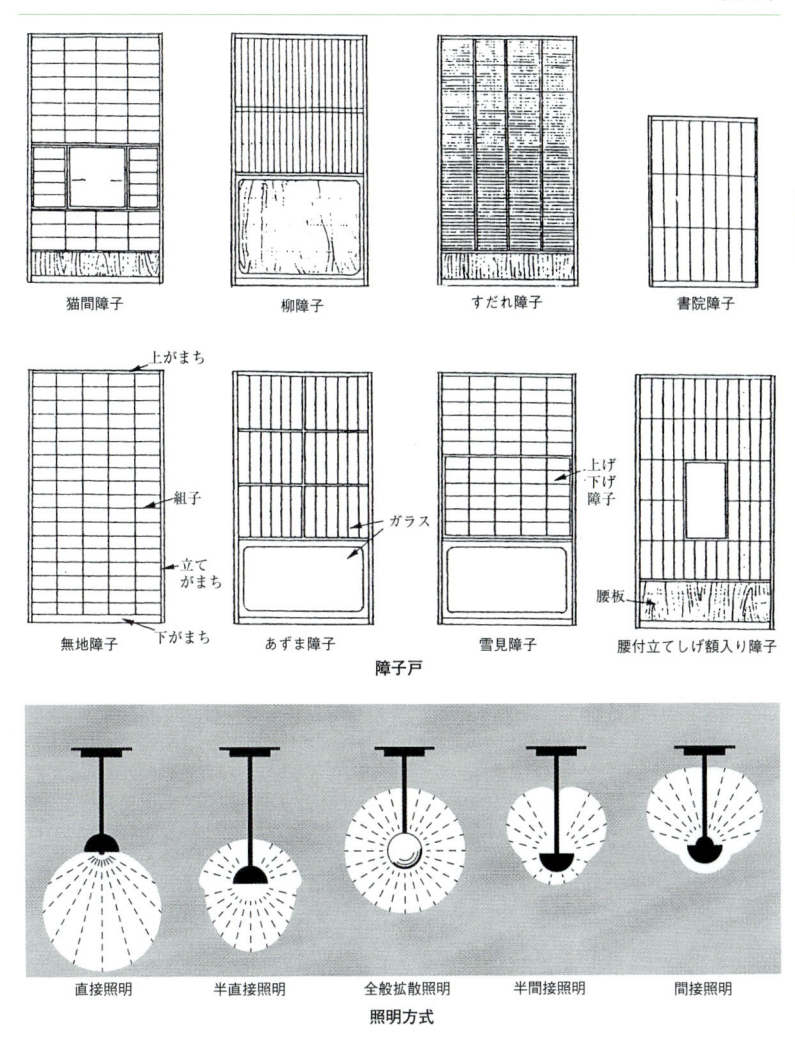

しりつや

| 猫間障子 | 柳障子 | すだれ障子 | 書院障子 |

**障子戸**

無地障子（上がまち・組子・立てがまち・下がまち）／あずま障子（ガラス）／雪見障子／腰付立てしげ額入り障子（上げ下げ障子・腰板）

**照明方式**

直接照明／半直接照明／全般拡散照明／半間接照明／間接照明

**ショットクリート**

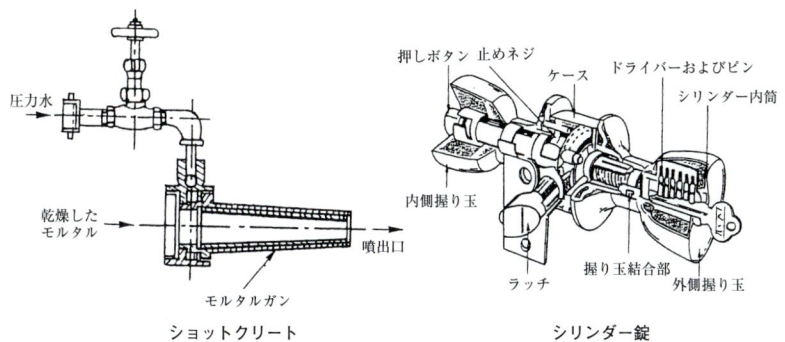

圧力水／乾燥したモルタル／モルタルガン／噴出口

**シリンダー錠**

押しボタン／止めネジ／ケース／ドライバーおよびピン／シリンダー内筒／内側握り玉／ラッチ／握り玉結合部／外側握り玉

地盤や法面の土圧により自立させる工法で、浅い掘削に使用する。

**シリンダーじょう**〈一錠〉外筒と内筒からなり、内筒に鍵を差し込んで回転して開閉する錠。図前頁

**シルト**〈silt〉土質の粒径による区分で、0.005〜0.05mmの微砂分を多量に含んでいる土。

**しろガスかん**〈白一管〉亜鉛めっきをした鋼管で、給排水管などに使用する。

**シンウォールサンプラー**〈thin wall sampler〉薄肉のチューブサンプラーを地中に押し込み、自然状態の試料の乱れを少なく採取するもの。

**しんかべ**〈真壁〉小舞下地に荒壁を塗り、中塗り、上塗りで仕上げる塗り壁で、壁が柱の間に入る形のもの。和室の内壁などに用いる。

**しんかまつぎ**〈真鎌継ぎ〉⇒おおかまつぎ

**しんかんしききそこうほう**〈真管式基礎工法〉予定のピアの中心に径15cm程度の鋼管を所定の地盤まで打ち込み、これをガイドにして鋼板製のシールドを圧入し内部の土砂を掘削する。孔の周壁はせき板と補強リングで支えながら目的の底部に達すれば、底部を広げてコンクリートを打ち込み、ピアを完成させる深礎工法の一つである。

**シンク**〈sink〉流し台などの水槽をいい、ステンレス製が多く、1槽式、2槽式がある。

**しんくうコンクリート**〈真空一〉コンクリート打設後、真空マットをかぶせ、大気の圧力によって固める工法。初期強度が大きく、水密性を高めるなどの利点がある。

**しんくうポンプ**〈真空一〉大気圧より低い圧力の気体をつくるために用いるポンプ。

**しんくさり**〈心腐り〉丸太などの樹心部分の腐れで、空洞になることもある。

**シングル**〈single〉柿（こけら）板に相当する薄板や着色砂を付けたアスファルトルーフィング系の屋根葺き材をいう。

**シングルティースラブ**〈single T slab〉⇒エスティスラブ

**シングルはいきん**〈一配筋〉鉄筋コンクリート造の床スラブの配筋を一段とするもの、および壁の配筋を一重とするもの。

**じんこうけいりょうこつざい**〈人工軽量骨材〉頁岩、粘土などを焼成し、膨張させてつくる軽量な骨材。

**しんざい**〈心材〉⇒あかみ

**しんさりざい**〈心去り材〉断面に樹心をもたない木材。鴨居、敷居などに使う。

**しんしゅくつぎて**〈伸縮継手〉⇒エキスパンションジョイント

**しんしゅくど**〈伸縮戸〉戸自体の伸縮によって開閉する建具。縦格子の間隔変動による鋼製のもの、アコーディオンドアと呼ばれる布製じゃ腹形式のものなどがある。

**しんしゅくめじ**〈伸縮目地〉防水層を保護する養生モルタル、押えコンクリートなどの伸縮によるひび割れを防止するため、適当な間隔で縦横に目地を取り、アスファルト系パテを詰め込むもの。

**しんじるし**〈心印〉墨付け、墨入れなどで中心を示す合印をいう。

**しんしん**〈心々〉一方の部材心から他部材の心線までの距離をいう。心々寸法のこと。→うちのり

**しんずみ**〈心墨〉構造体の部材の中心を示す墨。

**しんせいようずめん**〈申請用図面〉確認申請などの申請のために必要な図面。

**じんぞうあらいだし**〈人造洗出し〉⇒じんぞうせきあらいだししあげ

**しんそうこんごうしょりこうほう**〈深層混合処理工法〉地盤の深い層の軟弱層を改良する工法で、アースオーガーで削孔した先端からセメントの粉体やスラリーを圧入し、練り混ぜ固結させて基礎の支持力増強、地震時の液状化対策とする工法。

**じんぞうせきたたき**〈人造石叩き〉⇒じんぞうせきぬりたたきしあげ

**じんぞうせきとぎだし**〈人造石研出し〉⇒じんぞうせきぬりとぎだししあげ

**じんぞうせきぬり**〈人造石塗り〉モルタル中塗の上に、花崗岩・大理石などの小さな砕石を種石として加えたモルタルを上塗りし、石に似た感じを出すもの。仕上げには洗い出し、研出し、たたきがある。

**じんぞうせきぬりあらいだししあげ**〈人造石塗り洗い出し仕上げ〉人造石塗りの上塗り後、石並びを調整しながら、こてで押さえ込み、水引きぐあいを見はからって清水を吹き付け、表面の種石を洗い出す仕上げ。「人造石洗い出し」「人造洗い出し」「洗い出し」ともいう。

**じんぞうせきぬりたたきしあげ**〈人造石塗り叩き仕上げ〉人造石塗りの上塗り後、硬化の程度を見はからい石工の道具で表面を

しんそう

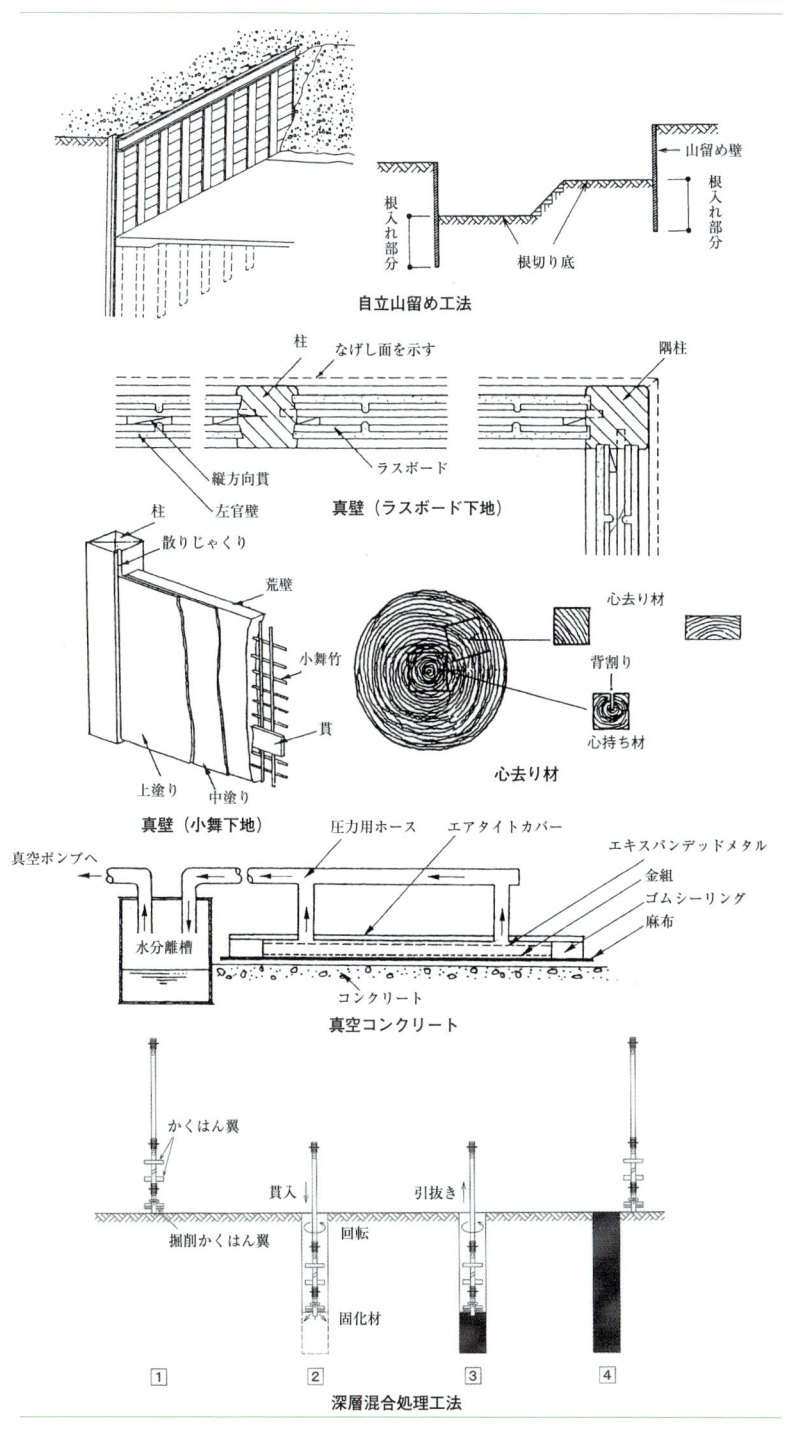

**自立山留め工法**

**真壁（ラスボード下地）**

柱／なげし面を示す／隅柱／縦方向貫／左官壁／ラスボード

**真壁（小舞下地）**

柱／散りじゃくり／荒壁／小舞竹／貫／上塗り／中塗り

**心去り材**

心去り材／背割り／心持ち材

**真空コンクリート**

真空ポンプへ／水分離槽／圧力用ホース／エアタイトカバー／エキスパンデッドメタル／金組／ゴムシーリング／麻布／コンクリート

**深層混合処理工法**

かくはん翼／掘削かくはん翼／貫入／回転／固化材／引抜き

143

たたき粗面にする仕上げ。「人造叩き」「人造石叩き」ともいう。

**じんぞうせきぬりとぎだししあげ**〈人造石塗り研出し仕上げ〉人造石塗りの上塗り後，硬化の程度を見はからい手研ぎ，機械研ぎなどで表面を研ぎ出し磨き上げ，さらにはワックスなどでつや出しする仕上げ。「人造石研出し」「研出し」「人研ぎ」ともいう。

**じんぞうせきブロックばり**〈人造石―張り〉⇒ぎせきブロックばり

**じんぞうたたき**〈人造叩き〉⇒じんぞうせきぬりたたきしあげ

**しんそくほう**〈進測法〉骨組測量に多く用いられる平板測量法の一つ。まず測量区域内に適当に測点を設け，順々に各測点に平板を据えてそれぞれの測線の方向と距離を測って各測点を結んでいく方法。広い敷地や細長い場合に用いられる。「折測法」「道線法」ともいう。

**しんそこうほう**〈深礎工法〉径3mくらいまでの円または楕円形の穴を掘り，土止めには波鋼板を当て，内側をリングで補強しながら掘り，予定の底面を所要の大きさに広げてコンクリートを打ち，土止めの井戸枠を解体しながら完成させるピア基礎工法。

**シンダーコンクリート**〈cinder concrete〉炭がらを骨材にした軽量コンクリートで，屋根の防水層押えなどに使用する。

**シンダーゆか**〈―床〉砂を地面に敷き詰め，その上にシンダー(炭がら)を突き固めて，その上に散水してローラー掛けを何度も繰り返してつくった床仕上げ。

**しんだし**〈心出し〉壁や柱など各部の中心線をしるすこと。工事の基準線となるため直角はトランシットや大がねを用いて正確に測り，距離や寸法は水糸を張って誤りのないように測設する。

**しんちゅう**〈真鍮〉銅と亜鉛の合金で，外観は美しく，加工が容易で耐食性が大きく，建具金物や装飾用に広く使用されている。

**しんづか**〈真束〉洋小屋組で中央に位置する束のこと。「きね束」ともいう。→こやぐみ

**しんづかこやぐみ**〈真束小屋組〉トラス構造の洋小屋を代表する小屋組で，真束を中心に合掌，陸梁，はさみ束，小屋方杖などで構成され，大きな梁間に適する。「キングポストトラス」ともいう。付図参照

**しんつぎ**〈真継ぎ〉特別な場合に桁や梁を柱の上部中心で継ぐこと。

**しんてんざい**〈伸展剤〉⇒シンナー

**しんどううち**〈振動打ち〉コンクリートを打設した後，外部から振動を与えて内部の気泡や空げきを取り除いて密実なコンクリートをすみずみまで打つこと。

**しんどうげんかい**〈振動限界〉コンクリートが固まりだして，バイブレーターなどを使うと，かえって悪影響を及ぼす状態になる限界。

**しんどうコンパクター**〈振動―〉起振機で振動板を振動させ，地盤の締固めを行う機械。

**しんどうしきくいうちき**〈振動式杭打ち機〉⇒バイブロパイルハンマー

**しんどうローラー**〈振動―〉鉄製のローラーを強制的に振動させて転圧し，土砂を締固めする機械。

**じんとぎ**〈人研ぎ〉⇒じんぞうせきぬりとぎだししあげ

**シンナー**〈thinner〉塗料などに流動性を与え，適当な粘度にする揮発性の混合溶剤。「薄め液」ともいう。

**しんのはしら**〈心の柱〉⇒だいこくばしら

**しんばしら**〈心柱〉塔の中心に配置し，塔全体を支えるための通し柱。

**しんびき**〈心挽き〉⇒せわり

**シンプレックスぐい**〈―杭〉外管を所定の深さまで打ち込み，管の中にコンクリートを流し込んで分銅で突き固めながら外管を引き抜いていく場所行こコンクリート杭。

**しんぼう**〈真棒〉地面を突き固めたり，杭を打ち込むための堅木の鎚。

**シンメトリー**〈symmetry〉左右が対称となっている状況。

**しんもちざい**〈心持ち材〉断面に樹心をもつ木材。通常，構造材には心持ち材を使用する。

**しんや**〈真矢・心矢〉丸太でやぐらを組み，鉄棒の先を木杭の頭に差し込み，鉄棒をガイドとしてドロップハンマーをウインチで上げ落として杭を地中に打ち込む方法。この鉄棒を心矢と呼ぶ。

**しんようじゅ**〈針葉樹〉スギ，ヒノキ，マツなどで，軽くて強く，加工しやすい軟木といわれ，真直ぐな長大材が得やすく，構造材から仕上げ材まで広く使用する。

**しんわれ**〈心割れ〉心持ち材の木口面に見られる樹心から半径方向に放射状に入っている割れ。

しんわれ

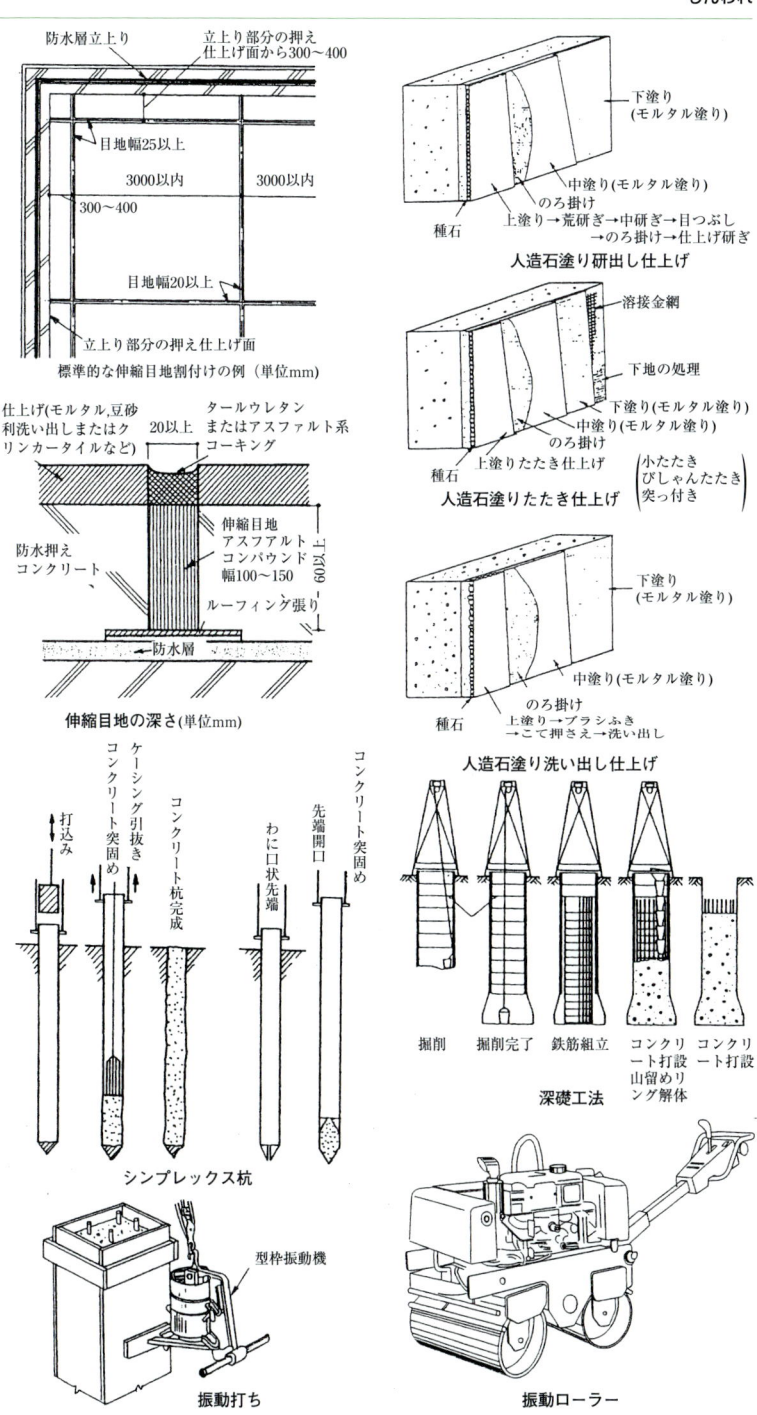

**標準的な伸縮目地割付けの例（単位mm）**
- 防水層立上り
- 立上り部分の押え仕上げ面から300〜400
- 目地幅25以上
- 3000以内
- 300〜400
- 目地幅20以上
- 立上り部分の押え仕上面

**伸縮目地の深さ(単位mm)**
- 仕上げ(モルタル,豆砂利洗い出しまたはクリンカータイルなど)
- タールウレタンまたはアスファルト系コーキング
- 20以上
- 防水押えコンクリート
- 伸縮目地 アスファルトコンパウンド 幅100〜150
- ルーフィング張り
- 防水層

**人造石塗り研出し仕上げ**
- 下塗り(モルタル塗り)
- 中塗り(モルタル塗り)
- のろ掛け
- 種石
- 上塗り→荒研ぎ→中研ぎ→目つぶし →のろ掛け→仕上げ研ぎ

**人造石塗りたたき仕上げ**
- 溶接金網
- 下地の処理
- 下塗り(モルタル塗り)
- 中塗り(モルタル塗り)
- のろ掛け
- 種石
- 上塗りたたき仕上げ（小たたき／びしゃんたたき／突っ付き）

**人造石塗り洗い出し仕上げ**
- 下塗り(モルタル塗り)
- 中塗り(モルタル塗り)
- のろ掛け
- 種石
- 上塗り→ブラシふき→こて押さえ→洗い出し

**シンプレックス杭**
- 打込み
- ケーシング引抜き
- コンクリート突固め
- コンクリート杭完成
- わに口状先端
- 先端開口
- コンクリート突固め

**深礎工法**
- 掘削
- 掘削完了
- 鉄筋組立
- コンクリート打設 山留めリング解体
- コンクリート打設

**振動打ち**
- 型枠振動機

**振動ローラー**

# す

**す**〈鬆〉⇒ジャンカ

**ずいいけいやく**〈随意契約〉入札金額が再入札でも予定価格を超過する場合の,最低入札者と締結する契約。

**すいかん**〈吹管〉アセチレンガスと酸素を混合,調節して炎をつくる道具。鋼材のガス切断,溶接などに使われる。「トーチ」ともいう。

**すいげき**〈水隙〉フレッシュコンクリート打込み後のブリーディングにより,鉄筋の下側にできる水,気泡がたまったすきまをいい,水が蒸発すると空隙となる。

**すいこうせい**〈水硬性〉セメントと水が化学反応を起こして凝結し,硬化していく性質をいう。

**すいこみぐち**〈吸込み口〉換気および空気調和用ダクトの汚染空気の吸込み口で,パンチメタル(打抜き鉄板)や面格子などが使われる。廊下が返りダクトとして利用されるときは,廊下に面した扉にドアグリル(通気口)などを設ける。

**すいこみどめ**〈吸込み止め〉ヒノキ,スギ,マツなどの吸水性にむらがある素地の場合,着色による色むらを防ぐため,あらかじめ吸込み止め剤をはけ塗り,または吹き付けるもの。

**すいさいスラグ**〈水砕—〉⇒こうろすいさい

**すいじゅんき**〈水準器〉ガラス管の液体中に気泡が入っており,水平を求めるための器具。「水平器」ともいう。

**すいじゅんそくりょう**〈水準測量〉敷地などの各点の高低差を測ったり,水平線を測設する測量で,レベルにより測点に立てた標尺の目盛りを読み取って行う。

**すいじゅんてん**〈水準点〉⇒ベンチマーク

**すいせいがん**〈水成岩〉火山砕屑物や生物遺骸が水中に沈積固結したもので,砂岩,粘板岩,珪藻土などがある。

**すいせいペイント**〈水性—〉顔料とにかわ,カゼインなどの膠着材を混合した塗料で,水に溶けやすく水に薄めて使用する。

**すいせん**〈水栓〉給水管末端の出水箇所に取り付ける開閉弁。横水栓,胴長横水栓,自在水栓,湯水混合水栓,立水栓,衛生水栓,止水栓,散水栓,フラッシュ弁,カラン,ボールタップなどがある。→えいせいかなぐ

**すいちゅうコンクリート**〈水中—〉水の中で打つコンクリート。スランプが小さい。水深が浅い場合はコンクリートポンプなどを用い,水深が深い場合は箱にコンクリートを詰めて打設位置で底を開いて打つ。

**すいちゅうようじょう**〈水中養生〉モルタルやコンクリートを水中に没して養生するもの。

**すいつきありざん**〈吸付き蟻桟〉⇒ありざん

**スイッチ**〈switch〉開閉器および点滅器をいう。屋内用小型スイッチとしては,つまみを動かすタンブラースイッチ,高い所からのひもを引いて点滅させるプルスイッチ,照明器具内に取り付けるキャノピースイッチ,コードに取り付けるコードスイッチなどがある。

**スイッチボックス**〈switch box〉電気回路を開閉するための器具を内包しているボックス。

**すいどうシェル**〈推動—〉平面曲線を導線に沿わせて平行移動するときにできる曲面の構造物。

**すいへいうちつぎめ**〈水平打ち継目〉コンクリートの打継ぎ部分で,水平方向の継目。

**すいへいき**〈水平器〉⇒すいじゅんき

**すいへいきりばりこうほう**〈水平切梁工法〉外周の山留め壁を切張りで支持させ,土砂の崩壊を防ぐ工法。

**すいへいトラス**〈水平—〉屋根面,床面などの水平面に組むトラスで,水平力を受けて骨組に伝えるもの。

**すいみつコンクリート**〈水密—〉硬練りで密実な,防水を目的とするコンクリートで,水槽,プール,地下室などの圧力水が作用する構造物に使用する。

**すいわさよう**〈水和作用〉セメントと水が化学反応を起こして凝結していくこと。

**すいわねつ**〈水和熱〉セメントと水の水和作用に伴う発熱をいい,凝結を促進させる。

**すいわはつねつ**〈水和発熱〉⇒すいわねつ

**すうりょうせきさん**〈数量積算〉設計図書

すうりよ

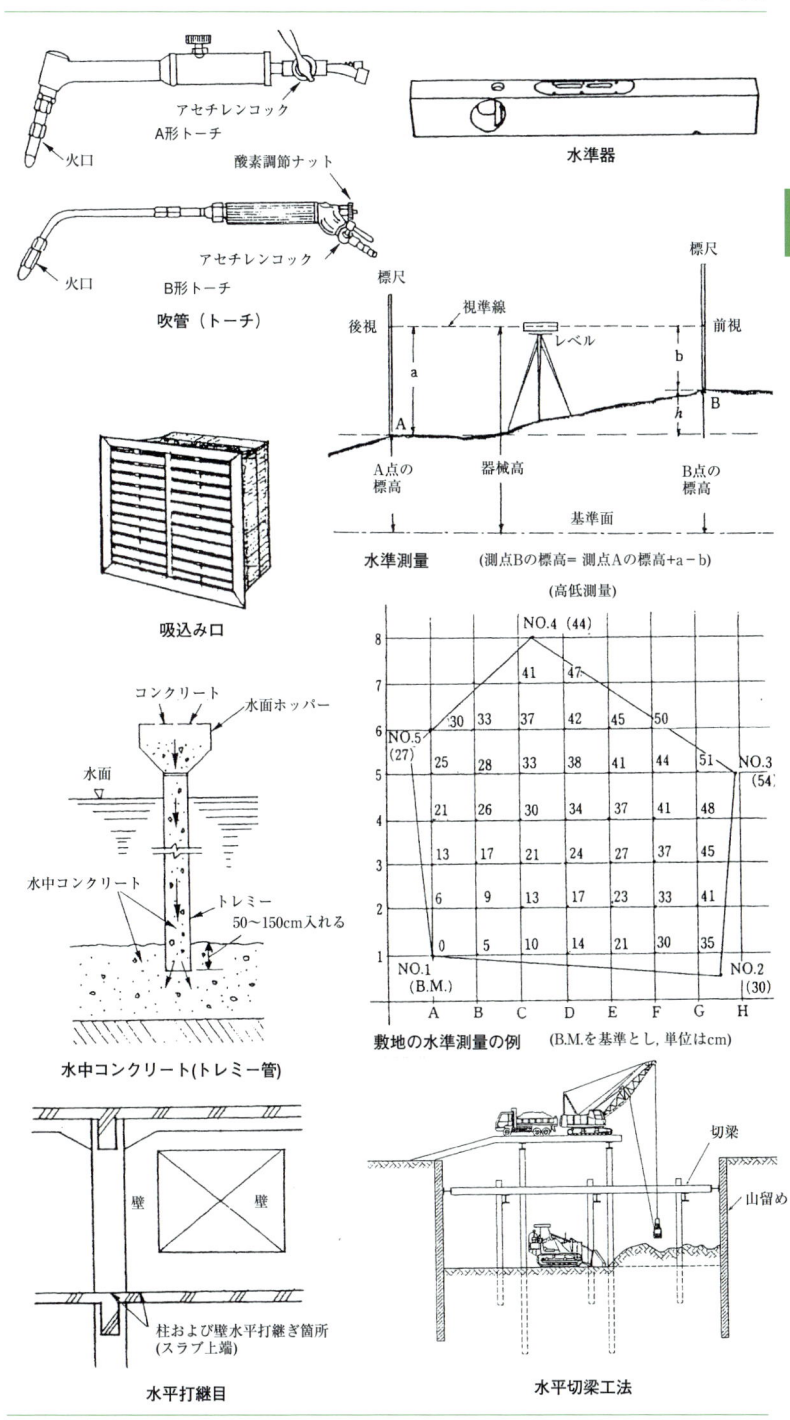

火口
アセチレンコック
A形トーチ
酸素調節ナット

水準器

火口
アセチレンコック
B形トーチ

吹管(トーチ)

吸込み口

標尺
視準線
レベル
後視
前視
標尺
a
b
h
A
B
A点の標高
器械高
B点の標高
基準面

水準測量　(測点Bの標高=測点Aの標高+a-b)
(高低測量)

コンクリート
水面ホッパー
水面
水中コンクリート
トレミー
50〜150cm入れる

水中コンクリート(トレミー管)

敷地の水準測量の例　(B.M.を基準とし、単位はcm)

NO.4 (44)
NO.5 (27)
NO.3 (54)
NO.1 (B.M.)
NO.2 (30)

壁　壁
柱および壁水平打継ぎ箇所
(スラブ上端)

水平打継目

切梁
山留め

水平切梁工法

による個数，寸法の数量および定尺による切り無駄など含んだ所要数量，また仮設や土工などの施工計画に基づく数量を算出，集計する業務。

**すえくち**〈末口〉丸太材の細いほうの先端をいう。反対に根元の太いほうを「元口」ともいう。

**スカーフィング**〈scarfing〉板そばや角材の継手部で斜めに切断された面を接合するもの。「滑り刃継ぎ」「殺ぎ継ぎ」ともいう。

**スカム**〈scum〉汚水処理施設などで，水面に浮き上がる油脂や固形物をいう。

**スカラップ**〈scallap〉溶接線の交わりを避けるため，一方の部材に設けた切欠き部分。

**すぎかわぶき**〈杉皮葺き〉杉皮を屋根勾配に沿って長葺きするもので，上下左右に十分な重ねを取り，上から割竹などで押えて留める。

**スキップカー**〈skip car〉スキップタワーのレール上を走行して，掘削土を地上に搬出する運搬車。

**スキップタワー**〈skip tower〉掘削した土砂を地上に搬出する設備で，タワーと掘削斜面に設けたガイドレールにスキップカーを走らせるもの。

**スキップフロア**〈skip floor〉半階ずらした床を設け，上下を分割または結合する空間構成で，集合住宅では出入口を1階おき，2階おきとし，その上下階はプライバシーや通風が確保でき，通路面積も少なくてすむ。

**すきとり**〈鋤取り〉掘削した土砂などの地盤面上の不要な残土をトラクターショベルですき取ることなどをいう。

**すきやづくり**〈数寄屋造り〉面皮柱を使い，装飾を控えるなどの茶室風の様式を採用した建物。

**スクイーズしきコンクリートポンプ**〈―式―〉送り込まれたチューブ内のコンクリートを2個のゴムローラーで絞って押し出すコンクリートのポンプ。

**スグラフィット**〈sgrafitto〉色違いのプラスターを二層に塗り，上層の軟らかいうちに表面をひっかいて，下層の色を出す特殊な仕上げ。

**スクリーン**〈screen〉衝立（ついたて），屏風など視線を遮り，空間を間仕切るもの。

**スクリューオーガー**〈screw auger〉⇒オーガー

**スクリューくぎ**〈―釘〉軸部がら旋状に加工された釘。

**スクリューコンベヤー**〈screw conveyor〉回転するら旋棒の間に材料を挟んで前方に押し出す搬送運搬装置。→コンベヤー

**スクレーパー**〈scraper〉掘削機と運搬機を組み合わせた土工事用機械で，掘削，運搬，積込み，捨土，敷ならしなどの作業を行うことができる。一般にキャリオールスクレーパーのことをいう。

**スケーリングハンマー**〈scaling hammer〉鋼材の表面のスケール（さび皮）や古ペンキを打撃して落とす機械。

**スケール**〈scale〉①目盛り②尺度③物差し。→こうせいまきじゃく④鋼材を炉内で加熱，または圧延するとき，表面に堅固に付着したさび皮。

**スコップ**〈scoop〉土砂を掘ったり，すくい上げる工具で，先のとがったものを「剣スコ」，先端が平らで土や石灰をすくい上げるものを「角スコ」，コンクリートの練り混ぜに用いるやや小型の角スコを「練りスコ」という。→ねりスコ

**スコヤ**〈square〉鋼製の直角定規。鋼材にけ引きするときに使用する。

**すさ**〈苆〉塗り壁の亀裂防止のため塗材に練り混ぜて用いる繊維質材料で，麻ずさ，わらずさ，紙ずさ，ガラス繊維，獣毛などがある。→つちかべ

**すじかい**〈筋違い〉建物の軸組に，対角線状に入れた補強材。土台と柱と横架材に筋かいを加え，トラス状に組んで風圧や地震力の水平力に抵抗させる。「ブレース」ともいう。

**すじかいばけ**〈筋違い刷毛〉柄に対して毛先方向が傾斜しているはけ。→はけ

**すじかいプレート**〈筋かい―〉筋かいの端部を確実に止め付けるために使用するZマーク表示の金物。

**すじけびき**〈筋罫引き〉木端に沿って平行に筋を付けたり，さらに切り込んで割り取るためのけ引きをいう。「割けびき」ともいう。→かまけびき

**すじぶき**〈筋葺き〉瓦葺きで瓦の谷に当たる部分だけに葺き土を置くもので，全面に葺き土を置くよりは軽くなる。

**すずめぐち**〈雀口〉広小舞と軒瓦の間にできるすきまをいう。すずめが巣をつくることからそのようにいわれる。「軒先面戸」ともいう。

**すすめく**

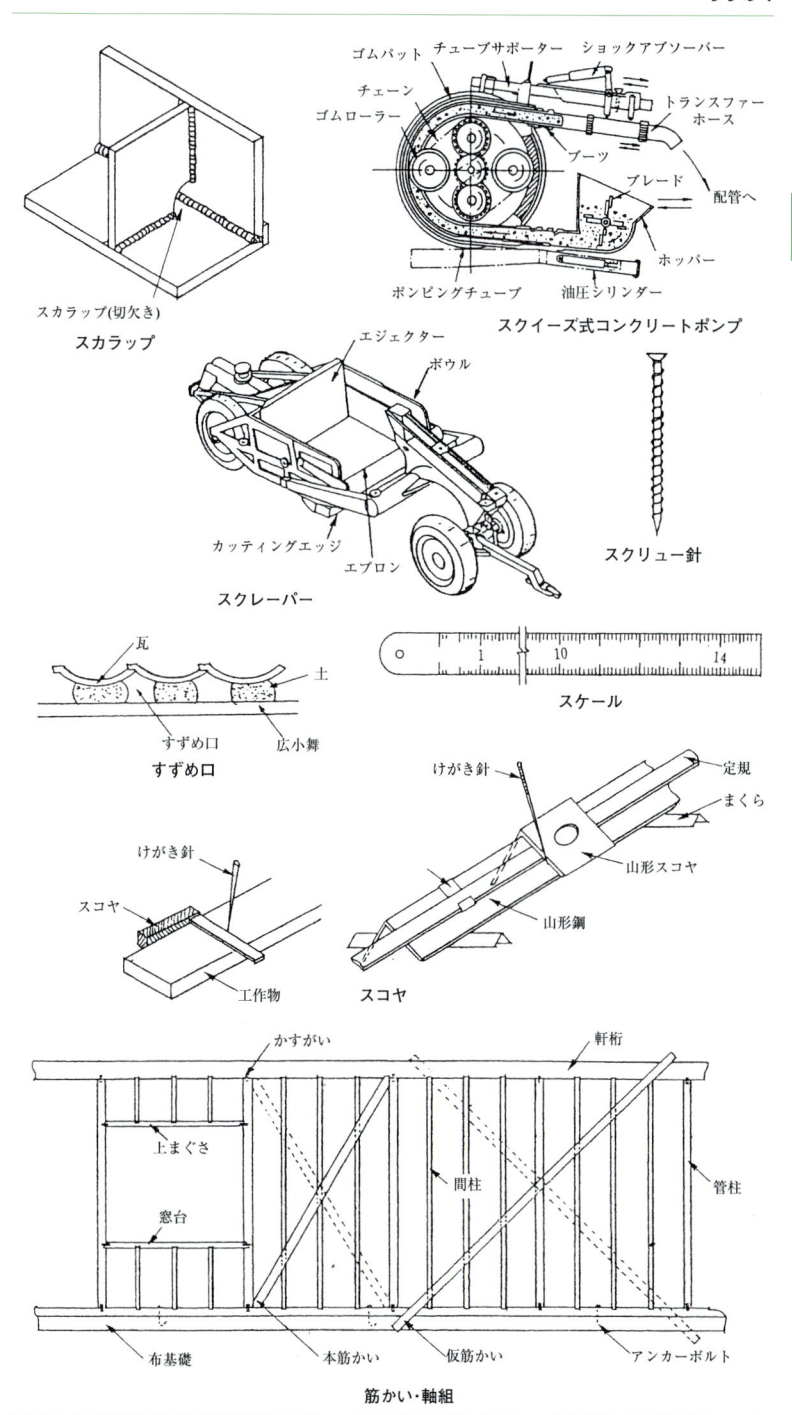

**スカラップ**（スカラップ(切欠き)）

**スクイーズ式コンクリートポンプ**
ゴムパット／チューブサポーター／ショックアブソーバー／チェーン／ゴムローラー／ブーツ／トランスファーホース／ブレード／配管へ／ホッパー／ポンピングチューブ／油圧シリンダー

**スクレーパー**
エジェクター／ボウル／カッティングエッジ／エプロン

**スクリュー針**

**すずめ口**
瓦／土／すずめ口／広小舞

**スケール**

**スコヤ**
けがき針／スコヤ／工作物

**スコヤ**
けがき針／定規／まくら／山形スコヤ／山形鋼

**筋かい・軸組**
かすがい／軒桁／上まぐさ／間柱／管柱／窓台／布基礎／本筋かい／仮筋かい／アンカーボルト

**スターラップ**〈stirrup〉⇒あばらきん

**スタジアそくりょう**〈―測量〉トランシットやセオドライトなどで2点間の距離を光学的に測る測量。

**スタッコ**〈stucco〉モルタルを吹き付け，塗り付けた後，こてやローラーで凹凸模様を付ける仕上げ。

**スタッドガン**〈stud gun〉アークスタッド溶接で，頭付きスタッドを押し付け溶接するときに使用するガン。

**スタッドボルト**〈stud bolt〉鉄骨の梁や柱に溶接して取り付け，コンクリートとの付着をよくするためのボルト。「植込みボルト」ともいう。

**スタッドようせつ**〈―溶接〉デッキプレート床を受ける梁の上端フランジにスタッドボルトを溶接し，床スラブのせん断力を梁に確実に伝達させるためのもので，スタッドの溶接確認は打撃曲げ試験を行う。

**スタッフ**〈staff〉レベルで高さを測るときに使用する柱状の目盛り器。「箱尺」ともいう。

**スチームハンマー**〈steam hammer〉蒸気や圧縮空気をシリンダー内に送り，ピストンを上下させて杭頭を打つ杭打ち機。「蒸気ハンマー」「気力杭打ち機」ともいう。→くいうちこうじ

**スチールサッシ**〈steel sash〉鋼製の建具枠および建具のかまち全体をいう。

**スチールテープ**〈steel tape〉鋼製の巻尺。

**スチールパイプ**〈steel pipe〉鋼管のこと。

**スチップルしあげ**〈―仕上げ〉ローラー塗りによる小さな波形模様を付ける塗装仕上げ。

**スチフナー**〈stiffener〉鉄骨のプレート柱やプレート梁のウェブの座屈を防ぐために，ウェブに添えて取り付ける補強材。

**スチフレッグデリック**〈stiff-1eg derrick〉三角形の台枠の頂点にあるステップの上にマストを立て，その先端を2本のレッグにより支えられたデリック。ガイデリックのようにとら綱を張る場所がない狭い現場や，ビルの屋上作業などに用いられる。「三脚デリック」ともいう。

**スチロールじゅし**〈―樹脂〉発泡スチロールとして装飾用成形品に使用され，断熱性，防湿性，防水性に優れている。

**ステイ**〈stay〉マスト，ポールなどが傾いたり，倒れたりしないように，頂部から斜め下方に設けた控えの引張材。「虎綱」「控え綱」ともいう。

**ステープル**〈staple〉メタルラスやワイヤーラスを取り付けるのに用いるU字形の釘。

**すてがわら**〈捨て瓦〉棟瓦の部分に反りを付けるために差し込まれるのし瓦。「捨熨(すてのし)」ともいう。

**すてかたわくこうほう**〈捨て型枠工法〉→うめごろし

**すてコンクリート**〈捨て―〉フーチング基礎の下で，基礎の中心線や型枠の位置を墨出しするために敷きならすコンクリート。

**すてコンクリートじぎょう**〈捨て―地業〉基礎をつくる前処理として行われる敷きならしコンクリート打ちのことで，割ぐり地業や砂利地業の上に行われる。

**すてだに**〈捨て谷〉屋根面と外壁との取合せ部や屋根の谷部などに敷き込む金属板で，雨水の浸入を防ぐもの。

**ステプル**〈staple〉⇒ステープル

**すてのし**〈捨熨〉⇒すてがわら

**すてびさし**〈捨て庇〉入口ポーチや濡れ縁の上に架ける庇で，軒の出が大きく，独立柱と桁で構成する。

**ステン** ステンレス鋼のこと。

**ステンレスこう**〈―鋼〉炭素量が非常に少なく，ニッケルやクロムを多量に含んだ特殊鋼で耐食性に優れ，用途は広い。

**ステンレスシートぼうすい**〈―防水〉厚さ0.4mmの溝形に成形したステンレスシートを継いで防水層を形成するもので，屋根，庇などに使用する。

**ストーカー**〈stoker〉石炭たきボイラーに用いられる石炭搬送機で，石炭を機械的に燃焼室へ送り込み，散布する装置。上込め，下込め，横込めの3種がある。

**ストール**〈stool〉⇒ぜんいた

**ストールがたしょうべんき**〈―形小便器〉床から立ち上がる縦形の袖付き小便器。

**すどこ**〈巣床〉鉄筋などを切るときや折り曲げるときに用いるもので，盤に角型や円形の穴があいている。「蜂の巣」ともいう。

**ストックヤード**〈stockyard〉建設現場内の一時的な資材置場。

**ストラップアンカー**〈strap anchor〉組積造の壁に石を張る場合のアンカー。

**ストレインゲージ**〈strain gauge〉コンクリートやワイヤーのひずみを測るひずみ計。

すとれい

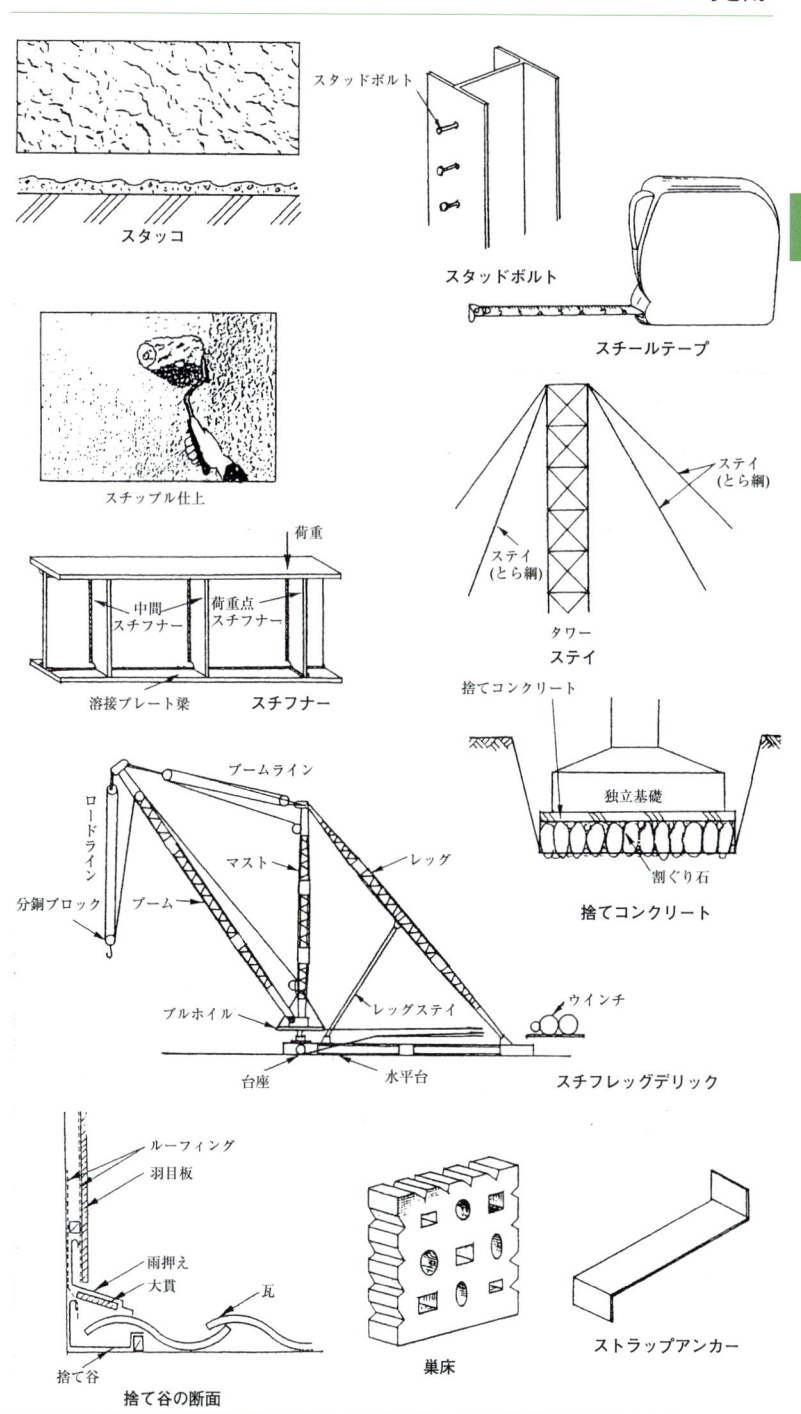

スタッコ

スタッドボルト

スチールテープ

スチップル仕上

ステイ(とら綱)
ステイ(とら綱)
タワー
ステイ

中間スチフナー　荷重点スチフナー　荷重
溶接プレート梁　スチフナー

捨てコンクリート
独立基礎
割ぐり石
捨てコンクリート

ロードライン　ブームライン　マスト　レッグ
分銅ブロック　ブーム　レッグステイ　ウインチ
ブルホイル　台座　水平台
スチフレッグデリック

ルーフィング　羽目板　雨押え　大貫　瓦　捨て谷
捨て谷の断面

巣床

ストラップアンカー

**ストレージタンク**〈storage tank〉温水や油などを，多量使用時に備えて貯留しておくタンク。

**ストレートアスファルト**〈staight reduced asphalt〉アスファルト分をできるだけ分解，変化させずに取り出したもの。粘着性，伸び，浸透性に富むが軟化点が低く，温度変化に伴う種々の変化が大きい。アスファルトフェルトの製造，地下室の防水，アスファルト舗装などに用いられる。

**ストレーナー**〈strainer〉水や蒸気の管中で不純物を捕取したり，揚水ポンプのホースの先端に取り付けるろ過器具。→ディープウェルこうほう

**ストレッチルーフィング**〈asphalt stretchy roofing felt〉アスファルトを浸透させた合成繊維に鉱物質の粉末を付着させたルーフィング。強度，耐久性が大きく，アスファルト防水に使用する。

**すな**〈砂〉岩石が風化，侵食作用によって，砂利よりも細かくなったもので，2.4mmから0.074mmまでの粒径のものをいう。

**すなかべ**〈砂壁〉土壁の上塗りとして，色砂をのりで練ったものを塗って仕上げる壁。

**すなかべじょうふきつけざいぬり**〈砂壁状吹付材塗り〉合成樹脂エマルジョンと着色顔料を主材にし骨材を加えたものと，顔料による着色でなく自然石や陶磁粒などのもち味を生かすようにしたものとがあり，内外装に吹き付けて仕上げるもの。

**すなぐい**〈砂杭〉⇒サンドコンパクションパイル

**すなじぎょう**〈砂地業〉軟弱な地盤に砂を敷き入れて地盤を強くする方法で，粘土質の地盤を砂と掘り換えて突き固める。

**すなせっちん**〈砂雪隠〉茶室の内露地に設けられる便所で，置き石に形式があり，川砂を盛り触杖を添えるが，使用せず装飾用である。

**すなつきルーフィング**〈砂付き―〉⇒アスファルトシングル

**スナッチブロック**〈snatch block〉滑車の枠の一部が開き，ワイヤーロープの掛け外しが自由にできる滑車。「キンネン」「キンネンブロック」ともいう。

**スナッパー**〈snapper〉ステンレスシート防水のシート継目にかぶせるジョイントキャップを取り付けるもの。

**スナップタイ**〈snap-tie〉型枠の間隔を保持しつつ締め付ける緊張金具。型枠を取り除く際に両端部は切断し，中央部はコンクリート中に残したままとする。→セパレーター

**すなぶきき**〈砂吹き機〉⇒サンドブラスト
**すなぶせ**〈砂伏せ〉れんがなどを敷く床で，砂を敷き込んだ上にれんがを伏せて並べる。

**スパーレン** 鉄筋コンクリートの梁にスリーブなどを貫通させる場合の補強金物。ら旋状に加工した異形鉄筋と帯鋼を組み合わせたもの。

**スパイラルオーガー**〈spiral auger〉ら旋状のせん孔工具。回転させながら土中に押し込みせん孔する。

**スパイラルきん**〈―筋〉ら旋状に巻いた鉄筋。鉄筋コンクリートの柱やコンクリート杭などに使用される。「ら旋鉄筋」ともいう。

**スパイラルフープ**〈spiral hoop〉鉄筋コンクリートの柱の主筋を巻いている帯筋が，ら旋状に連続しているもの。円形，角形のものがある。

**スパッター**〈spatter〉溶接作業中に飛散する溶接金属の粒。

**スパナ**〈spanner〉ボルトやナットを締めたり，緩めたりする工具。「レンチ」ともいう。

**スパン**〈span〉梁，アーチ，小屋組などの支持点間の距離。「梁間」「張り間」ともいう。

**スパンドレル**〈spandrel〉カーテンウォール工法の上下階の窓の間に取り付けるパネルで，目透かし張り用に加工された小幅のアルミ製の長尺板などを使用する。

**スパンドレルパネルほうしき**〈―方式〉スパンドレルのパネルをスラブや梁の構造体に取り付け，パネルの間にサッシやガラスを取り付けていく方式。

**スプライスプレート**〈splice plate〉鋼構造の柱や梁の継手に使用する添え板。「ジョイントプレート」ともいう。

**スプリットスプーンサンプラー**〈split spoon sampler〉土中に押し込んだり，たたき込んだりして試料を採取する筒状の器具。サンプルを取り出すために縦に2つ割りにできる。

**スプリンクラー**〈sprinkler〉室内に火災が発生すると，その熱により天井に配列されたスプリンクラーヘッドから水が自動的に

すふりん

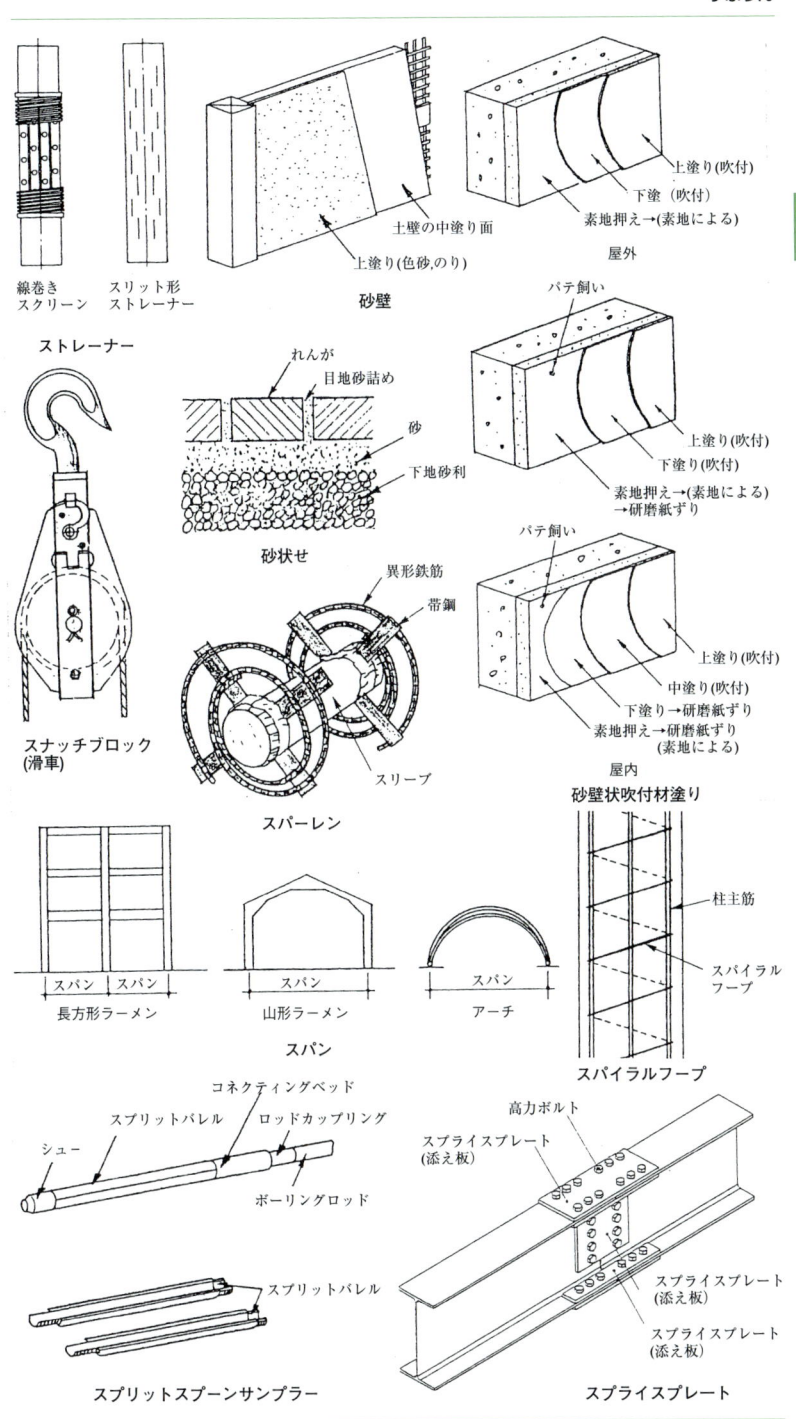

線巻きスクリーン　スリット形ストレーナー
ストレーナー

スナッチブロック
(滑車)

砂壁
上塗り(色砂,のり)
土壁の中塗り面

屋外
上塗り(吹付)
下塗(吹付)
素地押え→(素地による)

パテ飼い
上塗り(吹付)
下塗り(吹付)
素地押え→(素地による)
→研磨紙ずり

れんが
目地砂詰め
砂
下地砂利
砂状せ

異形鉄筋
帯鋼
スリーブ
スパーレン

パテ飼い
上塗り(吹付)
中塗り(吹付)
下塗り→研磨紙ずり
素地押え→研磨紙ずり
(素地による)
屋内
砂壁状吹付材塗り

スパン　スパン
長方形ラーメン

スパン
山形ラーメン

スパン
アーチ

スパン

柱主筋
スパイラルフープ
スパイラルフープ

コネクティングベッド
スプリットバレル　ロッドカップリング
シュー
ボーリングロッド

スプリットバレル
スプリットスプーンサンプラー

高力ボルト
スプライスプレート(添え板)
スプライスプレート(添え板)
スプライスプレート(添え板)
スプライスプレート

散水される消火設備。

**スプレーガン**〈spray gun〉塗料やセメントなどを圧縮空気で吹き付けるための器具。→エアスプレーガン

**スペインがわら**〈―瓦〉スペイン産の瓦で，半円筒形の上瓦と下瓦を交互に重ねて葺いていくもの。

**スペーサー**〈spacer〉鉄筋コンクリート工事で鉄筋と型枠，鉄筋同士の間隔を正しく保つためのモルタル製のブロック，鉄製の器具。

**スペースフレーム**〈space frame〉棒状材をジョイント金物で結合し，トラスを構成するもので，大規模の天井などに使用する。

**スペーディング**〈spading〉すき（鋤）のような道具でかきならし，挿入，引抜きを繰り返しコンクリートを締め固めること。

**すべりあご**〈滑り顎〉横架材がT字形に取り合う仕口で，接合面が端部側へ傾斜しているもの。

**すべりぎ**〈滑り木〉⇒うめがし

**すべりだいせんつぎ**〈滑り大栓継ぎ〉⇒おっかけだいせんつぎ

**すべりだしまど**〈滑り出し窓〉開く方式が滑り出しになる窓。

**すべりどめ**〈滑り止め〉⇒ノンスリップ

**ずぼおおつ**〈ずぼ大津〉大津壁のつや消し仕上げのもの。

**スポットようせつ**〈―溶接〉重ね合わせた部材を，電極の先端で挟んで小さい部分に電流を集中し，加熱させ，同時に電極で加圧しながら行う溶接。「点溶接」ともいう。

**スポットようせつき**〈―溶接機〉スポット溶接を行うための機器。

**すみ**〈墨〉墨さしや墨糸で付けた線のこと。工作線，組立基準線として用いられる。

**すみうち**〈墨打ち〉⇒すみだし

**すみがね**〈墨矩〉⇒きくじゅつ

**すみぎ**〈隅木〉入母屋，寄棟などの小屋組で，隅棟を支えるための棟木状の部材。

**すみきりいちもんじぶき**〈隅切一文字葺き〉一文字葺きにおいて，先端両角を切り落とした平板を使うもの。

**すみさし**〈墨刺〉墨付け用の道具。竹の先端をへら状に細く割り，指金に添えて線を引くもの。

**すみしんづか**〈隅真束〉⇒かぶらづか

**すみだし**〈墨出し〉型枠の組立，部材の取付けや仕上げ作業のために，コンクリート面に心墨，逃げ墨などの印をすること。また木造部材に継手，仕口などの加工寸法を，墨つぼや曲尺を使って線引きすること。墨つぼ，墨糸，墨刺で線や印を付けることを「墨付け」という。

**すみつけ**〈墨付け〉墨糸や墨刺を用いて，工作のための線やしるしを部材面に付けること。

**すみつぼ**〈墨壺〉墨付け用の道具。墨を吸わせた綿状のものを壺穴に入れ，この中に糸を通して墨糸とし，墨糸をはじいて直線をひくもの。

**すみにくサイズ**〈隅肉―〉⇒サイズ

**すみにくようせつ**〈隅肉溶接〉重ね継手やT継手などの角になる隅部を溶接するもの。

**すみばしら**〈隅柱〉木造枠組壁工法で，耐力壁の交差部に設ける柱状の納まり部分をいい，3本以上のたて枠で構成する。

**すみむね**〈隅棟〉屋根面が稜線状に交差する棟。入母屋，寄棟，方形屋根の出隅にみられる斜状の棟をいう。

**すみやりかた**〈隅遣方〉遣方の位置による名称。四隅部分や出隅，入隅などに設けられるもの。

**すみだん**〈須弥壇〉⇒しゅみだん

**スライスドベニヤ**〈sliced veneer〉銘木などを薄く殺いだ板で，合板などの下地に接着して内装の化粧用として使用する。

**スライディングフォームこうほう**〈―工法〉⇒かつどうかたわくこうほう

**スライム**〈slime〉大口径の場所打ちコンクリート杭の掘削中に，土砂の細粒分がベントナイトと混濁して孔底に沈殿したもの。杭の支持力やコンクリートの硬化に悪影響を与えるため，コンクリート打ちの前に除去作業を行う。

**スラグ**〈slag〉高炉で鉱石から金属を採った残滓で，高炉セメントやコンクリート骨材の材料になる。「高炉スラグ」ともいう。

**スラット**〈slat〉シャッターやブラインドを構成する小幅板。

**スラブ**〈slab〉鉄筋コンクリートの床版をいう。

**スラリー**〈slurry〉微粒子，微粉末の土を濃厚に混合した安定状態にある泥状の液体。

**スランプ**〈slump〉コンクリートの軟らかさを示す基準。スランプコーンにコンクリートを詰め，コーンを抜き上げた後のコンク

すらんふ

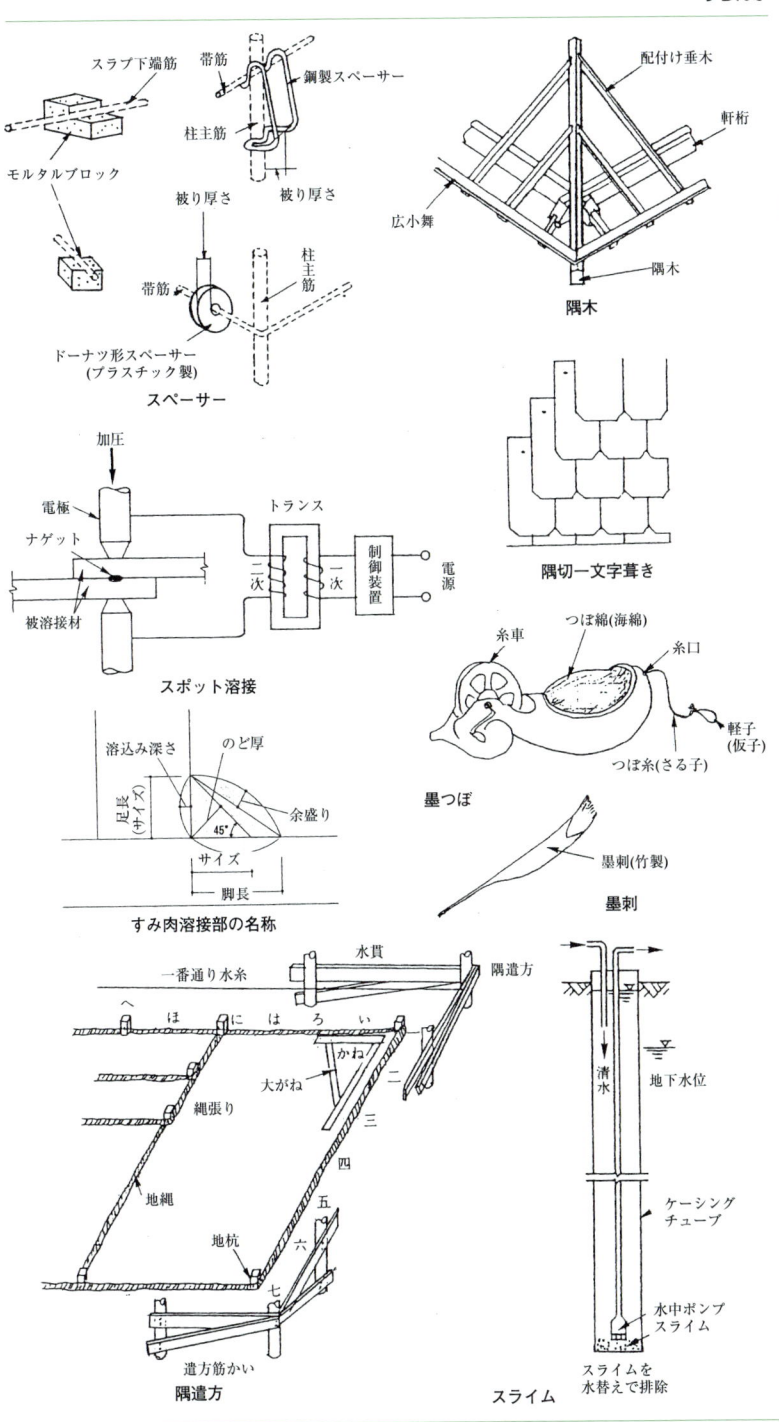

**スペーサー** — スラブ下端筋、帯筋、鋼製スペーサー、柱主筋、モルタルブロック、被り厚さ、ドーナツ形スペーサー(プラスチック製)

**隅木** — 配付け垂木、軒桁、広小舞、隅木

**スポット溶接** — 加圧、電極、ナゲット、被溶接材、トランス、二次、一次、制御装置、電源

**隅切一文字葺き**

**墨つぼ** — 糸車、つぼ綿(海綿)、糸口、軽子(仮子)、つぼ糸(さる子)

**すみ肉溶接部の名称** — 溶込み深さ、のど厚、余盛り、足長(サイズ)、45°、サイズ、脚長

**墨刺** — 墨刺(竹製)

**隅遣方** — 水貫、一番通り水糸、隅遣方、へ、ほ、に、は、ろ、い、かね、大がね、二、三、四、五、六、七、縄張り、地縄、地杭、遣方筋かい

**スライム** — 地下水位、清水、ケーシングチューブ、水中ポンプ、スライム、スライムを水替えで排除

リートの下がりをcmで表す。
**スランプしけん**〈―試験〉⇒スランプ
**スランプち**〈―値〉⇒スランプ
**スリーブ**〈sleave〉配管の継手に使用する管。また，梁や壁，床を貫通する配管のための貫通孔として埋め込んでおく管。
**スリーブあっちゃくつぎて**〈―圧着継手〉⇒グリップジョイント
**スリーブしんしゅくつぎて**〈―伸縮継手〉二重套式の継手で，内管と外管が滑り移動することによって管の伸縮を吸収する。温水管や低圧の蒸気管などの継手に用いられる。
**すりガラス**〈摺り―〉表面を不透明にしたガラス。
**スリップフォームこうほう**〈―工法〉⇒かつどうかたわくこうほう
**スレート**〈slate〉粘板岩を薄くはいだ天然材と，繊維とセメントを加工したものがあり，屋根葺き材や外装材に使用する。
**スレートぶき**〈―葺き〉天然スレートや繊維セメント板の平板または波板を用いて屋根を葺くこと。平板葺きは，野地板の上に防水のためアスファルトフェルトなどを敷き，一文字葺き，うろこ（鱗）形葺き，きっ（亀）甲葺き，ひし（菱）葺きなどの形状に葺き上げる。波板葺きは母屋に直葺きすることが多く，木造母屋には笠釘打ち，鉄骨母屋にはフックボルトでねじ留めする。
**スロープ**〈slope〉勾配のある通路や傾斜面をいう。
**スロットようせつ**〈―溶接〉重ねた上板に細長い溝を掘り，その中に肉盛り溶接をするもの。「溝溶接」「栓溶接」ともいう。
**スロップシンク**〈slop sink〉掃除用シンクで，雑巾やモップを洗うための深めのものをいう。

# せ

**せい**〈成〉部材の断面の下端から上端までの垂直な高さをいう。
**せいけいいたばり**〈成型板張り〉⇒せいけいいたばりこうほう
**せいけいいたばりこうほう**〈成型板張り工法〉岩綿，ひる石，セメント，けい酸カルシウムなどを原料とした成形耐火板で躯体を被覆し，耐火構造とするもの。
**せいげんつきいっぱんきょうそうにゅうさつ**〈制限付き一般競争入札〉建設工事の種類，規模に応じて入札参加者の資格に制限をつける競争入札。
**せいこうリベットせん**〈整孔―栓〉⇒ドリフトピン
**せいざい**〈製材〉原木の丸太から製材機で，木取りした角材や板材を切り出すこと。
**ぜいせい**〈脆性〉塑性，延性を欠き，変形量の乏しい材料の性質で，外力による変形がないまま破壊する。
**せいせっかい**〈生石灰〉石灰石を強熱して得られる酸化カルシウムで，水を加えて消石灰としたものを左官材料とする。
**せいそうづみ**〈整層積み〉→いしづみ
**せいち**〈整地〉掘削した土砂，不要な残土などを埋め戻し，または搬出して地盤面を平らにならすこと。
**せいでんとそう**〈静電塗装〉スプレーガンの先端で塗料粒子にマイナスの電圧を荷して，プラス電荷の塗面に吸着させる塗装のこと。
**せいどう**〈青銅〉銅とすずの合金で，しんちゅうより耐食性が大きく，装飾金物に使用する。
**セーフティーコーン**〈safety corn〉⇒カラーコーン
**セオドライト**〈theodolite〉墨出しや実測に使用する測量器械で，水平角の読みが細かく高性能である。
**せがえし**〈背返し〉格子の組子や垂木などを密に配列するもので，せいと同じ間隔で配列するもの。→こまがえし
**せきいた**〈堰板〉コンクリートにじかに接する型枠で，パネル・合板などの木製が多いが，鋼板・アルミ合金板なども用いられる。また，基礎工事や土工事の掘削した地盤の崩れるのを防ぐために用いるたな板で，木材，鋼矢板が用いられる。「土止め板」ともいう。
**せきいたそんちきかん**〈堰板存置期間〉基礎，梁，柱，壁の堰板の存置期間は，コン

せきいた

せ

**スランプ試験**
- スランプコーン
- この数値をスランプという
- 30cm
- コンクリート

**スロップシンク**

**スレート板葺き**
- きっ(亀)甲形
- 隅切一文字形
- うろこ形
- 一文字形

**背返し**

**セオドライト**

**布基礎用せき板**
- 支保工
- せき板
- 桟木
- コンクリート釘止め木
- 布コンクリート

**ばら板せき板**
- ばら板
- 桟木

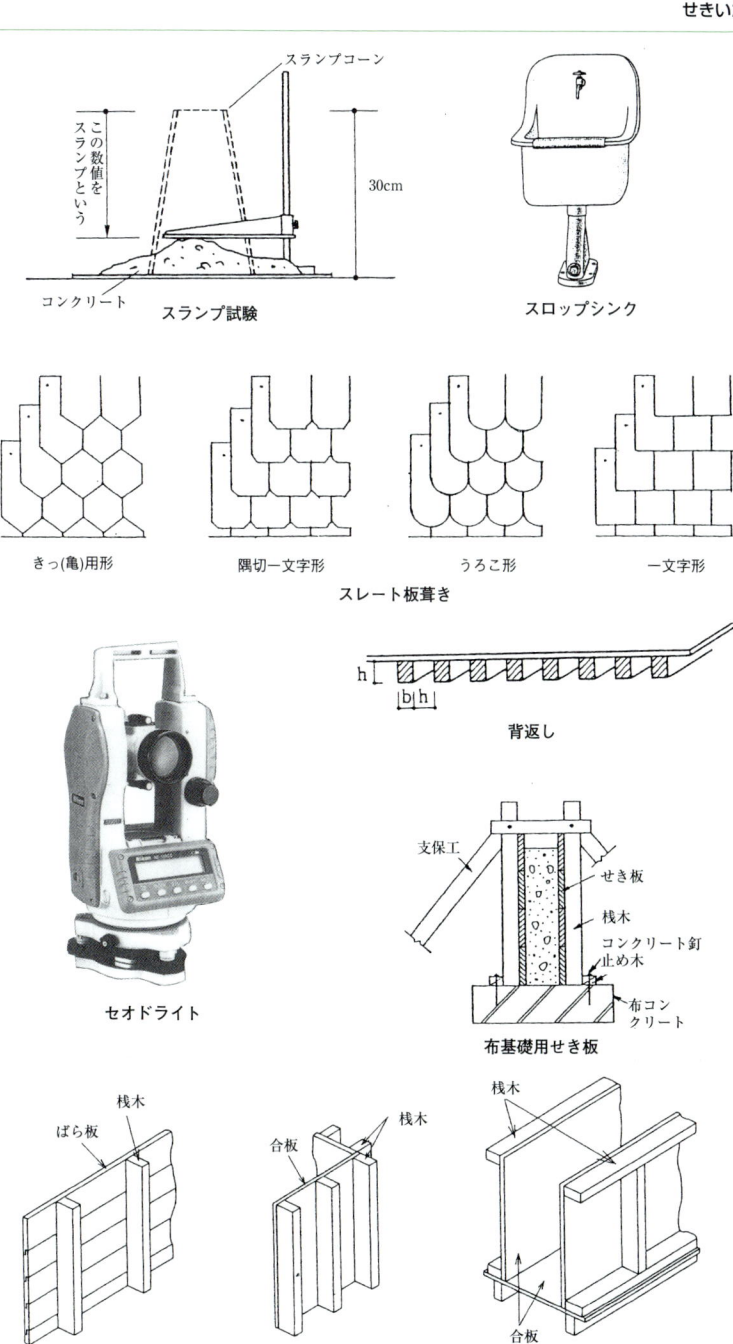

**合板せき板(柱型例)**
- 合板
- 桟木

**合板せき板(はり型例)**
- 桟木
- 合板

せき板

クリートの圧縮強度が5N/mm²以上と確認できるまでとする。平均気温10℃以上の場合は，3〜8日の規定された日数が経過するまでとする。

**せきえいはんがん**〈石英斑岩〉 火成岩に含まれ，石英と正長石の斑晶を持つ斑岩。

**せきがいせんきゅうしゅうガラス**〈赤外線吸収―〉赤外線を吸収して熱を遮断するガラスで，病院の窓などに使用される。

**せきがいせんようじょう**〈赤外線養生〉コンクリート打込み後，赤外線ランプを近くに吊るして，その熱によって養生すること。

**せきさいかじゅう**〈積載荷重〉人間や家具，物品などの積載物の重力で，荷重の作用のしかたを考慮し，室の種類に応じて政令で定められている。

**せきざいけんまき**〈石材研磨機〉石材表面を研磨し平滑に仕上げる機械。円盤型，うず巻型，小端すり型などがある。

**せきさん**〈積算〉設計図と仕様書から，工事に必要な材料の数量，労務の口数などを算出し，これに値入れをして工事費予定額を算出する作業。工事費用の算出に重きをおく場合は「見積」ともいう。

**せきさんでんりょくけい**〈積算電力計〉消費電力量を計り，累計していく計器。

**せきせつかじゅう**〈積雪荷重〉その地方の垂直最深積雪量に単位積雪当たりの重量（深さ1cmにつき，普通20N/m²，多雪地域では30N/m²）を掛けて単位面積当たりの値とするもので，屋根などに掛かる重力。

**せきそうざい**〈積層材〉木材を切削して単板とし欠点を除去した後，繊維方向をそろえて多数枚重ねて接着成形したもので，仕上材や家具に使用する。「単板積層材」ともいう。

**せきめん**〈石綿〉⇒アスベスト

**せこうかんり**〈施工管理〉⇒けんちくぎょうむ，さぎょうかんり

**せこうけいかく**〈施工計画〉各工事の着手に先だって，仮設物や施工機械の配置計画，資材の搬入計画，施工の方法や順序の実施計画を行うこと。計画は施工計画図などで表され，工程表とともに工事の指針となる。

**せこうけいかくず**〈施工計画図〉各部分工事について，仮設物や機械の配置，資材搬入，施工の順序，方法を計画し，図面で表示するもの。

**せこうしゃ**〈施工者〉工事を実施する者。「ビルダー」ともいう。→うけおい

**せこうず**〈施工図〉設計図をもとに施工の詳細を描いた図面。仮設計画図，組立現寸図，仕上げ詳細図などがある。「工作図」ともいう。

**せこうなんど**〈施工軟度〉コンクリートの打込み作業の難易の程度のことで，スランプ値で代表される。「ワーカビリティ」ともいう。

**せしゅ**〈施主〉建築工事を企画し，注文する者。また発注者側の代表者をさす。「クライアント」「オーナー」ともいう。→けんちくぬし

**せっかい**〈石灰〉⇒せいせっかい

**ぜっかんざい**〈絶乾材〉完全に乾燥した木材をいう。

**ぜっかんひじゅう**〈絶乾比重〉完全に乾燥した重量をその容積で除した値。

**せっきしつタイル**〈炻質―〉素地がよく焼き締まり，吸水性がきわめて低く，耐酸性が高いタイル。

**せっけいおうりょく**〈設計応力〉構造物に作用するものと想定する荷重に対応して，部材の内部に生じる力。

**せっけいかんり**〈設計監理〉設計および工事監理を行うこと。設計は建築主の企画と要望に建築的考察を加え，責任をもって設計図書を作成する業務をさし，監理は「その者の責任において工事を設計図書と照合し，それが設計図書のとおりに実施されているかいないかを確認すること。」（建築士法）をさす。

**せっけいきじゅんきょうど**〈設計基準強度〉構造設計で要求されるコンクリートの圧縮強度。普通コンクリート：$Fc$=18〜30N/mm²

**せっけいすうりょう**〈設計数量〉設計図書に表示される個数や設計寸法の正味の数量の集計。

**せっけいていあんきょうそうにゅうさつ**〈設計提案競争入札〉建築主の計画に基づき，建設業者が実施設計，施工を提案し，その価格を入札するもの。

**せっけいていあんそうごうひょうかほうしき**〈設計提案総合評価方式〉提案された設計案と工事価格を総合的に評価し，建築主にとって最も有利な業者と契約する方式。

**せっけいとしょ**〈設計図書〉建築工事を実施するために必要な設計図と仕様書をい

石材切削機　　　　　　　　石材研磨機

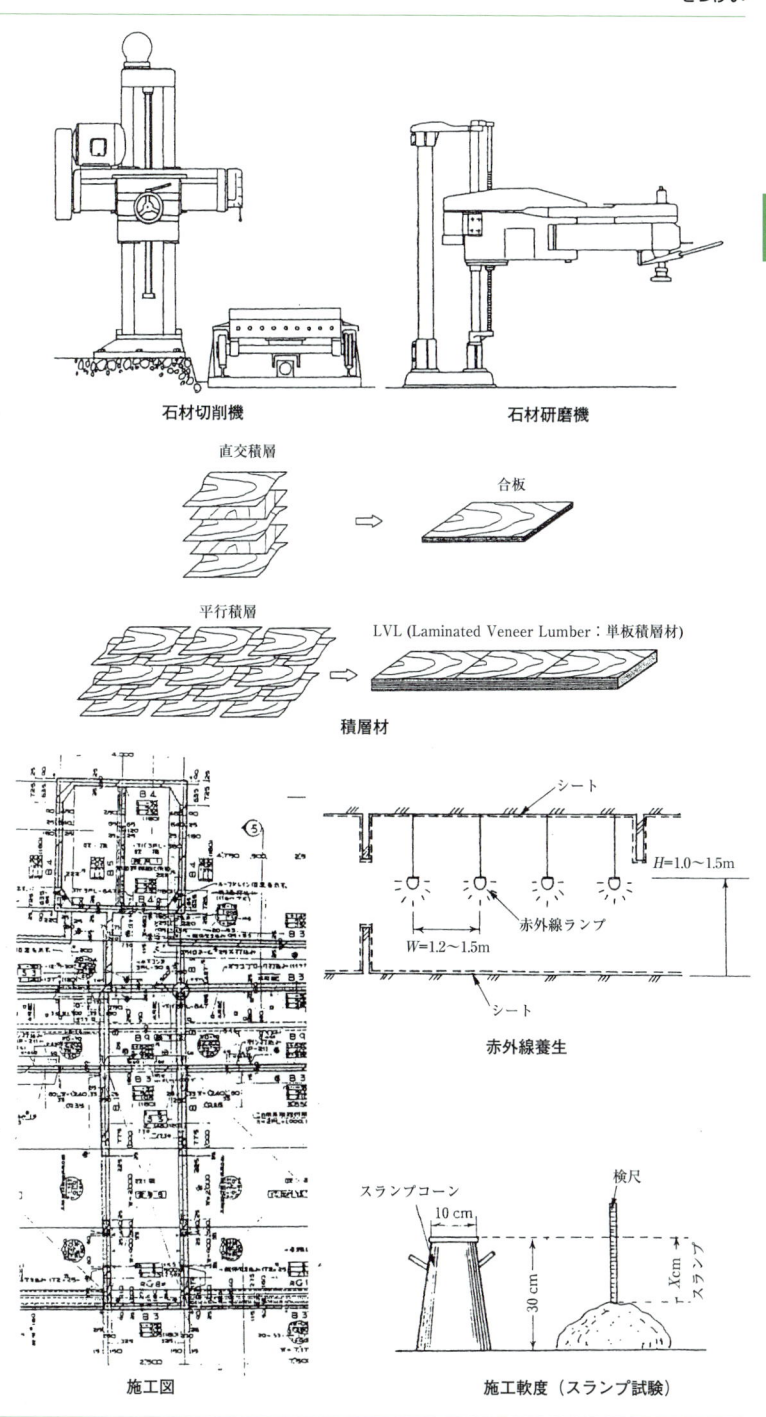

直交積層 ⇒ 合板

平行積層 ⇒ LVL (Laminated Veneer Lumber：単板積層材)

積層材

施工図

赤外線養生
シート
赤外線ランプ
$H=1.0～1.5m$
$W=1.2～1.5m$
シート

施工軟度（スランプ試験）
スランプコーン　検尺
10 cm
30 cm
$X cm$ スランプ

せつけい

う。このほかに構造計算書，積算書を含める場合もあるが，施工図，原寸図などは含まない。

**せっけいひんしつ**〈設計品質〉設計図書に示されたものの形状，寸法，構造，強度，性能，設備，外観などの性質性能が指示どおりに保持されて満足できるものであること。

**せっこう**〈石膏〉天然の鉱床から採掘され，二水石膏がセメント製造の重要な原料であり，100℃程度で焼石膏に変化して水硬性が得られる。

**せつごうかなもの**〈接合金物〉構造体の仕口，継手の補強や仕上材と下地との接合，取付けなどに使用する金物で，規格適合のZマーク表示があるもの。

**せっこうプラスター**〈石膏—〉焼石膏を主原料とし，必要により混和材料，凝結遅延剤などを加えて水練りする左官材料で，内装に使用する。

**せっこうプラスターぬり**〈石膏—塗り〉石膏プラスター，骨材を水で練ったものを壁・天井に塗り付け仕上げるもの。作業中は通風を避け，その後，適当な通風を与えて乾燥させる。

**せっこうボード**〈石膏—〉内壁，天井などに使用する石膏を固めた板材。

**せっしょくふしょく**〈接触腐食〉異種金属の接触によって起こる金属板の腐食で，金属間のイオン化傾向の差による電食などをいう。

**せっそくほう**〈折測法〉⇒しんそくほう

**ぜったいようせきちょうごう**〈絶対容積調合〉コンクリートの練り上がり1m³について，各材料を絶対容積（$l$）で表したもの。

**せっち**〈接地〉電気機器，電流回路の一部を地盤に接続すること。電線や機器の絶縁が破れ，電球や電気機器の破損，感電や火災の発生を防ぐために設けるもの。「アース」ともいう。

**せっちゃくざい**〈接着剤〉材面に付けて他の材面と接着合体させる物質で，セメント，ゴム糊，合成樹脂などがある。

**せっちゃくばり**〈接着張り〉専用の接着剤を下地面へ塗り付け，その上にタイルなどを押し付けて張るもの。

**せっちん**〈雪隠〉茶室の露地に設ける便所をいい，装飾用で使用しない「砂雪隠」，使用可の「下腹雪隠」がある。転じて民家の便所をいう。

**せってん**〈節点〉部材と部材の接合点で，ラーメン構造の剛節点，トラス構造のピン節点がある。

**ゼットマーク**〈Z mark〉木材の接合金物で，品質，耐力などの性能が安定しているとして日本住宅・木材技術センターが定める規格適合マーク。

**せつばん**〈折板〉平板を折り畳んだ形状の折板で，比較的曲げに強く，大きな空間の屋根を葺くのに適する。

**せつばんこうぞう**〈折板構造〉折板とした平面状の板版を組み合わせて，筒状や多面体状の架構とする構造。

**せつびこうじ**〈設備工事〉建築に必要な供給設備，消費設備，末端処理設備の工事をいう。給排水，電気，ガス配管，衛生，浄化槽，厨房，空気調和，冷暖房，換気，昇降，消火防煙，避雷設備および断熱・保温設備などがある。

**せつびず**〈設備図〉給排水，空気調和，電気，情報通信，昇降機などの設備について，構内配線用図記号に基づいて作成する図面。

**ゼネコン**〈general contractor〉⇒そうごうこうじぎょうしゃ

**セパレーター**〈separator〉鉄筋コンクリート工事において，型枠の間隔を正確に保つ飼いもの。

**せみね**〈背峰〉隅木や棟木の上部山形の頂部稜線をいう。「しのぎ」「みね」ともいう。

**セミハードボード**〈semi-hard board〉植物繊維に接着剤を混入して加熱圧縮して成形する繊維板。「半硬質繊維板」ともいう。

**せめがんな**〈攻鉋〉かんな台の断面がさるぼお状で下端全幅に刃が出ており，平かんなで削ることができない部分や溝の底を削るときに使用する。

**セメンテーション**〈cementation〉セメントで接合したり，セメントを塗ったりすること。または岩盤のすきまにセメントペーストを注入すること。

**セメント**〈cement〉原料の石灰石や粘土などを焼成，微粉砕したもので水硬性があり，モルタル，コンクリートをつくる。

**セメントあんていこうほう**〈—安定工法〉深さ3mまでの軟弱な表層地盤に，セメント改良材を混入し転圧して固める表層改良工法。

**セメントがわら**〈—瓦〉セメントと硬質細

せめんと

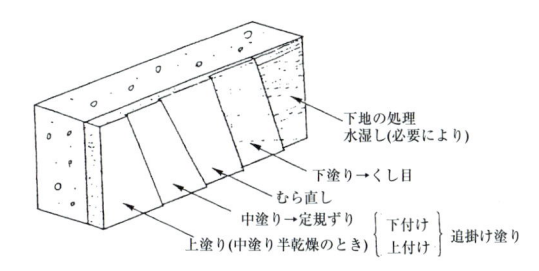

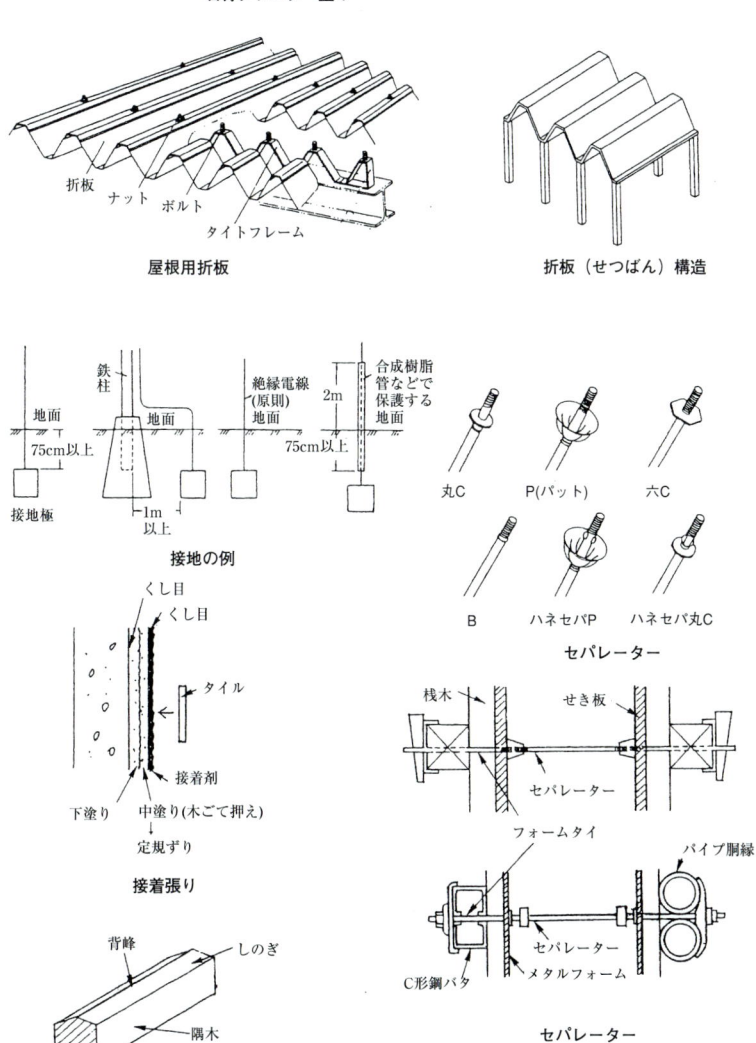

**石膏プラスター塗り**
- 下地の処理水湿し(必要により)
- 下塗り→くし目
- むら直し
- 中塗り→定規ずり
- 上塗り(中塗り半乾燥のとき)
- 下付け / 上付け｝追掛け塗り

**屋根用折板**
折板／ナット／ボルト／タイトフレーム

**折板（せつばん）構造**

**接地の例**
- 鉄柱／地面／接地極 75cm以上／1m以上
- 絶縁電線(原則)地面 75cm以上
- 合成樹脂管などで保護する地面 2m

**セパレーター**
- 丸C
- P(パット)
- 六C
- B
- ハネセパP
- ハネセパ丸C

**接着張り**
くし目／タイル／接着剤／下塗り／中塗り(木ごて押え)／定規ずり

**セパレーター**
桟木／せき板／セパレーター／フォームタイ／C形鋼バタ／メタルフォーム／パイプ胴縁

**背峰**
背峰／しのぎ／隅木

骨材を混合したモルタルを成型した瓦で、表面塗装で耐久性を高める。

**セメントがわらぶき**〈―瓦葺き〉セメント瓦で屋根を葺くこと。瓦桟に引っ掛けて葺く。

**セメントガン**〈cement gun〉セメントと砂の空練りしたものを圧縮空気で送り出し、ノズル先端で水を加えてモルタルとして吹き付ける器具。→ガナイト

**セメントガンこうほう**〈―工法〉⇒ショットクリート

**セメントグラウト**〈cementgrout〉ひび割れ部分や小さなすきまに充てんするセメントペースト。混和材料を加えて充てん性をよくする。

**セメントそうこ**〈―倉庫〉セメントが湿らないよう保存しておく倉庫。

**セメントのり**〈―糊〉⇒セメントペースト

**セメントペースト**〈cement paste〉セメントと水を練ったもの。「セメント糊」「とろ」「あま」ともいう。

**セメントミルクこうほう**〈―工法〉既製コンクリート杭を低振動・低騒音で打ち込む工法。アースオーガーで掘削した孔にセメントミルクを注入し、杭を挿入して周囲をモルタルで固めるもの。「埋込み杭」ともいう。

**セメントモルタルぬり**〈―塗り〉セメント、砂、水を主成分とし、混和材料を加えたメントモルタルを内外壁や床、各種仕上材の下地などとして塗り上げるもの。「モルタル塗り」ともいう。

**セメントれんが**〈―煉瓦〉セメントに骨材を混ぜて、れんがの形にしたもの。「モルタルれんが」ともいう。

**せゆうタイル**〈施釉―〉表面に釉薬を塗って焼成したタイル。「薬掛けタイル」ともいう。

**セラックニス**〈shellac varnish〉天然樹脂をアルコールに溶かした塗料で、ヤニ止めの効果があり、内装の下塗り、上塗りに使用される。

**セラミックス**〈ceramics〉陶磁器のように粉末を固めて焼いたもので、広義にはファインセラミックス、光ファイバーまで含まれる。

**せりもち**〈迫持ち〉石材などを少しずつ持ち出して積み上げ、アーチ状をつくるもの。→アーチ

**セルフレベリングこうほう**〈―工法〉セメントペーストなどのペースト状の上塗り材をスラブ上に流し、自然拡散で平滑な仕上げ面とする工法。

**セルラーダクト**〈cellular duct〉デッキプレートの下端面に鉄板を張り、できた空間を配線ダクトに使用するもの。

**セルラーフロアシステムゆか**〈―床〉配線・配管のスペースをもったセルラーフロアプレートに軽量コンクリートを打ってつくる床。

**ゼロエミッション**〈zero emission〉工事現場から出る廃棄物をゼロに近づけ、分別、再生に留意して資源循環型の社会構築を目指すこと。

**せわり**〈背割り〉柱などの心持ち材はひび割れを起こすため、柱の見え隠れになる面にのこ目を入れ、くさびを打って他面のひび割れを防止するもの。「心挽(び)き」ともいう。

**せん**〈栓〉仕口や継手を固定するために打ち込むもので、カシやナラの堅木でつくり、込栓、大栓、鼻栓、車知栓、横栓などがある。

**せんいかべ**〈繊維壁〉土壁・モルタル塗り壁の中塗りの上に、糸くず、真綿、合成繊維、コルク粉・パルプなどをのりで練って上塗りとして仕上げる壁。軽量軟質で施工にも熟練を要しない。

**せんいセメントばん**〈繊維―板〉繊維をセメントに混ぜて水練りしたものを板状に強圧成形したもの。

**ぜんいた**〈膳板〉窓の室内側額縁の一部で、額縁下部に当たる部分に水平に取り付ける化粧材。→まどわく

**せんいばん**〈繊維板〉木材、わら、麻などを繊維状にし、加熱圧縮して成形する板材で、密度により軟質、中質、硬質がある。

**せんいほうわてん**〈繊維飽和点〉⇒がんすいりつ

**せんかん**〈潜函〉⇒ケーソン

**せんかんこうほう**〈潜函工法〉⇒ケーソン

**せんかんびょう**〈潜函病〉⇒ケーソンびょう

**せんこようせつ**〈潜弧溶接〉⇒サブマージアークようせつ

**ぜんし**〈前視〉水準測量で、高さを求めようとする地点に立てた標尺の読みをいい、「F.S」と略記する。

せんし

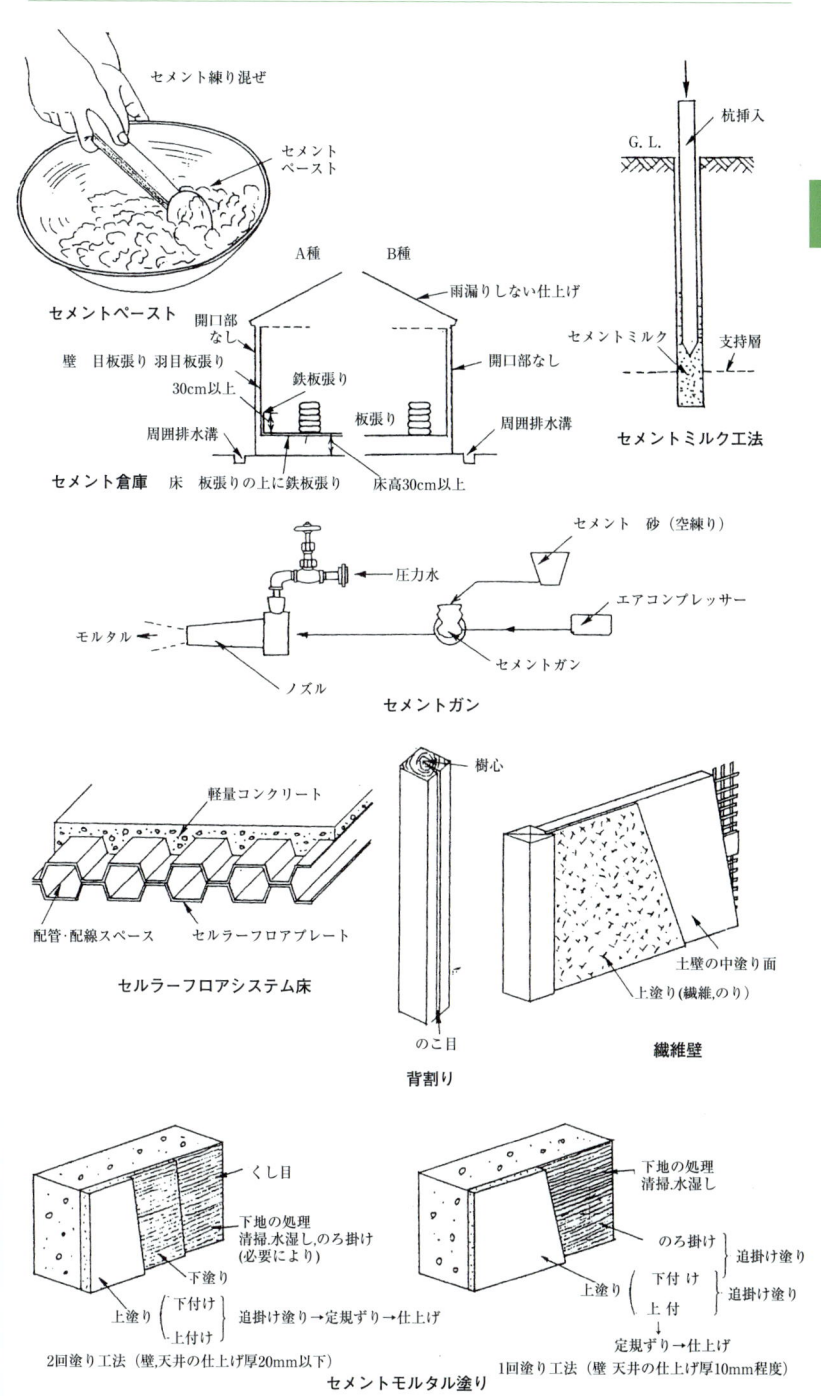

**セメントペースト**

**セメント倉庫**
- セメント練り混ぜ
- セメントペースト
- A種/B種
- 雨漏りしない仕上げ
- 開口部なし
- 壁 目板張り 羽目板張り
- 鉄板張り
- 30cm以上
- 板張り
- 開口部なし
- 周囲排水溝
- 床 板張りの上に鉄板張り
- 床高30cm以上

**セメントミルク工法**
- 杭挿入
- G.L.
- セメントミルク
- 支持層

**セメントガン**
- セメント・砂（空練り）
- 圧力水
- エアコンプレッサー
- モルタル
- ノズル
- セメントガン

**セルラーフロアシステム床**
- 軽量コンクリート
- 配管・配線スペース
- セルラーフロアプレート

**背割り**
- 樹心
- のこ目

**繊維壁**
- 土壁の中塗り面
- 上塗り（繊維、のり）

**セメントモルタル塗り**

2回塗り工法（壁,天井の仕上げ厚20mm以下）
- くし目
- 下地の処理 清掃,水湿し,のろ掛け（必要により）
- 上塗り／下塗り｛下付け／上付け｝
- 追掛け塗り→定規ずり→仕上げ

1回塗り工法（壁,天井の仕上げ厚10mm程度）
- 下地の処理 清掃,水湿し
- のろ掛け
- 上塗り｛下付け／上付け｝
- 追掛け塗り
- 追掛け塗り
- 定規ずり→仕上げ

**せんじょうべん**〈洗浄弁〉水洗用大小便器の洗浄水を出すためのもので、プッシュ弁、フラッシュバルブ、回転弁、センサーで反応するものなどがある。

**せんだんおうりょく**〈剪断応力〉材軸に垂直な方向に作用するせん断力に対応して、部材の内部に生じる力。

**せんてつ**〈銑鉄〉高炉から取り出した鉄で、炭素含有量が多くもろいので、鋳造は可であるが鍛造は不可である。

**セントラルヒーティング**〈central heating〉建物の1箇所に設けた熱源から温水、蒸気、温風などを各室の放熱器に送って暖房する方式。「中央暖房」ともいう。

**せんばん**〈線番〉針金の径をいう。「ワイヤーゲージ」「線番号」ともいう。

**せんぴ**〈線樋〉電線を被覆する塩化ビニル管、金属製の管などをいう。

**せんもんこうじぎょうしゃ**〈専門工事業者〉一連の建設工事の内の部分的な工事を行う大工工事、鉄筋工事、建具工事などの業者をいう。

**せんようかせつ**〈専用仮設〉各工事で単独に設置、使用するもので、土工事用仮設、コンクリート足場、鉄骨足場など。

**せんようせつ**〈栓溶接〉⇒スロットようせつ

# そ

**ソイルセメント**〈soil cement〉適量の水とセメントミルクを注入しながら、その位置の土をかくはんして固めるもので、杭周囲の根固めやローラーで転圧硬化させ、路盤の安定などに使用する。

**ソイルセメントちゅうれつへき**〈—柱列壁〉柱列内の土にセメントミルクを注入し、かくはんしてソイルセメント壁をつくり、骨組にH形鋼などを建て込み、山留め壁をつくる。

**ソイルセメントちゅうれつやまどめかべ**〈—柱列山留め壁〉⇒ソイルセメントちゅうれつへき

**ぞうえんこうじ**〈造園工事〉造園設計に従い、美的環境の開発、景観調整などを目的とする工事。

**そうがくしょ**〈総額書〉建築工事内訳書の最初の頁で、工事名称、総工事費、工事概要、工期、支払条件などを記載するもの。

**そうかんへんい**〈層間変位〉地震時などに想定される各階の上下の相対変位量をいう。

**そうかんへんいついじゅうせいのう**〈層間変位追従性能〉カーテンウォールに要求されるもので、地震力や風圧力などによる各階の上下層間の相対変位に追従できる性能。

**そうきょうざい**〈早強剤〉コンクリートの硬化を早め、早期の強度を発揮させるための混和剤で、工期の短縮目的や寒中コンクリートなどに使用する。

**そうきょうポルトランドセメント**〈早強—〉早期強度の大きいことが特徴で、気温の低いとき、支保工の早期解体が必要なときなどに使用するセメント。

**そうきょくほうぶつせんめんシェル**〈双曲放物線面—〉⇒エッチピーシェル

**ぞうきんずり**〈雑巾摺り〉床の間の地板と壁の下隅、押入隅の床と壁の納まりなどに使われる桟木。

**そうごううけおい**〈総合請負〉⇒そうごうこうじぎょうしゃ

**そうごうかせつ**〈総合仮設〉⇒きょうつうかせつ

**そうごうかせつこうじ**〈総合仮設工事〉⇒きょうつうかせつ

**そうごうけいかくしょ**〈総合計画書〉各部分工事の施工計画図に対応して、工事全体について図面で表示できない計画を文書で示すもの。

**そうごうけんせつぎょうしゃ**〈総合建設業者〉⇒そうごうこうじぎょうしゃ

**そうごうこうじぎょうしゃ**〈総合工事業者〉建築工事一式を請け負う業者。建築主との請負契約によって直接工事を請け負う場合が多く、元請となる施工業者。「ゼネコン」ともいう。→もとうけ

**そうごうこうていひょう**〈総合工程表〉施工計画および各部分工事の施工順序と組合せを全工期に組み込み、図や表で表示するもの。バーチャートやネットワークなどの工程表がある。

**そうこうじひ**〈総工事費〉設計図書に基づ

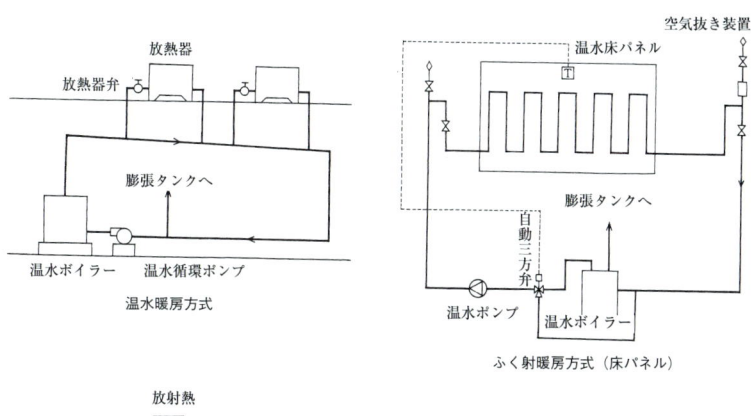

温水暖房方式

ふく射暖房方式（床パネル）

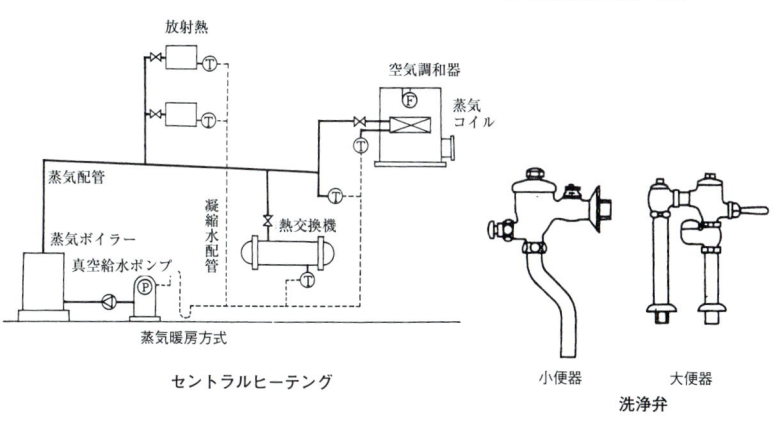

セントラルヒーテング

洗浄弁

ぞうきんずり

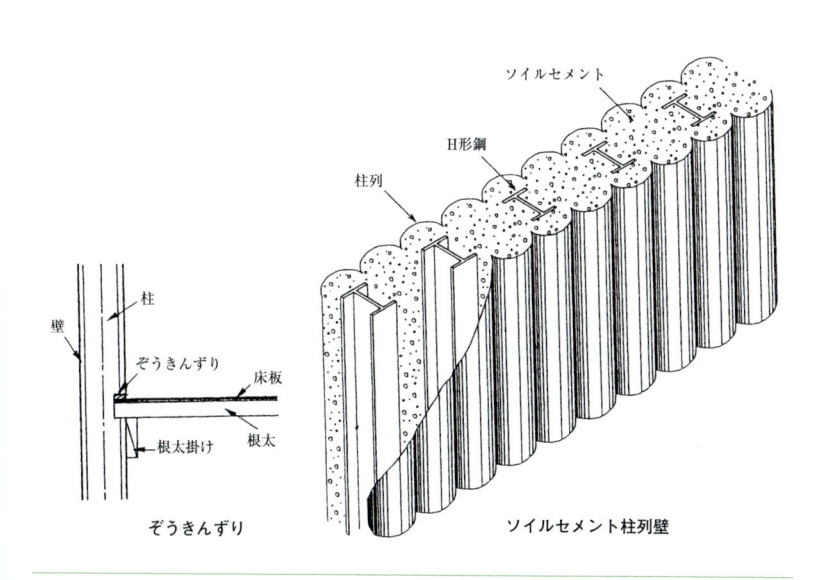

ソイルセメント柱列壁

き，その建築物を実現させるために必要な材料，人工，管理費などの総費用。

**そうごうてきひんしつかんり**〈総合的品質管理〉建築物の企画から引渡し，アフターケアに至る各種業務について，関係者全員の参加と協力の体制で実施する品質管理。

**ぞうさく**〈造作〉室内の仕上げ木工事をさしていう。鴨居，敷居，床，床の間，天井などの取付け仕上工事。

**ぞうさくざい**〈造作材〉仕上材であり，美観，狂いが生じない良材を選び，すきま，目違いを生じないよう丁寧に仕上げ，とのこ塗り，ビニールシート張り，当て板をして汚染防止や損傷防止をする。

**そうすいこう**〈送水口〉⇒サイヤミーズコネクション

**ぞうちく**〈増築〉すでにある建築物の床面積を増加させる築造をいい，建築基準法により建築にあたる。

**そうぼり**〈総掘り〉建造物の底面を全面にわたって根切りすること。「べた掘り」ともいう。→ねぎり

**そうむけいやく**〈双務契約〉両者の業務が相互に対価関係にある契約。請負契約は一方が建設工事を完成する義務を負い。他方がそれに対する報酬を支払う義務を負う双務契約である。

**そうりん**〈相輪〉仏塔の屋根の上に立つ青銅または鉄製の柱状塔で，上から宝珠，竜舎，水煙，九輪などから成る。「九輪」ともいう。

**そえいた**〈添え板〉⇒そえいたつぎ

**そえいたつぎ**〈添板継ぎ〉部材の木口を互いに突き合わせ，側面に当て木をして，釘やボルトで止める継手。洋小屋組の陸梁などに使用される。

**そえげた**〈添え桁〉軒桁を補強するために，下側に添えてボルト締めなどで一体化する材。

**そえづか**〈添え束〉⇒よせづか

**そえばしら**〈添え柱〉柱を補強するために添え付ける柱で，柱横の壁体内に配置しボルト締めなどで一体化する。

**そえやまがたこう**〈添え山形鋼〉⇒クリップアングル

**ソーイング**〈sawing〉鋼材の電動切断機で，形鋼の切断に使用する。

**ソードベニヤ**〈sawed veneer〉突き板を得るために，のこで挽いてつくる単板。「ソード単板」ともいう。

**ソーラーハウス**〈solar house〉太陽熱を利用するエネルギーを得る装備をしている住宅で，給湯，空調，電力などに利用できる。

**そぎつぎ**〈殺ぎ継ぎ〉斜めに切断した2材を接合するもので，垂木の継手などに使用する。付図参照

**そくあつ**〈側圧〉コンクリートの打込みによって柱などの型枠の鉛直部分に掛かる圧力で，打込みの速度，高さ，コンシステンシー，気温，断面寸法などによる。

**そくせつ**〈測設〉測量結果を現場に設定すること。

**そくせん**〈側線〉ワイヤーの心線の周囲をスパイラル状に取り巻いているPC鋼より線。

**そくてん**〈測点〉測量を実施するときに杭や鋲を打って，基準や目標とする点。

**そくりょう**〈測量〉機械器具を使用して土地の面積，境界線，高低差などを測定して，地図や建物の位置などを図示するもの。

**そくりょうし**〈測量士〉資格を持ち国土地理院に登録された技術者で，地図作成などの基本測量，都市建設や河川改修などの公共測量などの計画を作成し，または実施する責任者。

**そくりょうしほ**〈測量士補〉資格を持ち国土地理院に登録された技術者で，測量士が作製した計画に従い実際に測量に従事する者。

**ソケットつぎて**〈—継手〉鋳鉄管や鋼管の継手で，受け口を持つ一方の管に他方の管を差し込むもので，ねじ込み接合とコーキング接合がある。

**そこがんな**〈底鉋〉⇒そことりがんな

**そこつざい**〈粗骨材〉コンクリート骨材の砂利や砕石をいい，網目5mmのふるいを質量で85%以上止まるもの。

**そことりがんな**〈底取り鉋〉敷居・鴨居の溝底を削り仕上げるかんな。「底鉋」ともいう。

**そじ**〈素地〉塗装工程にかかる前の木材，コンクリート，鋼材などの表面のこと。

**そじおさえ**〈素地押え〉下地の吸水調整，あく止めのためシーラーを塗ったり，なじみをよくするためプライマーを塗ること。

**そじごしらえ**〈素地拵え〉塗装する素地に対して，さびや有害な付着物の除去，面の欠点の補修，浸出する有害物の作用防止な

そしこし

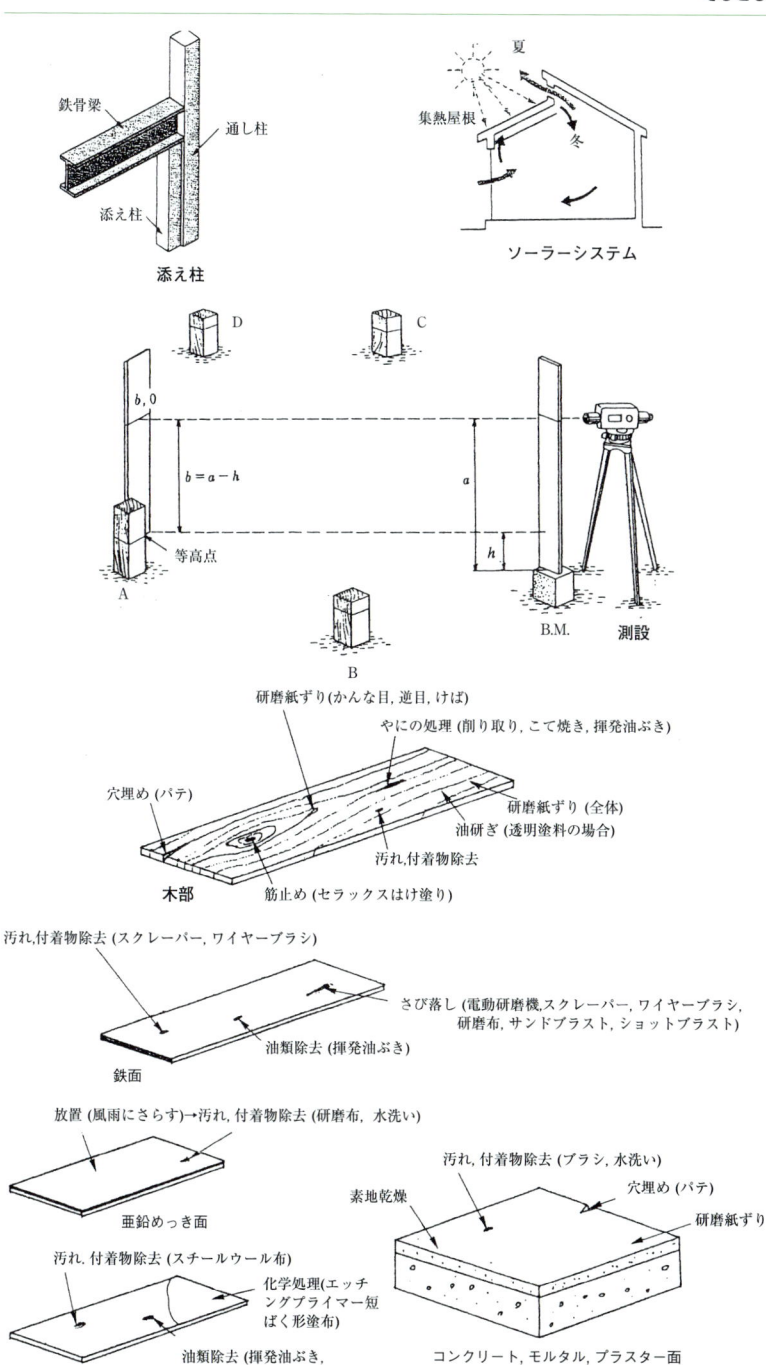

**添え柱**
鉄骨梁 / 通し柱 / 添え柱

**ソーラーシステム**
夏 / 集熱屋根 / 冬

**測設**
A / B / C / D / 等高点 / B.M.
$b = a - h$
$b, 0$ / $a$ / $h$

**木部**
研磨紙ずり(かんな目,逆目,けば)
やにの処理(削り取り,こて焼き,揮発油ぶき)
穴埋め(パテ)
研磨紙ずり(全体)
油研ぎ(透明塗料の場合)
汚れ,付着物除去
筋止め(セラックスはけ塗り)

**鉄面**
汚れ,付着物除去(スクレーパー,ワイヤーブラシ)
さび落し(電動研磨機,スクレーパー,ワイヤーブラシ,研磨布,サンドブラスト,ショットブラスト)
油類除去(揮発油ぶき)

**亜鉛めっき面**
放置(風雨にさらす)→汚れ,付着物除去(研磨布,水洗い)

**軽金属面**
汚れ,付着物除去(スチールウール布)
化学処理(エッチングプライマー短ばく形塗布)
油類除去(揮発油ぶき,石けん水洗い,水洗い)

**素地ごしらえ**
汚れ,付着物除去(ブラシ,水洗い)
素地乾燥
穴埋め(パテ)
研磨紙ずり
コンクリート,モルタル,プラスター面

そしじあ

**そじしあげ**〈素地仕上げ〉ラックニス，クリヤラッカーなどの透明塗料で，木材の自然の地肌や色合いを見せて仕上げるもの。

**そじちょうせい**〈素地調整〉⇒そじごしらえ

**そしゅうき**〈阻集器〉排水経路に設けて油，グリース，砂などを分離し流出を防止する容器。

**そせい**〈塑性〉弾性の限度を超えて，元の形に戻らない永久ひずみを生じる性質。

**そせき**〈礎石〉寺院などの柱を立てる基礎となる石。

**そせきこうじ**〈組積工事〉構造物をつくるために，石やれんがを積み上げる工事。

**そせきしきこうぞう**〈組積式構造〉石，れんがなどを積み上げて主体構造とするものであるが，耐震性を要求されるためほとんどの場合，補強コンクリートブロック造とする。

**そっかんワニス**〈速乾―〉乾燥の速いものをいい，木部やコンクリート，モルタル面の吸込み止めの塩化ビニル樹脂ワニス，吹付施工のアクリル樹脂ワニス，スーパーワニスなどがある。

**そっこう**〈側溝〉敷地の境界に沿って道路端に設けられる排水溝。

**そでかべ**〈袖壁〉建物から壁だけを突出させるもので，控え壁，目隠しのための壁，集合住宅の各戸の境界などに設けるものなどをいう。

**そでがわら**〈袖瓦〉⇒けらば

**そとだんねつこうほう**〈外断熱工法〉鉄筋コンクリート造や補強コンクリートブロック造などの熱容量の大きい構造体の外部側に断熱層を施工するもので，断熱層が床スラブや梁形で中断されることなく連続的に設置できる。

**そとづけ**〈外付け〉真壁の柱内に内障子を設ける場合の納まりで，柱の外壁側にアルミサッシを設置するもの。

**そとづら**〈外面〉部材などの外部側の面をいう。

**そとのり**〈外法〉材と材の間隔で，それらの材の外側間の寸法。

**そとぼうすい**〈外防水〉地下室の防水法で，地下壁の外側に防水層を設けるもの，内防水よりも優れるが，施工は難しい。→ぼうすいこうじ

**そとまるがんな**〈外丸鉋〉かんな台の下面と刃を凸形に湾曲させたかんな。

**そば**〈傍〉板材の長手方向の側面をいう。

**そばのき**〈傍軒〉切妻屋根の妻壁面から破風板までの傾斜している軒をいう。

**ソフトはばき**〈―幅木〉ビニル樹脂系の材料でつくられた幅木。接着剤で張り付ける。

**そまがく**〈杣角〉丸太の用材を斧などで荒く削って角材にするもの。

**そみがき**〈粗磨き〉石材の表面磨き仕上げで最も粗いもの。鉄砂またはカーボランダムを用いて円盤にかけて磨くもの。「荒ずり仕上げ」ともいう。

**そめんぬり**〈粗面塗り〉モルタル塗りなどの壁の表面を粗面に仕上げるもので，かき落し，掃付け仕上げ，模様仕上げなどがある。仕上面を指して粗面仕上げという。

**そり**〈反り〉屋根の傾斜面などが凹状に湾曲しているもの。

**そりだいがんな**〈反り台鉋〉かんな台の下面を舟底形に反らせたかんな。反り破風などの反った面を削るのに使用。

**ソリッドワイヤー**〈solid wire〉溶接ワイヤーのうち，フラックスを内蔵しない中実のワイヤーをいう。

**そりはふ**〈反り破風〉破風板を上方に凹形に反らしてつくったもの。

**そりやね**〈反り屋根〉傾斜が上方へ凹形に反り上がる形をした屋根。「照り屋根」ともいう。

**そりゅうりつ**〈粗粒率〉コンクリートの骨材の粒度を表すもので，9個のふるいを使い，各ふるいに止まる試料の全量に対する割合の和をいい，砂利は6～7，砂は1.5～3.5ぐらいである。

**ぞろ**〈揃〉揃う意で，同じ平面であること。「面一（つらいち）」ともいう。

**そんりょう**〈損料〉再使用できる仮設材などについて損耗の程度，再使用回数，価値上の割合などから損率を推定し，材料価格に掛けて算定する。

**そんりょうりつ**〈損料率〉再使用可能な仮設材などについて，損量の程度をいう。

組積式構造（ブロック／まぐさ）

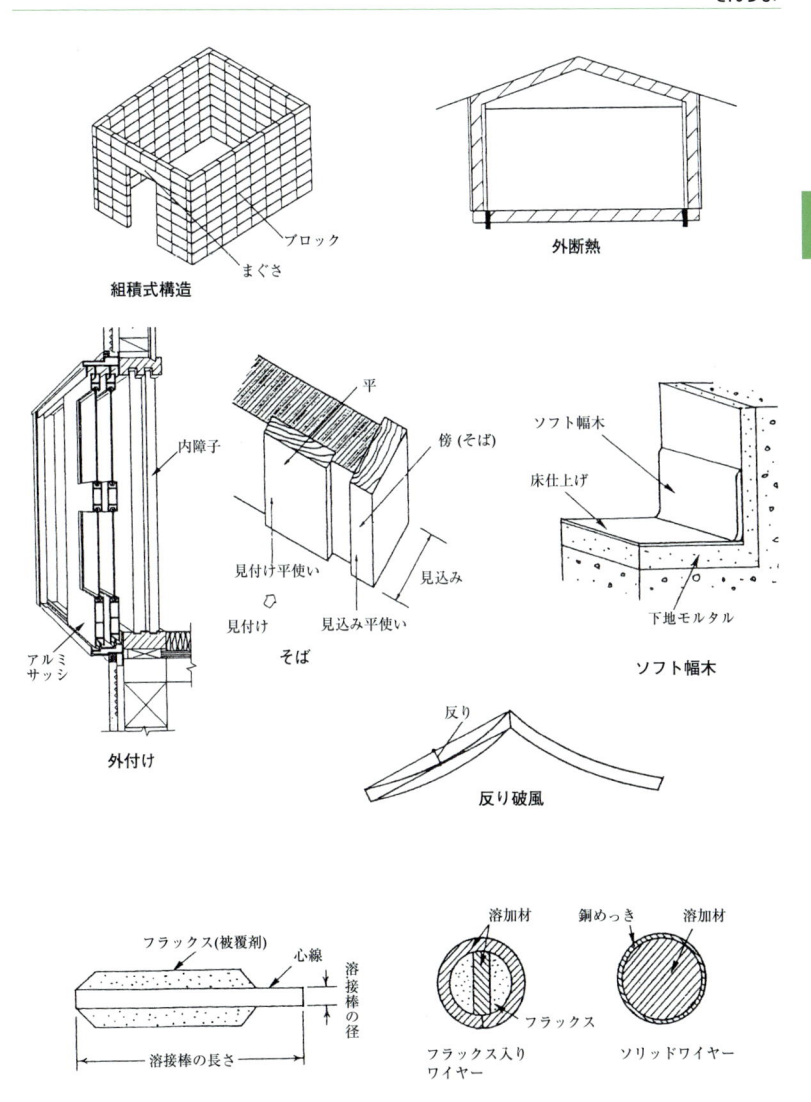

外断熱

外付け（内障子／アルミサッシ）

そば（平／傍（そば）／見付け平使い／見付け／見込み／見込み平使い）

ソフト幅木（ソフト幅木／床仕上げ／下地モルタル）

反り破風（反り）

ソリッドワイヤー（フラックス(被覆剤)／心線／溶接棒の径／溶接棒の長さ／溶加材／フラックス／フラックス入りワイヤー／銅めっき／溶加材／ソリッドワイヤー）

# た

**ターニングポイント**〈turning point〉水準測量の距離が器械の有効視準距離以上の場合，レベルを据えかえるために前視および後視をともにとる点をいう。「盛替え点（もりかえてん）」ともいう。

**タービンポンプ**〈turbin pump〉渦巻き状の羽根車を回転させ，その遠心力で揚水する渦巻ポンプの一つで，羽根車の周囲に案内羽根を付けたもの。上水の揚水とか工事現場の排水など揚程の高い場合に用いられる。案内羽根のないものを「ボリュートポンプ」という。

**タービンミキサー**〈turbin mixer〉ドラムの中で中心軸を回転させ，その軸に付いた羽根によってコンクリートを混ぜるミキサー。

**ターボミキサー**〈turbo mixer〉コンクリートを混ぜる羽根が，垂直軸の周りを回るミキサー。「パンミキサー」ともいう。

**ターンバックル**〈turn buckle〉ねじによって締め付ける金具で，鉄骨構造部の対角線方向の筋かいに多く用いられる。

**ダイアきん**〈―筋〉⇒ダイアフープ

**ダイアゴナルフープ**〈diagonal hoop〉⇒ダイアフープ

**ダイアフープ**〈diagonal hoop〉鉄筋コンクリート柱の主筋相互を対角線に結ぶ補強鉄筋。「ダイア筋」「ダイアゴナルフープ」ともいう。

**ダイアフラム**〈diaphragm〉鉄骨構造の仕口部における補強板の一つ。鋼管柱や角形鋼管柱に大梁を取り付けるとき，梁からの力をうまく伝達するために柱の四周に回して取り付ける補強板。

**ダイアフラムポンプ**〈diaphragm pump〉⇒だるまポンプ

**ダイアルゲージ**〈dial gauge〉材料の変形量を測定子の軸方向移動でとらえ，この微小な動きを回転針子で表示する変位測定器。測定子の動きは1/100mm，または1/1000mmまで読み取ることができる。

**だいかぐらづくり**〈太神楽造り〉⇒おかぐら

**たいかひふく**〈耐火被覆〉建物の骨組を火災から守るため，鉄骨構造の柱や梁などを耐火性能のある材料で覆うこと。被覆材としては繊維補強セメント板，鉄網パーライトモルタルなどがある。

**だいくこうじ**〈大工工事〉⇒もくこうじ

**たいこうせい**〈耐候性〉長期間にわたる気象作用に抵抗しうる性質。建材等の気象による劣化に耐える性質の度合い。

**たいこおとし**〈太鼓落し〉丸太材を小屋梁として使う場合，背を上にした状態で，その両側面を平行に削り落とすこと。仕口部を納まりよくするための加工。

**だいこくばしら**〈大黒柱〉建物の中央付近にあって，他の柱よりも太い柱。象徴的なもので「心の柱」「役柱」などともいう。

**たいこばり**〈太鼓張り〉簡易な間仕切り壁や建具など，骨組の両面から仕上材を張って内部を中空としたもの。

**たいしゃづくり**〈大社造り〉神社建築の本殿様式の一つ。縦横2間の正方形平面の中央に心の御柱があり，切妻屋根，妻入りの出入口が一方に偏っている。代表的なものに出雲大社本殿（島根県）がある。

**たいしんへき**〈耐震壁〉地震などの水平力に抵抗させるよう造られた壁。木造や鉄骨造では，柱と上下水平材で囲まれた部分に筋かいや耐震板を入れ，鉄筋コンクリート造では，柱と上下の梁に壁筋を定着しコンクリートで固める。

**たいすいけんまし**〈耐水研磨紙〉研磨材を丈夫な紙に耐水性の接着剤で接着したもので，水研ぎなどに使用する。

**たいすいごうはん**〈耐水合板〉合板は薄くはいだ突板を奇数枚，繊維方向が互いに直交するよう接着したものであるが，接着剤などが長期間外気や湿潤露出に耐えるようにしたもの。普通合板は特類からⅠ〜Ⅲ類に分類されるが，Ⅰ類を「完全耐水合板」という。

**だいスパンこうぞう**〈大―構造〉柱間隔や支点間隔を広げ，梁の架け渡しを大きくして大空間を造りだす構造。体育館や倉庫，催事場などに用いられ，スペースフレーム，吊り屋根，トラス梁などの手法がある。

**だいせん**〈大栓〉木造骨組の継手や仕口部を固定するため，部材相互に穴をあけて打ち

たいせん

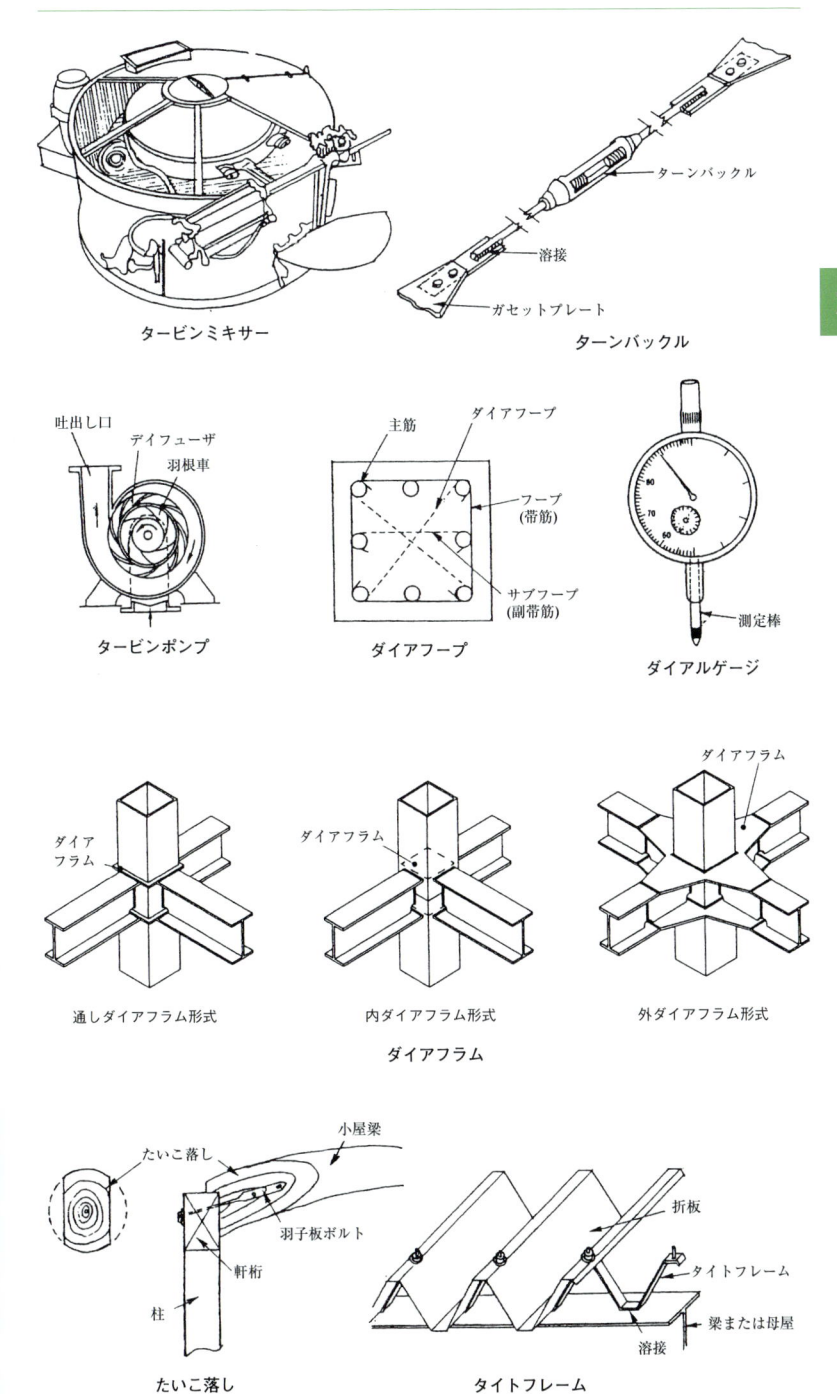

タービンミキサー

ターンバックル
溶接
ガセットプレート
ターンバックル

吐出し口
デイフューザ
羽根車
タービンポンプ

主筋
ダイアフープ
フープ（帯筋）
サブフープ（副帯筋）
ダイアフープ

測定棒
ダイアルゲージ

ダイアフラム
通しダイアフラム形式

ダイアフラム
内ダイアフラム形式

ダイアフラム
外ダイアフラム形式

ダイアフラム

たいこ落し
小屋梁
羽子板ボルト
軒桁
柱
たいこ落し

折板
タイトフレーム
梁または母屋
溶接
タイトフレーム

込む堅木の栓。

**タイトフレーム**〈tight flame〉金属板折板屋根で，折板を取り付けるために折板の形に加工した帯鋼。

**だいなおしかんな**〈台直し鉋〉かんな台の下面の凹凸を修整するかんな。「立て刃鉋」ともいう。

**ダイニングキッチン**〈dining kitchen〉食事室と台所を一緒にした室。動線が短くなり効率的である。「DK」ともいう。

**タイバックこうほう**〈—工法〉土止め壁の後ろの地山にアンカーを設け，腹起しを連結して山留め壁を受ける工法。「アースアンカー工法」「グランドアンカー」「グラウンドアンカー工法」「地盤アンカー工法」「バックアンカー工法」ともいう。

**だいぶつよう**〈大仏様〉鎌倉時代初期の寺院建築様式の一つ。僧重源によって中国から伝えられたもので，代表的なものに東大寺南大門（奈良県），浄土寺浄土堂（兵庫県）がある。「天竺様」ともいう。

**だいめだたみ**〈台目畳〉茶室に用いられる畳で，茶具を飾る棚である台子（だいす）を置くための畳目を除いたもの。普通の畳の3/4の大きさのもの。

**だいめどこ**〈台目床〉台目畳と同じ大きさの畳を，床敷きとして用いた形式の床の間。

**だいもちつぎ**〈台持ち継ぎ〉両部材の木口を互いに斜め方向に加工し組み合わせる継手で，だぼまたは大栓を用いて固定する。通常，支持材の真上で用いるもので，桁，梁，小屋梁の継手に使われる。

**タイヤドーザー**〈tire dozer〉大型四輪タイヤで移動するトラクターに，土工板を付けた土工機械。ブルドーザーと同じ働きをする。→ブルドーザー

**ダイヤモンドカッター**〈diamond cutter〉コンクリートや鉄板などの硬い材料を切る機械で，ドラムの先端に人工ダイヤモンドを取り付け，これを回転させながら切断する。

**タイヤローラー**〈tire roller〉盛土などの転圧を行う機械。前輪と後輪部にすきまなく空気タイヤを装着し，これを駆動して地盤を転圧する。重量を大きくすれば締固めの効果が上がる。

**だいりせきばり**〈大理石張り〉最も優れた石材である大理石を張り付けて仕上げるもの。一般には内装に用いられ，だぼ，引き金物などで下地鉄筋に緊結し，石裏の横合端に帯状のモルタルを詰め込んで，眠り目地とする。外装に用いる場合は，注ぎとろを石裏全面に詰め込む。

**タイル**〈tile〉陶磁器製品で，用途により内装タイル，外装タイル，床タイル，モザイクタイルがあり，素地の質により磁器質，せっ器質，半磁器質，陶器質タイルがある。また表面上薬の有無により施釉（ゆう），無釉タイルがある。

**タイルカーペット**〈tile carpet〉正方形のタイル状につくられた織物製床材。40cm角，50cm角状のものがある。

**タイルこうじ**〈—工事〉タイルをモルタルやセメントペーストを用いて，下地材に張り付ける仕上工事の総称。

**タイルごしらえ**〈—拵え〉タイル割りによりはんぱ物を必要とする場合，タイル鎚（つち）やタイルカッターなどで加工して用意すること。

**タイルさきづけこうほう**〈—先付け工法〉タイルを型枠面に配列固定しておき，コンクリート打設によりタイルが張り上がる工法。「現場型枠先付け工法」と「PC板先付け工法」がある。

**タイルじき**〈—敷き〉⇒タイルばり

**タイルばり**〈—張り〉壁や床にタイルを張り付けること。床にタイルを張ることを「タイル敷き」ともいう。

**タイルわり**〈—割り〉タイルを見栄えよく割り付けることで，端部にはんぱ物を必要とする場合は，小さな切り物にならないように割り付ける。

**だいわ**〈台輪〉木造建築物で，2階の床梁を支える胴差しの上に架け渡し，2階の管柱を受けるようにした水平材。他に，横木を二重にした場合の上側の材，または下側の材などをいう。

**だいわどめ**〈台輪留め〉土台や胴差しなどの出隅，長押や回り縁などの出隅の留め仕口の一つ。片蟻の目違いほぞを両側につくり，角を拝み留めのように見せる化粧仕口。

**ダウンライト**〈down light〉電球を天井に埋め込み，下向きに直接照明する形の器具。「下向き灯」ともいう。

**たがね**〈鏨〉鋼材を切断するために用いるのみのような工具。または石工事用工具。石面に筋を付けたり，合端の角を削るときに使用する。

たかね

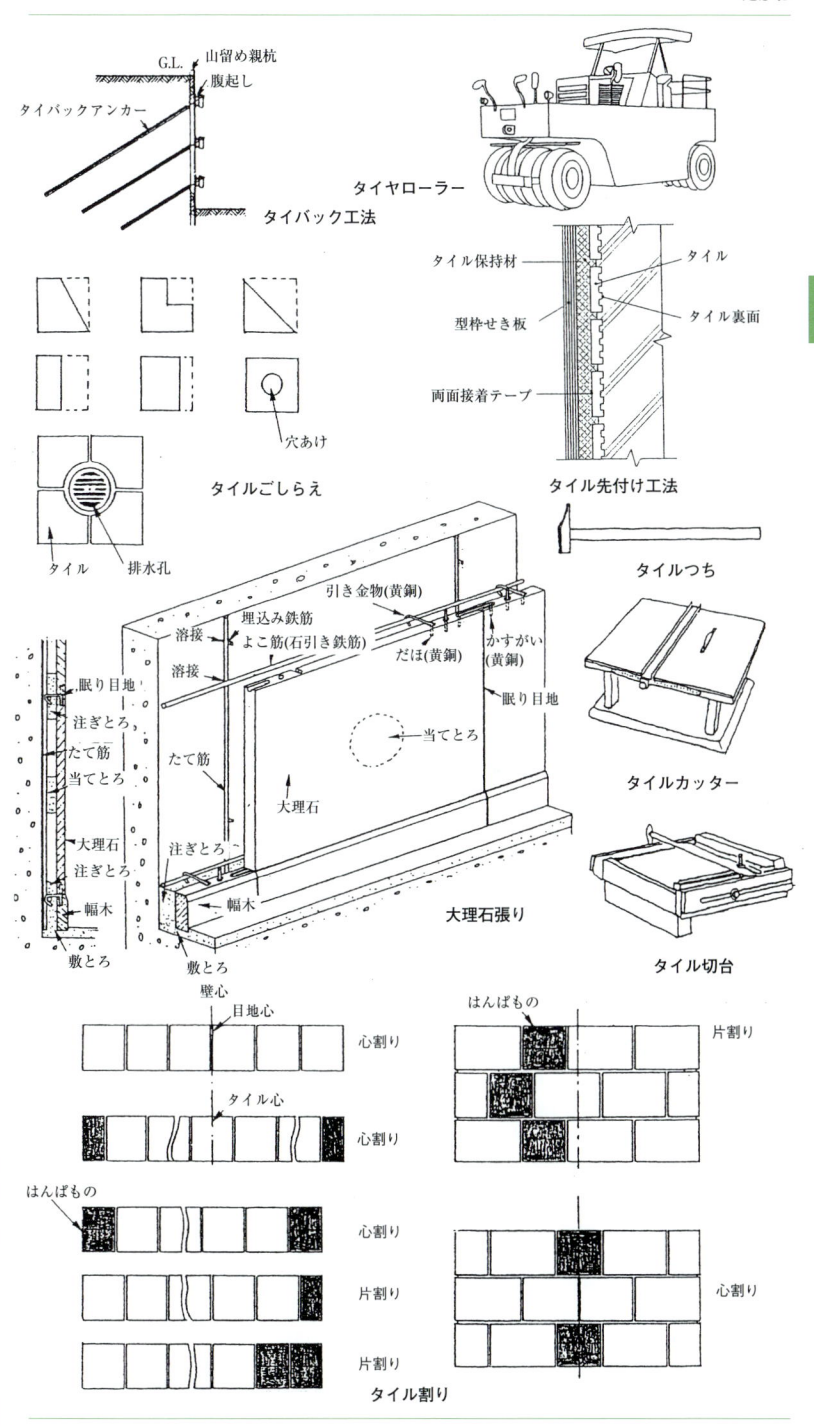

**タイバック工法** — G.L.、山留め親杭、腹起し、タイバックアンカー

**タイヤローラー**

**タイルごしらえ** — 穴あけ、タイル、排水孔

**タイル先付け工法** — タイル保持材、タイル、型枠せき板、タイル裏面、両面接着テープ

**タイルつち**

**タイルカッター**

**タイル切台**

**大理石張り** — 引き金物(黄銅)、埋込み鉄筋、溶接、よこ筋(石引き鉄筋)、だぼ(黄銅)、かすがい(黄銅)、眠り目地、たて筋、当てとろ、大理石、注ぎとろ、幅木、敷とろ

**タイル割り** — 壁心、目地心、タイル心、心割り、片割り、はんぱもの

**だきあしば**〈抱き足場〉一側足場のうち、布丸太が建地を挟んで2本になるもの。→かたあしば

**だきあわせばり**〈抱合せ梁〉⇒あわせばり

**だきこみほぞ**〈抱込み柄〉打ち出しほぞと目違いほぞを木口に組み合わせたもので、打ち出しほぞは鼻栓止めとする。

**ダクト**〈duct〉空気調和設備や換気設備の空気の導管をいう。角形と丸形があり、亜鉛鉄板などでつくられる。「風道」ともいう。

**ダクトスペース**〈duct space〉風道管を通すための空間。または隠ぺい、収納するための空間。

**だげきしきくいうちき**〈打撃式杭打ち機〉ドロップハンマーやディーゼルハンマーを用いて、杭を地中に打ち込む機械。

**たけこまい**〈竹小舞〉木造真壁に用いられる下地。柱に通した貫を支えに、縦横に割竹を縛り付けてつくる。「小舞下地」ともいう。

**たけのこめん**〈筍面〉丸太状断面の床柱の下部を一部垂直に削り、木目をすこし見せるようにしたもの。三角形状の板目を筍の形に見立てている。

**たこ**〈蛸〉直径45～60cm、高さ30～60cmくらいの切丸太に、2～4本の柄を付けたもので、割ぐり石の突固めや短い木杭などの打込みに用いられる道具。普通2～4人で柄を持ち、落とすようにして使用する。

**たさいもようとりょうぬり**〈多彩模様塗料塗り〉2色以上の色の粒が溶け合わずに、均一に分散した液状の塗料を吹き付けて、色散らしの模様をつくる塗装仕上げ。ゾラコートは代表的なものである。

**だしげた**〈出し桁〉ひさしなどを支えるため外壁面より外に出した桁。腕木や出し梁の先端で受けたり、独立柱で支持する。

**ダストシュート**〈dust chute〉上部階の投入口から入れたゴミが、最下階の一定場所に集まるようにしたゴミの収集設備。投入口にはふたを付けたホッパーを設け、ほとんど垂直状に導管部をつくる。

**だせつ**〈打設〉コンクリートを型枠に打ち込むこと。

**たたき**〈叩き〉花崗岩や安山岩などが風化した土に消石灰や水を加えて硬化させ、突き固めて土間としたもの。「漆喰叩き」「土間仕上げ」ともいう。

**たたき**〈叩き〉⇒びしゃんたたき、しっくいたたき

**たたきしあげ**〈叩き仕上げ〉石やコンクリート、モルタルの表面仕上げで、種々の工具でたたいて粗面仕上げにすること。

**たたきのみ**〈叩き鑿〉柄の頭に金輪をはめ、玄能でたたいて使用するのみ。穴や溝を彫るための工具。

**たたきぶき**〈叩き葺き〉⇒きりぶき

**たたみ**〈畳〉稲わらを縫い固めてつくった畳床にいぐさの畳表をかぶせ、長手方向の縁に畳縁を縫い付けて仕上げたもの。和室の床に敷き詰めて用いる。地方によって寸法が異なり京間、中京間、江戸間などがある。

**たたみごしらえ**〈畳拵え〉畳割りにより畳床を切り合わせて、畳表、へりを縫い付けること。

**たたみじき**〈畳敷き〉畳を敷き詰めて床仕上げとするもの。

**たたみどこ**〈畳床〉畳として使うわら床。また、畳を敷き床がまちで一段高くした床の間。

**たたみよせ**〈畳寄せ〉壁と畳の境に使われる縁木。柱と柱の内側に納め、すきまを埋める細木。

**たたみわり**〈畳割り〉畳敷きの室の大きさを測定し、畳の敷き方、各畳の大きさを割り付けること。

**たっぱ**〈建端、立端〉水平面から折れ上がった垂直部分の高さなど。「立上り」ともいう。

**タップ**〈tap〉鋼材などにあけた穴に、めねじを切り込む工具。

**たていれなおし**〈建入れ直し〉柱を建てたり、建具を取り付けたりするときの垂直度を調整すること。

**たてかた**〈建方〉軸組など構造材を基礎の上に建て上げる作業。木造建物では土台を敷き、柱を建て、梁を架け渡して小屋を組み上げ、棟を上げるまでの一連の作業をいう。

**たてがたシュート**〈たて型—〉⇒ドロップシュート

**たてがまち**〈竪框〉ガラス戸や障子戸など建具の縦の両側に使われる枠木。上部横枠を上がまち、下部を下がまちという。

**たてぐ**〈建具〉開口部に取り付けて、その部分を開閉する戸や窓などの総称。通常は建具枠と可動部とからなるが、用途により枠のない場合、建具が可動しない場合もある。

**たてぐかなもの**〈建具金物〉扉や窓など建

たてくか

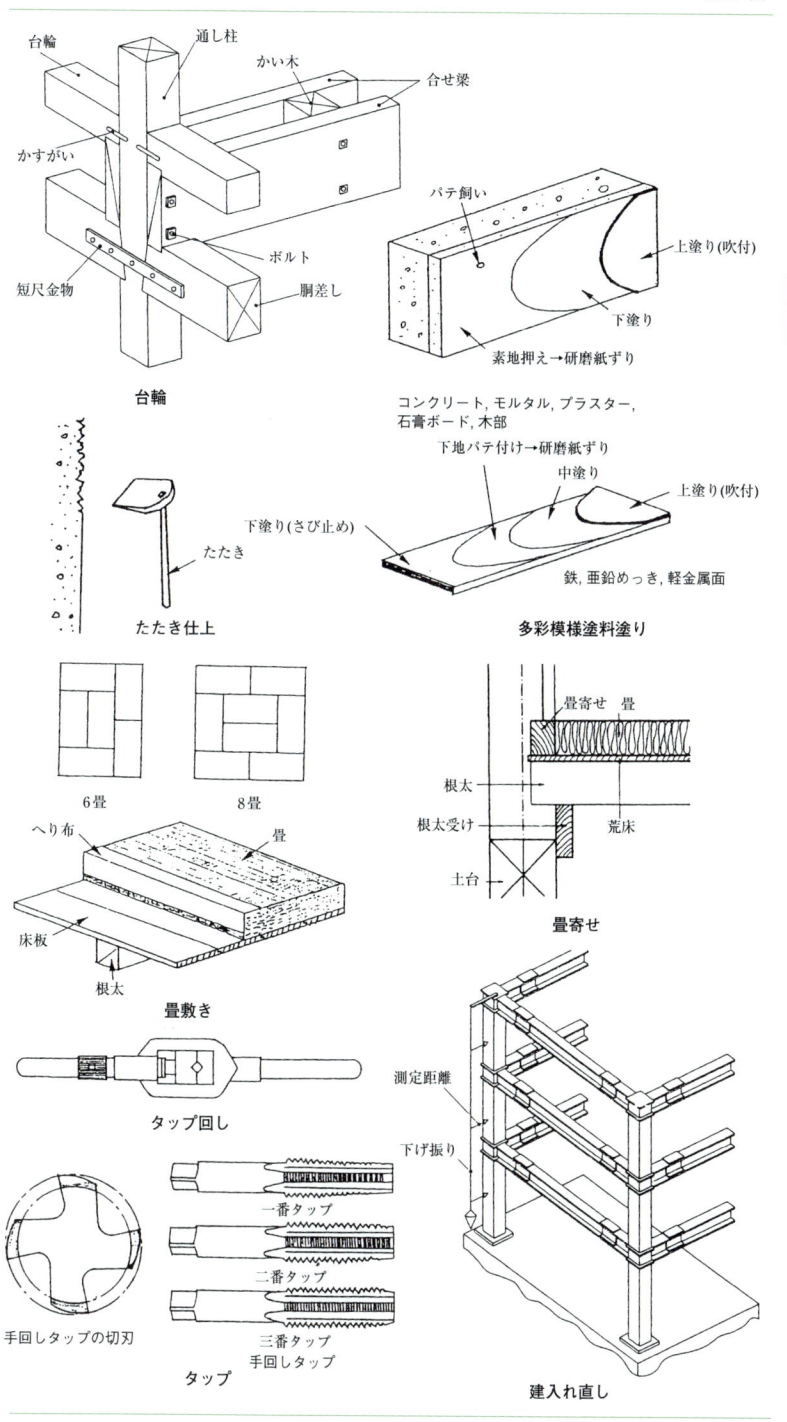

**台輪** — 通し柱、かい木、合せ梁、かすがい、短尺金物、ボルト、胴差し

**多彩模様塗料塗り**
- パテ飼い、上塗り(吹付)、下塗り、素地押え→研磨紙ずり
- コンクリート, モルタル, プラスター, 石膏ボード, 木部
- 下地パテ付け→研磨紙ずり、中塗り、上塗り(吹付)、下塗り(さび止め)
- 鉄, 亜鉛めっき, 軽金属面

**たたき仕上** — たたき

**畳敷き** — 6畳、8畳、へり布、畳、床板、根太

**畳寄せ** — 畳寄せ、畳、根太、根太受け、荒床、土台

**タップ回し**

**手回しタップの切刃**

**タップ** — 一番タップ、二番タップ、三番タップ 手回しタップ

**建入れ直し** — 測定距離、下げ振り

具の取付け，開閉，施錠などに用いられる金属具の総称。

**たてぐこうじ**〈建具工事〉建築工事の一つで，建物に建具枠や窓・扉，建具金物やガラスなどの取付けを行う工事。

**たてぐひょう**〈建具表〉建築設計図の一つで，建具の形状，寸法，材質，仕上げなどを一覧表にした図面。

**たてぐひょうじきごう**〈建具表示記号〉建具を材料種類別，開閉方法別，構成種類別に表したいときに用いる製図表示記号。〈JIS A 0151〉付図参照

**たてこ**〈竪子〉格子や障子戸で垂直方向に組まれる細木。「竪組子」ともいう。

**たてこみ**〈建込み〉あらかじめ用意された建具類を，現場合せをしながら開口部に取り付けること。

**たてしげしょうじ**〈竪繁障子〉横組子に対して竪組子の間隔を狭く，多く組んだ障子戸。逆のものは「横繁障子」という。

**たてじまるた**〈建地丸太〉丸太足場の支柱として垂直に建てる丸太材。

**たてずみ**〈竪墨〉コンクリート躯体面などに垂直方向の基準線として打たれる墨。柱心，壁心，開口部心などの心墨がある。

**たてつけ**〈建付け〉建具枠と建具との接触面における精度。または建具の開閉具合。閉めたときにすきまがあったり，開閉がうまくいかないと「建付けが悪い」ということになる。

**たてつぼ**〈建坪〉建築物の1階床が専有する面積。建物が敷地に占める面積を坪単位で表現したもの。

**たてどい**〈竪樋〉屋根の雨水を軒どいから地上の排水溝などへ導くため，垂直に取り付けるとい。→とい

**たてのぼせばしら**〈建登せ柱〉⇒とおしばしら

**たてばかんな**〈立て刃鉋〉⇒だいなおしかんな

**たてはぜ**〈立て鈎〉金属薄板のはぜ継ぎの一つで，接合板の端部を互いに垂直に立て上げ，巻き合わせて継ぐ方法。

**たてはめいたばり**〈竪羽目板張り〉板を縦に張り上げるもので，竪継目ははぎ合せとしたり，目板や敷目板を打って仕上げる。

**たてびきのこ**〈縦挽き鋸〉木材を繊維方向にひき切るのこぎり。歯の形は三角形で，間隔は横びきよりすこし粗くしてある。→のこぎり

**たてほぞ**〈竪枘〉水平材の端部に設ける縦長の短いほぞをいう。敷居を柱に取り付ける場合などに用いられる。→しきい

**たてまえ**〈建前〉木造の建築工事などで，あらかじめ加工しておいた柱，梁，小屋組などの骨組を現場で一気に建て上げ棟木を取り付けるまでの作業。

**たてやりかた**〈竪遣方〉ブロックやれんが積みなどの場合に，積み上げる高さを一定にするため設ける遣方。

**たてわく**〈建枠〉枠組足場の垂直部材で，順次積み上げることのできる鳥居形の型枠。

**たなあしば**〈棚足場〉天井張りや室内作業に使用され，切丸太や脚立などの上に棚板や足場板を並べるもの。

**たにぎ**〈谷木〉2つの屋根面が下がって交わるところが谷で，谷を受けるための小屋組材をいう。

**たにきり**〈谷切り〉石材の切断加工法で，周囲の縁を斜めに切り落とし，継目部分が谷のようにV形になるような仕上げ。

**たにぐちがわら**〈谷口瓦〉⇒たにそでがわら

**たにざん**〈谷桟〉屋根面谷部分の両側に取り付ける瓦留め用の桟木。

**たにそでがわら**〈谷袖瓦〉瓦屋根の谷部分に使われるもので，三角形のそで付き瓦。「谷口瓦」ともいう。→かわら

**たにづみ**〈谷積み〉⇒おとしづみ

**たにどい**〈谷樋〉屋根が交わる谷部分に設けるとい。

**たにぶき**〈谷葺き〉屋根の谷部分を，各種の屋根葺き材に応じて谷形に葺くこと。

**たぬきぼり**〈狸掘り〉⇒したぼり

**たねいし**〈種石〉テラゾーや人造石の仕上げに用いられる花崗岩，大理石などの砕石。仕上げ面に露出し仕上げを特徴づけるもの。

**だぼ**〈太枘〉2つの木材が接触面でずれるのを防ぐため，接触面内部に入れ込む堅木の栓をいう。また，張り石に用いられる継ぎ材で，個材相互のずれを防ぐために，両材にまたがるように挿入する小鉄片や短鉄筋のこと。

**たまいし**〈玉石〉安山岩や花崗岩などの丸石で，直径20～30cm程度のもの。礎石，縁石，敷石や木造の束石などに用いられる。

**たまがたべん**〈玉形弁〉管内の水流を開閉

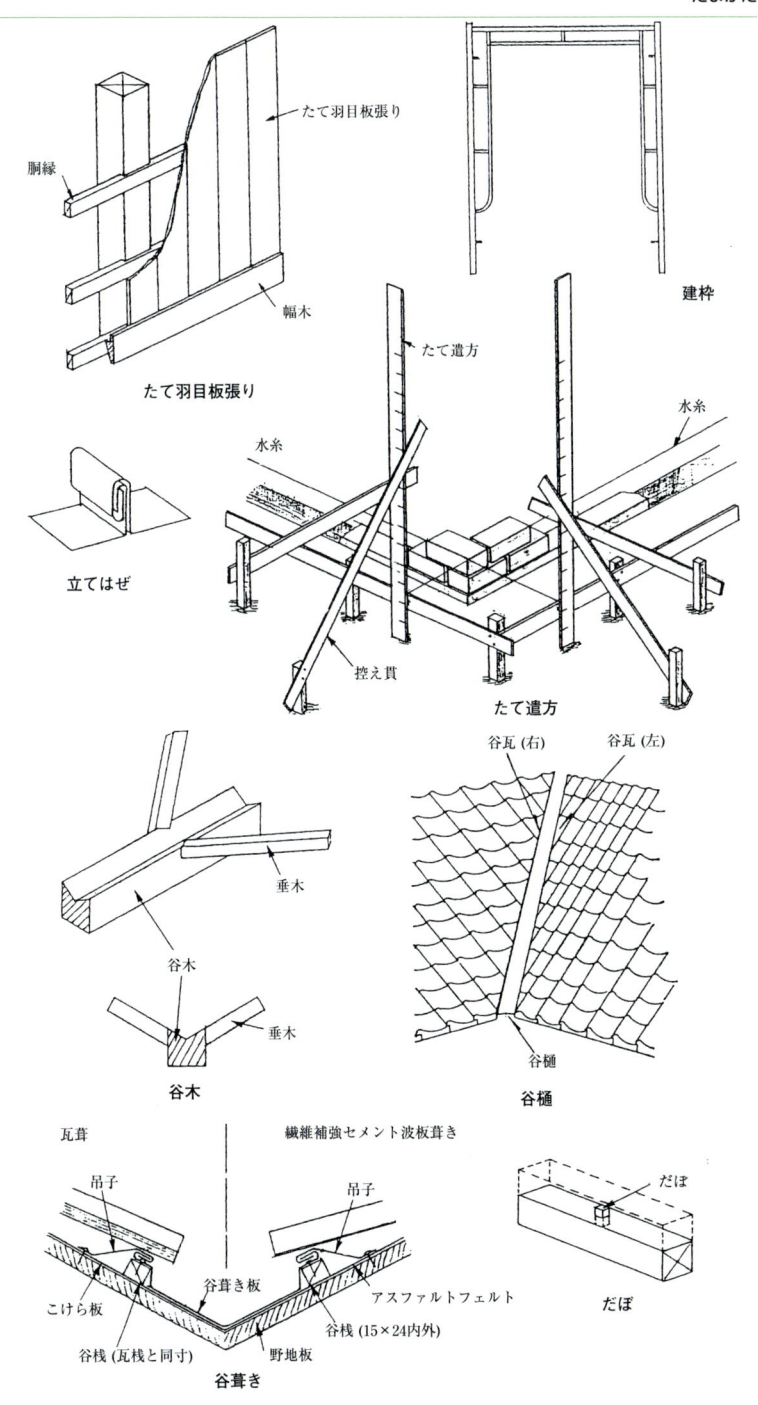

たて羽目板張り
胴縁
幅木
たて羽目板張り

建枠

立てはぜ

たて遣方
水糸
控え貫
たて遣方

谷木
垂木
谷木
垂木

谷瓦(右) 谷瓦(左)
谷樋
谷樋

瓦葺
吊子
こけら板
谷桟(瓦桟と同寸)
繊維補強セメント波板葺き
吊子
谷葺き板
谷桟(15×24内外)
アスファルトフェルト
野地板
谷葺き

だぼ
だぼ

する弁の一つ。ねじの上下動によって行う方式のもので，「グローブ弁」ともいう。

**ダミー**〈dummy〉ネットワーク方式の工程表で，相互の作業関係を表すために用いる矢線。作業内容や期間を示すものではなく破線で描かれる。

**ダムウェーター**〈dumbwaiter〉貨物用の小型エレベーターで，かごの床面積1m²以下の搬送機。「リフト」「電動ダムウェーター」ともいう。

**だめコンクリート**〈駄目—〉工事の未完成部分に追加し打設するコンクリート。

**だめしごと**〈駄目仕事〉工事がほとんど終わった段階で，一部残っている部分や手落ち部分を仕上げる仕事をいう。

**ためしぼり**〈試し掘り〉⇒しけんぼり

**だめなおし**〈駄目直し〉仕上げなどで施工不良箇所を直すこと。

**ためます**〈溜枡〉排水管の折れ曲り部や分岐点，または直線部の途中に設けて排水中の砂やゴミを留めるようにするもの。蓋を開けて溜まったものは取り出し，水流をよくすることができる。

**だめまわり**〈駄目回り〉仕上工事などで施工不良箇所を点検，見回ること。

**たるき**〈垂木〉小屋組部材の一つ。棟木，母屋，軒桁に架け渡す材で，この上に野地板が張られる。→こやぐみ

**たるきがけ**〈垂木掛け〉ひさしや差掛け屋根の垂木の下端を壁際で支える材。

**たるきわり**〈垂木割り〉下から見える化粧垂木の配置間隔。垂木の配置には出隅部を扇状にする扇垂木，平行に配置する平行垂木があるが，おもに後者の割付けをいい，繁割り，半繁割り，吹寄せ割り，まばら割りなどがある。

**だるまポンプ**〈達磨—〉皮革やゴムの隔膜を上下に動かし，吸上げ弁を上下させて流体を吸い上げる機器。「ダイアフラムポンプ」「膜ポンプ」ともいう。

**たるみやりかた**〈弛み遣方〉遣方の位置による名称。通常間隔が7m以上離れているとき，水糸のたるみを防ぐために設けるもの。

**たれかべ**〈垂れ壁〉上部より途中まで，垂れ下がるように取り付けられた小壁。

**タワーエキスカベーター**〈tower excavator〉掘削機械の一種で，タワーの上から張られたロープに付けられたバケットを地面に沿って引き寄せながら掘削する機械。

**タワークレーン**〈tower crane〉塔状のマストに水平にブームを具備し，高層建築に用いる高揚程の起重機。

**タワーデリック**〈tower derrick〉コンクリートタワーなどに旋回部を設けて，これにピン接合でブームを連結したもの。ブームの起伏や荷物の上げ下げは，ワイヤーロープによりウインチで行う。「タワーブーム」ともいう。

**タワーピット**〈tower pit〉コンクリートタワーの下部を地下に入れるために掘った穴。

**タワーブーム**〈tower boom〉⇒タワーデリック

**タワーホッパー**〈tower hopper〉コンクリートタワーの上部に付けてコンクリートを受け取り，シュートなどに流し出す漏斗形の装置。

**たわみ**〈撓み〉梁などの水平材が荷重を受けて下に曲がる変位量。通常，許容範囲内の変位量をいうが，床材などこれが大きいと揺れて歩きにくくなる。

**だんいた**〈段板〉木製階段の踏板。

**たんいつざい**〈単一材〉鉄骨構造などで，鋼管柱や形鋼梁のように，組み立てることなく単一の材で構成される部材。

**たんかうけおい**〈単価請負〉総額を定めて請け負う総額請負が一般的であるが，工事数量が確定しない場合その単価だけを定めて，仕事が完成したとき実施数量によって精算する請負。

**たんがらコンクリート**〈炭殻—〉石炭やコークスの燃料かすである炭がらを，骨材として用いる軽量コンクリート。陸屋根の防水層押えなどに用いる。「シンダーコンクリート」「アッシュコンクリート」ともいう。

**たんかんあしば**〈単管足場〉鋼製単管足場のことで，必要長さの鋼管を緊結金具や継手金具を用いて，丸太足場のように組み立てる足場。→こうかんあしば

**たんきかじゅう**〈短期荷重〉構造物に作用する荷重のうち，風圧力，地震力，積雪荷重など短期間作用する荷重をいう。構造計算ではこれらに固定荷重，積載荷重を加えて短期荷重とする。

**だんごう**〈談合〉請負工事の入札にあたって，指名された入札関係者が前もって話し合

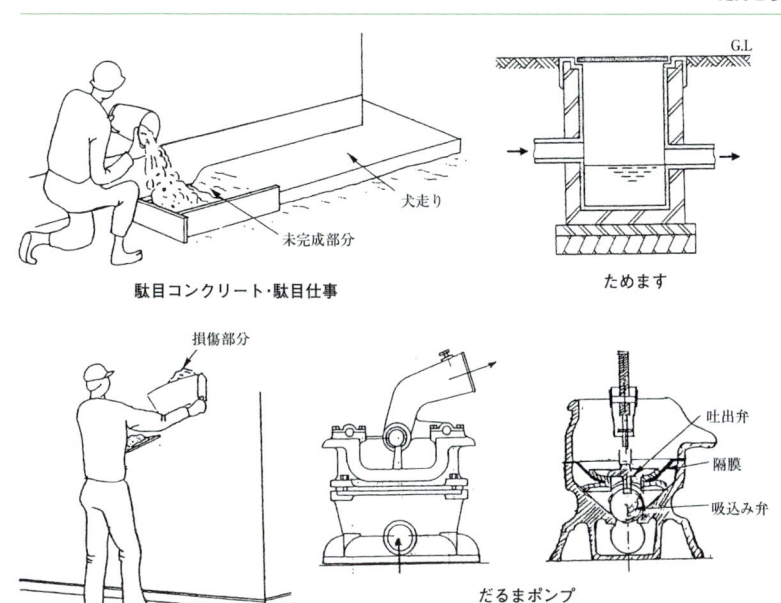

駄目コンクリート・駄目仕事　　　　　ためます

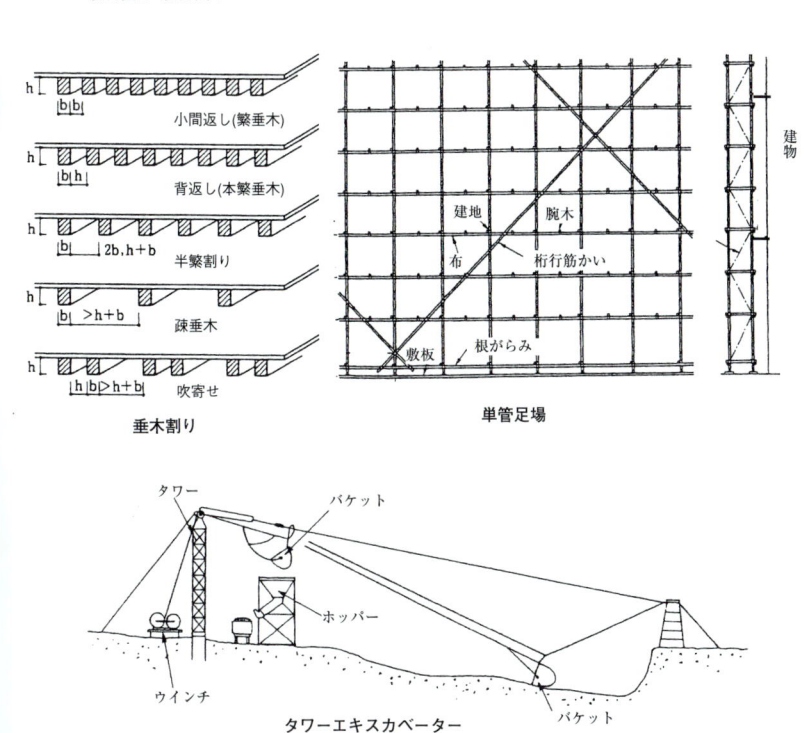

駄目直し・駄目回り　　　　だるまポンプ（吐出弁／隔膜／吸込み弁）

垂木割り
- 小間返し(繁垂木)
- 背返し(本繁垂木)
- 半繁割り
- 疎垂木
- 吹寄せ

単管足場（建地／腕木／布／桁行筋かい／敷板／根がらみ／建物）

タワーエキスカベーター（タワー／バケット／ホッパー／ウインチ／バケット）

い，入札価格や入札順序をあらかじめ決めておくこと。制度上不正行為とされる。

**だんごばり**〈団子張り〉タイル裏にだんご状のモルタルを付け，下地に押し付け軽くたたきながら張るタイル張り法。タイル裏にすきまができ，水が入るとエフロレッセンスが生じやすい欠点がある。「積上げ張り」ともいう。

**たんさかん**〈探査桿〉直径2.5cmほどの鋼管でできている貫入試験用の工具。一定の長さのものを連結しながら地中に打ち込み，貫入抵抗や支持盤の深さを測ったり，土試料をパイプの中へ入れて採取したりする。「ハンドボーリング」ともいう。

**たんざくかなもの**〈短冊金物〉木造継手・仕口部の補強金物で，細長い帯板状の金物。

**たんさんガスアークようせつ**〈炭酸―溶接〉炭酸ガスの中で行うアーク溶接。

**たんじゅんばり**〈単純梁〉回転支点と移動支点で支持される1スパンばり。静定梁の一つで，通常の木造梁はこれにあたる。

**たんしょう**〈単床〉大引きや床梁を用いず根太だけを直接，桁や胴差しに架け渡した床組。スパン1～2mの縁側や廊下などの床に用いられる。「根太床」ともいう。

**だんせい**〈弾性〉材料は外力を加えると伸びたり曲がったり変形するが，その外力を除くと元の形に戻る性質をいう。元に戻らない性質は「塑性」という。

**たんぞう**〈鍛造〉加熱した金属をたたいたり曲げたり，打ち延ばしたりして成形する加工法。

**だんぞくすみにくようせつ**〈断続隅肉溶接〉母材相互の隅部を溶接する隅肉溶接において，連続的に行うのでなく一定の間隔を取って断続的にビードを設ける方法。「並列断続溶接」と「千鳥断続溶接」がある。

**たんそこう**〈炭素鋼〉鋼と炭素の合金で，炭素量0.008～2.0%のもの。炭素量によって性質が異なり，極軟鋼，軟鋼，半軟鋼，半硬鋼，硬鋼，最硬鋼がある。通常は炭素量0.8%以下，マンガン0.9%以下，シリコン0.4%以下などの建築用鋼材をいう。

**だんつう**〈緞通〉敷物用織物の一つ。敷織物の総称として使われる絨毯（じゅうたん）とくらべ，こちらは主として手織りで一枚物をさす。

**だんつぎ**〈段継ぎ〉⇒あいがき

**タンデムローラー**〈tandem roller〉整地面の締固め用機械の一つ。鋼製ローラーが前後に一輪ずつ付いた2軸タンデムと一輪と二輪が前後に配置された3軸タンデムがある。アスファルト舗装の仕上げなどに用いられる。

**だんどり**〈段取り〉工事の着手に先だって，工事が円滑に進行するように仮設物，機械工具類を準備・計画すること。

**だんねつざい**〈断熱材〉熱伝導率が小さい材料。一般に多孔質のプラスチック発泡材，繊維質材料などでつくられる。木造住宅の外壁，小屋裏，床下などにも使われ，内外の温度調整を行う。

**タンパー**〈tamper〉床面にコンクリートを打ち込んだ後，沈みや亀裂などの防止のため表面をたたくときに用いる道具。またエンジンの回転を往復運動に変え，衝撃力を利用して土砂を締め固める機械。割ぐり石を突き固めるときにも使用する。

**ダンパー**〈damper〉換気および空気調和用ダクト内の風量を調節，閉鎖，分配するもの。金属板の羽根や回転扉がダクト内の分岐点，吹出し口，吸込み口などに取り付けられる。

**たんぱんせきそうざい**〈単板積層材〉ベニヤレーススライサーとかベニヤソーという機械で製造する木材の薄板を，繊維方向を平行にして何枚も接着した加工木材。木材のもつ不均一性を改善し長大材を得るのに適する。「積層材心合板」は，心材に単板積層材を用いた合板で，家具，ドア，間仕切り材として用いられる。

**タンピング**〈tamping〉床面のコンクリート打設後，コンクリート表面をタンパーで打撃して締め固め，沈み亀裂の防止や仕上げの下地とすること。「再打法」ともいう。

**タンピングローラー**〈tamping roller〉盛土などの締固めに用いる機械で，ローラーの表面に突起物が付いていて，トラクターなどを使って引っ張る。ローラー内に入れる砂や水でその重量を調整し，突起物を地盤にくい込ませて締め固める。

**ダンプカー**〈dump car〉積荷を入れる容器を回転して積荷を一度に全部排出できる運搬車。レールの上を走行するものやトラックのように自由に走行できるものがある。

**だんぶき**〈段葺き〉葺き草をたば（束）のまま用い，小口を見せて段形に葺く草葺きを

たんふき

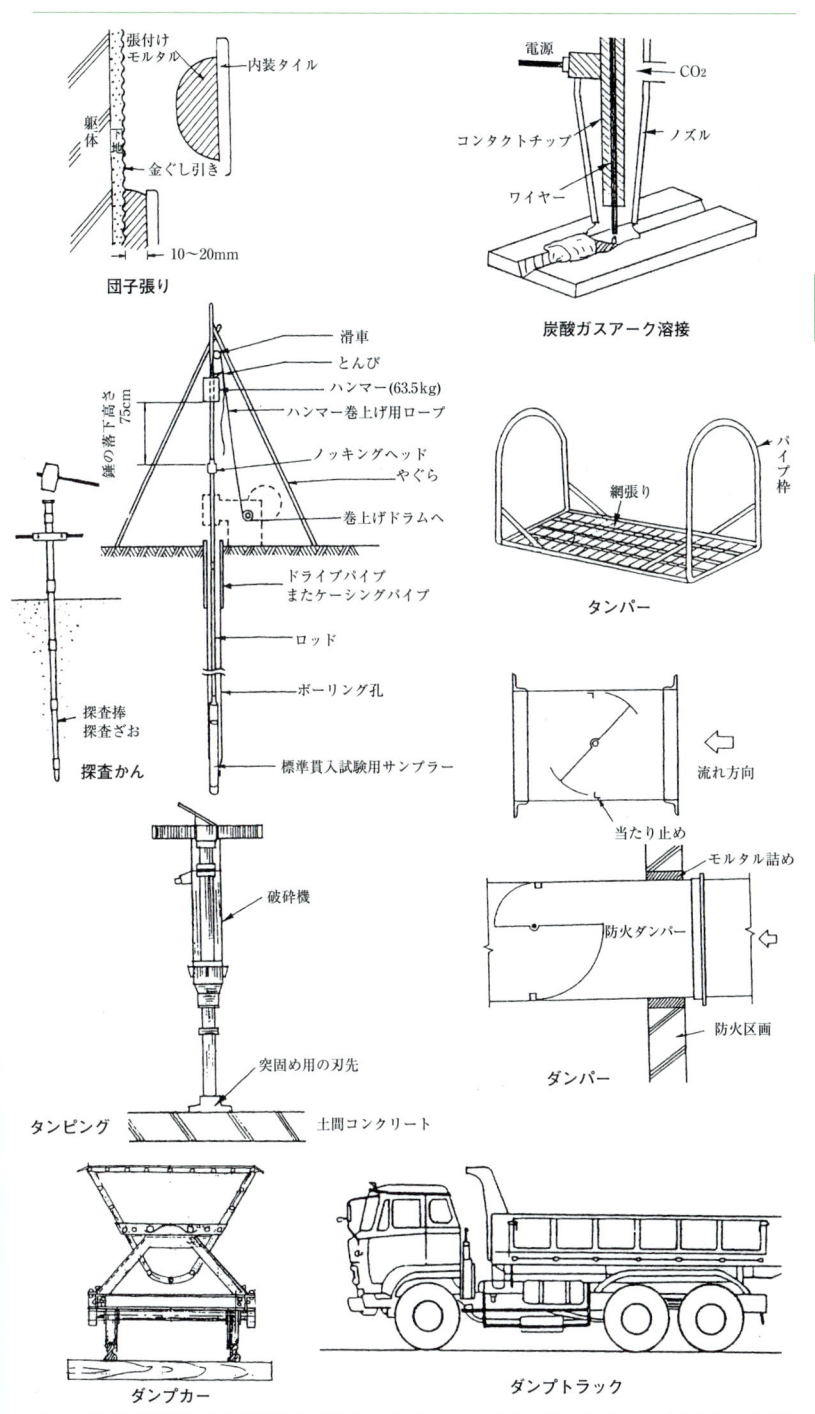

団子張り

炭酸ガスアーク溶接

探査かん

タンパー

ダンパー

タンピング

ダンプカー

ダンプトラック

いう。→くさぶき

**ダンプトラック**〈dump truck〉トラック形式のダンプカー。後ろに傾斜するリヤーダンプ，側方に傾斜するサイドダンプに分けられ，傾斜方式は油圧ジャッキを用いるものが多い。

**タンブラースイッチ**〈tumbler switch〉レバーを押したり起こしたりして電気回路を開閉するスイッチ。照明器具などに用いられる。

**だんぼうほうしき**〈暖房方式〉個別式と中央式に分けられ，暖房する室内で火をたいて熱する方法の個別式には，いろり，こたつ，ストーブ，オンドルなどがあり，1箇所のボイラーから各室へ熱を供給する中央式には，蒸気暖房，温水暖房，温風暖房，放射暖房などがある。

**たんほぞ**〈短柄〉鴨居を柱に取り付ける場合などに使われる，長さが比較的短いほぞをいう。

**だんめんしょうさいず**〈断面詳細図〉建築設計図面の一つで，建築物を垂直に切断した状態を，縮尺1/20程度で詳細に表した図面。特に，外壁部の基礎から軒先までを描いたものを「かなばかり図」という。

**だんめんず**〈断面図〉建築設計図面の一つで，建築物の主要な部分を垂直に切断し，縮尺1/100から1/200程度で内部の断面形状を描いたもの。地盤面からの各部の高さ，基準寸法などが記入される。

**だんめんリスト**〈断面─〉建築設計図面の一つで，柱や梁など各部材の断面形状や材質，寸法などを一覧表にしたもの。鉄筋コンクリート造では配筋状態も記入される。

# ち

**チェーンソー**〈chain saw〉鎖状になった歯を長円形鋼板の縁に沿って回転させて木材を切る電動のこぎり。

**チェーンブロック**〈chain block〉滑車と鎖の組合せで，人力により重量物を上げ下げする器具。

**チェッカードプレート**〈chequered plate〉⇒しまこうはん

**ちがいだな**〈違い棚〉床の間の脇に設けられる座敷飾りの一つ。段違いの飾り棚を中心にして，天袋，地袋などが取り付けられる。→とこのま

**ちからぬき**〈力貫〉⇒おおぬき

**ちからぼね**〈力骨〉襖戸は格子状に組まれた組子に両面から襖紙を貼ったものだが，組子を補強するために入れる太くした組子をいう。また，変形を防ぐために四隅に「力板」という補強板を入れる。付図参照

**ちかんこうほう**〈置換工法〉軟弱な地盤で地盤の層が薄い場合の改良法で，地盤の一部あるいは全面を砂や良質な土と取り換える工法。

**ちぎりつぎ**〈千切り継ぎ〉きね形，つづみ形の継ぎ木を別につくり，互いの材にはめ込んで接合する方法。板の末端を継ぐ場合にも使用される。

**ちごむね**〈稚児棟〉隅棟の一つで，隅の降り棟の先に鬼瓦を置き，さらに軒先に向かって短く取り付けた棟。

**ちせきそくりょう**〈地籍測量〉敷地の所在地，境界，形状，面積などを調査・測量すること。

**ちそう**〈地層〉ある地域や場所の地盤の層。砂，砂利，粘土など土質の性状，岩石の種類，土質の分布状況などを現すもの。

**ちたいりょく**〈地耐力〉地盤が荷重に対して耐えることができうる強さ。日本建築学会編『建築基礎構造設計規準』では，地盤の支持力とさしさわりのない沈下量の双方を考慮したものを地耐力といっている。これに安全率を適用したものを「許容地耐力」という。

**ちたいりょくしけん**〈地耐力試験〉地盤調査法の一つ。地盤の耐力を判定するため，基礎底面まで掘り下げた面に載荷板を設置し，載荷荷重ごとに沈下量を測定して得た荷重－沈下曲線から降伏荷重強度，破壊荷重強度を求め，基礎地盤の許容地耐力を判定するもの。

**ちちゅうばり**〈地中梁〉鉄筋コンクリート造，鉄骨造などの独立フーチング基礎を，地中で相互に連結する梁。「基礎梁」ともいう。

**チップボード**〈chipboard〉木材を小片化し，

タンブラースイッチ

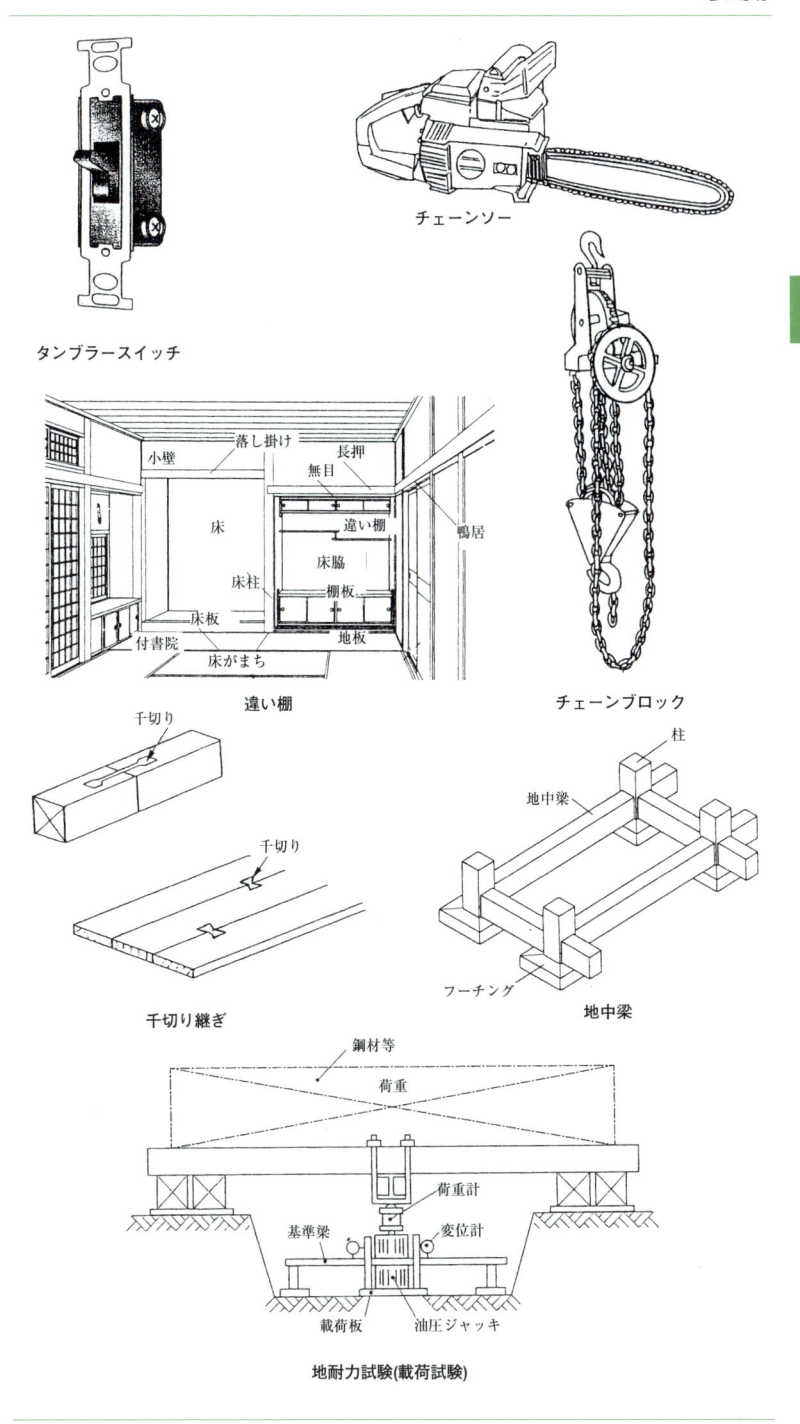

チェーンソー

違い棚（小壁、落し掛け、長押、無目、床、違い棚、鴨居、床脇、床柱、棚板、床板、地板、付書院、床がまち）

チェーンブロック

千切り

千切り継ぎ

地中梁（柱、地中梁、フーチング）

地耐力試験(載荷試験)（鋼材等、荷重、荷重計、基準梁、変位計、載荷板、油圧ジャッキ）

接着剤を用いて加熱圧縮して板状にした加工板材。遮音・断熱性に優れ加工性がよく，屋根や壁，床の下地材として使用されるほか，表面加工して家具や建具にも利用される。「パーティクルボード」「削片板」ともいう。

**ちどりはふ**〈千鳥破風〉屋根の斜面に棟と直角方向に取り付けた三角形の破風。主として装飾用で，「据破風」ともいう。また，「入母屋破風」の名称としても使われ，三角形の部分には通常，狐格子を入れる。

**ちどりばり**〈千鳥張り〉防水層のルーフィングなどの張り方で，上下継目部分を交互にずらして重ねる方法。

**ちもく**〈地目〉所有者の持つ土地の利用種別。土地台帳に登記される土地にはそれぞれ利用種別が決められており，第一種地には田，畑，宅地，雑種地，山林，牧場，原野，塩田，鉱泉地，池沼などの地目があり，第二種地には公有地，公用地，公衆用道路，墳墓地，保安林，運河用地などの地目がある。地目は法的手続きにより変更することができる。

**ちゃくしょく**〈着色〉木部素地にステインなどの着色剤をはけ塗りすること。

**ちゃくしょくあえんてっぱん**〈着色亜鉛鉄板〉亜鉛めっき鋼板の耐食性をさらに高めるため，着色塗料を焼付け塗装したもの。

**ちゃくしょくワニス**〈着色—〉透明塗料であるワニスに顔料を加えて着色したもの。「ワニスステイン」ともいい，木部の塗り仕上げ用に使われる。

**ちゃっこう**〈着工〉施工者が建築工事に着手すること。現場作業は一般に地鎮祭を経て敷地の整理，縄張り，水盛，遣方から始まる。

**ちゃんちゃん** ⇒からくりびょううち

**チャンネル**〈channel〉コの字形をした形鋼をいう。「リップ溝形鋼」「Cチャン」ともいう。

**ちゅうかんけんさ**〈中間検査〉工事途中において請負代金の一部を支払う中間払いを行うため，工事の出来高を調査する検査。または，工事種別ごとに工事管理者が行う技術的検査をいう。

**ちゅうかんばらい**〈中間払い〉請負契約に従い，工事途中に請負代金の一部を支払うこと。請負代金が高額の場合や工期が長い場合に採用される。「部分払い」「出来高払い」ともいう。

**ちゅうきゃく**〈柱脚〉おもに鉄骨構造の柱の最下部をいい，H形柱の場合はベースプレート，サイドアングル，ウィングプレート，クリップアングルなどで構成され，基礎コンクリートにアンカーボルトで緊結される。

**ちゅうきょうま**〈中京間〉おもに中京地方で造られる6尺×3尺の畳を用いた和室。ほかに京間（本間），江戸間・関東間（五八間）がある。

**ちゅうしこ**〈中仕工〉⇒なかしこ

**ちゅうせいか**〈中性化〉モルタルやコンクリートのアルカリ性が，空気中の雨水や炭酸ガスなどの影響を受け失われていくこと。中性化すると，コンクリート内の鉄筋の防錆効果がなくなる。

**ちゅうせきそう**〈沖積層〉地質時代では最も新しい第四期沖積世に属する地層の総称。粘土や砂，シルトやれきなどで構成され，水分を含み一般に軟弱で未固結な地層。

**ちゅうぞう**〈鋳造〉鉄などの金属を高熱で溶融し，鋳型に流し込んで成形すること。

**ちゅうにかい**〈中二階〉一階と二階の間に部分的に設けられる階。

**ちゅうにゅうコンクリート**〈注入—〉⇒プレパクトコンクリート

**ちゅうにゅうほしゅう**〈注入補修〉石やタイルなどの張り物が浮いた場合，エポキシ樹脂などの接着剤を注入して補修すること。

**ちゅうぼうせつび**〈厨房設備〉家庭の台所，飲食店の調理場等の設備で，調理台，配膳台，流し台，食品の貯蔵庫，冷蔵庫，加熱機器などで構成される一連の設備。調理室などを「厨房」ともいう。

**ちゅうもん**〈注文〉石積みにおいて，先に積まれた石によって次に積む石の形が決まってくること。

**ちゅうようねつポルトランドセメント**〈中庸熱—〉普通ポルトランドセメントよりも硬化時の水和熱を低くしたセメント。初期強度は普通ポルトランドセメントより小さいが，長期強度はほとんど変わらない。ダムの堰堤など大容量のコンクリート打設に用いられる。

**ちょうおんぱたんしょうけんさ**〈超音波探傷検査〉金属内部や溶接部などの欠陥を超音波を利用して検査する方法。一般にパル

千鳥張り

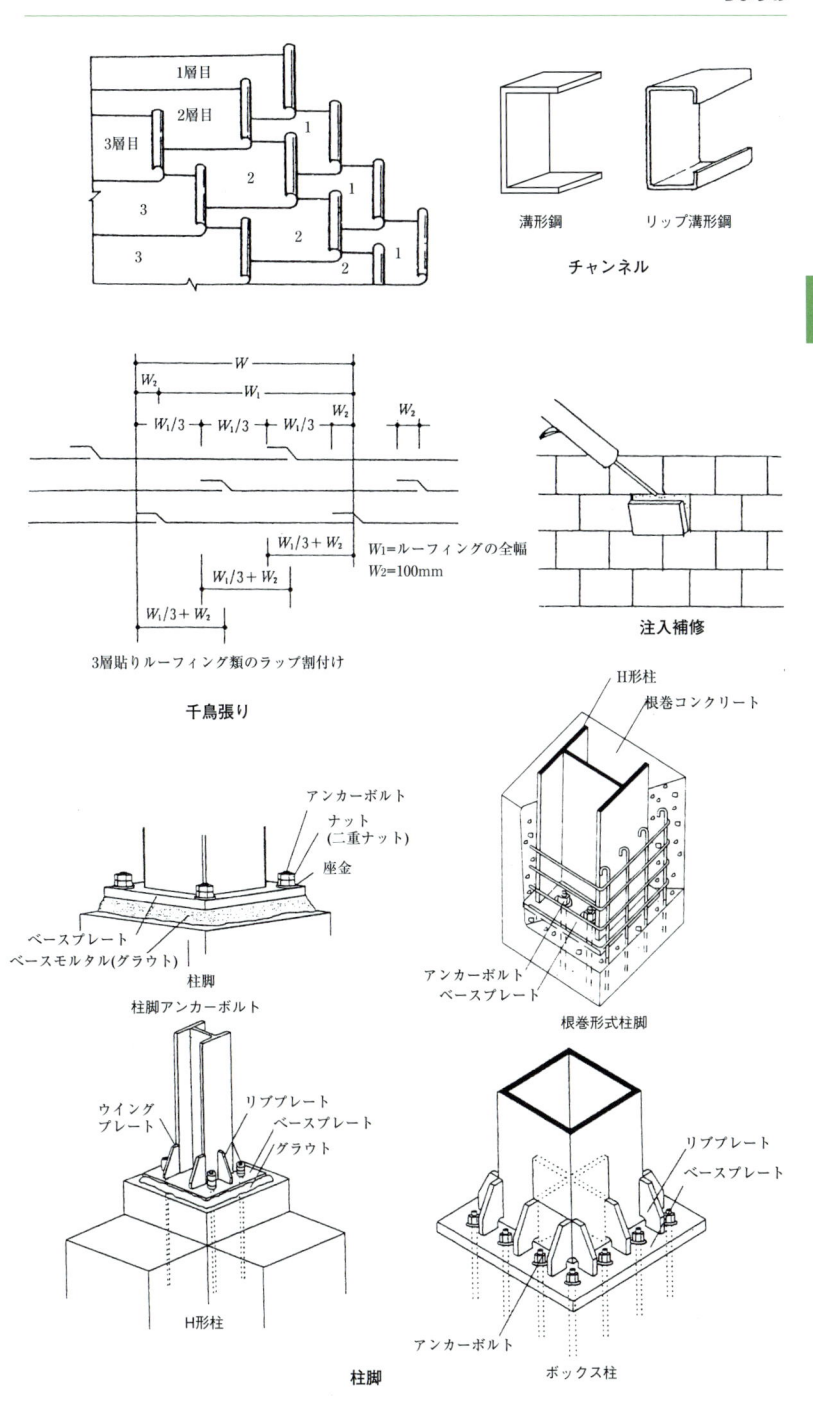

$W_1=$ルーフィングの全幅
$W_2=100$mm

3層貼りルーフィング類のラップ割付け

チャンネル

注入補修

柱脚アンカーボルト

根巻形式柱脚

柱脚

ス反射法が用いられる。
- **ちょうかんず**〈鳥瞰図〉高い位置に視点をおいて，建物を見た場合の透視図。
- **ちょうきかじゅう**〈長期荷重〉構造物に作用する荷重のうち，固定荷重，積載荷重など長期間作用する荷重をいう。多雪地域では積雪荷重も長期荷重とする。固定荷重は建物自体の重量であり，積載荷重は物や人など床の上に積載されるものの重量である。
- **ちょうごう**〈調合〉セメント，水，砂，砂利などを混ぜ合わせる際の，コンクリートを構成する各材料の割合。
- **ちょうごうきょうど**〈調合強度〉コンクリートの調合にあたって設定する四週圧縮強度をいう。品質のばらつきなどを考慮して設計基準強度より高く設定する。
- **ちょうこうそうけんちくぶつ**〈超高層建築物〉法律による高さ制限が撤廃され，100mを超える建築物が建てられるようになったとき，一般的に高い建物がこう呼ばれた。特に規定はないが，現在わが国では15階建程度以上，高さ60m程度以上の建物を指していう。
- **ちょうごうペイント**〈調合—〉そのままの状態で使用できるよう顔料，溶剤などが調合されているペイント。ペイントは塗料の総称であり，着色や表面保護を目的として塗布される。
- **ちょうそうきょうポルトランドセメント**〈超早強—〉早強ポルトランドセメントよりさらに短期間に強さを発生するように，原料，調合，焼成温度，粉砕方法を工夫してつくられたポルトランドセメント。普通ポルトランドセメントの7日強度をおよそ1日で発生する。
- **ちょうだいがまえ**〈帳台構え〉書院造りの上段の間に設けられる装飾的な座敷飾り。通常，西に向かって左より付書院，床の間，棚の間，帳台構えと並ぶ。敷居は畳面より高く，鴨居は長押より低くして華美に装飾した襖戸がたてられる。
- **ちょうたつ**〈調達〉現場における段取りで，必要な資材をあらかじめ準備しそろえておくこと。
- **ちょうちん**〈提灯〉⇒ちょうちんどい
- **ちょうちんどい**〈提灯樋〉コンクリート打設器材で，大きな落差で打ち込むときに使用するシュート。「ちょうちん」ともいう。
- **ちょうちんホッパー**〈提灯—〉提灯樋を吊り下げる小型ホッパー。
- **ちょうな**〈釿〉木材面を削り取る工具で，くわ(鍬)のように使用してはつり仕上げをするもの。
- **ちょうなめけずり**〈釿目削り〉⇒なぎづら
- **ちょうば**〈丁場〉石を切り出す石切り場や石積みなどの工事現場のこと。
- **ちょうはり**〈丁張り〉⇒やりかた
- **ちょうばん**〈丁番〉開き戸や開き窓の回転軸部に取り付ける金物。片開き用と両開き用がある。
- **ちょうへき**〈帳壁〉耐力壁として用いられない非耐力壁。単なる間仕切り壁とか建物外周のガラスウォールなどがある。金属パネル，ガラスブロック，プレキャスト版など多様な材料が使われる。「カーテンウォール」ともいう。
- **ちょうほうけいラーメン**〈長方形—〉構造形式の一つで，柱・梁の直線部材を直角に剛に接合してできる長方形骨組。鉄骨構造，鉄筋コンクリート構造，鉄骨鉄筋コンクリート構造に用いられる。「矩形ラーメン」ともいう。
- **ちょうぼり**〈丁掘り〉⇒ぬのほり
- **チョーキング**〈chalking〉塗装膜やシーリング材の表面が劣化して粉化する現象。「白亜化」ともいう。
- **ちょくえいほうしき**〈直営方式〉建設工事を元請業者に依頼せず，施主が直接，材料や労務，建設機械などの手配や準備を行って工事を実施する方式。土木関係の公共工事などで多く見られる。
- **ちょくかいだん**〈直階段〉階段の形状の一つで，上下階を直線状に結ぶもの。「直進階段」ともいう。他に直角もしくは180°に折れ曲がる「折れ階段」「回り階段」がある。
- **ちょくせつかせつ**〈直接仮設〉工事に直接的にかかわる仮設物，足場，山留め，工事用機械，型枠，養生施設などをいう。直接仮設に対して，板囲い，仮設建築物，工事用諸設備などを共通仮設という。
- **ちょくせつこうじひ**〈直接工事費〉工事費のうち，直接的な工事そのものの費用。総工事費からから共通仮設費と諸経費を除いたものにあたる。「直接材工費」ともいう。
- **ちょくせつしょうめい**〈直接照明〉光源から被照面へ直接的に光を送る照明方式。光

ちよくせ

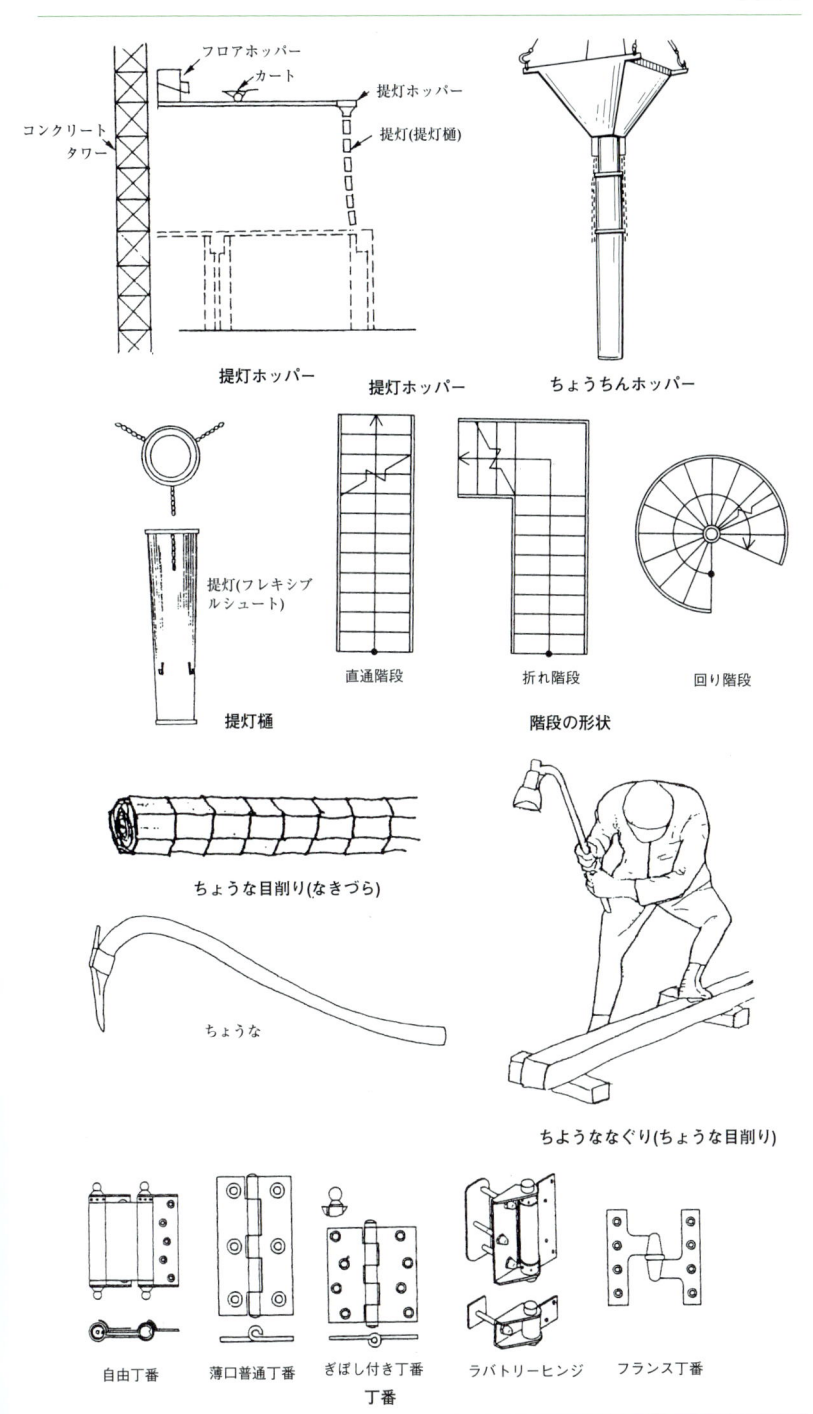

提灯ホッパー　　提灯ホッパー　　ちょうちんホッパー

提灯樋

直通階段　　折れ階段　　回り階段

階段の形状

ちょうな目削り(なきづら)

ちょうな

ちょうななぐり(ちょうな目削り)

自由丁番　　薄口普通丁番　　ぎぼし付き丁番　　ラバトリーヒンジ　　フランス丁番

丁番

187

源のうしろに反射笠のような器具を用いるのが一般的である。

**ちょくりゅうアークようせつ**〈直流―溶接〉直流電源を用いて行う電弧溶接。アークの安定性がよく，整流器やエンジン駆動の直流発電機と接続して使用する。

**ちょっけつしききゅうすいほうしき**〈直結式給水方式〉道路下に埋め込まれている水道本管に配水管をつなぎ，その水圧によって必要な箇所へ直接給水する方式。一般に小規模な低層建物，住宅などに使用される。

**ちり**〈散り〉2つの平面が平行する場合の平面間の段差，または寸法。和室などの柱間に塗り込む真壁面と柱面との段差。飛石の地面から上面までの高さなど。

**ちりじっくい**〈散り漆喰〉散り回り，散りじゃくり部に塗り込むしっくい。散り回りにはすきまが出やすく，ひげこ，布，獣毛などを塗り込む。「散り伏せ」ともいう。

**ちりじゃくり**〈散り決り〉柱面の真壁との取合せ部に入れるしゃくり溝。真壁の収縮によりできる柱面とのすきまを防ぐためのもので，壁材をこの柱溝に塗り込んで仕上げる。

**ちりぶせ**〈散り伏せ〉⇒ちりじっくい

**ちりぼうき**〈散り箒〉壁塗りの場合，柱などの散り回りの汚れを落とすのに使うはけ。

**ちりまわり**〈散り回り〉土壁が柱と接する散り回りでは，壁土などの乾燥収縮により散りがすきやすく，これを防ぐためにのれん打ち，またはひげこ打ちを施し，散りじっくいなどを塗り込むこと。

**ちりむら**〈散り斑〉散りの幅が一定にそろっていないこと。

**チルチングレベル**〈tilting level〉 水平墨出し用の計測器で，暗い場所でも気泡が見えるように照明が内蔵されている。

**チルトドーザー**〈tiltdozer〉排土板の左右を上下に操作できる構造のブルドーザー。側溝などの掘削に便利な機械。

**ちんくぐり**〈狆潜り〉床の間と床脇との仕切り壁下部に設けられる開口部。「犬潜り」ともいう。

---

**ついじべい**〈築地塀〉粘土を突き固めてつくった塀。柱や貫などで骨組をつくり粘土を築きあげ，しっくいで仕上げたりする。頂部には屋根を付け板葺きや瓦葺きとする。土塀や石垣を「築地」という場合もある。

**ついづかこやぐみ**〈対束小屋組〉洋風小屋組の陸梁の上部に二重梁を設ける場合，これを支える二本の束を「対束」といい，対束のあるトラス式小屋組をいう。スパンの大きい木造小屋組に用いられる。「クイーンポストトラス」ともいう。付図参照

**つうきかん**〈通気管〉屋内排水管内の流水を円滑にし，トラップの封水を保護するために設けられる空気管。排水立て管に沿って最上部に開口した通気立て管を設け，これより枝管をとって各器具排水管の要所に連結するものを各個通気，通気枝管を通気立て管に連結するものを回路通気，排水立て管上部の通気枝管に連結するものを環状通気という。

**つうでんようじょう**〈通電養生〉コンクリートを打ち込んだ型枠に通電加熱し，コンクリートの硬化促進を目的とする養生。

**ツーバイフォー**〈two by four method〉アメリカ・カナダで普及して日本に伝わった壁式構造の木造住宅建築。2×4インチの断面の木材を組み合わせて床版・壁版を構築することからいう。

**つか**〈束〉木造部材の一つで，一般的に横材を受ける短い支柱をいう。小屋束，真束，挟み束，床束，えび束などがある。

**つかいし**〈束石〉木造一階床の，床束を立てるために設ける基礎石。昔は偏平な玉石が使われたが，現在はコンクリート製のものが用いられる。

**つかだてこやぐみ**〈束立小屋組〉一般的な木造和小屋組で，小屋梁の上に小屋束を立て，母屋や棟木を支えて垂木を取り付ける小屋構造。小屋梁と軒桁部の組み方により，京呂組と折置組がある。

**つかだてゆか**〈束立て床〉床組の一つ。束石の上に床束を立て，大引きを支えてその上に根太を組み，床を張るもの。

**つかみあり**〈摑み蟻〉かまちと床板の取付け部などを締め付けるためのもので，あり形をもった連結木。

つかみあ

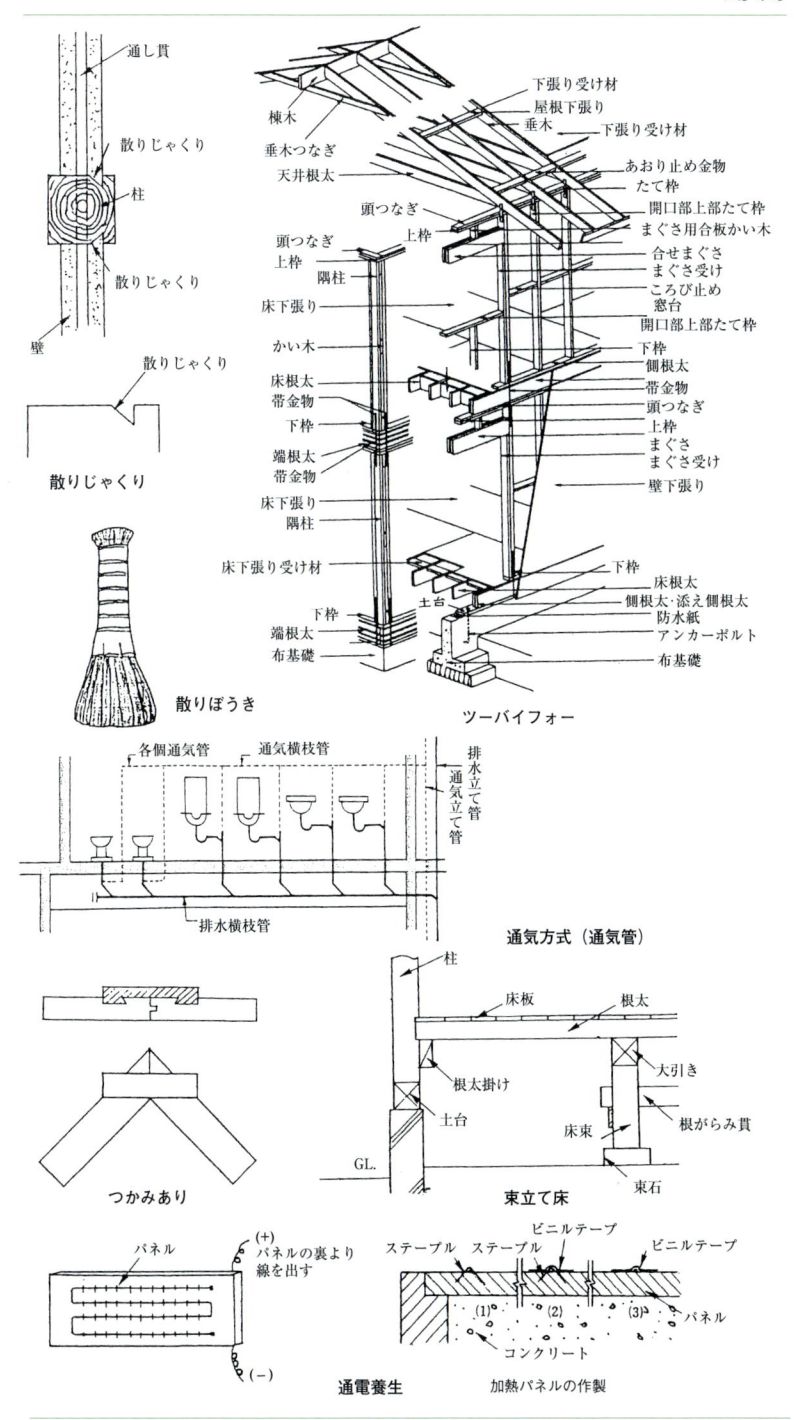

- 通し貫
- 散りじゃくり
- 柱
- 散りじゃくり
- 壁

散りじゃくり

散りぼうき

- 棟木
- 垂木つなぎ
- 天井根太
- 頭つなぎ
- 上枠
- 頭つなぎ
- 上枠
- 隅柱
- 床下張り
- かい木
- 床根太
- 帯金物
- 下枠
- 端根太
- 帯金物
- 床下張り
- 隅柱
- 床下張り受け材
- 下枠
- 端根太
- 布基礎

- 下張り受け材
- 屋根下張り
- 垂木
- 下張り受け材
- あおり止め金物
- たて枠
- 開口部上部たて枠
- まぐさ用合板かい木
- 合せまぐさ
- まぐさ受け
- ころび止め
- 窓台
- 開口部上部たて枠
- 下枠
- 側根太
- 帯金物
- 頭つなぎ
- 上枠
- まぐさ
- まぐさ受け
- 壁下張り
- 下枠
- 床根太
- 側根太・添え側根太
- 防水紙
- アンカーボルト
- 布基礎

ツーバイフォー

- 各個通気管
- 通気横枝管
- 排水立て管
- 通気立て管
- 排水横枝管

通気方式（通気管）

つかみあり

- 柱
- 床板
- 根太
- 根太掛け
- 土台
- GL.
- 大引き
- 床束
- 根がらみ貫
- 束石

束立て床

- パネル
- (+)
- パネルの裏より線を出す
- (−)

通電養生

- ステープル
- ステープル
- ビニルテープ
- ビニルテープ
- (1) (2) (3)
- パネル
- コンクリート

加熱パネルの作製

189

**つかみかなもの**〈掴み金物〉樋受け金物の一つで竪樋を留め付ける金物。

**つかれ**〈疲れ〉材料が繰返し荷重を受けると通常よりも抵抗力が弱まり，静的荷重時よりも強度が落ちる現象。「疲労」ともいう。

**つきあわせ**〈突合せ〉継手・仕口の一つ。特に加工を施さずに両材の木口を突き付けて接合するもの。釘や金物，添え板などで補強する。「突付け」「添え付け」ともいう。

**つきあわせようせつ**〈突合せ溶接〉2本の材の端と端，2枚の板の端と端などを同一面で突き合わせて溶接するもの。継目の加工法に各種の形がある

**つきいた**〈突板〉銘木をそいだ薄板を，合板の心材に接着して化粧板としたもの。通常表面仕上げがしてあり，内装材として利用される。

**つきかため**〈突固め〉盛土やコンクリートを棒や機械などで突き固めること。

**つぎぐい**〈継ぎ杭〉所定の長さの杭が調達できないとき，継手を設けて同材質のものを連結した杭。上杭と下杭が異種の場合は「合成杭」という。

**つきしろ**〈付き代〉左官工事などで塗り付ける厚さのこと。「付け代」ともいう。→ぬりあつ

**つきだしばり**〈突出し梁〉一方を固定した持ち出し梁。自由端に荷重が加わるとき，他端が回転すると不安定になるから，支持部は完全固定にする必要がある。木造では屋根びさしを受ける腕木や垂木などがある。「片持ち梁」ともいう。

**つきだしまど**〈突出し窓〉窓枠の上部を水平回転軸として，下部を突き出すように開閉する窓。専用の建具金物が使われる。

**つきつけ**〈突付け〉継手の一つ。継手部に加工をしないで材を単に突き合わせたもの。

**つぎて**〈継手〉部材を材軸方向に継ぐ場合の接合部をいう。材端をいろいろな形に加工し組み合わせ，その形によってそれぞれ名称がある。付図参照

**つぎとろ**〈注ぎとろ〉壁仕上として石材や大型タイルを取り付ける場合に，石裏のすきまや穴に注ぎ込むセメントペーストのこと。「差しとろ」ともいい，モルタルの場合は，「注ぎモルタル」ともいう。→だいりせきばり

**つきのみ**〈突鑿〉玄能でたたかず，手で突いたり押したりして扱うのみをいう。孔まわりなどの仕上げに使われる。

**つきぼう**〈突棒〉型枠の中にコンクリートを打設する際に突固めに用いる棒。

**つぎモルタル**〈注ぎ—〉⇒つぎとろ

**つくばい**〈蹲踞〉庭園の一角に設けられたりする石組をした手洗い場。茶室のある庭では石の手水鉢，湯桶石，前石，手燭石，水門石などで構成される。「手水構え」ともいう。

**つくりつけ**〈造付け〉収納家具や書棚，飾り棚などを建物の一部としてつくること。あるいは前もって取り付けること。費用は工事費の中に取り込まれる。

**つけいなご**〈付け稲子〉天井板を羽重ねする場合，すきまができたり，反ったりするのを防ぐ目的で使われる小木片。

**つけいんろう**〈付け印籠〉印ろうじゃくりとしないで，裏面から付け木をあて，欠きじゃくりのようにつくるもの。

**つけおくり**〈付け送り〉左官仕上げのための下地の不陸を調整し，仕上げ厚を均等にするため，下塗り前にモルタルなどで塗りならすこと。

**つけおろし**〈付卸し〉⇒さしかけやね

**つけかもい**〈付け鴨居〉和室の真壁面に鴨居の延長として取り付けられる化粧鴨居。長押の下部などにも取り付ける。

**つけこ**〈付け子〉金属板平板葺などの軒先やけらばを留め付け，補強する帯状の金属板で，葺き板によって包み込んだり，はぜ継ぎをする。水切りを兼ねる。

**つけしょいん**〈付け書院〉書院造りの床の間脇に縁側に張り出してつくられる明かり窓。座敷飾りの一つで，開口部には中鴨居を入れ，上部を欄間として建具は引違いの小障子とする。「出書院」「書院床」ともいう。出窓形式でない簡素化したものを「平書院」という。付図参照

**つけしろ**〈付け代〉⇒つきしろ

**つけどこ**〈付け床〉⇒おきどこ

**つけどだい**〈付け土台〉外周の側土台の外側に取り付け，土台を化粧する横木。現在は土台を外壁で覆うようになった。

**つけばしら**〈付け柱〉木造骨組でない建物に和室をつくるとき，柱のように見せるために壁面に取り付ける垂直材。「片ふた柱」ともいう。

**つけひばた**〈付け樋端〉敷居・鴨居の溝の両縁を，別木でつくって取り付けたもの。

**つちかべ**〈土壁〉小舞下地に荒壁を塗り込み，

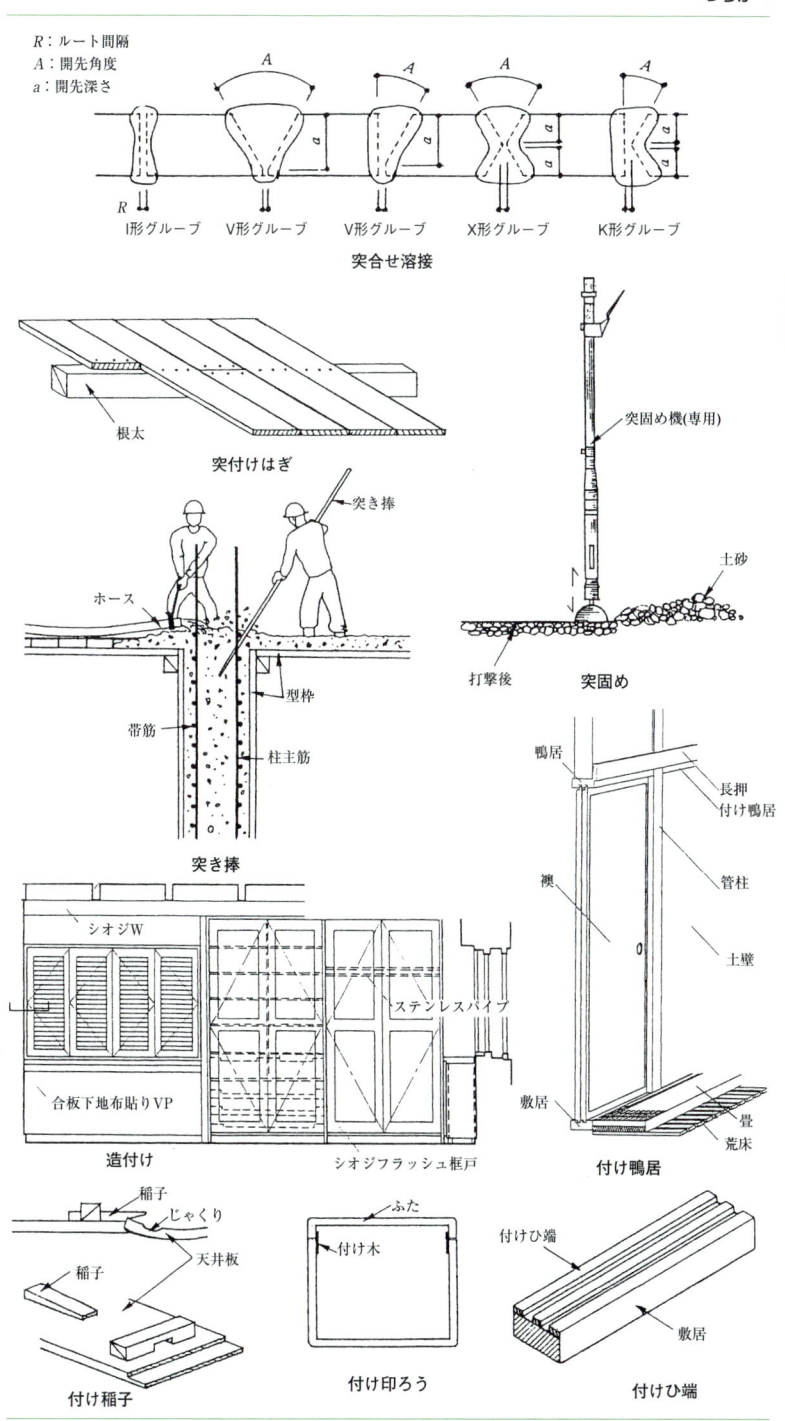

$R$：ルート間隔
$A$：開先角度
$a$：開先深さ

I形グルーブ　V形グルーブ　V形グルーブ　X形グルーブ　K形グルーブ

突合せ溶接

根太

突付けはぎ

ホース　突き棒
帯筋　型枠　柱主筋

突き棒

突固め機(専用)
土砂
打撃後　突固め

シオジW
ステンレスパイプ
合板下地布貼りVP

造付け　シオジフラッシュ框戸

鴨居　長押　付け鴨居　襖　管柱　土壁　敷居　畳　荒床

付け鴨居

稲子　じゃくり　天井板
稲子
付け稲子

ふた　付け木

付け印ろう

付けひ端　敷居

付けひ端

むら直し、中塗りと壁土で塗り上げるもので、色土、色砂、消石灰入り色土などを上塗りして仕上げる。土物壁、砂壁、大津壁などがある。「小舞壁」ともいう。

**つちどめぎ**〈土止め木〉瓦葺き屋根に葺き土を用いる場合、土の滑り止めのために打ち付ける横木。「土止め桟」「土止め貫」ともいう。→したぶき

**つちどめざん**〈土止め桟〉⇒つちどめぎ

**つちどめぬき**〈土止め貫〉⇒つちどめぎ

**つちのせんだんつよさ**〈土の剪断強さ〉土がせん断破壊する際のすべり面における最大せん断応力。せん断強さ$\tau$は土の粘着力$c$、せん断面に働く垂直応力$\sigma$および土の内部摩擦角$\phi$によって表され、垂直応力$\sigma$に比例するかたちをとる。土のせん断強さは地盤の安定性を検討するうえに重要な要素となる。

**つちびさし**〈土庇〉玄関ポーチや濡れ縁などの上部に設けるひさしで、独立柱と桁で垂木を受ける軒の深いひさしをいう。「捨てひさし」ともいう。

**つちものかべ**〈土物壁〉じゅらく土、さび（錆）土などの色土で上塗りする土壁。それぞれ「じゅらく壁」「さび壁」などという。

**つちものしあげ**〈土物仕上げ〉土物壁を仕上げる場合の工法で、のりをまったく加えず水で練る水こね、のりを少量加えるのりさし、大量ののりを加えて施工は容易だが水分に弱いのりごねがある。

**つっぱり**〈突張り〉山留め用矢板の腹起しを支えるかい木。切梁の盛替え後の支保工で、でき上がった構造体にアンカーを取る。

**つつみあり**〈包み蟻〉家具の引出しなどに使われ、あり掛けで接合し、前面に継目を見せないあり仕口をいう。

**つつみいた**〈包み板〉金属板瓦棒葺き屋根の瓦棒部分に被せる金属板。「瓦棒被せ」ともいう。→かわらぼうぶき

**つなぎばり**〈繋ぎ梁〉鉄骨造や鉄筋コンクリート造などの独立基礎を、地中で繋いでいる梁。基礎の移動、ねじれ、不同沈下などを防ぐために設けられる。「基礎梁」「地中梁」ともいう。また、鉄骨構造などで小屋組の振れを防ぐため、小屋組相互を桁行方向に繋いでいる梁。「梁繋ぎ」ともいう。

**つのがら**〈角柄〉和風壁に開口部を設ける場合の枠木の組み方で、鴨居とか方立ての端部を少し延ばした部分。

**つのまた**〈角又〉最も普通に用いられている左官用の海草のりで、粘着性、耐久性が強く下塗りに用いる。

**つぼ**〈坪〉特定される仕切りにより囲まれた部分などをいったりするが、通常は土地や建物の面積単位として用いている。1町 = 10段、1段 = 10畝 = 300坪、1坪は1間×1間で、1間を6尺（約1818.18mm）とすると、1坪はおよそ3.30578㎡になる。

**つぼいと**〈壺糸〉墨壺に使われる糸のこと。長い直線をひくときに使用する。「墨糸」ともいう。→すみつぼ

**つぼきり**〈壺錐〉木材に丸い穴をあけるときに使われる工具。普通のきりのように、手で回わして使用する。→きり

**つぼたんか**〈坪単価〉1坪当たりの建築費。全建築費を延べ床面積（坪）で除して求めたもの。

**つぼにわ**〈坪庭〉建物内に取り込まれた庭、塀や垣根で囲まれた小さな庭をいう。「内庭」「前栽」ともいう。

**つぼほり**〈壺掘り〉独立基礎のために行う根切りで、柱下部分ごとに掘ること。「角掘り」ともいう。

**つま**〈妻〉おもに木造建物の桁行方向に対して、梁間方向の外壁面をいう。「妻側」「妻面」ともいう。

**つまいた**〈妻板〉引出しの側面板などのように、正面に対して左右の側面に使われる板を総称していう。

**つまいり**〈妻入り〉建物の妻側に出入口があるもの。これに対して桁行方向の平側に出入口があるものを「平入り」という。

**つまばり**〈妻梁〉建物の妻側に使われる梁。外壁を取り付ける関係から、通常、矩形断面材を使用する。

**つみあげばり**〈積上げ張り〉⇒だんごばり

**つら**〈面〉物の見える部分。表面部分を総称していう

**つらいし**〈面石〉石積みで表面に出ている石のこと。これに対して表面に出ない石を「裏積み石」という。

**つらいち**〈面一〉複数のものが同一平面にあること。たとえば出入口の敷居が床面とか畳面と同一面にあること。「さすり」「ぞろ」ともいう。

**つりあしば**〈吊り足場〉高い建物の外部作業や軽作業などに用い、上から吊り下げる足場。図次頁

つりあし

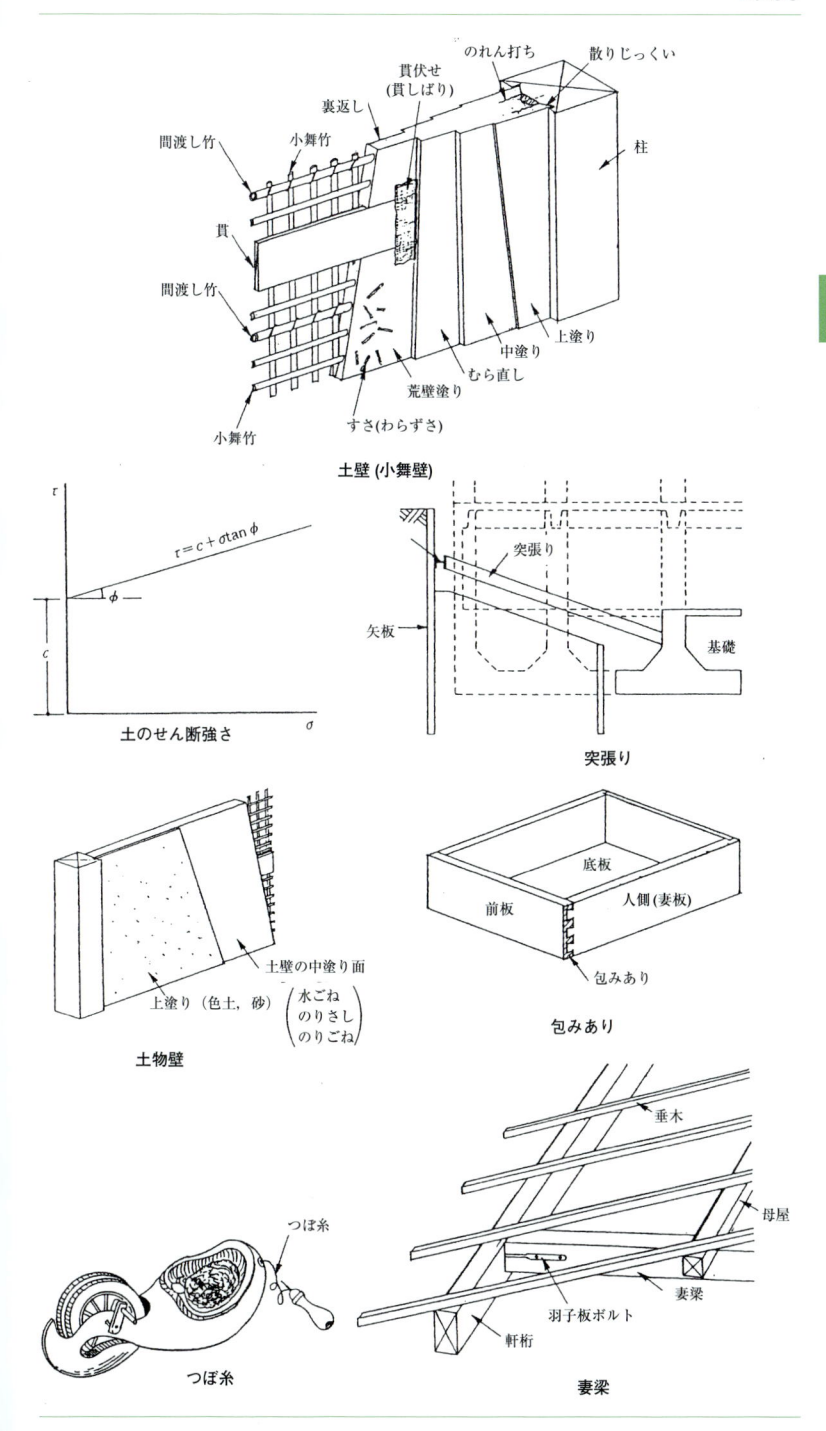

**土壁 (小舞壁)**

ラベル: 貫伏せ(貫しばり), のれん打ち, 散りじっくい, 裏返し, 小舞竹, 間渡し竹, 貫, 柱, 上塗り, 中塗り, むら直し, 荒壁塗り, すさ(わらずさ), 小舞竹

**土のせん断強さ**

$\tau = c + \sigma \tan\phi$

**突張り**

ラベル: 突張り, 矢板, 基礎

**土物壁**

上塗り (色土, 砂), 土壁の中塗り面, 水ごね / のりさし / のりごね

**包みあり**

ラベル: 底板, 前板, 人側(妻板), 包みあり

**つぼ糸**

ラベル: つぼ糸

**妻梁**

ラベル: 垂木, 母屋, 妻梁, 羽子板ボルト, 軒桁

**つりぎ**〈吊木〉天井を上から吊る部材のこと。上部は吊木受けを梁に架け渡して取り付け、下端は天井の野縁に取り付ける。

**つりぎうけ**〈吊木受け〉天井吊木を上部で支持する部材。

**つりこ**〈吊子〉金属板葺き屋根の葺き板を、野地板に取り付けるため用いる短冊状の金属板。葺き板継手の小はぜ部分に巻き込み、他端を野地板に釘打ちして固定する。「吊子はぜ」ともいう。

**つりこうぞう**〈吊り構造〉構造形式の一つで、建物のおもな部分をケーブルやワイヤーロープで支点から吊り下げる形式のもの。吊屋根、吊り床、吊り橋などがある。「サスペンション構造」「懸垂構造」ともいう。

**つりこはぜ**〈吊子鉤〉⇒つりこ

**つりづか**〈吊束〉鴨居を桁または梁から吊る部材で、真壁造りの場合は柱と同寸の化粧材が使われる。

**つりど**〈吊り戸〉扉の上がまちに取り付けた吊り戸車を、上部枠のレールを走らせて開閉するもの。上部に取り付ける金属レールを「ハンガーレール」といい、上向きのものと下向きのものがある。大きな重い扉の開閉に有利。「ハンガードア」ともいう。

**つりどこ**〈釣床〉床かまち、床柱、床板を使わない簡易床の間形式の一つ。壁面より前に天井から吊束を下げ、これに落し掛けを取り付け、小壁が設けられただけのもの。「壁床」ともいう。

**つりボルト**〈吊り―〉軸部を細長くしたボルト金物で、天井などを上部の床や梁から吊る場合に用いるもの。

**つるはし**〈鶴嘴〉堅い地盤を掘削するのに用いる工具で、両端をとがらせたものと片側だけのものがある。

# て

**であいがまち**〈出合い框〉引違い戸、上げ下げ戸などが閉まるとき、その中央の建具がまちが重なる部分をいう。密閉度を高めるため掛引きを付けたりする。

**てあき**〈手空き〉⇒てまち

**てあらいき**〈手洗い器〉洗面器よりも小さくした手洗い専用の衛生陶器。取付け場所により袖付き、隅付きなどがある。

**ティーキューシー**〈TQC：Total Quality Control〉製品とか作業の質を高めるための総合的品質管理。組織の業務内容、生産物の質の向上を目指すには、それにかかわる各種業務全般の質を高める必要があるという考えから、製造現場の品質管理を徹底して行い、非製造部門である営業、経理、総務なども参加協力して、不良品を出さないよう全社をあげて取り組むという管理体制。

**ディーゼルパイルハンマー**〈diesel pile hammer〉ドロップハンマーの落下による打撃力で杭を打ち込み、その際のシリンダー内の爆発力でハンマーをはね上げて杭を打ち込む機械。→くいうちやぐら

**ディープウェルこうほう**〈―工法〉根切りが深く、水量が多い場合の排水工法。大口径の管を土中に挿入し、シャフト内のポンプで揚水排水する。また、根切り面以下に孔を掘削し、集水して水中ポンプで排水する。

**ていがくうけおい**〈定額請負〉建設費の総額を請負金額と定めて行う請負契約。建設工事の一般的な請負方式で、「総額確定請負」「総額請負」「一式請負」ともいう。

**ていがくちんぎんせい**〈定額賃金制〉作業能率やできの良否にかかわらず、労働時間に応じて支払われる労働賃金制。時間を掛けることができることから、工事の質の向上を目指すことができる。

**ティーがたばり**〈T形梁〉鉄筋コンクリート造などでは、長方形梁と床スラブが一体になっていることから、梁中央部では上部圧縮側コンクリートが有効に働く。中央部の梁は構造計算上、T形梁として扱われる。

**ていきゃくデリック**〈定脚―〉⇒スチフレッグデリック

**ていこうようせつ**〈抵抗溶接〉⇒でんきていこうようせつ

**ていじゃく**〈定尺〉材料の標準寸法で、一般的に定められている各部の長さ。

**ていじゃくもの**〈定尺物〉木材の板類やひき角類、鋼材の棒鋼や形鋼など定められた寸法で販売されるもの。標準寸法の既製品。

**でいすい**〈泥水〉ボーリングの際、ロッドの中を先端へ向けて流す循環水で、孔壁の崩れを防いだりスライムの排除を容易にし、ビットやコアチューブ、クラウンの摩耗を

ていすい

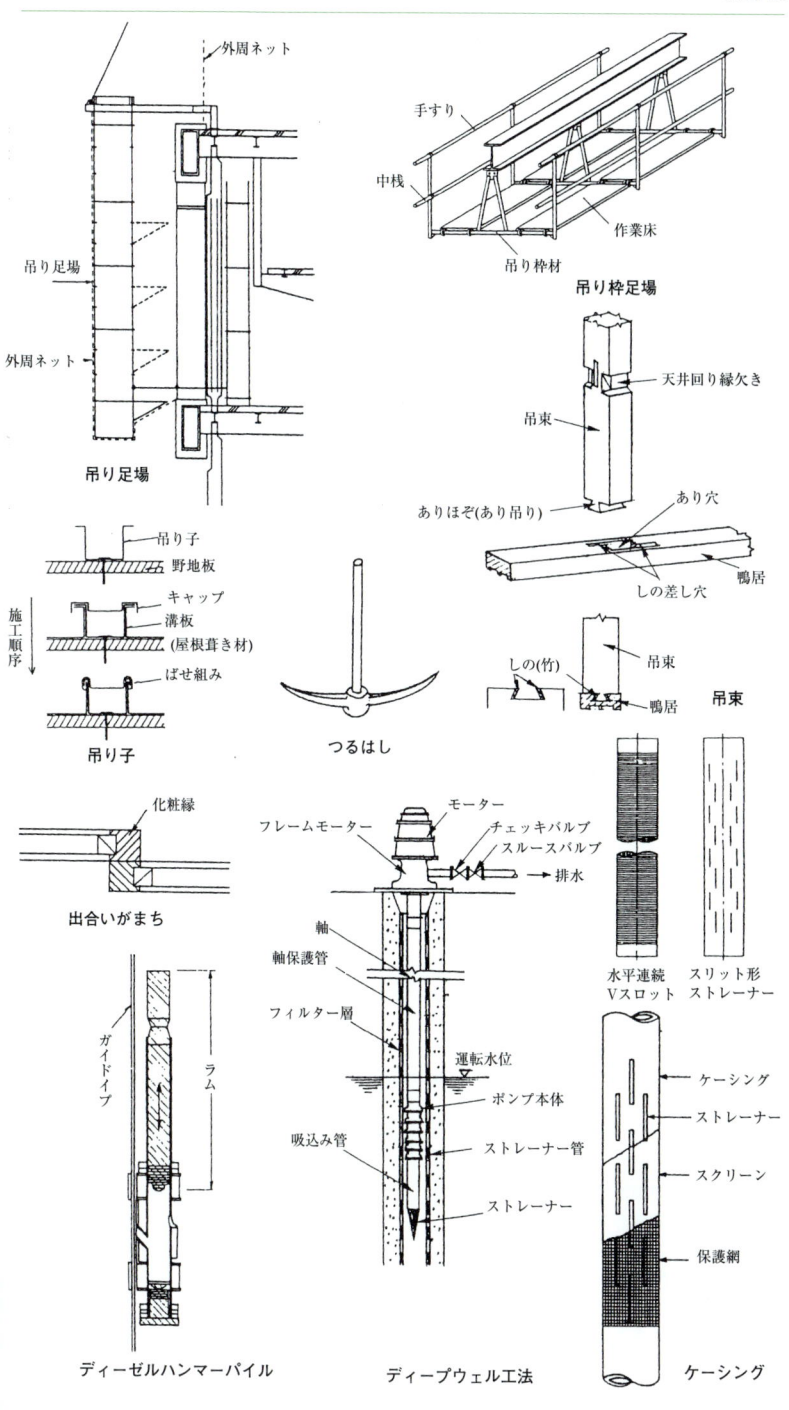

**吊り足場** / **吊り枠足場**（手すり、中桟、吊り枠材、作業床、外周ネット）

**吊束**（天井回り縁欠き、ありほぞ(あり吊り)、あり穴、しの差し穴、鴨居）

**吊り子**（吊り子、野地板、キャップ、溝板、(屋根葺き材)、はぜ組み、施工順序）

**つるはし**

**吊束**（しの(竹)、吊束、鴨居）

**出合いがまち**（化粧縁）

**ディーゼルハンマーパイル**（ガイドパイプ、ラム）

**ディープウェル工法**（フレームモーター、モーター、チェッキバルブ、スルースバルブ、排水、軸、軸保護管、フィルター層、運転水位、ポンプ本体、吸込み管、ストレーナー管、ストレーナー）

**水平連続Vスロット** / **スリット形ストレーナー**

**ケーシング**（ケーシング、ストレーナー、スクリーン、保護網）

195

防ぐ。良質の粘土またはベントナイトを水に溶かしてつくる。

**でいすいこうほう**〈泥水工法〉たて杭や大口径場所打ち杭孔を掘削するときに，ベントナイト液などのような比重の高い溶液を満たして掘削面の崩壊を防ぐ工法。

**ディスクサンダー**〈disk sander〉砥石や研磨材を回転板に装着して，モーターによって回転させ研磨する機械。

**ディスポーサー**〈disposer〉厨房機器の一つで，流しの排水口に取り付けて，調理くずなどを粉砕し，排水とともに下水道へ流す装置。

**ていそ**〈定礎〉コンクリート建築物の基部にはめ込まれる銘石，コンクリート工事が終わった年月，施主名などが刻まれる。本来は石造建築物などの礎石を定めることで，その際に行われる儀式を「定礎式」といった。

**ていちゃく**〈定着〉鉄筋コンクリート構造で梁の主筋を柱に埋め込んだり，スラブの鉄筋を梁などに埋め込むことをいう。「アンカー」ともいう。

**ていちゃくながさ**〈定着長さ〉鉄筋コンクリート造の梁筋の柱への埋込み長さ，スラブ筋の梁や柱への埋込み長さをいう。「定着長さ」は鉄筋の種別，コンクリートの品質，鉄筋にかかる外力の種類によって決めるが，一定の基準が建築工事標準仕様書などで決められている。

**ディテール**〈detail〉設計図面用語として使われるときは詳細図。細かく切断した部分。全体に対して特定部分の詳細部。

**ディメンション**〈dimention〉寸法をいう。

**デイルーム**〈day room〉病院や福祉施設に設けられる休憩談話室。精神的にくつろいだり，やすらいだりするホール。

**ティルトアップこうほう**〈―工法〉外壁となるコンクリート製プレキャスト版を現場でクレーンを使い所定の位置に構築していく工法。

**テーパー**〈taper〉厚さや幅などが先細りになること。加工細部に勾配や傾きがあること。たとえば傾斜のある座金を「テーパーウォッシャー」という。

**テーパーボード**〈taper board〉長手方向のへりにテーパーを付けた石膏ボードの総称。目地部にすきまが開かないようにしたもの。「テーパージョイント用ボード」ともいう。

**テープあわせ**〈―合せ〉現場で使用する鋼製巻尺と，現寸図用の鋼製巻尺とをつき合わせ寸法の差違がないよう確かめること。

**テーブルがたしんどうき**〈―型振動機〉平たいテーブル状の振動部の上に型枠をのせ，枠全体を振動させてコンクリートを密実にする機械。

**テーラーシステム**〈taiIor system〉オーディトリアム（劇場や講堂の客席等）などの音響設計を，現場で材料や形状の効果を測定しながら決定する方法。

**ておしかんなばん**〈手押し鉋盤〉木材を削る機械。テーブル（定盤）の中央に取り付けたかんな刃を回転させ，材を手で送って下面を削る形式のもの。

**できだか**〈出来高〉建設工事中のある時点における完了工事部分。工事代金を部分払いするときの対象になる。

**できだかちんぎんせい**〈出来高賃金制〉工事を内容ごとに区分し，その出来高に応じて代金を支払う方式。作業の能率を高める場合に採用される。「請取り制」「請取り賃金制」ともいう。

**できだかばらい**〈出来高払い〉⇒ちゅうかんばらい

**テクスチュア**〈texture〉材料がもつ感触感とか材質感。形，色などとともに造形要素の基本的概念となる。

**てくばり**〈手配り〉⇒てはい

**でげた**〈出桁〉⇒だしげた

**てこ**〈梃子〉重い物を動かしたりこじ上げたりするときの棒状の器具。込み物を利用することにより，小さな力で重い物体を動かすことができる。鉄製のものを「バール」ともいう。

**でごうし**〈出格子〉外壁から突き出してつくられる格子。線状材を縦に細かく櫛状に配して窓などの外に取り付けられる。

**でしょいん**〈出書院〉⇒つけしょいん

**テストアンビル**〈test anvil〉シュミットハンマーの標準反発力を確かめるための金物。「かなしき(金敷)」ともいう。

**テストハンマー**〈concrete test hammer〉コンクリートの強度を調べるための非破壊試験機器の一種。ほかにリベットの締りぐあいを検査するためのハンマーをいう。

**テストピース**〈test piece〉引張りや圧縮など材料の強度試験を行うために採取した供試体。鉄筋やコンクリートの試験体をいう。

## て

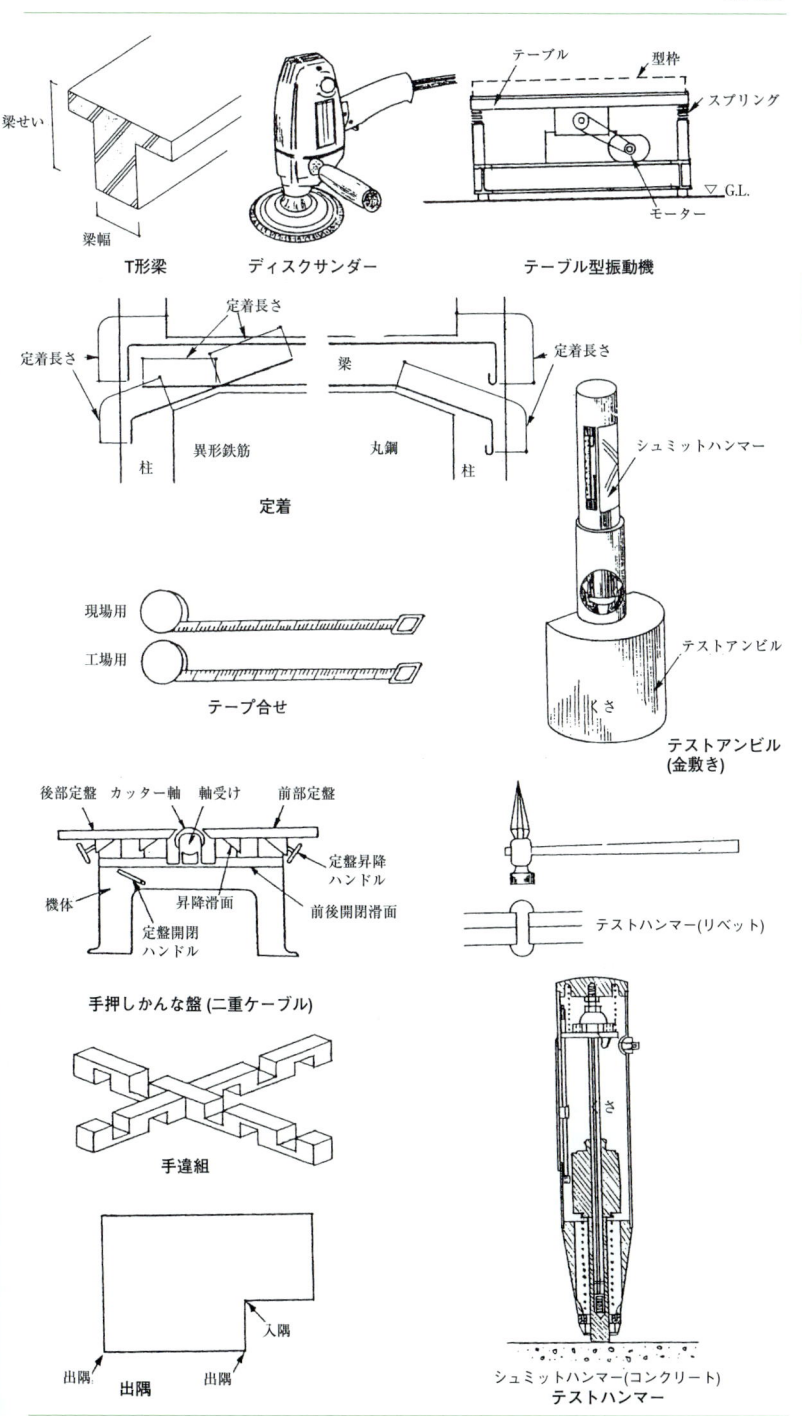

**T形梁** — 梁せい、梁幅

**ディスクサンダー**

**テーブル型振動機** — テーブル、型枠、スプリング、モーター、▽G.L.

**定着** — 定着長さ、異形鉄筋、丸鋼、柱、梁

**テープ合せ** — 現場用、工場用

**テストアンビル(金敷き)** — シュミットハンマー、テストアンビル

**手押しかんな盤(二重ケーブル)** — 後部定盤、カッター軸、軸受け、前部定盤、定盤昇降ハンドル、機体、昇降滑面、前後開閉滑面、定盤開閉ハンドル

**テストハンマー(リベット)**

**手違組**

**出隅** — 出隅、入隅

**テストハンマー** — シュミットハンマー(コンクリート)

**ですみ**〈出隅〉2つの面が出合ってできる外側に出張った角をいう。反対に内側に入り込んだ角を「入隅」という。

**てすり**〈手摺り〉階段，バルコニーなどの囲いで，手を掛ける程度の高さの腰壁，枠組，または上部の笠木をいう。落下を防止するためのもの。→かいだん

**てちがい**〈手違い〉建築現場などで，材料や労務者の準備，手配がうまくいかず，作業進行に支障がでること。

**てちがいかすがい**〈手違い鎹〉両端のつめが相互に直角にねじれているかすがい。

**てちがいぐみ**〈手違い組〉格子などの組み方で，交差部の仕口を交互に切り欠いて組む方法。

**デッキガラス**〈deck glass〉床やドライエリアの天井などに用いられる採光用ガラスブロック。「プリズムガラス」ともいう。

**デッキプレート**〈steel deck〉強度を増すために凹凸形状を波付けし，コンクリートスラブの型枠などに使用される広幅帯鋼。「床鋼板」ともいう。

**デッキプレートかたわくこうほう**〈―型枠工法〉デッキプレートを床コンクリートの型枠として用い，そのまま床材として利用する工法。

**てっきん**〈鉄筋〉鉄筋コンクリート構造用材料で，おもに曲げ応力によって生ずる引張力に抵抗させるため，コンクリート中に埋め込まれる棒鋼材。丸鋼と異形棒鋼がある。

**てっきんこう**〈鉄筋工〉鉄筋の加工，組立，配筋などをする職人。

**てっきんこうじ**〈鉄筋工事〉鉄筋コンクリート工事のうち，鉄筋の加工，組立，配筋，結束などをする工事。

**てっきんコンクリートぐい**〈鉄筋―杭〉基礎の下部に打ち込まれる杭の一つ。「既製鉄筋コンクリート杭」は円筒形のコンクリート部に縦筋とら旋筋を挿入して製造したもので，重量建築物や軟弱地盤に使用される。他に大規模な「場所打ち鉄筋コンクリート杭」がある。「コンクリート杭」「コンクリートパイル」ともいう。

**てっきんコンクリートこうぞう**〈鉄筋―構造〉主要な骨組が鉄筋とコンクリートによってつくられる構造。引張りに強い鉄筋と圧縮に強いコンクリートの強度を複合的に利用したもの。また，コンクリートは火気に強くアルカリ性で，鉄筋の酸化を防止することができる。「RC造」ともいう。

**てっきんせつだんき**〈鉄筋切断機〉⇒バーカッター

**てつけきん**〈手付け金〉土地建物の売買や貸借契約，工事請負などの契約締結にあたって，買い主から売り主に渡される契約保証金。

**てっこつこうじ**〈鉄骨工事〉鉄骨の加工・組立・建方などを行う工事。工場作業と現場作業に分けられ，工場では施工図から原寸図を描き型取りして，鋼材の切断・接合など加工と部分組立を行い，現場ではクレーンなどを使って建方を行うなどの一連の作業をいう。

**てっこつこうぞう**〈鉄骨構造〉主要な骨組が形鋼や鋼管でつくられる構造。主として熱間圧延鋼材を使用するものをいい，「鋼構造」「S造」ともいう。冷間加工鋼材である軽量形鋼を使用するものは「軽量鉄骨構造」という。

**てっこつてっきんコンクリートこうぞう**〈鉄骨鉄筋―構造〉主要な部分が鉄骨と鉄筋およびコンクリートでつくられる構造。形鋼や鋼管で骨組が組まれ，その外側を被覆するように鉄筋を配してコンクリートを打ち込む構造。「SRC造」ともいう

**てつせいかたわく**〈鉄製型枠〉コンクリート用型枠で，鋼板でつくられたもの。

**てっぺいせき**〈鉄平石〉火成岩に区分される安山岩の一つで，耐久性・耐火性に優れ，板状に採石して床材などに利用される。

**てっぽう**〈鉄砲〉⇒リベッティングハンマー

**でづら**〈出面〉その日，作業現場に仕事に出た職別労務者（職人）の人数。

**てつるい**〈鉄類〉鉄（Fe）を主体とし，これに少量の炭素（C），マンガン（Mn），けい素（Si），および不純物を含んだものをいう。鉄は炭素の含有量により，錬鉄(0.04％以下)，鋼（0.04 ～1.7％），鋳鉄(1.7～6.7％)に分けられ，このうち「鋼」は炭素鋼と合金鋼に区分される。「炭素鋼」はさらに炭素の含有量により極軟鋼・軟鋼・半軟鋼・硬鋼・最硬鋼に分けられるが，炭素の含有量はおよそ0.7％以下である。「合金鋼」は「特殊鋼」ともいい，炭素のほかにニッケル（Ni），クロム（Cr），マンガン（Mn），モリブデン（Mo）などの金属をごく少量加えたものであり，クロム鋼，ニッケルクロム鋼，高張力鋼，ステンレス鋼などがある。建築用形

てつるい

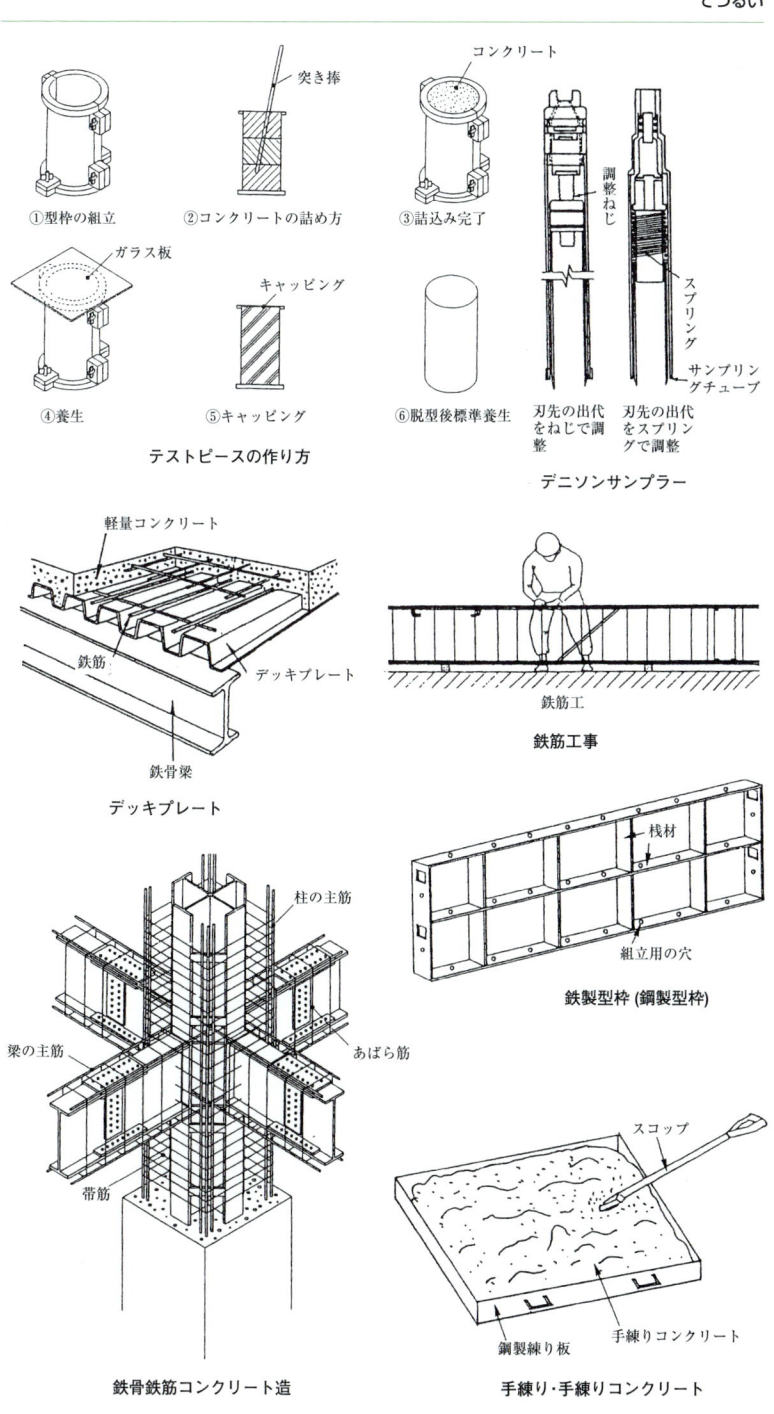

①型枠の組立 ②コンクリートの詰め方 ③詰込み完了
④養生 ⑤キャッピング ⑥脱型後標準養生

**テストピースの作り方**

刃先の出代をねじで調整　刃先の出代をスプリングで調整

**デニソンサンプラー**

軽量コンクリート／鉄筋／デッキプレート／鉄骨梁

**デッキプレート**

鉄筋工

**鉄筋工事**

柱の主筋／梁の主筋／あばら筋／帯筋

**鉄骨鉄筋コンクリート造**

桟材／組立用の穴

**鉄製型枠（鋼製型枠）**

スコップ／鋼製練り板／手練りコンクリート

**手練り・手練りコンクリート**

鋼や棒鋼には，軟鋼（0.12〜0.20％）が使われる。

**てなおし**〈手直し〉工事完了後の部分的な修正またはやり直し，完了検査で指摘された部分の修正工事。

**テナント**〈tenant〉借地・借家などの賃借人。貸事務所などの間借り人。

**デニソンサンプラー**〈Denison sampler〉ボーリング孔から乱さない土の試料を採取するのに用いる器具。先端のつかみで試料の落ちるのを防ぐ。

**てねり**〈手練り〉人の力でコンクリート類を練り混ぜること。→ねりいた

**てねりコンクリート**〈手練り―〉ミキサーを使用せずに，人間の手で練り混ぜたコンクリートのこと。

**てはい**〈手配〉次の工事を円滑に運ぶため，作業に必要な材料や労力をあらかじめ発注・準備すること。「手配り」ともいう。

**デビダークこうほう**〈―工法〉コンクリートにプレストレスを与える工法で，鋼線を座金を使用して定着する方法をいう。

**てぼり**〈手掘り〉人力によって行う掘削作業。掘削機械による作業の補助的なもので，つるはしやスコップなどが使われる。

**てま**〈手間〉仕事のために費やされる労力や時間。それによって受ける報酬を「手間賃」「手間代」という。

**てまうけ**〈手間受け〉材料などは元請あるいは建築主から支給を受け，作業手間，いわゆる労力のみを請け負うこと。

**てまきウインチ**〈手巻き―〉人力でロープを巻き取る装置。

**てまち**〈手待ち〉材料の搬入遅れや段取りのまずさから，次の仕事ができず作業者が手もちぶたさになること。「手空き」ともいう。

**でまど**〈出窓〉建物の外壁より突き出してつくった窓。台所などにつくられる。

**でめじ**〈出目地〉コンクリートブロックやタイルの目地で，表面より突き出して仕上げられる化粧目地。入丸の目地ごてを使う。

**てもと**〈手元〉大工や左官など専門技能職人の手伝いをする補助職人。

**てもどり**〈手戻り〉仕事の手順を間違え，やり直すこと。工事進行上のいき違いから手詰まりを生じ，元へ戻して工事をやり直すこと。

**てようせつ**〈手溶接〉機械溶接でなく技能者によって行われるもの。一般には機械ではやりにくい現場での，被覆金属アーク溶接などをいう。

**てらこうばい**〈寺勾配〉石垣を積み上げるときの反りのこと。寺の屋根が反りをもっていることからきたもの。「扇勾配」ともいう。

**テラコッタ**〈terracotta〉建築の外部を飾る粘土の焼成品で，模様を付けた大型の装飾ブロック。現在は「テラコッタタイル」といって，大型タイルをさしていう。

**テラコッタこうじ**〈―工事〉粘土を成形焼成したテラコッタを引き金物などを用いて取り付ける工事のこと。

**テラス**〈terrace〉建物から庭に張り出してつくられる屋根のない床。「露壇」「露台」ともいう。

**テラスハウス**〈terrace house〉低層の連続住宅で，各戸ごとに前面に庭を持つもの。

**テラゾー**〈tenrazzo〉セメント・顔料・石粉・大理石などの砕石を水で練って塗り付け，硬化してから表面を研磨し，つや出し仕上げをする人造石。

**テラゾーこうじ**〈―工事〉テラゾーブロックやテラゾータイルを張り付けたり，現場塗りテラゾーを施工する工事のこと。

**テラゾーブロックばり**〈―張り〉大理石の砕石を用い，大理石に似せて板石状に製作したテラゾーブロックを床や壁に張り付けて仕上げとするもの。正方形のものを「テラゾータイル」という。

**デリック**〈derrick〉動力によって重量物を吊り上げ，目的場所に移動させる機械装置の一つ。ロープで支えられたマストの脚部にブームを取り付け，マストとブームの先端はロープにより起伏させるように結び，フームの先端から吊り下げたブロックフックにより重量物を吊り上げるもの。「ガイデリック」や「三脚デリック」などがある。

**デリックステップ**〈derrick step〉デリックマストの受け台。→ガイデリック

**デリックていりん**〈―底輪〉⇒ブルホイール，→スチフレッグデリック

**デリックマスト**〈derrick mast〉回転式のステップの上に取り付けられ，ガイロープまたはレッグで上部を支え立てられているマスト。→ガイデリック

**てりやね**〈照り屋根〉⇒そりやね

**デルマックハンマー**〈Delmag hammer〉ドイツのデルマック社で発明・開発された

## デビダーク工法

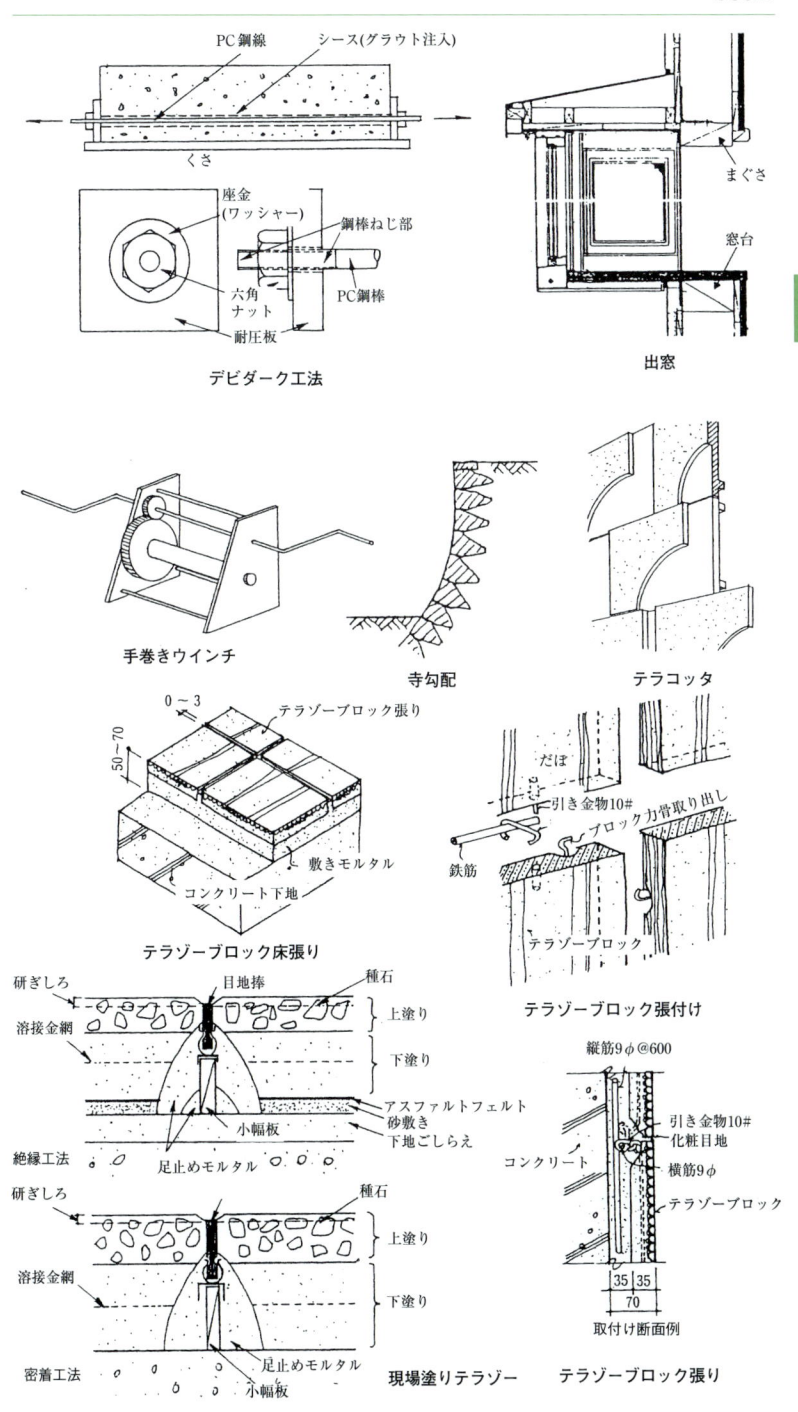

- PC鋼線
- シース(グラウト注入)
- くさ
- 座金(ワッシャー)
- 鋼棒ねじ部
- 六角ナット
- PC鋼棒
- 耐圧板

## 出窓

- まぐさ
- 窓台

## 手巻きウインチ

## 寺勾配

## テラコッタ

## テラゾーブロック床張り

- 0～3
- 50～70
- テラゾーブロック張り
- 敷きモルタル
- コンクリート下地

## テラゾーブロック張付け

- だぼ
- 引き金物10#
- ブロック力骨取り出し
- 鉄筋
- テラゾーブロック

## 現場塗りテラゾー

絶縁工法
- 研ぎしろ
- 目地棒
- 種石
- 溶接金網
- 上塗り
- 下塗り
- アスファルトフェルト
- 砂敷き
- 下地ごしらえ
- 小幅板
- 足止めモルタル

密着工法
- 研ぎしろ
- 種石
- 溶接金網
- 上塗り
- 下塗り
- 足止めモルタル
- 小幅板

## テラゾーブロック張り

- 縦筋9φ@600
- 引き金物10#
- 化粧目地
- コンクリート
- 横筋9φ
- テラゾーブロック
- 35 35 / 70
- 取付け断面例

ディーゼルエンジン式の杭打ち機械で，一般に「ディーゼルパイルハンマー」という。

**テルミットようせつ**〈一溶接〉金属酸化物とアルミニウムのテルミット反応で生じる強烈な反応熱を利用する溶接法。鉄筋の接合，鉄道レールの溶接などに応用されている。

**テレコントロールシステム**〈tele-control system〉電話回線を利用して，建物内のセキュリティ機器などをコントロールするシステム。電話で戸締りやエアコンの操作，風呂を沸かしたりすることもできる。

**テレピンゆ**〈一油〉松柏科植物の樹幹からの分泌液，松脂などを乾溜して得る揮発油。塗料の溶剤や希釈剤として用いられる。

**てんあつ**〈転圧〉地盤の締固め方法の一つ。振動や衝撃によるものでなく，ローラーを転がして加圧する方法。

**てんいた**〈天板〉一般に机，カウンター，戸棚などの上盤，または上面に取り付けられる板類のこと。

**てんかいず**〈展開図〉設計図面の一つで，各室の壁面を投影して表す。開口部，壁面の仕上げ，各部寸法などが表示される。

**でんきかんな**〈電気鉋〉携帯用電動かんなのこと。「プレーナー」ともいう。

**でんきせつび**〈電気設備〉建築物内で使用する電気機器類への電力供給諸装置をいう。照明・通信・情報機器のための配線，空調・移動装置などへの動力配線など，屋内配線工事と末端機器のほか，変電室，発電機室，蓄電池室，分電盤室など電気関係諸室の装置が含まれる。

**でんきていこうしきちかたんさ**〈電気抵抗式地下探査〉地中に電流を流して電極間の比抵抗を測定することにより，地層の変化や地下水位などを探る調査法。「電気地盤探査」ともいう。

**でんきていこうようせつ**〈電気抵抗溶接〉溶接する部材の接触部に電流を流し，発生する抵抗熱によって母材を溶かして加圧接合する溶接。重ね抵抗溶接と突合せ抵抗溶接がある。「抵抗溶接」ともいう。抵抗溶接機としては「スポット溶接機」「シーム溶接機」「バット溶接機」などがある。

**でんきドリル**〈電気―〉モーターにより先端のドリルを回転させて穴をあける工具。

**でんきはいせんほうしき**〈電気配線方式〉電気を供給する配線方法で，直流式と交流式とになる。建築用電気方式は電力会社から送られる交流式が用いられ，直流式は非常用電源，蓄電池を使用する場合などに限られる。屋内配線方式としては単相2線式および3線式，三相3線式などがある。

**でんきはいせんようきぐ**〈電気配線用器具〉電線，がいし類，管類，ダクト・線ぴ類，その他の配線器材をいう。電線でおもなものはゴム絶縁電線とビニル絶縁電線である。がいし引き露出工事ではクリート，ノップ，がい管などが多く用いられる。電線管は鋼製のものが多く，付属品としてカップリング，サドル，アウトレットボックスなどがある。ダクト・線ぴ類としては床下に埋め込むフロアダクト，露出配管用のメタルモールジングなどで，その他配線材料として小型スイッチ，接続器類，ヒューズ・遮断器類，開閉器などがある。

**でんきハンマー**〈電気―〉電気を動力源として，頭部を前後に往復させることによりハンマー作用をする工具。

**てんけんこう**〈点検孔〉⇒あらためぐち

**でんこようせつき**〈電弧溶接機〉⇒アークようせつ

**てんじょう**〈天井〉室内の上面を区画構成するもの。小屋組や上階の床組を隠したり，室内の保温・防音などのために取り付けられる。付図参照

**てんじょうあらためぐち**〈天井改め口〉建築後，屋内の電気配線などを点検したり修理したりするために設ける天井裏への出入口。目立たないように天井の一部に設けるもので「小屋改め口」ともいう。

**てんじょうそうこうようクレーン**〈天井走行用―〉建物の対面する側壁などにレールを設置し，これに車輪をつけた鉄骨製の桁を渡し，重量物を吊りながら移動させる走行クレーン。桁の上にも移動するクラブを載せている。

**てんじょうだか**〈天井高〉床仕上げ面から天井下面までの高さをいう。

**てんじょうのぶち**〈天井野縁〉天井板を取り付けるための下地材。天井裏の桟木で，天井吊木に取り付けられ天井を一体にする。「シーリングジョイスト」「野縁」ともいう。

**てんじょうふせず**〈天井伏図〉設計図の一つで，階ごとに上部天井の仕上げ状態を描いた図面。仕上材料のほか，照明器具，空調機器の配置状況などが表示される。

てんしょ

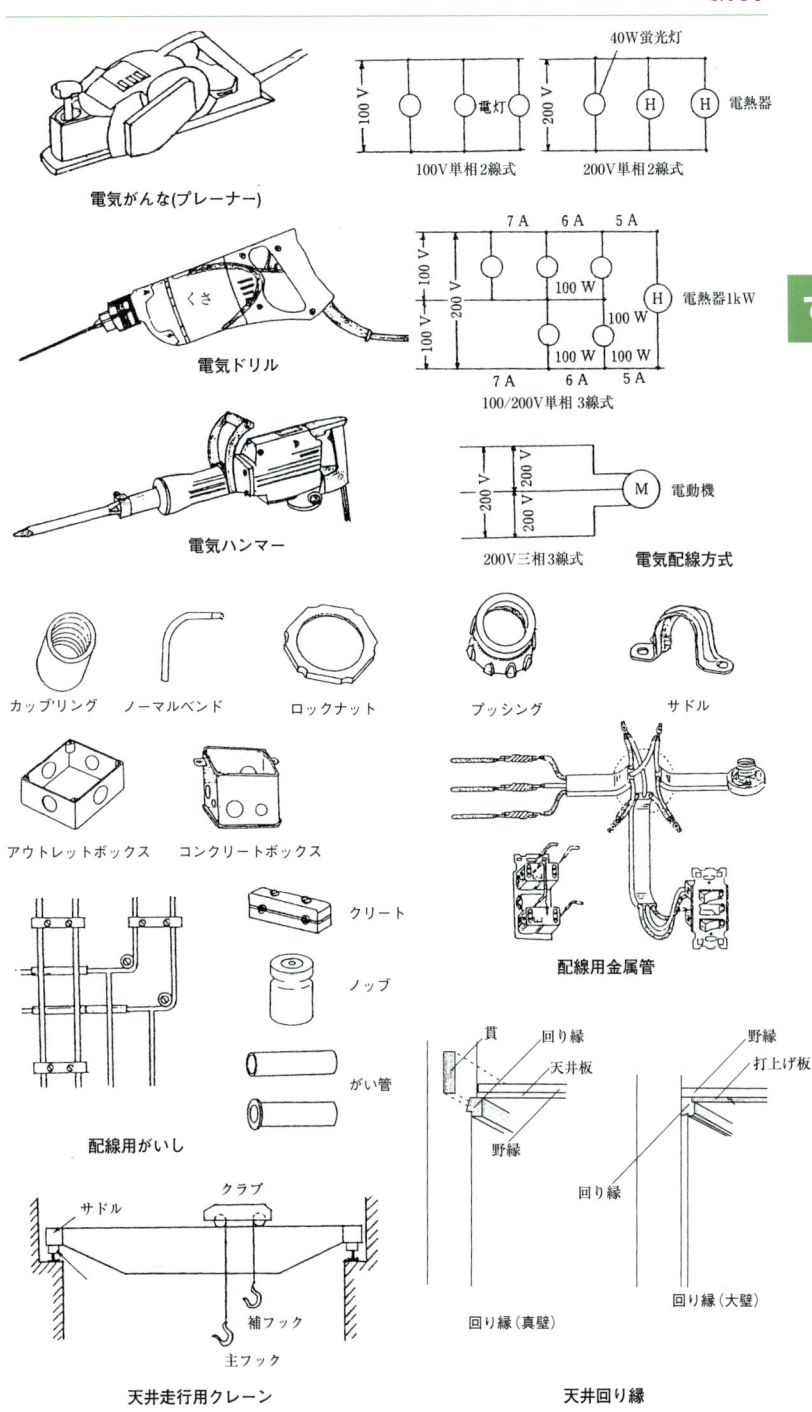

電気がんな(プレーナー)

電気ドリル

電気ハンマー

100V単相2線式：100 V — 電灯

200V単相2線式：200 V — 40W蛍光灯 — H H 電熱器

100/200V単相3線式：7A 6A 5A / 100W 100W 100W 100W / 7A 6A 5A　電熱器1kW

200V三相3線式：200 V / 200 V / 200 V — M 電動機

電気配線方式

カップリング　ノーマルベンド　ロックナット　ブッシング　サドル

アウトレットボックス　コンクリートボックス

クリート　ノップ　がい管

配線用がいし

配線用金属管

天井回り縁
貫　回り縁　天井板　野縁
野縁　打上げ板　回り縁
回り縁(真壁)　回り縁(大壁)

天井走行用クレーン
サドル　クラブ　補フック　主フック

203

**てんじょうまわりぶち**〈天井回り縁〉壁と天井が接する部分に使われる見切り縁のこと。「回り縁」ともいう。

**でんしょく**〈電食〉電場に置かれた金属とか異種金属間の接触部が，イオン化傾向による電気分解を受けて化学変化し，徐々に腐食されていくこと。

**テンダー**〈tender〉入札のことをいう。

**でんちゅうひん**〈電鋳品〉電解法により金属を一定の鋳型に析出させ，めっき層だけで形成される装飾金物。

**でんでん**　立てどいを壁に固定するつかみ金物をいう。→とい

**でんどうダムウェーター**〈電動―〉⇒ダムウェーター

**でんねつ**〈伝熱〉熱が移動する現象。熱が物体を伝わる伝導のほか，放射，対流の三種類がある。

**てんねんじゅしとりょう**〈天然樹脂塗料〉おもに樹木などの分泌物，またはこれらの半化石物から得る天然樹脂を展色剤として，顔料と混ぜ合わせてつくられる塗料。塗料にはペイント，ワニス，うるし，かきしぶ，その他があり，ペイントはさらに油性ペイント，樹脂性ペイント，水性ペイント，特殊油性ペイントに分類される。

**てんねんスレートぶき**〈天然―葺き〉薄く一定の形状に成形した天然スレート板で屋根を葺く方法。葺きあがりの形状により一文字葺き，きっ（亀）甲葺き・うろこ（鱗）形葺き・ひし（菱）葺きなどがある。

**てんば**〈天端〉材料・部材の頂部，上面をいう。「うわば」ともいう。

**てんばならし**〈天端均し〉頭頂部をそろえること。上部塗り面を平坦にならすことをいう。

**てんぶくろ**〈天袋〉天井面に接してつくられた戸棚，または物入。押入の場合は内法より上に設けられるが，床脇につくる場合は小壁位置より下になる。

**テンプレート**〈template〉鉄骨柱脚のアンカーボルトの位置を正確に定め，埋め込むための鋼製型板。または製図用の型定規。

**てんまど**〈天窓〉屋根面に設けられる採光窓。上部からの採光は効率がよいが，雨仕舞への配慮が必要となる。「トップライト」ともいう。

**てんようせつ**〈点溶接〉⇒スポットようせつ

# と

**と**〈戸〉窓や出入口，物入などの開口部に取り付けられる建具。引戸，開き戸，雨戸，防火戸という場合は，建具の付属部を含めて開口部の仕様をいう。

**ドアアイ**〈door eye〉⇒ドアスコープ

**ドアクローザー**〈door closer〉⇒ドアチェック。

**ドアスコープ**〈door scope〉玄関の扉に取り付ける魚眼レンズ。防犯用の覗き穴で，来訪者の様子が見えるようにしたもの。「ドアアイ」ともいう。

**とあたり**〈戸当り〉開き戸を閉じたとき，枠木のところで止まるよう方立てに取り付けた突起物。また，開けたときにはドアが壁などに当たらないよう，床とか幅木に取り付ける金具をいう。これを「戸当り金物」といい，開き止めができるようあおり止めが付いたものもある。

**とあたりじゃくり**〈戸当り决り〉引戸などを閉めたとき，戸当り部分にすきまがあかないよう，柱や方立てに付ける溝をいう。

**ドアチェーン**〈door chain〉玄関やホテルの個室の開き戸などに取り付けられ，扉を少し開けた状態で来訪者を確認できるようにしたもの。内側に設けられる鎖金具で，外からははずせないようになっている。「チェーンドアファスナー」「鎖錠」ともいう。

**ドアチェック**〈door check〉おもに開き戸に取り付けられ，開いた扉を緩やかに自動的に閉める装置。ドアの上部に取り付けるもの，床下に埋め込むもの，丁番に組み込んだものがある。「ドアクローザー」ともいう。

**どあつ**〈土圧〉地下室の壁や擁壁面に作用する土の圧力。土と接する側壁面にかかる圧力をいう。

**とい**〈樋〉屋根から落ちる雨水を受け，地上の排水溝，もしくは排水管に流す部材。軒どい，立てどい，谷どい，はいどい，呼ひどい，あんこう（鮟鱇）などがある。

**というけかなもの**〈樋受け金物〉軒どいの受け金物，立てどいのつかみ金物などをい

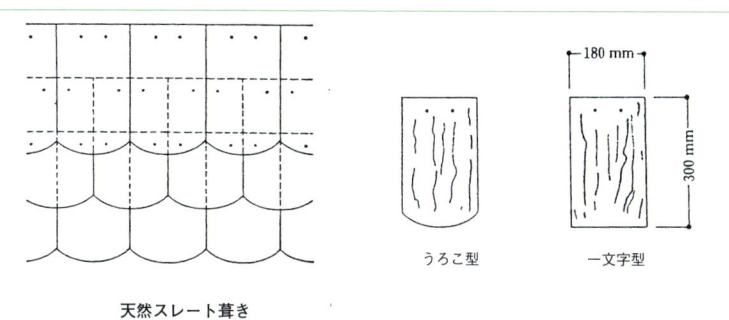

というけ

**天然スレート葺き**

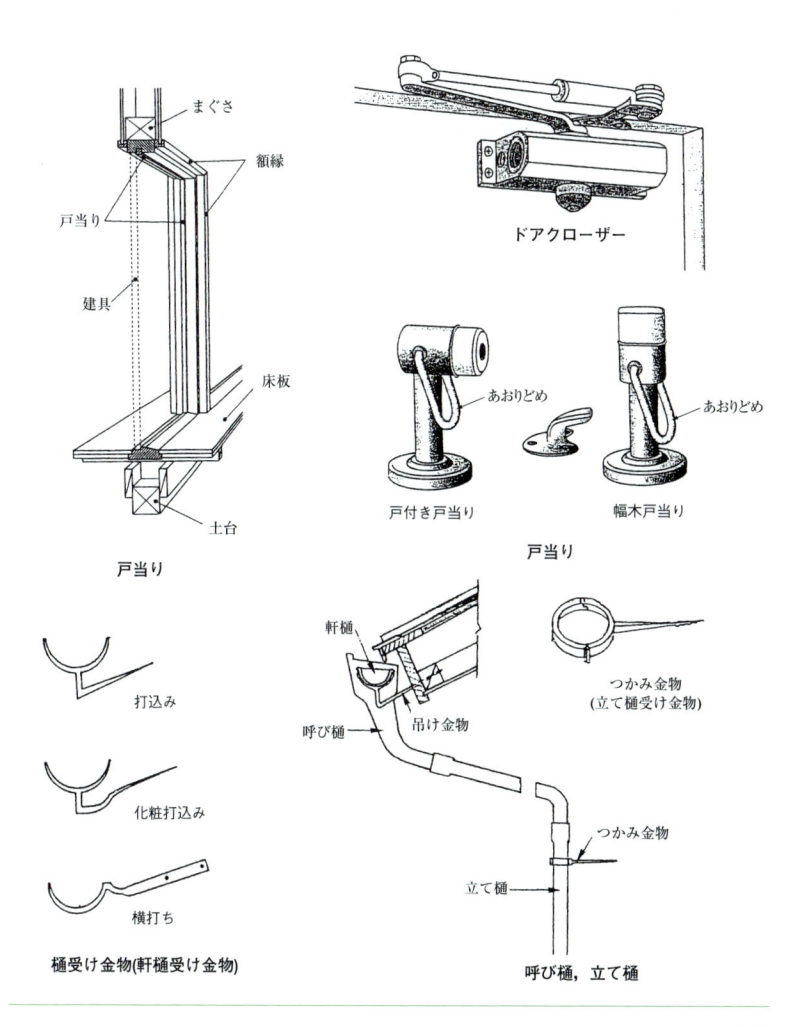

うろこ型

一文字型　180 mm × 300 mm

**戸当り**
- まぐさ
- 額縁
- 戸当り
- 建具
- 床板
- 土台

**ドアクローザー**

**戸当り**
- 戸付き戸当り（あおりどめ）
- 幅木戸当り（あおりどめ）

**樋受け金物(軒樋受け金物)**
- 打込み
- 化粧打込み
- 横打ち

**呼び樋，立て樋**
- 軒樋
- 呼び樋
- 吊り金物
- つかみ金物（立て樋受け金物）
- 立て樋
- つかみ金物

う。軒どいのとい受け金物には，軒先の構造に応じて種々の形がある。

**どいげた**〈土居桁〉和小屋で軒先を長く出す場合，はね木や出し梁を用いることがあるが，これを軒桁の上で受ける水平の桁をいう。「土居」「土居梁」ともいう。

**といし**〈砥石〉のみや鉋の刃などを研ぐために用いられる石。仕上げ程度にあわせて荒砥，中砥，仕上げ砥がある。

**ドイツしたみいたばり**〈―下見板張り〉⇒はこめじしたみいたばり

**ドイツづみ**〈―積み〉⇒こぐちづみ

**どいぬり**〈土居塗り〉瓦葺きの瓦の下に粘土を塗り込むこと。

**どいぶき**〈土居葺〉野地板の上に杉皮・ひはだ（檜皮）あるいはこけら（柿）板を葺いたもの。またはアスファルトルーフィングフェルトなどを葺き上げることで，この上に瓦が置かれ瓦葺きの下地となる。「くれ葺」ともいう。

**とうえいず**〈投影図〉立体を投影面に平行投影もしくは透視投影して得られる図形。通常の建築図面は，平行投影による正投影図法で描かれる。

**とうきしつタイル**〈陶器質―〉木節・かえろ目などの陶土を原料としたもので，1100～1250℃で焼成するタイル。素地は白色不透明で，堅硬であるが吸水性があり，多くはゆう薬を施してこれを防いでいる。陶器質タイルは内装用として使用されるが，陶器類には便器，手洗い器などもある。

**とうげ**〈峠〉桁や母屋などの断面の一角を屋根の流れと同じ勾配に削り，その斜面と天端の交わる稜線。

**とうげじるし**〈峠印〉桁，母屋，棟木などの峠墨（とうげずみ）を示す合印記号。→あいじるし

**とうけつしんど**〈凍結深度〉土中の温度が0℃以下になると間隙水が凍るが，冬期の凍結状況を表すための地表面からの深さ。

**とうこうき**〈投光機〉一方向に光を集めて照射する照明具。狭角型を「スポットライト」，広角型を「フラッドライト」という。

**どうさし**〈胴差し〉木造軸組の2階床梁の位置で通し柱に接合され，管柱を支持している横架材のこと。2階床組の外周部に取り付けられる部材。付図参照

**とうしず**〈透視図〉視点と物体の間に置かれる画面に写る物体の図形。これを描く方法を「透視図法」というが，この方法を用いて描いた建物の外観図や内観図をいう。透視図は描き方によって平行透視図，有角透視図，斜透視図などがある。「パース」「パースペクティブ」ともいう。

**どうせん**〈動線〉建築物内外の人や物の流れ，動きなどを表したもの。内部空間における動線は短く，異種のものが交差しないということが基本となる。

**どうせんほう**〈道線法〉⇒しんそくほう

**どうづき**〈胴付き〉木造仕口部で一方の木口を他材の側面にそのまま面付けするもの。また，ほぞの根元回りの木口面などを指す。「臼底（うすそこ）」ともいう。

**どうづきのこ**〈胴付き鋸〉のこ身が薄く背金をはめたのこぎり。胴付き面や建具材を加工するときなどに使用する。

**どうぬき**〈胴貫〉木造建物などの土塗り壁を内部で支える貫材で，柱と柱の貫穴に通して小舞竹を縛り付けるもの。

**とうさつ**〈棟札〉⇒むなふだ

**どうぶち**〈胴縁〉壁の下地材で，板状の仕上材などを取り付けるための横桟をいう。

**とうへんやまがたこう**〈等辺山形鋼〉⇒かたこう

**とうや**〈塔屋〉⇒ペントハウス

**とうりょう**〈棟梁，頭領〉大工職人を統括する親方。木造建築工事を指導監督する大工の長。

**どうろ**〈道路〉交通の用に供される道で，建築基準法では幅員4m以上のものをいう（法第42条）。また，建物物の敷地は道路に2m以上接しなければならない（法第43条）。

**どうろしようきょか**〈道路使用許可〉工事の必要上，公共の歩道・車道などをある期間占用する場合は，道路管理者あて許可申請をしなければならない。道路法上の道路管理責任者は高速自動車道と一般国道は国土交通大臣，都道府県道と市町村道はその自治体の長となる。

**ドーザー**〈dozer〉トラクターに排土板を装備した整地用機械。排土板の種類によってブルドーザー，アングルドーザ，チルトドーザーなどがある。

**とおしづみ**〈通し積み〉目地を水平に通す石積みのこと。

**とおしばしら**〈通し柱〉2階建以上の木造建物で，土台から軒桁もしくは小屋梁までを一本で通した柱のこと。「建登せ柱」とも

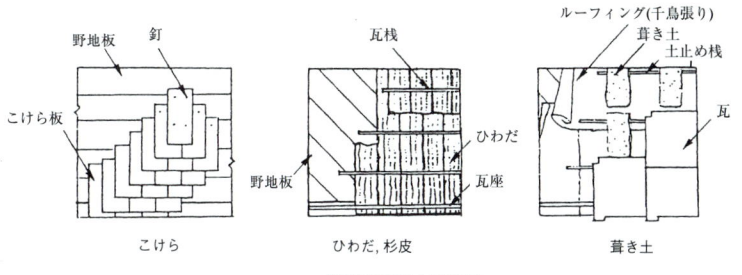

とおしは

**こけら**
- 野地板
- 釘
- こけら板

**ひわだ, 杉皮**
- 瓦桟
- ひわだ
- 野地板
- 瓦座

**葺き土**
- ルーフィング(千鳥張り)
- 葺き土
- 土止め桟
- 瓦

瓦葺き下地(土居葺き)

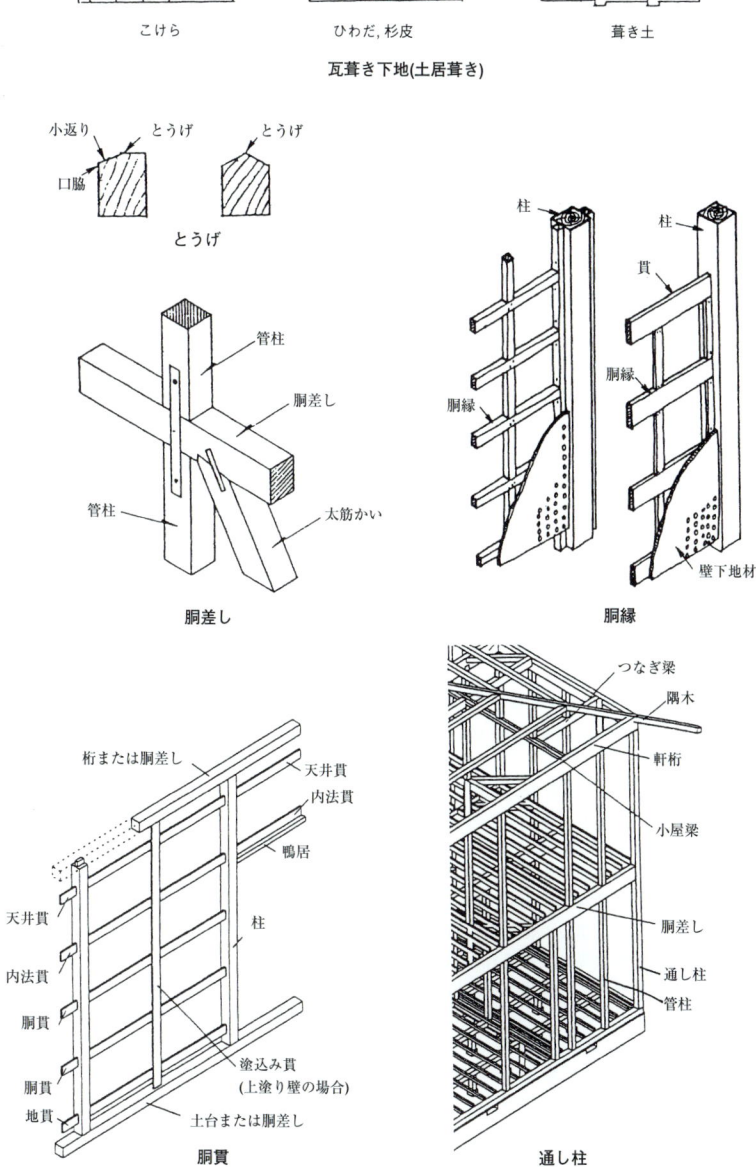

**とうげ**
- 小返り
- とうげ
- 口脇
- とうげ

**胴差し**
- 管柱
- 胴差し
- 管柱
- 太筋かい

**胴縁**
- 柱
- 貫
- 胴縁
- 壁下地材

**胴貫**
- 桁または胴差し
- 天井貫
- 内法貫
- 鴨居
- 柱
- 天井貫
- 内法貫
- 胴貫
- 胴貫
- 地貫
- 塗込み貫(上塗り壁の場合)
- 土台または胴差し

**通し柱**
- つなぎ梁
- 隅木
- 軒桁
- 小屋梁
- 胴差し
- 通し柱
- 管柱

いう。
**とおしほぞ**〈通し柄〉⇒うちぬきほぞ
**トータルフロート**〈total float〉ネットワーク工程表における浮かし時間。先行作業を最早開始時間で始め，後続の作業を最遅開始時間で始めるときにできる余裕時間。
**トーチ**〈torch〉⇒すいかん
**トーチこうほう**〈—工法〉アスファルト防水工法の一つで，アスファルト系ルーフィングの表層をガスバーナーで加熱し，溶融液でジョイント部を接合したり下地への接着をしたりするもの。「トーチ式防水工法」ともいう。
**ドーナツ**〈doughnut〉型枠と鉄筋の間隔を保持するスペーサーの一種。
**ドーマーウインドー**〈dormer window〉屋根裏部屋に設けられる採光・換気窓。屋根面から突き出したり，屋根面をへこませたりしてつくられる。
**ドーム**〈dome〉半球面状の屋根・天井をもつ建築物をいう。
**ドーリー**〈dolly〉⇒あてばん
**とおりしん**〈通り心〉建築物の水平・垂直方向を示す工事上の基準線，または心墨。柱・壁などを通して設定されるもの。
**どかづけ**〈どか付け〉塗面に一度に厚く塗り付けること。
**とがりかんな**〈尖り鉋〉木材にV字の溝をつけるためのかんな。かんな台がV字形になっている。
**とぎだし**〈研出し〉人造石や石材の表面を研磨機で仕上げること。人造石はセメントに顔料，大理石の砕石粒などを混ぜたモルタルを塗ってつくられる。→じんぞうせきぬりとぎだししあげ
**ときょう**〈斗栱〉寺社建築などで深い軒を支える組物。方形の斗と肘木によって構成され，これを交互に組み合わせ前方に持送りしてゆく。
**とくしゅけんちくぶつ**〈特殊建築物〉建築基準法上の用語で，学校，体育館，病院，劇場，観覧場，集会場，展示場，百貨店，市場，ダンスホール，遊戯場，公衆浴場，旅館，共同住宅，寄宿舎，下宿，工場，倉庫，自動車車庫，危険物の貯蔵場，と畜場，火葬場，汚物処理場その他これらに類する用途に供する建築物をいう（法第2条）。
**とくしゅこう**〈特殊鋼〉炭素鋼にニッケル，マンガン，クロムなどの金属を加えて，物理的・化学的性質を向上させた鋼合金。工具，機械類などに使用される。
**とくしゅセメント**〈特殊—〉石灰けい酸系セメントのうち，ポルトランドセメント，混合セメント以外のもので，超速硬セメント，膨張セメント，カラーセメントなどをいう。人造石の製造や亀裂防止など特殊な用途に利用される。
**とくていけんせつぎょうしゃ**〈特定建設業者〉請負金額が一件4500万円以上の工事を，直接発注者から請け負い，施工しようとする建設業者（建設業法第15条）。
**とくべつひなんかいだん**〈特別避難階段〉建築物の15階以上の階又は地下3階以下の階に通ずる直通階段は，特別避難階段としなければならない。屋内と階段室の間に，バルコニー又は外気に向かって開くことができる窓若しくは排煙設備を有する付室があり，これを通じて連絡している階段（建築基準法施行令第122条・第123条）。
**とくめいけいやく**〈特命契約〉入札とか見積合せをせずに，特定の業者と請負契約をすること。「特命」ともいう。公共工事の場合は「随意契約」という。
**どくりつきそ**〈独立基礎〉「柱下基礎」ともいい，柱1本の荷重を地盤に伝えるための基礎のこと。「独立フーチング基礎」ともいう。→フーチングきそ
**どくりつばしら**〈独立柱〉壁とか建具などが周囲に取り付かない単独の柱。
**どくりつフーチングきそ**〈独立—基礎〉⇒どくりつきそ
**とぐるま**〈戸車〉引戸や吊り戸を動かしやすくするために，建具の下部または上部に取り付ける車。「滑り車」ともいう。
**とこいた**〈床板〉床の間の床面に張る木板をいう。
**どこうじ**〈土工事〉土砂の切取り，敷きならし，埋戻し，根切り，盛土などの工事。
**とこがまち**〈床框〉床の間の床板が畳面より一段上がる場合の，畳面との見切りに使われる化粧材のこと。「床縁」ともいう。
**とこざし**〈床挿し〉さお縁天井のさお縁が，床の間と直角方向に配されること。平行に配されるのが一般的である。
**とこのま**〈床の間〉床柱，床板，床がまち，落し掛けなどからなる座敷飾り。本床，踏込み床，蹴込み床，袋床，釣床，織部床などがある。付図参照

とこのま

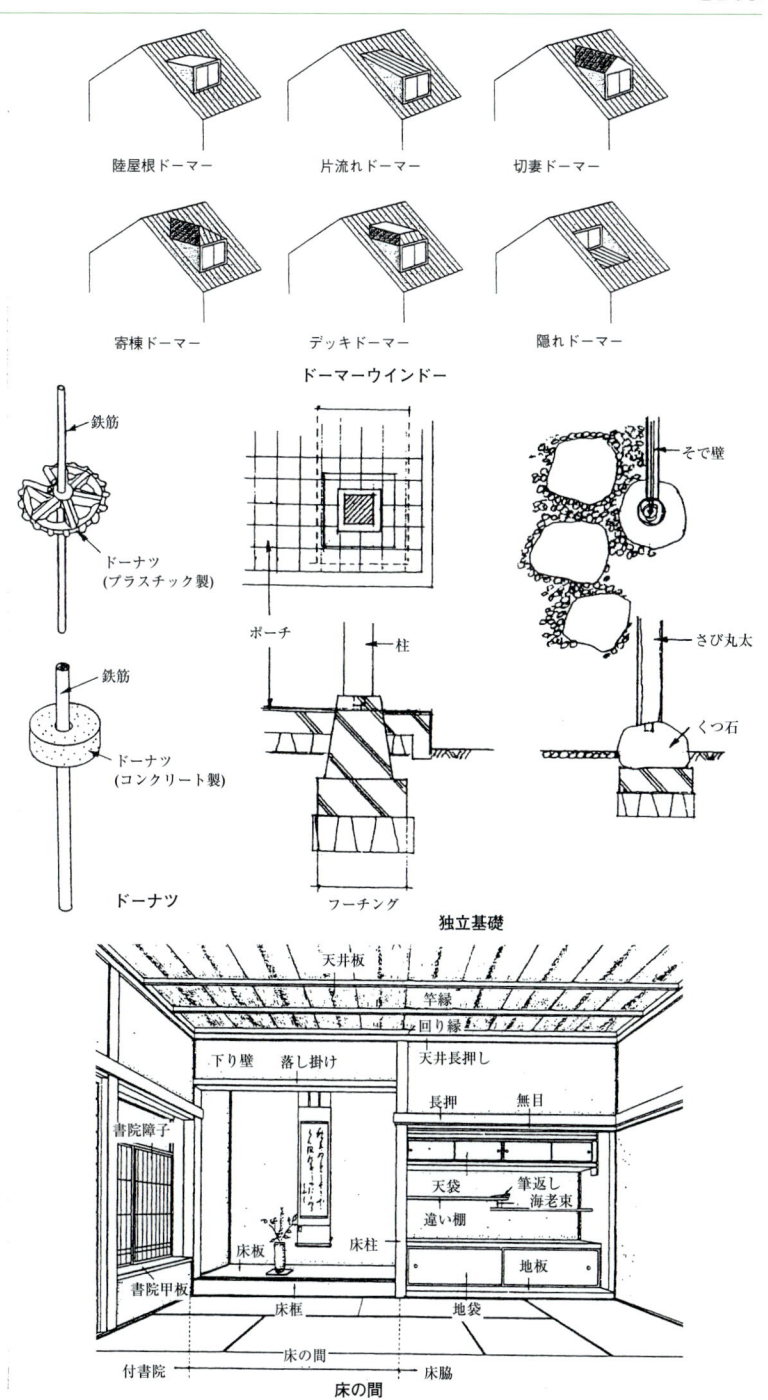

陸屋根ドーマー　片流れドーマー　切妻ドーマー

寄棟ドーマー　デッキドーマー　隠れドーマー

ドーマーウインドー

鉄筋
ドーナツ
(プラスチック製)

鉄筋
ドーナツ
(コンクリート製)

ドーナツ

ポーチ　柱

フーチング

そで壁

さび丸太

くつ石

独立基礎

天井板
竿縁
回り縁
下り壁　落し掛け　天井長押し
長押　無目
書院障子
天袋　筆返し　海老束
違い棚
床板　床柱　地板
書院甲板
床框　地袋
付書院　床の間　床脇

床の間

**とこばしら**〈床柱〉床の間に立つ柱。材質、断面形、表面仕上げなどの違いにより各種の化粧柱が用いられる。

**とこぶち**〈床縁〉⇒とこがまち

**とこぼり**〈床掘り〉基礎部分の地盤を掘り下げること。→ねぎり

**とこわき**〈床脇〉床の間の脇に設ける座敷飾りの一つ。地袋、違い棚、天袋などを組み合わせたもので、いわば棚の間というべきもの。棚の形式により各種の名称がある。

**としけいかくくいき**〈都市計画区域〉市町村の中心市街地を含み、一体の都市として総合的に整備し、開発及び保全する必要があると認めて都道府県が指定した区域。都市計画区域には無秩序な市街化を防止し、計画的な市街化をはかるため、市街化区域と市街化調整区域が設けられている（都市計画法第5条、第7条）。

**どしつきごう**〈土質記号〉識別土質名を図表作成用に記号化したもの。

**どしつしけん**〈土質試験〉大別すると土の物理試験と力学試験に分けられるが、土のせん断強さ、圧縮性、透水係数などを調べる試験をいう。試験方法としては、一軸または三軸圧縮試験、直接せん断試験、圧密試験、液性限界および含水比測定、透水試験などがある。

**どしつちゅうじょうず**〈土質柱状図〉ボーリングによる地盤調査結果を図表化したもの。地盤面からの深度、層厚、土質の種類、孔内水位、相対密度、標準貫入試験による$N$値などが図式化される。「ボーリング柱状図」ともいう。

**どしつちょうさ**〈土質調査〉基礎の設計・施工に必要な資料を得るために地盤調査を行うが、土質調査は地盤調査の中心となるもの。地盤の構成、各層の土質の硬軟および地下水位などを求めるもので、その方法として、敷地条件に応じたボーリング、標準貫入試験、サウンディング、物理探査、試掘がある。また、採取された資料の力学的性質を調べる土質試験、現位置の支持力を推定する載荷試験、杭打ち試験などがある。

**とじまりようかなもの**〈戸締り用金物〉開口部の戸締りのために用いられる建具用金物。箱錠、本締め、シリンダー錠のほか、ラッチ、落しかけ、クレセント、ねじ締りなど各種のものがある。

**とじゃくり**〈戸決り〉柱または建具枠で、建具が当たる部分を溝にしゃくること。すきま風が入らないように工夫したもの。

**どせいず**〈土性図〉土層の調査結果を、地盤面からの深度に応じて図表化したもの。各土質の粒度割合、液性・塑性限界、含水比、間隙比、圧縮強度、その他単位体積重量、標準貫入試験による$N$値などが表示される。

**とそうこうてい**〈塗装工程〉素地ごしらえ、下塗り、中塗り、上塗りの順序で進められるが、素地の種類、塗料の種類により決定される。

**とそうごうばん**〈塗装合板〉あらかじめ塗装され市販されている合板。装飾、防湿、防腐などを目的に塗装されている。

**とそうごうはんかたわく**〈塗装合板型枠〉日本農林規格によるコンクリート型枠用合板を用い、あらかじめ耐水・防腐剤などで塗装されている合板型枠。

**どぞうづくり**〈土蔵造り〉コンクリートによる耐火建築物がない時代に造られた木骨土壁塗りの防火建物。内部は木部が露出しているが、外周の壁厚は20～30cm、開口部を小さく取り、軒裏や建具まで壁土塗りとした。元は物を貯蔵する倉であったが、店舗や住居としても使われるようになった。

**どだい**〈土台〉木造建築物の柱の下部を連結し、柱からの荷重を基礎へ伝える横材。土台がはずれないように、コンクリートの布基礎にアンカーボルトで緊結されている。

**トタン**〈galvanized sheet〉鋼板に亜鉛めっきをして防錆処理をしたもの。波形のものは簡易な屋根葺き材、外壁材として用いられる。ポルトガル語のtutangaが語源。

**どたんばん**〈土丹盤〉密実で粘着力のある鉱物粒子を含む硬質粘土層。軟岩に分類される泥岩および半固結粘土・シルトを示す土の総称。$N$値が高く通常の構造物の支持地盤として十分な強度を有する。

**とっかんこうじ**〈突貫工事〉工程の遅れを取り戻すために行う急ぎの工事。または短期間契約のために、昼夜兼行で行う工事。

**とっきしようしょ**〈特記仕様書〉標準仕様書や共通仕様書に書かれていない特別仕様で、当該工事に特有の事項を記載したもの。→きょうつうしようしょ

**どっこほぞ**〈独鈷枘〉長ほぞの一つで、接合する部材を突き通して、その先に懸鼻を取り付けるためのほぞ。木鼻のある二部材の出隅の仕口で、一方の木鼻を別材でつく

とつこほ

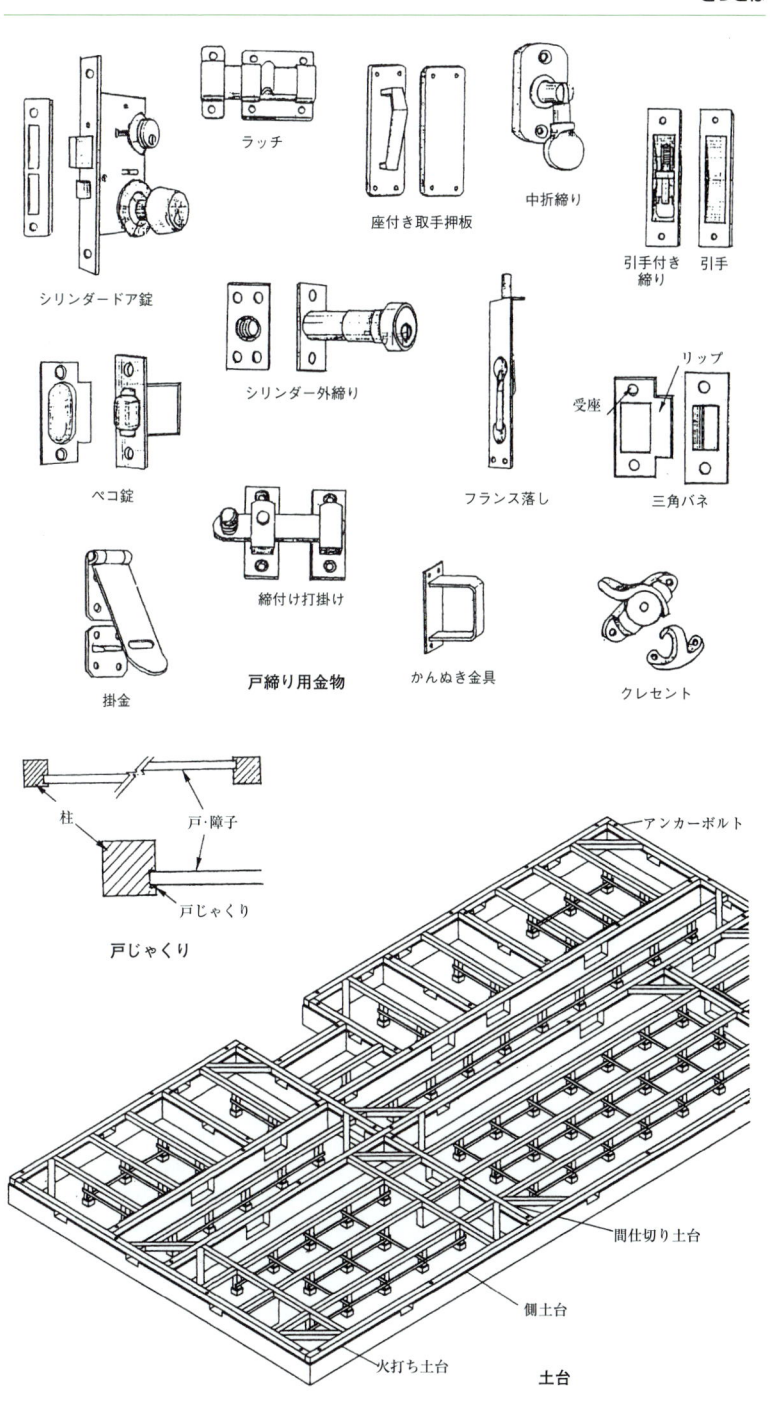

シリンダードア錠
ラッチ
座付き取手押板
中折締り
引手付き締り
引手
ベコ錠
シリンダー外締り
フランス落し
受座
リップ
三角バネ
掛金
締付け打掛け
戸締り用金物
かんぬき金具
クレセント

柱
戸・障子
戸じゃくり
戸じゃくり

アンカーボルト
間仕切り土台
側土台
火打ち土台
土台

り独鈷ほぞを差し込んで車知（しゃち）栓で留める。仏具の金剛杵の一つ独鈷に似ていることからいわれる名称。

**とって**〈取手，把手〉家具に取り付けた扉や建具の開閉のために手をかけるつまみ，またはハンドル。

**トッピング**〈topping〉コンクリート基礎やコンクリートの床版の上に打設して床仕上げとする富調合のコンクリート，またはモルタル層。

**トップアングル**〈top angle〉鉄骨造の柱に梁を接合する場合の山形鋼。梁上部のフランジと柱を高力ボルト接合，または溶接接合するときに用いられる。同じく梁の下部で用いるものを「ボトムアングル」という。

**トップきん**〈—筋〉梁の主筋やスラブ筋の上端筋で，端部からスパンの1/4程度まで配置するだけの鉄筋をいう。「カットオフ筋」ともいう。

**トップライト**〈top lighting〉天井面から自然光を入れるためにつくられる窓。屋根面に開けられる天窓をいう。

**どどめ**〈土留め〉傾斜面の土層が崩れないようにする支保工。人工的に掘削する場合は「山留め」といい，周囲の地盤が崩れないように矢板またはせき板で土留を押さえる。

**どどめいた**〈土止め板〉⇒せきいた

**とのこぬり**〈砥の粉塗り〉雑物を除去した粘土の粉末をふのりの薄い液で練り，木材の目止めとして塗り付けること。塗装仕上げのための下地直し，鉋仕上げした木材表面の汚れ防止などとして用いられる。

**とび**〈鳶〉建築工事現場で建方・足場組立など比較的高所で作業を行う職人。「鳶職」ともいう。

**とびいし**〈飛び石〉庭園の園路や鑑賞用の庭などに間隔を取って置かれる踏み石。ぬかるみを避けるという実用的な面と，庭園の意匠としての美的な面がある。傾斜面に置かれる飛び石は「飛び石段」という。

**とびしょく**〈鳶職〉⇒とび

**とびつきまるた**〈飛付き丸太〉丸太足場の地上から第一番目の布丸太。飛び付かないと登れない高さに組まれる。「飛び付き布丸太」ともいう。

**とびばり**〈飛び梁〉寄棟屋根などの小屋組部材。妻側の母屋や隅木を支える小屋束を受ける梁で，桁行方向に小屋梁と妻梁に掛け渡す梁。

**とぶくろ**〈戸袋〉雨戸を収納する箱。建物の外壁部に雨戸を引き込むように取り付けられる。→あまど

**とぶすま**〈戸襖〉片面に合板などの板を張り，他面を襖紙で仕上げた建具。和室と洋室の仕切り戸などに用いられる。

**とふぼうすい**〈塗布防水〉コンクリートやモルタル面への防水法の一つで，合成ゴム，合成樹脂等の防水材を塗布して行うもの。塗膜防水と浸透性塗布防水がある。

**どま**〈土間〉屋内にあって床を張らずに土のままのところ。叩き土またはコンクリートなどで仕上げられたところをいう。「たたき」「土間コンクリート」ともいう。

**とまくぼうすい**〈塗膜防水〉合成樹脂系の液状防水材を塗布して被膜をつくり，これを防水層とする方法。

**どまコンクリート**〈土間—〉地盤に砂利地業などをし，直接コンクリートを打った床面。玄関，ポーチ，テラスなどの下地面とする。

**とめ**〈留め〉⇒とめつぎ

**とめじょうぎ**〈留定規〉留め仕口の加工をするために，木口を45°に切る場合の線引き定規のこと。

**とめつぎ**〈留接ぎ〉家具，天井回り縁，長押，額縁などに使われる仕口で，木口を見せないように2つの材を直角に接合する方法。部材の木口を45°に切って，接合部を見付けに出さないようにした仕口。「留め」ともいう。

**とめべん**〈止め弁〉ねじを締めることによって弁を水口に押さえ込み，水流を止める構造の弁。「ストップバルブ」「玉形弁」「グローブバルブ」ともいう。

**ドライアウト**〈dry-out〉モルタル，プラスターなどが日射や下地の吸収で水分が急減し，正常な凝結硬化をしないこと。

**ドライエリア**〈dry area〉地下室への採光や換気のために，外周に沿ってつくられる掘り下げ空間。ガラスブロックなどで屋根が架けられることもある。「空堀」ともいう。

**ドライジョイント**〈dry joint〉プレキャストコンクリートパネルをボルト締めまたは溶接によって接合するような，コンクリートを打ち込まないジョイント法。

**ドライパック**〈dry pack〉すきま部分に，水分の少ないモルタルなどを押し込む工法。

とらいは

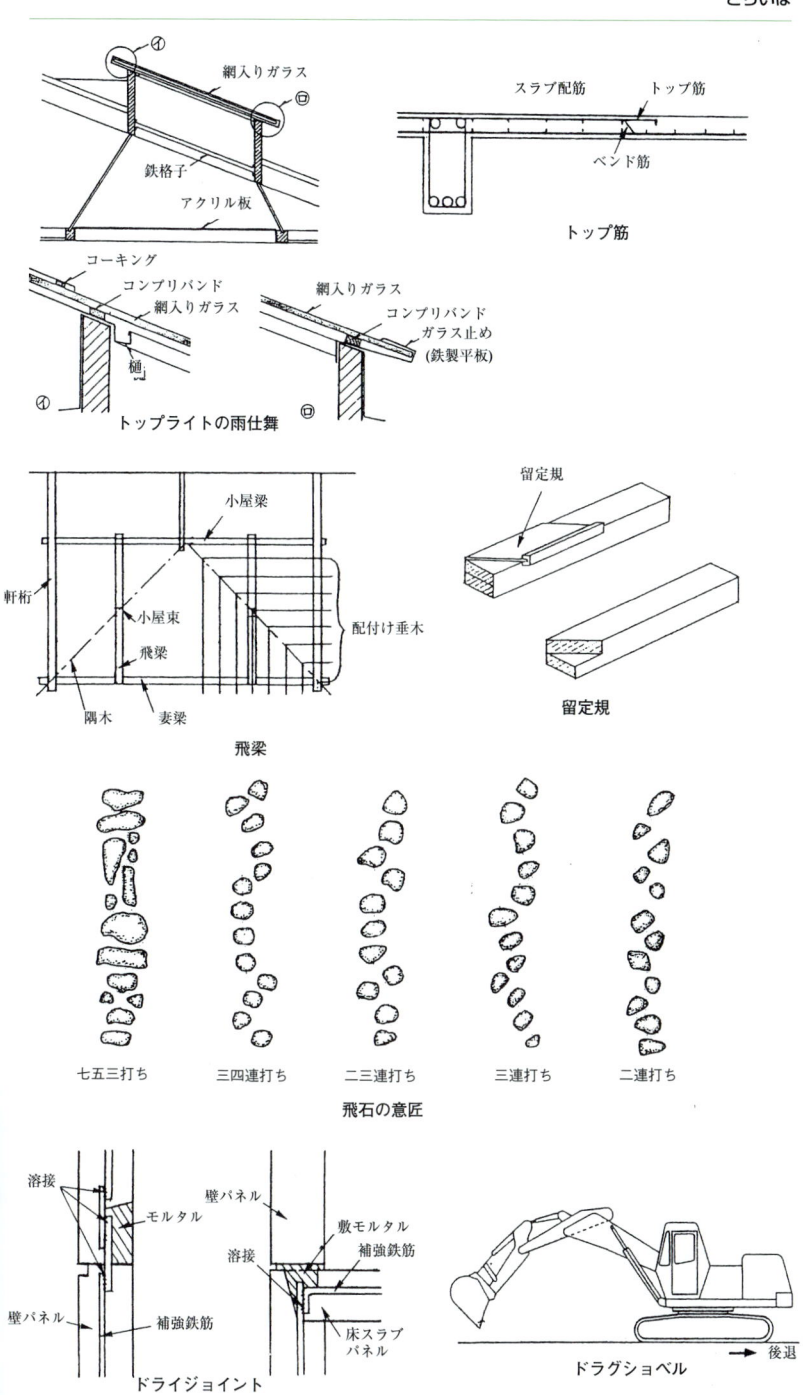

トップライトの雨仕舞

飛梁

留定規

飛石の意匠
七五三打ち　三四連打ち　二三連打ち　三連打ち　二連打ち

ドライジョイント

ドラグショベル

**ドラグショベル**〈drag shovel〉ホウバケットにより下方の土砂を手前にかき上げて掘削する機械。孔や溝などの根切り、硬い土質の掘削に適する。「バックホー」ともいう。

**トラクターショベル**〈tractor shovel〉トラクターにバケットショベルを取り付けた掘削・運搬用機械。軟らかい土砂の掘削、積込み、運搬に適する

**ドラグライン**〈drag line〉ブームの先端にバケットをワイヤーで吊り下げ、これを前方に投下してワイヤーで引き寄せる掘削用機械。水中や軟弱地盤に用いられる。

**トラスこうぞう**〈─構造〉部材を三角形に組み合わせ、接合部を滑節点とした骨組構造。部材に生じる応力を材軸方向の引張りと圧縮にすることができ、大スパン構造の建築物や橋梁などに用いられる。鉄骨構造物に多く利用され、平面トラス、立体トラスがある

**トラスばり**〈─梁〉組立て梁の一つで、弦材とラチス材で構成される梁。弦材には山形鋼やフランジプレートが用いられ、ラチス材は山形鋼や帯鋼がトラス状にガセットプレートで接合される。

**トラッククレーン**〈truck crane〉移動式クレーンでトラックに360°旋回式のクレーンを取り付けたもの。高速走行が可能である。

**トラックミキサー**〈truck mixer〉レディミクストコンクリートを運搬するトラック。走行中コンクリートが分離しないようにかくはんしながら運搬する。「アジテータートラック」「生コン車」ともいう。

**とらづな**〈虎綱〉地上に高く立てられる不安定な構築物が、倒れないように四方に張って支える控え綱。「ガイ」「ステイ」などともいう。

**トラップ**〈trap〉洗面器、大小便器、流しなど衛生設備器具の排水部に接続して用いられ、水をためた封水部によって排水管からの有害・有毒な下水ガスや臭気が室内に逆流するのを防ぐもの。たまり水を封水といい、管トラップ、ドラムトラップ、わんトラップなどがある。→えいせいかなぐ

**トラバースそくりょう**〈─測量〉平板またはトランシットを用いた骨組測量の一つで、基準点から次の測点の方位角と距離を順次測定していく方法。測線が連なったものをトラバースという。

**トラバーチン**〈travertine〉大理石の一種で、表面は多孔質で淡褐色または茶褐色をしている。装飾用として内壁などの仕上げに用いられる。イタリア産が有名。

**トラベリングフォームこうほう**〈─工法〉トンネルなどで使用される型枠で、同じ型枠を何度も移動して使う型枠工法。「移動型枠工法」ともいう。

**ドラムミキサー**〈drum mixer〉コンクリートミキサーの一種。混合胴がドラム型をしていて、傾けることなく混合したコンクリートを排出できるもの。

**トランシット**〈transit〉望遠鏡を用いて水平角や鉛直角の測定をする精密な光学機械。レベルとともに最もよく用いられている測量器械である。

**トランシットそくりょう**〈─測量〉トランシットを用いる測量法で、敷地の形状・面積測量、高低測量、垂直度測量などを行う。

**とりあい**〈取合い〉複数の部材が接触する部分。または二部材の接合状態をいう。

**とりつけかいへいようかなもの**〈取付け開閉用金物〉建具を開口部に取り付けるための金具および開閉のために用いられる器具類をいう。取付け金物は各種丁番のほか、ひじつぼ（肘壺）、軸吊り金物、引戸用レールなどがあり、開閉用金物として取手、引手、あおり止め、ドアチェックなどがある。

**ドリフトピン**〈drift pin〉鉄骨を組み立てる際、接合部で穴が一致していない場合に使うピン。「整孔リベット栓」ともいう。

**とりふね**〈取舟〉左官道具で、材料を塗る場所の近くに小取りしておくための箱。「舟」ともいう。

**とりょう**〈塗料〉物体の表面に塗り付けるもので、材質感や色彩的装飾を兼ね、虫害、腐食および風化、色あせ、さび、摩滅などの防止、ならびに防湿、防水などを目的として塗布されるもの。塗料はペイント、ワニス、うるし、かきしぶ、その他に分類されるが、塗料として一般的なペイントはさらに、油ペイント、樹脂性ペイント、水性ペイントに分類される。

**ドリル**〈drill〉木材、鋼材、コンクリートなどに孔をあけるための工具。ハンドドリル、電気ドリル、空気ドリルなどがある。

**トルクコントロールほう**〈─法〉鋼材の接合部を高力ボルトの摩擦接合で行う場合、ボルトの軸力をナットの締付け力で調整する方法。トルクコントロール装置を持つ締

とるくこ

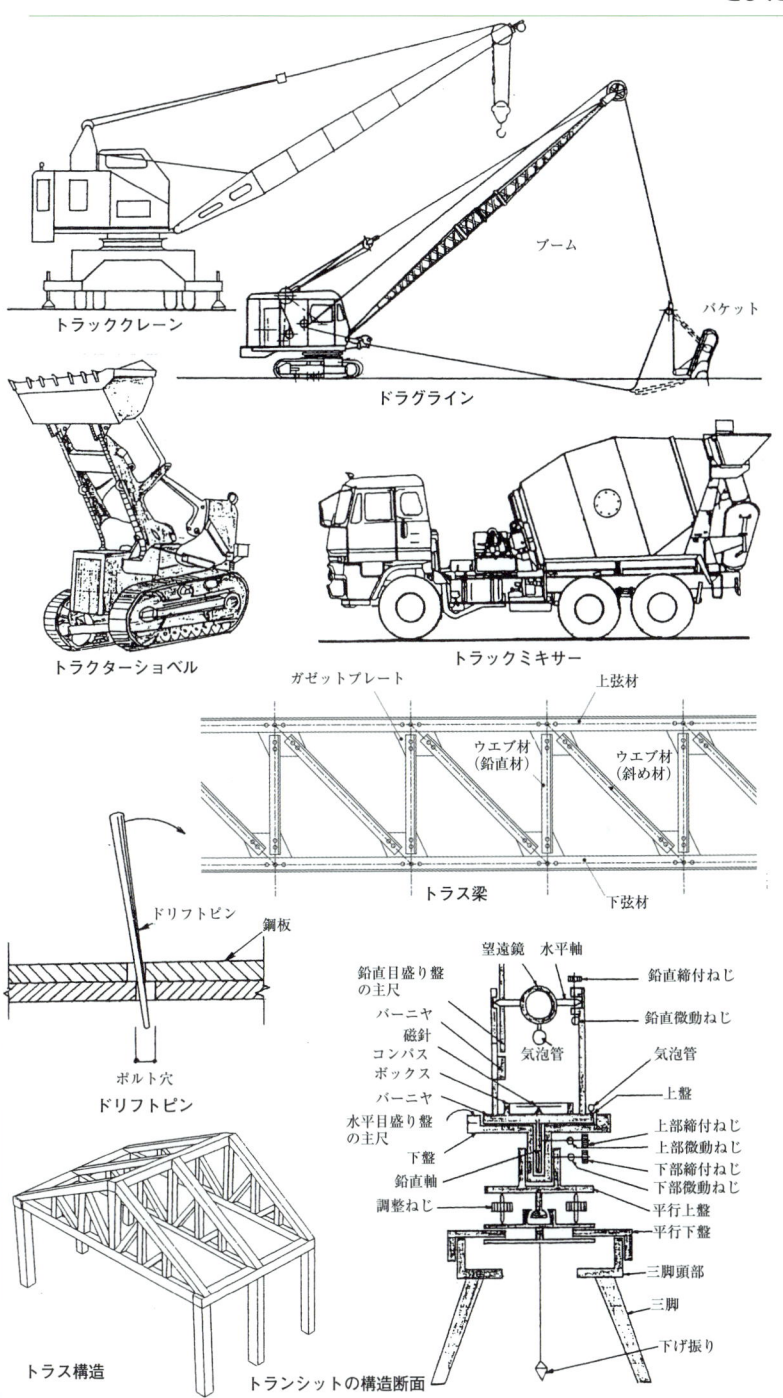

- トラッククレーン
- ドラグライン
  - ブーム
  - バケット
- トラクターショベル
- トラックミキサー
- トラス梁
  - ガゼットプレート
  - 上弦材
  - ウエブ材（鉛直材）
  - ウエブ材（斜め材）
  - 下弦材
- ドリフトピン
  - 鋼板
  - ボルト穴
- トラス構造
- トランシットの構造断面
  - 望遠鏡
  - 水平軸
  - 鉛直目盛り盤の主尺
  - 鉛直締付ねじ
  - バーニヤ
  - 鉛直微動ねじ
  - 磁針
  - コンパスボックス
  - 気泡管
  - 気泡管
  - バーニヤ
  - 上盤
  - 水平目盛り盤の主尺
  - 上部締付ねじ
  - 下盤
  - 上部微動ねじ
  - 鉛直軸
  - 下部締付ねじ
  - 調整ねじ
  - 下部微動ねじ
  - 平行上盤
  - 平行下盤
  - 三脚頭部
  - 三脚
  - 下げ振り

付け用機器が種々開発されている。

**トルクレンチ**〈torque wrench〉高力ボルトを締めるときに使うレンチで，トルク力が明示される。

**トルシアがたこうりょくボルト**〈―形高力―〉張力が所要の値になるまで締め付けると，ピンテールが破断する仕組みになっている特殊高力ボルト。

**トレース**〈trace〉描かれたものの上に透視紙などを置き，図面などを写し描きすること。

**ドレッサー**〈dresser〉鉛管表面の凹凸を修整する木製工具。

**トレミーかん**〈―管〉水中コンクリートの打込みに用いる直径15～30cmの金属管で，上部にコンクリートを受けるホッパーがあり，打込みに従い先端はコンクリートの中に入れたまま徐々に引き上げていくコンクリートの投入管。

**ドレン**〈drain〉汚水，雑排水，雨水などを流し出すこと。または排水するための管や溝。陸屋根に設けるルーフドレン，工場の床に設けるフロアドレンなどがある。

**ドレンだっすいこうほう**〈―脱水工法〉粘土層地盤改良工法の一つ。軟弱な粘土層に直径50cm前後の砂杭を間隔をおいて打設し，盛土による載荷荷重によって粘土層の脱水圧密をはかるもの。砂杭が導水管の役目を果たす。また，集水管を地中に打ち込むウェルポイント工法と併用することもある。「サンドドレン工法」ともいう。

**トレンチカットこうほう**〈―工法〉根切り部の外回りを先に掘削して構造体の外周部を築造し，これに周囲の土圧を支持させ，中央部の根切り・躯体工事を行う工法。

**トレンチシート**〈trench sheet〉根切りが浅い場合の山留めに使用する鋼製矢板。

**ドレンチャー**〈drencher〉建築物の屋根，外壁，軒下，開口部などに設置して，火災時の類焼を防ぐために水幕をつくる装置。

**とろ** ⇒セメントペースト

**トロ** ⇒トロッコ

**トロウェル**〈trowel〉左官用こての総称。または，床面に打設したコンクリートをならすために用いられる動力機械。

**とろしろ**〈とろ代〉石張りの裏面などに設ける注ぎとろを流し込むためのすきま，または注ぎとろの厚さをいう。

**どろためます**〈泥溜枡〉地中に埋め込む排水管や地上の排水溝の途中に設けて，一緒に流れてくる泥土をためる枡。水路より深くし，掃除ができるよう大きくつくられる。

**トロッコ**〈truck〉軌道を走る四輪無動力車で，土砂や工事用資材を運搬する台車。手押しとけん引式がある。略して「トロ」ともいう。

**ドロップシュート**〈drop chute〉垂直にコンクリートを落とすときに使われる管。「たて型シュート」ともいう。

**ドロップハンマー**〈drop hammer〉落錘・モンケンなどの鋼製の重錘をやぐらの上から落下させて打ち込む杭打ち機械。→しんや

**とろづめ**〈とろ詰め〉サッシとコンクリート壁とのすきま，または張り石の裏などのとろ代に注ぎとろを詰めること。

**ドロマイトプラスターぬり**〈―塗り〉ドロマイト石灰を消化したもので，消石灰に相当量の水硬化マグネシウムを含む左官材。下塗用ドロマイトプラスター，セメント，砂，白毛すさを水で練り合わせたものを中塗りの工程まで塗り，上塗り用ドロマイトプラスターにさらしずさ（晒し苆）を加えたもので，上塗りし仕上げるもの。壁・天井などの仕上げに用いられる。

**どんちょう**〈緞帳〉劇場の舞台と観客席を仕切る装飾幕で，舞台額の後部上方に吊るされ，動力で上下させ開閉する。多くの場合刺繡などで図柄が織り込まれ絢爛豪華につくられる。

**とんとんぶき**〈とんとん葺き〉⇒こけらいたぶき

**とんぼ**〈蜻蛉〉一般的には，根切り底の深さや捨てコンクリートの水平度を測定するための手製のT形定規をいう。木板でつくられ，上部の水糸を水平基準として使用する。また，石工事用のたたき槌で，槌の先が水平刃と尖り刃になっており，石材の面を削ったり角を出したりするもの。

**とんぼじめ**〈とんぼ締め〉注ぎとろをする場合，張り石が押し出されるのを防ぐため，たて目地部に細い銅線で木片を結び止めること。

とんほし

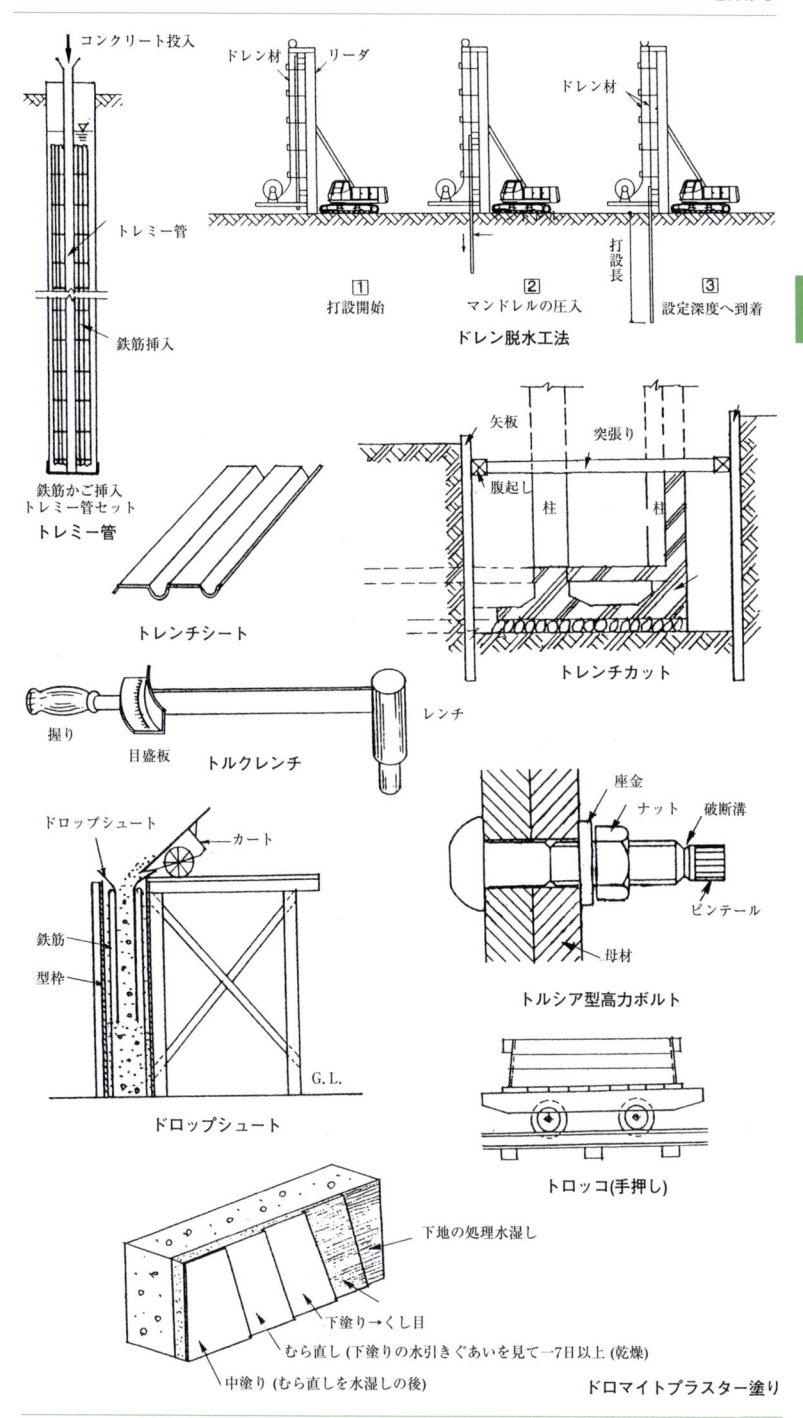

**トレミー管**
- コンクリート投入
- トレミー管
- 鉄筋挿入
- 鉄筋かご挿入トレミー管セット

**ドレン脱水工法**
- ドレン材／リーダ
- 打設長
- ① 打設開始
- ② マンドレルの圧入
- ③ 設定深度へ到着

**トレンチシート**

**トレンチカット**
- 矢板
- 突張り
- 腹起し
- 柱

**トルクレンチ**
- 握り
- 目盛板
- レンチ

**ドロップシュート**
- ドロップシュート
- カート
- 鉄筋
- 型枠
- G.L.

**トルシア型高力ボルト**
- 座金
- ナット
- 破断溝
- ピンテール
- 母材

**トロッコ(手押し)**

**ドロマイトプラスター塗り**
- 下地の処理水湿し
- 下塗り→くし目
- むら直し(下塗りの水引きぐあいを見て一7日以上(乾燥)
- 中塗り(むら直しを水湿しの後)

217

# な

**ないそうこうじ**〈内装工事〉天井，床，内壁など建物内部の仕上工事の総称。

**ナイトラッチ**〈night latch〉開き戸の施錠器具で，扉を閉めると自動的に施錠されるもの。室外側では鍵を用いて開閉するが，室内ではサムターンなどで開錠する。

**ないぶあしば**〈内部足場〉外部の足場に対して内部に設ける足場をいい，天井や階段，吹抜き部の壁仕上げなど，内部の工事用作業足場の総称。

**ないぶしんどうき**〈内部振動機〉棒状の振動機で，打ち込んだばかりのコンクリート内部に振動を与えて密実にするための機械。

**ナイフスイッチ**〈knife switch〉二股または三股になったナイフ状の銅板接点を，挟み受けする形の電流開閉器。配電盤の中では全体の電源スイッチなどに用いられる。

**なかげた**〈中桁〉木造階段の一部材で階段幅が大きい場合，踏み板を支えるために中央部に入れる傾斜した桁。

**なかじきい**〈中敷居〉押入などを上下2段に分ける場合，前面中段のかまちに溝を彫って敷居にしたもの。

**なかしこ**〈中仕工〉荒削りした後の木材をさらにかんなで削り，中間的仕上げとするためのかんな。「中仕工（ちゅうしこ）」ともいう。

**ながだいかんな**〈長台鉋〉主として指物用に使用される，建具職人が用いる台の長いかんな。長材の仕上げ削りなどに使用される。

**ながてづみ**〈長手積み〉⇒はんまいづみ

**なかぬり**〈中塗り〉下塗りの上に塗り付ける層で，上塗りに支障がないように平坦に塗り上げる。

**なかひばた**〈中樋端〉木造建物の引戸のために設ける敷居や鴨居に戸溝があるとき，中央にある仕切り部をいう。「あぜ」ともいい，溝の外側は「樋端」という。

**ながほぞ**〈長柄〉普通のほぞより長いものをいう。ほぞの長さが，接合部材の奥行にほぼ等しい平ほぞ。

**なかぼりこうほう**〈中掘り工法〉杭設置工法の一つで，既成コンクリート杭の中空部にアースオーガーを挿入し，地盤を掘削しながら杭を所定の深さまで打設する工法。杭の自重を利用したり圧入するので，打撃音や振動を小さくすることができる。「中掘り杭工法」ともいう。

**ながや**〈長屋〉複数の住戸を一つ屋根の下に連続して並べる形式の建物。平屋建または2階建の棟続き連続住宅。

**ながれづくり**〈流れ造り〉神社本殿形式の一つで，緩やかな反りのある切妻造り，平入りの社殿。前面の屋根は流れるように伸びて向拝となり，その下に高欄への階段が設けられる。

**なぎづら**〈薙面〉部材を釿（ちょうな）ではつって凹凸のままで化粧材として仕上げたもの。「名栗」「釿目削り」ともいう。→ちょうなめけずり

**なぐり**〈名栗〉⇒なぎづら

**なげかけばり**〈投掛け梁〉和小屋で梁間が長い場合，中間に敷梁または地棟を設け，これに両側から架け渡す梁のこと。→にじゅうばり

**なげし**〈長押〉柱を挟むように，横方向に取り付ける見付け化粧材の総称。和室内部の鴨居または付け鴨居の上に取り付けるものを「内法長押」という。

**なげしびき**〈長押挽き〉⇒しゃめんばん

**ななめめじ**〈斜め目地〉⇒しのぎめじ

**なまき**〈生木〉水分が40～80％含まれる伐採前の樹木。木材の含水率は完全に乾燥した木材重量に対する百分率で示され，伐採後は次第に乾燥して，含水分が大気中の湿度と平衡状態になることを「気乾状態」といい，含水率はおよそ15％になる。

**なまこかべ**〈海鼠壁〉平瓦を破れ目地状または菱形状に並べて張りつけ，目地部を蒲鉾形にしっくいで盛り上げて仕上げる壁。土蔵の外壁などに用いられ，白黒のコントラストが鮮やかである。図次頁

**なまこじっくい**〈海鼠漆喰〉なまこ壁の目地部に塗る半円形に盛り上げたなまこ形のしっくい。

**なまこぼう**〈生子棒〉⇒アイバー

**なまコン**〈生—〉⇒フレッシュコンクリート，レディミクストコンクリート

なまこん

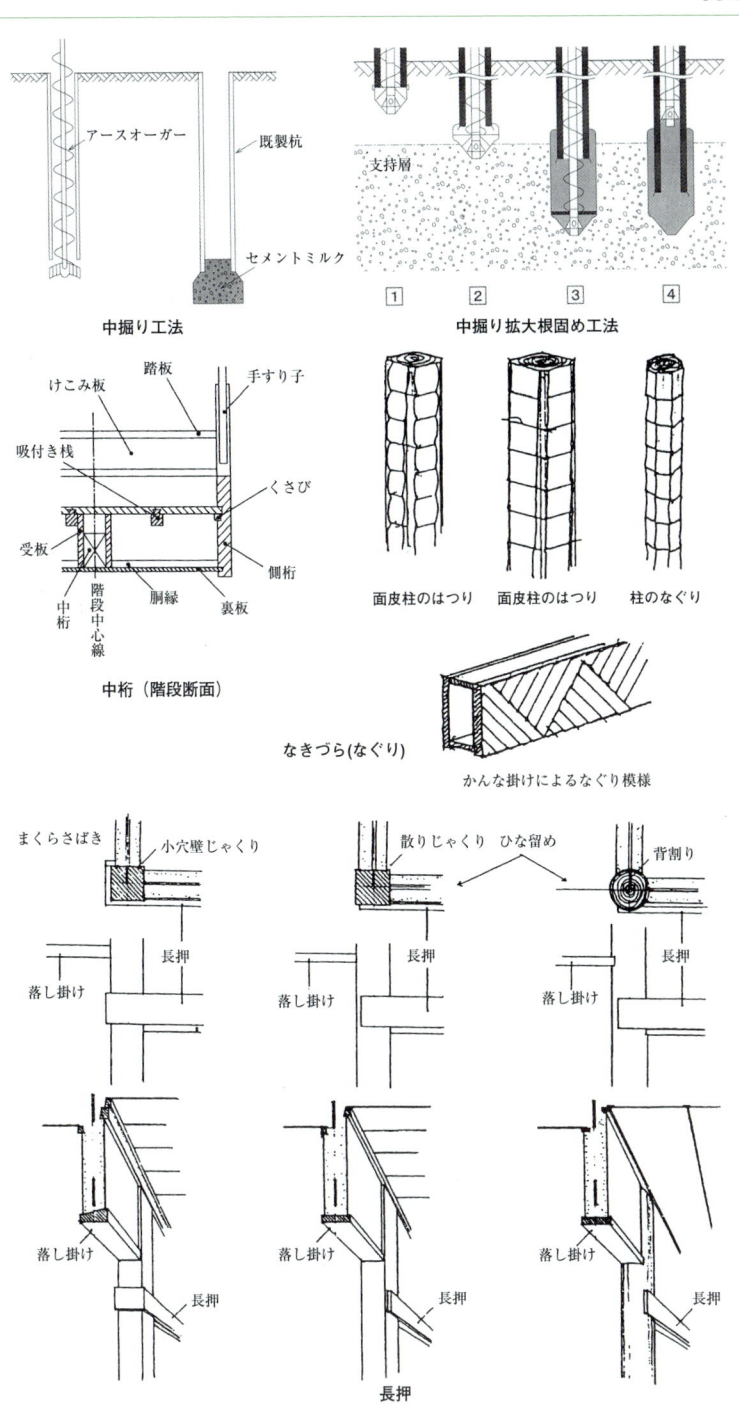

中掘り工法 — アースオーガー、既製杭、セメントミルク

中掘り拡大根固め工法 — 支持層 ①②③④

中桁（階段断面） — けこみ板、踏板、手すり子、吸付き桟、くさび、受板、側桁、中桁、階段中心線、胴縁、裏板

面皮柱のはつり　面皮柱のはつり　柱のなぐり

なきづら(なぐり) — かんな掛けによるなぐり模様

まくらさばき、小穴壁じゃくり、散りじゃくり、ひな留め、背割り、長押、落し掛け

長押

**なまコンしゃ**〈生—車〉⇒トラックミキサー

**なましてっせん**〈鈍し鉄線〉普通鉄線を焼鈍して軟らかくしたもので，丸太足場や型枠の緊結用に用いられる。

**なみいたぶき**〈波板葺き〉波形スレートや波形亜鉛鉄板または塗装鉄板など，曲げ強度を補強した波板を葺き材とする屋根仕上げ。工場や倉庫など大スパン構造物に用いられる。

**なみがたあえんてっぱんぶき**〈波形亜鉛鉄板葺き〉波形亜鉛鉄板を葺き材として屋根を葺く方法。母屋に直葺きする場合と野地板，木毛板を敷いて葺く場合とがある。鉄骨母屋にはフックボルトを用いて取り付け，木材に対しては笠釘を用いる。

**なみくぎ**〈波釘〉薄い鉄板を波状に成形したもので，先が刃になっており，材を横つなぎするようなときに使う接合金物。ジベルのような形で使われる。

**ならしじょうぎ**〈均し定規〉木または金属の直定規で，打設したコンクリートの天端を平面にする定規。

**ならしモルタル**〈均し—〉コンクリートの上面を平坦にならすために，セメントと砂だけを水で練ったもの。布基礎に土台を伏せるときなどに塗られる。

**なわばり**〈縄張り〉建物の位置を現地に示すため，配置図により建物の輪郭線を杭と縄で張りめぐらせること。これには建築主・設計者・施工者が立ち会って確認し，これをもとにして工事が始められる。→すみやりかた

**なんか**〈軟化〉塗面の加熱とか溶剤などの原因で，乾燥した塗膜が軟らかくなること。

**なんきんおとし**〈南京落し〉両開き戸の一方の扉を止めるために用いる「上げ落し」の一つ。建具の竪がまちに面付けで取り付けるもの。召し合せ面に彫り込んで取り付けるものを「フランス落し」という。

**なんきんしたみいたばり**〈南京下見板張り〉板を横にして上下羽重ねにして張った外壁。板を長押挽きとした下見板もある。「鎧（よろい）下見板張り」ともいう。

**なんこう**〈軟鋼〉炭素の含有量がおよそ0.12～0.20％の鋼材で，引張強さが370～420 N/mm$^2$の炭素鋼をいう。建築用形鋼，鋼管，棒鋼などに使用される。鉄類は炭素の含有量により鋳鉄，鋼，錬鉄に分類され，そのうち炭素の含有量がおよそ0.7％以下のものを炭素鋼といい，炭素鋼はさらに最硬鋼，硬鋼，半軟鋼，軟鋼，極軟鋼に区分される。

**なんしつせんいばん**〈軟質繊維板〉主として草木の繊維をすき出して乾燥したもので，比重0.4未満，音・熱の遮断性は大きいが，吸湿性も大きいので湿気によって軟化しやすい。繊維板は，わら・木材などの繊維質物および廃パルプなどを原料として泥状にかき混ぜ，これに接着剤などを添加して板状にしたもので，軟質のほか「半硬質繊維板」「硬質繊維板」がある。「インシュレーションボード」ともいう。

**なんしつタイルばり**〈軟質—張り〉アスファルト，ゴム，プラスチック，リノリウムなどのシートを30cm角ぐらいのタイル状に加工し，接着剤で張り上げる床仕上げ。

**なんど**〈納戸〉住宅内で衣服・調度品などを格納しておく場所または室。

**なんねりコンクリート**〈軟練り—〉幅の狭い型枠内にも流し込みよくしたもので，スランプ値がおよそ15cm以上のコンクリートをいう。

**なんねんざいりょう**〈難燃材料〉難燃処理加工をし，発火性・発煙性などに関して国土交通大臣が定める防火性能試験に合格した材料。難燃合板，難燃繊維板，難燃プラスチック板，その他がある。

# に

**ニードルパンチカーペット**〈needle punch carpet〉繊維を加湿・加熱して成形したフェルトを，そのまま織らずに固めたような絨毯（じゅうたん）をいう。

**にかいばり**〈二階梁〉2階の床を受けるための梁で，柱で支持する主要なものを大梁，大梁に架けるものを小梁という。

**にきゅうけんちくし**〈二級建築士〉都道府県知事の免許を受け，二級建築士の名称を用いて設計・工事監理などの業務を行う者。設計・工事監理業務が行える範囲は，木造建築物では高さ13m，軒の高さ9mまで。

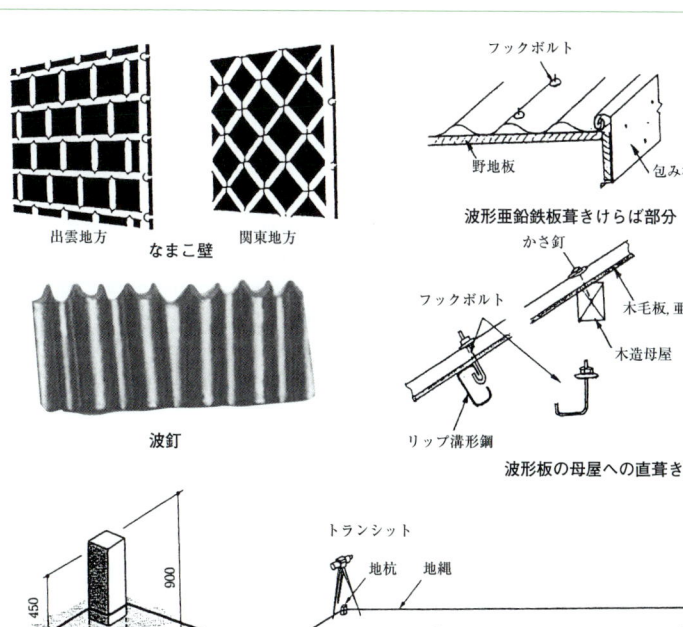

にきゅう

なまこ壁
- 出雲地方
- 関東地方

波形亜鉛鉄板葺きけらば部分
- フックボルト
- 野地板
- 包み板

波釘

波形板の母屋への直葺き
- かさ釘
- フックボルト
- 木毛板, 亜鉛鉄板
- 木造母屋
- リップ溝形鋼

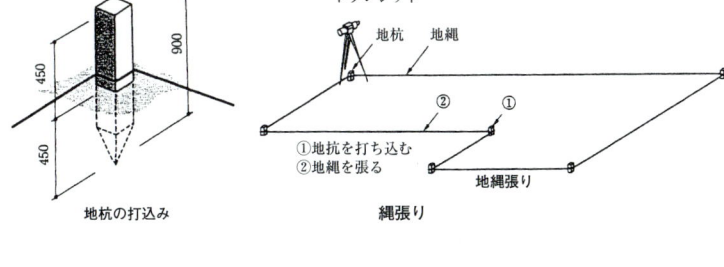

地杭の打込み
450 / 900 / 450

縄張り
- トランシット
- 地杭
- 地縄
- ①地杭を打ち込む
- ②地縄を張る

地縄張り

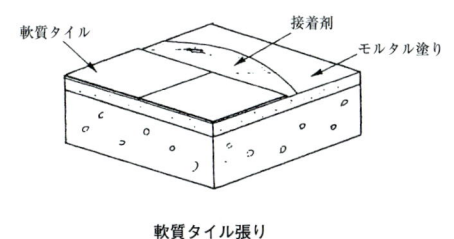

軟質タイル張り
- 軟質タイル
- 接着剤
- モルタル塗り

ニードルパンチカーペット断面
- 樹脂加工

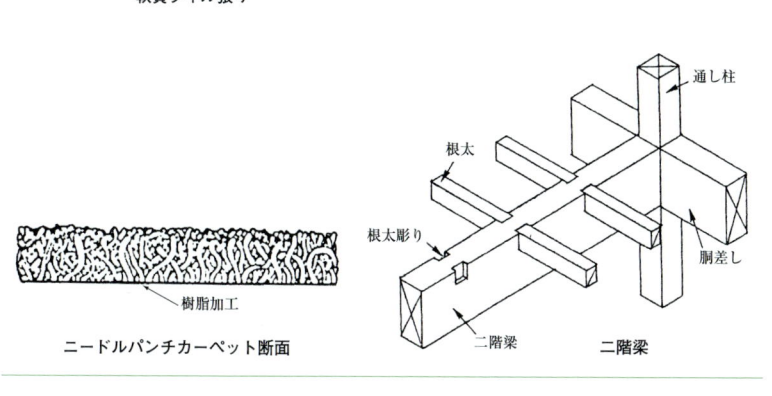

二階梁
- 通し柱
- 根太
- 根太彫り
- 二階梁
- 胴差し

にけ

鉄筋コンクリート造，鉄骨造などでは延べ面積300m²，高さ13m，軒の高さ9mまで。階数が1の建築物においては延べ面積1000m²まで。さらに，学校，病院，劇場，映画館，観覧場，公会堂，集会場，百貨店の用に供する建築物は，延べ面積500m²までとなっている（建築士法第3条の2）。

**にげ**〈逃げ〉部材取付け部の納まりをよくするため，または取付け後の歪みや変形を見込んで，あらかじめ取っておく調整のためのすきまや重なりをいう。

**にげあな**〈逃げ穴〉寄せありにする場合のほぞ穴で，ありほぞの先を差し込むための穴。柱の落し納めや鴨居をつる吊木の仕口などに用いる。

**にげずみ**〈逃げ墨〉墨出しを行う際，目的の墨を直接だせないときに，一定の距離を離して測設する墨のこと。

**にじゅうたるき**〈二重垂木〉寺社建築などで深い軒を支えるときに用いられる垂木構成で，上下二段に取り付けられるもの。上段を「飛えん垂木」，下段を「地垂木」という。

**にじゅうばり**〈二重梁〉和小屋組の梁の一つ。小屋梁に束を立て，さらに梁を架ける場合の2番目の梁をいう。

**にじりぐち**〈躙口〉草庵風茶室の客用出入口。室内床面からの高さ約65cm，幅60cmほどの開口部で，外側に片引きの板戸を用いる。躙口には土間ひさしが架けられ，あがり口に沓（くつ）脱石が置かれる。

**にじりじるし**〈躙印〉墨付け作業で，間違った墨を訂正する場合に付ける合印。＜印の開いた側にある墨が正しいことを示す。→あいじるし

**にちょうがけ**〈二丁掛〉⇒ちょうがけタイル

**にちょうがけタイル**〈二丁掛―〉在来型のれんがから発生した語で，小口タイル（60×108 mm）を長手方向に2つ合わせた大きさのタイルのこと。「二丁掛」ともいう。小口と同じ大きさのものを「小口平」「小口タイル」という。

**にほんがわら**〈日本瓦〉⇒わがわら

**にほんけんちくがっかい**〈日本建築学会〉建築に関する学術，技術，芸術の進歩発展を図るために設立された研究団体。1886年に造家学会という名称で設立され，1897年に建築学会と改称，さらに1947年に現在の名称となった。

**にほんけんちくがっかいけんちくこうじひょうじゅんしようしょ**〈日本建築学会建築工事標準仕様書〉建築の質的向上と合理化を図る目的で，日本建築学会が定めた施工標準。構造・工事種別ごとにその標準仕様が定められており，設計図に示される特記仕様以外の施工標準として広く用いられている。頭文字をとり「JASS：Japanese Architectural Standard Specification」ともいう。

**にほんこ**〈二本子〉2本の角柱で組むやぐらのこと。控え丸太でやぐらを垂直に保ちながら，角形のドロップハンマーを角柱に沿って上下させて杭を打ち込む。

**にほんこうぎょうきかく**〈日本工業規格〉工業標準化法によって制定された鉱工業品の規格。製品の質的向上と合理化を図るため，日本工業標準調査会で調査・審議され，国が制定する国家規格。合格した製品にはJISマークが付けられる。「JIS：Japanese Industrial Standard」ともいう。

**にほんすいじゅんげんてん**〈日本水準原点〉わが国の標高の基準となる点。東京都千代田区永田町1-1に設置し，東京湾の平均海面を0として，標高24.414mの地点にある。この点より水準測量を実施し，各地に水準点を設けている。

**にほんのうりんきかく**〈日本農林規格〉農林物資規格法に基づいて定めた農林家畜水産品の規格。建築関係では木材・木材加工品などの等級や品質規格を定めており，合格したものにはJASマークが付けられる。「JAS：Japanese Agricultural Standard」ともいう。

**にまいがんな**〈二枚鉋〉かんな刃の裏に裏金を入れたかんなをいう。

**にまいほぞ**〈二枚柄〉平ほぞを2枚並列にしたほぞ。建具の枠の仕口などに用いる。

**にゅうさつ**〈入札〉設計図書，現場説明などにもとづいて算出した工事費を，複数の施工業者が建築主宛に提出し，工事請負のための競争をすること。方式としては，入札に参加する者を広く一般から募る一般競争入札（公入札）と，少数の参加者を建築主が指名して入札させる指名競争入札がある。

**にゅうさつかかく**〈入札価格〉工事を受注しようとする者が，建築主から配付される設計図や現場説明に基づいて積算を行い，

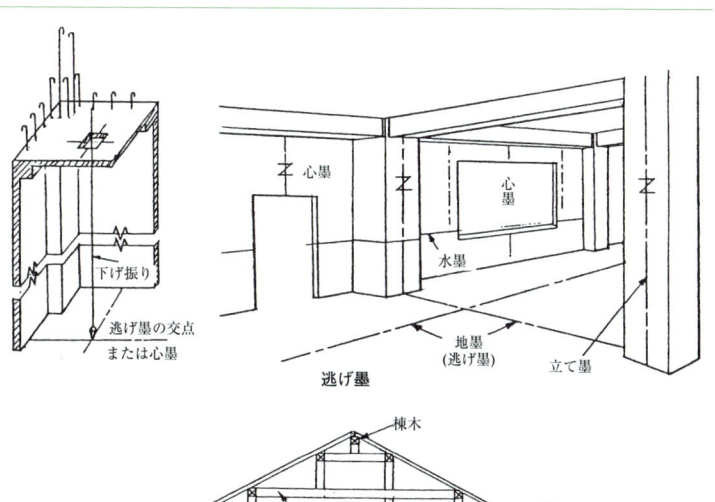

**逃げ墨**

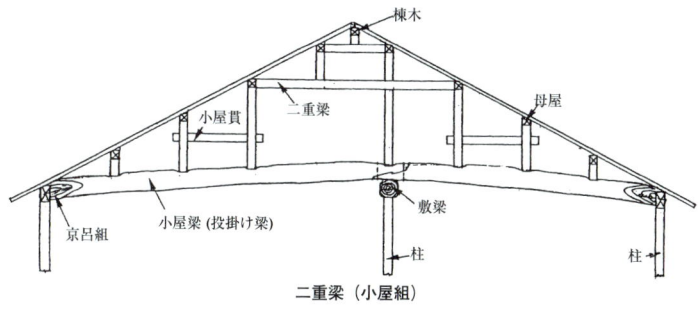

**二重梁（小屋組）**

**二重垂木**

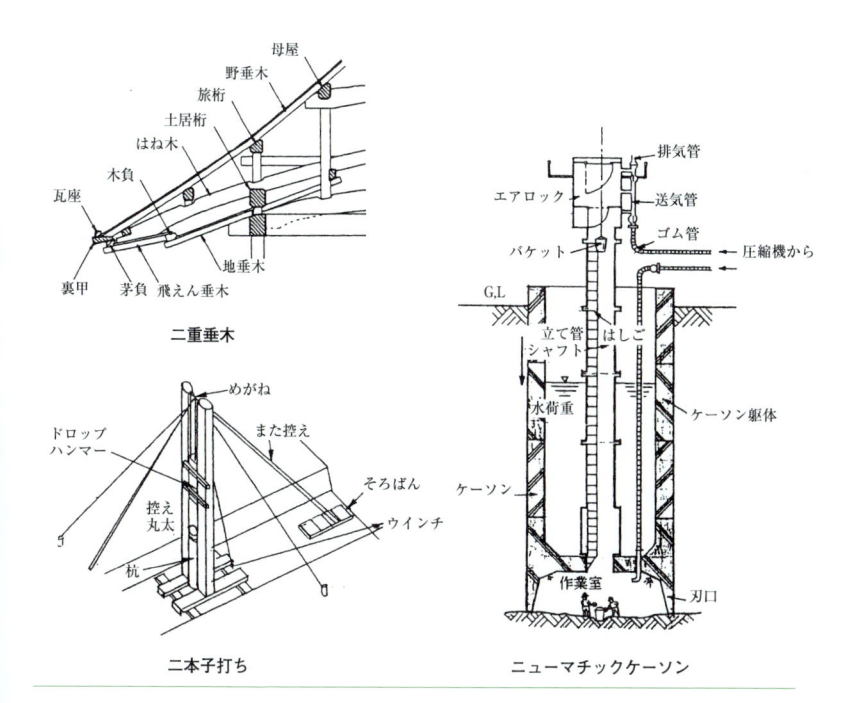

**二本子打ち**

**ニューマチックケーソン**

入札に際して提出する工事請負価格。他業者と落札を競争する価格をいう。

**ニューマチックケーソンこうほう**〈―工法〉水中や湧水の多い場合の地中における作業方法で，ケーソン内部の作業室を密閉して圧縮空気を送り，気圧を高めて浸水を抑えながら，下部を掘削してケーソンを沈めていく工法。「潜函工法」ともいう。

**ニューマチックこうぞう**〈―構造〉空気膜構造のことで，帆布，プラスチックフィルム，金属膜などで曲面状の皮膜をつくり，内外に気圧差を与えて皮膜を緊張させ荷重を支持しようとする膜形式構造のもの。また，中空の皮膜の中に圧縮空気を送り，この空気袋の圧力を利用して架構するマット形式構造のものやパイプ形式構造のものがある。「空気構造」「空気膜構造」ともいう。

**ニューマチックハンマー**〈pneumatic hammer〉⇒リベッティングハンマー

**にょうそじゅし**〈尿素樹脂〉尿素とホルムアルデヒドとの縮合によって得られる樹脂。熱硬化性で耐熱・耐薬品性に優れ，電気器具類，食器類などの成形品，塗料，接着剤などに用いられる。合板用接着剤として多く用いられている。「ユリア樹脂」ともいう。

**にるいごうはん**〈Ⅱ類合板〉合板の耐水性能を表す名称で，尿素樹脂接着剤およびメラミン尿素樹脂接着剤を用いた合板を標準としている。日本農林規格では温冷水浸漬試験，含水率試験および二類浸漬剥離試験に合格することを規定している。通常の外気および湿潤露出に耐え得るもので，「高度耐水性合板」「タイプⅡ合板」ともいう。

**にんく**〈人工〉ある仕事をするのに必要な人数。1日の作業量を人数で換算したものを「人工数」という。

## ぬ

**ぬき**〈貫〉厚さ15 mm，幅75～90 mmの板材で，柱間を貫き通して真壁の骨組を補強する。取り付ける位置により，地貫，胴貫，内法貫，天井貫などがある。

**ぬきしばり**〈貫縛り〉⇒ぬきぶせ

**ぬきぶせ**〈貫伏せ〉小舞下地の土壁では貫の位置でひび割れが生じやすく，それを防ぐために貫材の上に麻布，しゅろなどを中塗り土で塗り込むこと。「貫縛り」ともいう。→つちかべ

**ぬけぶし**〈抜け節〉樹木の枝の跡は製材すると節として残るが，木材の乾燥が進むと節が取れる場合があり，そのときに残る穴。

**ぬの**〈布〉丸太足場などの水平材のことで，建地と建地を水平に結ぶ材。

**ぬのきそ**〈布基礎〉逆T字形の断面で帯状に連続した基礎。木造やRC壁構造などに用いられる。「連続フーチング基礎」ともいう。

**ぬのつぎ**〈布継ぎ〉継手の一つ。金輪継ぎと似ているが，胴付き面に違いをとらない。

**ぬのづみ**〈布積み〉石積みで，たて目地は通さず，よこ目地を水平に通して，上段の積み石が下段の積み石にまたがり，荷重が均等に掛かるように積み上げるもの。→いしがき

**ぬのばり**〈布張り〉壁や天井に布を張って仕上げとするもの。薄手の布の場合は，手すき和紙を裏打ちしてからべた張りとして張り上げ，厚手のものは継目の模様を合わせてミシン掛けし，袋張りとして張り上げる。「クロス張り」ともいう。

**ぬのぶせ**〈布伏せ〉ひび割れの生じやすいところに蚊帳(かや)布などを塗り込むもので，貫回り，散り回りなどに施す。→つちかべ

**ぬのぼり**〈布掘り〉布基礎を設ける場合のように，一定の幅で連続して地面を掘ること。「丁掘り」ともいう。→ねぎり

**ぬのまきじゃく**〈布巻尺〉麻布の中に細い針金を入れ，幅15 mm程度のテープ状にした距離測量用のスケール。最小5 mmの目盛りが付けられ，表面に塗料が施されていて巻取り式になっている。軽くて取扱いが便利であるが，乾湿による伸縮，引張りによる伸びが大きい。

**ぬのわく**〈布枠〉枠組足場の建枠の上に水平に架け渡すもので，足場の水平補強材。

**ぬりあつ**〈塗り厚〉左官材などの各塗層ごとに塗り付ける厚さ。

**ぬりかべ**〈塗り壁〉壁土，しっくい，プラスター，モルタル，リシンなどを，左官こてで塗り上げる壁の総称。水を使うことから

## ぬりかべ

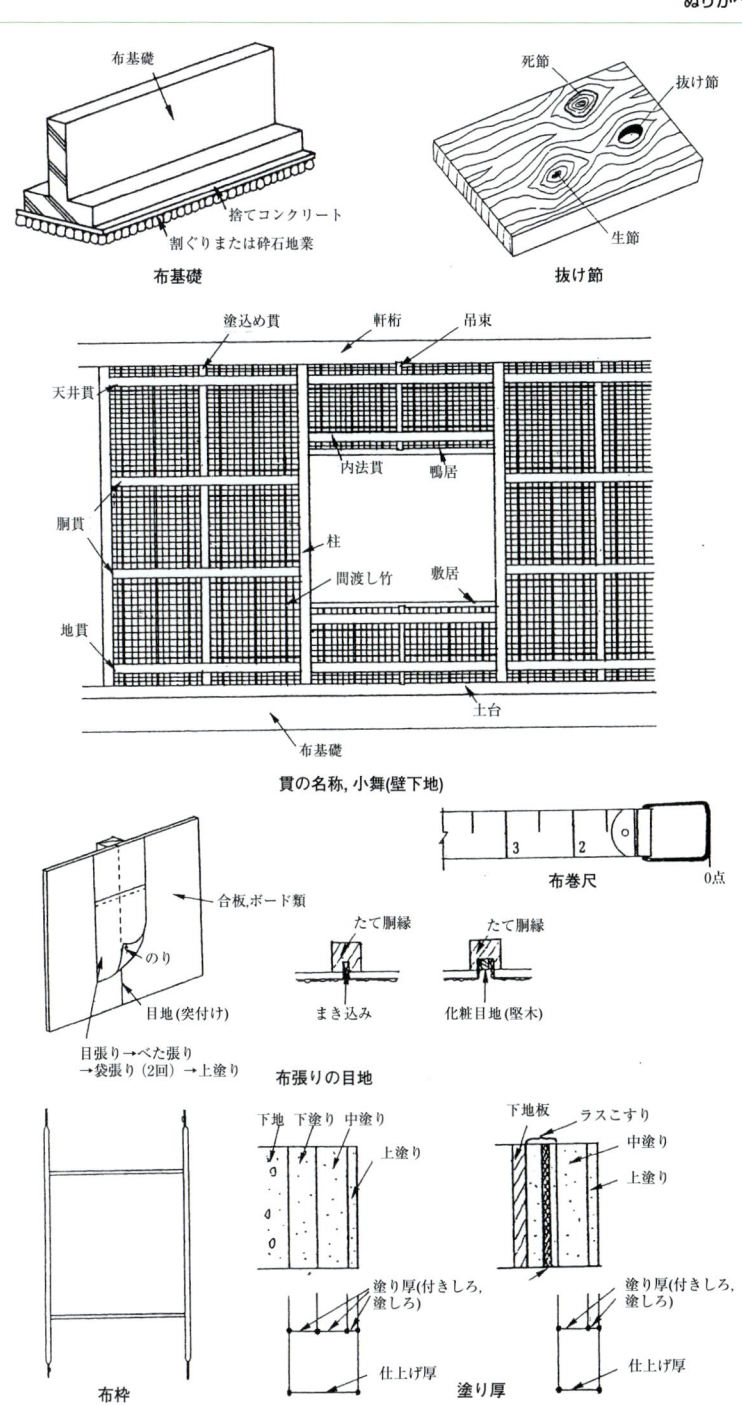

**布基礎** — 布基礎／捨てコンクリート／割ぐりまたは砕石地業

**抜け節** — 死節／抜け節／生節

**貫の名称, 小舞(壁下地)** — 塗込め貫／軒桁／吊束／天井貫／内法貫／鴨居／胴貫／柱／間渡し竹／敷居／地貫／土台／布基礎

**布張りの目地** — 合板,ボード類／のり／目地(突付け)／目張り→べた張り→袋張り(2回)→上塗り／たて胴縁／まき込み／化粧目地(堅木)

**布巻尺** — 3／2／0点

**布枠**

**塗り厚** — 下地／下塗り／中塗り／上塗り／塗り厚(付きしろ, 塗しろ)／仕上げ厚／下地板／ラスこすり／中塗り／上塗り／塗り厚(付きしろ, 塗しろ)／仕上げ厚

「湿式壁」ともいう。

**ぬりざかい**〈塗り境〉⇒いろざかい

**ぬりしけん**〈塗り試験〉左官および塗装工事において工程，色，つや，仕上げの程度などを検討するため，大型の板や実際の壁面などに試験的に塗ること。

**ぬりしたじ**〈塗り下地〉塗り壁など左官仕上げを行うための下地づくりで，荒壁の小舞下地，モルタルの木ずりラス下地，しっくいや土壁のラスボード下地，その他コンクリート下地，コンクリートブロック下地，れんが下地などがある。

**ぬりしろ**〈塗り代〉左官工事などで塗ることを予定されている厚さのこと。

**ぬりみほん**〈塗り見本〉塗装工事に先立って小型の板に前もって塗り重ねた色見本。色合い，つやなどについて建築主の承認を受けたもの。

**ぬりむら**〈塗り斑〉塗装仕上げや左官仕上げで，技術が未熟なため塗面にはけ跡やこて跡が残ること。

**ぬれえん**〈濡れ縁〉建物の外側につくられるもので，軒下に露出した縁。縁床は板に限らず，角材・竹などを目すかしに組んで仕上げる場合もある。

# ね

**ねいれ**〈根入れ〉柱や杭などの下端を土中に埋め込んで固定させること。

**ねいれ**〈値入れ〉積算された数量に単価を入れ，工事価格などを算出すること。

**ねかす**〈寝かす〉壁土や石灰などを練った後，使用するまで，ある時間放置しておくこと。

**ねかせ**〈根械〉門扉や板塀の柱などを地中に埋め込む場合，柱の傾倒や沈下を防ぐため，地中の柱根に取り付ける横材のこと。

**ねがためこう**〈根固め工〉土木の護岸工事などにおいて，波による堰堤の基礎の洗掘や移動を防ぐための工法。捨石根固め工，異形ブロック根固め工などがある。

**ねがらみ**〈根搦み〉柱や床束の根元を連結し，固めるために取り付ける横木。また，足場の建地丸太の根元に水平に取り付けて安定させる補強材。床束に取り付けるものは「根搦み貫」ともいう。

**ねがらみぬき**〈根搦み貫〉⇒ねがらみ

**ねぎり**〈根切り〉建物の基礎や地下室の工事のために地盤を掘削すること。総掘り，布掘り，つぼ掘りなどがある。

**ねこあしば**〈猫足場〉⇒カートあしば

**ねこかなもの**〈猫金物〉ダクトや管を天井裏や床下などに配置する場合の吊りボルト。または取付け用金物。

**ねこぐるま**〈猫車〉⇒カート

**ねこましょうじ**〈猫間障子〉障子戸に小さな障子戸を組み込んだ建具。左右または上下に開閉できる小障子があり，その部分には透明ガラスがはめ込まれる。

**ねじがたつぎて**〈螺子形継手〉コンクリート内における鉄筋の継手方法の一つ。異形鉄筋の凹凸に合わせて，内側にねじが切ってあるさや管を鉄筋継手部にかぶせるもの。

**ねじきり**〈捻子錐〉⇒らせんぎり

**ねじくぎ**〈螺子釘〉板材などを留め付けるための細い棒状の金物で，先が尖った軸部にら旋状の溝があるもの。打ち付けたあと抜けにくくなる。

**ねじくみ**〈捻組み〉寄棟屋根の隅木を，軒桁の交差部に架ける場合などの組み方をいう。一般に接ぎ肌（つぎはだ）が水平でない仕口をいう。

**ねじれぎり**〈捻れ錐〉⇒らせんぎり

**ねずみしっくい**〈鼠漆喰〉消石灰を主成分とするしっくいに灰墨を混ぜ，ねずみ色に着色したもの。ぬり壁材。

**ねずみはぎり**〈鼠歯錐〉⇒みつあしぎり

**ねだ**〈根太〉床組材の一つで，床板を直接受ける横材。根太は床梁または大引きで支えられる。

**ねだうけ**〈根太受け〉コンクリートスラブの上に木造床をつくる場合，根太を取り付けるためにスラブ上に設ける横木。

**ねだがけ**〈根太掛け〉床組材の一つ。壁際で根太の端部を受ける横材をいう。

**ねだぼり**〈根太掘り〉根太を受ける床梁などに根太を取り付けるための仕口穴を彫ること。→にかいばり

**ねだゆか**〈根太床〉根太だけで床板を支える

ねたゆか

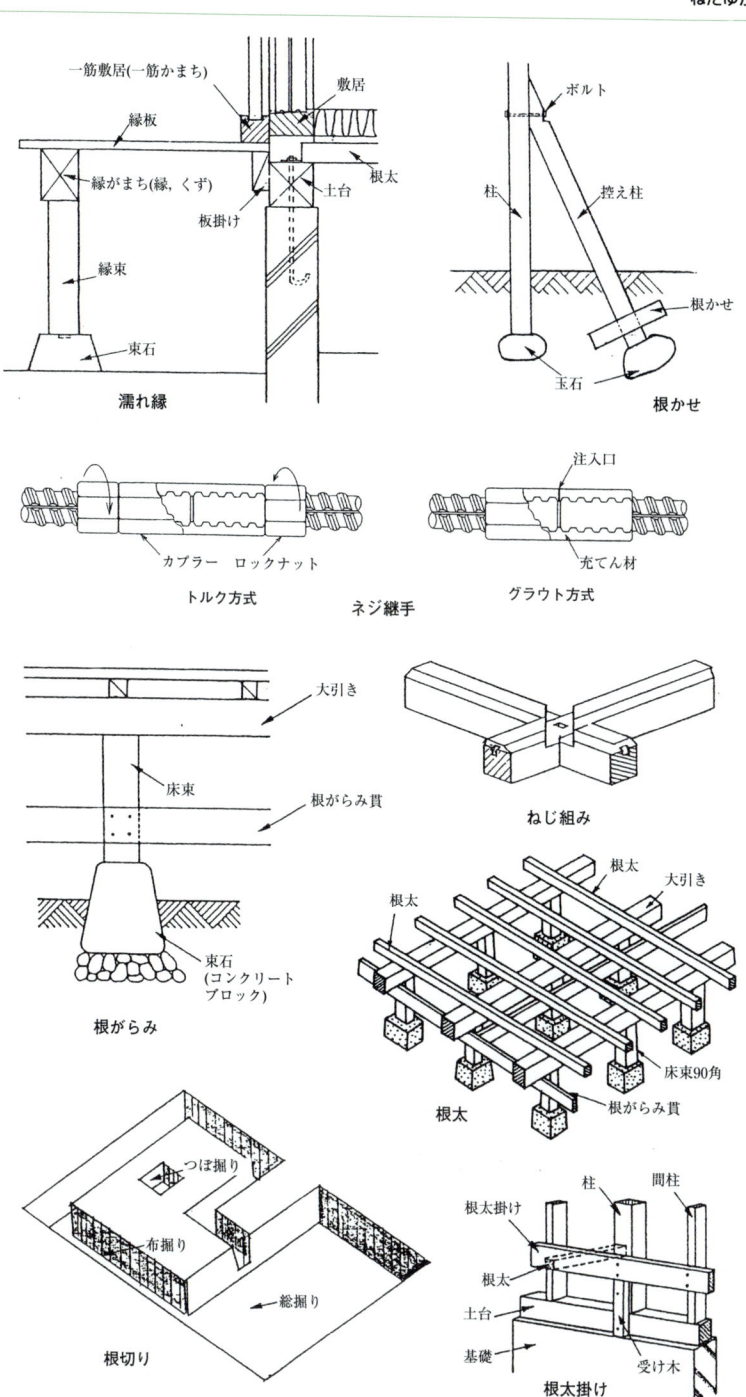

**濡れ縁** — 一筋敷居(一筋かまち)、敷居、縁板、縁がまち(縁,くず)、根太、土台、板掛け、縁束、束石

**根かせ** — ボルト、柱、控え柱、根かせ、玉石

**ネジ継手**
- トルク方式 — カプラー、ロックナット
- グラウト方式 — 注入口、充てん材

**根がらみ** — 大引き、床束、根がらみ貫、束石(コンクリートブロック)

**ねじ組み**

**根太** — 根太、大引き、床束90角、根がらみ貫

**根切り** — つぼ掘り、布掘り、総掘り

**根太掛け** — 根太掛け、根太、柱、間柱、土台、基礎、受け木

床組。縁側，廊下，押入などのようにスパンが短いときに用いる。「単床(たんしょう)」ともいう。

**ねつかそせいじゅし**〈熱可塑性樹脂〉熱を加えるとある温度で軟化して，塑性または粘着性をもつようになり，冷却すると再び硬くなる性質のある樹脂。塩化ビニル樹脂，塩化ビニリデン樹脂，酢酸ビニル樹脂，アクリル樹脂，ポリエチレン樹脂，スチロール樹脂，クマロン樹脂，ふっ素樹脂などがある。樹脂は熱可塑性樹脂と熱硬化性樹脂に大別することができる。

**ねつかんかこう**〈熱間加工〉精錬された溶鋼を900～1200℃で加工すること。熱間圧延鋼材である鋼板，棒鋼，形鋼，鋼管などは，回転するローラー間に何回も通して圧延する方法でつくられる。

**ねつぎ**〈根継ぎ〉⇒アンダーピニング

**ねつこうかせいじゅし**〈熱硬化性樹脂〉一度固まると，これに熱を加えても再び軟化しない性質の樹脂。フェノール樹脂，尿素樹脂，メラミン樹脂，ポリエステル樹脂，シリコーン樹脂，ポリウレタン樹脂，エポキシ樹脂，フラン樹脂などがある。プラスチックスは熱可塑性樹脂と熱硬化性樹脂に大別することができる。

**ねつこうかんき**〈熱交換器〉一般に2つの流体間で，温度差による熱の授受を行わせる装置をいう。コイル加熱式貯湯槽や空気調和設備における加熱器，冷却器，凝縮器，蒸発器などがある。

**ねつしょり**〈熱処理〉通常，鋼に熱を加え性質を改善向上することをいう。鋼材は熱して再び冷却することにより，内部の結晶を変化させて目的に応じた性質を与えることができる。熱処理には，焼なまし，焼入れ，焼もどし，焼ならしなどがある。

**ねっせんきゅうしゅうガラス**〈熱線吸収—〉板ガラスに鉄・ニッケル・クロムなどを加えたもので，淡青色を呈するものが多い。太陽光線中の熱線を吸収するので，西日を受ける窓や車両の窓などに用いられる。

**ネットワーク**〈network〉工事工程表の表示方法の一つ。各作業の始めと完了予定期日を示す○印と，各作業の進行関係・所要日数を示す矢線によって表示される。総合工程表や工事別工程表に利用され，施工計画に際して，最も合理的な最短工期をみいだす手法として優れている。

**ねつばい**〈熱媒〉空気調和設備などにおける空気—冷温水—蒸気—冷媒などのように機械室から各室へ熱を運ぶ媒体をいう。

**ねまき**〈根巻き〉柱や壁のコンクリート打ちの型枠を立てるとき，下部が動かないよう金物などで留めること。モルタルを盛ったりするときは「根巻きモルタル」という。また，木造独立柱などの脚部を，腐食防止のために金属板などで包み込むこと。

**ねむりめじ**〈眠り目地〉ブロックを並べたりタイルを張るとき，すきまを取らずに材を互いに突き合わせる目地。「めくら目地」ともいう。

**ねりいた**〈練り板〉平たい鉄板で，モルタルやコンクリートをスコップで練るときに用いるもの。「練り鉄板」ともいう。

**ねりおき**〈練置き〉水で練り混ぜたモルタル・しっくいなどの左官材料をそのまま放置しておくこと。加水混練してから塗り付けるまでの時間を「練置き時間」というが，材料によってこの時間を調整する必要がある。

**ねりかえし**〈練返し〉一度練った左官材料を使用するときに再び練り直すこと。「練直し」ともいう。

**ねりスコ**〈練り—〉モルタルやコンクリートを練り混ぜる場合に使用するスコップ。

**ねりづみ**〈練積み〉石材・れんがの固定にモルタルを用いて積み上げるもの。

**ねりてっぱん**〈練り鉄板〉⇒ねりいた

**ねりなおし**〈練直し〉⇒ねりかえし

**ねりふね**〈練り舟〉しっくい，プラスター，壁土などの左官材を練り混ぜまたは練り置くための逆台形の箱。木製，金属製，プラスチック製などがある。「舟」ともいう。

**ねんど**〈粘土〉土を構成する粒子の一つ。粒径による分類では0.001～0.005mmのものをいい，砂やれきと違う団粒構造をなす。団粒構造の土は大きな間隙をもっていて，長い年月にわたって圧縮されたものはかなり大きな支持力と強さをもつが，振動とかこね混ぜによってその構造が破壊されると，強さを失い著しく軟弱化する。団粒構造には蜂の巣構造と綿毛構造がある。

**ねんどがわら**〈粘土瓦〉粘土を原料として成形，焼成した瓦。釉薬のあるものとないものがあり，また形により和瓦，洋瓦がある。

**ねんりん**〈年輪〉樹木の断面に見られる同心円状の輪で，樹木の生育期にあわせて一年に一つずつできる。

ねんりん

練りスコ

練り板(鉄板)

練り板

練りくわ

練りスコ

練り舟

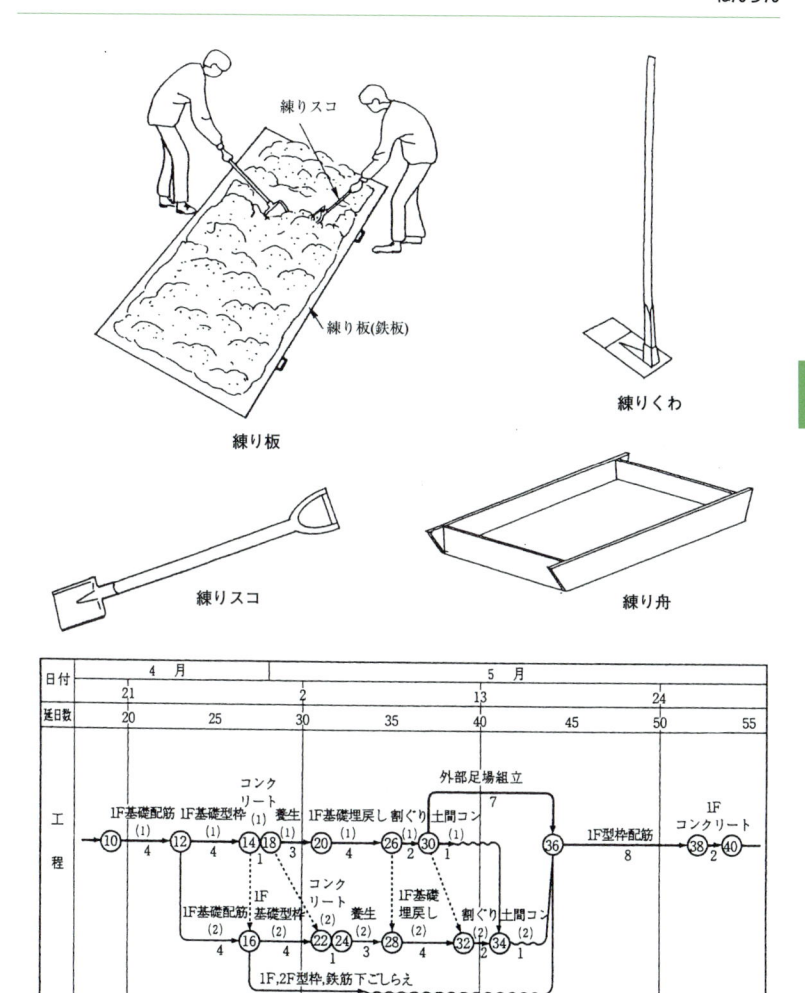

| 日付 | 4 月 | | | | 5 月 | | | |
|---|---|---|---|---|---|---|---|---|
| | 21 | | 2 | | 13 | | 24 | |
| 延日数 | 20 | 25 | 30 | 35 | 40 | 45 | 50 | 55 |

ネットワーク工程表

→ 作業（アクティビティーまたはジョブを表す）
‥‥→ ダミー。作業の前後関係だけを表し，実際の作業を含んでいない。日数はゼロである。
○印 作業の結合点（イベントまたはノード）を表し，作業の開始および終了時点を示す。

化粧目地

眠り目地

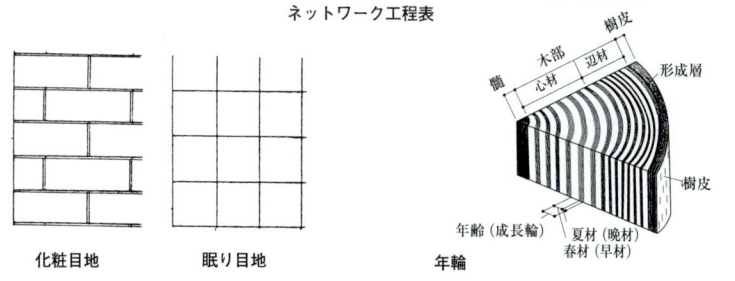

年輪

**のいしづみ**〈野石積み〉自然のままの石を加工せず積み重ねたもの。くり石などを積んだ擁壁などがある。

**ノード**〈node〉ネットワーク工程表において、作業と作業の節目を表す丸印で、中に通し番号を書き込む。この番号をノード番号といい、それらを結ぶ矢線が作業内容で、ジョブという。

**ノーヒューズブレーカー**〈no fuse breaker〉ヒューズを使用せず、過電流が流れると自動的に電流を遮断するようにした安全装置。「サーキットブレーカー」ともいう。

**のき**〈軒〉外壁より外に出る屋根の部分。その先端を「軒先」といい、木造では鼻隠し、広小舞、登り淀、破風板などで構成される。

**のきうら**〈軒裏〉垂木や野地板が軒桁から出た部分の下面をいう。

**のきうらてんじょう**〈軒裏天井〉軒裏の垂木や野地板を隠すために張る天井。天井を張らない場合は、化粧軒裏とする。

**のきげた**〈軒桁〉小屋組で垂木を受け、小屋梁を桁行方向に連結する横架材。鼻母屋を重ねる場合は敷桁となる。

**のきさきめんど**〈軒先面戸〉⇒すずめぐち

**ノギス**〈slide calipers〉本尺と副尺を組み合わせたもので、1/10 mmまで測定できる金属製の物差し。挟んだり内側から当てがって直径や内径を測定できる。

**のきだか**〈軒高〉地盤面から小屋組の敷桁・軒桁上端までの高さ。折置組の場合は柱の上端までの高さをいう。

**のきてんじょう**〈軒天井〉⇒こてんじょう

**のきどい**〈軒樋〉軒先から落ちる雨水を受けて立てどいに導く水平どいで、とい受け金物で支持し、1/100程度の水勾配をとる。材料は亜鉛鉄板、銅板などの薄板加工品やプラスチック製品が多く、形状は半円形の丸形または箱形で、軒先に露出して取り付けられる。鼻隠しの内側に隠し付けされるものを「内どい」という。

**のこぎり**〈鋸〉木材を切断する工具。使用目的に応じて各種のものがある。付図参照

**のこぎりやね**〈鋸屋根〉妻側から見て、のこぎりの歯のような形をした屋根。上部垂直部分から採光して、工場などの内部を均一な明るさにする場合に用いられる。

**のこみ**〈鋸身〉のこぎりの歯部全体をいう。

**のじいた**〈野地板〉木造屋根の下地板のこと。垂木の上に張る屋根板。

**のじいたばり**〈野地板張り〉屋根の下地板を垂木に釘打ちすること。軒天井を張らずに化粧野地とする場合は、少し厚めの板をかんな削りとする。削り仕上げをしたものを「化粧野地」、削らずに用いる場合を「荒野地」という。

**のしがわら**〈熨斗瓦〉長方形の平瓦にむくりを付けたもので、棟のがんぶり瓦の下に重ねて用いられる。「棟平瓦」ともいう。

**のじこまい**〈野地小舞〉瓦屋根にこけら板を下葺きする場合などに用いられる下地材で、垂木に貫材を小間返しに打ち付けるもの。

**のしづみ**〈熨斗積み〉のし瓦を積むこと。切妻・入母屋・寄棟などの瓦屋根で、大棟、降り棟、隅棟の部分に積まれ、のし瓦の上にがんぶり瓦がのる。

**のしぶき**〈伸し葺き、熨斗葺き〉1.8mほどの杉皮を用いて屋根を葺く方法で、上部から割竹などで留め押さえる。物置小屋などに簡易屋根葺材として用いられた。

**ノズル**〈nozzle〉口先を絞った放出口。消火ホースの筒先、散水または噴霧ヘッド、空気調和ダクトの吹出し口などをいう。

**のだるき**〈野垂木〉寺社建築などの軒裏にみられる化粧垂木に対して、その上の見えない部分に用いられる垂木。

**のづみ**〈野積み〉建築材料などを屋根の下に積み置きできずに、野外にさらし積みすること。

**のづら**〈野面〉製材したままの木材の肌面。または切り出したままの石材などの面。

**のどあつ**〈喉厚〉溶接接合部の断面で、応力を伝達するのに有効とされる溶接断面の厚さ。突合せ溶接とすみ肉溶接では、それぞれ厚さのとり方が決められている。

**のねいた**〈野根板〉板材で、厚さ2mmほどに薄くはいだ板。網代（あじろ）組などにして、数寄屋造りの天井などに用いられる。野根板は「長へぎ板」ともいい、これを使った天井を「野根板天井」という。

のねいた

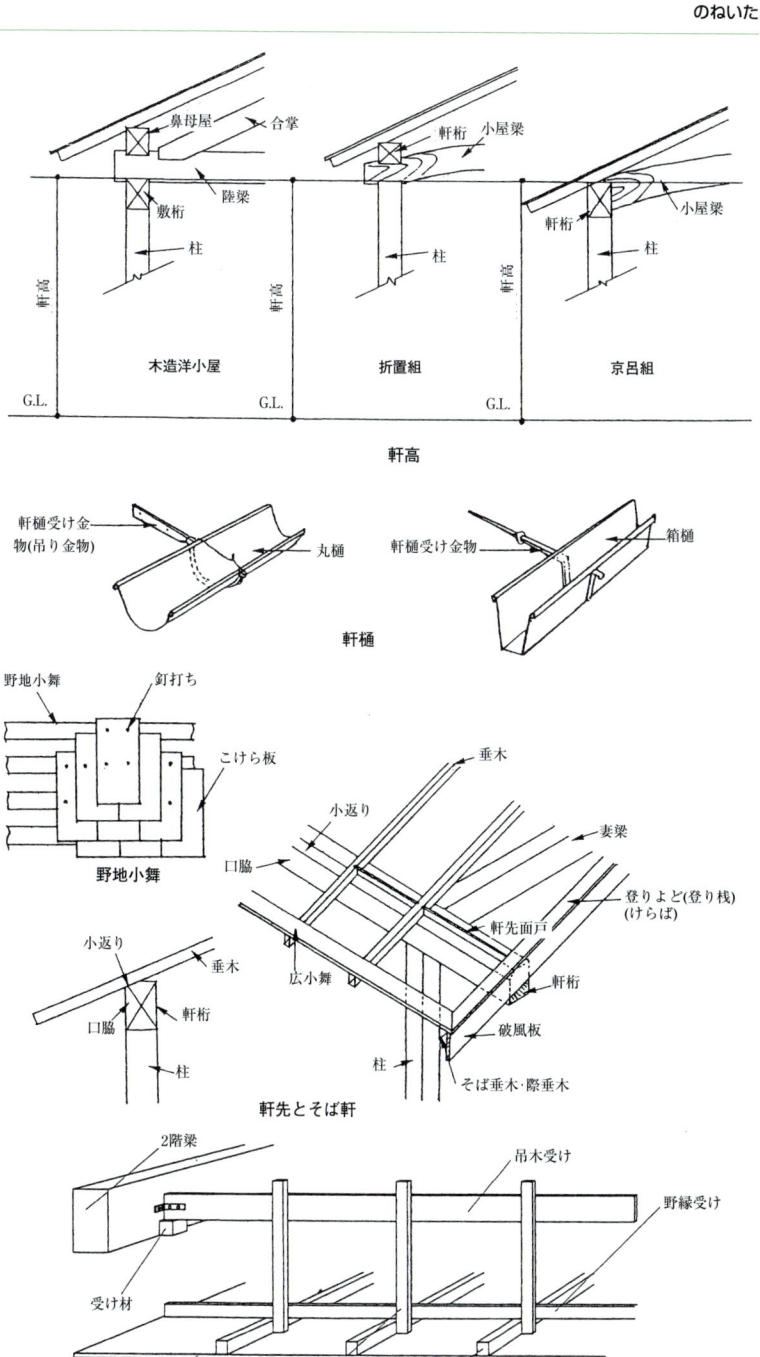

### 軒高

木造洋小屋：鼻母屋、合掌、陸梁、敷桁、柱
折置組：軒桁、小屋梁、柱
京呂組：軒桁、小屋梁、柱

### 軒樋

軒樋受け金物(吊り金物)、丸樋
軒樋受け金物、箱樋

### 野地小舞

野地小舞、釘打ち、こけら板

### 軒先とそば軒

垂木、小返り、口脇、軒先面戸、妻梁、登りよど(登り桟)(けらば)、広小舞、軒桁、柱、破風板、そば垂木・際垂木

小返り、垂木、口脇、軒桁、柱

### 野縁受け

2階梁、吊木受け、野縁受け、受け材、天井仕上材、吊木、野縁

231

**ノブ**〈knob〉開き戸の取手に使われる握り玉。鍵穴付きのものや押しボタン付きのものがある。

**のぶち**〈野縁〉⇒てんじょうのぶち

**のぶちうけ**〈野縁受け〉野縁を直角方向に連結し，天井吊木に留め付けるための横木。図前頁

**のべばらいけいやく**〈延払い契約〉工事代金の支払いを，工事終了後ある期間おいてから行うことを条件にした契約。請負業者からみると「立替え契約」ということになる。

**のべめんせき**〈延べ面積〉各階の床面積を合計したもの。建築基準法施行令第2条第1項4号のただし書きの部分は算入されない。

**のぼりさんばし**〈登り桟橋〉足場の昇降に使う傾斜した通行用の桟橋。傾斜度は30°以下とし，15°以上の場合は足場板に踏桟を付け，手すりを設ける。また，高さ7mごとに踊り場か折返しを設ける。

**のぼりのき**〈登り軒〉切妻屋根の妻側であるけらばをいう。

**のぼりばり**〈登り梁〉軒桁から棟木へ斜めに架け渡す梁をいう。屋根裏を広くしたり，天井を高くする場合などに用いる。

**のぼりよど**〈登り淀〉屋根下地の見切り縁に使われるもので，妻側破風板の上に取り付け，けらば瓦を受ける材となる。

**のみ**〈鑿〉木材を削ったり，溝穴を彫ったりする工具。使い方により，突きのみ，たたきのみなどがある。付図参照

**のみぎり**〈鑿切り〉積み石の表面加工仕上げで，こぶ出し面にのみを入れて平らな粗面にする仕上げ。粗面の程度により荒切り，中切り・上切りがある。

**のみこみ**〈呑込み〉継手・仕口などへの取付け部材のうち，相手部材の中へ差し込まれて見えなくなる部分をいう。

**のり**〈法〉切土や盛土の傾斜面。土が崩れないよう造成する斜面。

**のりあし**〈法足〉切土や盛土などの法面に沿って測った寸法。

**のりじり**〈法尻〉法面の下端部。上端と水平面が接する部分は「法肩」という。

**のりづけ**〈法付け〉切土や盛土をするとき，または根切りをするときなどに，周囲の土が崩れないように斜面を構築すること。

**のりつけオープンカット**〈法付け―〉根切り周囲の土砂が崩壊しないように，適当なのりを付けて掘り下げる掘削方法。

**のれんうち**〈布連打ち〉木造真壁造りで，塗り壁と柱との間にすきまができるのを防ぐため，散り回りに麻布を巻いた小幅板を塗り込むこと。

**のろがけ**〈のろ掛け〉⇒あまがけ

**ノンスリップ**〈nonslip〉階段踏面の角の部分に取り付ける滑り止め。角部の破損，踏面の摩耗を防止する目的もあり，鉄製，真ちゅう製，ステンレス，アルミ合金製のほか，硬質タイル・ゴム製などがある。「滑り止め」ともいう。

のんすり

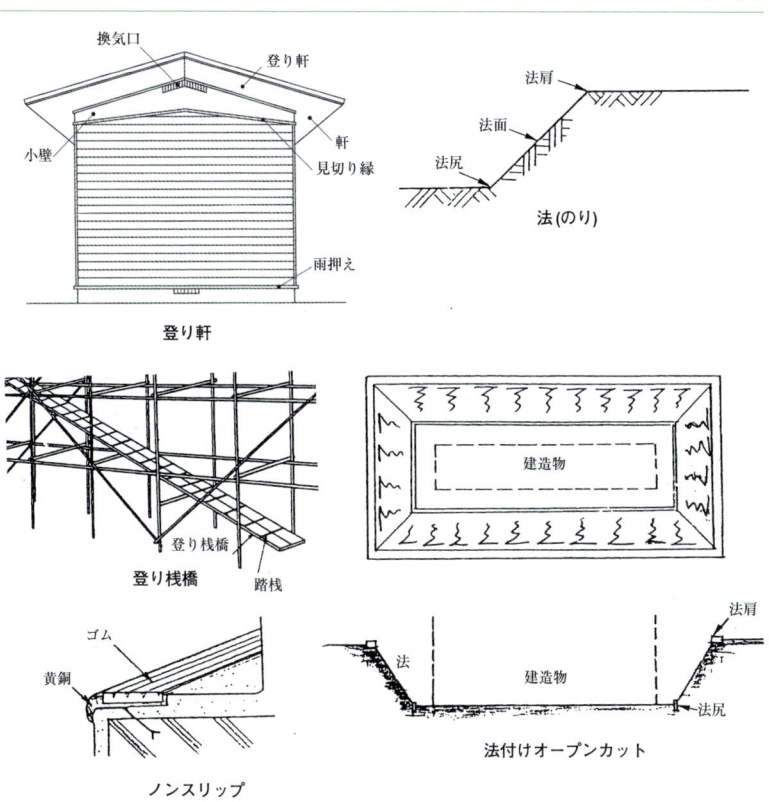

換気口　登り軒　　　法肩
小壁　　　軒　　法面
　　見切り縁　法尻
雨押え
登り軒　　　　　法(のり)

登り桟橋　踏桟　　建造物

ゴム
黄銅　　　　　　　法肩
　　　　　法　建造物　法尻
ノンスリップ　　法付けオープンカット

233

# は

**パーカッションボーリング**〈percussion boring〉ボーリングロッドまたはワイヤーロープの先端に，ビットといわれるせん孔用工具を取り付け，動力によってこれを繰返し落下させる衝撃で地盤を粉砕しせん孔する方法。ベイラーによって孔底のスライムを取り出しながら掘り進む。「衝撃式ボーリング」ともいう。

**バーカッター**〈barcutter〉鉄筋を必要な長さに切断する機械。「鉄筋切断機」ともいう。

**パーケットブロックばり**〈―張り〉堅木の板を接合してつくった正方形ブロックを意匠的に組み合わせて，接着剤または隠し釘で張り上げる床仕上げ。

**パーゴラ**〈pergola〉庭園の植栽施設で，つる植物をからませるための棚形工作物。

**パース**〈pers〉⇒とうしず，パースペクティブ

**パースペクティブ**〈perspective drawing〉透視図，透視図法。建物などを立体的に表現する製図法で，一点透視図，二点透視図，三点透視図などがある。「パース」ともいう。

**バーチャートこうていひょう**〈―工程表〉横軸に日数をとり，各作業項目を横線で表示する工程表。見やすいという長所はあるが，各作業の関連性がわかりにくいという短所がある。「棒線式工程表」ともいう。

**パーティクルコアごうはん**〈―合板〉パーティクルボードを心材として，両面から合板用単板を張り付けた板状材。

**パーティクルボード**〈perticle board〉木材の小片に接着剤を加え，加温圧延した板材。遮音性，断熱性がよく，加工性もよいことから，屋根，壁，床の下地材のほか，表面加工して建具や家具にも利用される。「チップボード」「削片板」ともいう。

**パーティション**〈partition〉建物内の目隠し用の仕切り壁。固定式のもののほか，レールで移動して折たたみできるもの，簡単に取り外せるものなどがある。

**ハードボード**〈hard board〉繊維質材料を加圧成形した繊維板の一つで，硬質のもの。加工性がよく，内装材や家具に使用される。「硬質繊維板」ともいう。

**バーナー**〈burner〉ボイラーなどに石油やガスを使用する場合の燃焼装置。油バーナーとガスバーナーがあり，油バーナーには回転式，圧力噴射式，蒸発式などがある。

**バーニヤ**〈vernier〉トランシットなどの目盛り盤やマイクロメーターまたはノギスなどに装着して，1目盛り以下の端数を読み取ることができる装置のこと。主尺とバーニヤの目盛りが並べて示されており，主尺の$N$区分の範囲に対して，バーニヤでは$N+1$区分に分けられているので，$1/N$まで読み取ることができる。

**ハーフカット**〈half cut〉道路や駐車場，広場や公園などを，周囲の地盤面より一段下げてつくること。境界をはっきり区画するという意味がある。

**ハーフバンク**〈half embankment〉敷地を周囲の地盤面より一段盛り上げ，道路や駐車場，広場や公園などをつくること。

**ハーフプレキャストコンクリートかたわくこうほう**〈―型枠工法〉100mm前後の薄肉プレキャストコンクリート部材を型枠として敷き込み，その上に配筋してコンクリートを打ち込む床スラブ構築工法。型枠はそのままにして一体の合成スラブとする。

**ハーフミラー**〈half mirror〉片面不透明板ガラス。明るいほうからは鏡状となり反射して見えないが，暗いほうからは透視することができる。外から中を見られなくする場合に用いられる。「マジックミラー」ともいう。

**バーベンダー**〈barbender〉鉄筋の加工用器械で鉄筋を折り曲げたり，先端にフックを付けたりするもの。手動式と電動式がある。フックを付けたり折曲げ部分を加工する道具。

**パーマネントサポート**〈parmanent suport〉スラブや梁の型枠用支持材で，せき板，根太，大引きを取り外しても，下面を支え続けることができるサポート。

**パーライト**〈perlite〉黒曜石や真珠岩を粉砕し，焼成してつくられる人工軽量骨材。軽量コンクリート用骨材のほか，パーライト

はあらい

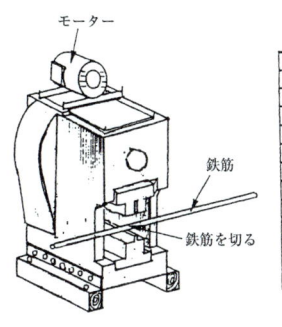

バーカッター

バーチャート工程表

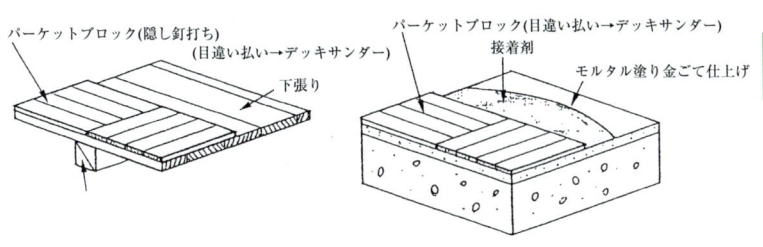

パーケットブロック張り

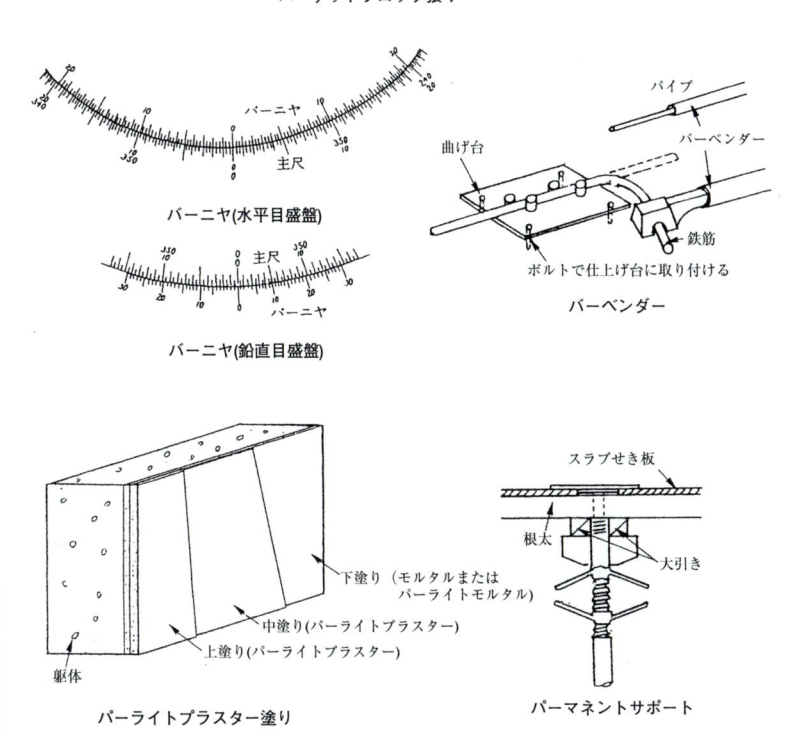

バーニヤ(水平目盛盤)

バーニヤ(鉛直目盛盤)

バーベンダー

パーライトプラスター塗り

パーマネントサポート

モルタル、パーライトプラスターの混入材として使われる。

**パーライトプラスターぬり**〈―塗り〉下塗りはモルタル塗りとし、中塗りからパーライトを骨材としたプラスターを塗る塗り仕上げ。軽量で耐火性・断熱性に優れたパーライトを骨材として使用するプラスター塗り。

**パーライトモルタルぬり**〈―塗り〉下塗りはモルタル塗りとし、その上にセメントとパーライトを混ぜたモルタルを塗る仕上げ。吸水性があるので内壁などに用いられる。

**バール**〈crowbar〉釘抜きや解体作業のてこなどに使われる大工道具。「かじや」「かなてこ」「てこ」ともいう。

**パーローダーミキサー**〈power loader mixer〉骨材やセメントなどのコンクリート材料を自動投入する装置を有する混練機械。

**はいかんず**〈配管図〉設計図面の一つで、屋内における給排水管、電線管などの経路配置図。使用器材の材質、管径、接続方式、関連機器の設置場所などが表示される。

**はいきん**〈配筋〉RC構造のコンクリート部材に、耐力上必要な鉄筋を必要な位置に配置すること。

**はいきんけんさ**〈配筋検査〉コンクリートを打つ前の鉄筋検査で、設計図どおりに鉄筋が配筋され、継手・定着などの長さや位置が正しくとられているか検査すること。

**はいきんず**〈配筋図〉鉄筋コンクリート構造の鉄筋の配置方法を図示した図面。構造部位ごとに鉄筋の種別、形状、太さ、本数、配置法などが描かれる。設計図面の一つ。

**はいごう**〈配合〉色モルタルや人造石などの材料を調合し空練りすること。またはコンクリートを構成する各材料の割合。

**ハイシスターン**〈high cistern〉水洗便所の高所に設置して、洗浄水を溜めておく水槽。フロートスイッチにより水の出し入れを行う。

**はいすいかん**〈排水管〉汚水、雑排水、雨水などを、所定の場所または設備に排除するための導管。鋳鉄管、亜鉛めっき鋼管、ヒューム管、硬質塩化ビニル管、土管などがある。

**はいすいトラップ**〈排水―〉洗面器、便器、シンクなどの排水口に接続して設けられ、下水管中の有毒ガスや小動物が逆入するの

を防ぐ封水装置。形によりSトラップ、Pトラップ、Uトラップ、ドラムトラップ、わんトラップなどがある。

**はいすいピット**〈排水―〉⇒かまば

**はいすいます**〈排水枡〉敷設排水管の途中に設ける四角い深底の枡。排水管の掃除や点検をするため、また方向を変えたり異物で詰まるのを防ぐために設置される。

**ハイステージ**〈high stage〉鉄骨建方時のボルト締め、溶接作業などに使用される吊り足場。

**ハイスプリット**〈hisplit〉鉄骨部材の組立において、柱と梁を接合するときに用いる加工部品。

**はいせんず**〈配線図〉建物内に設置する電気機器の位置、そのための配線や電線の種類・太さ・本数などを描いた図面。設計図面の一つ。

**ハイソリッドラッカー**〈high solid lacquer〉合成樹脂性ワニスの一つ。アルキド樹脂にニトロセルロース・セルロイドなどを溶かしたもので、通常のラッカーよりも乾燥性を高めたもの。光沢があり耐候性に優れている。

**はいちず**〈配置図〉設計図面の一つで、敷地周辺の状況や敷地内の建物の位置、各種設置物の配置などを表示したもの。周辺状況としては道路の位置・幅員、隣地の使用状況、敷地境界線・寸法、方位など。敷地内表示物としては建物の位置・寸法、車庫・倉庫などの付属施設、門、庭、植栽計画などである。

**ハイツ**〈heights〉本来は高台にある住宅地をいう。郊外の住宅団地、集合住宅をさしていうこともある。

**はいつけだるき**〈配付け垂木〉寄棟屋根・入母屋屋根の隅木に取り付ける垂木のこと。「指(さし)垂木」ともいう。

**ハイテンションボルトせつごう**〈―接合〉⇒こうりょくボルトせつごう

**はいどい**〈這樋〉上階立てどいの雨水を屋根面に沿って流す場合に用いるとい。溝形および管形のものがある。

**はいどばん**〈排土板〉掘削した土砂の集積や地ならしなどに用いる曲面状の鋼盤で、ブルドーザーなどの前方についているもの。「ブレード」ともいう。

**ハイドロクレーン**〈hydro-crane〉油圧を動力源とするクレーン。「油圧クレーン」と

はいとろ

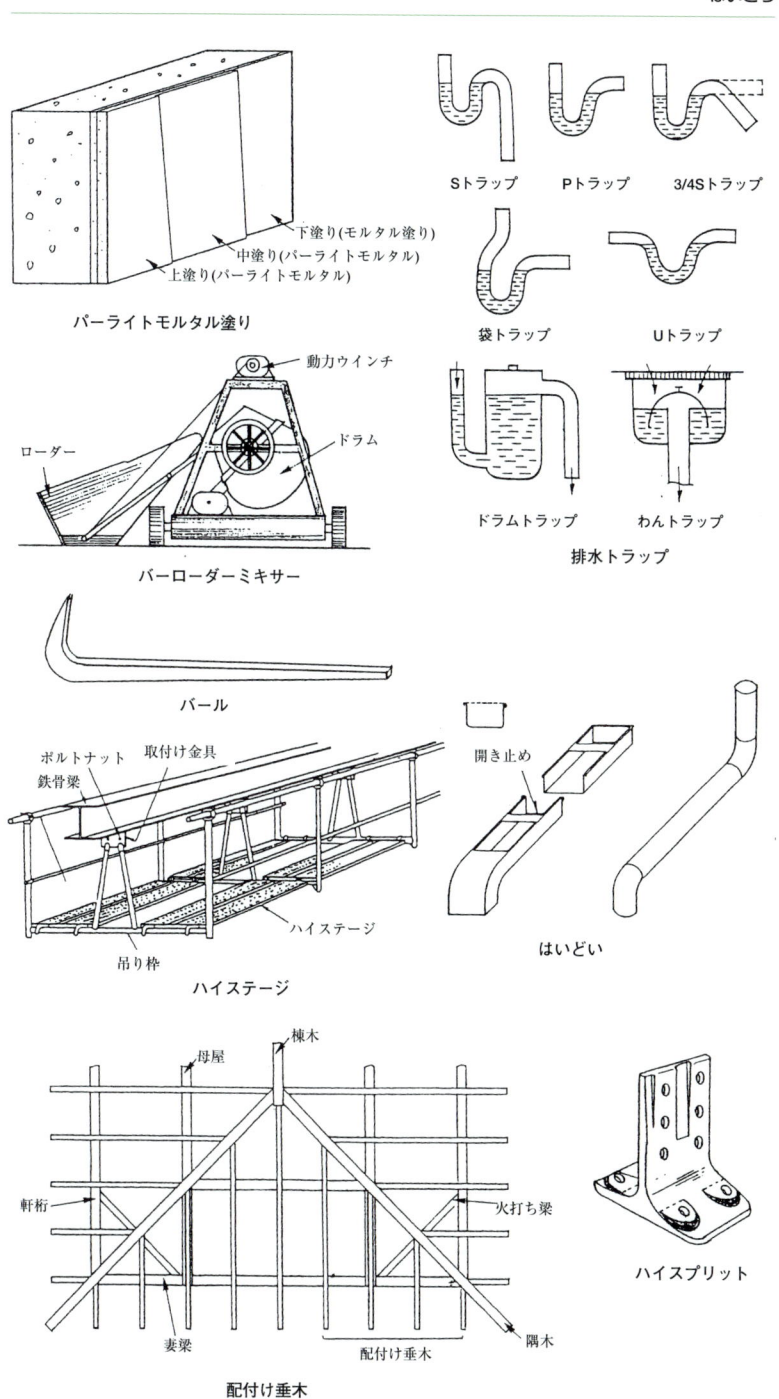

パーライトモルタル塗り
- 下塗り(モルタル塗り)
- 中塗り(パーライトモルタル)
- 上塗り(パーライトモルタル)

排水トラップ
- Sトラップ
- Pトラップ
- 3/4Sトラップ
- 袋トラップ
- Uトラップ
- ドラムトラップ
- わんトラップ

バーローダーミキサー
- 動力ウインチ
- ローダー
- ドラム

バール

ハイステージ
- ボルトナット
- 取付け金具
- 鉄骨梁
- 吊り枠
- ハイステージ

はいどい
- 開き止め

ハイスプリット

配付け垂木
- 棟木
- 母屋
- 軒桁
- 火打ち梁
- 妻梁
- 配付け垂木
- 隅木

もいう。

**パイプあしば**〈―足場〉⇒こうかんあしば

**パイプカッター**〈pipe cutter〉配管用パイプを切断する工具で，パイプを挟み，締め付けながら切断する。

**パイプコイル**〈pipe coil〉蒸気，温水，冷水，冷媒などを通して冷暖房を行う場合の熱交換用放熱管。銅管，黄銅管，鋼管などが用いられる。

**パイプサポート**〈pipe support〉梁やスラブの型枠を支える支柱。→しほこう

**パイプシャフト**〈pipe shaft〉建物内を堅方向に配管するためのスペース。各階を真っ直ぐ縦に抜き，大きいものでは，各種管類の点検ができるような空間をとる。

**バイブレーター**〈concrete vibrater〉⇒コンクリートしんどうき，ぼうじょうバイブレーター

**パイプレンチ**〈pipe wrench〉配管用パイプの継手部分を挟み，ねじ込んだり取り外したりする工具。

**バイブロコンポーザー**〈vibro-composer〉軟弱地盤に振動を与えながら砂杭を打ち込んで，地盤の密度を増す地盤改良法。

**バイブロソイルコンパクター**〈vibro soil compacter〉反り形の金属板を起振機で上下に振動させ，土を締め固める地盤造成用機械。自走式とハンドガイド式がある。「振動コンパクター」「ソイルコンパクター」ともいう。

**バイブロパイルハンマー**〈vibro-pile hammer〉起振機により杭に上下振動を与えながら，機械および杭の自重で杭を圧入する機械。打込みによる振動，騒音を少なくすることができる。また矢板の引抜きにも利用される。「振動式杭打ち機」ともいう。

**バイブロフローテーションこうほう**〈―工法〉地盤を締め固めるために，地中に砂杭をつくる工法の一つ。ロッドの先端にジェット噴水装置のある振動部を取り付け，これで杭穴を開けながら充てん材を注入して砂杭を構築する。

**バイブロランマー**〈vibro-rammer〉→タンパー

**ハイベース**〈hibase〉鉄骨柱脚の固定に用いる部品。商品名。

**バイメタル**〈bimetal〉熱膨張率の異なる二種類の金属を張り合わせ，熱ひずみを利用した自動切替えスイッチ。温度調節装置などに用いられる。

**はいりょくきん**〈配力筋〉鉄筋コンクリート構造の床鉄筋の一つで，短辺方向に配筋する主筋に対し，長辺方向に配筋するスラブ筋をいう。

**パイルエキストラクター**〈pile extractor〉地中に打ち込まれた杭を圧縮空気や蒸気を用いて引き抜く機械。「気動逆打ちハンマー」「杭抜き機」ともいう。

**パイルキャップ**〈pile cup〉杭を打ち込むとき，ハンマーの打撃力を十分に伝えると同時に頭を保護するために杭頭にかぶせるもの。鋼鉄製で，杭との間に緩衝材として古タイヤ，木片などを入れる。「キャップ」「杭キャップ」ともいう。

**パイルちゅうれつこうほう**〈―柱列工法〉根切りのための土留め壁を，鉄筋コンクリート杭の柱列で構築する工法。アースオーガーやアースドリルを用いて該当する部分に杭柱列をつくっておき，これを山留め壁として地盤を掘削していく。杭は抜く場合とそのまま地下壁として利用する場合がある。

**パイルドライバー**〈pile driver〉建設用杭打ち機械のことをいう。

**パイロットボーリング**〈pilot boring〉本格的な地盤調査をする前に，掘削用機械を用いて試掘をし，予備調査を行うこと。土質調査は，地中に深い穴を掘るボーリングによって行われる。

**パイロットランプ**〈pilot lamp〉装置が作動しているか否かを知らせる小電灯。電気機器の通電，機械類の運転，施設設備の使用などを表示するために用いられる。

**ハウトラス**〈howe truss〉鉛直荷重に対して，束材には引張応力が，斜材には圧縮応力が生じるように構成したトラス。アメリカのG.ハウが考案したもの。

**はがさね**〈羽重ね〉天井板や外壁の下見板を張る場合，板の木端を互いに少しずつ重ね合わせることをいう。

**ばかぼう**〈馬鹿棒〉遣方の水平度や根切り深さなどを測定するときに用いる棒状定規。目盛りを付けた棒を垂直に立て，これをレベルで通視して測定する。

**はかまいた**〈袴板〉鉄骨柱脚部を構成する部材。H形鋼柱などをベースプレートに溶接する場合，柱のフランジ部分に取り付け補

はかまい

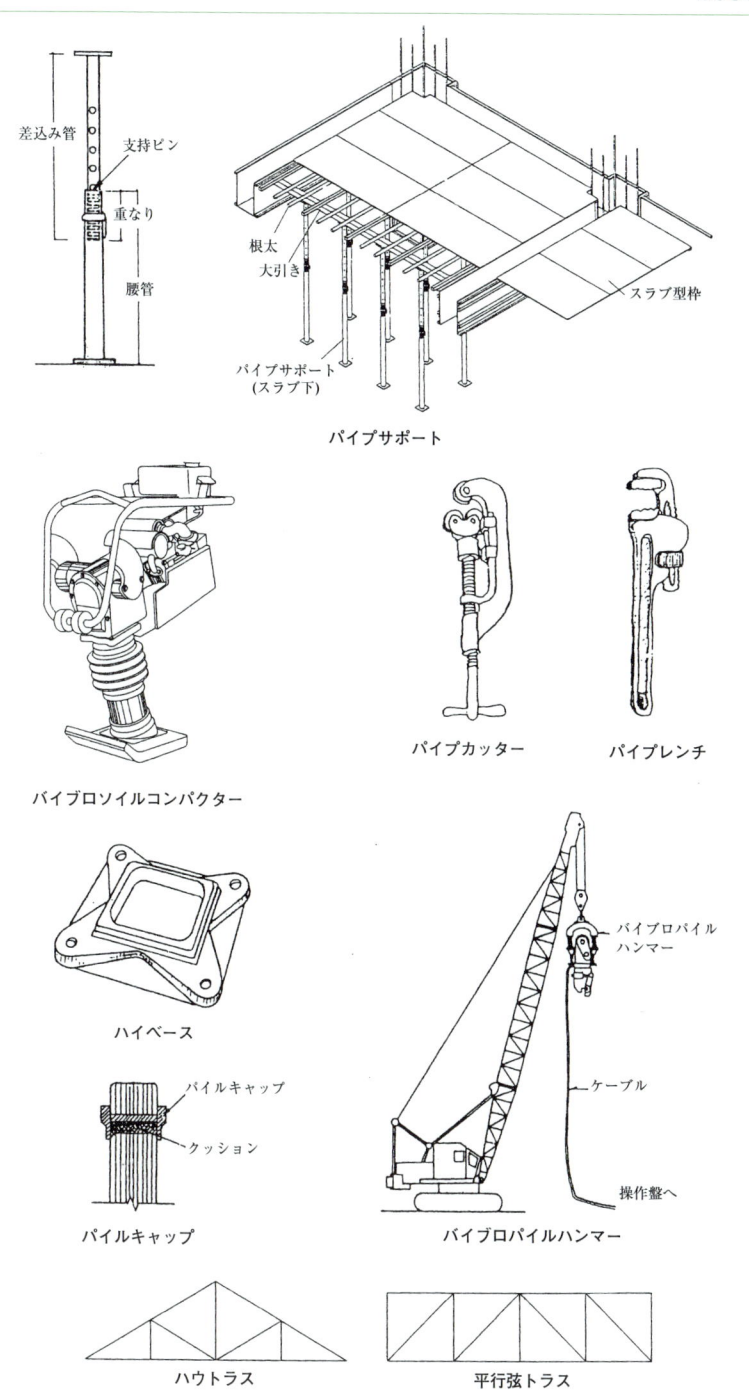

差込み管
支持ピン
重なり
腰管

根太
大引き
パイプサポート
(スラブ下)
スラブ型枠

**パイプサポート**

**バイブロソイルコンパクター**

**パイプカッター**

**パイプレンチ**

**ハイベース**

パイルキャップ
クッション

**パイルキャップ**

バイブロパイルハンマー
ケーブル
操作盤へ

**バイブロパイルハンマー**

**ハウトラス**

**平行弦トラス**

強する台形の鋼板。

**はがらざい**〈端柄材〉板類や貫・垂木など小角材の総称。原木から主要材を取った残りで製材されるもの。「端柄物」「山挽き材」ともいう。

**はぎあわせ**〈矧合せ〉板を張る場合の，板と板の端合せの方法で，木端の継手を総称していう。さねはぎ，雇いざねはぎ，相じゃくりはぎ，矢はずはぎ，そぎはぎなどがある。

**はきだしまど**〈掃出し窓〉建具の最下部を床面までとった窓。室内のゴミを外へ掃き出しよくしたもの。

**はくしょくポルトランドセメント**〈白色—〉石灰，ドロマイトプラスターなどを含み，鉄分を少なくした白色のポルトランドセメント。人造石，塗装モルタル，着色セメントの製造などのほか，目地モルタルなどにも使用される。「白色セメント」ともいう。

**はくりざい**〈剥離剤〉コンクリート硬化後の型枠の取外しを容易にするため，型枠内側に塗布しておく薬剤。ソーダ石鹸，鉱油，パラフィン，合成樹脂などがある。「塗布剤」ともいう。

**はぐるまポンプ**〈歯車—〉ケーシング内の2つの歯車を互いに巻き込むように回転させ，液体などを移動させる方式のポンプ。

**はけ**〈刷毛〉馬毛，山羊毛，羊毛，合成樹脂毛などを竹や木製の薄板で挟んでつくられた塗料を塗り付ける道具。

**バケット**〈bucket〉コンクリート，セメントなどを入れて運搬する鉄製の容器。また，土砂などを掘削し運搬する鉄製容器で，ショベル系掘削機やコンベヤーなどに用いられる。

**バケットエレベーター**〈bucket elevator〉コンクリートタワー内部でコンクリートバケットを上下させる装置。

**バケットコンベヤー**〈bucket conveyer〉搬送機の一つ。コンベヤーチェーンにバケットを取り付け，下部で投入したものを上部へ送り排出する搬送装置。土砂や採石，屋根瓦などの上下移動に使われる。

**はけぬり**〈刷毛塗り〉はけに塗料を含ませ塗面を均一に塗り仕上げするもの。塗り残し，流れ，泡などの欠点が生じないように塗る。

**はけびき**〈刷毛引き〉⇒はけびきしあげ

**はけびきしあげ**〈刷毛引き仕上げ〉モルタルなどの塗面を木ごてで押さえた後，表面をはけでなでて均整のとれた粗面とする仕上げ。はけに水を含ませない空ばけ，水を含ませる水はけがあり，そのまま仕上げとするものと，吹付仕上げの下地とするものがある。「刷毛引き」ともいう。

**はごいたボルト**〈羽子板—〉木造仕口部の補強金物の一つ。ボルトの一端に穴をあけた帯鉄を溶接したもので，軒桁と小屋梁，胴差しと床梁などの緊結に用いられる。

**はこかいだん**〈箱階段〉全体が箱のような形の階段。側面に扉や引出しを付けて物入などに利用される。

**はこかいへいき**〈箱開閉器〉電気回路のスイッチボックスで，外部に開閉用のボタンやレバーが付いている。

**はこかなもの**〈箱金物〉木造仕口の補強金物の一つ。帯鉄を溝形にしたもので，土台と柱，柱と梁などの緊結に用いられる。

**はこじゃく**〈箱尺〉水準測量でレベルの水平高さを求めるスケール。鉛直に立てるため気泡管が付いており，箱形断面の三段引抜き式で5mくらいまで伸ばすことができる。

**はこじょう**〈箱錠〉開き戸の施錠装置で，本締めボルトと仮締めボルトを内包し，鍵やサムターンで本締めボルトを操作するもの。通常は扉のかまちに彫り込んで取り付けられる。ボルトの出し入れ方法の違いによりシリンダー錠とレバータンブラー錠がある。

**はこどい**〈箱樋〉断面が角形になったとい。軒どい，呼びどい，竪どいなどそれぞれに丸形と箱形がある。

**はこどめ**〈箱留め〉見付け部分が留めになって木口が見えない仕口。内部は二枚ほぞとする。かまちなどの屈折仕口に使われる。

**はこめじしたみいたばり**〈箱目地下見板張り〉横板張りで，板そばを相じゃくりとし，目地がへこんだ化粧となるようにするもの。「ドイツ下見板張り」ともいう。

**はこめちがいつぎ**〈箱目違い継ぎ〉L型，凹型の短ほぞをもつ継手で，化粧垂木などの継手に用いられる。「三方目違い継ぎ」ともいう。付図参照

**はさみづか**〈挟み束〉木造洋小屋組の束で，合掌材と陸梁を両面から挟むように取り付ける束。引張材となるので「吊り束」ともいう。

はさみつ

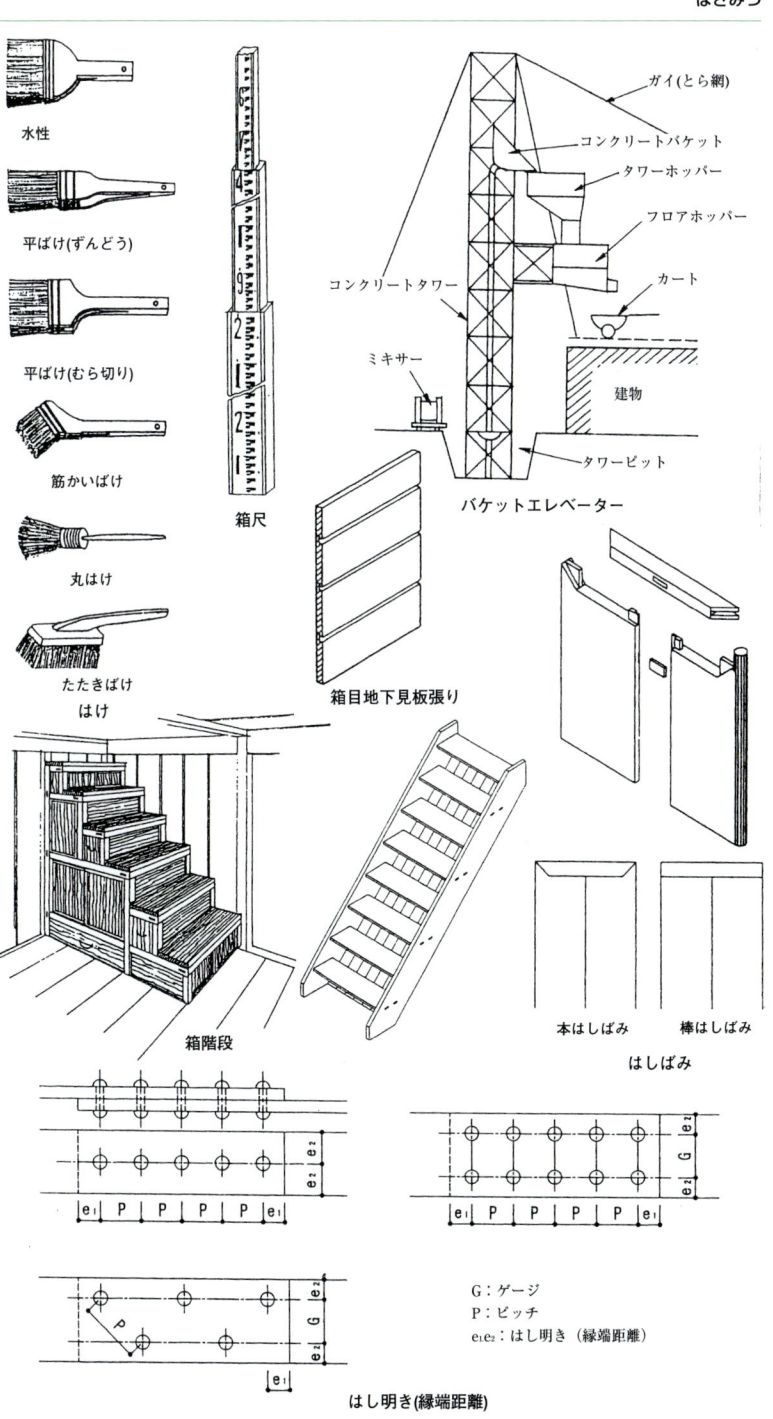

水性

平ばけ(ずんどう)

平ばけ(むら切り)

筋かいばけ

丸はけ

たたきばけ
はけ

箱尺

箱目地下見板張り

バケットエレベーター
- ガイ(とら網)
- コンクリートバケット
- タワーホッパー
- フロアホッパー
- カート
- コンクリートタワー
- ミキサー
- 建物
- タワーピット

箱階段

本はしばみ　棒はしばみ
はしばみ

G：ゲージ
P：ピッチ
$e_1 e_2$：はし明き（縁端距離）

はし明き(縁端距離)

241

**はさみばり**〈挟み梁〉⇒あわせばり

**はしあき**〈端明き〉鉄骨接合部の,部材端から最端のボルト穴中心までの距離。材に作用する力と平行方向に測った寸法をいう。これが十分でないと端抜けがおきる。

**はしばみ**〈端喰〉板の木口に取り付けるもので,板材の反りや伸縮による歪みを防いだり,木口をきれいに見せるために取り付けられる。

**ばしょうちコンクリートぐい**〈場所打ち―杭〉現場で地中に造成する鉄筋コンクリート杭。円筒管を打ち込んでその中にコンクリートを流し込み,管を引き抜きながら杭をつくるものと,掘削した孔にコンクリートを流し込んで杭をつくるものがある。→ペデスタルぐい

**はしら**〈柱〉建物の主要構造部材の一つ。基礎面から垂直に建てられ,屋根および床からの固定荷重・積載荷重を基礎へ伝えるとともに,地震・台風などの横荷重にも,梁や筋かいと一体になり抵抗する部材。

**はしらま**〈柱間〉柱と柱の間隔,隣接する柱相互の距離をいう。構造種別により,それぞれ的確な柱間がある。

**はしらよせ**〈柱寄せ〉⇒ほうだて

**はしらわり**〈柱割り〉建築物の平面計画を進めるときに行う柱の位置決め。柱は縦横方向に碁盤目に並ぶよう配置するのが基本である。

**パス**〈path〉ネットワーク工程表で,連なる2つ以上の作業を1つの作業に置き換えること。

**バスダクト**〈bus duct〉屋内電気配線において,大きな電流が流れる幹線に使用するダクト。金属製ダクトの内部に銅帯絶縁して取り付けられている。「ブス」「ブスダクト」ともいう。

**バスタブ**〈bath-tub〉浴槽内で身体を洗う形式の浅い洋風浴槽。

**バスユニット**〈bath unit〉浴槽・洗い場のほか,壁,天井,床の仕上げ部など,浴室そのものを一体化して工場で製作されるもの。便器,洗面台が付くものもある。

**はぜつぎ**〈鉤継ぎ〉金属薄板の接合法の一つで,端部を互いに折り曲げてつなぎ合わせる方法。小はぜ,巻はぜ,立てはぜなどの方法がある。

**ばた**〈端太〉⇒ばたかく

**はだあわせ**〈肌合せ〉接合部で,2つの材をすきまなく密着させること。

**ばたかく**〈端太角〉型枠の外周を固める角材。太さは10cm角程度のマツ,スギ,ヒノキ材が用いられ,横方向のものを「横ばた」「腹起し」,縦方向のものを「縦ばた」という。「ばた」「ばた材」ともいう。

**はたく** 請負工事で,損失を覚悟してまで入札し落札すること。また,手抜き工事をすることをいい,急いで粗雑な工事をすることを「はたき工事」という。

**ばたざい**〈端太材〉⇒ばたかく

**はちのす**〈蜂の巣〉⇒すどこ

**はちのすばり**〈蜂の巣梁〉H形鋼梁などで梁せいを高くするため,ウェブ部に六角形の穴をあけた形にした形鋼梁。ウェブ部を角波状に溶断し,ずらして突起部を溶接する。「ハニカムビーム」ともいう。

**はちまんづくり**〈八幡造り〉神社の本殿造りの一つで,切妻平入りの拝殿と軒を合わせて,同じ切妻の後殿が並ぶ形式のもの。代表的なものに宇佐神宮本殿がある。

**はっか**〈白化〉⇒かぶり

**はっか**〈日華〉⇒エフロレッセンス

**ハッカー**〈hooker〉鉄筋を結束線で結束するときに使用する工具をいう。「くくり」ともいう。

**ばっきしきしにょうじょうかそう**〈曝気式尿尿浄化槽〉下水に長時間空気を供給することをばっ気といい,下水の中の有機物は好気性の微生物や原生動物によって吸着され,酸化分解して活性汚泥となる。このとき,下水の上ずみは清浄になり,水中の腐敗性有機物の分解時に吸収される酸素量は減少する。この方式による汚水浄化は,スクリーン室→ばっ気槽→沈殿槽→消毒槽の順序で行われる。ばっ気の方法には散気式,シンプレックス式,回転円板式がある。

**パッキング**〈packing〉接合部の気密性,水密性を高めるため,すきまに充てん材を用いること。

**バックアップざい**〈―材〉目地を浅くするために,目地底に詰める合成樹脂系の発泡材。

**バックアンカーこうほう**〈―工法〉⇒タイバックこうほう

**バックホー**〈back hoe shovel〉⇒ドラグショベル

**パッケージがたくうきちょうわき**〈―形空気調和器〉空調器を構成するろ過器,予

はつけえ

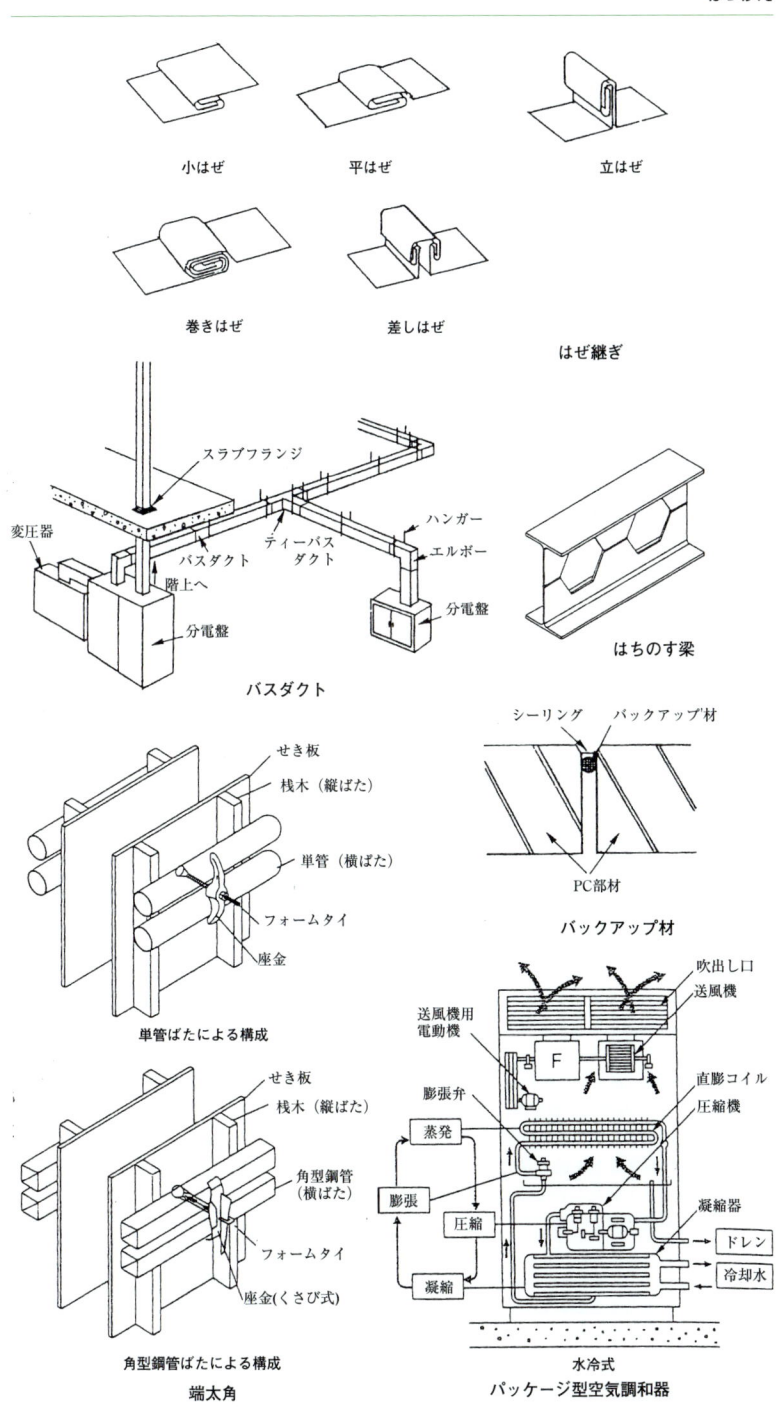

小はぜ　　　平はぜ　　　立はぜ

巻きはぜ　　差しはぜ

はぜ継ぎ

バスダクト

はちのす梁

バックアップ材

単管ばたによる構成

角型鋼管ばたによる構成
端太角

水冷式
パッケージ型空気調和器

243

熱器，冷却器，加除湿器，送風器などを，箱型容器の中にコンパクトに収めたもの。方式としては冷媒方式になるが，各室ごとの個別空調ができるという利点がある。パッケージユニットを使って空調する方式を「パッケージ方式」という。

**パッシブソーラーハウス**〈passive solar house〉太陽熱および自然循環力を用いて，快適な住空間をつくろうとする住宅形式。特別な機械装置を設けず，建築物の構造，間取り，内部空間などの工夫によって，積極的に太陽熱を利用し，室内の環境調整を行おうとするもの。集熱器や発電機を用いて太陽熱を利用するものを「アクティブソーラーハウス」という。

**ハッチ**〈hatch〉台所または厨房と，食事室の間に造られる間仕切り用食器戸棚で，料理や食器類の受渡しができるように設けられる開口部をいう。開口部のある間仕切りを「ハッチウォール」という。

**バッチ**〈batch〉一度に混ぜ合わせるモルタルまたはコンクリートの量。

**バッチャープラント**〈batcher plant〉砂，砂利，セメント，水などのコンクリート材料を計量，調合，練り混ぜて所要のコンクリートを正確に製造する装置。

**はっちゅうしゃ**〈発注者〉建築工事の注文主。建築主のことをいう。

**バットレス**〈buttress〉外壁に直角方向に取り付けられる補強用控え壁。ヨーロッパのゴシック建築では教会の身廊の上部を補強するアーチの飛び控えを「フライングバットレス」という。

**はっぽうコンクリート**〈発泡―〉発泡剤を混入して内部に多くの小気泡をつくったコンクリート。発泡剤としては主としてアルミニウム粉末が用いられる。強度は落ちるが軽量で断熱性，耐火性に優れる。

**はつり**〈斫り〉のみやたがねを用いて，石やコンクリートの余分な部分を削り取ること。

**パテ**〈putty〉石膏などを乾性油で練った充てん剤。ペースト状にしたもので，窓ガラスの取付けや塗装材の下地ごしらえなどに用いる。

**パティオ**〈patio〉住宅に設けられる中庭で，噴水，植栽，彫塑などが置かれ，床をモザイク張りにした洋風の囲い庭。

**パテかい**〈―飼い〉面のくぼみ，小さなすきま，細かい傷あとなどにパテをへら押しし，素地を平坦にすること。

**パテしごき**〈―扱き〉打放しコンクリート面や，気泡コンクリートなどの素地ごしらえで，気泡などのくぼみを埋めるためにパテをこすり付け，その後過剰のパテを残さぬよう素地の凸部が露出するまでしごき取るもの。

**パテづけ**〈―付け〉⇒したじパテづけ

**はなかくし**〈鼻隠し〉軒先の垂木の木口を隠すために取り付ける横板。

**はなせん**〈鼻栓〉打出しほぞの抜き出し部に打つ込栓で，これによってほぞが抜けないようにするもの。

**はなだれ**〈鼻垂れ〉⇒エフロレッセンス

**はなもや**〈鼻母屋〉軒桁の部分に位置する母屋をいう。洋小屋では敷桁の上にあり，和小屋では通常，軒桁が鼻母屋を兼ねる。

**ハニカムコアごうはん**〈―合板〉クラフト紙やアルミ薄板などを蜂の巣状に成形し，これを心材として両面から合板を張り付けたもの。軽量で強度もあり，断熱材としても有効である。「ハニカムボード」ともいう。

**ハニカムビーム**〈honeycomb beam〉⇒はちのすばり

**パニックバー**〈panic bar〉非常用扉に取り付けられる戸締り金物。握りの付いた押棒または押板を強くたたくことによって，上げ落し錠，ラッチ錠などがはずれるようになっている。

**はねぎ**〈桔木〉寺社建築などの深い軒の出を，屋根裏で支える腕木状の部材。てこの原理を用いている。

**はねだしあしば**〈刎出し足場〉外壁から外へ持ち出して組まれる足場。下から足場が組めない場合とか，下層部には足場が必要ない場合など，部分的な外装工事に利用される。「持ち出し足場」ともいう。

**パネル**〈panel〉せき板と桟木を組み合わせて一定の形状でつくられたコンクリート用の型枠。60×180 cmのものが一般的で，ほかに幅30 cm，45 cm，90 cmなどの種類がある。

**パネルこうほう**〈―工法〉床版，壁版，屋根版などをあらかじめ地上でつくり，これを組み立て構築する建築工法。木造，鉄筋コンクリート造などがあり，構造方式としては壁構造のパネル組立方式になる。

**はばき**〈幅木〉室内壁の最下部に取り付ける横板で，壁下部の損傷を保護する。壁と床

ははき

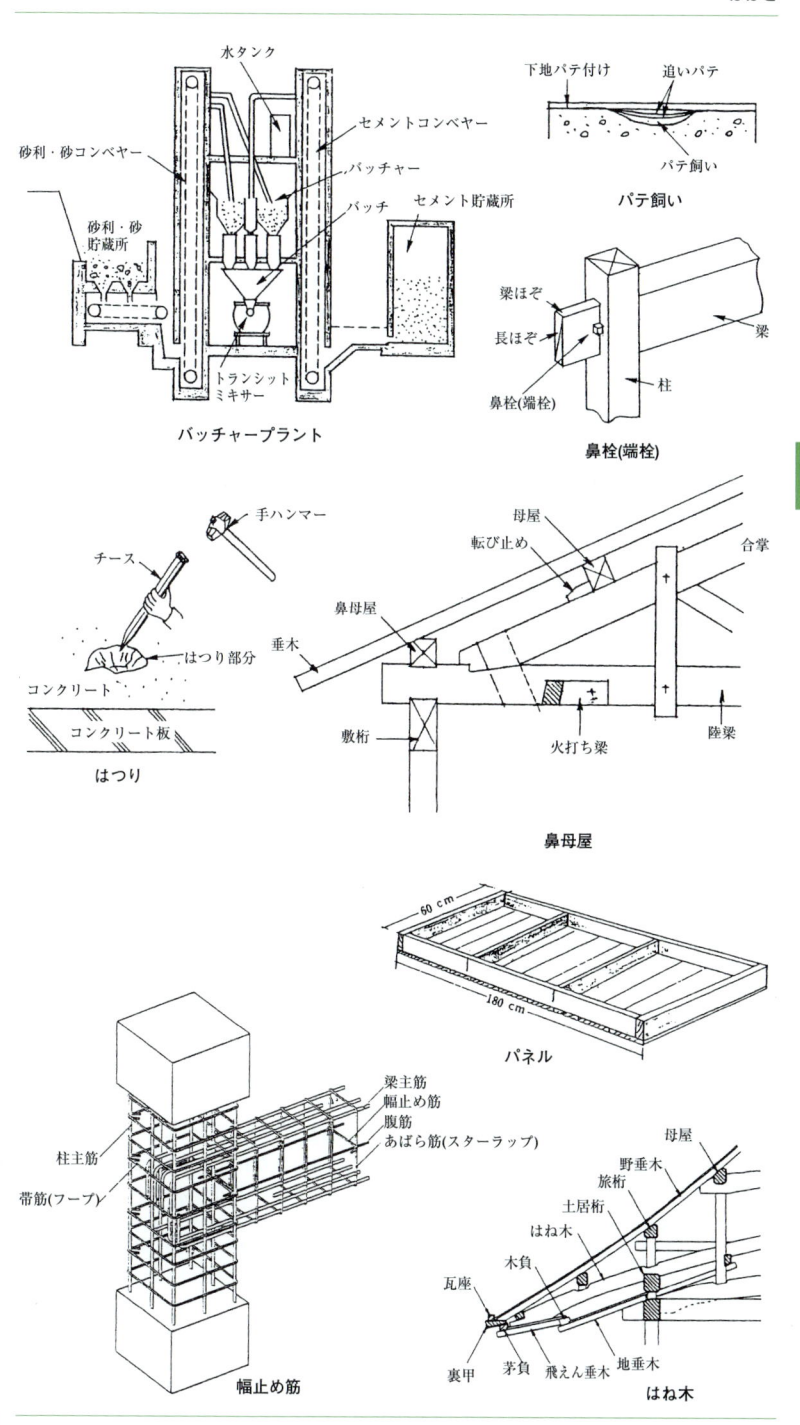

**バッチャープラント**
- 水タンク
- セメントコンベヤー
- 砂利・砂コンベヤー
- バッチャー
- 砂利・砂貯蔵所
- バッチ
- セメント貯蔵所
- トランシットミキサー

**パテ飼い**
- 下地パテ付け
- 追いパテ
- パテ飼い

**鼻栓(端栓)**
- 梁ほぞ
- 長ほぞ
- 鼻栓(端栓)
- 柱
- 梁

**はつり**
- チース
- 手ハンマー
- はつり部分
- コンクリート
- コンクリート板

**鼻母屋**
- 母屋
- 転び止め
- 合掌
- 鼻母屋
- 垂木
- 敷桁
- 火打ち梁
- 陸梁

**パネル**
- 60 cm
- 180 cm

**幅止め筋**
- 梁主筋
- 幅止め筋
- 腹筋
- あばら筋(スターラップ)
- 柱主筋
- 帯筋(フープ)

**はね木**
- 母屋
- 野垂木
- 旅桁
- 土居桁
- はね木
- 木負
- 瓦座
- 裏甲
- 茅負
- 飛えん垂木
- 地垂木

245

が接する箇所の見切り板をいう。畳敷きの和室では取り付けない。

**はばどめきん**〈幅止め筋〉梁の配筋で，あばら筋の幅を正確に保つために腹筋の間に架け渡す補強筋。

**はふ**〈破風〉屋根の勾配が見える妻側に，山形状に取り付けられる板。妻面の飾りにするとともに，母屋の木口を隠すという意味もある。形状と位置により流れ破風，唐破風，千鳥破風，招き破風，直破風，反り破風，起り破風などがある。

**はふいた**〈破風板〉屋根の妻側で，きわ垂木や母屋の木口を隠すために取り付ける板材のこと。屋根のけらばを納める化粧材。→のきさき

**はむし**〈羽虫〉かんなで木を削る場合，木の滑りを止めるために削り台に打つ鋲釘。

**はめ**〈羽目〉板をはぎ合わせて平面状に張ったもの。この板を「羽目板」といい，羽重ねにして張ることを「羽目板張り」という。板の方向により「竪羽目板張り」と「横羽目板張り」がある。

**はめいたばり**〈羽目板張り〉板材をはぎ合わせて平坦に張ること。さねはぎ・相じゃくりなどにより，板を縦または横に張ったもの。

**はめごろし**〈嵌殺し〉開口部に取り付ける建具のうち，開閉できない建具をはめ込んだものをいう。

**はめごろしまど**〈嵌殺し窓〉開閉のできない固定した窓。板ガラスなどをはめ込み，採光専用としたもの。

**ばらいた**〈散板〉型枠のせき板などに用いられる長い板で，厚さ15～20mm，幅90～120mm程度のもの。

**はらおこし**〈腹起し〉矢板が受ける土圧や水圧を支えるために用いる横架材のことで，山留めに用いられる仮設部材の一つ。

**はらきん**〈腹筋〉鉄筋コンクリート造の梁の配筋で梁せいがおよそ60cmを超えるとき，あばら筋を中間部で継ぐように配置する補助筋。→はばどめきん

**バラス** ⇒じゃり

**バラスト**〈ballast〉砂利のことをいう。「バラス」ともいう。

**パラペット**〈parapet〉鉄筋コンクリート造の陸屋根などで，防水層の端部を曲げ上げるために設ける軒屋根回りの立上げ部。または屋上外部回りに壁を立ち上げてつくる低い手すり壁。

**はらむ** コンクリート打ちに際して，型枠が外側に膨らんでしまうこと。

**バランスウエート**〈balance weight〉⇒カウンターウエート

**はり**〈梁〉主要構造部材の一つで，柱から柱へ架け渡し，屋根や上部床荷重を支えて下部に内部空間をつくる横架材。曲げ応力に抵抗させる横架材。

**はりあげてんじょう**〈張上げ天井〉合板，繊維板，石膏ボードなどの天井材を，格子状に組んだ天井野縁に直接張り上げた天井。「打上げ天井」ともいう。

**はりうけかなもの**〈梁受け金物〉木造軸組の胴差しと床梁，大梁と小梁などの仕口の補強に用いられる緊結金物。T形状に組むため，一方の梁端を乗せる腰掛け部が付いている。「あぶみ金物」「腰掛金物」ともいう。

**はりだしばり**〈張出し梁〉一方を固定して他端を持ち出すように取り付ける梁。「片持ち梁」「キャンチレバー」ともいう。

**はりつけしあげ**〈貼付け仕上げ〉クロス，レザークロス，壁紙などを天井や内壁の下地材に貼って仕上げること。下地材としては合板，石膏ボード，モルタルこて塗り面などがある。

**はりつなぎ**〈梁繋ぎ〉⇒つなぎばり，ふれどめ

**はりぶせず**〈梁伏図〉鉄骨造や鉄筋コンクリート造の梁の構成を上から見た図面。平面寸法，部材の材質・断面寸法，断面配筋図などが記入される。設計図面の一つ。

**はりま**〈梁間，張り間〉梁が架け渡されている方向，梁と平行な方向をいう。また，梁が架け渡される長さをいい，ラーメン構造などでは柱と柱の間隔をいう。前者は「梁間方向」後者は「スパン」ともいう。

**はりゆか**〈梁床〉⇒ふくゆか

**バルコニー**〈balcony〉各階の掃出し窓の外に取り付けられ，室内の延長として使用される床と手すりだけの部分。また，体育館・劇場などで壁から内側へ突き出た，手すりのある特別の観客席。住居に取り付けられるものとしては，リビングバルコニー，サービスバルコニーなどがある。

**バルサ**〈balsa〉熱帯地方に産するパンヤ科の木材。超軽量で柔らかく加工性に富むので，模型材料として利用される。

はるさ

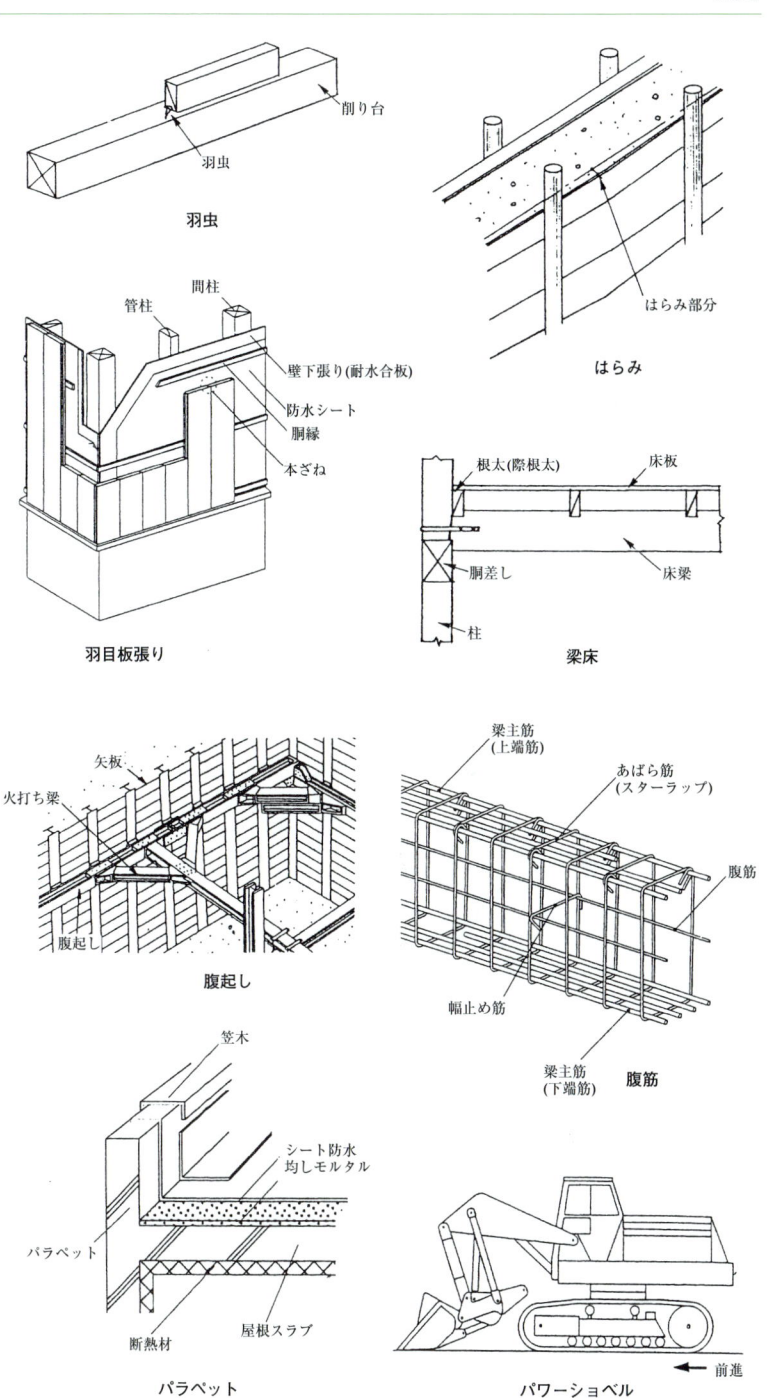

**羽虫**
- 削り台
- 羽虫

**はらみ**
- はらみ部分

**羽目板張り**
- 管柱
- 間柱
- 壁下張り(耐水合板)
- 防水シート
- 胴縁
- 本ざね

**梁床**
- 根太(際根太)
- 床板
- 胴差し
- 柱
- 床梁

**腹起し**
- 火打ち梁
- 矢板
- 腹起し

**腹筋**
- 梁主筋(上端筋)
- あばら筋(スターラップ)
- 腹筋
- 幅止め筋
- 梁主筋(下端筋)

**パラペット**
- 笠木
- シート防水
- 均しモルタル
- パラペット
- 断熱材
- 屋根スラブ

**パワーショベル**
- ←前進

**バルブ**〈valve〉流体の配管中に設けられ，流量の調節や流れの開閉を行う弁。玉形弁，仕切り弁，逆止め弁などの種類がある。

**パワーショベル**〈power shovel〉バケットショベルを下から上にすくい上げ，地面より上部の土砂を掘削する機械。

**はんあしがため**〈半足固め〉⇒がわあしがため

**ハンガーレール**〈hanger rail〉吊り戸の上端に取り付けられ，吊り戸車，ドアハンガーを支持して，吊り戸を所定の線上に可動させるためのレール。

**はんきりづまやね**〈半切妻屋根〉切妻屋根の棟の両端部を斜めに削り取った形で，妻面に向かって三角形の小さな斜面をもつ屋根。

**ばんきんこうじ**〈板金工事〉金属板の加工および取付けを行う工事で，金属板屋根葺き，とい，雨押え，水切り，流し，金属板天井，内外壁板張り，防火扉，換気用ダクトなどの工事がある。「錺（かざり）工事」ともいう。

**はんこうしつせんいばん**〈半硬質繊維板〉植物・動物・鉱物など各種繊維を原材料として加圧成形した繊維板で，硬質板と軟質板の中間にあるもの。比重は0.4～0.8，表面加工して内外装材に使われる。「セミハードボード」ともいう。

**はんじどうアークようせつ**〈半自動―溶接〉溶接トーチの操作は手動で行うが，溶接棒がワイヤーになっていて，供給を自動的に行うアーク溶接法。溶接機には交流用，直流用がある。

**ばんせん**〈番線〉型枠工事や足場工事などに用いられる結束線。なまし鉄線では普通8番，10番線が使用される。

**はんだづけ**〈半田付け〉はんだ（すずと鉛の合金）を溶融し金属板を接着する方法。はんだのように融点が450℃以下のろう材を軟ろうという。

**ハンチ**〈haunch〉梁端部で曲げモーメントやせん断力に対する強度を増すために，断面を中央部より大きくしたもの。

**パンチングメタル**〈punching metal〉金属薄板に細かく模様を打ち抜いて穴をあけたもの。小屋裏，床下など通気のための換気孔に取り付けられる。

**ばんづけ**〈番付け〉建方に際して部材を組み立てる場合，間違いのないようにあらかじめ各部材に付けておく符ちょう。墨付け作業のときに板図にあわせて各部材端部に付ける。→いたず

**ハンドオーガー**〈hand auger〉T字形になった柄がついている手回し式穴掘り機。深い穴は掘れないが，これで穴を掘ることを「ハンドオーガーボーリング」という。

**ハンドシールド**〈hand shield〉アーク溶接の際，作業者の顔面を保護するために手で持って使用する面。

**バンドソー**〈band saw〉⇒おびのこばん

**バンドプレート**〈band plate〉十字形の鉄骨柱などで，主材の座屈などを防ぐために主材の外周に一定間隔に配置する帯鋼。

**ハンドボーリング**〈hand boring〉⇒たんさかん

**はんどめ**〈半留め〉木幅の半分を留めにしたもの。留め仕口の一つ。→とめ

**パントリー**〈pantry〉ホテルなどで食器類や食料品，テーブルリネンなどを入れておく小部屋。または配膳室。

**ハンドレベル**〈hand level〉手で持って行う測量器械。円筒形の望遠鏡に気泡管が付いていて，簡単なレベル測量に用いられる。

**はんなげし**〈半長押〉せいの低い長押。本長押は柱幅の八分取りを標準とするが，半長押は六分程度のせいにする。切目長押，腰長押，地長押などに用いられる。

**はんば**〈飯場〉⇒ろうむしゃしゅくしゃ

**ハンマー**〈hammer〉打撃や衝撃を加える工具。手ハンマーには金づち・げんのう，掛矢があり，機械ハンマーには杭打ち用のドロップハンマー，スチームハンマー，鉄骨用にはリベットハンマー，スケーリングハンマーなどがある。

**ハンマーグラブ**〈hammer grab〉ベノト工法などに用いるケーシングチューブを地中に圧入したとき，チューブ内の土砂を掘削し排出する機械。

**はんまいづみ**〈半枚積み〉れんがの長手面を見せ，壁厚が小口の幅になる積み方。「長手積み」ともいう。

**パンミキサー**〈pan mixer〉⇒ターボミキサー

**はんりょく**〈反力〉力学用語で，構造体を支持するために生じる支持力をいう。構造体に外力が加わった場合，部材には応力，支持点には反力が生じる。

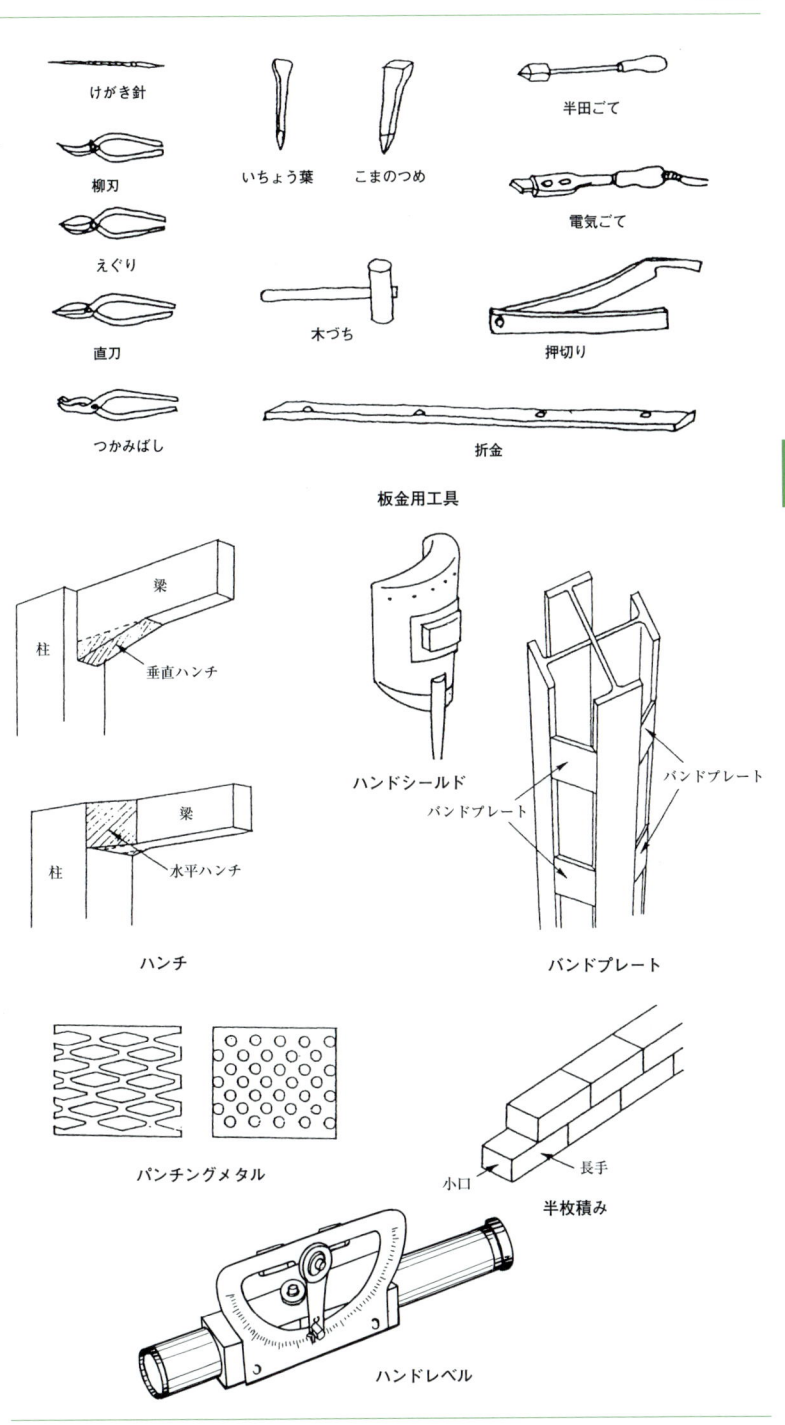

けがき針
柳刃
えぐり
直刃
つかみばし
いちょう葉
こまのつめ
木づち
折金
半田ごて
電気ごて
押切り

板金用工具

垂直ハンチ
水平ハンチ
梁
柱

ハンチ

ハンドシールド
バンドプレート
バンドプレート

バンドプレート

パンチングメタル

小口　長手

半枚積み

ハンドレベル

**ピアきそ**〈—基礎〉橋脚などのように，構造物の荷重を地盤に伝えるための柱状の基礎。

**ピーエスコンクリート**〈PS concrete〉プレストレストコンクリートの略。コンクリート部材を製作するとき，ＰＣ鋼線などであらかじめ圧縮応力を加えておき，引張りに弱いというコンクリートの強度を補うようにしたもの。製法にはプレテンション法とポストテンション法がある。

**ビーエッチこうほう**〈ＢＨ工法〉ボアホール工法の略記。狭い敷地に杭を設置する場合，ロータリー式ボーリング機で杭孔をあけ，鉄筋を挿入してコンクリートを打ち込む場所打ちコンクリート工法をいう。

**ピーエッチシーぐい**〈PHC杭〉遠心力プレストレストコンクリート杭の略。高強度の既成コンクリート杭で，圧縮強度800kg/cm$^2$以上のもの。

**ビーエム**〈BM：bench mark〉ベンチマークの略。建築工事を行うときの高さの基準点。または，レベル測量を行うときの水準点。工事の基準原点は工事中動かないように固定する。

**ピーシーぐい**〈PC杭〉遠心力でコンクリートを締め固め成形し，プレストレスを与えた中空円筒状の既成コンクリート杭。普通コンクリートよりも曲げ，圧縮強度が高い。

**ピーシーこうざい**〈PC鋼材〉プレストレストコンクリート用鋼材の略。PSコンクリートに用いられる合金鋼で，炭素量0.59〜0.65％を含有した高強度鋼材。PC鋼棒，PC鋼より線，PC鋼線などがある。細いものは「ピアノ線」と呼ばれる。

**ピーシーコンクリート**〈PC concrete〉⇒プレキャストコンクリート

**ピーシーばん**〈PC板〉プレキャストコンクリート板の略。前もって工場でつくられる鉄筋コンクリートの板状材。床用，壁用のパネル材として用いられる。

**ピースアングル**〈piece angle〉鉄骨構造の接合用部材で，母屋を屋根梁に取り付けたり，胴縁を柱に取り付けたりするときに用いる山形鋼。

**ビード**〈bead〉溶接部に溶接棒とか溶着材が溶けて，帯状に盛り上がる部分。

**ヒートポンプ**〈heat pump〉冷媒を蒸発器，圧縮機，凝縮器と循環させ，熱交換を行う冷凍機の原理を利用した空調方式。温度を下げたり上げたりするところからこの名称がある。

**ピートラップ**〈P trap〉排水口に取り付けられる封水装置の一つで，P形をしたもの。洗面器や手洗い器などに用いられる。→トラップ

**ピーニング**〈peening〉溶接部は，溶接時の熱や溶材によって二次応力が生じることがある。ハンマーでたたいてこれを取り除くこと。

**ヒービング**〈heaving〉地盤の掘削時あるいはその後における土層の移動現象。山留め壁の背面の土が，重みによって根切り部に回り込み，掘削面を押し上げること。

**ビーム**〈beam〉梁の内でも小梁を指していう。光，電波，光線という意味もある。

**ひうち**〈火打ち〉土台，桁や梁など水平材が直交する部分を補強する斜め部材のこと。水平力に抵抗させる部材。梁面のものを「火打ち梁」，土台面のものを「火打ち土台」という。

**ひうちかなもの**〈火打金物〉Ｌ形，Ｔ形，十字形に接合される木造水平部材の，入隅部を固める補強材で，金属製のもの。

**ひかえ**〈控え〉足場が倒れないよう補強する支え部材。直立するものの傾斜や倒壊を防ぐ控え柱，控え壁，控え綱など。

**ひかえかべ**〈控え壁〉外壁から直角に外側へ突き出される壁で，転倒防止のための補強壁。「バットレス」ともいう。

**ひかえづな**〈控え綱〉⇒ステイ

**ひかえばしら**〈控え柱〉主柱を補強するため斜めに取り付ける支柱。

**ひかりいた**〈光板〉小屋梁丸太を軒桁に架け渡す場合，大入りとなる小屋梁の加工部の形を桁材に写すために使われる薄い板のこと。この板を用いて墨付け作業をすることを「光る」という。

**ひかりてんじょう**〈光り天井〉光が透過する材料を天井に張り，裏側に光源を入れて照明する形の天井。

火打ち

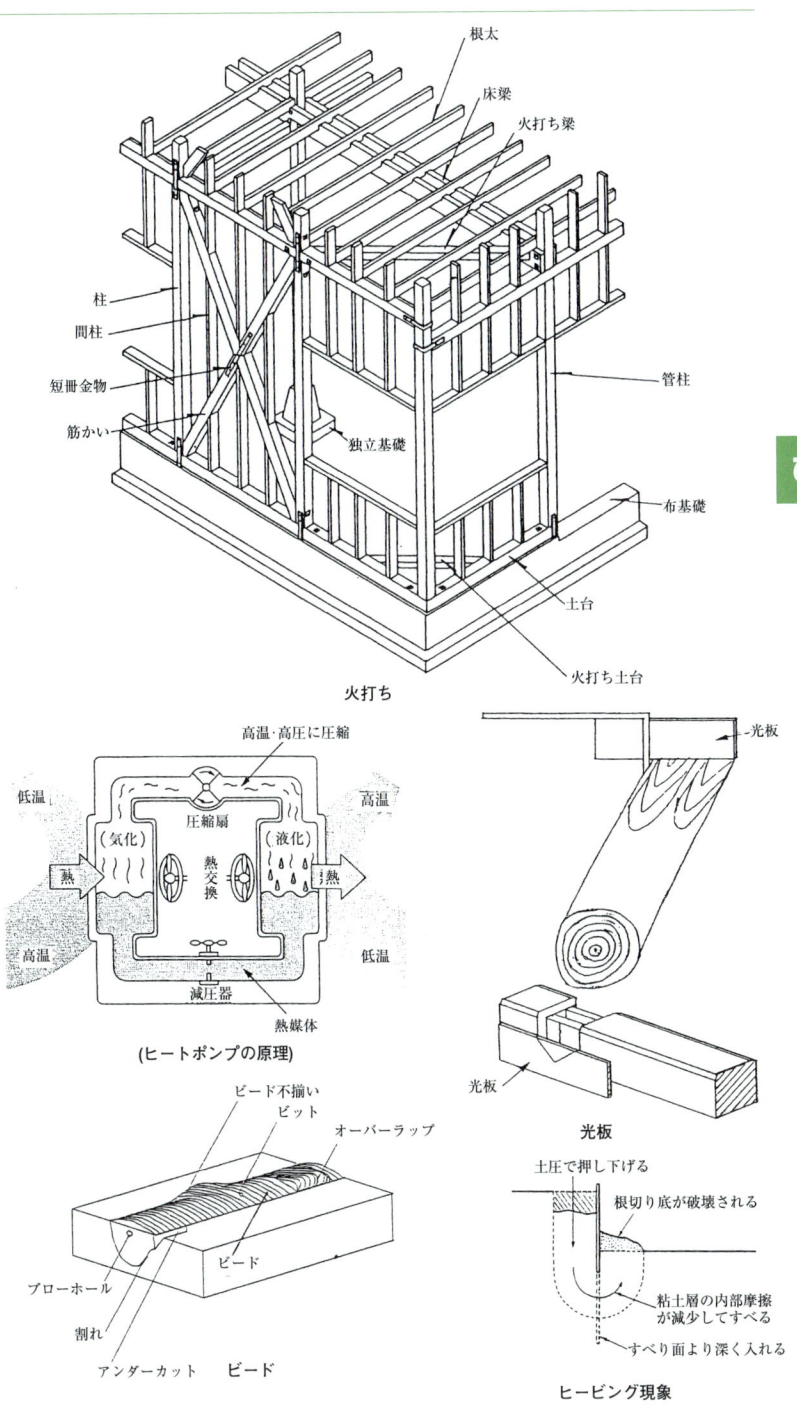

(ヒートポンプの原理)

光板

ビード

ヒービング現象

**ひきあわせ**〈挽合せ〉板を木端で継いでいく方法で，斜めはぎ，相欠きはぎ，さねはぎなどがある。「板はぎ」ともいう。

**ひきいし**〈挽き石〉石を切り出し，切断機でひいたままの何も加工されていない状態の石。

**ひきかくるい**〈挽き角類〉木材の製材規格で，幅・厚さともに7.5cm以上の正角材または平角材。柱，梁，小屋組材などの構造用として用いられる。

**ひきかなもの**〈引き金物〉外壁を張石仕上げにする場合，張石が落ちないように下地に固定させて石を引っ張っている金物。コンクリート壁に埋め込まれたアンカーに固定される。

**ひきこみど**〈引込み戸〉引戸の一つで，壁の中に引き込んで開ける形式の戸。

**ひきこみめじ**〈引込み目地〉ブロック積みやタイル張りの目地仕上げの方法で，積み面，張り面より奥へ引き込んで設けられる目地。丸目地と平目地がある。仕上げ面より突き出す目地を「出目地」という。

**ひきちがい**〈引違い〉敷居の溝やレールの上を左右に滑らせて開閉する戸。2枚引違いの場合は右側の建具を手前にし，4枚引違いのときは，中央2枚を上位室側手前にする。

**ひきて**〈引手〉襖や障子戸など，引戸や引違い戸を開け閉めするときに手を掛ける部分。またはそこに取り付けられる金物。

**ひきど**〈引戸〉一本の溝やレールで横引きし，開閉する戸の総称。片引戸，引分け戸，引込み戸，引回し戸などがある。

**ひきどっこ**〈引き独鈷〉床板と上りがまち，とこ板と床がまち，床板のへりとかまちとの間にすきまができないように板を引き付ける材。板裏に傾斜溝をつくり，どっこを横へ滑らすことによって引き付ける。

**ひきまわしど**〈引回し戸〉木造建築物などに用いられる板戸。出隅部が全面開口部になっているときなどの雨戸の開閉に用いられるもので，角部で90°回転させて方向を変え，開け閉めするようにした引戸。

**ひきまわしのこ**〈挽回し鋸〉板材に穴を切り抜いたり，材端部を曲線状に切りびきするのこぎり。

**ひきわけど**〈引分け戸〉二枚の建具を一本のレール上で，左右に引くことにより開閉する戸。「両引戸」ともいう。

**ひきわたし**〈引渡し〉建築工事が完了し，請負契約にもとづいて建物の所有権を施工者から建築主へ移すこと。

**ひきわたしこうばい**〈引渡し勾配〉むくり屋根または反り屋根の勾配で，軒先と棟を結ぶ直線がつくる勾配。その直線を「引渡し墨」という。

**ひきわりるい**〈挽き割り類〉木材の製材規格で，厚さ7.5cm未満，幅は厚さの4倍未満の断面材をいう。正方形の正割りと長方形の平割りがある。製材規格には挽き角類，挽き割り類のほか板類がある。

**ピクチャーレール**〈picture rail〉⇒がくなげし

**ひさし**〈庇〉窓，出入口，ポーチなどの上部に設けられる片流れの屋根をいう。外壁面より突き出し，雨の降り込みを防いだり，日よけの役目をさせるもの。霧よけびさし，陸(ろく)ひさし，腕木びさしなどがある。

**ひじかけまど**〈肘掛け窓〉腰高窓の一つで，窓高が座ったときに肘を掛けられる高さにある窓。

**ひしがたぶき**〈菱形葺き〉金属板などで屋根をひし形に葺き上げることをいう。「四半葺き」ともいう。

**びしゃん**　手ハンマーのような形をした石工用工具。槌(つち)の打撃面に碁盤面状の突起があり，この突起の目数によってたたき仕上げ面を変えることができる。

**びしゃんしあげ**〈びしゃん仕上げ〉⇒びしゃんたたき

**びしゃんたたき**〈びしゃん叩き〉石材面の仕上げ法の一つ。のみ切りした面にびしゃん工具を用いて平らな粗面にする仕上げ。びしゃんの目により25目，64目，100目がある。能率はよいが，表面はく落の原因となるので高級仕上げには用いないほうがよい。「叩き」「びしゃん仕上げ」ともいう。

**ビジュアルデザイン**〈visual design〉視覚的な表現を主体としたデザイン。平面的印刷物によるグラフィックデザイン，陳列構成・展示によるディスプレーデザインなどが含まれる。

**ひじょうつうほうき**〈非常通報器〉押ボタンを押すだけで，ダイヤル操作および録音された音声を，消防署や警察署へ送る自動通報装置。

**ピストンサンプラー**〈piston sampler〉ボーリング孔より乱さない土の試料を採取す

ひすとん

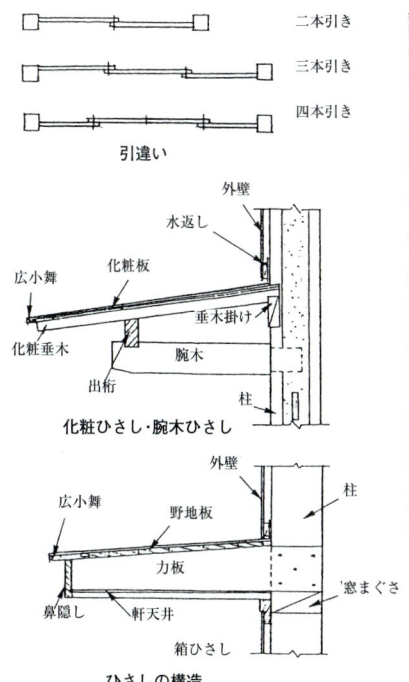

| 呼称 | 断面形状 | | 分類 |
|---|---|---|---|
| 板 | ▱ | | 板類 |
| 小幅板 | ▱ | | |
| 斜面板 | ▱ | | |
| 厚板 | ▱ | | |
| 正割 | ◻ | 正方形 | ひき割類 |
| 平割 | ▭ | 長方形 | |
| 正角 | ◻ | 正方形 | ひき角類 |
| 平角 | ▭ | 長方形 | |

引違い（二本引き・三本引き・四本引き）

化粧ひさし・腕木ひさし

ひさしの構造

ひき角類

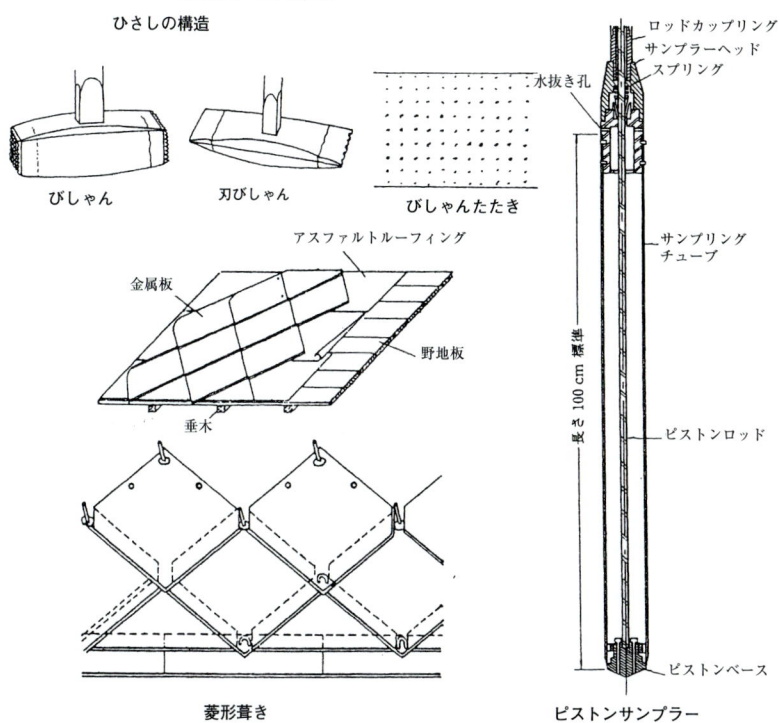

びしゃん　刃びしゃん　びしゃんたたき

菱形葺き

ピストンサンプラー

253

るための器具。ピストンにより筒内の圧力を下げ，試料の落ちるのを防ぐ。

**ピストンポンプ**〈piston pump〉往復ポンプの一つで，ピストンの上下運動により吸込み弁とピストン弁を開閉させ，揚水したり給水したりするもの。

**ひずみ**〈歪み〉材料が外力を受けて，部分的に形状が変化する現象。伸縮，曲がり，ずれなどがある。

**ひずみけい**〈歪み計〉2点間の伸び縮みの長さを測定する計器。測定部に貼ったゲージの伸縮を，電気抵抗の変化を利用して計測するものもある。「ストレインゲージ」ともいう。

**ひずみとり**〈歪み取り〉溶接などで生じた曲がり，角度変形などを補正する作業。「ひずみ直し」ともいう。

**ひずみなおし**〈歪直し〉⇒ひずみとり

**ひたいりょくかべ**〈非耐力壁〉構造物には，垂直方向・水平方向に種々の荷重が作用するが，力学的にそれらの外力を負担させないようにした壁。カーテンウォール，単なる間仕切り壁などがある。

**ひっかけさんがわらぶき**〈引掛け桟瓦葺き〉裏面につめの付いた引掛け桟瓦を用いて葺く瓦屋根。瓦のつめを屋根面に打ち付けた瓦桟に引掛け，葺き土を用いず銅線などで留め付ける。

**ひづくりまげ**〈火造り曲げ〉常温で折曲げ加工が困難な太径の鉄筋（28mm程度以上）をガスバーナーなどで加熱して曲げること。

**ピッチ**〈pitch〉鉄骨造接合部で，リベットやボルトなどを打つ間隔。相互距離。

**ビット**〈bit〉工具類の刃。ボーリングロッドの先端に取り付けて土層を掘削，削岩する刃形の工具。刃形には十文字形，一文字形，星形などがある。

**ピット**〈pit〉穴とか，くぼんだ部分のこと。給排水管や電線を地中に埋める場合の溝や，エレベーターシャフトの底穴など，また溶接部表面の穴などもいう。

**ひっぱりしけん**〈引張り試験〉材料や部材の引張り強さを求めるための試験。特に鉄筋の引張り試験は現場で使用される前に行われ，アムスラー型試験機によって応力とひずみを計測する。

**ビデ**〈bidet〉用便後の洗浄器で，器具の中央部より上向きに噴水して洗浄する衛生陶器。

**ビティあしば**〈―足場〉⇒わくぐみあしば

**ひてつきんぞく**〈非鉄金属〉鉄以外の金属類の総称。建築用材としてはアルミニウムとその合金，銅とその合金などがある。

**ひてつごうきん**〈非鉄合金〉主成分に鉄を含まない合金の総称。アルミニウムにはマンガン・マグネシウムなどを加えたカルシウム合金，銅・マグネシウムなどを加えたジュラルミンがあり，銅には亜鉛を加えた真ちゅう，すずを加えたブロンズなどがある。

**ひとかわあしば**〈一側足場〉建地丸太を一列に立てて，これに布丸太を架け渡した足場で，簡単な作業に使用される。片足場と抱き足場がある。→かたあしば

**ひとすじがまち**〈一筋框〉縁がまちと雨戸用の敷居を兼ねる部材。「一筋敷居」ともいう。

**ひとすじかもい**〈一筋鴨居〉雨戸を取り付けるための一本溝の鴨居。

**ひとすじしきい**〈一筋敷居〉⇒ひとすじがまち

**ひなづか**〈雛束〉⇒えびづか

**ひなどめ**〈雛留め〉長押の出隅などに使用する留め仕口で，内部にありほぞを隠したもの。

**ひねりかけ**〈拈り掛け〉瓦屋根などに用いられる雨押えしっくいをいう。瓦部分のすきま，屋根と壁の取合せ部分などに塗り込んで雨水の浸入を防ぐ。

**ひばた**〈樋端〉敷居や鴨居の溝脇の縁をいう。→つけひばた

**ひはだぶき**〈檜皮葺き〉小さく長方形に成形されたひはだを用いて葺いた屋根。1枚ずつ竹釘またはめっき釘で打ち付け，葺き足を短くして幾重にも重ね葺きする方法。

**ひびわれ**〈ひび割れ〉物体の部分的な割れをいい，コンクリートなどの収縮によって生じる亀裂。

**ひふくアークようせつぼう**〈被覆―溶接棒〉アーク溶接の際の溶接棒で，被覆剤を施してあるもの。

**ひぶくらはぎ**〈樋部倉刳ぎ〉⇒やはずはぎ

**ビブラートこうほう**〈―工法〉張付けモルタルを下地に塗り，電動工具ビブラートで振動を与えながらタイルを張る工法。

**ひほこうようやね**〈非歩行用屋根〉露出防水の屋根で，人が歩行できない屋根。図次

ひほこう

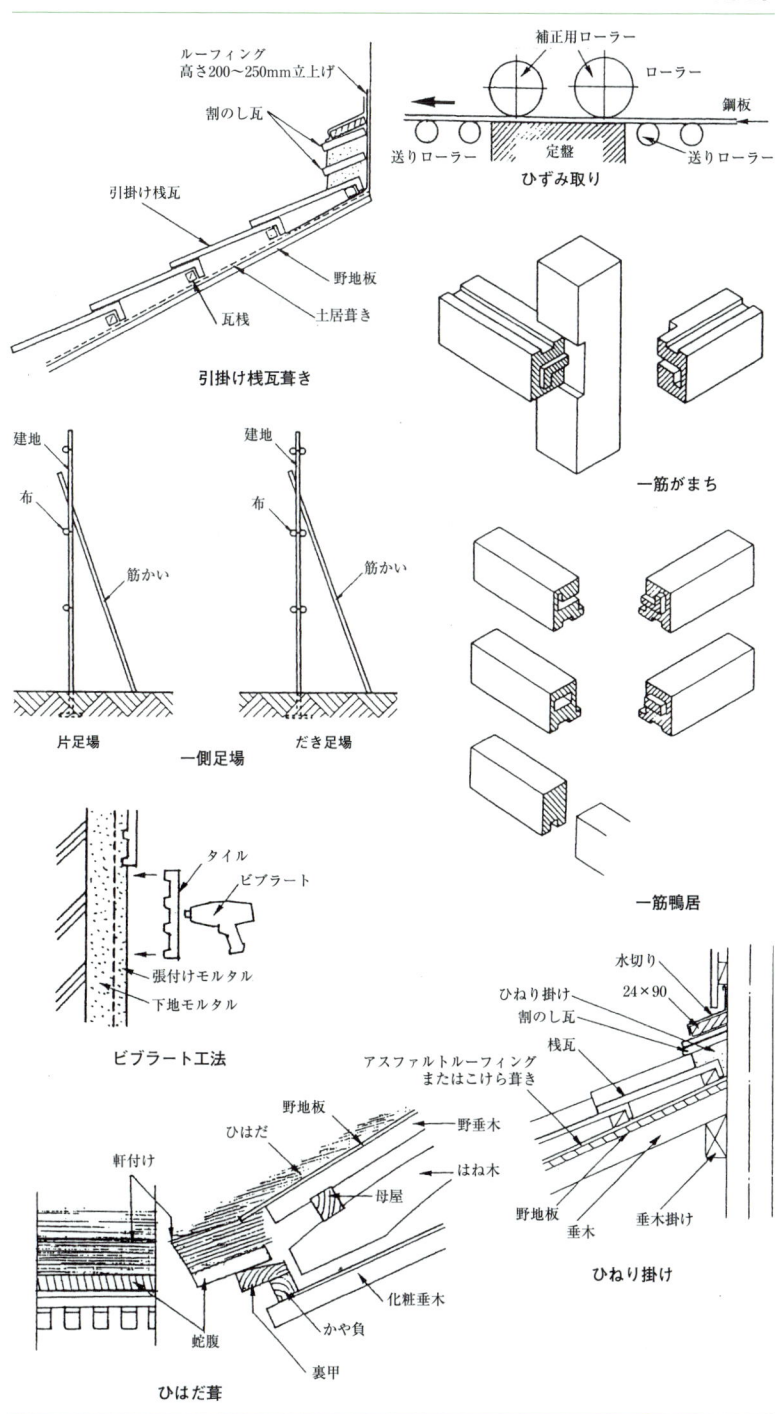

**引掛け桟瓦葺き** — ルーフィング 高さ200〜250mm立上げ、割のし瓦、引掛け桟瓦、野地板、瓦桟、土居葺き

**ひずみ取り** — 補正用ローラー、ローラー、鋼板、送りローラー、定盤、送りローラー

**片足場／だき足場（一側足場）** — 建地、布、筋かい

**一筋がまち**

**ビブラート工法** — タイル、ビブラート、張付けモルタル、下地モルタル

**一筋鴨居**

**ひはだ葺** — 軒付け、野地板、ひはだ、野垂木、はね木、母屋、化粧垂木、かや負、裏甲、蛇腹

**ひねり掛け** — 水切り、ひねり掛け、24×90、割のし瓦、桟瓦、アスファルトルーフィングまたはこけら葺き、野地板、垂木、垂木掛け

**ピボットヒンジ**〈pivot hinge〉⇒じくつりかなもの

**ヒューミディスタット**〈humidistat〉空気調和機などに取り付けられ，室内の湿度制御を行うための湿度感知器。

**ヒュームかん**〈―管〉遠心力鉄筋コンクリート管のことで，上下水道管など大きな管径を必要とする配管用として利用される。

**ひょうしゃく**〈標尺〉水準測量を行うときに視準する箱状の物差し。中身が三段に引き出せるようになっていて，3～5mになる。「箱尺」「スタフ」ともいう。

**ひょうじゅんかんにゅうしけん**〈標準貫入試験〉地盤の硬さを測定する試験で，ボーリングロッドの先端に重量6.8kgのスプリットスプーンサンプラーを取り付け，63.5kgのおもりを落差75cmから自由落下させ，予備打ち15cmのあと，サンプラーを30cm打ち込むのに必要な打撃回数「N値」を測定するもの。ボーリングの際，その孔底を利用して実施される。（JIS A 1219）→たんさかん

**ひょうじゅんしようしょ**〈標準仕様書〉その工事特有のもの以外の，標準的な仕様書。仕様とは，図面では表せない事柄を文章などで表現するもので，使用材料の品質・性能，施工の精度や方法，製品のメーカー，工事範囲などを指定するものをいう。日本建築学会では，各工事別に標準仕様書を発行している。

**ひょうじゅんぶがかり**〈標準歩掛り〉工事計画を立てたり見積書を作成する場合の，積算に使用する単位当たりの標準的概算数量。材料の積算に使用する数値を「材料歩掛り」，労務積算に使用する数値を「労務歩掛り」という。

**ひょうそうかいりょうこうじ**〈表層改良工事〉表層地盤の改良工事で，軟弱地盤・液状化を起こしやすい地盤などの収縮性を減少させたり，せん断強度を増大させるために行う。工法には，砂質土に用いる締固め工法，粘性土に用いる強制圧密工法，粘性土や砂質土に用いる固結工法，置換工法がある。

**ひら**〈平〉建物の妻側に対して，棟と平行な側。側面。

**ひらいた**〈平板〉薄くて平らな板の総称。合板などでは910×1820mm，1220×2430mmなどの定尺ものをいう。

**ひらいたばりてんじょう**〈平板張り天井〉板張りの天井で，幅10～15cmほどの板を相じゃくりはぎまたはさねはぎにして打ち上げたり，各種平板をすかし目地にして打ち上げる天井。

**ひらいたぶき**〈平板葺き〉金属板，繊維補強セメント板などの平板を用いて葺く屋根。一文字葺き，きっ（亀）甲葺き，うろこ（鱗）形葺き，ひし（菱）葺きなどがある。「平葺き」ともいう。

**ひらいり**〈平入り〉建物の妻側でなく，平側に出入口があるもの。

**ひらかく**〈平角〉木材の製材規格で，挽き角類のうち長方形断面のものをいう。梁や桁など大型断面のもの。

**ひらがわら**〈平瓦〉断面が円弧状にわずかに反っている瓦で，丸瓦と交互に横重ねする本瓦葺きなどに使用するもの。反りの小さい並平瓦と大きい深窪瓦，軒先の瓦下に敷く敷平瓦などがある。

**ひらがんな**〈平鉋〉一般に用いられるかんな。かんな刃，かんな台が平坦になっている。削り面の仕上がり程度により荒仕工，中上工，上仕工の別がある。

**ひらきど**〈開き戸〉建具の堅がまちに丁番あるいはピボットヒンジを取り付け，扉を半回転させて開閉する方式の戸。片開き戸，両開き戸，自在戸などがある。

**ひらきどめ**〈開き止め〉コンクリート型枠の対向するせき板の頂部および底部などを固定して，コンクリート打設の際に開かないようにする部材。

**ひらきボルト**〈開き―〉コンクリート面に器具などを取り付けるときに用いるボルトで，コンクリートに穴をあけ，これを打ち込むと先端が開いて固定されるようになっている。

**ひらこう**〈平鋼〉鋼板類の製造規格で，厚さ4.5～36mm，幅25～300mm，長さ3.5～15.0mのもの。厚さは通常6mmと9mmのものが多い。平鋼のほかには造船，車両用の鋼板がある。

**ひらこうばい**〈平勾配〉規矩術における角度表現法。寄棟屋根などの隅勾配に対する平勾配で，垂木の勾配をいう。

**ひらしょいん**〈平書院〉床の間の横に設けられる明かり窓で，壁面にあって文机のないもの。書院造りの流れをくむもので，堅

ひらしよ

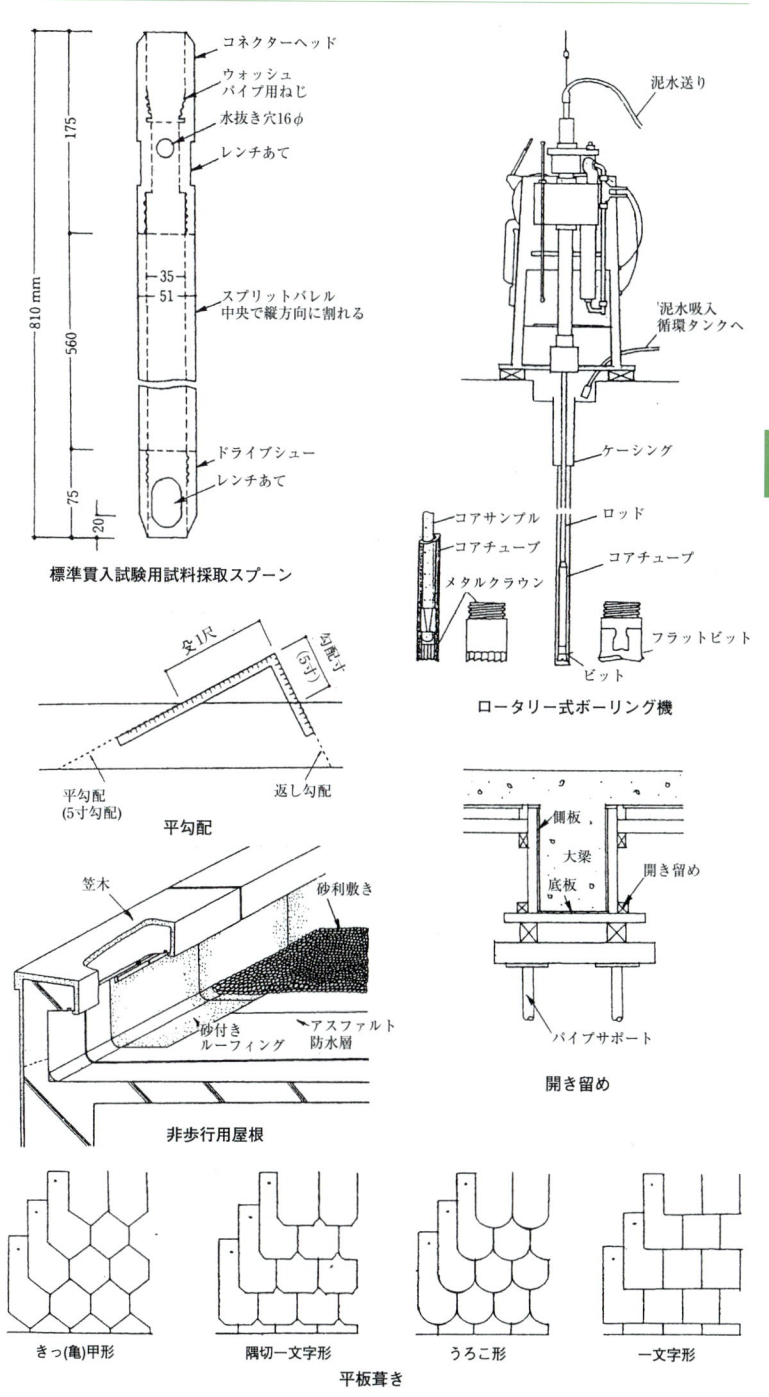

標準貫入試験用試料採取スプーン

ロータリー式ボーリング機

平勾配

非歩行用屋根

開き留め

平板葺き
きっ(亀)甲形　隅切一文字形　うろこ形　一文字形

しげ小障子と書院欄間で構成される。ほかに「付書院」がある。
**ひらてんじょう**〈平天井〉天井の形の一つで，一定の高さで水平に造られるもの。他には掛込み天井，舟底天井，折上げ天井などがある。
**ひらどめ**〈平留め〉留め仕口の一つで，2つの材を留め合わせて，その上端にちぎりまたは波釘を打ち込んで留めるもの。
**ひらはぜ**〈平鉤〉金属薄板の端継手の一つ。端部をあだ折りし，小ばぜ掛けとした部分を押さえて，継目部を線状に浮き上がらせたもの。
**ひらぶき**〈平葺き〉⇒ひらいたぶき
**ひらめじ**〈平目地〉ブロック積みやタイル張り目地で，表面を平滑に仕上げる目地。材と同じ面に仕上げる摺目地と，少しくぼませた引込み目地がある。
**ひらもの**〈平物〉正方形や長方形で，表面がほぼ平面状のタイルのこと。
**ひらや**〈平屋〉一階建，一層建の建築物をいう。
**ひらやすり**〈平鑢〉金属加工のためのやすりで，平板状のもの。
**ひらやね**〈平屋根〉⇒ろくやね
**ひらやりかた**〈平遣方〉遣方の位置による名称。隅部以外に壁や柱の中心が示されないときに中間に設けるもの。
**ひらわり**〈平割り〉木材の製材規格で，厚さ7.5cm未満，幅が厚さの4倍未満の挽き割り材のうち，断面が長方形のもの。間柱，敷居，鴨居などに使われる。
**ひるいしモルタルぬり**〈蛭石―塗り〉セメントペーストに，軽量骨材のひる石を加えたモルタルを塗り付けて仕上げるもの。耐火，保温，吸音，断熱などを目的とする内壁に用いられる。
**ビルダー**〈builder〉⇒せこうしゃ
**ひろいだし**〈拾い出し〉積算を行うにあたって，図面より各工事の材料や労務数量を算出すること。
**ひろえん**〈広縁〉縁側で，奥行が2m前後あるもの。縁側とは和室の南側に，障子戸で区切ったりしてつくる板敷きの部分をいう。
**ひろこまい**〈広小舞〉軒先に沿って垂木の先端に取り付ける材で，野地板最下端の納まりに使用する横板をいう。
**ピロティ**〈pilotis 仏〉建物の1階を柱または壁だけとし，その部分を吹放しの空間としたもの。1階に玄関ポーチや駐車場を取り込んでピロティとすることがある。
**ひわだぶき**〈檜皮葺〉⇒ひはだぶき
**ひわれ**〈干割れ〉乾燥収縮に伴って生じる木材の割れ。柱などはこの割れが目立たないよう，前もって背割りを入れておく。
**ピン**〈pin〉力学上の支点または節点で，上下左右には動かないが，自由に回転できる接合部。
**ひんかくほう**〈品確法〉「住宅の品質確保の促進等に関する法律」（平11.6制定）の略。住宅の性能に関する表示基準およびこれに基づく評価の制度を設け，住宅にかかわる紛争の処理体制を整備するとともに，新築住宅の請負契約または売買契約における瑕疵負担責任について特別の定めをするもの。
**びんころ** 1回塗装するだけで仕上げることをいい，2回で仕上げる場合は「りゃんこ」という。
**ひんしつかんり**〈品質管理〉工事に使用する材料・資材の品質や工事の質にかかわる管理。現場管理者の仕事の一つで，設計図書ならびに工事監理者の指示に従い，あらかじめ「品質管理計画書」を作成しておく。各種工事の完了時には自主的に検査をするとともに，工事監理者から指示されたものについては立会いを受ける。
**ピンせってん**〈―節点〉力学用語で，自由に回転できる部材と部材の接合点。「滑節点」ともいう。
**びんたどめ**〈鬢太留め〉L形またはT形に留める仕口の一つで，一方の材の木口の一部を残しておき，ほぞ留めにしてその木口を隠すようにしたもの。土台の出隅部や柱と桁・梁などの仕口に用いられる。「鬢面留め」ともいう。
**ピンテール**〈pinteile〉摩擦接合に用いる高張力ボルトの一つで，ボルトの先端にくびれがあり，所定の締付け力を加えるとそこから破断するようになったもの。
**ピンホール**〈pinhole〉塗装面やタイル目地などの仕上げ面に，無作為に生じる小さな穴。取り込まれた気泡がはじけて生じる。

ひんほお

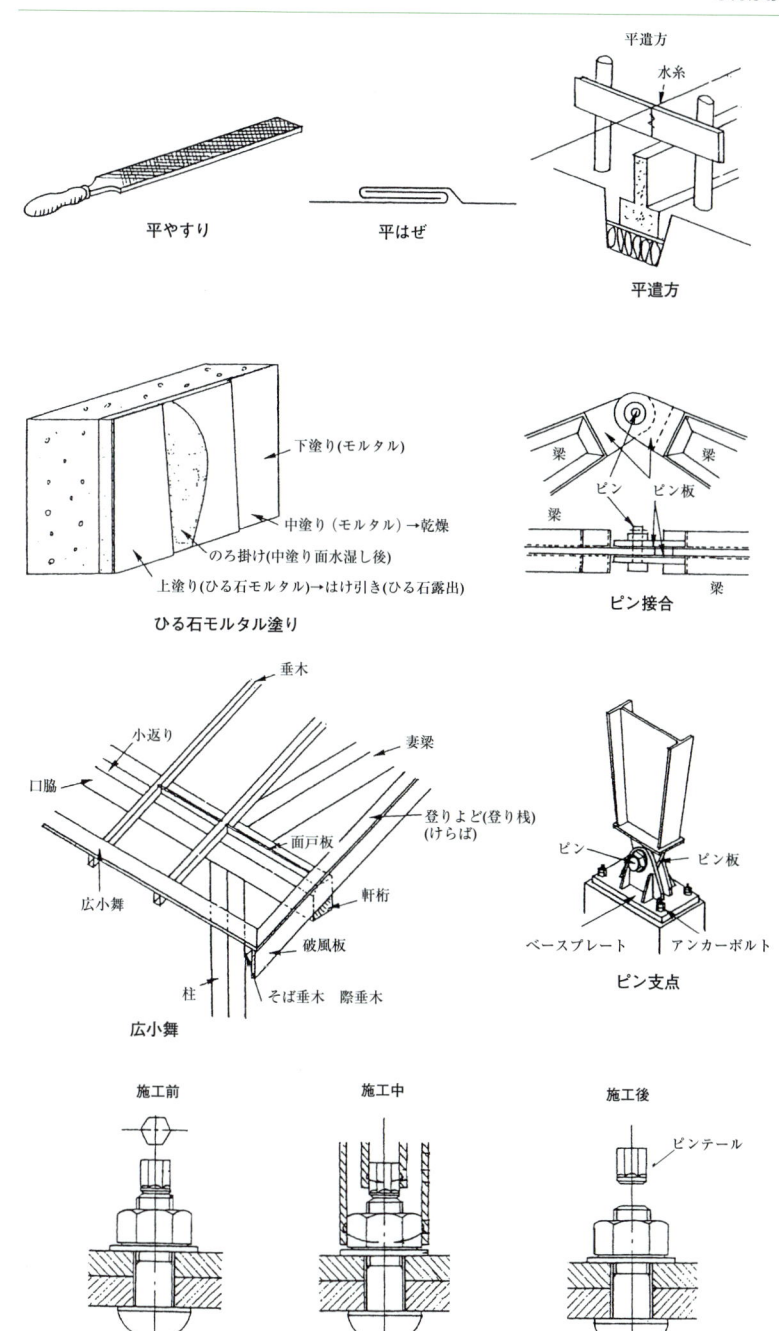

平やすり

平はぜ

平遣方

ひる石モルタル塗り
下塗り(モルタル)
中塗り(モルタル)→乾燥
のろ掛け(中塗り面水湿し後)
上塗り(ひる石モルタル)→はけ引き(ひる石露出)

ピン接合
梁 / ピン / ピン板 / 梁 / 梁

広小舞
垂木 / 小返り / 妻梁 / 口脇 / 面戸板 / 登りよど(登り桟)(けらば) / 軒桁 / 広小舞 / 柱 / そば垂木 / 際垂木 / 破風板

ピン支点
ピン / ピン板 / ベースプレート / アンカーボルト

施工前　施工中　施工後
ピンテール

## ふ

**ファイバーボード**〈fiber board〉繊維質材料を加圧成形した繊維板をいう。「硬質繊維板」「半硬質繊維板」「軟質繊維板」の3種類がある。

**ファサード**〈façade 仏〉一般的には建物の正面デザインをいう。外観的に道路に面している側をいい、側面が隠れ正面だけしか見えない都心の建物を「ファサード建築」という。

**ファスナー**〈fastner〉カーテンウォールのPC版や金属製パネルなどを躯体に取り付けるための金物をいう。

**ファブ** ⇒ファブリケーター

**ファブリケーター**〈fabricator〉工場で鋼材の加工・組立などを専門に行う鉄骨加工業者。略して「ファブ」ともいう。

**ファン**〈fan〉換気扇、排気扇、扇風機など、送風機器の総称。

**ファンコイルユニット**〈fancoil unit〉送風機、冷温水コイル、空気ろ過器などを内蔵した小型空気調和機。病院・ホテルなどの個室に多く用いられ、外気は別のダクトにより、中央式によって各ユニットに供給される。

**ぶいち**〈分一〉縮尺が何分の一になっているかをいう。また、図面に直接スケールを当てて長さを読むことを「分一をあたる」という。

**フィラー**〈filler〉鉄骨組立材のすきまや穴を埋めるための材。

**フィン**〈fin〉熱伝達をよくするため、パイプの周囲に取り付ける板状のひれ。管にら旋形に巻き付けるものを「ら旋状フィン」、何枚もの平板のフィンをパイプに貫通させたものを「板状フィン」という。→ほうねつき

**フィンクトラス**〈fink truss〉合掌のある小屋トラスの一つで、ハウトラスを逆にして2つ並べた形をしたもの。アメリカ人フィンクが考案したトラス。

**ふうあつりょく**〈風圧力〉建物に作用する外力で、暴風とか台風による風の圧力。風圧力は風力係数に速度圧を乗じて算定するが、風向に対する建物の位置、高さによって変わる。

**ふうか**〈風化〉物体が大気中に長期間さらされ、風雨とか温湿度の変化によって本来の性質や形状を変えること。

**ブース**〈booth〉衝立とか高さのある家具などで仕切られた小空間。事務室の接客コーナー、レストランの仕切り席、トイレの用便室などをいう。

**ふうすい**〈封水〉衛生機器類の排水口に設けられるトラップで、防虫・防臭の働きをする溜め水をいう。

**フーチングきそ**〈―基礎〉柱や壁などを支えるために下部を広げたコンクリートの基礎。独立フーチング基礎、連続フーチング基礎、複合フーチング基礎がある。

**フード**〈hood〉熱気、水蒸気、臭気、ガスなどを集め排出するため、発生源の上部に取り付ける覆い。厨房のレンジ上部や外壁換気扇の雨よけ、粉じんが発生する作業場所などに取り付けられる。

**ふうどう**〈風道〉⇒ダクト

**フープ**〈hoop〉⇒おびきん

**ブーム**〈boom〉デリックなどに取り付けられる腕。先端に荷を吊り上げる滑車が付けられ、下部はマストや旋回体に連結されている。→ガイデリック

**フェイスシェル**〈face shell〉コンクリートブロックの表・裏の側面部分をいう。内部部分を「ウェブシェル」という。

**フェノールじゅし**〈―樹脂〉石炭酸などのフェノール類とフォルムアルデヒドの縮合反応でできる熱硬化性樹脂。耐磨耗、耐熱、耐薬品性に優れ、各種成形材のほか塗料・接着剤などにも用いられる。「石炭酸樹脂」ともいう。

**フェノールじゅしとりょう**〈―樹脂塗料〉フェノール樹脂を用いたワニスに、顔料を練り合わせてつくる塗料。耐水・耐薬品性に優れ、家具・機械類などに用いられる。

**フェルト**〈felt〉動植物繊維を加湿・加熱してシート状に固着、成形したもの。吸音・断熱材として用いるほか、薄くして、アスファルトフェルトやアスファルトルーフィングの原紙に用いられる。アスファルトフェルトのことを略していうこともある。

**フォアマン**〈foreman〉現場における各職種

ファスナー

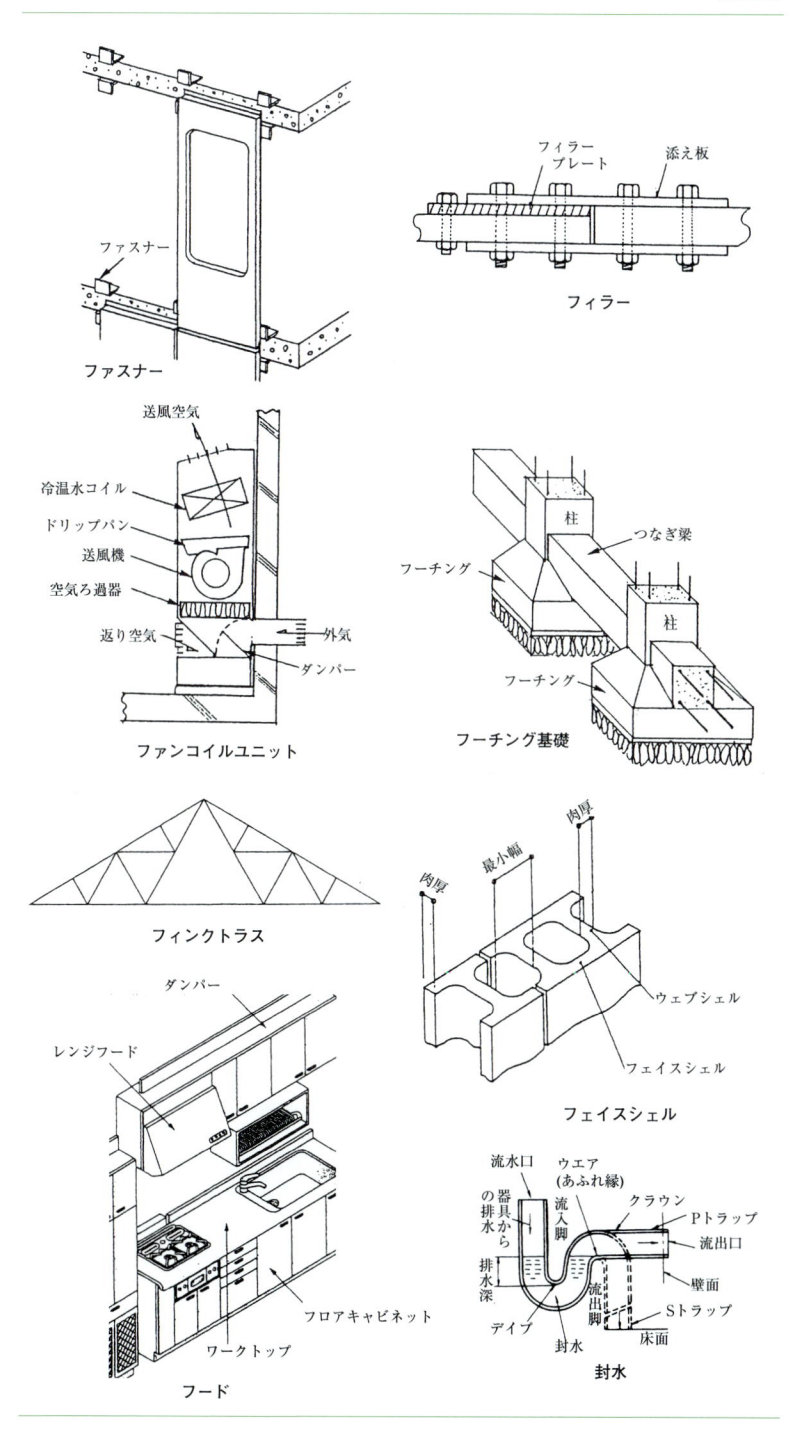

フィラー

ファンコイルユニット
- 送風空気
- 冷温水コイル
- ドリップパン
- 送風機
- 空気ろ過器
- 返り空気
- 外気
- ダンパー

フーチング基礎
- 柱
- つなぎ梁
- フーチング

フィンクトラス

フェイスシェル
- 肉厚
- 最小幅
- ウェブシェル
- フェイスシェル

フード
- ダンパー
- レンジフード
- ワークトップ
- フロアキャビネット

封水
- 流水口
- ウエア(あふれ縁)
- 流入脚
- クラウン
- Pトラップ
- 流出口
- 壁面
- Sトラップ
- 流出脚
- 床面
- 封水
- デイプ
- 排水深
- 器具からの排水

別の小頭，組長，世話役をいう。数人の職別作業集団を指揮する技能者で，全体の現場責任者ではない。

**フォームタイ**〈form tie〉型枠締付け用のボルト。型枠の間隔を一定に保つために用いる。→セパレーター

**ふかいどこうほう**〈深井戸工法〉根切りを始める前に，あらかじめ根切り底以下の深さまで井戸を掘り，深井戸用ポンプで地下水をくみ上げて湧（ゆう）水を抑える工法。

**ぶがかり**〈歩掛り〉単位長さ，単位面積，単位体積当たりの工事に必要な材料数量および労務数量。積算にあたって材料および労務など工事量を算出する場合の標準単位数量となる。それぞれ「材料歩掛り」「労務歩掛り」という。

**ふきあし**〈葺き足〉屋根葺き材は通常，軒先から上部へ向かって重ね葺きされるが，重ね部分を除いた屋根表面に現れる葺材の長さをいう。

**ふきじ**〈葺き地〉⇒ふきしたじ

**ふきしたじ**〈葺き下地〉屋根葺き材の下地となるもの。野地板，樹皮，ルーフィング，瓦桟，葺き土などがある。「葺き地」「葺き野地」ともいう。

**ふきだしぐち**〈吹出し口〉空気調和機用ダクトにより送られた空気を室内に吹き出すための器具。下向き吹出しのアネモスタット型，横向き用のユニバーサル型などがあり，後方に風量調整用シャッターを設けたものを「レジスター」という。

**ふきつけコンクリートこうほう**〈吹付─工法〉⇒ショットクリート

**ふきつけタイル**〈吹付─〉コンクリートやモルタル面，ALC板や繊維セメント板を下地にして，吹付仕上げをする複層仕上げ塗材の一つ。セメント系，合成樹脂系の吹付材を用い，表面に防水性・耐候性などの向上を図るための上塗り材を施して仕上げる。「タイル状吹付仕上げ」ともいう。

**ふきつけぬり**〈吹付塗り〉スプレーガンを用いて塗料または吹付材を塗面に吹き付けて仕上げるもの。エアスプレー塗装，エアレススプレー塗装，静電塗装がある。

**ふきつけモルタルこうほう**〈吹付─工法〉⇒ショットクリート

**ふきつけリシン**〈吹付─〉アクリルリシンなどをガンで吹き付けて仕上げるもの。

**ふきつち**〈葺き土〉屋根瓦の下に敷き込む土で，粘土に石灰・すさなどを混ぜて水で練ったもの。野地面への瓦のなじみをよくするために用いる。→したぶき

**ふきぬけ**〈吹抜け〉空間が2つ以上の階にまたがって広がる室内空間。または外周部を柱のみとし，外に向かって開放的につくられる軒下空間をいう。「吹放ち」ともいう。

**ふきのじ**〈葺き野地〉⇒ふきしたじ

**ふきはなち**〈吹放ち〉⇒ふきぬけ

**ふきよせこうし**〈吹寄せ格子〉格子の形状で，組子を2本ないし数本ずつ近寄せ，吹寄せにして間隔をとるもの。

**ふきよせだるき**〈吹寄せ垂木〉垂木の配列上の名称。2本ずつ寄せて一定の間隔を取り，配列した垂木。

**ふきよせわり**〈吹寄せ割り〉吹寄せ垂木や吹寄せ格子のように，棒材を2〜3本ずつ寄せて割り付け配置すること。材の間隔を一定の割合で変えること。

**ふくおびきん**〈副帯筋〉⇒サブフープ

**ふくきんばり**〈複筋梁〉鉄筋コンクリート構造に用いられる梁で，上部と下部に主筋を配したもの。鉄筋コンクリート構造の梁は，荷重の種類，作用の方向によって応力の生じ方が変わるが，梁の主筋は曲げ引張り側に多く配筋される。

**ふくごうきそ**〈複合基礎〉2本以上の柱からの荷重を1つの基礎盤で支えるもの。「複合フーチング基礎」ともいう。

**ふくごうぐい**〈複合杭〉杭には杭種，製造法，設置工法などにより種々のものがあるが，同一の建築物にそれらを混用すること。ただし，支持杭と摩擦杭を混用してはならないし，打込み杭，埋込み杭および場所打ち杭の混用，杭種の異なった杭の使用はなるべく避けるものとする。また圧縮力のほか衝撃力，繰返し力，横力，引抜き力などを受ける杭をいい，これらの杭には，圧縮力のほか引張り，せん断，曲げ応力が複合して発生する。

**ふくごうけんちく**〈複合建築〉用途の異なる種々の空間で構成される建築物。ターミナルビルやショッピングセンターのように，異種の建物空間が複合的に存在するもの。

**ふくごうたんか**〈複合単価〉工事費用の算出にあたって使用する積算単価で，材料費単価に労務費単価を加えたもの。「材工共」ともいう。

ふくこう

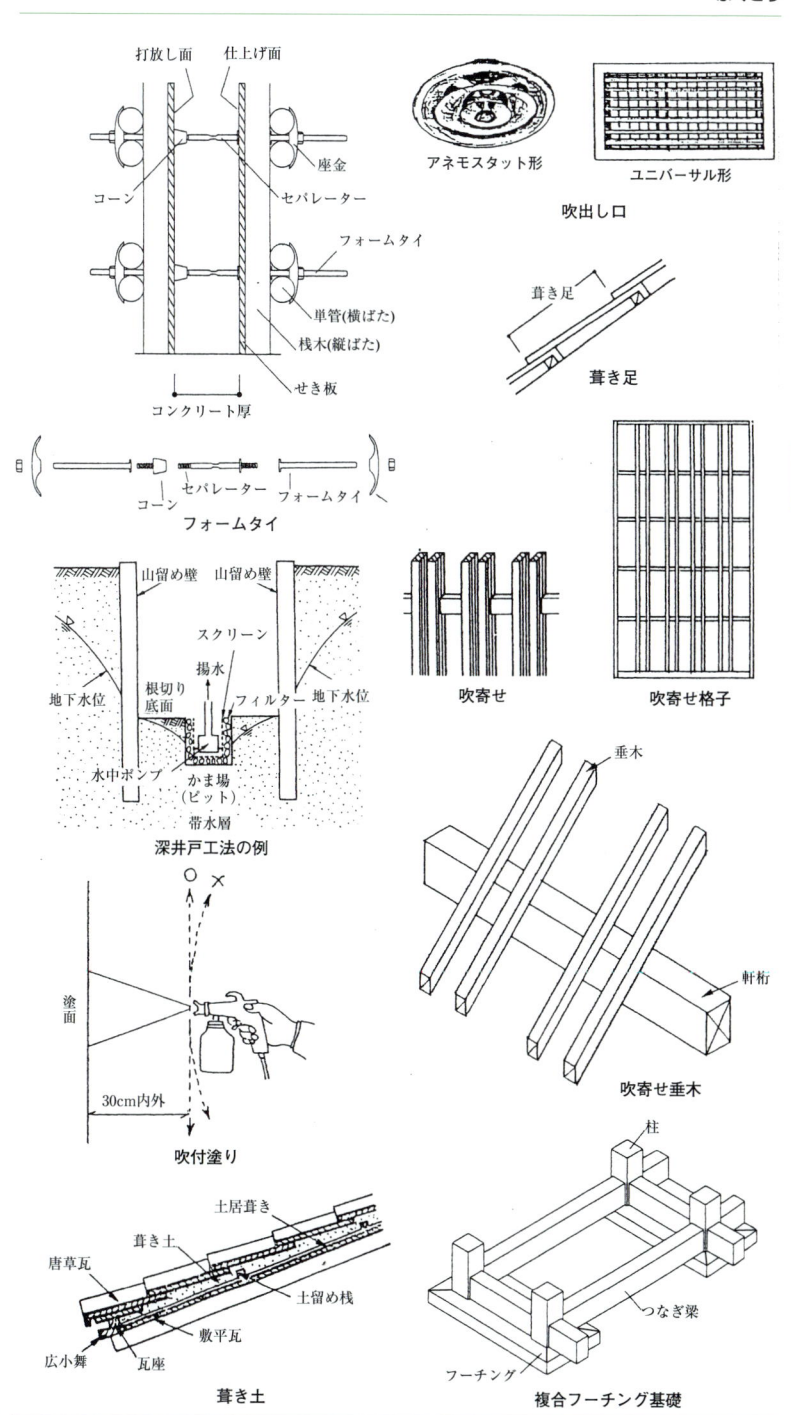

打放し面 / 仕上げ面 / 座金 / コーン / セパレーター / フォームタイ / 単管(横ばた) / 桟木(縦ばた) / せき板 / コンクリート厚

アネモスタット形　ユニバーサル形
吹出し口

葺き足
葺き足

コーン　セパレーター　フォームタイ
フォームタイ

山留め壁　スクリーン　揚水　フィルター　地下水位　地下水位　根切り底面　水中ポンプ　かま場(ピット)　帯水層
深井戸工法の例

吹寄せ　吹寄せ格子

塗面　30cm内外
吹付塗り

垂木　軒桁
吹寄せ垂木

唐草瓦　土居葺き　葺き土　土留め桟　敷平瓦　瓦座　広小舞
葺き土

柱　つなぎ梁　フーチング
複合フーチング基礎

263

**ふくごうフーチングきそ**〈複合―基礎〉⇒ふくごうきそ

**ふくそうガラス**〈複層―〉2枚の板ガラスの間に乾燥した空気を挿入し，周囲を金属枠で密閉した窓用ガラス。断熱・遮音性があり，結露防止にも有効である。「ペアガラス」ともいう。

**ふくそうもようふきつけざいぬり**〈複層模様吹付材塗り〉吹付タイルといわれるもので，外壁材の上に吹き付けて，光沢をもつ凹凸模様を付けて仕上げるもの。

**ふくゆか**〈複床〉木造の2階床組のように，床梁の上に根太を細かく架け渡し，床板を張った床。「梁床」ともいう。

**ふくろどこ**〈袋床〉床の間の形の一つ。左右のいずれかの前面に袖壁があるもので，袖壁には下地窓が付けられる。踏込み床，蹴込み床，板床，畳床に用いられる。付図参照

**ふくろナット**〈袋―〉⇒キャップナット

**ふくろばり**〈袋張り〉紙，布，レザーなどを下地に張り付ける場合，張付け材の周囲だけにのりや接着剤を付けて張り付けること。

**ふくわめじ**〈覆輪目地〉断面が半円形の化粧目地の一種。ほかには，平目地，引込み目地，斜目地，出目地，小溝目地などがある。

**ふし**〈節〉樹木の枝の跡。製材するまで枝が生きていた生節，枯死していた死節，節が抜けてしまった抜け節などがある。また，異形鉄筋の横方向に細かく付けられる突起物をいう。

**ふしつきコンクリートぐい**〈節付き―杭〉既成鉄筋コンクリート杭の一つ。断面が三角形につくられていて，竹節状の突起を外周に付けたもの。地盤が比較的深く軟弱な場合に，摩擦杭として用いられる。

**ふしどめ**〈節止め〉木材に塗装などをするとき，節を隠すため，あるいは節から出る樹脂の影響を防ぐために行う前処理をいう。砥の粉などが用いられる。「やに止め」ともいう。

**ふしょく**〈腐食〉金属が酸化してさびたり，電食して細ること。また，木材が腐朽菌や害虫によって崩壊すること。

**ふしん**〈普請〉建物をつくること。建築工事・土木工事のこと。建築工事のために奉仕作業や寄付を募ることを「普請する」といったこともある。

**ブス** ⇒バスダクト
**ブスダクト**〈bun duct〉⇒バスダクト
**ふすまがわら**〈衾瓦〉⇒がんぶりがわら
**ふすまど**〈襖戸〉かまちや力骨・下地骨で骨組をし，両面から紙などを張った建具で，和室向きの押入，間仕切り戸などに用いる。かまちの外側にふすま縁が取り付けられる。付図参照

**ふせいていこうぞうぶつ**〈不静定構造物〉力学用語で，部材応力や支持反力を求める場合，力のつり合い条件のほかに，部材の変形や支持条件などを考慮しなければならない構造体。木造以外のものは，ほとんどが不静定構造物として扱われる。不静定ばり，不静定ラーメン，不静定トラスなどがある。

**ふせこみ**〈伏込み〉真壁の芯になる荒壁にわらを塗り込んだり，モルタルやしっくい壁の木ずり下地に，下げおなどを塗り込むこと。

**ふせず**〈伏図〉設計図面の一つで，建物を上または下から平面的に見た図面。基礎伏図，床伏図，梁伏図，小屋伏図，屋根伏図，天井伏図などがある。図次頁

**ふぞくこうじ**〈付属工事〉主たる工事に属する付け足し工事をいう。たとえば建物に付属する造園工事，門さく工事など。

**ふたいこうじ**〈付帯工事〉建築工事に伴って行われる給排水・電気・衛生設備工事などの総称。付帯設備工事などをいう。

**ふたいせつび**〈付帯設備〉建築物に付属する設備工事または建築設備をいう。

**ふたかわあしば**〈二側足場〉⇒ほんあしば
**ふたつわり**〈二つ割り〉正角材などを同じ断面の2つの材にすること。「二つ割り材」ともいう。

**ふたまたクレーン**〈二股―〉上部を結束した2本の丸太を柱とし，頭頂部に滑車を付けて揚重する簡易クレーン。「二又クレーン」ともいう。

**フタルさんエナメルぬり**〈―酸―塗り〉フタル酸ワニスに顔料を練り合わせたもので，硬化乾燥は遅いが，ドア・玄関回りなどの高級な仕上げに用いられ，耐久性もよい。

**フタルさんじゅしとりょう**〈―酸樹脂塗料〉無水フタル酸，多価アルコール，脂肪酸を反応させることによってできるフタル酸樹脂を用いた塗料。フタル酸樹脂ワニスとフ

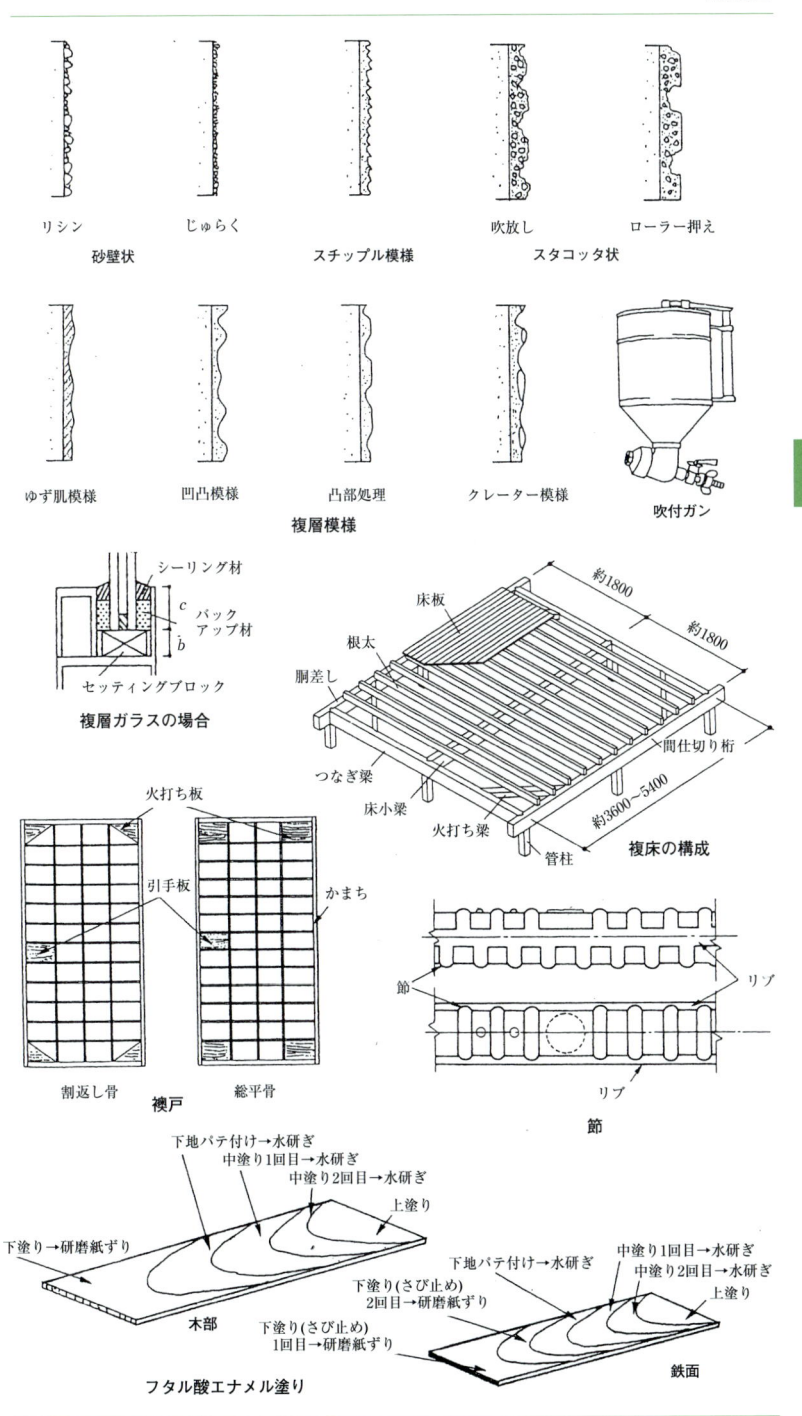

リシン　じゅらく　スチップル模様　吹放し　ローラー押え

砂壁状　　　　　スチップル模様　　スタコッタ状

ゆず肌模様　凹凸模様　凸部処理　クレーター模様　吹付ガン

**複層模様**

**複層ガラスの場合**
シーリング材／バックアップ材／セッティングブロック

**複床の構成**
床板、根太、胴差し、つなぎ梁、床小梁、火打ち梁、管柱、間仕切り桁、約1800、約1800、約3600〜5400

**襖戸**
火打ち板、引手板、かまち
割返し骨　総平骨

**節**
節、リブ

**フタル酸エナメル塗り**

木部
下塗り→研磨紙ずり
下地パテ付け→水研ぎ
中塗り1回目→水研ぎ
中塗り2回目→水研ぎ
上塗り

鉄面
下塗り(さび止め)1回目→研磨紙ずり
下塗り(さび止め)2回目→研磨紙ずり
下地パテ付け→水研ぎ
中塗り1回目→水研ぎ
中塗り2回目→水研ぎ
上塗り

タル酸樹脂エナメルがある。ワニスは耐油性に優れ、顔料などを加えてつくるエナメルは耐候性に優れている。

**ふちゃくせい**〈付着性〉仕上材と下地材など異種の物質が接着する性質の度合いをいう。

**ふちゃくりょく**〈付着力〉鉄筋コンクリート構造で、鉄筋が固まったコンクリートから抜け出さないように働く力。これを付着力といい、鉄筋の表面がコンクリートと接触する面積が大きいほど大きい。

**ふちょうごう**〈富調合〉コンクリートをつくるとき、骨材量に対してセメント量が比較的多いものをいう。セメント・水・骨材の混合割合である調合は、「セメント：細骨材：粗骨材」の形で表し、水はセメントに対する重量比で別に示すことが多い。

**ふつうごうはん**〈普通合板〉特殊合板に対する用語で、心材や表面に特別の加工を施さない合板。耐水性能によってⅠ類、Ⅱ類、Ⅲ類に分類される。

**ふつうコンクリート**〈普通―〉普通ポルトランドセメント、川砂、川砂利を用いた一般的なコンクリート。特別な性能を有するコンクリートと区別する場合に用いられる用語。

**ふつうポルトランドセメント**〈普通―〉ごく一般的に使用されるセメント。セメントの主要成分は、けい酸、アルミナ、酸化鉄および石灰であるが、早強のものよりは水和作用がゆっくり進むようにしたもの。「普通セメント」ともいい、土木・建築工事などで最も多く使用される。

**フック**〈hook〉鉄筋コンクリート造において、コンクリートとの付着をよくするために、鉄筋の端部に設けられるかぎ状の部分。折曲げ角度は180°、135°、90°の3種類がある。

**フックボルト**〈hook bolt〉ボルトの先端がかぎ状に曲がったもの。波形スレートなどを鉄骨母屋に直張きするときなどに用いられる。

**ぶつりてきちかたんさほう**〈物理的地下探査法〉地盤を構成する岩石や土質の物理的性質を利用して、地層や地盤構造を調査する方法。弾性波式地下探査法、電気抵抗式地下探査法などがある。

**ふでがえし**〈筆返し〉違い棚や経台などの縁に取り付け、物が落ちないようにするため

のもの。その断面の形状により、立浪、返し波、鷹（たか）頭などの名称がある。

**ふどうちんか**〈不同沈下〉建造物の基礎の沈下が全体として一様でなく、沈下量が部分的に異なること。不同沈下は構造物に不均衡な応力を発生させ、建物崩壊の原因となる。

**ふとうへんやまがたこう**〈不等辺山形鋼〉⇒かたこう

**ふところ**〈懐〉床下や天井裏などの空間をいう。ふだん出入りしない裏空間。

**ぶどまり**〈歩止り〉工事にあたって用意された原材料に対して、有効に利用された材料の比率。「有効利用率」ともいう。

**ふなぞこてんじょう**〈舟底天井〉天井の中央部が周辺よりも高くなっている天井。舟の底を上にしたようなもの。天井の形としてはほかに平天井、掛込み天井、折上げ天井などがある。付図参照

**ふね**〈舟〉⇒とりぶね、ねりふね

**ふねんざいりょう**〈不燃材料〉建築材料のうち、不燃性能に関して政令で定める技術的基準に適合するもの。たとえば瓦、タイル類、繊維強化セメント板、厚さ5mm以上の繊維混入けい酸カルシウム板、12mm以上の石膏ボードなどがある。

**ふのり**〈布海苔〉紅そう（藻）類の海草で、しっくい塗りや土物壁などの上塗りののりとして用いられる。

**ぶぶんとけこみようせつ**〈部分溶込み溶接〉すみ肉溶接や突合せ溶接など溶接部の形状の一つで、鋼材の断面の一部に不溶着部分を残すやり方。突合せ溶接の片側だけを溶着したような形のもの。引張力や曲げモーメントが生じる部分は避ける。

**ぶぶんばらい**〈部分払い〉⇒ちゅうかんばらい

**ふみいた**〈踏板〉階段の段板のこと。

**ふみこみ**〈踏込み〉ホテルなどの客室の入口にある前室。玄関の履物を脱いでおくところなどをいう。

**ふみこみどこ**〈踏込み床〉床の間の形式の一つ。床がまちがなく、床板と畳面が同じ高さになっている床の間。付図参照

**ふみづら**〈路面〉階段の段板の上面のこと。

**フライアッシュセメント**〈fly-ash cement〉フライアッシュは火力発電所のボイラーの煙道から採取される粉じんで、これをポルトランドセメントに混合したもの。フライ

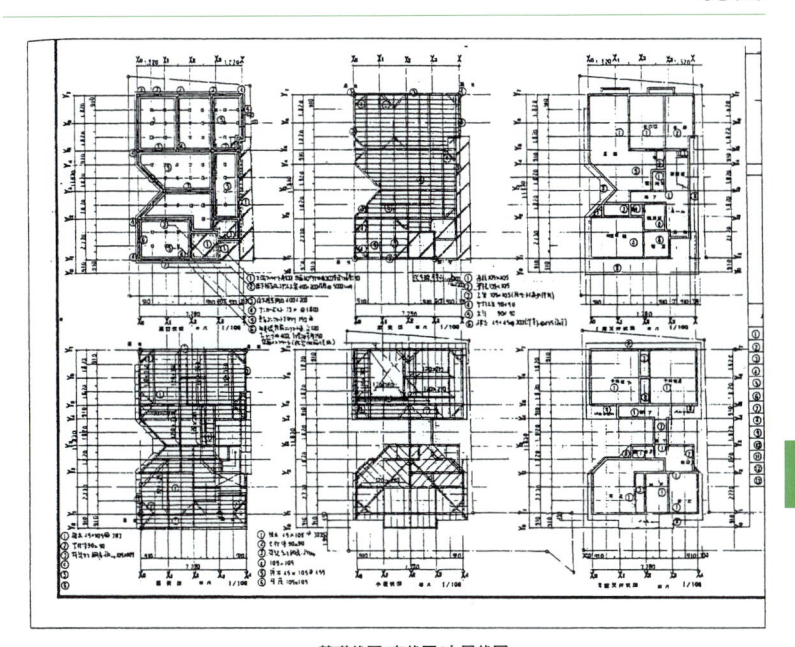

基礎伏図/床伏図/小屋伏図

都鳥　若葉
唐波　立浪
返し波　鷹頭

筆返し

折曲げ角度180°　折曲げ角度135°
折曲げ角度90°　鉄筋のフック

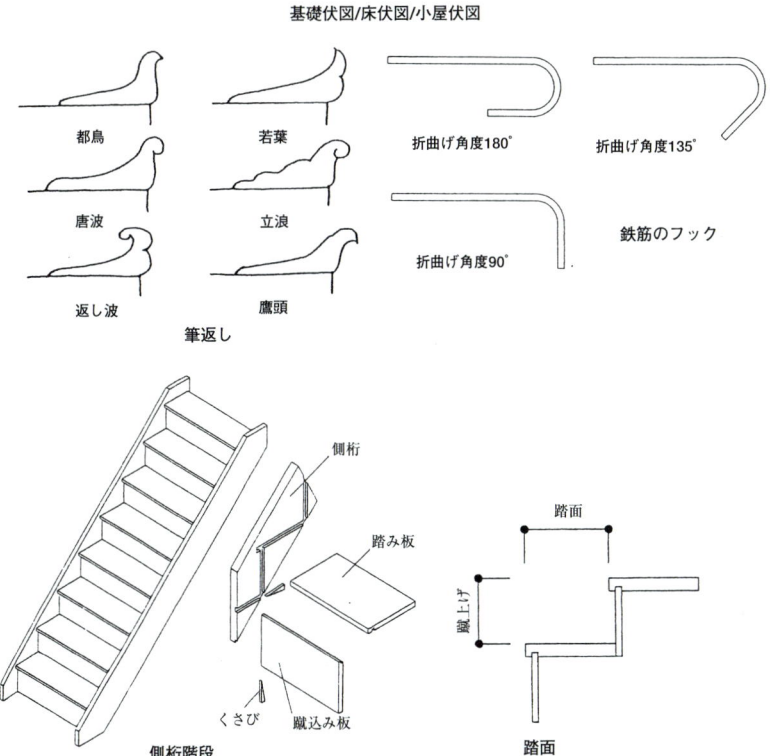

側桁
踏み板
くさび　蹴込み板
側桁階段

踏面
蹴上げ
踏面

アッシュの量によってA・B・C種に区分される。水和熱が少なく，初期強度は小さいが，長期にわたって徐々に強度の増進が続くという特徴をもっている。

**プライウッド**〈plywood〉木材加工品の一つ。ベニヤ単板を交互に奇数枚張り合わせたもの。「合板」「ベニヤ板」ともいう。普通合板，化粧合板，ランバーコア合板などがある。

**プライフォーム**〈ply form〉耐水合板でつくった型枠のせき板。

**プライマー**〈primer〉陸屋根のアスファルト防水に用いる溶融アスファルトを，コンクリート下地面と密着させるために塗る液状物。また，木部・金属部などの塗装に際して，下地面とのなじみをよくするために塗る下塗り用塗料。前者を「アスファルトプライマー」，後者を「塗料用プライマー」という。

**ブラインド**〈blind〉一般的にはルーバー，よろい戸，すだれ，カーテンなど，日よけまたは目隠しとしてつくられたものをいうが，通常はベネシャンブラインド，ロールブラインドなどをさす。

**プラグようせつ**〈―溶接〉溶接する2つの母材を重ね，一方の板に穴をあけてその内側をすみ肉溶接したり，穴を溶着金属で埋めて2材を溶接するもの。「栓溶接」ともいう。

**ブラケット**〈bracket〉壁付き持ち出し型の照明器具。

**プラスター**〈plaster〉石膏，消石灰，水酸化マグネシウムなど，鉱物質粉末を主成分とする塗り壁材。これを水で練って壁や天井の塗り仕上げとする。石膏を主成分とする石膏プラスターと，消石灰に相当量の水酸化マグネシウムを含むドロマイトプラスターがある。

**プラスターボード**〈plaster board〉硫酸カルシウムを主成分とする石膏を板状に成形し，両面を厚紙で被覆したもの。防火・防音性に優れ，温湿度による変形が少ないことから，壁や天井の内装下地材として広く使用される。「石膏ボード」ともいう。表面を化粧加工したものを「化粧石膏ボード」という。

**プラスチック**〈plastics〉本来は塑性物質の意味。合成高分子化合物が塑性に富むという共通的性質をもっているところから，合成高分子化合物を表現する名称として使われる。「合成樹脂」ともいい，熱可塑性樹脂と熱硬化性樹脂に大別される。これらは，成形品，塗料，接着剤などとして広く用いられている。

**プラスチックドレンこうほう**〈―工法〉地盤改良工法の一つ。水分を多く含んだ粘性土地盤の強制圧密工法で，特殊なプラスチックのボードを地中に埋め込み，地盤中につくった排水路を通して水抜きをしながら締め固める。

**プラズマようせつ**〈―溶接〉ノズルと組み込んだ電極との間にアークを発生させ，そこへガスを送って，ノズルから出る高温・高速のプラズマ炎のジェットを利用して溶接を行う方法。厚板の溶接に用いられる。

**フラックス**〈flux〉溶接時に，溶着部に生じる酸化物や有害物を取り除くため，溶接棒の被覆剤として用いたり，アーク溶接・ガス溶接の添加剤として用いられる粉末状材。

**フラッシュど**〈―戸〉平らな面をもつ戸をいうが，主として骨木に両面から合板類を張り付けたもの。面板には種々の仕上げ合板を用いたり，塗装や紙，布，プラスチック類の仕上げ張りが行われる。

**フラッシュバットようせつ**〈―溶接〉接合する材を一直線上に置き，2つの端面を接触させながら両方から電流を流し，火花の発生を繰り返して加熱し，接合部が適当な温度になったとき加圧して接合するもの。棒鋼や管などの接合に用いられる。突合せ抵抗溶接の一つで，「フラッシュ溶接」ともいう。

**フラッシュべん**〈―弁〉水洗用の大小便器に取り付けられ，レバーやボタンを操作することにより，一定量の洗浄水を勢いよく出す開閉弁。「フラッシュバルブ」「洗浄弁」ともいう。

**フラットスラブこうぞう**〈―構造〉鉄筋コンクリート構造方式の一つ。梁を用いず，等間隔で配置した柱で直接スラブを支持する形の構造。柱の上にキャピタルをのせ，ドロップパネル，床スラブという構成をとる。

**フラットデッキ**〈flat steel deck〉鉄骨構造の床を，コンクリート床とする場合に用いる型枠用デッキプレート。床梁の上に角波形に加工した鋼板を直接並べ，鉄筋を配置してコンクリートを打ち，そのままスラブ

ふらっと

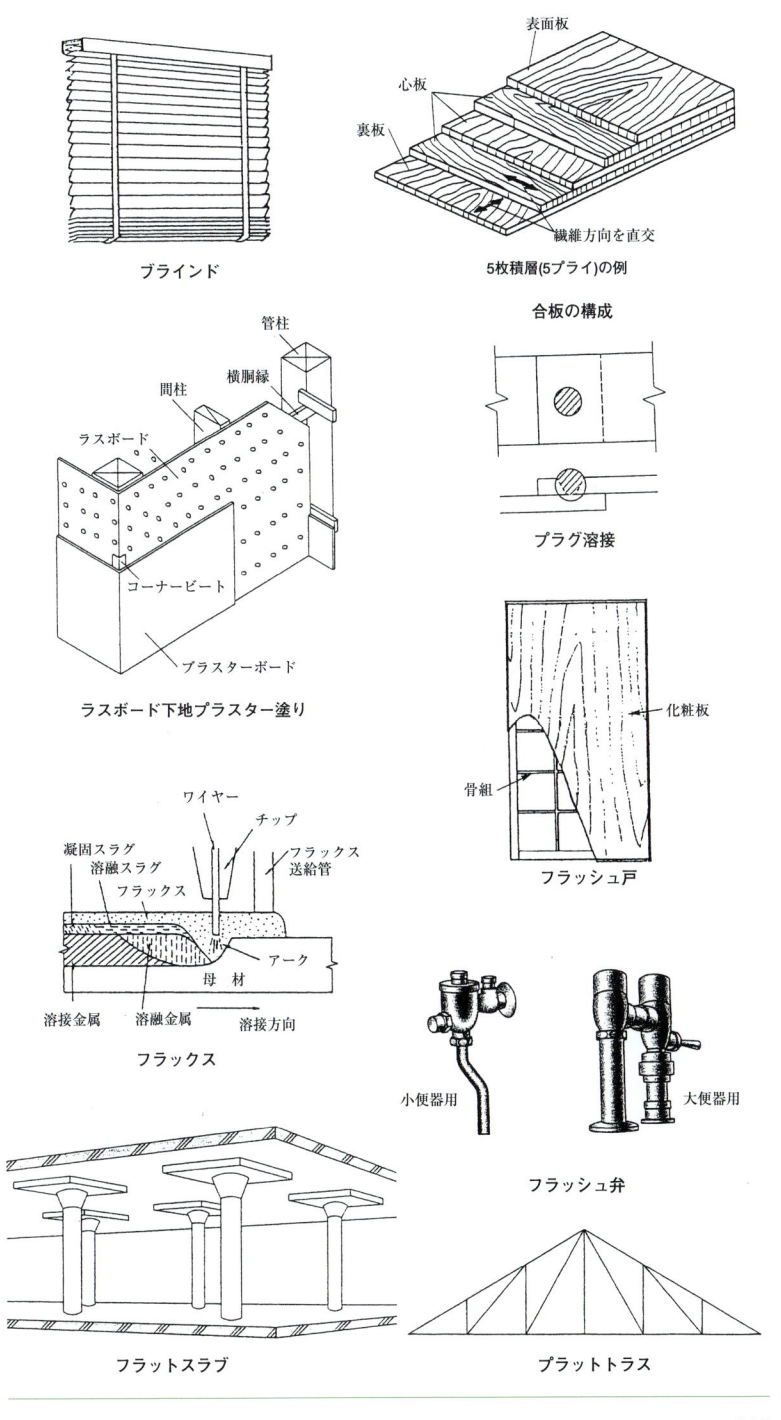

ブラインド

5枚積層(5プライ)の例
表面板
心板
裏板
繊維方向を直交

合板の構成

ラスボード下地プラスター塗り
管柱
横胴縁
間柱
ラスボード
コーナービート
プラスターボード

プラグ溶接

フラッシュ戸
化粧板
骨組

フラックス
ワイヤー
チップ
フラックス送給管
凝固スラグ
溶融スラグ
フラックス
アーク
母材
溶接金属
溶融金属
溶接方向

フラッシュ弁
小便器用
大便器用

フラットスラブ

プラットトラス

269

**プラットトラス**〈pratt truss〉鉛直荷重に対して，垂直材には圧縮応力が，斜材には引張応力が生じるように構成したトラス。プラットは人名。図前頁

**プラニメーター**〈planimeter〉図面から面積を求めるための器具で，縮尺に合わせて境界線をなぞるだけで，おおよその面積を求めることができる。

**フランジ**〈flange〉鉄骨梁などの曲げ材で，曲げ応力を受けもつ上下のプレート部分。ウェブを挟んで上下に配置する鋼板やアングルなどのこと。

**フランジプレート**〈flange plate〉鉄骨梁の部分名称で，梁の上下弦部を構成する鋼板。プレート梁の上下断面部。鉄骨梁はこの断面積が大きくなるほど，上下フランジの間隔が大きくなるほど強くなる。

**フランスおとし**〈―落し〉開き戸の堅がまちなどに彫り込んで取り付ける上げ落し錠。両開き戸では，片方の扉をこれで固定し施錠する。

**フランスがわら**〈―瓦〉洋瓦の一つで，縦横方向にかみ合わせ用の溝があるもの。

**フランスちょうばん**〈―丁番〉開き戸用の回転軸金物で，なつめの実の形をした軸部が，取付け部より突き出ているもの。「ルーズジョイント丁番」ともいう。

**フランスづみ**〈―積み〉れんがなどの組積法で，各段とも小口，長手面を交互に現す積み方で，外観はよいが切り物を多く必要とする。「フレミッシュ積み」ともいう。

**プランニング**〈planning〉企画・計画すること。建築物の部屋の配置などを，諸条件に合わせて計画すること。

**フリーアクセスフロア**〈free access floor〉床下全面を配線・配管スペースとし，二重床にしたもの。コンクリートスラブと床仕上げ面との間に空間を取り，OA機器に合わせて容易に配線できるようにした床。「OA用二重床」ともいう。

**ブリージング**〈bleeding〉打設したコンクリートの表面に，コンクリート中の水が浮いてくる現象。

**フリーフロート**〈free float〉ネットワーク工程表において，各作業での余裕日数を「フロート」と呼び，後続作業に影響を与えない余裕日数をフリーフロートという。また，影響は与えるが工事完了日は変わらないものを「トータルフロート」という。

**ふりく**〈不陸〉⇒ふろく

**プリズムガラス**〈prism glass〉80～200mm角のガラスブロックで，ドライエリアの屋根面とか壁面の一部に採光用として使われる。「デッキグラス」「ペーブメントガラス」ともいう。

**プリントごうはん**〈―合板〉合板の表面に木目模様などを印刷したり，印刷した紙を張った合板。内装仕上材として用いられる。

**ふる**〈振る〉基準から，寸法とか角度をわずかにずらすこと。

**ふるいわけしけん**〈篩分け試験〉骨材の粒度をふるい分けるもので，JISで規定する粗骨材・細骨材に適しているかどうかを調べる試験。標準ふるいを用いて，コンクリート骨材の粒度分布を調べること。

**プルービングリング**〈proving ring〉圧縮力または引張力の大きさを測定する環状のばね荷重計。環状のばねの変形量をダイヤルゲージで測定し，その変形量から加えた荷重の大きさを検出する。「ループダイナモメーター」ともいう。

**プルスイッチ**〈pull switch〉照明器具などに用いられる電気回路のスイッチで，ひもを引いて開閉する形のもの。

**ブルドーザー**〈bulldozer〉土工事用の代表的機械。トラクターに作業用アタッチメントとして土工板を付け，開墾，整地，掘削，盛土，除雪などに使用される。土工板や走行具の形状により，アングルドーザー，チルトドーザー，湿地用ブルドーザー，タイヤドーザーなどがある。

**ブルホイール**〈bull wheel〉ガイデリックや三脚デリックなどのマストの下にある回転輪のことで，これにワイヤーロープを巻きつけてウインチで回転させる。「デリック底輪」ともいう。

**プルボックス**〈pull box〉電線の屋内配管に使われる器具で，管が長い場合や分岐するときに，線を引き込みよくするために設ける金属製のボックス。

**フレアようせつ**〈―溶接〉溶着部に曲面のあるすみ肉溶接。軽量鉄骨を重ね溶接する場合などに用いられる。

**ブレーカー**〈breaker〉⇒コールピック

**ブレース**〈brace〉⇒すじかい

**ブレード**〈blade〉⇒はいどばん

**プレートガーダー**〈plate girder〉山形鋼と

フラットデッキの例

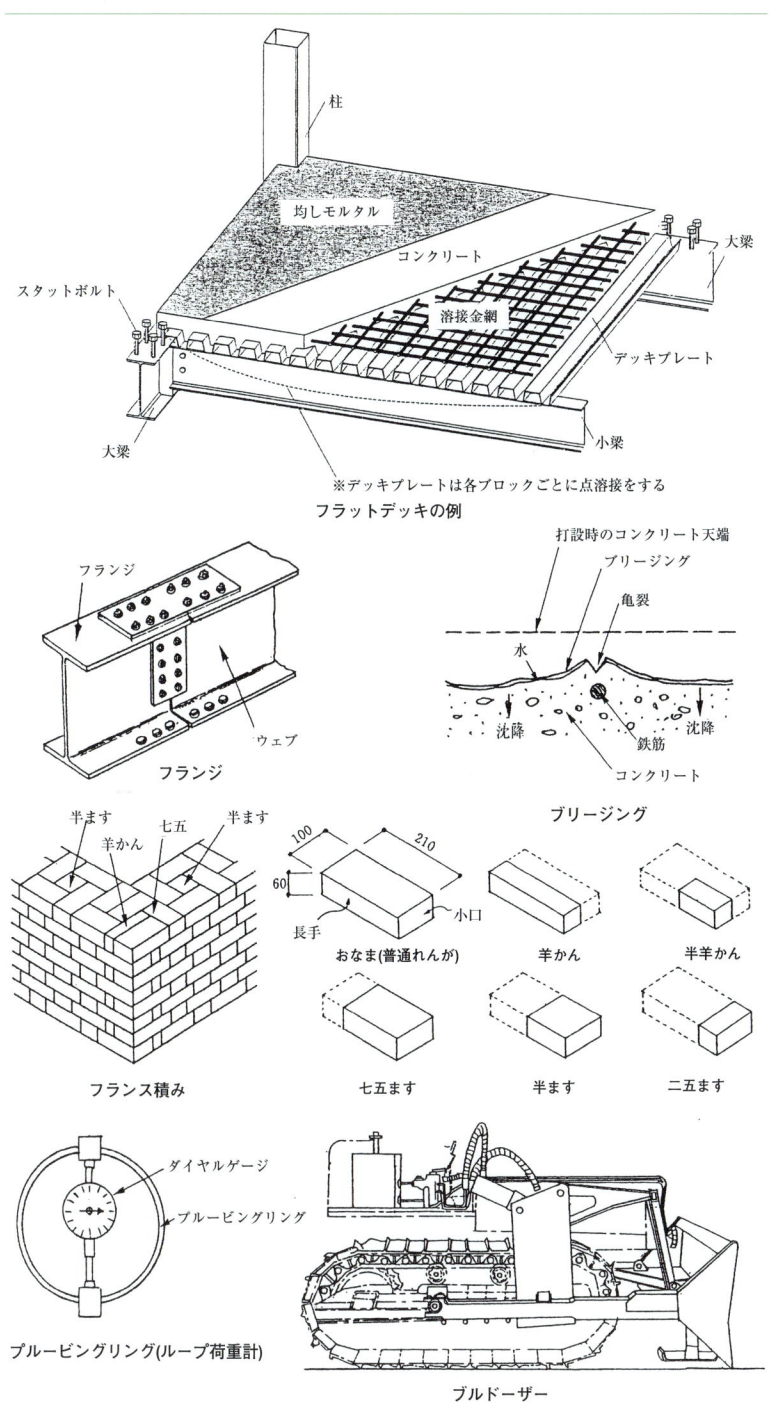

※デッキプレートは各ブロックごとに点溶接をする

フランジ

ブリージング

フランス積み

おなま(普通れんが)　羊かん　半羊かん

七五ます　半ます　二五ます

プルービングリング(ループ荷重計)

ブルドーザー

鋼板，鋼板と鋼板を溶接またはリベットで接合した鉄骨組立梁。大荷重，大スパンの梁として多く用いられる。「プレート梁」ともいう。

**プレートばり**〈―梁〉⇒プレートガーダー

**プレーナー**〈plarer〉⇒でんきかんな

**プレーンコンクリート**〈plain concrete〉表面活性剤などの混合材料をいっさい使用しないコンクリート。

**プレカット**〈pre-cut〉木造軸組の継手・仕口などの加工を，工場方式で効率的に行うこと。専用機械による精度の高い加工が行われる。

**フレキシブルしんしゅくつぎて**〈―伸縮継手〉温度変化による管の伸縮除去や，配管部の振動吸収などを目的として用いられる配管継手の一つ。じん性の大きい金属などでつくられ，蛇腹状の折目を付けたもの。

**フレキシブルホース**〈flexible hose〉コンクリートの打設に際し，ポンプ車でコンクリートを圧送するときに用いるホース。蛇腹状につくられていて，ある程度自由に曲げることができるもの。

**プレキャストコンクリート**〈precast concrete〉工場などであらかじめ製造されたコンクリートの建築部材。「PCコンクリート」ともいう。

**プレキャストコンクリートパネル**〈precast concrete panel〉工場などで型枠を利用して製作される鉄筋コンクリートの板状材。コンクリートの打込み後，蒸気養生を行って型枠の早期脱型を図る。鉄骨構造における床材，壁材，屋根材として用いられる。

**プレストレス**〈prestress〉部材にあらかじめ潜在応力を与えておき，外力による応力が生じたとき，それを打ち消すように働く力。

**プレストレストコンクリート**〈prestressed concrete〉PC鋼線を用いてあらかじめ圧縮力を加えたコンクリート。引張強度が増大し，曲げ抵抗力が大きくなる。「PSコンクリート」ともいう。

**プレゼンテーション**〈presentation〉図面や模型を使い，設計の意図するところ，主張するところを表現すること。自分の考え方を視覚媒体を使って表現すること。

**プレソーキング**〈pre soaking〉コンクリートの骨材として多孔質のものを使用するとき，骨材が調合水を取り込まないよう，あらかじめ十分に吸水させておくこと。

**フレッシュコンクリート**〈fresh concrete〉練り上がり後の，まだ硬化を始めていないコンクリート。テストピースはこの状態で採取する。「生コン」ともいう。

**プレテンションほうしき**〈―方式〉プレストレストコンクリートの製法の一つ。緊張したPC鋼線を曲げ引張側に配筋し，打ち込んだコンクリートが硬化した後，鋼線の緊張を解除するという方式。

**ふれどめ**〈振れ止め〉部材の振れを防止するための連結材で，合掌小屋組の真束などを互いに根元でつなぐ部材。「梁繋ぎ」ともいう。

**プレパクトコンクリート**〈prepacked concrete〉粗骨材を型枠内に詰めておき，その中に流動性のよいモルタルを注入してつくるコンクリートのこと。「注入コンクリート」ともいう。

**プレハブ**⇒プレファブリケーション

**プレファブリケーション**〈prefabrication〉構造部材や仕上部材を工場で製作し，現場では単に組み立てるかたちをとる施工法。工期の短縮，生産性の向上を目的としたもの。単に「プレハブ」ともいう。

**プレボーリングねがためこうほう**〈―根固め工法〉既製コンクリート杭などの施工法の一つ。あらかじめアースオーガーなどで先行掘削し，その孔内に杭を挿入して，杭の先端部を根固め液で固める工法。騒音・振動を小さくすることができる。

**プレボーリングほうしき**〈―方式〉スパイラルオーガーで掘削した後にコンクリート杭を入れて杭を打ち込む方式。

**フレミッシュづみ**〈―積み〉⇒フランスづみ

**フロア**〈floor〉床。床面。建物の階を指していうこともある。

**フロアタイル**〈floor tile〉タイル状の床用仕上材。陶磁器タイル，プラスチックタイル，ゴムタイルなどがある。

**フロアダクト**〈floor duct〉コンクリート床に埋め込む電気配線用ダクト。

**フロアヒンジ**〈floor hinge〉開き戸の回転軸用金具で，床に埋め込みピボットヒンジを受ける。回転速度を調整できるようにしたもので，重量のある扉に用いられる。

**フロアホッパー**〈floor hopper〉コンクリートを打設する階に設置し，エレベーターバケットからコンクリートを受けて一時留め

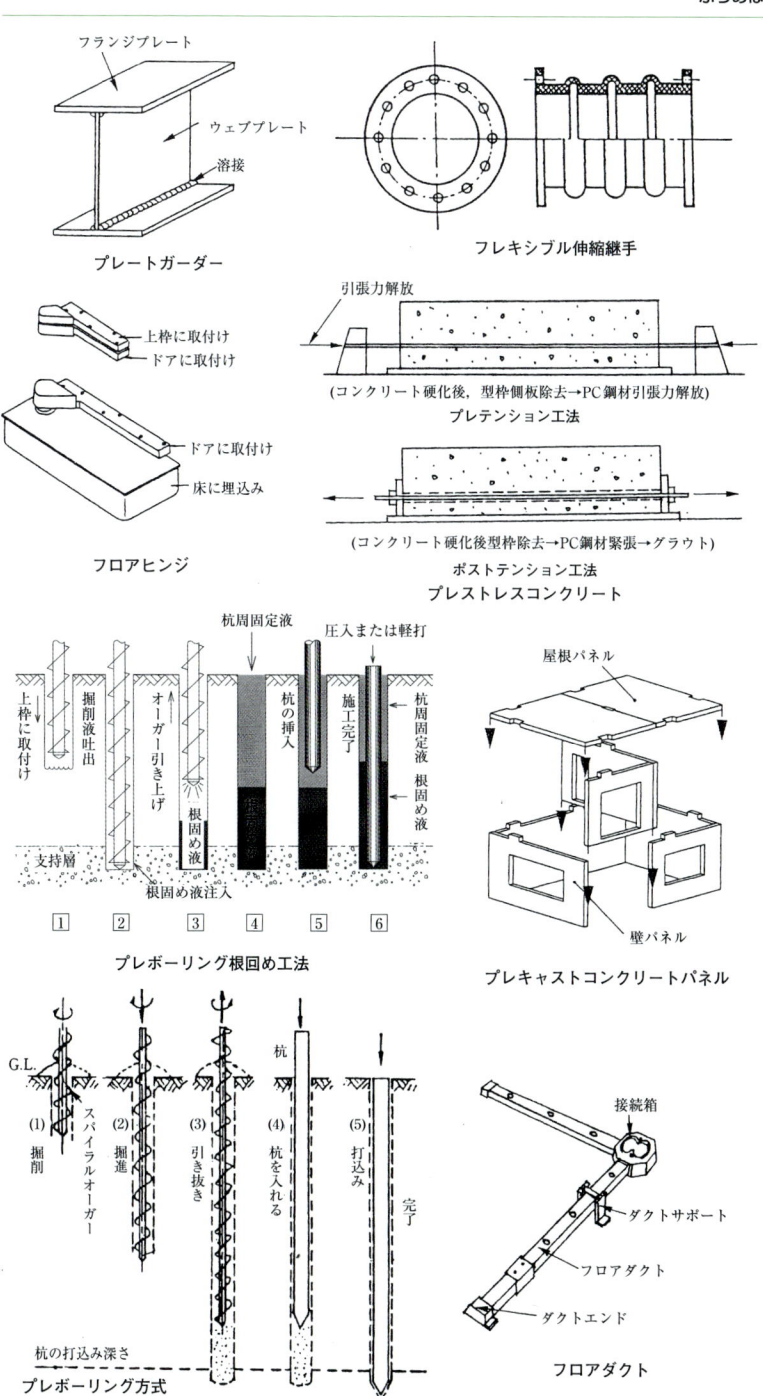

プレートガーダー
- フランジプレート
- ウェブプレート
- 溶接

フレキシブル伸縮継手

フロアヒンジ
- 上枠に取付け
- ドアに取付け
- ドアに取付け
- 床に埋込み

プレストレスコンクリート
(コンクリート硬化後，型枠側板除去→PC鋼材引張力解放)
プレテンション工法

(コンクリート硬化後型枠除去→PC鋼材緊張→グラウト)
ポストテンション工法

プレボーリング根固め工法
1. 掘削液吐出／上枠に取付け
2. オーガー引き上げ
3. 根固め液注入／根固め液／支持層
4. 杭周固定液／杭の挿入
5. 圧入または軽打／施工完了
6. 杭周固定液／根固め液

プレキャストコンクリートパネル
- 屋根パネル
- 壁パネル

プレボーリング方式
- G.L.
- (1) 掘削／スパイラルオーガー
- (2) 掘進
- (3) 引き抜き
- (4) 杭を入れる／杭
- (5) 打込み／完了
- 杭の打込み深さ

フロアダクト
- 接続箱
- ダクトサポート
- フロアダクト
- ダクトエンド

**ふろあり**

置き，カートなどに配分するための容器。

**フロアリング**〈flooring〉木質系床仕上材を総称していう。縁甲板，床用合板，フローリングブロック，モザイクパーケットなどがある。

**フロアリンクブロックばり**〈—張り〉堅木の短冊板を数枚継ぎ合わせ，正方形状のブロックにして張り上げる床仕上げ。裏側に付いている足金物を下地モルタルに埋め込むように圧着し，すきま，不陸のないように張り上げる。

**フロアリングボードばり**〈—張り〉床張り用に加工された合板などを根太に隠し釘打ちで張り上げる床仕上げ。

**フローしけん**〈—試験〉モルタルやコンクリートの練り上げ軟度を測定する試験。フローテーブルの上に乗せた供試体を上下に振動させ，底面の広がりを測ってフロー値とする。JIS に試験方法が示されている。

**フロート**〈float〉ネットワーク工程表における各作業の余裕日数。後続作業に影響を与えないものを「フリーフロート」，影響は与えるが工事完了日は変わらないものを「トータルフロート」という。

**フロートガラス**〈float glass〉窓ガラス用板ガラスで，表面を平滑にするために溶融金属面に浮かせ高温で製造する。ゆがみのない滑らかな表面をもつ高級透明板ガラス。

**フロートスイッチ**〈float switch〉フロート（浮子）と開閉用スイッチを連動させ，一定の水位を保つよう給排水させる装置。高架水槽や水洗便器の水タンクなどに用いられる。

**ブローホール**〈blowhole〉溶接時に溶着金属の内部にできる気泡。空洞部があると応力の伝達ができないから，溶接部の欠陥となる。「気孔」ともいう。

**ブローンアスファルト**〈blown asphalt〉石油アスファルトの一つで，原油蒸溜塔の底部から熱気を吹き込み，水分・蒸発分を少なくして化学反応を進めたもの。ストレートアスファルトに比べて粘着性や浸透性は劣るが，温度による変化が少なく，安定性・耐候性に富む。アスファルト防水層，アスファルトルーフィングの表層などに用いられる。

**ふろく**〈不陸〉陸は水平の意で，水平でないこと。または面が平坦でないこと。「ふりく」ともいう。

**プロジェクションようせつ**〈—溶接〉重ね抵抗溶接の一つ。一方の材に突起物をつくり，これにもう一方の材を重ねて電流を流し，加熱・加圧することによって突起をつぶし溶接する方法。熱と圧力が突起部に集中し，1回で数箇所同時に行うことができる。

**プロムナード**〈promenade〉遊歩道・散歩道の意。商店街，展示場，展望台などで造成される回遊式舗装道。

**ブロンズ**〈bronze〉一般には銅と他金属との合金をいうが，特に銅にすずを加えてつくられる合金をいう。表面が青緑色で耐食性に優れ，鋳造性もよいことから建築用装飾などに用いられる。「青銅」ともいう。

**ぶんかつうけおい**〈分割請負〉工事の請負方式の一つ。工事の規模が大きいときなど，区画ごととか棟ごとに，または工事区分ごとに分割して別々の業者に請け負わせること。

**ぶんでんばん**〈分電盤〉電気配線上の器具で，幹線と分岐回路の接続をするもの。各階や主要回路ごとに設けられ，分岐回路ごとに自動遮断器や開閉器などが組み込まれる。

**ぶんぴつ**〈分筆〉一区画として登記してある土地を，2つ以上に分割すること。

**ぶんべつかいたい**〈分別解体〉既設建物を取り壊すときや建築廃材がでるときの規制事項で，資源の有効な利用の確保および廃棄物の適正処理を図ることを目的としたもの。建設リサイクル法では，「建築物などの解体工事または新築工事などで発生した建設資材廃棄物をその種類ごとに分別しつつ当該工事を施工する行為」と定義されている。

**ぶんりはっちゅう**〈分離発注〉1つの建築工事を工事別，職種別に分離して，それぞれの専門業者に発注すること。

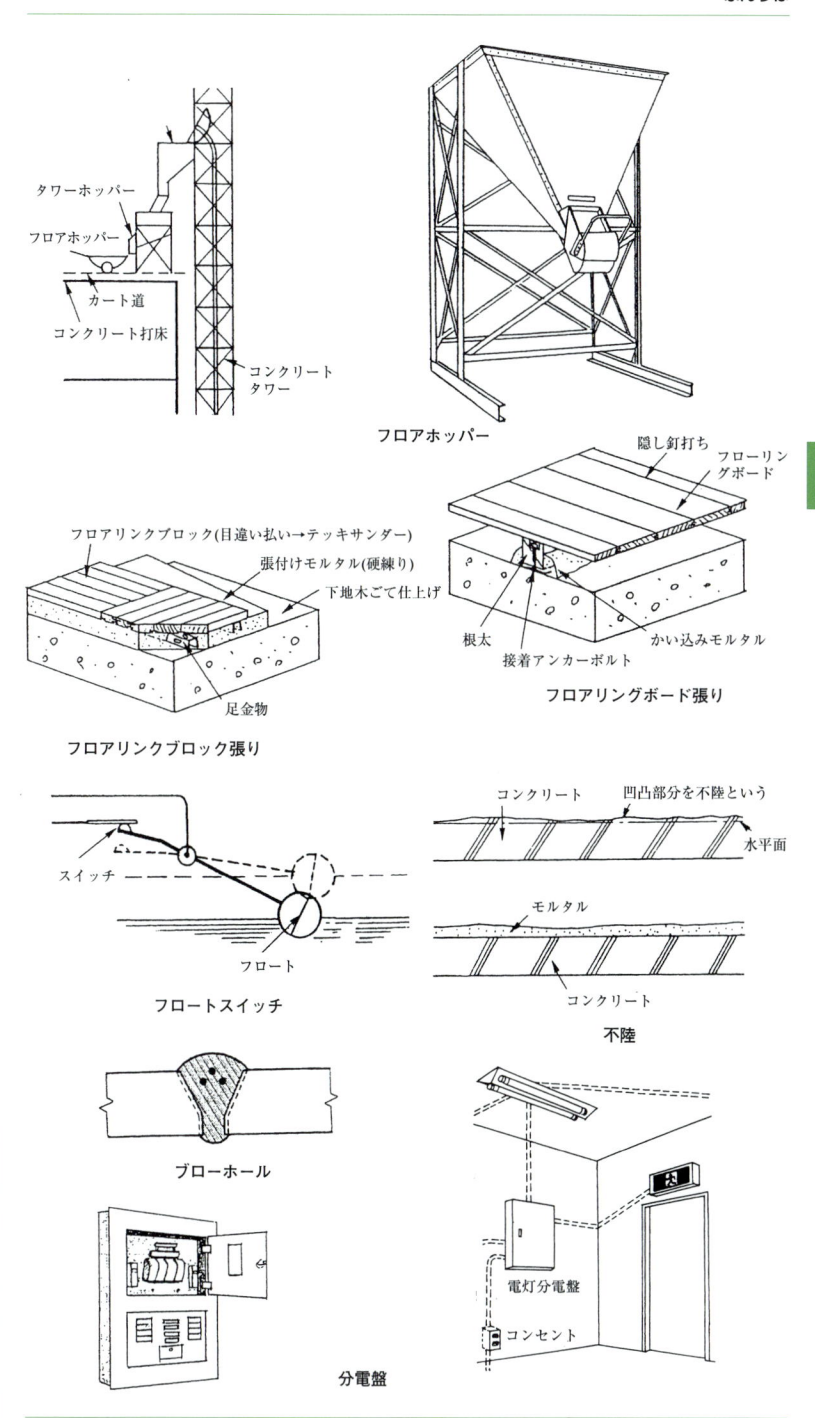

タワーホッパー
フロアホッパー
カート道
コンクリート打床
コンクリートタワー

フロアホッパー

フロアリンクブロック(目違い払い→テッキサンダー)
張付けモルタル(硬練り)
下地木ごて仕上げ
足金物

フロアリンクブロック張り

隠し釘打ち
フローリングボード
根太
接着アンカーボルト
かい込みモルタル

フロアリングボード張り

スイッチ
フロート

フロートスイッチ

コンクリート　凹凸部分を不陸という
水平面
モルタル
コンクリート

不陸

ブローホール

分電盤

電灯分電盤
コンセント

**ペアガラス**〈pair glass〉⇒ふくそうガラス

**へいこうげんトラス**〈平行弦—〉鉄骨の組立構造材で，上弦材と下弦材を平行にしたトラス。ハウトラス，プラットトラス，ワーレントラスなどがある。

**へいごうごさ**〈閉合誤差〉測点から測点へ順次距離と角度を測定していく閉合トラバース測量において，始点に戻ったときの作図上の誤差をいう。この誤差の全測定長さに対する比を「閉合比」という。

**べいざい**〈米材〉アメリカやカナダなど，おもに北米から輸入される木材の総称。針葉樹が多い。

**へいばんさいかしけん**〈平板載荷試験〉基礎スラブを載せる地層に直接荷重を加えて支持力を測定する試験。降伏荷重や極限応力度から地盤の許容応力度を定めることができる。平板載荷試験の方法は JIS A 1215 に示される。

**へいばんそくりょう**〈平板測量〉三脚の上に図板を水平に固定し，アリダード，求心器，ポール，巻尺などを使用して行う測量。測量図は図板上に適当な縮尺で描かれる。

**へいめんず**〈平面図〉設計図面の一つで，部屋の配置など各階の床面を上部から見た図面。間取りのほか，動線，取付け設備の配置，開口部，柱や耐力壁の位置，床仕上げなどが表示される。「間取り図」ともいう。

**へいめんトラス**〈平面—〉部材の構成が平面的に表示できるトラス。これを並列して設置することにより，立体的空間を構築する。平面トラスに対して各部材を立体的に組み立てる「立体トラス」がある。

**へいめんひょうじきごう**〈平面表示記号〉平面図を作図する上において，JISにより一般的に決められている共通表示記号。窓・出入口など開口部の表示法，壁・部材断面の表示法などがある。

**ベイラー**〈bailer〉ボーリング孔底の掘削土を取り出すための器具。管状の器具で先端に開閉弁がある。

**ペイント**〈paint〉塗料の一つ。顔料を油脂・樹脂などの展色剤と練り合わせ，これに溶剤，乾燥剤，水溶性液体などを加えて調合したもの。油ペイント，樹脂性ペイント，水性ペイントがある。

**ベースかなぐ**〈—金具〉鋼製枠組足場の建枠の脚部に取り付けるもので，固定式のものと高さを調節できるジャッキ式とがある。

**ベースプレート**〈base plate〉鉄骨の柱脚部に溶接される水平の鋼板。アンカーボルトで基礎面上に固定する。

**ベースモルタル**〈base mortar〉鉄骨の柱をコンクリート基礎に設置するとき，各柱の高さを調整するためベースプレートの下に置かれるモルタルの団子。最下階の建方調整が終わった段階で柱脚部にコンクリートが打たれる。

**ペーパードレーンこうほう**〈—工法〉地盤改良工法の一つ。地中に特殊な紙でできた集水材を専用の埋設機で設置し，地中の水を強制排出することによって地盤を締め固める工法。

**ベーンテスト**〈vane shear test〉土のせん断強さ試験法の一つ。ロッドの先端に十字形の金属翼を取り付け，これをボーリングの孔底で地中に押し込んでからゆっくり回転させ，土をねじ切る際の最大ねじりモーメントを測定してせん断強さを算出するもの。軟らかい粘土質地盤に用いられる。

**べたきそ**〈べた基礎〉直接基礎の一種で，建物の底面の全部または一部を基礎スラブとしたもので，柱脚とこれをつなぐ基礎梁と基礎スラブからなる。→フーチングきそ

**べたばり**〈べた張り〉紙，布，シートなどの全面にのりや接着剤を付けて張ること。

**べたぶき**〈べた葺き〉屋根を日本瓦葺きにするとき，瓦の下全面に葺き土を用いる方法。重くなるが屋根の断熱性が増し，瓦下のすきまを埋めることができる。

**べたぼり**〈べた掘り〉⇒そうぼり

**ヘッダーパイプ**〈header pipe〉⇒しゅうすいかん

**べっとこうじ**〈別途工事〉請負契約に含まれない工事。

**ペデスタルぐい**〈—杭〉場所打ちコンクリート杭の一つで，外管と内管の二重管を所定の深さまで打ち込み，コンクリートを流

へてすた

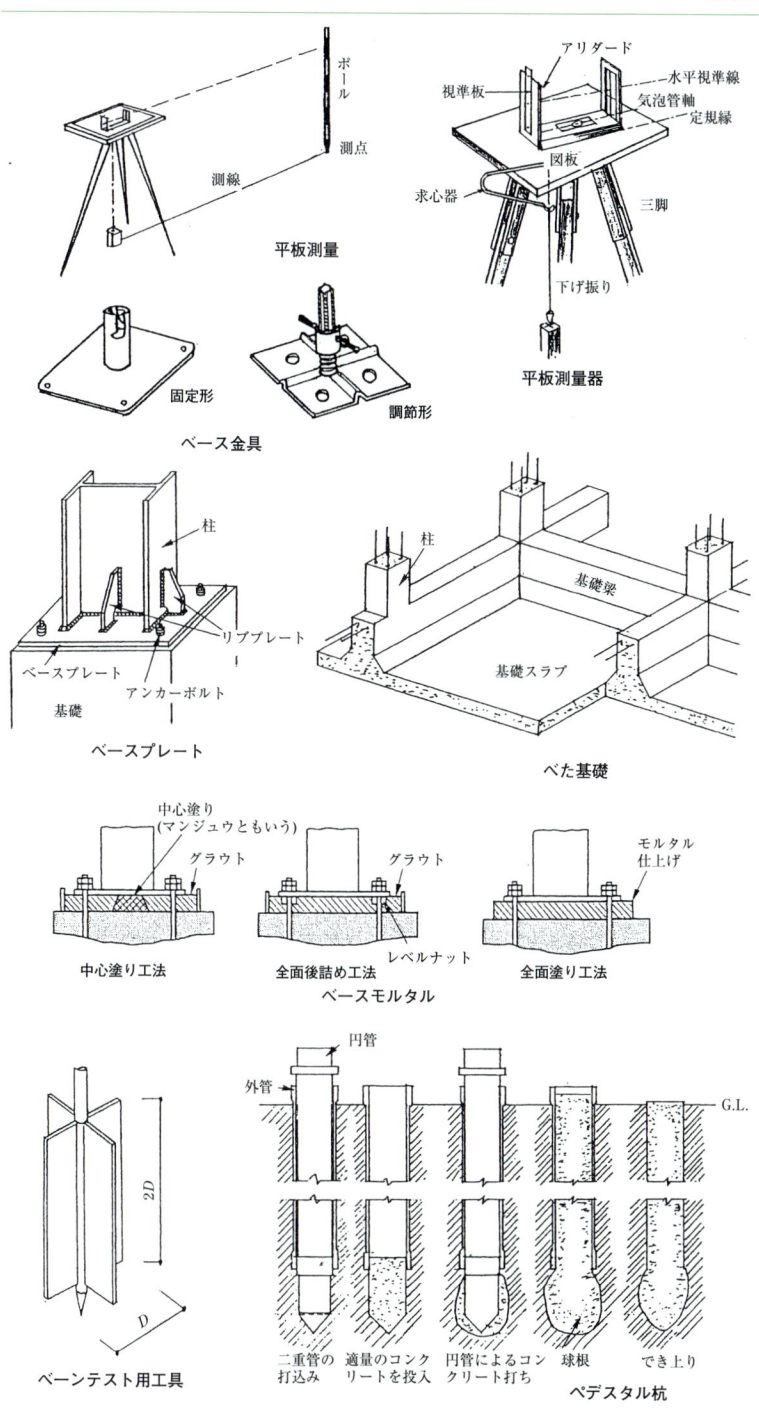

平板測量

平板測量器

固定形　調節形
ベース金具

ベースプレート

べた基礎

中心塗り工法　全面後詰め工法　全面塗り工法
ベースモルタル

ベーンテスト用工具

二重管の打込み　適量のコンクリートを投入　円管によるコンクリート打ち　球根　でき上り
ペデスタル杭

し込んで内管で突き固めながら外管を引き上げ造成するもの。先端部に球根をつくり，内外管の間に鉄筋を入れて，コンクリートを内管で固めながら外管を抜き上げる。

**ベニヤコアごうはん**〈一合板〉奇数枚のベニヤ単板を，繊維方向が直交するように順次重ね合わせ接着剤で圧着したもの。ベニヤ単板は製法により，ロータリーベニヤ，スライスドベニヤ，ソードベニヤがある。単に「合板」ともいう。

**ベネシャンブラインド**〈venetian blind〉わずかに湾曲した薄いプラスチック製のスラットを一定の間隔を取って水平に綴り合わせたもの。窓の内側に取り付けられ，羽を動かしたり全体を上げ下げすることにより遮へい調節，採光調節ができる。

**ベノとき**〈一機〉⇒ベノくっさくき

**ベノくっさくき**〈一掘削機〉フランスのベノ社で開発した大口径の掘削機械。先端に刃形の付いたケーシングチューブを地中に圧入し，内部の土をハンマーグラブで掘削排土するもの。チューブ内を水洗してからコンクリートを流し込んで場所打ちコンクリート杭を造成する。「ベノ機」ともいう。

**ベノこうほう**〈一工法〉ベノ機を用いて大口径場所打ちコンクリート杭を造成する工法。径30〜200 cm，深さ30〜40 mまでの穴を無振動・無騒音で掘削することができる。

**へら**〈箆〉パテなどの調合，塗付けに用いる道具で，木べら，鋼べらがある。鋼べらは「金べら」ともいう。

**ベランダ**〈veranda〉建物より張り出した床面で，屋根またはひさしのあるもの。

**へりあき**〈縁明き〉鉄骨部材の継手・仕口部で，材軸方向から直角に測った材縁から最短のボルト穴中心までの寸法。このあき寸法が短いと，せん断破壊をするおそれがある。

**ヘリカルオーガー**〈helical auger〉ら旋状のきり。円筒形の管内にら旋状のきりを入れ，これを回転させながらせん孔するボーリング機械。

**ベルトコンベヤー**〈belt conveyor〉両端の2つのプーリーにエンドレス（無限環状）のベルトを架け渡し，これを一方向に回転して土砂などを移動させる機械。ベルトはゴム，皮，織物などが用いられ，幅35〜50 cm，長さ4〜12 m，傾斜角は20°ぐらいまでである。

**ベルトラップ**〈bell trap〉⇒わんトラップ

**ヘルメット**〈helmet〉現場内の落下物などから頭部を保護するために着用する帽子。「保安帽」「保護帽」ともいう。

**べん**〈弁〉給水配管などの途中や先端に設けて水を止めたり，流量を調節したりするもの。一般に玉形弁，仕切り弁，逆止め弁の3種に分けられる。

**へんかく**〈偏角〉測量図で，測線が一つ前の測線の延長となす角のことで，右回りを右偏角，左回りを左偏角という。

**べんがら**〈弁柄〉酸化鉄を主成分とする粉末で，帯黄赤色の顔料。塗料やガラスなどの研磨剤として用いられる。「紅殻」ともいう。

**へんざい**〈辺材〉樹木の芯部に対して周辺部を製材したもの。一般に含水率が高く，心材にくらべて軟質で木目が荒い。

**ペンション**〈pension〉住家で経営する小規模な宿泊施設。リゾート地に多く建てられ，アットホーム的な雰囲気や料理に特色がある。

**へんせいがん**〈変成岩〉火成岩や堆積岩が，地殻の変動による熱や圧力，または化学的作用によって変質し，その組織・鉱物成分が変化したもの。分類される岩石としては大理石，蛇紋岩などがある。

**ベンチマーク**〈bench mark〉敷地内の高低差や，遣方の高さの基準点とするもの。元来は水準原点を基準として標高を決めた点であり，「水準点」ともいう。

**ベンチレーター**〈ventilator〉自然の風力を利用した換気装置の一つ。換気塔または筒の先に風で回る扇を取り付け，風力や温度差を利用して下方より空気や臭気を吸い上げるもの。

**ベンドアップきん**〈一筋〉鉄筋コンクリート造の梁やスラブの主筋で，端部では上端筋，中央部では下端筋へと折り曲げて挿入する鉄筋。「折曲げ筋」「ベンド筋」ともいう。図次頁

**ベンドきん**〈一筋〉⇒ベンドアップきん

**ベントナイト**〈bentonite〉火山灰のガラス質が分解した微細粘土。水を吸収して膨張し，止水性や土の崩れを防ぐ効果がある。溶液にして場所打ち杭の掘削孔に入れ，側壁の崩壊を防止するために使用する。

へんとな

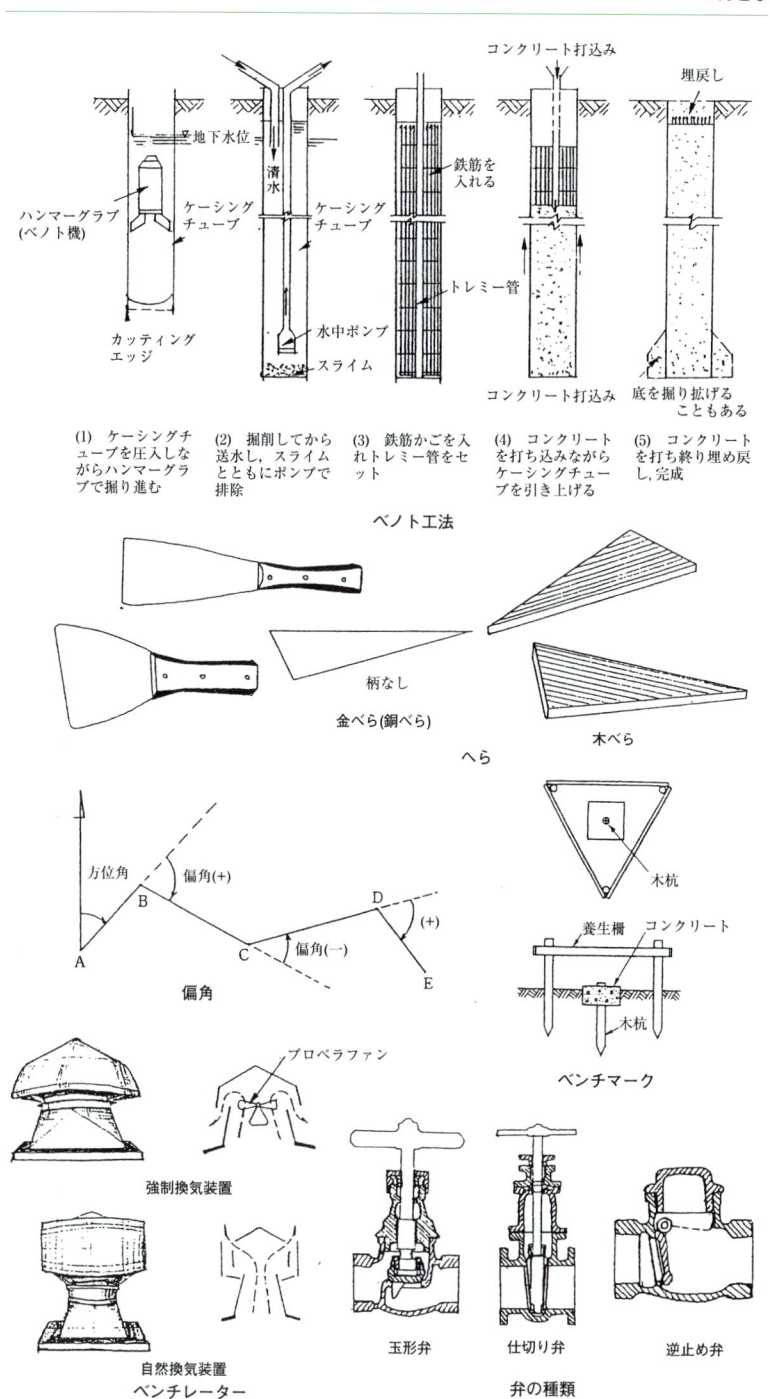

(1) ケーシングチューブを圧入しながらハンマーグラブで掘り進む
(2) 掘削してから送水し、スライムとともにポンプで排除
(3) 鉄筋かごを入れトレミー管をセット
(4) コンクリートを打ち込みながらケーシングチューブを引き上げる
(5) コンクリートを打ち終り埋め戻し、完成

ベノ工法

金べら(銅べら)　柄なし　木べら

へら

偏角

ベンチマーク

強制換気装置

自然換気装置
ベンチレーター

玉形弁　仕切り弁　逆止め弁

弁の種類

279

へんとは

- **ベンドパイプ**〈vend pipe〉排水管内の気圧を調整し，排水が管内を流れやすくするための通気管。
- **ペントハウス**〈penthous〉屋上に設ける階段室やエレベーター機械室などに使用する一部突き出た部分。「塔屋」ともいう。
- **へんむけいやく**〈片務契約〉工事の請負契約において，不可抗力によるトラブルが発生した場合の債務取決め。当事者の一方のみが債務を負う契約。

# ほ

- **ほ**〈穂〉⇒かんなみ
- **ボアホールポンプ**〈bore hole pump〉深井戸用特殊ポンプで，地上に電動機を置き，長いシャフトを使って下端水中にあるタービンポンプを回転して揚水するもの。
- **ほあんぼう**〈保安帽〉⇒ヘルメット
- **ホイスト**〈hoist〉電動モーターとワイヤーロープの巻ドラムが組み合わされ，レールを走行するかたちの巻上げ搬送機。
- **ボイラー**〈boiler〉炉内で燃料をたき，その熱によって蒸気または温水をつくる装置。形式としては鋳鉄製分割形，煙管式三パス形，水管式ボイラーなどがある。
- **ボイリング**〈boiling〉砂質地盤などを掘削した根切り底において，底面の土粒子が，山留め壁裏の地下水の圧力により湧出すること。「沸出し」ともいう。
- **ボイルゆ**〈—油〉油性ペイントの原料として用いられる展色剤の一つで，乾性油類に適量の乾燥剤を加えて加熱処理したもの。
- **ほういかく**〈方位角〉方位を示す角度のこと。磁北を基準として右回りの水平角を「磁方位角」，真北を基準とするのを「真北方位角」という。
- **ほういかくほう**〈方位角法〉測線の各測点における方位角を，順次測定していくことによって土地の形状を求める測量。
- **ぼうかかんりしゃ**〈防火管理者〉消防法第8条で定める建物の管理者が選任する有資格者。おもな業務は消防計画の作成，消火・通報及び避難訓練の実施，消防用水・消防用施設設備の点検および整備，火気の使用・取扱いに関する監督，避難・防火にかかわる建物の構造および設備の維持管理，収容人員の管理，その他管理上必要な業務となっている。
- **ぼうかこうぞう**〈防火構造〉建築基準法上の用語で，定義では，「建築物の外壁または軒裏の構造のうち，防火性能に関して政令で定める技術的基準に適合する鉄網モルタル塗り，しっくい塗りその他の構造で，国土交通大臣が定めた構造方法を用いるものまたは国土交通大臣の認定を受けたものをいう」（法第2条，令第108条）。
- **ぼうがたしんどうき**〈棒形振動機〉打ち込んだコンクリートに，流動性を与えるために使用する振動機の一つ。コンクリートの中へ直接挿入して振動を与える棒状のもの。
- **ほうきづけ**〈箒付け〉床をモルタル塗りとする場合，セメントペーストをほうきで下地にこすり付けること。あまがけ，のろがけと同じ。
- **ほうきめ**〈箒目〉塗面に付ける浅い筋で，ほうきで軽くこすって付けた目模様。
- **ほうきめしあげ**〈箒目仕上げ〉硬化前のコンクリートの表面をほうき，ワイヤーブラシなどでこすって筋を付けて粗面にする仕上げ。
- **ほうぎょうやね**〈方形屋根〉屋根伏が正方形になり，4つの隅棟が頂点で一点に合わさる形状の屋根。屋根伏が六角形や八角形のものも方形屋根という。付図参照
- **ぼうこう**〈棒鋼〉鉄筋コンクリート構造用の鉄筋として使用されるもので，加熱した鋼を回転するローラー間に何回も通してつくられる。棒鋼には四角・六角のものもあるが，通常は丸鋼と異形鉄筋が用いられる。
- **ぼうしつざい**〈防湿材〉湿気や水気の透過を防ぐ目的で，壁や床などの防湿層に用いる材料。アスファルトルーフィング，プラスチックフィルム，アルミ箔，パラフィン紙，防湿塗料などがある。
- **ほうしゃほう**〈放射法〉敷地内の測点から，放射線上の各測点の位置を求める測量法。敷地内に障害物がある場合は，測点の距離の測定や見通しができない場合がある。
- **ぼうじょうバイブレーター**〈棒状—〉コン

ほうしょ

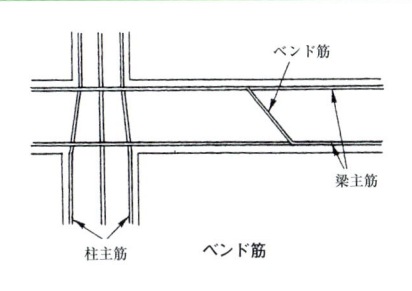

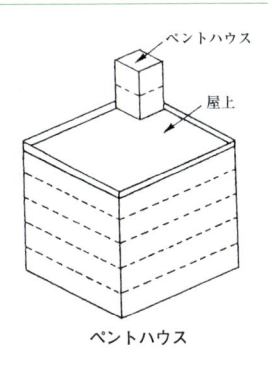

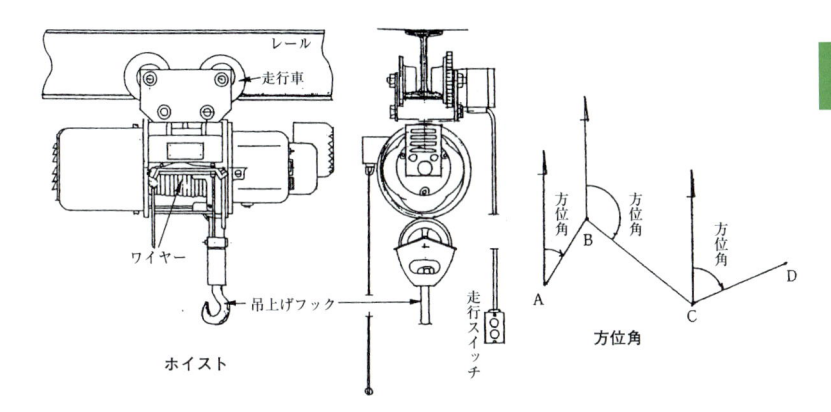

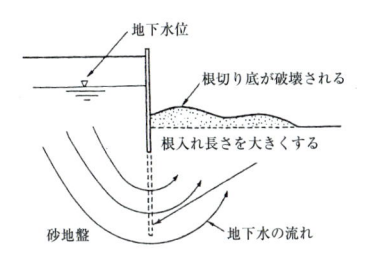

ベンド筋

ペントハウス

ホイスト

方位角

ボイリング現象の原理

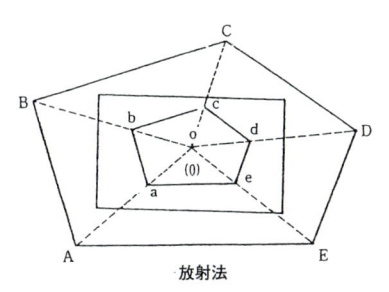

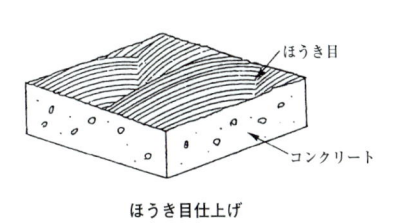

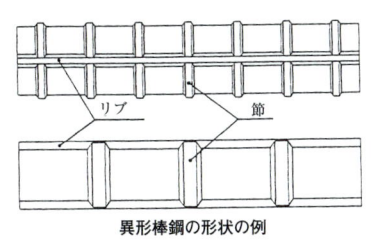

放射法

ほうき目仕上げ

異形棒鋼の形状の例

**ぼうしょく**〈防食〉木材の腐朽・虫害，鋼材の酸化，コンクリートの風化などを防ぐこと。

**ぼうすいおさえ**〈防水押え〉コンクリートの陸屋根に用いるアスファルト防水，シート防水などの防水層を保護するために用いられるもの。防水層の端部は立ち上げてれんがなどで押さえ，屋根面は軽量気泡コンクリートなどで押さえ保護する。屋上を歩行する場合はタイルなどを張る。

クリート打ちの際に，コンクリート内に差し込んで振動を与えて締め固めをする振動機。「差込み振動機」ともいう。単に「バイブレーター」ともいう。

**ぼうすいこうじ**〈防水工事〉屋根や地下室の防水，水を使用する室内の床や壁の防水のほか，外壁および開口部回りの防水の工事をいう。アスファルト防水，シート防水，モルタル防水，防水コンクリートなどがあり，外壁回りには，防水剤の吹付け，塗布防水，コーキングその他の防水法がある。

**ぼうすいコンクリート**〈防水—〉コンクリートに防水剤を混和したり，水和によって生じるコンクリート中の可溶性物質と化合させて不溶性物質をつくったり，あるいは水を反発する物質を混入して防水の目的を達しようとしたコンクリートをいう。

**ぼうすいざい**〈防水材〉モルタルやコンクリートの防水性能を高めるために用いる混和剤。塩化カルシウム，けい酸質微粉末，合成樹脂エマルジョン，アスファルトなどがある。

**ぼうすいぜつえんこうほう**〈防水絶縁工法〉下地の変形が，上部防水層に直接影響を及ぼす可能性がある場合，防水層と下地が密着しないように絶縁させる施工法。

**ぼうすいそう**〈防水層〉防水するための層で，アスファルト防水層，シート防水層，塗膜防水層がある。

**ぼうすいそうおさえ**〈防水層押え〉防水層を保護するためのもので，通常養生モルタルの上に炭がらコンクリート，気泡コンクリートなどの軽量コンクリートが打たれる。また豆砂利焼付け，れんが積みなども行われる。

**ぼうすいモルタル**〈防水—〉水密性を高め防水効果を出すために，防水剤を混入して練ったモルタル。

**ぼうずだたみ**〈坊主畳〉縁に布飾りのない畳。「縁無し畳」ともいう。

**ぼうずまるた**〈坊主丸太〉一本クレーンのこと。太い一本の丸太を数本のとら綱で支え，上端に滑車を付けた簡易揚重機。「坊主」「ジンポール」ともいう。

**ぼうせいとりょう**〈防錆塗料〉鋼材のさびを防ぐ目的で下塗りする塗料。特別の顔料を用いたものであるが，最も多く使われるのは鉛丹で，ボイル油と練り合わせて用いられる。一酸化鉛，白鉛，黒鉛華なども用いられる。

**ほうだて**〈方立て〉開口部を柱間より狭くする場合に取り付ける竪木のこと。「柱寄せ」ともいう。

**ほうだてほうしき**〈方立て方式〉カーテンウォール構造の外壁部を支える骨組。主体柱は外壁より奥に配置し，外壁を単に仕切り壁とする構造において，外壁部の窓やスパンドレルを支持する柱の配置方式。「マリオン方式」ともいう。

**ほうづえ**〈方杖〉垂直材と水平材の接合部の変形を防ぐため，両材の隅角部に取り付けられる斜材。また，小屋組トラスにおいて，斜めに取り付けられる部材をいう場合もある。

**ほうねつき**〈放熱器〉蒸気または温水を用いて暖房する場合の室内用熱交換器。放射型は鋳鉄製2柱型，3柱型，5柱型，壁掛け型などがあり，対流型はつば（フィン）付きの銅管や鉄管を用い，1〜3段に配管して下部から上部へ自然対流を起こさせるものである。放射型放熱器を「ラジエーター」，対流放熱器を「コンベクター」ともいう。

**ボウビーム**〈bow beam〉コンクリート型枠の受け梁に用いたり，作業床など仮設物の梁として用いる鉄骨弓状のトラス梁。木材と棒鋼で構成したものもある。仮設材。

**ぼうふうたい**〈防風帯〉強風による飛砂，風圧を防ぐため，建物や農地の周囲につくられる生垣や防風林，防風壁などをいう。

**ぼうふざい**〈防腐剤〉木材の腐敗，鋼材の酸化などを防ぐための注入剤や塗布剤。クレオソート，鉛丹，亜酸化鉛などがある。

**ぼうろ**〈防露〉給排水管の管内を流れる水の温度が周辺空気の露点温度より低い場合，管表面に結露現象が生じる。これを防ぐために必要部分を断熱材で被覆すること。

**ほうろう**〈琺瑯〉鋼板や鋳鉄の表面に，陶磁

## ほうろう

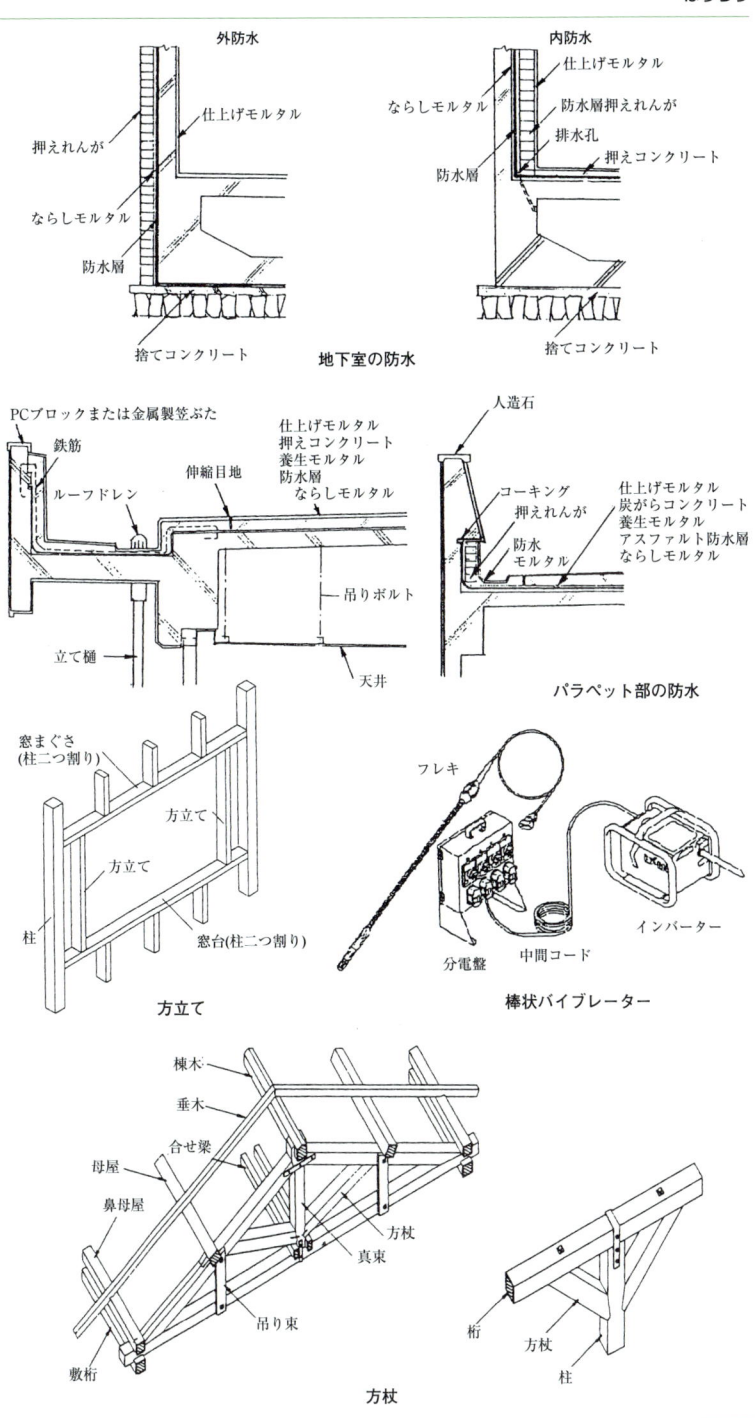

### 地下室の防水

**外防水**: 押えれんが、仕上げモルタル、ならしモルタル、防水層、捨てコンクリート

**内防水**: ならしモルタル、仕上げモルタル、防水層押えれんが、排水孔、押えコンクリート、防水層、捨てコンクリート

### パラペット部の防水

PCブロックまたは金属製笠ぶた、鉄筋、ルーフドレン、伸縮目地、仕上げモルタル、押えコンクリート、養生モルタル、防水層、ならしモルタル、立て樋、吊りボルト、天井

人造石、コーキング、押えれんが、防水モルタル、仕上げモルタル、炭がらコンクリート、養生モルタル、アスファルト防水層、ならしモルタル

### 方立て

窓まぐさ(柱二つ割り)、方立て、柱、窓台(柱二つ割り)

### 棒状バイブレーター

フレキ、分電盤、中間コード、インバーター

### 方杖

棟木、垂木、合せ梁、母屋、鼻母屋、方杖、真束、吊り束、敷桁、桁、柱

器にかけるほうろう釉薬を塗り，高温で焼いて融着させたもの。浴槽，洗面器，流し台などに利用される。

**ボーダータイル**〈border tile〉タイル張り仕上げにおいて，端部の出隅・入隅に用いる縁取りタイル。

**ポータブルていこうようせつき**〈―抵抗溶接機〉可搬式の小型抵抗溶接機。抵抗溶接は電気抵抗熱により半溶融状態にした接合部に圧力を加えて行う。

**ポーチ**〈porch〉建物の出入口の前に設けられるひさしの付いた車寄せ。エントランスの外部空間。

**ボードばり**〈―張り〉壁・天井などの仕上げで，繊維板類，木毛セメント板，石膏ボードなどを釘打ちや接着剤張りすること。

**ホームエレクトロニクス**〈home electronics〉住宅内にコンピューターを応用した機器を導入し，防犯や防災，室内環境制御，電話回線を利用した遠隔操作など，多様な機能をもたせようとするシステム。

**ホームセキュリティシステム**〈home security system〉住宅内の主要部にセンサーを取り付け，集中管理をするとともに緊急連絡先へ通報する安全警備システム。ガス漏れ，火災，盗難，施錠忘れなどを自動的に感知する。

**ボーリング**〈boring〉せん孔具を用いて地盤に穴をあけること。地下水位を調べたり，穴から掘削土（スライム）または乱されない土塊（コア）を取り出して，地層や土質の調査をしたり，標準貫入試験を行って地盤の硬軟度を測定したりする。ほかにさく井に用いられる。ボーリングの方法としては簡単なオーガーボーリングから，機械によるロータリーボーリング，パーカッションボーリング，ウォッシュボーリングがある。

**ボーリングちゅうじょうず**〈―柱状図〉⇒どしつちゅうじょうず

**ポール**〈pole〉測量するときに用いる径約3cmの丸棒。長さは2～5mまであり，20cmごとに赤白で色分けがしてある。測点上に立てて方向を見通す目標に用いられる。

**ホールインアンカー**〈hole in anchor〉コンクリート面に取付け物をする場合のアンカーで，あけた孔に鉛製のプラグまたは円筒座金を打ち込み，これにボルトやねじを切った棒鋼をねじ込んでアンカーとするもの。

**ホールダウンかなもの**〈―金物〉木造柱の補強金物で，柱脚部の浮き上がりやずれを防ぐために用いるもの。柱脚と土台や基礎を緊結する金物。

**ボールタップ**〈boll tap〉球形の浮き子により，水位の調整をはかりながらタンク内の水を出し入れする器具。給水用の高架水槽や水洗トイレの洗浄水タンクなどに用いられる。「玉栓」ともいう。

**ほきょうかなもの**〈補強金物〉木構造の継手・仕口など，接合部を補強する金物。

**ほきょうきん**〈補強筋〉鉄筋コンクリート構造の開口部回りや，その隅角部を補強するために配置する鉄筋。また，コンクリートブロック壁を補強するために，縦横に挿入される鉄筋をいう。

**ほきょうコンクリートブロックこうぞう**〈補強―構造〉布基礎の上にコンクリートブロックを積み，臥梁を設け，鉄筋コンクリート造のスラブを支持する組積構造。壁体を構成するコンクリートブロックには，目地空洞部に鉄筋を縦横に配置して，モルタルで固め補強する。

**ほくようざい**〈北洋材〉北海道，サハリン，沿海州，中国東北部など北方で産する木材。輸入材としてはカラマツ，エゾマツ，トドマツなどがある。

**ほごコンクリート**〈保護―〉陸屋根の防水層を保護するために打たれる軽量コンクリートで，コンクリートスラブの上に，ならしモルタル，防水層，養生モルタル，保護コンクリート，仕上げモルタルの順に施工される。

**ほごぼう**〈保護帽〉⇒ヘルメット

**ほじょきん**〈補助筋〉鉄筋コンクリート造各部に配筋される鉄筋には，特定の名称をもつものが多くあるが，基本的には主筋と補助筋に大別される。構造上の強度を維持するために用いられる主筋以外の鉄筋をいう。

**ほじょトラス**〈補助―〉鉄骨構造におけるトラス梁または小屋トラスで，端部を直接柱で支持せず，桁で支える形のもの。メイントラスの間隔が広い場合に，母屋を支えるためにその間に設けられる。「サブビーム」ともいう。

**ほしわれ**〈星割れ〉木材が乾燥することによ

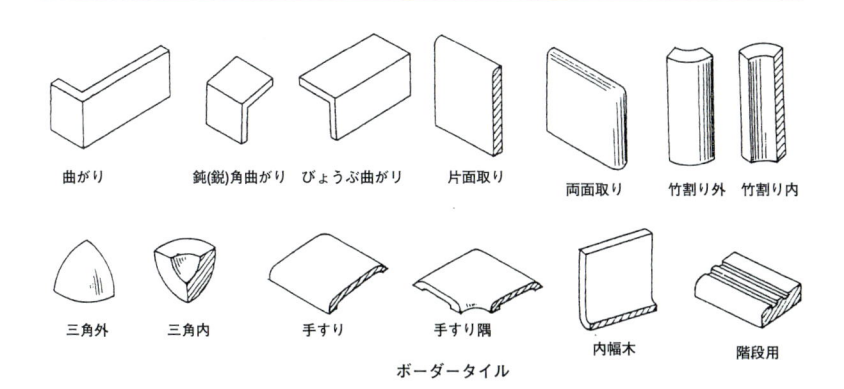

ほしわれ

| | | | | | | |
|---|---|---|---|---|---|---|
| 曲がり | 鈍(鋭)角曲がり | びょうぶ曲がり | 片面取り | 両面取り | 竹割り外 | 竹割り内 |

| | | | | | |
|---|---|---|---|---|---|
| 三角外 | 三角内 | 手すり | 手すり隅 | 内幅木 | 階段用 |

ボーダータイル

**補助筋**

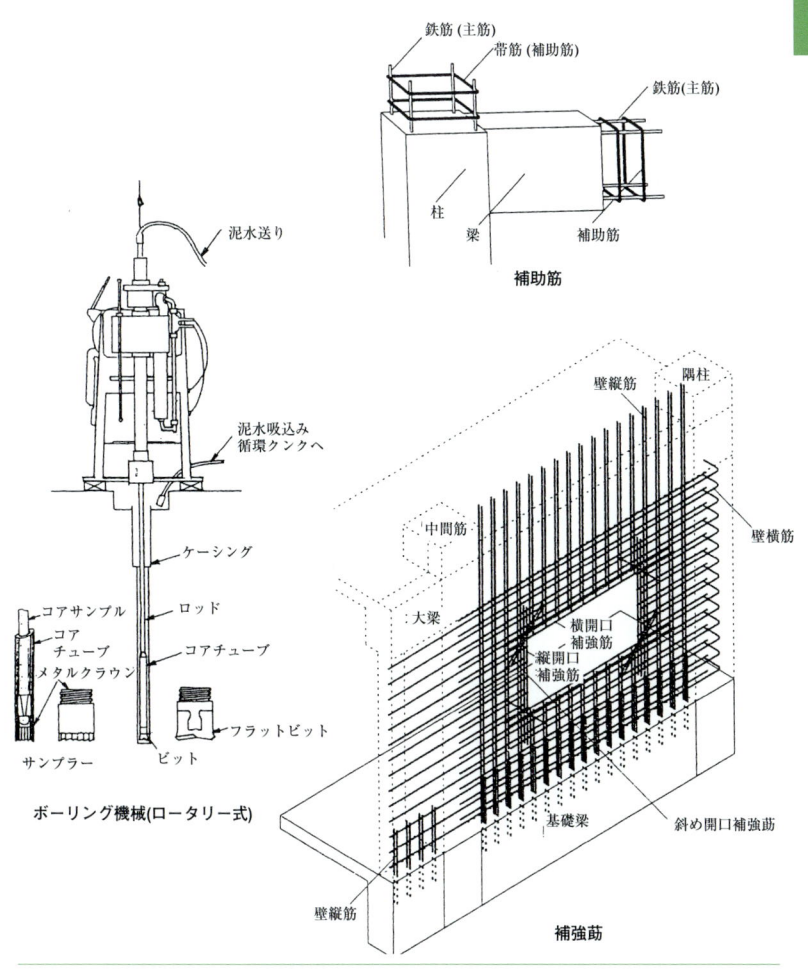

鉄筋(主筋) / 帯筋(補助筋) / 鉄筋(主筋) / 柱 / 梁 / 補助筋

**ボーリング機械(ロータリー式)**

泥水送り / 泥水吸込み循環クンクへ / ケーシング / ロッド / コアチューブ / フラットビット / コアサンプル / コアチューブ / メタルクラウン / サンプラー / ビット

**補強筋**

壁縦筋 / 隅柱 / 中間筋 / 壁横筋 / 大梁 / 横開口補強筋 / 縦開口補強筋 / 基礎梁 / 斜め開口補強筋 / 壁縦筋

り，その断面に入る割れ。材辺から樹心に向かって入るものを「辺材星割れ」，樹心から材辺に向かって生じるものを「心材星割れ」という。

**ポストテンションこうほう** 〈一工法〉現場でプレストレストコンクリートをつくる方法。コンクリートの硬化後，埋め込んだシースにPC鋼線を通し緊張させ，端部を固定後モルタルを注入し定着させ，プレストレスを与える方法。

**ポストホールオーガー** 〈post-hole auger〉円弧状の刃先をもったせん孔工具。緩やかに回転しながら孔底を切り取りせん孔する。

**ほぞ** 〈枘〉木材を接合するために加工した，片方の材に突起がある継手・仕口。ほぞ仕口の総称で，その形状により各種の名称がある。付図参照

**ほぞさし** 〈枘差し〉木構造の部材をほぞとほぞ穴で接合する仕口。栓，くさび，釘などの補強金物が併用される。

**ほぞつぎ** 〈枘接ぎ〉家具や建具の仕口で，ほぞとほぞ穴を組み合わせて接合するもの。ほぞのある部材を「男木」，ほぞ穴のある部材を「女木」ともいう。

**ほそめずな** 〈細目砂〉⇒さいしゃ

**ポゾラン** 〈pozzolan〉水硬性のセメント混和剤。火山灰・火山岩の風化物で，けい酸，アルミナを主成分とする。コンクリートの軟度をよくしたり，水和熱の減少，混練水の分離を防止する目的で使用される。

**ボックスガーダー** 〈box girder〉鉄骨梁の断面形で，鋼板や山形鋼を使ってフランジやウェブを箱形に構成するもの。ウェブを両側にとって箱形にした梁。「箱梁」ともいう。

**ボックスコラム** 〈box column〉鉄骨柱で，鋼板を溶接して箱形にした組立柱をいう。「箱形断面柱」ともいう。

**ほったてばしら** 〈掘立柱〉柱脚を地盤に埋め込んで立てた柱。埋め込んだ玉石を基礎とする場合もある。

**ホッパー** 〈hopper〉コンクリート，骨材，セメントなどを打込み場所付近に一時ためておき，必要なときに流し出すための漏斗状の装置。

**ほどうこうだい** 〈歩道構台〉工事現場の敷地に余裕がなくて，歩道の上に許可を取ってつくられる工事事務所など。

**ボトルがたミキサー** 〈一型一〉トックリ形で，練混ぜ速度が比較的速い可傾式コンクリートミキサー。

**ほねぐみ** 〈骨組〉主要構造材による建物構成。骨組による構造方式としては，筋かいを併用する架構式，耐震壁を併用するラーメン方式のほか，トラス方式，アーチ構造，サスペンション構造，組積式などがある。

**ほらぐち** 〈洞口〉和室とか茶室の床の間の，横壁に設けられる開口部。床の間の形の一つ。

**ほらどこ** 〈洞床〉床の間の形式の一つ。隅柱や天井など，床の間内部を壁土で塗り回したもの。踏込み床にしたものとかまち床にしたものがある

**ポリウレタンじゅし** 〈一樹脂〉ジイソシアネイトと多価アルコールによってつくられる熱硬化性の合成樹脂。変形性能がよく，耐薬品性に優れている。シール材・塗料などのほか，断熱材としての発泡体，塗膜防水材としての塗料などに用いられる。

**ポリウレタンじゅしとりょう** 〈一樹脂塗料〉ポリウレタン樹脂を主成分としてつくられる塗料。耐油性，耐薬品性に優れることから家具，木工品などに使用される。

**ポリエステルじゅし** 〈一樹脂〉多塩基酸と多価アルコールとの縮合反応による高分子化合物。熱硬化性樹脂。強化プラスチックとして無色または着色された透明板，薄いシート，ガラスウールで補強された平板や波板のほか，浴槽・ボートなどの製造に用いられる。そのほか，塗料，コーキング材などにも利用される。

**ポリエチレンじゅし** 〈一樹脂〉エチレンを重合して得られる熱可塑性樹脂。耐水性，耐薬品性，弾力性に優れることから，チューブ，シート，パッキン，コップやバケツなどの容器類の製造に用いられる。

**ポリエチレンフィルム** 〈polyethylene film〉ポリエチレン樹脂でつくられる薄いシート。防湿材として利用されるが，おもに最下階のコンクリートスラブが，地盤面と接する部分の防湿層として用いられる。

**ほりかた** 〈掘り方〉地盤の掘削，基礎の根切りなどに従事する労務者。

**ポリシングコンパウンド** 〈polishing compound〉軽石などの微粉を油で練ったもので，塗装面を研磨するためのペースト。

**ポリスチレンじゅし** 〈一樹脂〉ベンゾール

ほりすち

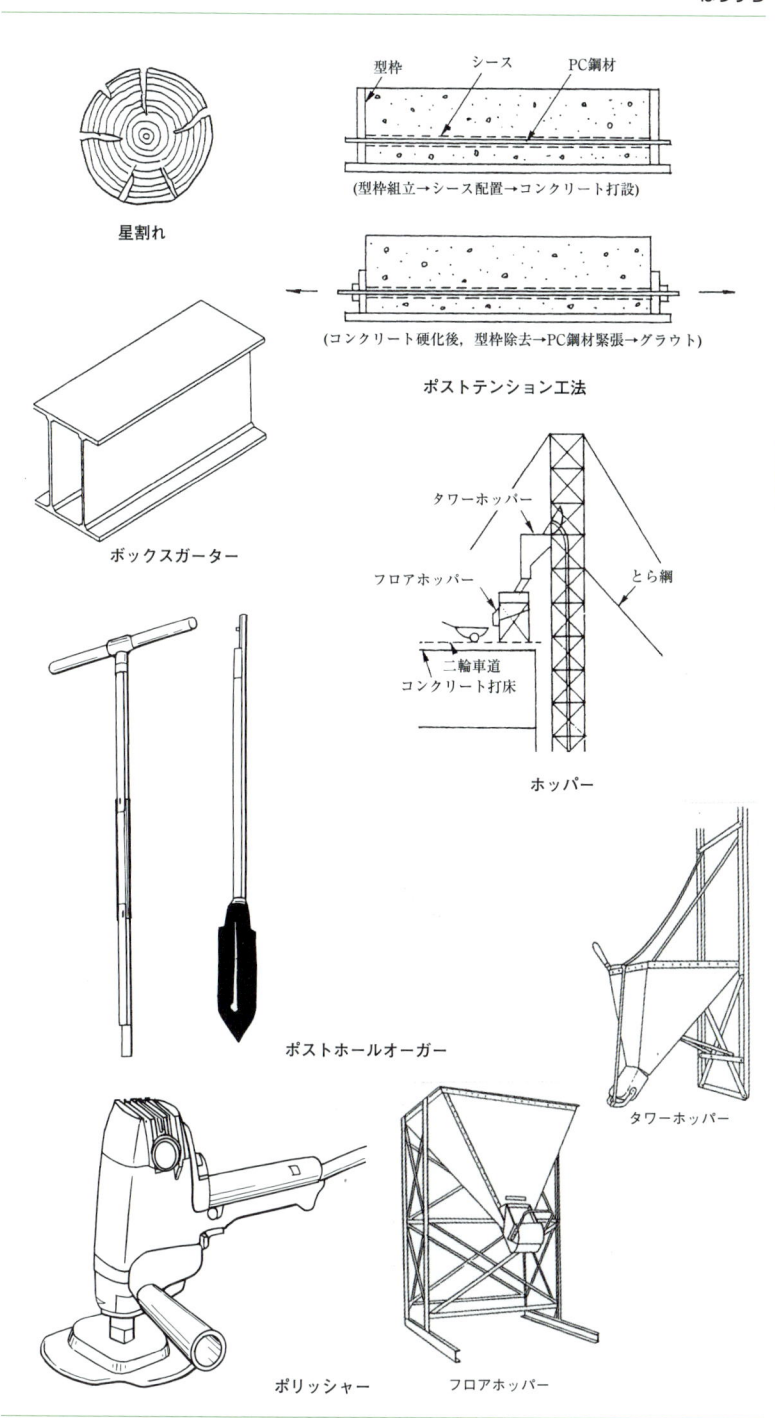

星割れ

型枠　シース　PC鋼材
(型枠組立→シース配置→コンクリート打設)

(コンクリート硬化後，型枠除去→PC鋼材緊張→グラウト)

ポストテンション工法

ボックスガーター

タワーホッパー
フロアホッパー
とら網
二輪車道
コンクリート打床

ホッパー

ポストホールオーガー

タワーホッパー

ポリッシャー　フロアホッパー

とエチレンから得られるスチレンの重合によってできる熱可塑性樹脂。透明で屈折率が大きいことから装飾用成形品に用い、発泡体は優れた断熱材として用いられる。「スチロール」「ポリスチロール」ともいう。

**ポリスチレンフォーム**〈polystyrene foam〉スチレン樹脂の発泡体を、融着成形または押出し発泡成形してつくられた保温材。断熱保温材として広く利用されるが、熱可塑性であるので高熱に対する持続性に欠ける。「発泡スチロール」ともいう。

**ポリスチロール**〈polystyrol〉⇒ポリスチレンじゅし

**ポリッシャー**〈polisher〉ワックスがけした板床を磨いたり、石張り床のつや出しに使用する研磨機。図前頁

**ポリバス**　プラスチック製の浴槽。軽量で耐水性、耐熱性、耐圧性がある。

**ポリマーセメントペースト**〈polymer cement paste〉セメントにゴムやプラスチックのような混和剤を混ぜ、水で練ってのり状としたもの。接着性・水密性などが増し、接着材、防水材、補修材として利用される。

**ボリュートポンプ**〈volute pump〉渦巻ポンプの一つ。渦巻状につくられた容器内で羽根車を回転させ、その遠心力を利用して揚水する方式のポンプ。羽根車の周囲に案内羽根を付けたものを「タービンポンプ」という。

**ボルト**〈bolt〉木造や鉄骨造の継手・仕口部に用いられる緊結金物で、六角の頭がある軸部にねじ加工をし、ナットで締め付ける形のもの。一般にボルト、ナット、ワッシャー（座金）で構成される。形状により両締めボルト、羽子板ボルト、アンカーボルト、吊りボルト、フックボルトなどがある。

**ボルトぎり**〈―錐〉⇒ギムネ

**ボルトせつごう**〈―接合〉鉄骨構造、木構造の部材をボルトを用いて接合する方法。

**ボルトそえつぎ**〈―添え継ぎ〉添え板を使用して、ボルトで部材を接合する継手。

**ボルトランドセメント**〈porltland cement〉粘土と石灰石を主原料とし、これらを粉末状にして調合・混和し、融点近くまで熱して得たクリンカーに、凝結調整剤としての石膏を少量加え微粉砕してつくられる。主要化学成分はけい酸（$SiO_3$）、アルミナ（$Al_2O_3$）、酸化鉄（$Fe_2O_3$）、石灰（CaO）および無水硫酸（$SO_3$）である。ポルトランドセメントの種類としては、普通ポルトランドセメント、早強ポルトランドセメント、超早強ポルトランドセメント、中庸熱ポルトランドセメントなどがある。

**ホワイエ**〈foyer〉集会場、会議場、劇場、催事ホールの前など、建物の出入口から主会場に至る間にある休憩または導入空間。ラウンジやロビーと同義語。

**ほんあしば**〈本足場〉二重に建地丸太を立て、それぞれに布丸太を架け渡して腕木を掛け、足場板を並べた足場。「二側足場」ともいう。

**ほんいなご**〈本稲子〉板天井を張る場合、羽重ね部にすきまができないよう裏側に取り付ける、ありくさび形の小片。

**ほんがわらぶき**〈本瓦葺き〉平瓦、丸瓦を交互に横重ねして葺く瓦葺き屋根。また丸瓦に、先細りの瓦を用いたものを「行基（ぎょうぎ）葺き」という。

**ほんざね**〈本実〉⇒さねはぎ

**ほんじめ**〈本締め〉鉄骨造の建方における接合ボルトは、後で行う歪み直しのために少本数で仮締めするが、水平・垂直度を修正してから行う高力ボルトなどの締め直しをいう。必要数の追加締めも行う。

**ポンチ**〈punching〉鋼材を加工する場合の墨付けなどに併用される点刻工具。

**ほんどこ**〈本床〉正統とされる床の間形式。面取り角の床柱、漆塗りの床がまちに畳床や落し掛けがあり、左右に付書院と違い棚が付属するもの。付図参照

**ボンドブレーカー**〈bond breaker〉水に濡れるおそれのある目地やすきまを埋めるシーリング材が、目地底に接着しないように貼るテープ。シーリング材が両側面と底に着いて破断しないようにするため。すきまの底を上げるバックアップ材を兼用することもできる。

**ほんなげし**〈本長押〉和室における造作材で、鴨居・付鴨居の上に取り付けるもの。せいが柱の80〜90％程度の一般的なものをいう。せいの低い「半長押」に対する用語。

**ポンプ**〈pump〉液体を動力によって吸い上げ、移動させ、または液圧を加える機械。種類としては空ещや揚排水に使われる渦巻ポンプ（遠心ポンプ）、家庭用圧力タンク付きのウェスコポンプ、油用歯車ポンプ、ピストンの往復作用による往復ポンプがあ

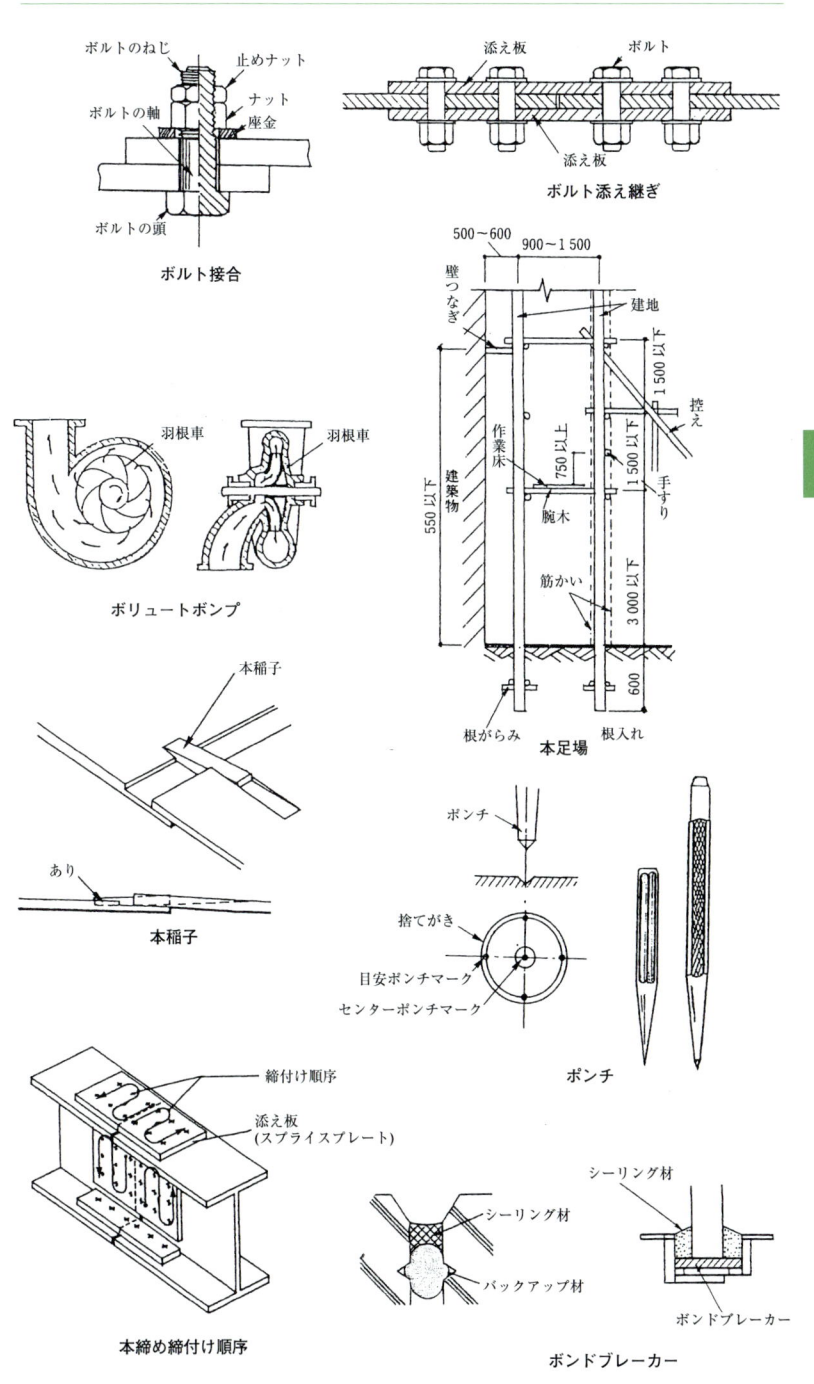

**ボルト接合**

- ボルトのねじ
- 止めナット
- ボルトの軸
- ナット
- 座金
- ボルトの頭

**ボルト添え継ぎ**

- 添え板
- ボルト
- 添え板

**ボリュートポンプ**

- 羽根車

**本足場**

- 500～600
- 900～1 500
- 壁つなぎ
- 建地
- 1 500以上
- 控え
- 作業床
- 750以下
- 1 500以下
- 手すり
- 建築物
- 腕木
- 550以上
- 筋かい
- 3 000以下
- 600
- 根がらみ
- 根入れ

**本稲子**

- 本稲子
- あり

**ポンチ**

- ポンチ
- 捨てがき
- 目安ポンチマーク
- センターポンチマーク

**本締め締付け順序**

- 締付け順序
- 添え板（スプライスプレート）

**ボンドブレーカー**

- シーリング材
- バックアップ材
- シーリング材
- ボンドブレーカー

る。また建築設備に多く用いられる渦巻ポンプには、ボリュートポンプとタービンポンプがあり、どちらも羽根車の回転で揚水を行う。

**ほんぶき**〈本葺き〉銅板などの金属板で、本瓦葺きに似せて葺きあげる屋根葺き法。

**ポンプクリート** ⇒ポンプコンクリート

**ポンプコンクリート**〈pumped concrete〉生コン車から圧送機械で打設するコンクリート。「ポンプクリート」ともいう。

**ほんみがき**〈本磨き〉石材の表面磨き仕上げの中で最も上等な仕上げ法。水磨きの後、微粒のカーボランダムを用い、研磨機にかけて仕上げるもの。さらに、つや出し粉末を用いてバフで磨き、光沢を出すものを「つや出し磨き」「鏡磨き」という。

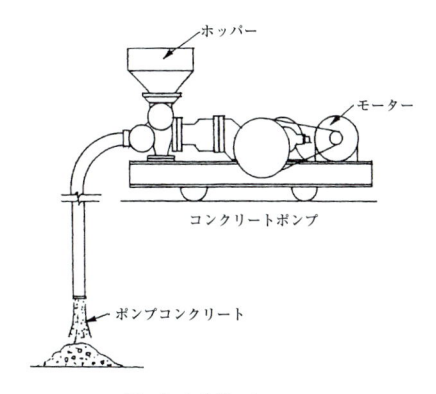

ポンプコンクリート

## ま

**マーキング**〈marking〉①高力ボルト接合で，ボルトの一次締めの後，ボルト・ナット・座金・母材にわたって直線を印すもの。本締めで，線の回転状況から共回り，軸回りのないことを確かめる。②⇒くみたてふごう

**まいらど**〈舞良戸〉片面に一定の間隔で細い横桟を取り付けた板戸。板は無垢板の薄いものや化粧張り合板が使われる。舞良子という横桟の配置により，まばら舞良戸，繁舞良戸，吹寄せ舞良戸がある。付図参照

**まえしょり**〈前処理〉⇒そじごしらえ

**まえばらい**〈前払い〉請負契約の締結時に，契約に従って工事費の一部を支払うこと。

**まえぶみ**〈前踏み〉本足場や単管足場は建地を前後に組むが，建物側に立てる建地をいう。前踏みに対し，建物より遠くのものを「あと踏み」という。→かべつなぎ

**マカダムローラー**〈macadam roller〉自走式の転圧機。前に一輪，後ろに二輪の鉄製ローラーが付いていて，これにより舗装面や路盤の転圧を行う。

**まきじゃく**〈巻尺〉測量において長さや距離を測定するテープ状のスケール。容器に巻いてあり，鋼製，布製，ナイロン製などがある。幅は 10 mm 程度で長さは 10～50 m までのものが多く使用される。

**まきはぜ**〈巻鈎〉金属薄板の端部を互いに重ね合わせ，巻き込んで接合するはぜ継ぎの一つ。

**まくいた**〈幕板〉一般的に，横に長く幕状に取り付ける板をいう。和室の化粧板であったり，現場の仮設板であったりする。

**まぐさ**〈楣〉出入口や窓など，開口部上部に取り付ける水平材で，建具枠を支持する。→まどわく

**まぐち**〈間口〉道路面あるいは南面など，主要な方向から見た敷地や建物の幅。

**マグネシアせっかい**〈―石灰〉白雲石を高温焼成してつくられる左官材料。水硬性で硬度があるため，砂やすさを混入して壁や天井に塗られる。「ドロマイトプラスター」「ドロマイト石灰」ともいう。

**マグネシアセメント**〈magnesia cement〉マグネシア（MgO）に塩化マグネシウムまたは硫酸マグネシウムを混ぜたもの。硬化が早く，硬度や強度に優れ，光沢があり着色性もよいところから，床や壁の塗り仕上げ，人造石の製造などに用いられる。「MOセメント」「ソーレルセメント」ともいう。

**まくポンプ**〈膜―〉⇒だるまポンプ

**まくらさばき**〈枕捌き〉長押端部の納め方で，床柱の三方に回してとめる方法をいう。出合い仕口は留めに納める。

**まくれ**〈捲れ〉鋼材の切断や孔あけなどの加工時に，裏側にできる突起などの加工傷。高力ボルト摩擦接合など組立の支障になるものは，グラインダーで削って平滑にする。

**まげおうりょく**〈曲げ応力〉外力によって部材内に生じる抵抗力の一つで，梁などを曲げようとする力に対する応力。曲げ変形は縮みと伸びの組合せであるから，曲げ応力は，断面上部の圧縮と下部の引張応力の組合せとして扱われる。「曲げモーメント」ともいう。

**まげざくつ**〈曲げ座屈〉鉄骨製の梁が曲げ応力によってねじれる現象。上部フランジが曲げ圧縮により座屈したり，ウェブ部分がせん断応力によって変形するときに生じる。

**まげだい**〈曲げ台〉鉄筋の曲げ加工に使用する台。

**まごうけ**〈孫請〉元請から下請負をした業者から，さらに下請けすること。

**まさかり**〈鉞〉木を切ったり削り落とす道具。斧（おの）に似ているがひとまわり大きいもの。

**まさつぐい**〈摩擦杭〉地盤に打たれた杭の表面と，土層との摩擦力により建物を支えようとするもの。建物の規模が大きくなく，硬質地盤が得られない場合に用いられる。摩擦杭に対して「支持杭」がある。

**まさつせつごう**〈摩擦接合〉鉄骨造の継手・仕口に用いられる高力ボルトによる接合法。高力ボルトによって接合する鋼板を締め付け，その摩擦力により応力の伝達を行うもの。高力ボルトは一定のトルクでもって締め付けられ，軸方向に大きな引張力が生じる。「高力ボルト接合」ともいう。

まさつせ

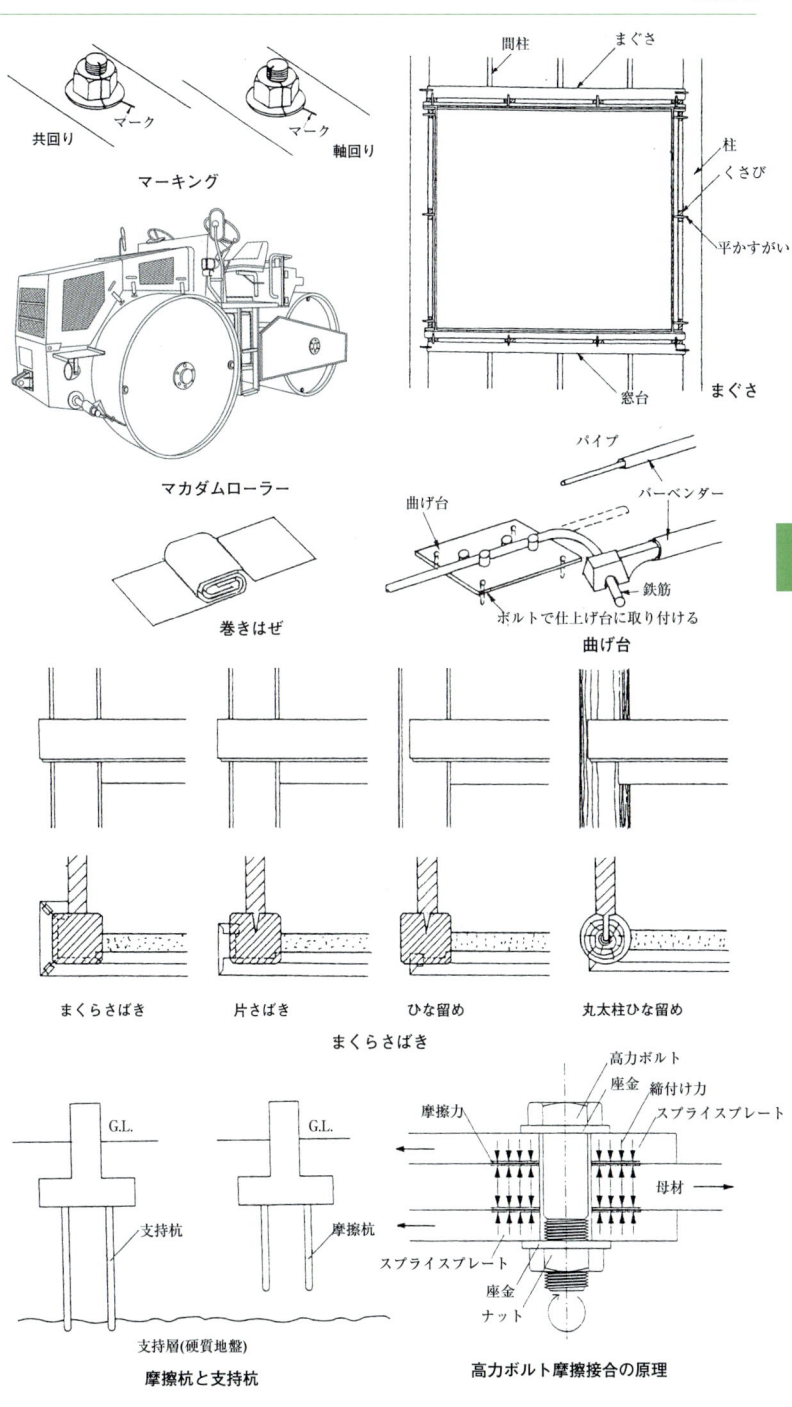

共回り / マーク
軸回り / マーク
マーキング

マカダムローラー

間柱 / まぐさ / 柱 / くさび / 平かすがい / 窓台 / まぐさ

巻きはぜ

パイプ / 曲げ台 / バーベンダー / 鉄筋 / ボルトで仕上げ台に取り付ける
曲げ台

まくらさばき　　片さばき　　ひな留め　　丸太柱ひな留め
まくらさばき

G.L. / 支持杭
G.L. / 摩擦杭
支持層(硬質地盤)
**摩擦杭と支持杭**

高力ボルト / 座金 / 締付け力 / スプライスプレート / 摩擦力 / 母材 / スプライスプレート / 座金 / ナット
**高力ボルト摩擦接合の原理**

**まさめきどり**〈柾目木取り〉丸太材から見付け面が柾目になるように製材すること。単に「柾目取り」ともいう。

**まさめどり**〈柾目取り〉⇒まさめきどり

**まじきり**〈間仕切り〉建物の内部を壁や建具で仕切ることをいう。内部空間を仕切る壁を「間仕切り壁」という。

**マジックミラー**〈magic mirror〉⇒ハーフミラー

**ますうち**〈枡打ち〉広いスラブにコンクリートを打つとき、方形に区切って千鳥に交互にコンクリートを打つ工法。「いかだ打ち」ともいう。

**マスキングテープ**〈masking tape〉塗装工事や左官工事で使用する消耗品で、色の塗り分けや汚れを防ぐ養生紙の張付けなどに用いられるテープのこと。

**マスクばり**〈—張り〉モザイクタイルなど小型タイルの張付け方法の一つ。ユニットにしたモザイクタイルをマスクという型板に入れ、その裏面に張付け用樹脂モルタルを塗り付けておき、そのまま下地に張って行く方法。タイルの形状に合わせた窪みのある型板を使用する。

**ますぐみ**〈枡組〉⇒くみもの

**マスコンクリート**〈mass concrete〉ダムなどで1箇所に多量に打設されたコンクリートをいう。

**マスターキー**〈master key〉建物内の複数室の錠前として、共通して使えるようにした合鍵。社内の各事務室やホテルの客室など、個々の鍵は別にあるが、管理をしやすくするためにつくる全館共通の鍵。

**マスタープラン**〈master plan〉大規模建築やイベント会場、あるいは都市の計画をするにあたって、総合的に構想をまとめた基本計画図。

**マスチックぼうすい**〈—防水〉粘着性物質を用いる防水法の意。通常は繊維や鉱物質粉末などをブローンアスファルトに混ぜ、防水層として塗布する方法をいう。塗布防水の一つ。

**マスト**〈mast〉デリックの中心柱で、四方に張ったとら綱で倒れないようにし、ブームを支えるもの。

**またくぎ**〈股釘〉みぞ形をした釘。板はぎの部分を留めたり、電線を材に固定するときなどに用いる。「ステップル」ともいう。

**まちほぞ**〈待枘〉敷居を柱に取り付ける場合などに用いるもので、別木でつくられた短ほぞをいう。

**まちや**〈町屋〉中世以降の商人や職人の住居形式。街道に向かって店や仕事場をつくり、間口が狭くて奥行が長い平面の脇を裏庭に向かう通り土間として部屋を並べた。地域・時代により様式は変わるが、室町から江戸時代にかけて、街道に軒を連ねた町人住宅。

**まつかわぶき**〈松皮葺き〉平瓦を敷き並べ、縦継目の丸瓦に当たる部分をしっくいで置き換えて、本瓦葺きに似せたもの。

**まど**〈窓〉建物の壁面や屋根面に設けられる開口部。日照、採光、通風、換気、視界を広げるなどの目的をもってつくられる。窓の形式は開閉方法、取付け位置、形状などにより種々に分類される。

**まどだい**〈窓台〉窓の下枠を受ける補強材のこと。一般には、窓台の代わりに胴貫を用いたり、敷居を土台からの束で支える場合が多い。

**まどりず**〈間取り図〉⇒へいめんず

**まどわく**〈窓枠〉窓建具を取り付けるための枠。上枠、下枠、たて枠からなり、鴨居が上枠、敷居が下枠となる場合もある。金属性のものは「サッシ」という。

**まねきやね**〈招き屋根〉片流れ屋根の上部を一部反対側に折り曲げた形の屋根。付図参照

**まばしら**〈間柱〉壁の下地材を取り付けるための補助柱で、構造上の主柱でないもの。大壁造りの場合は、柱の二つ割り、三つ割り程度のものを柱間に立て、真壁造りの場合は、さらに小割りにしたものを取り付け、荒壁を支える。

**まばしらじるし**〈間柱印〉墨付けに際して、間柱の位置を示すために用いられる合印。

**まめいた**〈豆板〉⇒ジャンカ

**まゆびさし**〈眉庇〉窓を開けたとき、雨が降り込まないように設ける窓びさし。「霧除け」「まびさし」ともいう。

**まるがわら**〈丸瓦〉本瓦葺きに用いる瓦で、断面が半円形のもの。本瓦葺きは丸瓦と平瓦が横に交互に並べられる。

**まるがんな**〈丸鉋〉かんな台の下部および刃が円弧状なっていて、曲面を削るときに用いるかんな。

**まるこう**〈丸鋼〉鋼材に分類される棒鋼の一つで、断面が円形のもの。異形鉄筋とともに鉄筋コンクリート造の配筋用として用い

まるこう

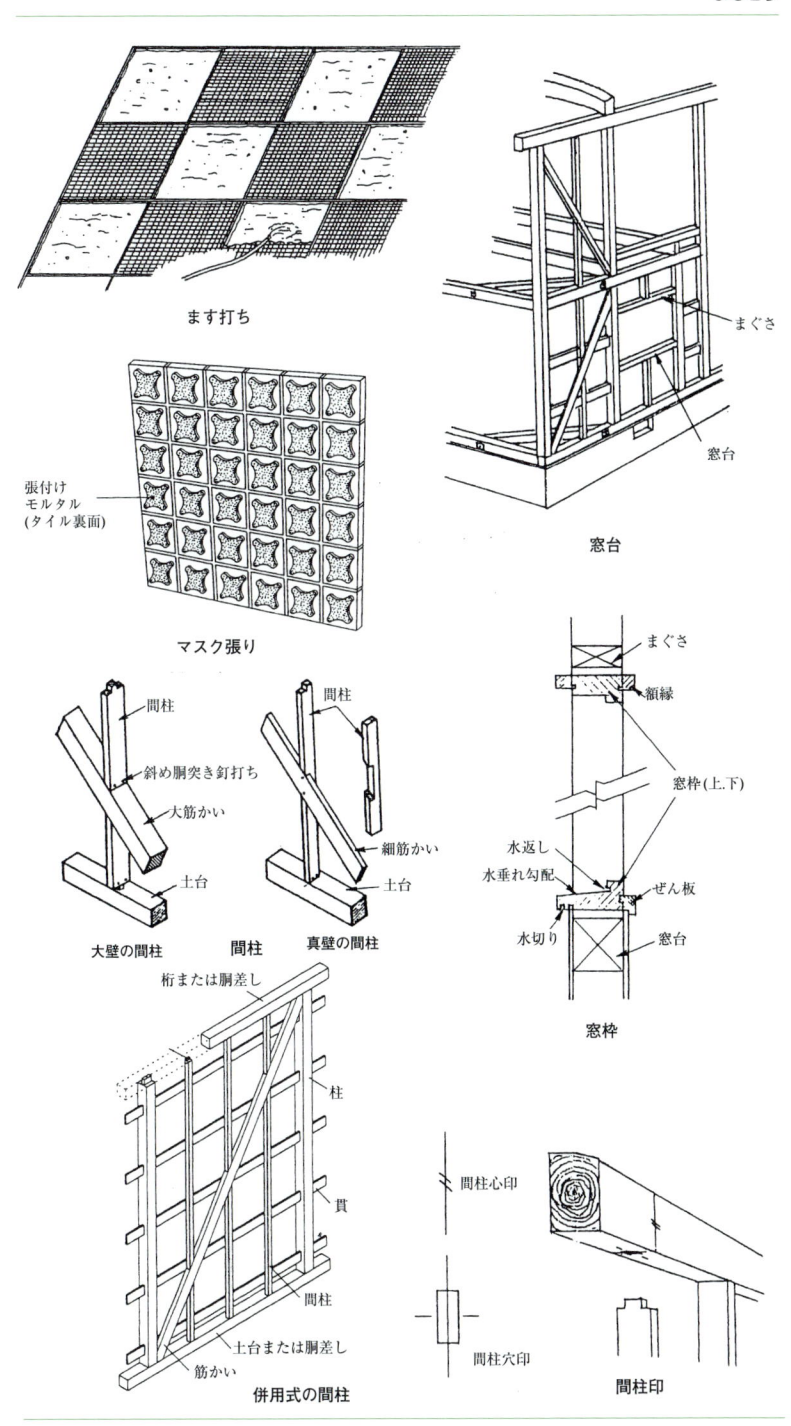

ます打ち

マスク張り
張付けモルタル(タイル裏面)

窓台
まぐさ
窓台

大壁の間柱
間柱
斜め胴突き釘打ち
大筋かい
土台

真壁の間柱
間柱
細筋かい
土台

間柱

窓枠
まぐさ
額縁
窓枠(上,下)
水返し
水垂れ勾配
ぜん板
水切り
窓台

併用式の間柱
桁または胴差し
柱
貫
間柱
土台または胴差し
筋かい

間柱印
間柱心印
間柱穴印

**まるた** 〈丸太〉おもに足場用に使われる木材で，樹皮をはぎ取ったまっすぐな丸材のことをいう。足場材には長丸太と切丸太があり，腐れ，割れ，曲がりなどがない目通り10cm以上のスギまたはヒノキが使用される。

**まるたあしば** 〈丸太足場〉丸太を垂直水平に組み合わせて，なまし鉄線で緊結した足場。垂直材を建地，水平材を布といい，組立方法について労働安全衛生規則上の制約がある。

**まるたぐみこうほう** 〈丸太組構法〉丸太系の木材を水平にして組み，積み上げて壁とする壁式構法。「校倉造り」「ログハウス」といわれるものの構造をさす。

**まるなげ** 〈丸投げ〉元請負人が，請け負った工事を一括して下請業者に請け負わせること。建設業法では発注者の書面による承諾がない限り，一括下請負を禁止している。「トンネル」「一括下請負」ともいう。

**まるのみ** 〈丸鑿〉たたきのみの一つで，刃先を円弧状に曲げたもの。円溝を彫る場合に用いられる。

**まるめ** 〈丸目〉曲尺の裏面に付けた目盛りの一つで，実寸法を刻んだ表目盛りの$1/\pi$の目盛りをいう。円形断面材にその目盛りを当て，読み取った直径はその断面の円周となる。

**まるめんうち** 〈丸面打ち〉金属薄板の折曲げ部を直線的でなく，丸味を付けて仕上げること。

**まわしうち** 〈回し打ち〉コンクリートの打設法で，型枠全体にバランスよく打たれるよう，打込み場所を回るような形で替えて打ち込むこと。

**まわたしだけ** 〈間渡し竹〉荒壁の下地になる小舞下地の構成材。格子状に組まれる割竹の補強として，一定の間隔を取って組み込まれる丸細竹。小舞竹は柱貫に細縄で縛り付ける。

**まわりぶち** 〈回り縁〉⇒てんじょうまわりぶち。

**マンサードやね** 〈―屋根〉切妻または寄棟屋根の，棟と軒先との中間部が腰折れした形の屋根。屋根裏は物置などに利用される。「腰折屋根」ともいう。付図参照

**マンホール** 〈manhole〉設備・装置などの点検孔へ出入りするために設けられるふた付きの改め口をいう。

# み

**みえがかり** 〈見え掛かり〉部材が壁・天井などの表面に現れて見える部分。「見出し」ともいう。

**みえがくれ** 〈見え隠れ〉部材が壁裏や天井裏に隠れて目に見えない部分。

**みがきいたガラス** 〈磨き板―〉製造する過程でできるゆがみを磨いて平滑にした板ガラス。フロートガラスとは製法が違うもの。「磨きガラス」ともいう。

**みがきおおつ** 〈磨き大津〉土壁の中で最上級の仕上げとされる大津壁で，下付け，上付けの2工程で上塗りし，こて磨きの後，湿った布でふく操作を繰り返し，最後に軟らかい布でふいて鏡面のような光沢をもたせる仕上げ。

**みがきしあげ** 〈磨き仕上げ〉仕上材の表面をさらに研磨し，平滑にして光沢をだすようにした仕上げ法。

**みがきまるた** 〈磨き丸太〉樹皮を取り，薄皮が付いている状態で磨いた丸太。絞ったように縦皺の入ったものもあり，床柱や化粧柱として用いられる。京都の北山杉，奈良の吉野杉などが有名。「しぼり丸太」ともいう。

**みかげいし** 〈御影石〉火成岩のうち地中深くで凝結した深成岩に分類されるもの。耐火性はやや劣るが，材質は硬く圧縮強さがあり，耐久性に優れている。大材が得やすいことから構造用，装飾用として用いられる。岩石名は「花崗岩」といい，北木みかげ，本みかげなどがある。

**ミキサー** 〈mixer〉コンクリートの材料であるセメント，骨材，水などを練り混ぜる機械。内部に鋤状の羽をもつトックリ形の容器を回転させて練る。コンクリートミキサーとモルタルミキサーがある。

**ミキシングプラント** 〈mixing plant〉コンクリート材の調合，練混ぜ，積込みを一貫して行うコンクリートの製造装置。

**みきり** 〈見切り〉仕上材の出隅・入隅や，材

みきり

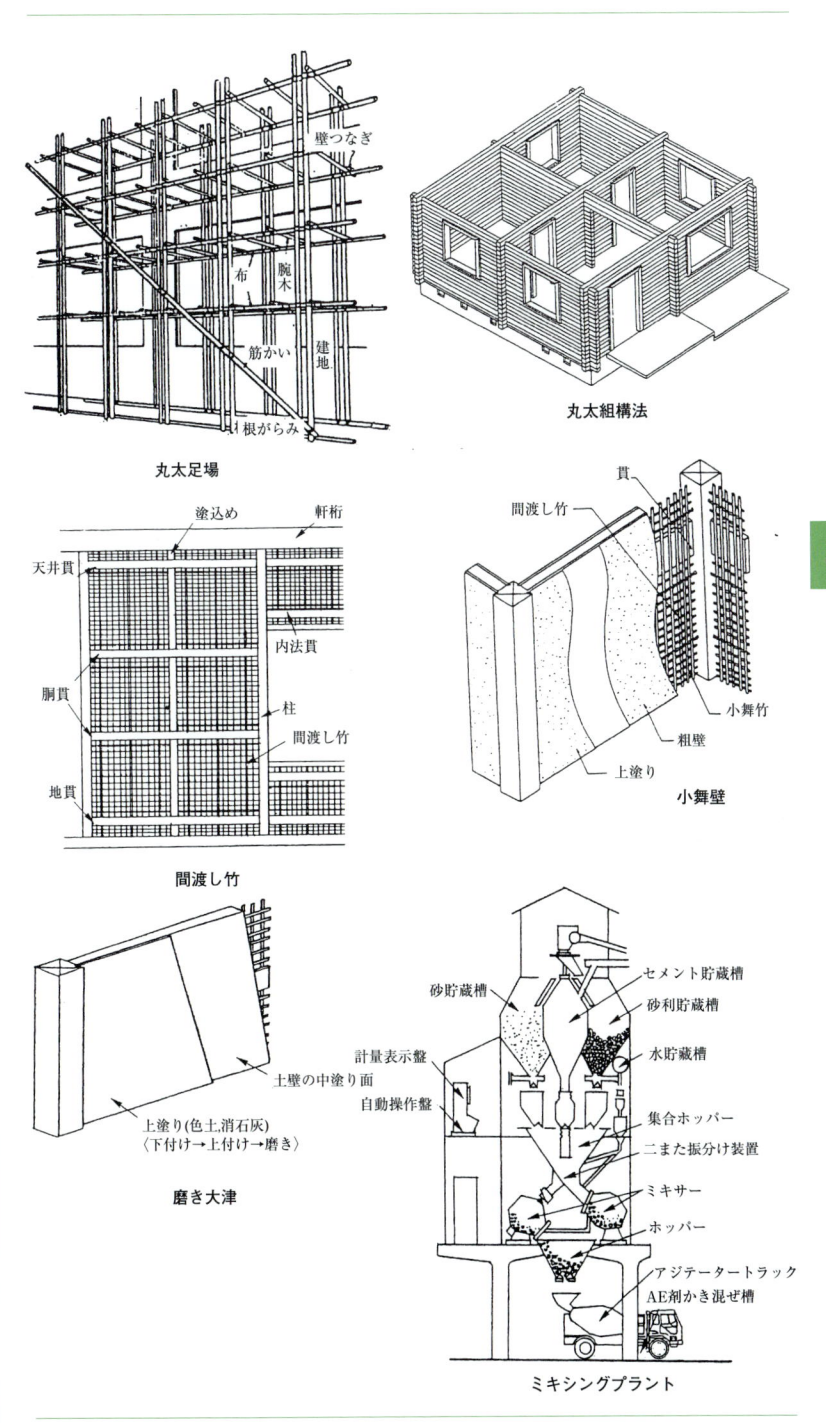

丸太足場

丸太組構法

間渡し竹

小舞壁

磨き大津

ミキシングプラント

297

料の変わり目など，内外の仕上材の端部をいう。この部分を意匠的に納めることを「見切る」という。

**みきりぶち**〈見切り縁〉内外部の仕上げ面が変わる境界線に用いる材。部分と部分の変わり目を納める部材で，回り縁，額縁，コーナービードその他各種の縁木を総称していう。

**みこみ**〈見込み〉正面に見える部材などの側面とか奥行。窓枠や扉枠の奥行。見込みに対して，正面に見える部分の幅を「見付け」という。

**みずいと**〈水糸〉遣方などで使用する水平に張る糸のこと。木綿かナイロン製のより糸で，これを基準に根切り深さや基礎の仕上げ面が決められる。

**みずがえ**〈水替え〉根切り底にたまった水を汲み上げて土砂の崩壊を防ぎ，作業しやすくすること。

**みずがえし**〈水返し〉外部からの水の浸入を防ぐために設ける立上げ部で，開口部敷居の内側に付ける立上げ縁などをいう。→まどわく

**みずがえしこうばい**〈水返し勾配〉⇒みずたれこうばい

**みずきり**〈水切り〉屋根，ひさし，開口部上下の先端部など，外部に突き出している部分からの雨水の浸入を防ぐため，その先端に設ける水切り溝。または水返しのため加工した金属板。

**みずきりこうばい**〈水切り勾配〉⇒みずたれこうばい

**みずぐい**〈水杭〉遣方に用いられる杭をいい，水とは水平を意味する。「遣方杭」ともいう。

**みずこうばい**〈水勾配〉雨水や汚水などを流すために付ける傾斜。屋根やドレン，といや排水管，床面や地面に付ける排水のための傾斜をいう。

**みずじまい**〈水仕舞〉雨水の屋内への浸入や，建物内での使用水が他の部分へ流出，漏水するのを防ぐ方法。水仕舞の方法としては水切り，水返しの取付け，コーキング防水法などがある。

**みずじめ**〈水締め〉砂のような粗粒土を締め固めるために水を浸み込ませ，下向きの浸透水圧を利用して固めること。

**みずしめし**〈水湿し〉塗り材料の凝結硬化に必要な混練水が吸収されないよう，下地面にあらかじめ散水しておくこと。また，タイル，れんが，ブロックなどに水をかけたりすること。

**みずじるし**〈水印〉墨付けに際して，部材の水平基準線を示すための合印。小屋梁などの水平部材を加工するにあたって，上下端の寸法割出しを行う基準線を示すもの。→あいじるし

**みずセメントひ**〈水―比〉コンクリートを調合する場合の，使用水量のセメントに対する重量比。水セメント比はコンクリートの強度・軟度に大きく影響する。

**みずたれこうばい**〈水垂れ勾配〉笠木や窓，敷居など，外部の雨のあたる部分に付ける水勾配。「水切り勾配」「水返し勾配」ともいう。

**みずとぎ**〈水研ぎ〉塗装工程の一つで，下塗りの硬化乾燥後，研ぐ部分を水で湿らせながら耐水研磨紙や軟質の軽石粉などを用いて，つやがなくなるまで研ぎ出すもの。塗膜を平滑に仕上げ，次の工程の良好な塗面下地をつくるもの。

**みずぬき**〈水貫〉遣方の杭に水平に打ち付ける貫板。水貫の高さはレベルによって一定の高さにそろえ，これに壁や柱の基準線がしるされ水糸が張られる。「遣方貫」ともいう。

**みずひきぐあい**〈水引き具合〉塗り付けた左官材の水分が自然に失われていく度合い。または塗り面の締まり具合の程度。

**みずひきしあげ**〈水引き仕上げ〉コンクリートやモルタルなど，水で練り合わせた材料の水分が自然に失われ，固結した状態をそのまま仕上げとする仕上げ法。

**みずみがき**〈水磨き〉石材の表面磨き法で，カーボランダムなどを用い，水を注ぎ掛けながら研磨して仕上げるもの。

**みずもり**〈水盛〉建築工事の基準となる水平線を定めること。基準の高さを定めるにはレベルを使った水準測量を行うが，水槽にゴム管を付けた水盛器によっても行うことができる。図次頁

**みぞがたこう**〈溝形鋼〉⇒かたこう，チャンネル

**みぞがんな**〈溝鉋〉敷居・鴨居などに溝を付けるとき用いるかんな。かんな刃，台とも溝幅に合わせて細くできている。

**みぞようせつ**〈溝溶接〉⇒スロットようせつ

みそよう

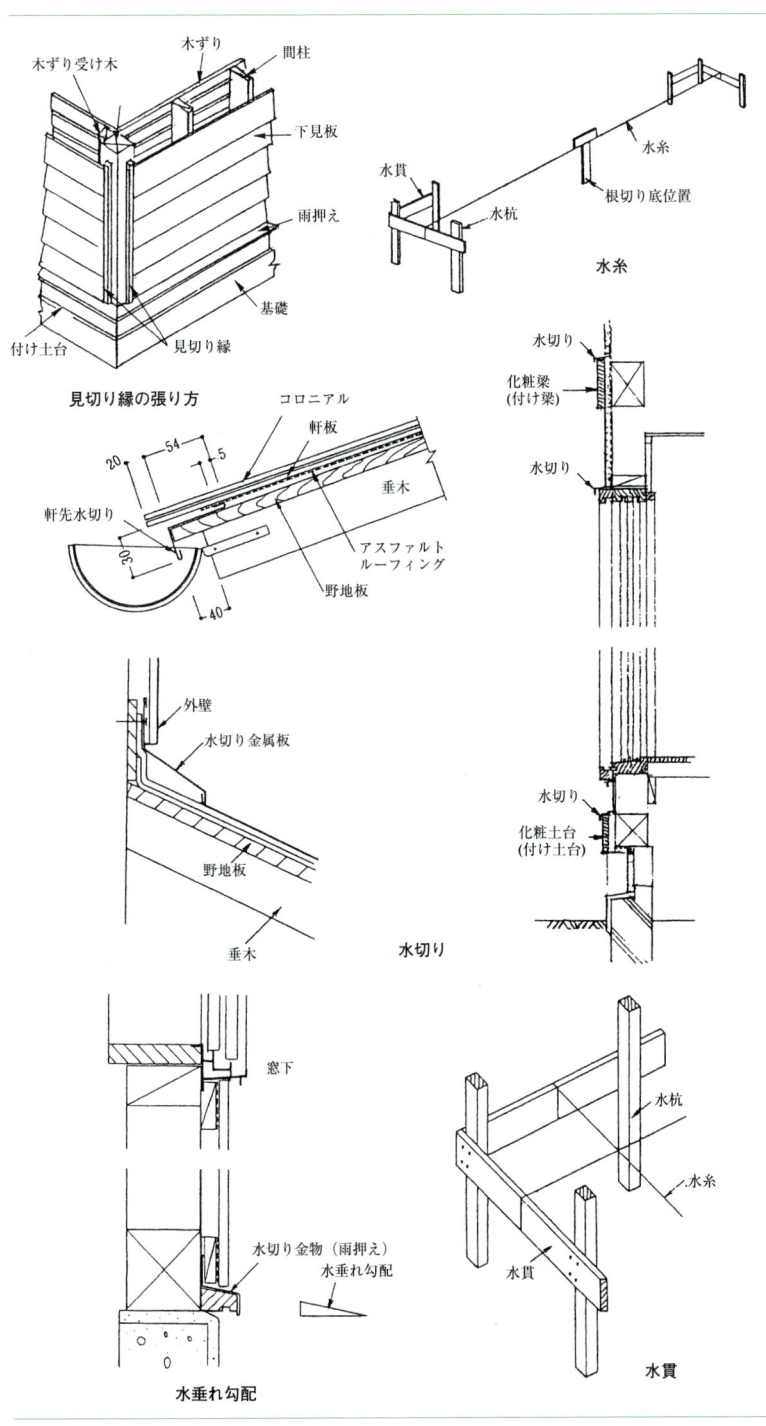

**見切り縁の張り方**
- 木ずり受け木
- 木ずり
- 間柱
- 下見板
- 雨押え
- 基礎
- 付け土台
- 見切り縁

**水糸**
- 水貫
- 水杭
- 水糸
- 根切り底位置

**軒先水切り**
- コロニアル
- 軒板
- 垂木
- アスファルトルーフィング
- 野地板

**水切り**
- 化粧梁（付け梁）
- 水切り
- 化粧土台（付け土台）

**水切り**（外壁部）
- 外壁
- 水切り金属板
- 野地板
- 垂木

**水垂れ勾配**
- 窓下
- 水切り金物（雨押え）
- 水垂れ勾配

**水貫**
- 水杭
- 水糸
- 水貫

299

**みちいた**〈道板〉足場に乗せ，踏み板や作業床とする長い厚板。または運搬車が無理なく通るために，現場などの地面に敷くばた角など。足場に敷くものは「足場板」ともいう。

**みつあしぎり**〈三足錐〉先端が 3 つに分かれているきりで，穴の中心にきりの中央を当て，回転することによって回りの刃が材に切り込んで穴をあける工具。「鼠（ねずみ）歯錐」ともいう。

**みつけ**〈見付け〉部材の正面から見える部分。または見切り縁の幅。窓枠や扉枠の正面から見た幅など。見付けに対して，その奥行きを「見込み」という。

**みっちゃくばり**〈密着張り〉陸屋根のアスファルト防水などにおいて，防水層を下地のコンクリートスラブに全面密着すること。鉄筋コンクリートのようにひび割れのおそれのない下地に採用される。また，仕上げタイルを張付けモルタルにビブラートで振動張りすること。

**みつめぎり**〈三つ目錐〉刃先の断面が三角形になったきり。釘や木ねじの下孔をあける場合に用いる。断面が四角錐状のものは「四つ目錐」という。

**みつもり**〈見積〉⇒せきさん

**みつもりあわせ**〈見積り合せ〉請負業者を決める方法の一つで，設計図面や仕様書により複数の業者から見積書を出してもらい，その内容を検討して選定する方法。随意契約の一方式。

**みとりず**〈見取り図〉建築敷地と周辺の道路や河川，隣接地の状況などを表示した図面。また，建物の姿図や周囲との取合せ図をいう。前者は「敷地案内図」，後者は「付近見取り図」という。

**みほんぬり**〈見本塗り〉塗装の色を決めるにあたり，前もって部分的に塗って見ること。色調とか色つやなども検討する。

**みみつきいた**〈耳付き板〉丸太から板材をひく場合，両側に丸みが付いたままの板。

**ミルシート**〈mill sheet〉鋼材の品質や断面寸法など，規格に合ったものであることを証明する文書。鋼材を使用するにあたって前もって生産者から提出させるもの。「規格品証明書」「鋼材検査証明書」ともいう。

**ミルスケール**〈mill scale〉鋼材の製造に際して，熱間圧延をするときに生じる黒い酸化皮膜。「黒皮」ともいう。また，表面処理がしてない鋼材を黒皮ともいう。

**みんかんこうじ**〈民間工事〉個人や民間企業が発注する請負工事。これに対して，官公庁が発注するものを「公共工事」という。

# む

**ムーブメント**〈movement〉地震動や台風による揺れ，あるいは温度変化による伸び縮みが原因となり，建築部材の接合部に生じる各種の動きをいう。木造では，このがさつきが地震力を吸収するといわれる。

**むく**〈無垢〉木材の表面だけを張り物にしたり，集成して仕上げしたものでなく，心木，表面とも一体の純粋の木材をいう。

**むくり**〈起り〉部材や屋根面が，上方に向かって凸状にわん曲している状態。

**むくりはふ**〈起り破風〉けらばの破風板で，上方へ凸状にわん曲しているもの。

**むくりやね**〈起り屋根〉流れ面が直線でなく上方へ凸状にわん曲した形の屋根。

**むこうまちのみ**〈向う待鑿〉刃幅は狭く肉厚のあるのみ。深い穴を彫るときに用いるたたきのみの一種。

**むそうおんむしんどうくいうちき**〈無騒音無振動杭打ち機〉杭を打設する際，打撃によると騒音・振動が大きくなるため，せん孔し圧入するという方式をとる杭打ち用機械を総称していう。せん孔・圧入の方式としては，中掘り方式，水噴射方式，重力方式，振動圧入方式などがある。

**むそうしぶいち**〈無双四分一〉床の間の正面壁上端に取り付けられる細長い形をした材。一般に，掛軸を吊るすためのカギ形をした稲妻折れ釘が付けられ，これが材軸に沿って動かせるようになっている。

**むそうまど**〈無双窓〉幅広の連子（れんじ）を間をとって縦に取り付け，その内側に同形の連子の引戸を設けたもので，これを引くことによって窓の開閉を行うもの。おもに換気窓として利用される。

水盛り

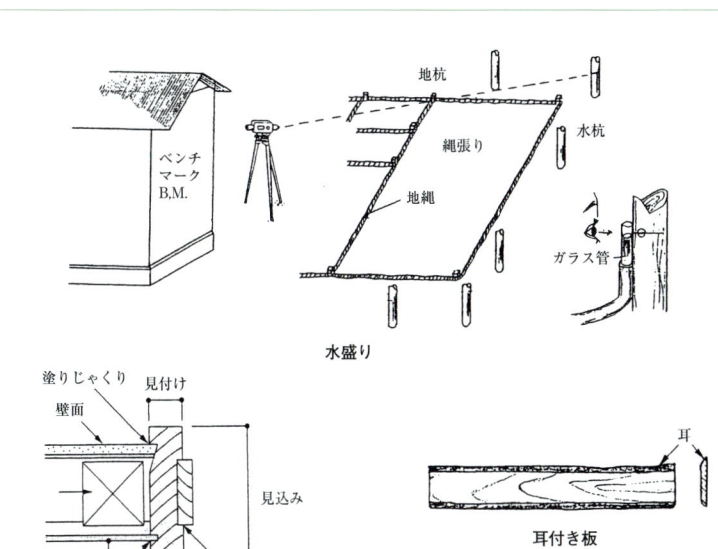

見付け

耳付き板

| 寸法<br>DIMENSION<br>mm | 員数<br>QUAN-TITY | 質量<br>MASS<br>KG | 製鋼番号<br>CAST No.<br>試験番号<br>TEST No. | 製造番号<br>PLATE No. | LOCATION OR ENTATION | GL | 引張試験　TENSILE TEST | | 伸び<br>E<br>L% | Y.R<br>% |
|---|---|---|---|---|---|---|---|---|---|---|
| | | | | | | | 耐力 降伏点<br>YS YP | 引張強さ<br>TS | | |
| | | | | | | | N/mm² | | | |
| 322134◊6096 | 1 | 3366 | ZZ 2859<br>32817 | 352540-01 | BS | G | 302 | 440 | 31 | 69 |
| 122438◊12192 | 1 | 2884 | G 8080<br>3743 | 968380202 | TC | G | 302 | 441 | 32 | 69 |

| BEND TEST 曲げ試験 | LOCATION ORIENTATION | 衝撃試験 SUB SIZE | IMPACT TEST 2V+0CJ | 鉄以外の元素含有量 % CHEMICAL COMPOSITION % | | | | | | | | | | | |
|---|---|---|---|---|---|---|---|---|---|---|---|---|---|---|---|
| | | | | C<br>◊100 | Si<br>◊100 | Mn<br>◊1000 | P<br>◊1000 | S<br>◊1000 | Cu<br>◊100 | Ni<br>◊100 | Cr<br>◊100 | Mo<br>◊100 | Nb<br>◊1000 | V<br>◊100 | TAL<br>◊1000 | Ceq-1<br>◊100 |
| | | | 平均値 AVG　個々値 EACH | ◊1000 | ◊1000 | ◊100 | ◊100 | ◊100 | ◊100 | ◊10000 | ◊10000 | ◊100 | Ceq-3<br>10 0 | Pcm<br>◊100 | SoLAI<br>◊1000 | Ceq-2<br>◊100 |
| | | | 324 | 11 | 24 | 122 | 13 | 3 | | 1 | 3 | 0 | | 0 | | 33 |
| | | | | 16 | 18 | 64 | 18 | 4 | | 2 | 2 | 0 | | 0 | | 28 |

ミルシート（材料検査証明書）

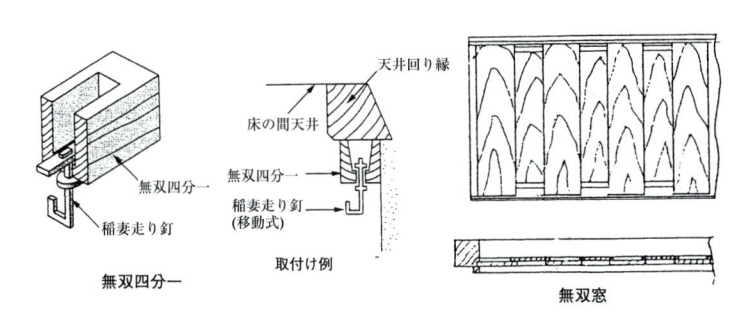

無双四分一　　　取付け例　　　無双窓

**むそうれんじ**〈無双連子〉板連子の固定したものと移動するものを組み合わせたもので，一方を引き動かすことによって，開口したり閉鎖したりすることができる。

**むなぎ**〈棟木〉小屋組頂部の横架材。最上部に位置する母屋材でもあり，屋根両面の垂木を受ける。

**むなふだ**〈棟札〉建築物を新築したり解体修理するとき，小屋束や小屋裏に取り付けておく祈願札。祈願文，建築主，施工者，竣工年月日などが書かれる。

**むね**〈棟〉傾斜した屋根面が凸状に交わる部分。大棟，隅棟などがある。また同一敷地内に離れて建物があるとき，一方を別棟という。

**むねあげしき**〈棟上げ式〉⇒じょうとうしき

**むねがわらどめ**〈棟瓦留め〉のし瓦，がんぶり瓦，鬼瓦などの棟瓦を下地材に線材で留め付けること。線材としては銅線，亜鉛めっき鉄線などが用いられる。

**むねづか**〈棟束〉和風小屋組部材の一つで，棟木を受ける小屋束をいう。

**むねづつみ**〈棟包み〉金属板などの波板・平板葺きにおいて，棟の部分にかぶせる包み板，または棟を包むこと。→きんぞくばんぶき

**むねひらがわら**〈棟平瓦〉⇒のしがわら

**むねめんど**〈棟面戸〉瓦葺き屋根の棟を構成する材の一つ。棟瓦の両側を埋めるもので，がんぶり瓦の下に葺かれるもの。

**むめ**〈無目〉鴨居と同じ位置に取り付ける部材で，建具用の溝が彫ってないもの。開口部の上部に取り付ける横架材。

**むら**〈斑〉表面に凹凸があったり塗装面の色合いが不ぞろいなこと。こてむら，塗りむら，色むら，削りむらなどがある。

**むらきり**〈斑切り〉ペイントを縦方向に塗り付け，次にはけをたたき付けるように使い，むらのできないように塗り広げること。

**むらとり**〈斑取り〉⇒むらなおし

**むらなおし**〈斑直し〉左官仕上げなどで下塗り面の不陸を直すため，凹部に調整塗りをすること。また塗り厚や仕上げ厚が大きいときに，調整のため下塗り面を重ね塗りすること。「むら取り」ともいう。→しっくいぬり

**むろどこ**〈室床〉草庵風茶室の床の間形式の一つ。前面の柱と落し掛けは見えるが，内部の天井，壁，柱などは，隅に丸みを付け壁土塗りとしたもの。床面はかまち床，踏込み床がある。室床としては利休の妙喜庵待庵が有名。

## め

**めあらし**〈目荒し〉塗り下地が平滑で付着しにくい場合，下地に凹凸を付け粗面にすること。「荒し目」ともいう。

**めいさいせきさん**〈明細積算〉設計図，仕様書，現場説明書などにより，工事ごとにそれぞれ工事数量を細かく積算し，金額などを算出すること。

**めいたがわら**〈目板瓦〉重ね目になる2辺に目板状のつばを出した瓦で，門・塀などの屋根葺きに用いられる。

**めいたはぎ**〈目板矧ぎ〉板と板の継目の裏側をしゃくり，ここに細い桟木を入れる接合法。桟木を「敷目板」という。

**めいたはめ**〈目板羽目〉竪板張りの板と板の継目に目板を打つ接合法。板囲いなどに用いられる。

**めいたぶき**〈目板葺き〉板葺き屋根の目地部分に目板を打ったもの。仮設小屋などに用いられる。

**めいたべい**〈目板塀〉通し貫に竪板を打ち付け，板の継目に目板を打ち付けた塀。

**めいぼく**〈銘木〉色調，形状，材質的に希少価値があり，装飾性の高い木材。床柱，かまち，床板，長押，違い棚など，和室の造作材として用いられる。

**メイントラス**〈main truss〉鉄骨造の小屋組または床組トラスで，柱から柱へ直接架構されるもの。補助トラスに対して「主トラス」ともいう。

**メーソンリーしたじ**〈—下地〉コンクリートブロック，れんが，石などで組積した面をそのまま下地とするもの。またはコンクリートの打設面を塗装用の下地としたもの。

めえそん

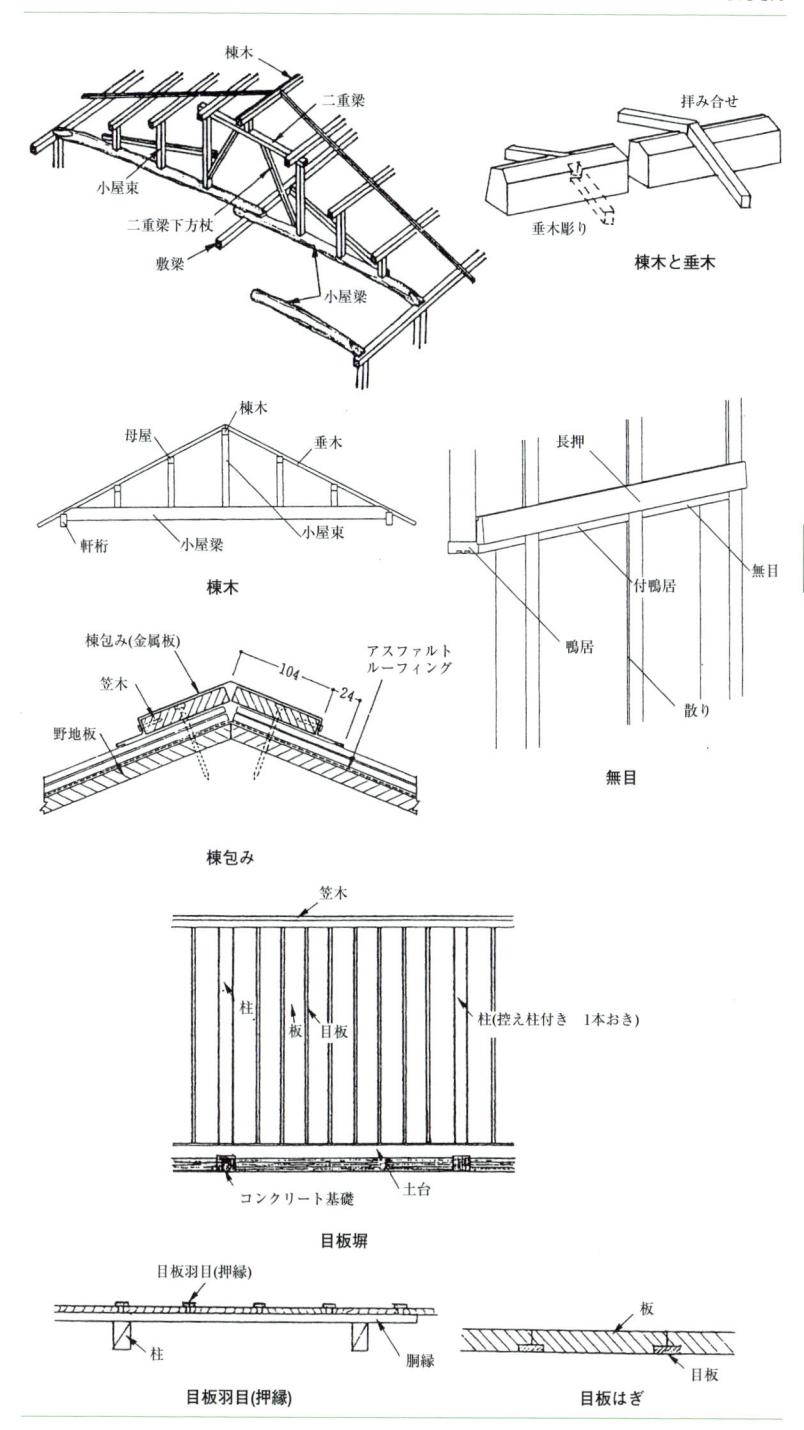

棟木
- 二重梁
- 小屋束
- 二重梁下方杖
- 敷梁
- 小屋梁

**棟木と垂木**
- 拝み合せ
- 垂木彫り

**棟木**
- 母屋
- 垂木
- 軒桁
- 小屋梁
- 小屋束

**無目**
- 長押
- 付鴨居
- 鴨居
- 散り
- 無目

**棟包み**
- 棟包み(金属板)
- 笠木
- 野地板
- アスファルトルーフィング
- 104
- 24

**目板塀**
- 笠木
- 柱
- 板
- 目板
- 柱(控え柱付き　1本おき)
- コンクリート基礎
- 土台

**目板羽目(押縁)**
- 目板羽目(押縁)
- 柱
- 胴縁

**目板はぎ**
- 板
- 目板

**メールシュート**〈mail chute〉高層建築物などにおける書類・郵便物等の誘導装置。各階に投入口を設け，目的の場所へ向けて導管を取り付ける。上階から下階へが一般的である。

**めかすがいぼり**〈目鎹彫り〉目かすがいを打ち付けるための穴。一端を釘止めできるように帯状にし，他端を折り曲げてとがらせた金物を「目かすがい」という。

**めぎ**〈女木〉木材の継手で，ほぞ穴のあるほうの部材をいう。「下木（したぎ）」ともいう。女木に対して，ほぞが付くほうの部材を男木（おぎ）という。付図参照

**めくらめじ**〈盲目地〉⇒ねむりめじ

**めじ**〈目地〉タイルや石材を張る場合の合せ目。れんがやブロック，石材を積むときの積合せ目をいう。また，伸縮によるひび割れを目地部分で発生させて塗面を守ったり，仕上げ面をきれいに見せるために設けるすじ状の区画。

**めしあわせ**〈召し合せ〉両開き戸や襖の引分け戸のように，2枚の建具の堅がまちが接する部分。そのすきまを隠す取付け材として，「召し合せがまち」や「召し合せ縁」などの定規縁がある。

**めじかなもの**〈目地金物〉繊維板，木板，石材，人造石などを壁や床に張り付ける場合，目地部を装飾するために用いる金属棒。アルミニウム，真ちゅう，ステンレス製などがある。「目地棒」ともいう。

**めじごしらえ**〈目地拵え〉目地掘り後，化粧目地を施し仕上げること。

**めじぼり**〈目地掘り〉化粧目地を施すにあたり，障害になる余分なモルタルなどを前もって取り除くこと。

**めじわり**〈目地割り〉意匠的に美しく，納まりよく目地を割り付けること。

**めすかしてんじょう**〈目透し天井〉化粧張りした天井合板などを目地部をあけて張り上げるもの。目地部の透かし部分は，裏側に木製目地板を取り付けてふさぐ。付図参照

**めずり**〈目擦り〉⇒めちがいばらい

**メゾン**〈maison〉フランス語で，家・邸宅のこと。日本では中高層の集合住宅をさす場合が多い。

**めたて**〈目立て〉切れ味が悪くなったのこぎりの歯をやすりや研磨盤で研いでよく切れるようにすること。

**メタルラスしたじ**〈―下地〉金属製の下地用ラスで，切れ目を入れた薄鋼板を引き伸ばして網状にしたもの。平ラス，リブラスなどがあり，はく落を防止する塗り下地とする。

**めちがいこしかけかまつぎ**〈目違い腰掛鎌継ぎ〉腰掛かま継ぎの腰掛部分に目違いほぞを設けたもの。土台，桁，大引きなどに用いる継手の一つ。

**めちがいつぎ**〈目違い継ぎ〉部材片方の木口に突起を設け，それを受ける他材に穴を掘って組み合わせるもの。

**めちがいばらい**〈目違い払い〉接合した材の表面を同一面にするため，凸部を研磨して平滑にすること。「目擦り」ともいう。

**めっきひん**〈鍍金品〉防せい（錆）や装飾の目的で，金属の表面に他の金属薄膜を定着したもの。金属の電気分解を応用する方法や溶融・気化させた金属を圧縮空気で吹き付ける方法がある。

**メッシュ**〈mesh〉ふるい目のこと。または，そのふるいの目の大きさのことをいう。細い金属棒を碁盤目に溶接したものを指すこともある。

**めつち**〈目土〉土塊，雑物を除いた細かい砂質土で，芝の発根を促すために用いる土。

**めつぶし**〈目潰し〉石垣の裏込め石のすきまを砂利で詰めること。または割ぐり地業の割ぐり石のすきまを砂利で埋めること。この砂利を「目潰し砂利」という。

**めどおり**〈目通り〉樹木などの幹の太さを，目の高さの位置で計ったもの。一般に地上1.2 mの高さの位置で，「目通り径」何cmとか「目通り幹まわり」何尺などという。

**めどめ**〈目止め〉塗料の目はじきなどを防ぐため，下地の木部に目止め剤を塗り込むこと。とのこなどの目止め剤をはけまたは木べらで圧入し，塗付け下地面を平滑にするもの。

**めどめおさえ**〈目止め押え〉目止め剤が上塗り面ににじむのを防ぐため，目止め押え剤をはけ塗り，または吹き付けるもの。

**めぬり**〈目塗り〉継目，ひび割れなどのすきまや穴に塗り材料をすり込むこと。

**めのこ**〈目の子〉目で見た感じで勘定する目算のこと。「目の子勘定」の略。

**めばり**〈目張り〉目地などのすきまや穴を紙やテープを張り付けてふさぐこと。

**めぶり**〈目振り〉⇒あさり

めふり

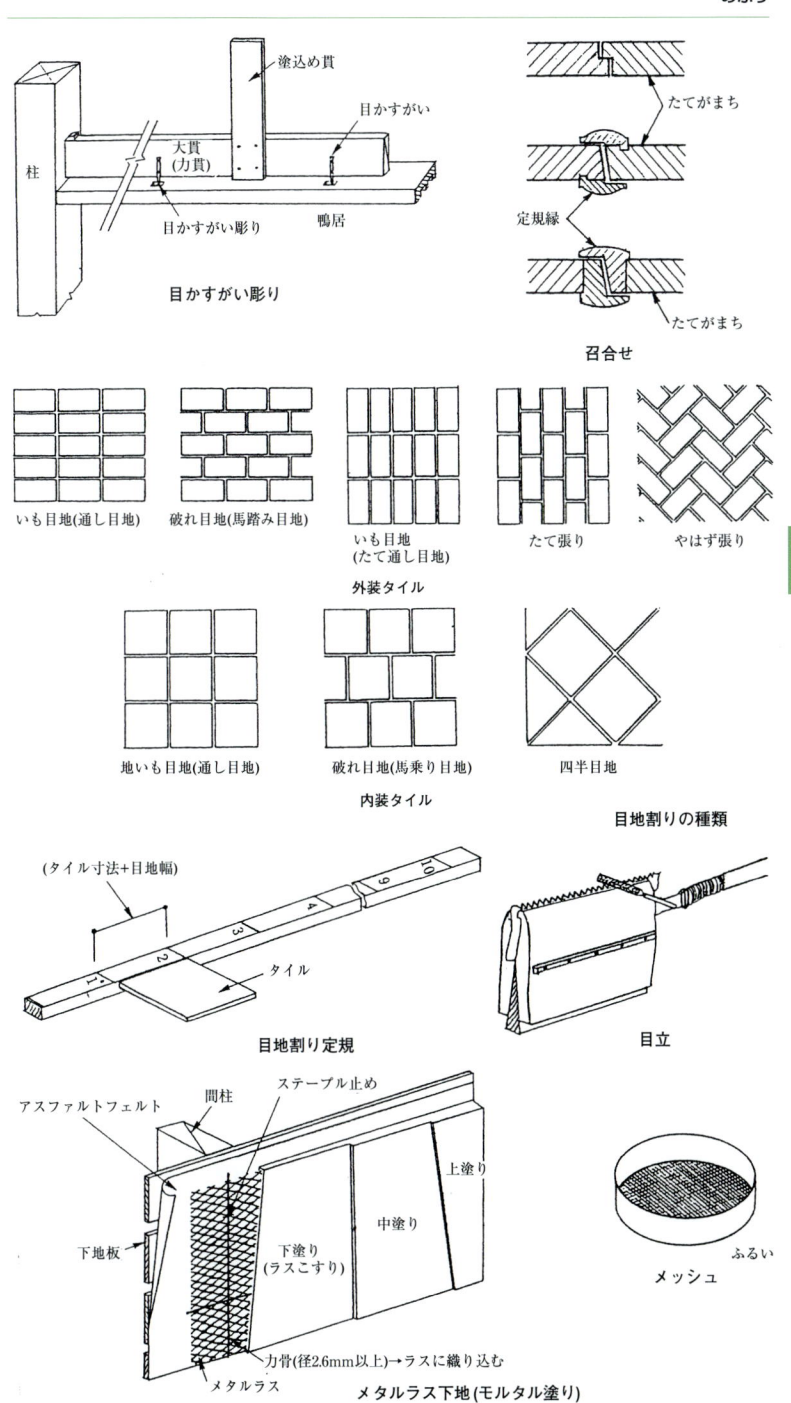

**目かすがい彫り**

召合せ

いも目地(通し目地)　破れ目地(馬踏み目地)　いも目地(たて通し目地)　たて張り　やはず張り

**外装タイル**

地いも目地(通し目地)　破れ目地(馬乗り目地)　四半目地

**内装タイル**

**目地割りの種類**

目地割り定規

目立

メタルラス下地(モルタル塗り)

ふるい
メッシュ

**めべり**〈目減り〉砂や砂利などの容積が運送中の振動や天候の変化により減ること。容積単位で購入する材料では，目減りを考慮しておく必要がある。

**めまわり**〈目回り〉製材前の老樹などに生じる年輪に沿った割れ。心材の収縮によるものが多く，スギ・ヒノキなどの大木では立木のときに生じるものもある。「目割れ」「風割れ」ともいう。

**めもりやりかた**〈目盛り遣方〉高さ方向に順次水平を取るために設ける遣方。コンクリートブロックやれんがなどを積むとき，水糸を張るために用いる。「竪遣方」ともいう。

**メラミンじゅし**〈—樹脂〉メラミンとフォルムアルデヒドによる熱硬化性樹脂。硬度が大きく耐熱性に優れる。食器や化粧板に用いるほか，塗料や耐水合板の接着剤にも利用される。

**めわれ**〈目割れ〉⇒めまわり

**めんうち**〈面内〉柱の面を除いた幅内に取付け部材を納めること。

**めんおしどめ**〈面押留め〉⇒めんごし

**めんぎ**〈面木〉コンクリートの端部に面を取るため型枠の隅部に取り付ける三角形の細木。また，建具や家具のかまち部分に装飾用に付ける細木。「付け面」ともいう。

**めんごし**〈面腰〉木製建具のかまち，桟木など2つの材を同一平面上で交差させる場合，表面上，一方の材の稜線が通るように組み合わせる仕口。「面押留め」ともいう。

**めんしんこうほう**〈免震構法〉地震動の減衰を図ろうとする構造法の一つ。基礎構造部と上部構造部を分離し，その間に積層ゴム・鋼材などで構成する弾性体や，振動エネルギーを吸収するダンパーなど制御装置を取り付けるもの。耐震構造・柔構造とは原理が異なるもので，これに対応するものとして「制震構造」がある。

**メンテナンス**〈maintenance〉完成後の建物の機能を維持するため点検，修理などの管理活動をすることをいう。

**めんどいた**〈面戸板〉木造小屋組の軒桁の上で，垂木と垂木の間にできるすきまをふさぐための板。切面戸，通し面戸などがある。

**めんどがわら**〈面戸瓦〉葺き瓦と棟瓦の間や降り棟ののし瓦の下にできるすきまを埋める瓦。

**めんとり**〈面取り〉角形断面材の角を削り取ること。一般には出隅部分を削って小幅の面をつけること。面には各種の面があり，角面のほか丸面，猿ほお面，几帳面などがある。→めんうち，さおぶち

**めんなか**〈面中〉面を取った柱に鴨居，敷居，無目などを取り付ける場合，これらの部材を柱の面内に納めることをいう。→めんうち

**メンブレンたいかひふくこうほう**〈—耐火被覆工法〉床や天井仕上げに耐火性能をもたせて，鉄骨梁などの構造材を保護する方法。

**メンブレンぼうすい**〈—防水〉屋根などの広い面積を全面に覆う防水工法。アスファルト防水，シート防水，塗膜防水などがある。

# も

**モーターグレーダー**〈motor grader〉車輪を付けた自走式で，排土板を上下左右に移動させながら路面の整地・転圧を行う万能型土工機械。

**モールド**〈mould〉モルタルおよびコンクリートの試験体を作製する鋼製型枠。

**もくこうじ**〈木工事〉木材を用いて建物の主体工事や造作工事を行うこと。主体工事は木造建物の軸組，床組，小屋組などの加工組立，造作工事は建物内部の天井，床，壁，階段，敷居，長押などの仕上工事をいう。「大工工事」ともいう。

**もくこうぞう**〈木構造〉主要構造部が木材でつくられる構造形式。在来の軸組構法のほか，ツーバイフォー材を主材とする枠組壁構法，集成材構法，校木と丸太組による校倉構法などがある。

**もくざい**〈木材〉心材，辺材，形成層，樹皮，年輪などで形成される樹木を製材したもの。針葉樹と広葉樹に大別される。一般に針葉樹は常緑であり，木理が通直，材質は緻密で軟らかいものが多い。「軟木」ともいい，構造材・造作材として用いられる。代表的なものにマツ・スギ・ヒノキなどが

目つぶし

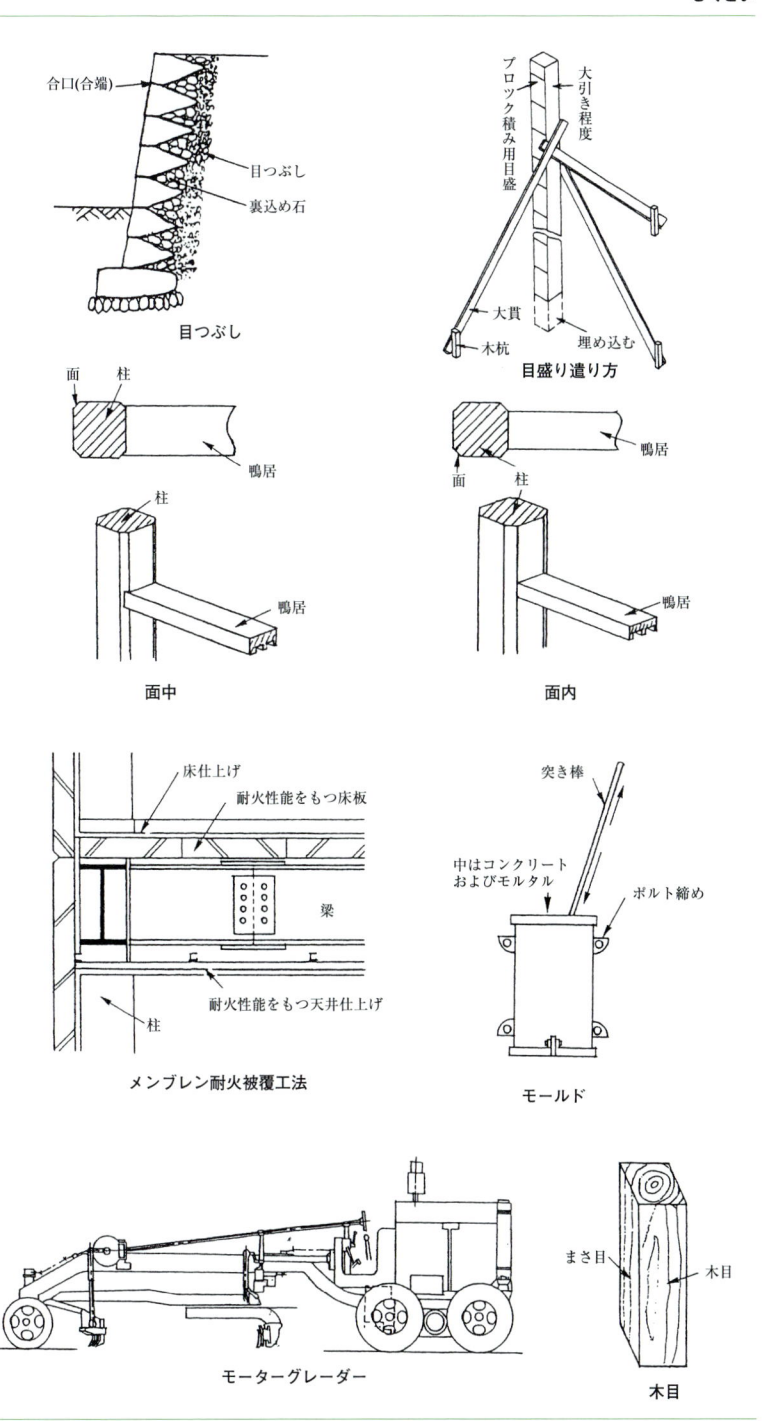

目盛り遣り方

面中

面内

メンブレン耐火被覆工法

モールド

モーターグレーダー

木目

ある。広葉樹は一般に比重が大きく，針葉樹にくらべて硬い。「硬木」ともいい，家具や造作材として用いられる。ナラ，ケヤキ，カシ，サクラ，シオジなどがある。建築用材としての木材は，その材質・性状を生かして適材適所に用いられる。

**もくしけんさ**〈目視検査〉構成物の水平度，垂直度，通直度，長さ，勾配などを，目で見るだけで測定すること。山野の遠近・高低・距離などを目測することを「分見」「目視観測」という。

**もくせいリブばり**〈木製―張り〉加工された木製のリブ材を隠し釘打ちや接着剤などで張り上げる壁仕上げ。

**もくぞうけんちくし**〈木造建築士〉都道府県知事の免許を受け，木造建築物について設計・工事監理等の業務を行う者。延べ面積300m²以下，2階建以下のものについて設計・工事監理を行うことができる

**もくめ**〈木目〉木材を製材した場合に表れる年輪の模様，または繊維の通り方。年輪幅による模様などをいう。「木理」ともいう。

**もくもうセメントばん**〈木毛―板〉木材をわら状に削ったものにセメントを混ぜ合わせ，板状にプレス成形したもの。防火性，吸音性があり，断熱・保温性もよいことから，屋根や壁の下地材として用いられる。

**もくやいた**〈木矢板〉厚さ4cm以上のマツ材でつくった矢板で，根切り深さ5mくらいまでの山留めに使用する。幅20～30cm，長さ5m程度の木材で，湧水のある場合は合口を矢はず形とし，打込みの場合に破損しないよう頭部を鉄線で巻き，先端は刃形に削り落として用いる。

**もくり**〈木理〉⇒もくめ

**もくれんが**〈木煉瓦〉木材をコンクリート面に取り付けるための下地として，あらかじめ型枠内面に取り付けてコンクリートに埋め込む木片。

**もこし**〈裳階〉仏堂・仏塔などにおいて，各層の壁体を保護するために設けられる下屋。一部または各層の軒下壁面を取り巻くようにつくる屋根ひさし付きの壁囲い。

**モザイクタイル**〈mosaic tile〉装飾仕上げ用の小型タイルで，1個の大きさがおよそ20cm²以下のもの。形は方形，丸形，不定形など各種ある。

**モザイクタイルばり**〈―張り〉モザイクタイルをセメントペーストまたは接着剤で張り付け仕上げるもの。一定の大きさの台紙に張ってユニット張りする。

**モザイクパーケットフローリング**〈mosaic parquet flooring〉モザイク状の板を寄木張りにした床。「パーケットフローリングブロック」ともいう。

**モスク**〈mosque〉イスラム教の礼拝堂。一般的に正方形の壁体にドームを架けた形式のもので，ミナレットと呼ばれる尖塔をもつ。内部は聖地メッカに向かって正面に聖壇，その脇に講壇が設けられ，礼拝はメッカに向かって行われる。

**もちおくり**〈持ち送り〉木造建物の軒の深いひさしや出桁を支えたり，出窓の下を補強するために，柱に取り付けて持ち出す腕木ようのもの。

**もちだしつぎ**〈持ち出し継ぎ〉支持している部材より持ち出して設ける継手。桁や母屋を継ぐとき，下木になるほうを支持台に載せ，継手部を若干持ち出して上木を重ねるような場合をいう。

**モデュール**〈module〉建築物を計画・設計する場合の基準寸法。設計・施工の規格化，標準化をはかるため，一定の秩序に従って設けられた寸法基準。

**モデュラーコーディネーション**〈modular coordination〉建築物の設計または施工段階において，各部の寸法をモデュールに合わせて調整すること。または寸法の基準割りを考えること。「モデュール割り」ともいう。

**モデュラス**〈modulus〉弾性シーリング材などの特性を表す数値。シーリング材を引き伸ばしたときに生じる引張応力度のことで，元の長さの1.5倍に伸ばしたときの引張応力度（kN/mm²）を，50%モデュラスという。伸縮性に富んだものほど低モデュラスになる。

**モデュロール**〈modulor〉フランスのル・コルビュジエによって提案された設計基準寸法。人体の尺度を基本にして等比数列で構成される。

**もとうけ**〈元請〉施工者のうち，建築主との直接請負契約によって工事を行う者をいう。

**もとくち**〈元口〉樹木の根元のほう。丸太材の太いほうの端をいう。逆を「末口」という。

**もとぶき**〈元葺き〉かや，わらなどの根元を

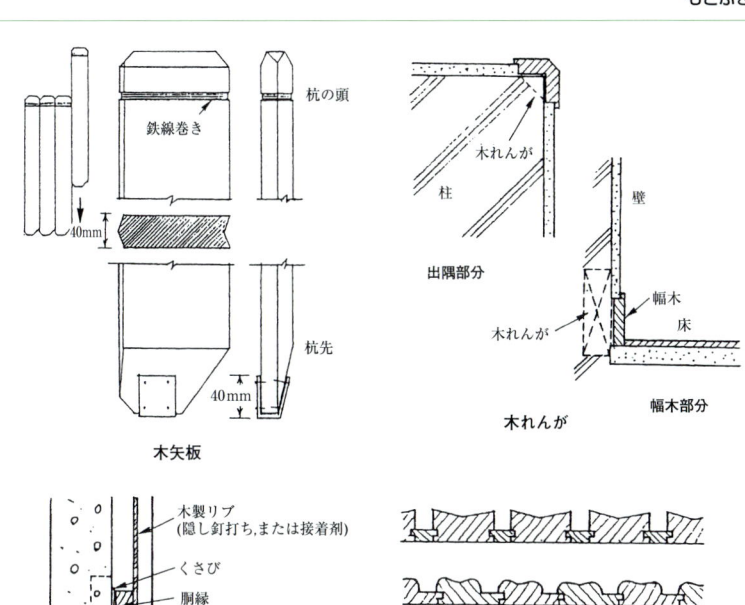

もとふき

**木矢板**
- 杭の頭
- 鉄線巻き
- 40mm
- 杭先
- 40mm

**木れんが**
- 出隅部分
- 柱
- 木れんが
- 壁
- 幅木部分
- 木れんが
- 幅木
- 床

**木製リブ張り**
- 木製リブ(隠し釘打ち,または接着剤)
- くさび
- 胴縁
- 木れんが(埋込み)

**木製リブの例**

**床モザイクタイル張り**
- タイル張り→目地さらい→目地詰め
- 張付けモルタル
- 下塗り(硬練りモルタル)→木ごて
- 清掃,水湿し

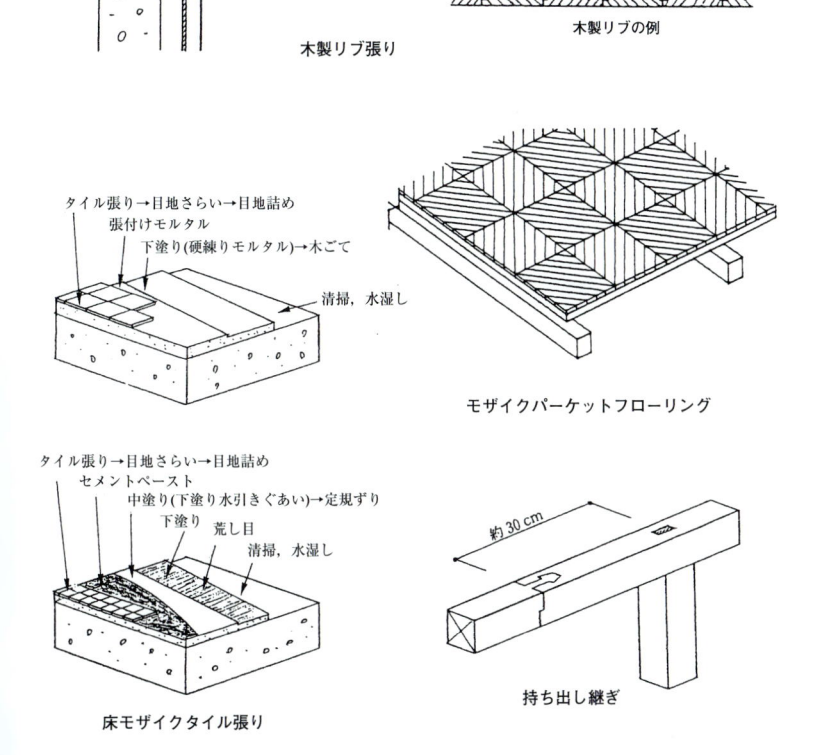

**モザイクパーケットフローリング**

- タイル張り→目地さらい→目地詰め
- セメントペースト
- 中塗り(下塗り水引きぐあい)→定規ずり
- 下塗り
- 荒し目
- 清掃,水湿し

**持ち出し継ぎ**
約30cm

309

下にして葺く草葺きの方法。穂先を下方にして葺く方法を「逆（さか）葺き」という。

**モニュメント**〈monument〉何かを記念してつくられた碑，門，塔などの記念建造物。都市計画の一環として扱われるものもある。

**モノリシックしあげ**〈─仕上げ〉床コンクリートを打設し，荒ならしをした直後の半硬化面に，硬練りモルタルを敷きならして仕上げる床。モルタルを省略して，そのまこて仕上げとすることもある。

**モノロック**〈monolock〉開き戸の取手と施錠を兼ねるもので，両面の握り玉の間にシリンダー錠を内蔵するもの。

**モビールハウス**〈mobile house〉自動車と一体になった，または牽引式の移動住宅。台所，居間，寝台などがコンパクトに配備されている。「モーターハウス」「モービルホーム」ともいう。

**もみすさ**〈揉み苆〉わら・縄などを短く切り，節のあるものを除き，水に浸してたたきほぐしたすさのことで，土壁の中塗りに用いられる。

**もや**〈母屋〉木造小屋組材の一つで，小屋束または合掌で支えられ，垂木を受ける横材をいう。敷桁の上にあるものは鼻母屋，棟部にあるものは棟木となる。

**もようがえ**〈模様替え〉建物本体はそのままにして，内部の間仕切りを変えたり，内外の造作・仕上げなどを改めること。「改装」ともいう。

**もりかえ**〈盛替え〉工事の進行状況に伴い，根切り壁の支保工を建て替えたり，足場を移動したり，工事機械などの位置を変更したりすること。

**もりかえてん**〈盛替え点〉⇒ターニングポイント

**もりど**〈盛土〉建築敷地や道路の造成にあたり，他の場所で採取した土を持ってきて現場に盛り上げた地盤。または，窪地を埋めたてること。

**モルタル**〈mortar〉セメントと砂を混ぜ，水で練ったもの。床や壁の下塗り用，タイルや人造石の張付け用，目地や土間の仕上げ用など広く用いられる。「セメントモルタル」ともいう。

**モルタルあっそうき**〈─圧送機〉⇒モルタルポンプ

**モルタルガン**〈mortar gun〉コンプレッサーによる圧縮空気で，モルタルやリシンを吹き付けるもの。吹付仕上げ用の器械。

**モルタルしあげ**〈─仕上げ〉モルタル塗りの仕上げで，木ごて仕上げ，はけ引き仕上げ，こて磨き仕上げ，かき落し仕上げなどがある。

**モルタルぬり**〈─塗り〉⇒セメントモルタルぬり

**モルタルぼうすい**〈─防水〉防水剤を混入したモルタルをコンクリート下地などに塗って防水層とするもの。水はけのよい小規模なコンクリート屋根などに用いられる。

**モルタルポンプ**〈mortar pump〉混練したモルタルをパイプで圧送する機械で，ピストン式，スクイーズ式，スクリュー式がある。「モルタル圧送機」ともいう。→コンクリートポンプ

**モルタルポンプこうほう**〈─工法〉混練したモルタルをモルタルポンプで圧送すること，または圧送して吹き付けること。

**モルタルミキサー**〈mortar mixer〉モルタルをつくるための混練機械。「左官用ミキサー」ともいう。

**モルタルれんが**〈─煉瓦〉⇒セメントれんが

**モンキーレンチ**〈monkey wrench〉ナットの径に合わせられるよう調整ねじが付いているスパナ。

**モンケン**〈drop hammer〉杭打ち工事で杭を打ち込む重錘のこと。打撃用のおもり。「落錘」ともいう。→にほんご

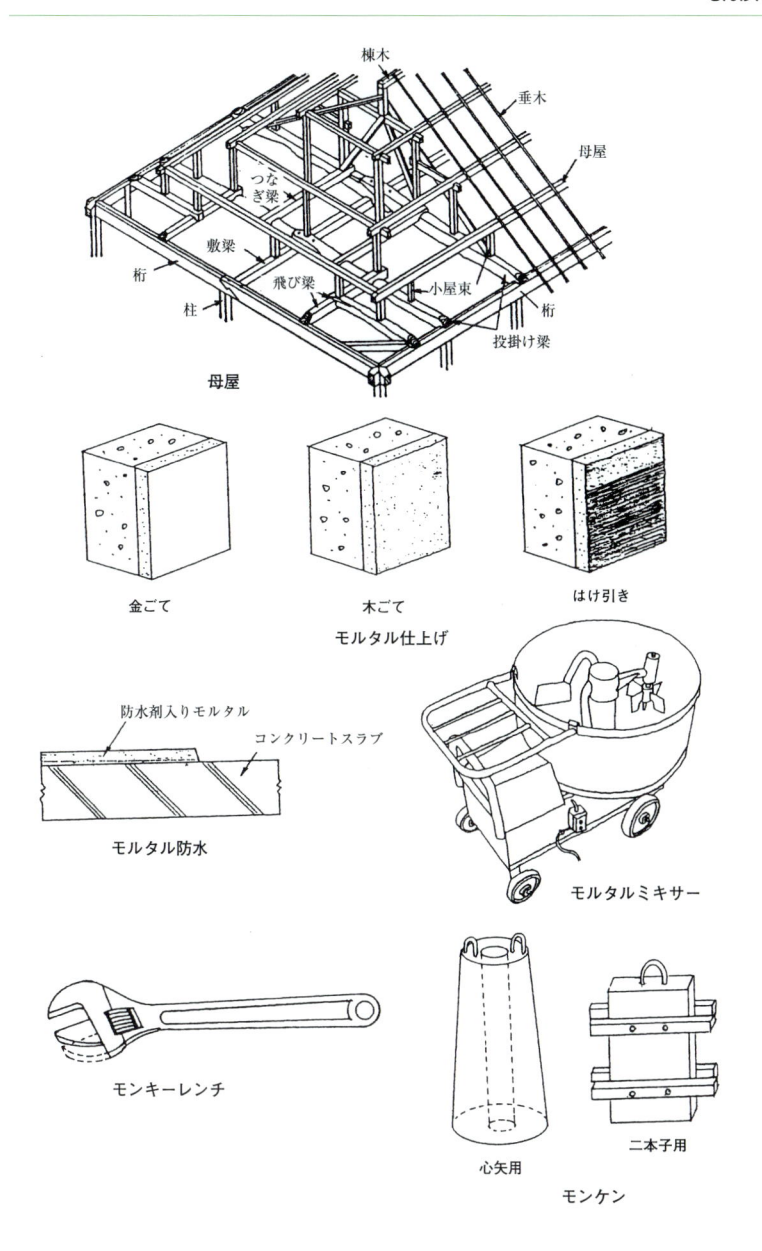

母屋（棟木・垂木・母屋・つなぎ梁・敷梁・飛び梁・小屋束・投掛け梁・桁・柱）

モルタル仕上げ
- 金ごて
- 木ごて
- はけ引き

モルタル防水（防水剤入りモルタル／コンクリートスラブ）

モルタルミキサー

モンキーレンチ

モンケン
- 心矢用
- 二本子用

**やいた**〈矢板〉⇒シートパイル

**やきいれ**〈焼入れ〉鋼の熱処理の一つ。鋼材を800〜1000℃に熱し，冷水・温水または油に浸して急冷するもので，伸びが減少してもろさを増すが，強さ，硬さ，耐磨耗性は増大する。

**やきせっこう**〈焼き石膏〉方解石から取る天然石膏や，りん酸肥料の製造に伴ってできる副産物石膏を，180〜190℃で焼き微粉砕したもの。水硬性があり，石膏プラスターや石膏ボードなどに用いられる。

**やきつけとそう**〈焼付け塗装〉塗装後の塗膜を加熱して乾燥硬化させるもの。主として金属塗装に用いられ，耐熱・耐候・耐汚染性に優れる。「焼付け塗装鋼板」「焼付け塗装アルミサッシ」などがある。

**やきなましてっせん**〈焼き鈍し鉄線〉鋼材料を800〜1000℃に熱し，炉中で徐々に冷却すると鋼の組織が密になり，強さは低下するが，均質で軟らかくなる。鉄筋コンクリート造の組立鉄筋を縛る細い結束線や，丸太足場や型枠の結束に用いる太めの鉄線などがある。前者を「結束線」，後者を「番線」ともいう。

**やくえきちゅうにゅうこうほう**〈薬液注入工法〉土粒子の中に化学薬品を注入することによって地盤を固める地盤改良工法。細粒度の土質に向く。薬材の主剤としては高炉セメント・高炉スラグ・生石灰などが用いられる。「固結工法」ともいう。

**やくがわら**〈役瓦〉特殊な部分に用いる瓦をいう。棟のがんぶり瓦，面戸瓦，鬼瓦，軒先の唐草瓦，ともえ（巴）瓦，そで（袖）瓦，けらば部分の谷そで瓦，けらば瓦などがある。→がんぶりがわら

**やくばしら**〈役柱〉⇒だいこくばしら

**やくもの**〈役物〉曲がり・面取りなど出隅，入隅に使用する平物以外のタイルをいう。また，役瓦のことをいう。

**やげんぼり**〈薬研彫り〉材の上面を舟底形に彫り込むこと。屋根が交差する木造小屋組の谷木などに加工される溝彫りをいう。

**やすけ**〈矢助〉⇒かけや

**やっとこ** ⇒やといぐい

**やちょう**〈野帳〉測量時に使用される専用の手帳。土地とか建物の測量を行う際，一定の書式に従って記録できるようにしたもの。

**やといかまつぎ**〈雇い鎌継ぎ〉両端にかまをもつ別木を，継ぐべき2つの材に組み込んで継ぐ方法。土台などに用いる継手の一つ。

**やといぐい**〈雇い杭〉杭打ちで，杭頭が地盤面近くになり直接打ち込むことができなくなったとき，別の杭を載せて打ち込む際の補助杭。

**やといさねはぎ**〈雇い実矧ぎ〉板の木端を接合する場合，雇いざねと称する薄い別木をつくり，これをはめ込んで板をつなぎ張る方法。→いたはぎ

**やといほぞ**〈雇い柄〉接合する2材の両方にほぞ穴をあけ，別木をほぞとして差し込んで接合する仕口，またはその別木をいう。

**やにどめ**〈やに止め〉⇒ふしどめ

**やね**〈屋根〉日射や風雨を避け，室内の温湿度を快適に保つために設けられる，建物最上部の構造体。形状により，切妻屋根，入母屋屋根，寄棟屋根，方形屋根，陸屋根，片流れ屋根などの種類がある。

**やねこうじ**〈屋根工事〉屋根の下地や屋根葺き工事，防水工事やといの取付け工事など，屋根にかかわる工事全般をいう。

**やねこうばい**〈屋根勾配〉屋根面の水平面に対する傾斜度。通常は直角三角形の斜辺を屋根面として，底辺の長さ(10)に対する垂線の長さ($n$)で表し，$n/10$勾配，$n$寸勾配などという。

**やねしっくい**〈屋根漆喰〉しっくいは消石灰に砂，すさ，ふのりを混ぜて水で練ったものだが，これを屋根瓦の継目や棟瓦の固定，軒や棟の面戸をふさぐために用いるもの。

**やねスラブ**〈屋根—〉鉄筋コンクリート造の陸屋根などを構成する床版。水勾配をとり，防水層が施される。

**やねふせず**〈屋根伏図〉設計図面の一つで，上から見た屋根の形状を平面的に描いたもの。屋根の寸法，仕上材，勾配の方向などが示される。

**やはずぎり**〈矢筈切り〉弓矢の矢じりのよう

やはすき

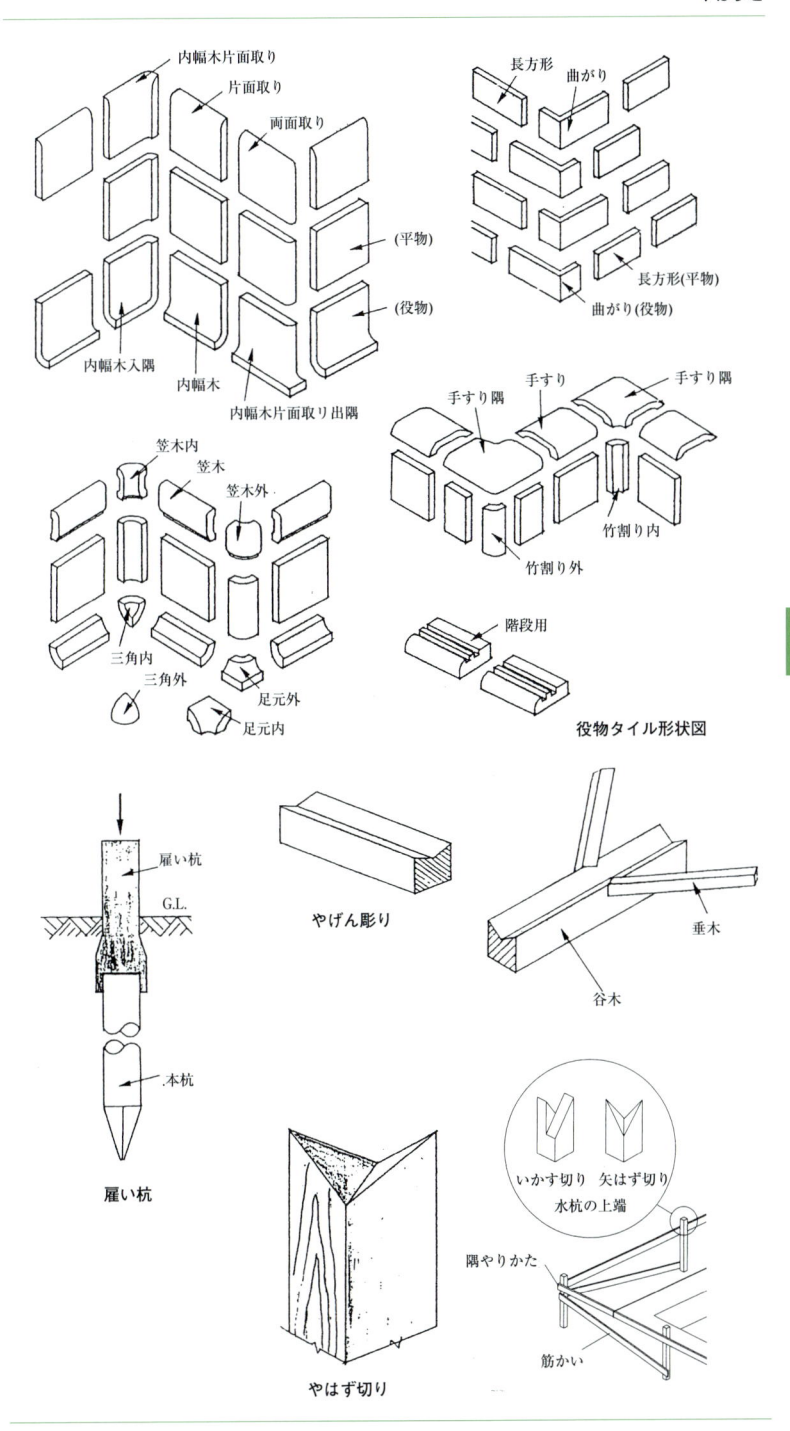

役物タイル形状図

- 内幅木片面取り
- 片面取り
- 両面取り
- (平物)
- (役物)
- 内幅木入隅
- 内幅木
- 内幅木片面取り出隅
- 長方形
- 曲がり
- 長方形(平物)
- 曲がり(役物)
- 笠木内
- 笠木
- 笠木外
- 三角内
- 三角外
- 足元外
- 足元内
- 手すり隅
- 手すり
- 手すり隅
- 竹割り内
- 竹割り外
- 階段用

雇い杭
- 雇い杭
- G.L.
- 本杭

やげん彫り

垂木
谷木

やはず切り

いかす切り　矢はず切り
水杭の上端
隅やりかた
筋かい

**やはずづみ**〈矢筈積み〉⇒おとしづみ

**やはずはぎ**〈矢筈矧ぎ〉板の木端を接合する場合のはぎ方で，Ｖ字形の凹凸をつくり，これを合わせて板をつなぎ張る方法。「樋部倉はぎ」ともいう。

**やぶれめじ**〈破れ目地〉コンクリートブロック積み，れんが積み，タイル張りなどで，たて目地が直線的に連続しないもの。「馬乗り目地」ともいう。

**やまがたこう**〈山形鋼〉⇒かたこう

**やまがたトラス**〈山形―〉山形になったトラスが，左右の柱に連続的につながっているもの。平面トラスの一つ。

**やまがたラーメン**〈山形―〉山形の梁が左右の柱と剛接合され，一体的に構成されている骨組。「長方形ラーメン」に対して使われる用語。

**やまじゃり**〈山砂利〉山や丘陵地から採取される自然の砂利。ほかに「川砂利」や「砕石砂利」がある。

**やますな**〈山砂〉山や丘陵地から採取される自然の砂。ほかに「川砂」や「浜砂」がある。

**やまとがけ**〈大和掛け〉⇒おとしづみ

**やまとぶき**〈大和葺き〉板を用いる屋根葺きの方法で，水勾配と直角の方向に上下交互に重ね葺きする。ひさし程度の屋根に用いられる。

**やまとべい**〈大和塀〉板を交互に重ね合わせて打ち付けた塀。

**やまどめ**〈山留め〉根切りした後の土砂崩れを防ぐ支保工をいい，掘削面に矢板を打ち込む方法と，のり面をとって掘り下げる方法がある。「土止め」ともいう。

**やらい**〈矢来〉竹または細丸太を斜めに組んだり，縦横に粗く組んだ柵や垣根などの囲い。できるすきまの形により角矢来，菱矢来などがある。

**やりかえし**〈遣返し〉２本の柱の間に，鴨居や敷居，かまちや落し掛けなどの水平材を取り付ける方法。一方の柱に深く掘った穴に水平材を大入れで差し込み，他方の柱の浅い穴に戻して収める。

**やりかた**〈遣方，遣形〉根切り・基礎工事に先だって，柱・壁などの中心線や水平線を設定するための仮設物。必要な箇所に水杭を打ち，これに高さをそろえた水貫を水平に打ち付けるもので，その位置によって「隅遣方」「平遣方」「たるみ遣方」などがある。「丁張り」ともいう。

**やりかたぐい**〈遣方杭〉⇒みずぐい

**やりかたぬき**〈遣方貫〉遣方杭に水平に取り付けられる材で，高さの基準とするもの。レベル測量により一定の高さに連続または不連続に取り付けられる。「水貫」ともいう。

---

**ゆあつクレーン**〈油圧―〉⇒ハイドロクレーン

**ゆあつパイルハンマー**〈油圧―〉杭打ち機械の一つ。油圧により杭を打つ重錘となるラムを持ち上げ，ラムの自由落下によって杭を打ち込むもの。低騒音で油煙が飛散しないよう打撃部分を密閉している。

**ユーエスディーこうほう**〈―工法〉陸屋根などの外断熱防水工法の一つ。防水層の上または下に断熱層を設け，断熱性能をもたせたもの。up side downの略で，製造会社の商品名。

**ゆうこうだんめんせき**〈有効断面積〉部材の断面設計を行う場合，切欠きがあると全断面が有効に働くとは限らない。圧縮とか曲げを受ける切欠きのある木材，引張りを受ける鋼材にボルト穴のある場合などの，欠損部を差し引いた力学的に有効な断面積。

**ゆうこうりようりつ**〈有効利用率〉⇒ぶどまり

**ゆうこうベニヤいた**〈有孔―板〉縦横一定間隔に丸い孔をあけた合板。壁・天井の下地材や吸音材として用いられる。

**ユーじこう**〈Ｕ字溝〉Ｕ字形断面の鉄筋コンクリート製品。側溝などの排水溝として用いられる。

**ゆうせつごう**〈融接合〉アーク溶接やガス溶接のように，２つの金属の接触部を溶融状態にして，力を加えずに溶接する接合。

破れ目地(馬踏み目地)

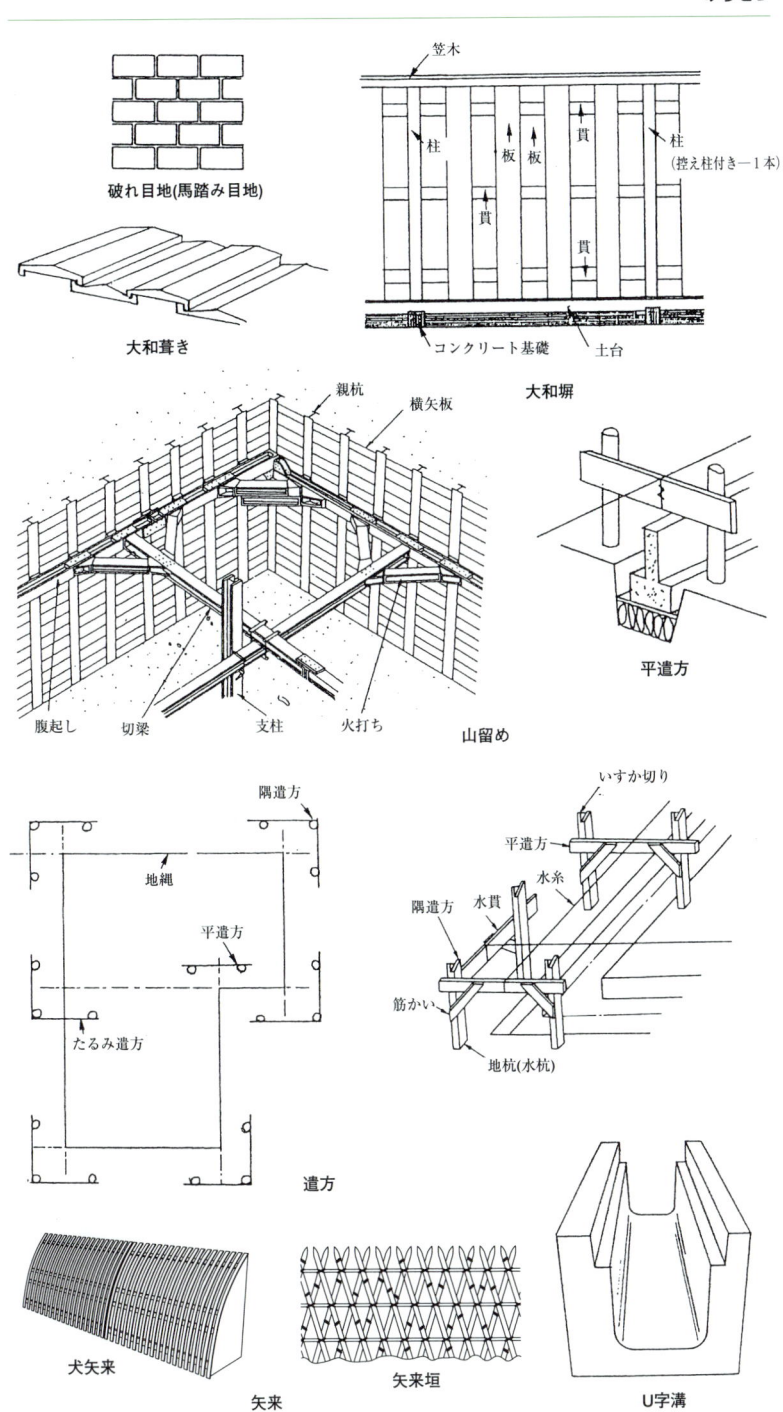

大和葺き

大和塀
笠木 柱 板 貫 柱(控え柱付き―1本) コンクリート基礎 土台

山留め
親杭 横矢板 腹起し 切梁 支柱 火打ち

平遣方

遣方
隔遣方 地縄 平遣方 たるみ遣方

いすか切り 平遣方 隔遣方 水貫 水糸 筋かい 地杭(水杭)

犬矢来

矢来

矢来垣

U字溝

**ユートラップ**〈U trap〉横向き排水管の途中に設けられる封水部。U字形をしていて，そこに排水の一部を留めて悪臭・害虫が逆入するのを防ぐ。

**ユーティリティ**〈utility〉住宅などの家事室。洗濯・アイロンがけなど，主として主婦が家事のための手作業を行う部屋。「家事室」ともいう。

**ゆうはつめじ**〈誘発目地〉コンクリートなどの床版や壁体に生じる収縮亀裂を，前もって収拾するために設ける目地。目地部には水密性・気密性のあるシーリング材が用いられる。

**ゆうやく**〈釉薬〉タイル，ゆう薬瓦，陶磁器などの表面に色彩や光沢を与え，吸水性をなくし耐久性を高めるもの。溶けやすい石粉や土灰に，酸化金属のような着色剤を混ぜたけい酸塩混合物をつくり，これを素地または一度焼き締めた素地製品に塗り付けて，それが溶けるまで再度焼くもの。

**ゆかぐみ**〈床組〉木造建物の最下階または各階の床を構成する骨組。束立て床，転ばし床，根太床，梁床，組床などがある。

**ゆかこうはん**〈床鋼板〉⇒デッキプレート

**ゆかだか**〈床高〉規準の地盤面から床仕上げ面までの高さをいう。

**ゆかづか**〈床束〉束立て床の床組材で，束石の上に立てて大引きを支える垂直材。→つかだてゆか

**ゆかばり**〈床梁〉2階床を支える横架材のこと。大梁，小梁を総称していう。→にかいばり

**ゆかしたかんきこう**〈床下換気口〉木造建築物などの，一階床下の通気をはかるために設ける通風口。建築基準法施行令にもとづき，布基礎部分に一定の間隔と一定の大きさをもって設けられる。

**ゆかスラブ**〈床〉床用の躯体としてつくられる鉄筋コンクリート造の床版。

**ゆかだんぼう**〈床暖房〉床の内部に電熱線を組み込んだり，パイプを組んで温水などを通し，その放熱によって行う放射暖房。

**ゆかぶせず**〈床伏図〉設計図の一つで，各階の床の骨組構成を上から見た図面。部材の材質，形状，配置状況などが表示される。

**ゆがみなおし**〈歪み直し〉鉄骨造の建方工事などで，垂直・水平度を点検し修正すること。「建入れ直し」「ひずみ直し」ともいう。

**ゆかめんせき**〈床面積〉「建築物の各階，又はその一部で壁その他の区画の中心線で囲まれた部分の水平投影面積による。」(建築基準法施行令第2条第1項3号)

**ゆきあいつぎ**〈行合い継ぎ〉木材の末口と末口を継ぎ合わせることをいう。反対に元口と元口を継ぐ場合を「別れ継ぎ」という。

**ゆきどめ**〈雪止め〉屋根に積もった雪が落ちて危害を加えないよう，屋根面に取り付けて落ちにくくするもの。棟と平行に丸太を取り付けたり，半円筒形の突起がある「雪止め瓦」を用いたりする。

**ゆきみしょうじ**〈雪見障子〉障子戸の下部に上げ下げできる障子戸があり，外側に透明ガラスをはめて外が見えるようにしたもの。「上げ下げ障子」ともいう。付図参照

**ゆせいエナメル**〈油性―〉顔料の展色剤に油性ワニスを用いた塗料で，光沢があり色調が鮮明である。耐候性に優れ，建築の内外装に用いられる。「エナメルペイント」ともいう。

**ゆせいちょうごうペイントぬり**〈油性調合―塗り〉顔料・乾性油をおもな原料として練り合わせたもので，塗膜が厚く耐候性に富む。屋内外の塗装に一般的に用いられる。

**ゆせいワニス**〈油性―〉樹脂を溶かし，乾性油を加えて加熱結合させた後，揮発性溶剤で薄めた塗料。透明な乾固皮膜は強くて光沢および弾力性があり，耐久性・耐水性が大きい。揮発性溶剤だけを用いて樹脂性の皮膜をつくるものを「揮発性ワニス」という。

**ユニットキッチン**〈unit kitchen〉調理台，ガス台，シンク，食器洗い器，戸棚，冷蔵庫，排気フードなど，台所設備を一つの単位にまとめたもの。種々の組合せができるようにした厨房家具。

**ユニットクーラー**〈unit cooler〉一つのパッケージに圧縮機，凝縮器，蒸発器など，冷媒を循環させる機器や送風機を収納して，個別に冷房を行う装置。

**ユニットこうほう**〈―工法〉建物を部屋または階単位で工場生産し，現場で組み合わせ一体化する建設法。プレファブ工法の一つ。

**ユニットタイル**〈unit tile〉表面または裏面に紙・ネットなどを張り付けて，数個のタイルを連結したもの。ネットの表張りのものは施工後はがし，裏張りのものはそのま

ゆにっと

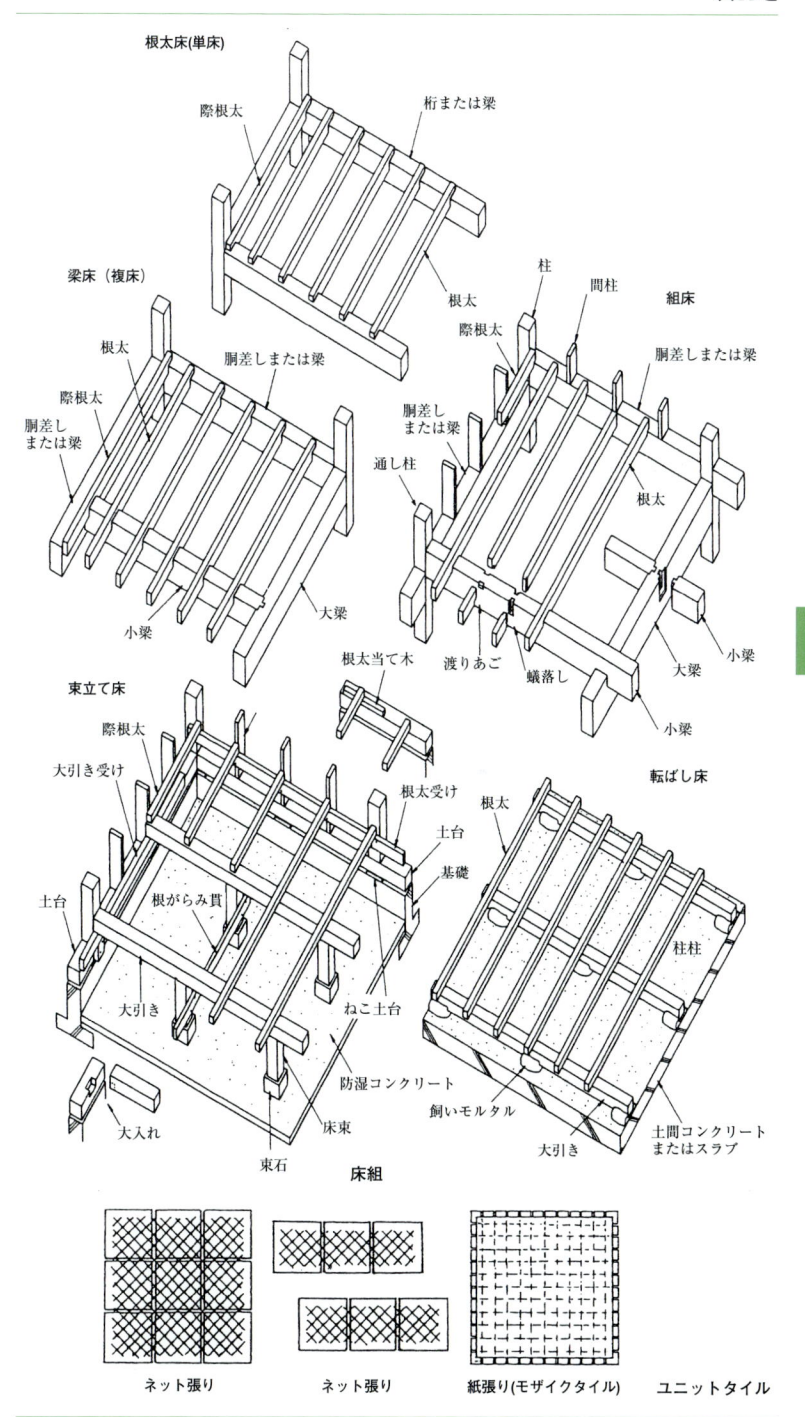

317

ま埋め込んで使用する。

**ユニットハウス**〈unit house〉住宅の各室を用途ごとに工場生産し，現場で組み合わせることによってつくられる住宅。「ユニット住宅」ともいう。

**ユニットバス**〈unit bath〉浴室の各設備が，天井，床，壁と一体につくられているもの。工場生産された各単位が，現場の室内で組み立てられる。「浴室ユニット」ともいう。

**ユニットばり**〈―張り〉ユニットタイルを張り付けること。

**ユニットヒーター**〈unit heater〉ケーシングの中に送風機と加熱コイルを納めたもので，コイルに蒸気を送り，空気を加熱して送風機で室内に吹き出す暖房ユニット。

**ユニバーサルスペース**〈universal space〉使用目的に応じて室の大きさを種々変えることができるようにした空間。また用途を限定せずに，多目的に利用できるようにした一つの空間。

**ユリアじゅし**〈―樹脂〉尿素とホルムアルデヒドによってつくられる熱硬化性樹脂。塗料・接着剤のほか，器具成形品として利用される。耐水ベニヤの接着剤としても用いられる。「尿素樹脂」ともいう。

**ゆわかしき**〈湯沸し器〉温水をつくる装置。石炭だき湯沸し器，蒸気加熱湯沸し器，ガス貯湯式湯沸し器，ガス瞬間湯沸し器，重油ボイラーなどがある。

# よ

**ようがわら**〈洋瓦〉日本古来の和瓦に対し，西洋で用いられる形の瓦をいう。フランス瓦，スペイン瓦，イタリア瓦などがある。

**ようごや**〈洋小屋〉真束，陸梁，合掌，吊束，方杖等の部材でトラス状に構成する小屋組。木造の大梁間構造に用いられる。付図参照

**ようざいがたごうせいじゅしとりょう**〈溶剤形合成樹脂塗料〉顔料と合成樹脂と溶剤でつくられる樹脂塗料で，溶剤で溶かして塗布したり，乾燥硬化後も溶剤に再び溶けるという性質をもつもの。

**ようしつ**〈陽疾〉⇒あて

**ようじょう**〈養生〉コンクリートやモルタルなどの強度を十分発揮させるために，水分や温度を調整して，水和反応がよい状態で行われるようにすること。また，工事現場における資材の落下防止や仕上げ作業箇所の損傷や汚染を守ること。またはその保護施設。

**ようじょうあさがお**〈養生朝顔〉工事中の落下物を防止するため，足場の中間に張りめぐらされた仮設棚。特に市街地などの道路側には必ず取り付けなければならない。単に「あさがお」ともいう。

**ようじょうおんど**〈養生温度〉コンクリート養生に必要な温度。

**ようじょうかなあみ**〈養生金網〉工事中の建物の外周に張ったり，内部の梁組面に張って，上からの落下物を受け止めるもの。落下物防止金網。

**ようじょうけいかく**〈養生計画〉工事現場における材料・材質の管理，仕上げ部材の損傷防止管理，危険防止にかかわる管理など，現場作業を適切に運営するための保護管理計画。コンクリートを十分に硬化させるための養生，仕上げ面・塗り面を安定させるまでの養生，作業員の安全管理のために行う養生などいろいろある。

**ようじょうシート**〈養生―〉工事中の建物の，外部足場に取り付けて張り巡らされるシート。プラスチック製の軽くて丈夫なものが多く使われ，落下物の防止や作業員が集中して仕事ができるようにするために張られる。

**ようじょうモルタル**〈養生―〉陸屋根などの防水層を覆い，押えコンクリートなどのなじみをよくするために塗り付けるモルタル。→ぼうすいこうじ

**ようじんてっきん**〈用心鉄筋〉鉄筋コンクリート造の配置鉄筋の一つ。コンクリートの亀裂防止や欠け割れ防止のために配筋される，構造計算外の余分な鉄筋。

**ようすいポンプ**〈揚水―〉根切り底の排水，工事用水の供給など揚水のために用いられるポンプで，渦巻型，ピストン型，タービン型などがある。

**ようせきりつ**〈容積率〉建物延べ面積の敷地面積に対する割合。通常百分率で表す。都市計画区域内の建築物は，建築基準法により用途地域別ごとにその限度値が定めら

ようせき

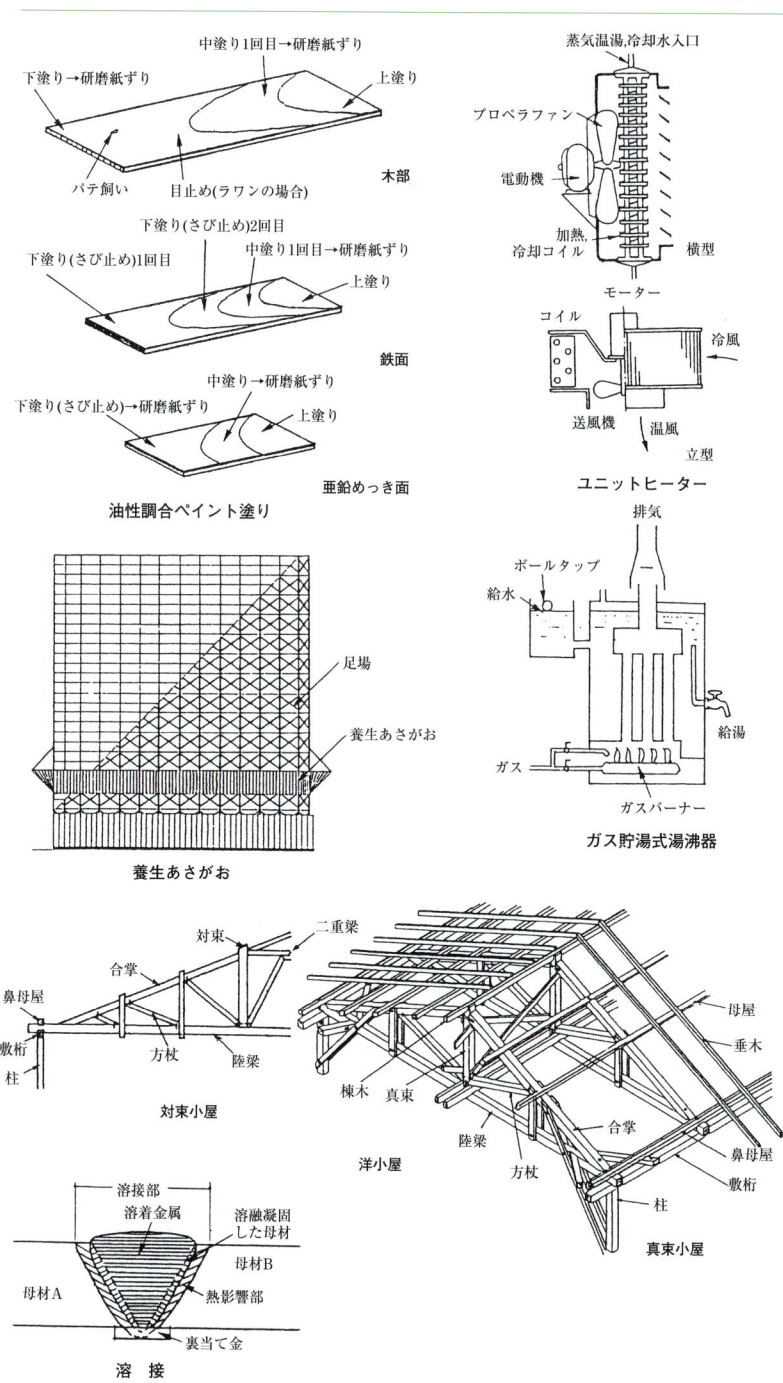

## 油性調合ペイント塗り

**木部**: 下塗り→研磨紙ずり / パテ飼い / 中塗り1回目→研磨紙ずり / 目止め(ラワンの場合) / 上塗り

**鉄面**: 下塗り(さび止め)1回目 / 下塗り(さび止め)2回目 / 中塗り1回目→研磨紙ずり / 上塗り

**亜鉛めっき面**: 下塗り(さび止め)→研磨紙ずり / 中塗り→研磨紙ずり / 上塗り

## ユニットヒーター

横型: 蒸気温湯、冷却水入口 / プロペラファン / 電動機 / 加熱、冷却コイル / モーター

立型: コイル / 送風機 / 冷風 / 温風

## ガス貯湯式湯沸器

排気 / ボールタップ / 給水 / 給湯 / ガス / ガスバーナー

## 養生あさがお

足場 / 養生あさがお

## 対束小屋

二重梁 / 対束 / 合掌 / 鼻母屋 / 方杖 / 陸梁 / 敷桁 / 柱

## 洋小屋

棟木 / 真束 / 陸梁 / 方杖 / 合掌 / 母屋 / 垂木 / 鼻母屋 / 敷桁 / 柱

## 真束小屋

## 溶接

溶接部 / 溶着金属 / 溶融凝固した母材 / 母材A / 母材B / 熱影響部 / 裏当て金

れている。

**ようせつ**〈溶接〉金属部材を互いに部分的に溶融して接合すること。融接のほか圧接，ろう付けがあり，熱源としてはアーク熱，ガス燃焼熱，電気抵抗熱などがある。

**ようせつかなあみ**〈溶接金網〉直径6mm以下の鉄線を碁盤目状にして交点を溶接したもの。コンクリートの床や壁などの補強用として用いられる。

**ようせつガン**〈溶接—〉溶接機の一部で，被溶接材に当ててスポット溶接を行う道具。

**ようせつきごう**〈溶接記号〉設計図面または施工図面に描かれる溶接の指示記号。箇所ごとに溶接の種類，方法，形状，寸法，仕上げ法などが示される。

**ようせつきんぞく**〈溶接金属〉溶着金属と母材が溶け込んで，溶接継目を構成する金属部分。

**ようせつけっかん**〈溶接欠陥〉溶接部に生じる欠陥の総称。ブローホール，アンダーカット，オーバーラップ，スラグ巻込みなどがある。

**ようせつこうぞうようあつえんこうざい**〈溶接構造用圧延鋼材〉熱間圧延鋼材の一つの種類で，溶接性を高めたもの。記号として（SM）が使われることから「SM材」ともいう。ほかに一般構造用圧延鋼材（SS），溶接構造用耐候性熱間圧延鋼（SMA），建築構造用圧延鋼材（SN）などがある。

**ようせつスパッター**〈溶接—〉溶接の作業中に，溶接継目部から飛び散る溶融金属の細粒。

**ようせつつぎめ**〈溶接継目〉溶着金属と溶接母材が溶け合った溶接金属部。その種類として，完全溶込み溶接とすみ肉溶接，部分溶込み溶接などがある。

**ようせつビード**〈溶接—〉溶着材が溶けて溶接継目にできる盛り上がった帯状部。

**ようせつひずみ**〈溶接歪み〉溶着部の冷却ひずみにより，溶接接合部が変形すること。

**ようせつぼう**〈溶接棒〉ガス溶接，アーク溶接で，母材とともに溶融して母材を定着する金属の棒。

**ようせつぼうホルダー**〈溶接棒—〉アーク溶接などで溶接棒を挟み，電流を流して作業を行う溶接器具。

**ようふうよくそう**〈洋風浴槽〉欧米で使われる底の浅い浴槽。横になって入浴し，浴槽内で身体を洗う形式のもの。「バスタブ」ともいう。

**ようへき**〈擁壁〉土砂の崩壊を防ぐ目的で構築される土止め壁。切土の奥端部や盛土の先端部に設けられるもので，石積み，コンクリートブロック積み擁壁のほか，重力式，L型，逆T型などの鉄筋コンクリート擁壁がある。

**よくしつユニット**〈浴室—〉⇒ユニットバス

**よこざくつ**〈横座屈〉H形鋼梁のように曲げ応力を受ける部材が，面外にねじれを伴って横に曲がりだす現象。上部フランジが圧縮側となり，圧縮材と同じ現象である。

**よこじくかいてんまど**〈横軸回転窓〉窓の開閉方法の一つ。中央の水平軸を回転軸として，下部を突き出すようにして開けるもの。

**よこしげしょうじ**〈横繁障子〉障子戸の組子が，竪よりも横に細かく多く入っているもの。逆になったものを「竪繁障子」という。付図参照

**よこせんうち**〈横栓打ち〉敷居を柱に取り付ける場合などに用いる仕口で，両材に溝を彫って横から栓を打ち込んで止める方法。

**よこせんしきこうていひょう**〈横線式工程表〉縦軸に作業項目をとり横軸に日程をとって，各作業の開始から終了までを横線で表す工程表。「棒工程表」「バーチャート」「ガントチャート」ともいう。

**よこばた**〈横端太〉型枠の支保工—つで横の方向に用いる端太材。

**よこはめいた**〈横羽目板〉⇒したみいたばり

**よこはめばり**〈横羽目張り〉板を横方向に張ること。木端の継目は，合じゃくりまたはさねはぎとする。下見板張りの一つ。

**よこびきのこ**〈横挽鋸〉木材を繊維方向に対して直角方向に切断するためののこぎり。切断する材種によって歯の形が異なるが，縦びきにくらべて歯が全般に細かくなっている。→のこぎり

**よこほぞ**〈横枘〉敷居などに用いられる横に長いほぞ。

**よこめじ**〈横目地〉水平方向の目地のこと。「重ね目地」ともいう。これに対して垂直方向の目地を「たて目地」「合せ目地」という。

**よこやいた**〈横矢板〉⇒せきいた

よこやい

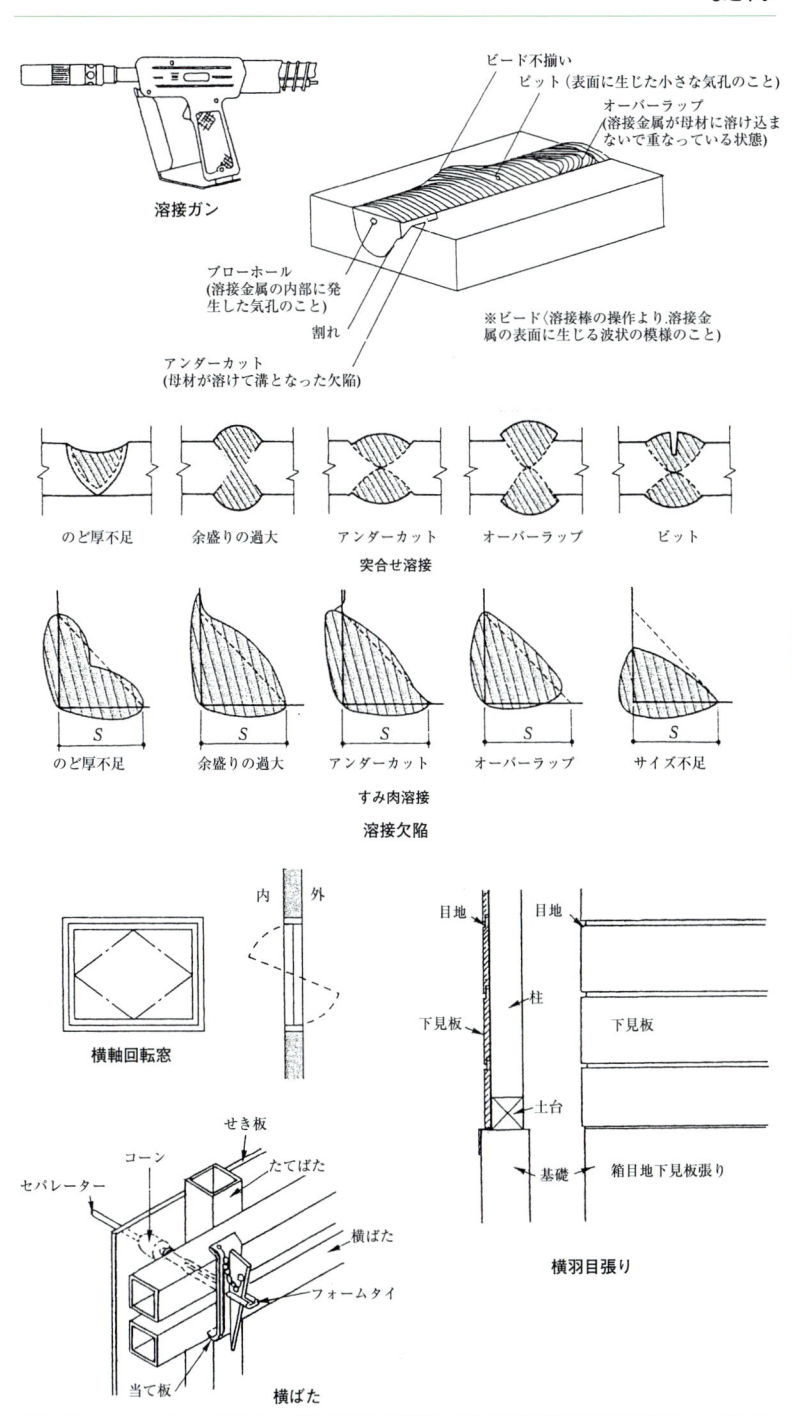

溶接ガン

ビード不揃い
ピット(表面に生じた小さな気孔のこと)
オーバーラップ(溶接金属が母材に溶け込まないで重なっている状態)

ブローホール(溶接金属の内部に発生した気孔のこと)
割れ
アンダーカット(母材が溶けて溝となった欠陥)

※ビード(溶接棒の操作より,溶接金属の表面に生じる波状の模様のこと)

のど厚不足　余盛りの過大　アンダーカット　オーバーラップ　ピット

**突合せ溶接**

のど厚不足　余盛りの過大　アンダーカット　オーバーラップ　サイズ不足

**すみ肉溶接**

**溶接欠陥**

横軸回転窓

目地　柱　下見板　土台　基礎

下見板

箱目地下見板張り

**横羽目張り**

セパレーター　コーン　せき板　たてばた　横ばた　フォームタイ　当て板

**横ばた**

**よせ**〈寄せ〉⇒よせしきい

**よせあり**〈寄蟻〉吊り束で鴨居などを吊るときに用いる仕口。ありほぞを逃げ穴に入れ，あり穴に寄せて組み合わせる仕口。

**よせぎばり**〈寄木張り〉30cmほどの長さの板をはぎ合わせてブロック状にし，向きを交互にして張る板床をいう。または，色肌，木理の異なる切板を縦横に意匠的に組み合わせて張った床。

**よせしきい**〈寄敷居〉一本引きの引戸を壁に沿って納めるときに用いる一本溝の敷居。「寄せ」ともいう。→かたふたばしら

**よせづか**〈寄せ束〉柱の脇に添え付けて床梁などの横架材を支える補強材。「添え束」ともいう。

**よせむねやね**〈寄棟屋根〉水平棟の端部に降り棟をもつ屋根。棟を寄せ合わせた形のもので，四方向以上に流れ勾配をもつ。寄棟屋根における降り棟を「隅降り」「隅棟」という。付図参照

**よつどめ**〈四つ留め〉しのぎ（鎬）付きの部材を直交して組み合わせる仕口。手すりの笠木などに用いる。

**よつめがき**〈四つ目垣〉丸太の柱を掘り立て，丸竹の胴縁と立子を千鳥にして粗く碁盤目に組む竹垣。

**よつめぎり**〈四つ目錐〉きり先の断面が正方形になったもの。きり先が三角形になったものを「三つ目ぎり」という。

**よていかかく**〈予定価格〉入札前に発注者のほうであらかじめ予定する工事価格。設計図書にもとづき積算して算出した建築主側の予定限度額。この価格以下の入札者が落札する。

**よど**〈淀〉瓦葺き屋根において，軒先瓦の安定をはかるため，広小舞の上に取り付ける水平材。切妻屋根のけらばに取り付けるものを「登り淀」という。

**よびちょうさ**〈予備調査〉地盤調査のうち予備的なものをいう。建設現場周辺の地盤調査資料を集めたり，地形や近辺の構造物の基礎を調査したりすること。新築基礎の形式や施工方法を検討するために行うもの。

**よびどい**〈呼び樋〉軒どいの雨水を立てどいに導くためのとい。「あんこう（鮟鱇）」ともいう。

**よぼり**〈余掘り〉根切り工事などで，基礎や地下室工事の作業空間を確保するために行う掘削。「掘越し」ともいう。

**よもり**〈余盛り〉溶接継目において，必要なのど厚を越えて盛り上げられる溶着金属部。

**よろいしたみいたばり**〈鎧下見板張り〉⇒なんきん

**よろいど**〈鎧戸〉⇒ガラリど

**よろいばり**〈鎧張り〉シート状の材料を屋根葺きまたは下地張りするときの方法で，葺き足を短くして重ね合せを大きくとる張り方。

よろいは

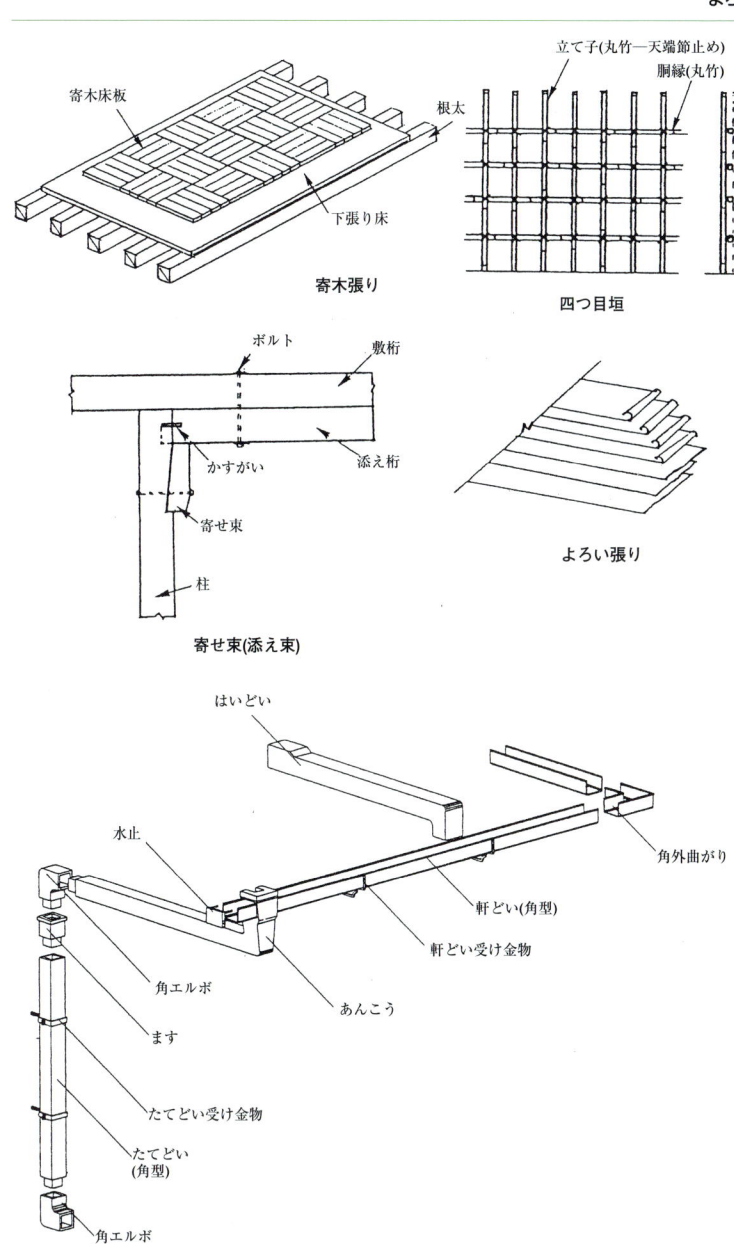

**寄木張り**
寄木床板
根太
下張り床

**四つ目垣**
立て子(丸竹―天端節止め)
胴縁(丸竹)

**寄せ束(添え束)**
ボルト
敷桁
かすがい
添え桁
寄せ束
柱

**よろい張り**

**呼びどい（あんこう）**
はいどい
水止
角外曲がり
軒どい(角型)
軒どい受け金物
角エルボ
ます
あんこう
たてどい受け金物
たてどい(角型)
角エルボ

# ら

**ラーメンこうぞう**〈―構造〉柱と梁の接合部が剛接合され一体化される骨組。鉄筋コンクリート構造や鋼構造の柱と梁が溶接合されたものなどをいう。矩形ラーメン，山形ラーメンなどがある。

**ライトコート**〈light court〉各室の日照，採光，通風などをよくするために，建物内に設けられる外気と通じた空間。「光庭」「ライトコア」ともいう。

**ライニング**〈lining〉耐久性を高めるため，管などの内外を裏打ちしたり被覆すること。鋼管の内側にビニル樹脂やエポキシ樹脂などを塗ったものを「ライニングパイプ」，竪配管などを隠すために積んだコンクリートブロックを「ライニングブロック」などという。

**ラウンジ**〈lounge〉建物内の人が休息のために集まる部屋。休憩室とか談話室で，「ロビー」とか「ホワイエ」と同義語。

**らくさつ**〈落札〉開札の結果，最低価格の入札者が工事を請けることをいう。落札者は，入札工事価格が建築主側の最低限界価格と予定価格の範囲内にあるなかから決められ，通常最低入札価格に落札する。

**らくせい**〈落成〉工事が完成すること。完成を記念して行われる儀式を「落成式」「竣工式」という。→しゅんこう

**らくすい**〈落錘〉⇒モンケン

**ラジエーター**〈ragiator〉フィンコイルなどのパイプに温水や蒸気を流し，室内に温熱を放射する装置。暖房機の放熱器で，対流式によるものを「コンベクター」，送風機を内蔵したものを「ファンコイルヒーター」という。

**ラス**〈lath〉内外の塗り壁や塗り天井などに用いる左官用下地材。塗面のはく落を防止するもの。木ずり，ラスボード，ラスシート，メタルラス，ワイヤーラスなどがある。

**ラスこすり**〈―擦り〉ラス下地にモルタルなどを最初に塗り付けるもので，ラス面より1mm程度厚く塗り付ける。

**ラスシート**〈lath sheet〉角波形の薄い亜鉛鉄板にメタルラスを溶接したもの。塗り壁仕上げ，タイル張り仕上げなどの下地材として用いられる。

**ラスしたじ**〈―下地〉モルタルなどを塗り付けるために，メタルラス，ワイヤーラス，ラスシートなどを張った下地。

**ラスボードしたじ**〈―下地〉左官用の塗り下地材で，表面のくぼみが半貫通の型押しラスボードと，貫通した平ラスボードがある。平面性がよく，木ずり下地にくらべて塗り回数が少なくてすみ，工期が短縮される。

**らせんかいだん**〈螺旋階段〉階段の形状の一つ。1本の支柱に踏み板をら旋状に取り付けたもの。または，円筒形の壁面に踏み板を取り付け，中央を吹抜けとした回り階段。

**らせんぎり**〈螺旋錐〉くりこぎりや木工用ドリルに取り付け使用するきり先。きり先がら旋状になっており，6～24mm程度の穴をあけるとき用いる。「ねじれ錐」「ねじ錐」ともいう。

**らせんきん**〈螺旋筋〉鉄筋コンクリート構造の円形柱の鉄筋で，主筋の外側をら旋状に巻くもの。帯筋の一種で，柱のせん断補強のために配筋される。「スパイラル筋」ともいう。

**らせんてっきん**〈螺旋鉄筋〉⇒スパイラルきん

**ラチス**〈lattice〉鉄骨ラチス梁などのウェブ部分を構成する斜め材。

**ラチスばり**〈―梁〉はり成の小さい平行弦トラス梁で，通常フランジ材に山形鋼，ウェブ材にラチスと呼ばれる平鋼を用いる。

**ラッカー**〈lacquer〉硝化繊維素を溶剤に溶かし可塑剤などを混合した塗料。速乾性で塗膜は不粘着，強固で，耐水・耐油・耐磨耗性に富み，つやがある。顔料を入れたラッカーエナメルと，顔料が入らないクリヤラッカーがある。

**ラッカーエナメルぬり**〈―塗り〉家具などの塗装に用いられる塗料で，溶剤の揮発により塗膜が形成されるので乾燥時間が短く，低温でも乾燥し，短時間で耐久力のある塗膜をつくる。磨き仕上げにより優雅なつやを生じる。「エナメルラッカー塗り」ともいう。

**ラッギング**〈lagging〉給排水管を被覆する

らつきん

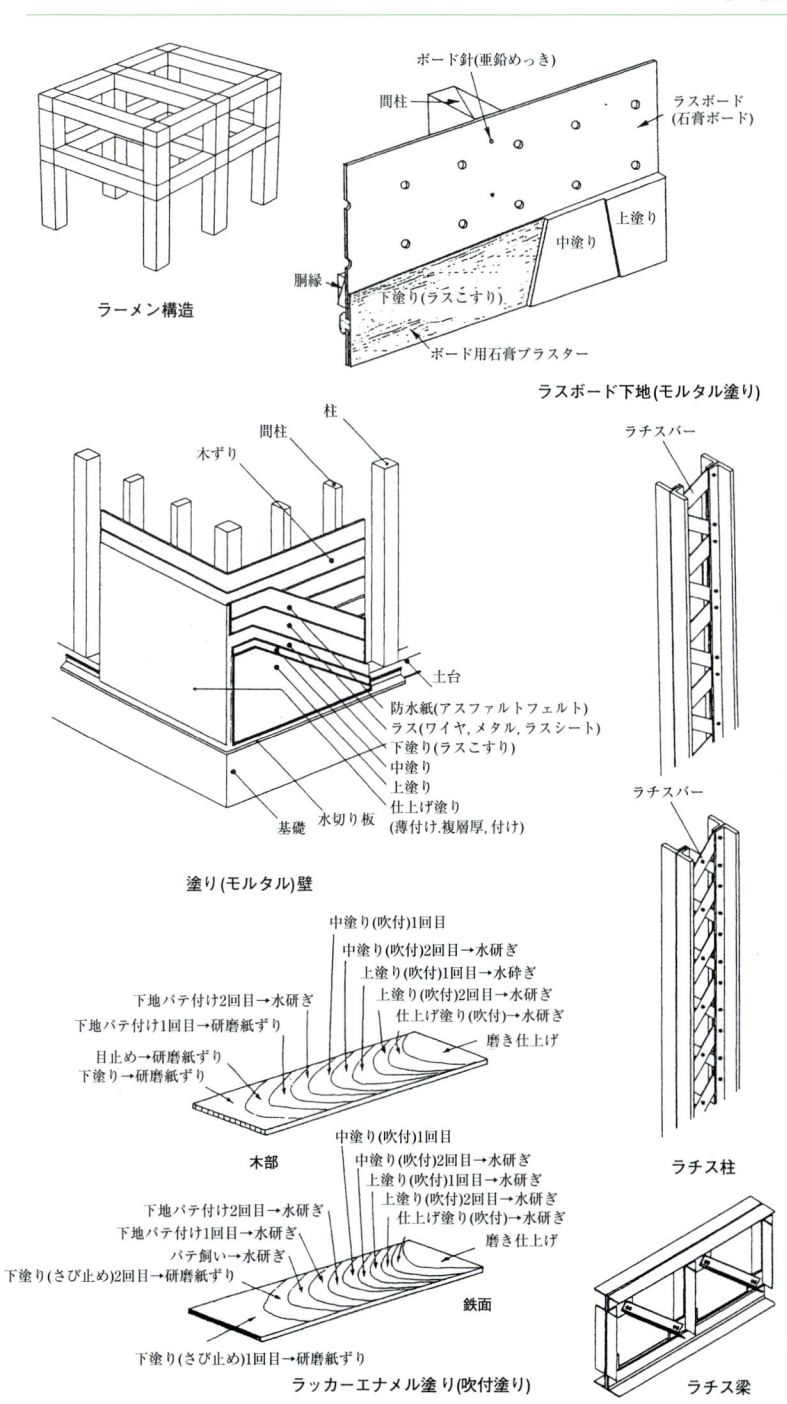

**ラーメン構造**

**ラスボード下地(モルタル塗り)**
- ボード針(亜鉛めっき)
- 間柱
- ラスボード(石膏ボード)
- 胴縁
- 下塗り(ラスこすり)
- 中塗り
- 上塗り
- ボード用石膏プラスター

**塗り(モルタル)壁**
- 柱
- 間柱
- 木ずり
- 土台
- 防水紙(アスファルトフェルト)
- ラス(ワイヤ,メタル,ラスシート)
- 下塗り(ラスこすり)
- 中塗り
- 上塗り
- 仕上げ塗り(薄付け,複層厚,付け)
- 水切り板
- 基礎

**木部**
- 下地パテ付け2回目→水研ぎ
- 下地パテ付け1回目→研磨紙ずり
- 目止め→研磨紙ずり
- 下塗り→研磨紙ずり
- 中塗り(吹付)1回目
- 中塗り(吹付)2回目→水研ぎ
- 上塗り(吹付)1回目→水研ぎ
- 上塗り(吹付)2回目→水研ぎ
- 仕上げ塗り(吹付)→水研ぎ
- 磨き仕上げ

**鉄面**
- 下地パテ付け2回目→水研ぎ
- 下地パテ付け1回目→水研ぎ
- パテ飼い→水研ぎ
- 下塗り(さび止め)2回目→研磨紙ずり
- 下塗り(さび止め)1回目→研磨紙ずり
- 中塗り(吹付)1回目
- 中塗り(吹付)2回目→水研ぎ
- 上塗り(吹付)1回目→水研ぎ
- 上塗り(吹付)2回目→水研ぎ
- 仕上げ塗り(吹付)→水研ぎ
- 磨き仕上げ

**ラッカーエナメル塗り(吹付塗り)**

**ラチス柱**
- ラチスバー

**ラチス梁**

ら

保温材を，さらに保護するために金属の薄板で巻くこと。

**らっきょ** ⇒キャップタイ

**ラックニス**〈lac varnish〉ラック虫の排出物を精製して薄片としたセラックを，アルコールなどに溶かして混ぜたもの。揮発性の天然樹脂性ワニス。建築や車両の内部，家具類の仕上げに用いられるほか，木材の節止め，やに止めなどにも用いられる。「セラックニス」「ラック」ともいう。

**ラッチじょう**〈―錠〉開き戸を閉めた状態で留めるドア金物。三角形をした突起物が出たり入ったりするもので，施錠することはできない。

**らっぱ** 鉄骨柱脚のアンカーボルトを基礎コンクリートに埋め込む際，後に若干の位置調整ができるようコンクリートの中に入れておくもの。薄鋼板またはプラスチックをらっぱ状に加工したもので，アンカーボルトを巻き込むように埋め込む。

**ラップジョイント**〈lap joint〉端部を重ね合わせる継手で，鉄筋継手および丸太足場の継手に多く用いられる。「重ね継手」ともいう。

**ラミナ**〈lamina〉厚さ10〜30 mm程度の木材の薄板で，集成材を構成するもの。薄片とか薄い層をいう。

**らんつぎ**〈乱継ぎ〉継手の位置が同じ箇所に集中しないようにするもの。特に鉄筋コンクリート柱の主筋の継手などは乱継ぎにする。

**らんづみ**〈乱積み〉種々の大きさや形の石を不規則に積み重ねる石積みのこと。

**ランドマーク**〈land mark〉その都市，その地区を象徴する建物，広場，モニュメントなどをいう。

**ランニングコスト**〈running cost〉建築物や設備機器類の維持・管理費用。建築設備などの運転，修理，取替え経費。

**ランバーコアごうはん**〈―合板〉細い角材を板状に接着し，これを心材として両面に単板を貼った合板。ドアやテーブルの天板などに用いられる。

**ランプ**〈ramp〉系統の違う道路を連結する道路。高速道路と一般道を結ぶ道路。勾配のある道路などをいう。

**らんま**〈欄間〉建物外周の窓や扉の上部，または屋内の天井と鴨居の間に設けられる開口部。外周部はガラス戸がはめられるが，屋内欄間には，格子，障子，板または透かし彫り，浮き彫りなどの彫刻物が用いられる。

**ランマー**〈rammer〉ガソリンエンジンの爆発力による衝撃を下部の打鈑板に与え，スプリングにより機械をはね上げ，落下させながら地盤を突き固める機械。

**らんまがもい**〈欄間鴨居〉欄間用の鴨居で，通常のものより見付けの薄いもの。「薄鴨居」ともいう。

# り

**リーマー**〈reamer〉鉄骨部材の接合工事で，リベットやボルトの穴をそろえるために使用する穴ぐり用工具。

**リーマーどおし**〈―通し〉⇒あなぐり

**リシンしあげ**〈―仕上げ〉セメントに砂，顔料，防水剤などを加え，水で練ったものを塗り付ける壁仕上げ。スプレーガンで吹き付けるものを「吹付仕上げ」，金具で引っかいて粗面にするものを「かき落し仕上げ」という。

**リゾートホテル**〈resort hotel〉レクリエーションを目的とする客を対象にしたホテル。行楽地や保養地などに建てられる。

**りったいトラス**〈立体―〉鉄骨部材が立体的に三角形に組まれる骨組。構造体がそのまま屋根面・床面として造成され，部材に生じる応力が引張り・圧縮の軸力のみになることから，大スパン構造に用いられる。図次頁

**リップゼットがたこう**〈―Z形鋼〉⇒けいりょうかたこう

**リップみぞがたこう**〈―溝形鋼〉⇒けいりょうかたこう

**リップやまがたこう**〈―山形鋼〉⇒けいりょうかたこう

**りつめんず**〈立面図〉建物の外観を投影図法によって描いたもの。通常，東西南北の四面が描かれる。設計図面の一つ。

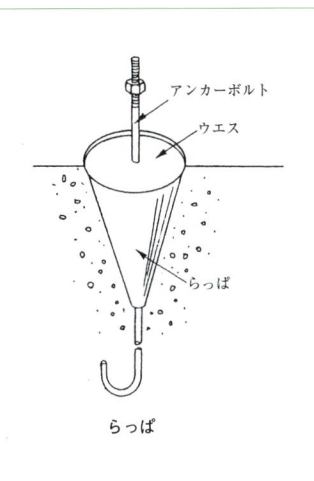

りつめん

アンカーボルト
ウエス
らっぱ

らっぱ

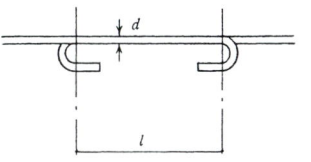

鉄筋の種類・コンクリートの設計基準強度により
ラップジョイントの長さ($l$)の規定がある。

ラップジョイント

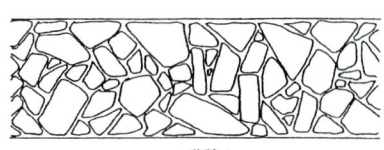

乱積み

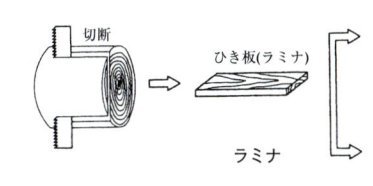

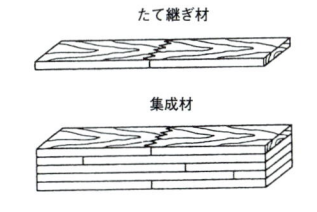

切断 → ひき板(ラミナ)

ラミナ

たて継ぎ材

集成材

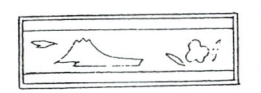

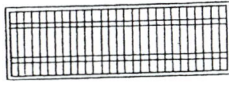

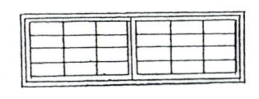

すかし欄間　　おさ欄間　　引違い障子欄間

欄間

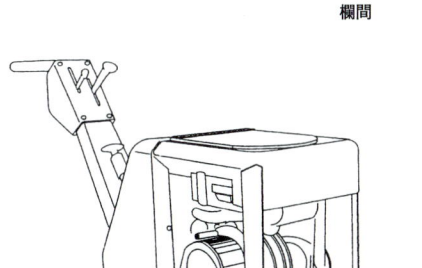

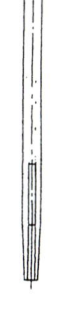

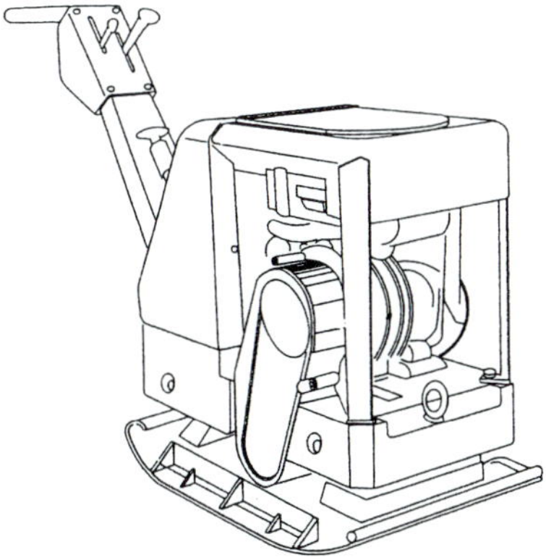

ランマー 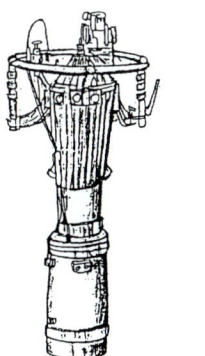　　　ランマー　　　リーマー

**リネンしつ**〈一室〉病院やホテルの準備室の一つで，シーツ，タオル，寝着，テーブルクロスなどを準備し収納しておく所。

**リノリウム**〈linoleum〉亜麻仁油に樹脂類，コルクくずなどを混ぜて布心に圧着したもの。シート状の床仕上材として広く用いられている。

**リバースサーキュレーションこうほう**〈一工法〉大口径の場所打ちコンクリート杭の孔を掘削する工法。掘削はロッドの先端に取り付けたドリルビットを回転して行い，掘削した土砂は循環水とともに吸い上げ，沈殿池で土砂と泥水に分ける。泥水は再び環流されて何度も使用される。目的の深さまで掘削したのち，鉄筋を入れコンクリートを流し込んで杭を造成する。

**リビングキッチン**〈living kitchen〉居間に食卓なども置いてあり，片隅に台所がある形式の部屋。

**リビングバルコニー**〈living balcony〉集合住宅などの開口部に張り出す形で取り付けられ，居間の延長として利用される床のある外部空間。

**リビングルーム**〈living room〉住宅における家族団らんの部屋。茶の間。「居間」「ファミリールーム」「シッティングルーム」ともいう。

**リフォーム**〈reform〉建築物の修繕，模様替え，改装など，新築，増築，改築以外の建築工事をいう。構造体の補強，内外の装飾替え，間取りの改善，設備の取替えなどが行われる。

**リフティング**〈lifting〉上塗り塗料の溶剤により，その下層の塗膜が軟化してしわを生じること。「おこし」ともいう。

**リフト**〈lift〉⇒ダムウェーター

**リフトスラブこうほう**〈一工法〉先に構築した柱の下で屋根スラブや床スラブを造成し，柱の上に付けたジャッキなどで引き上げ所定の位置に固定する工法。リフトアップ工法の一つ。

**リブラスしたじ**〈一下地〉山形のリブが付いているメタルラスで，モルタルなどの塗り下地として用いられる。

**リフレクターランプ**〈reflector ramp〉仮設物として工事現場で用いられる照明用投光器。

**リベッティングハンマー**〈riveting hammer〉圧搾空気により作動するリベット打ち機械。「ニューマチックハンマー」「空気手ハンマー」「空気リベッター」「鉄砲」ともいう。

**リベットうけ**〈一受け〉赤熱したリベットを炉から作業位置まで投げ渡すときに使用する円錐形の受け止め容器。

**リベットうち**〈一打ち〉⇒こうびょう

**リベットせつごう**〈一接合〉鉄骨構造の継手・仕口で，リベットを打って接合すること。

**リムーバー**〈remover〉乾燥塗膜を膨潤させ，へらなどで容易に取り除きできるようにするはく離剤。古い塗膜をはがすときに使う塗布剤。

**リムドこう**〈一鋼〉溶接性能を増すため，製造過程においてけい素，マンガン，アルミニウムなどを添加して脱酸した軟鋼。曲げやすく，薄鋼板などに用いられる低炭素鋼。鋼材の分類法の一つで，他にキルド鋼，セミキルド鋼がある。

**りゃくかまつぎ**〈略鎌継ぎ〉⇒あいがきかまつぎ

**りゃくしようしょ**〈略仕様書〉設計図だけでは表せない設計・施工上の問題を，文書で表現するものが仕様書であるが，その要点のみを箇条書きに略記するもの。ほかに，標準仕様書，共通仕様書，特記仕様書などがある。

**りゃくそく**〈略測〉距離，垂直度，水平度，通り線などを大まかに測ること，または目測すること。

**りゃんこ**交互とか2つの意味。塗装工事で2回塗りすること。

**りゅうさげんしょう**〈流砂現象〉水分を含んだ砂層が地震動などによって流動化すること。

**りょうすいき**〈量水器〉上水道など，管内を流れる水量を計測する機器。「水量メーター」ともいう。

**りゅうどうかコンクリート**〈流動化—〉コンクリートの練り混ぜ後に，施工性を高めるために化学混和剤を添加したもの。元のコンクリートの品質を変えることなく，ワーカビリティを改善した打設前のコンクリート。

**りょうばのこ**〈両刃鋸〉のこ身の両端に横びき・縦びき用の歯が付いたのこぎり。

**りょうびきど**〈両引戸〉引戸の一つ。左右に引き分け開閉する建具。開口部全面を開

立体トラス構造

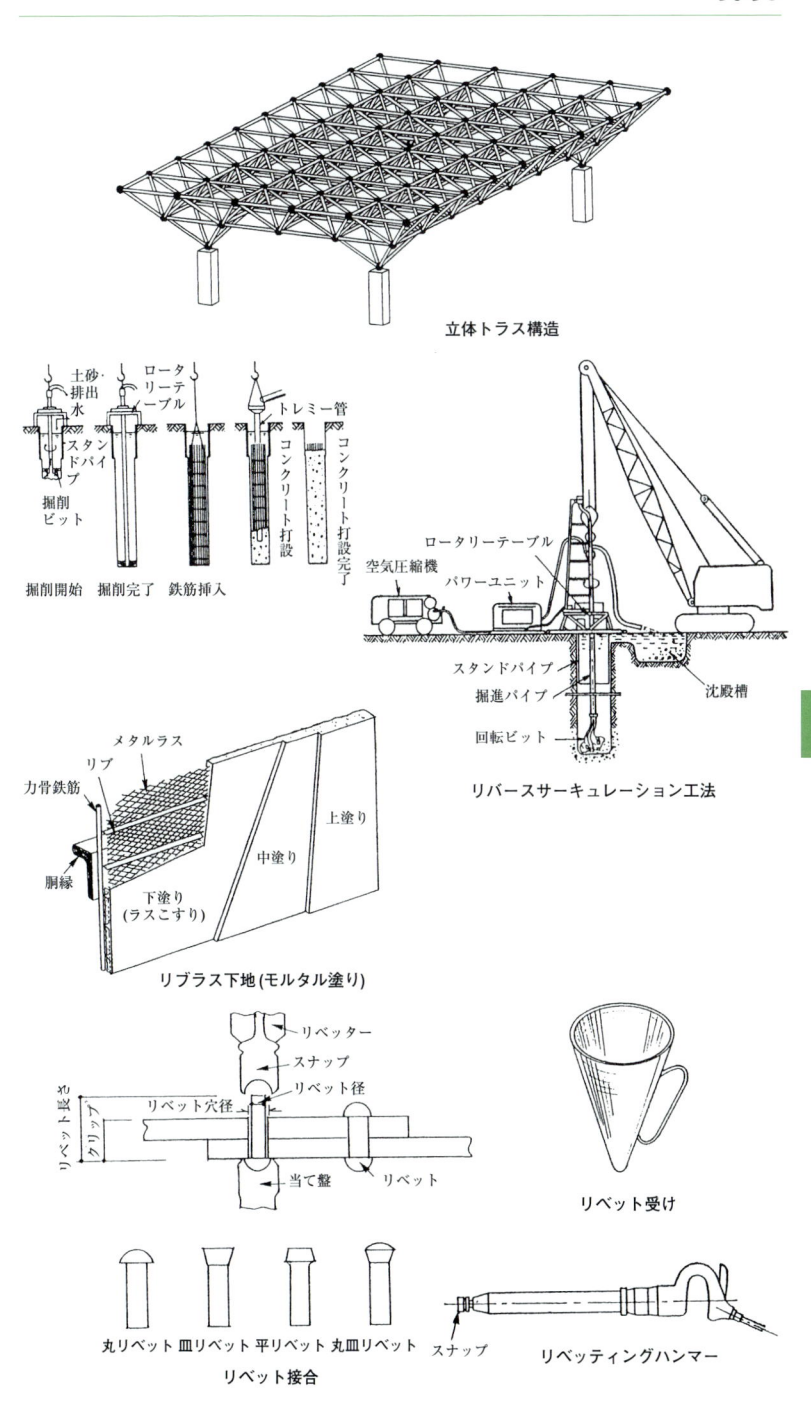

掘削開始　掘削完了　鉄筋挿入　コンクリート打設　コンクリート打設完了

リバースサーキュレーション工法

リブラス下地(モルタル塗り)

リベット接合

丸リベット　皿リベット　平リベット　丸皿リベット

リベット受け

リベッティングハンマー

**りょうびらきど**〈両開き戸〉開き戸の一つ．左右の丁番を軸にして，2枚の建具を片面に開くもの．扉の開閉スペースがいるが，開口部全面を開けることができる．

**りょうめちがいつぎ**〈両目違い継ぎ〉平行な2枚の目違いほぞをもつ継手．他の継手に組み合わせて用いる場合もある．

**りょうめんグルーブ**〈両面—〉突合せ溶接継手において，表裏両面にグルーブが設けられるもの．形状からX形，K形，H形，両面J形などがある．

## る

**ルート**〈root〉突合せ溶接グルーブで接合する部材が最も接近している部分．→ようせつ

**ルートかんかく**〈—間隔〉突合せ溶接では，継目全面に溶着材がゆき渡るよう少し離して溶接するが，その最短すきま長さをいう．

**ルーバー**〈louver〉⇒ガラリど

**ループダイナモメーター**〈loop dynamometer〉⇒プルービングリング

**ルーフドレン**〈roof drain〉陸屋根，ベランダなどに設ける排水金物．雨水の落し口に取り付け，じんかい（塵芥）などの流入を防ぐ．

**ルーフガーデン**〈roof garden〉鉄筋コンクリート造の陸屋根など，床版がしっかりした屋上に造る庭園．夏の屋上からの吸熱を緩和することができる．

## れ

**れいかんかこう**〈冷間加工〉鋼材を720℃以下で加工する方法．鋼の組織は緻密になるが，加工度が進むほど内部にひずみを生じ，粘り強さが減少する．軽量形鋼は，帯鋼をロールで順次連続して冷間加工したものである．

**れいきゃくとう**〈冷却塔〉空気調和機器の一つで，冷凍機の凝縮器用冷却水の温度を下げる装置．凝縮器からの循環水を屋外に設けられた塔の上部より噴霧させ，送風機によって外気を当てることにより水の温度を5℃ほど下げるもの．「クーリングタワー」ともいう．

**レイタンス**〈laitance〉コンクリートを打設した後，表面に浮き上がる泥状のもの．

**れいとうき**〈冷凍機〉液体を蒸発させることによって周囲から熱を奪い，気化した低圧ガスは圧縮機で高圧ガスとして凝縮器へ送り，再び液化させる冷凍サイクルをもつ装置．サイクル内で循環する液体を「冷媒」，凝縮器を冷やす水を「冷却水」という．圧縮冷凍機は圧縮機の形式により遠心式（ターボ式），往復式（レシプロ式），回転式（ロータリー式）に分けられる．

**れいばい**〈冷媒〉蒸発・圧縮・凝縮の冷凍サイクル内で循環し，液体から気体，気体から液体と変化しやすく，周囲から熱を奪う流体をいう．アンモニアなどがある．

**レーザーかいてんじどうレベル**〈—回転自動—〉回転しながらレーザー光線を周囲に水平放射する測量器械．これを電子標尺で読み取り水平度を測定する．小規模のレベル計測は一人で行うことができる．

**れき**〈礫〉土質分類上の名称で，粒径が2〜75mm程度のもの．小石や石片をいう．

**レジスター**〈register〉空気調和用の温風や冷風の吹出し口などに取り付けて，通過空気量を調整する装置．ユニバーサル形の横向き吹出し口に取り付ける風量調整用シャッターなどをいう．

**れっきしきこうていひょう**〈列記式工程表〉各種の工事内容について作業項目を決め，着手日や完成日を記入しておく形式の工程表．

**レディミクストコンクリート**〈ready mixed concrete〉製造工場から固まらない状態で配送されるコンクリート．現場へはアジテータートラックなどで搬送される．「フレッシュコンクリート」「生コン」ともいう．

**レバータンブラーじょう**〈—錠〉開き戸などに付けられる箱錠で，棒状の鍵を回すこ

れはあた

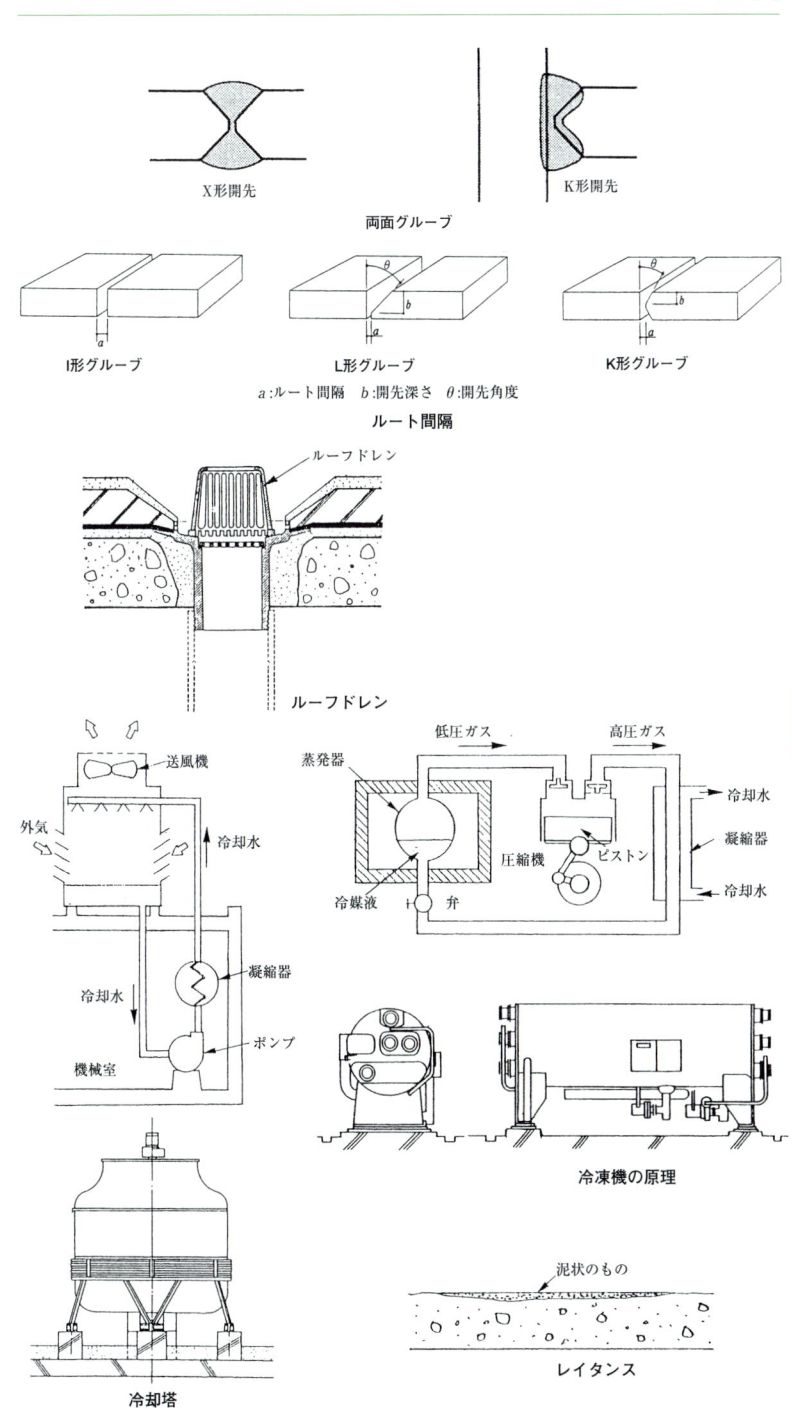

X形開先　　K形開先

**両面グルーブ**

I形グルーブ　　L形グルーブ　　K形グルーブ

$a$：ルート間隔　$b$：開先深さ　$\theta$：開先角度

**ルート間隔**

ルーフドレン

**ルーフドレン**

送風機／外気／冷却水／凝縮器／冷却水／ポンプ／機械室

低圧ガス　高圧ガス／蒸発器／冷却水／凝縮器／冷却水／圧縮機／ピストン／冷媒液／弁

**冷凍機の原理**

**冷却塔**

泥状のもの

**レイタンス**

331

とによりボックス内の跳ね板を移動させ，デッドボルトを出入りさせるもの。

**レベル**〈level〉望遠鏡，気泡管，整準装置を組み合わせた測量器械。おもに水準測量に使用する。ほかに水平とか標準を示す用語として使われる。

**レベルそくりょう**〈—測量〉水準測量器を用いて土地の高低差を求めたり，水平度を測定する測量。「水準測量」ともいう。

**レミコン**　レディミクストコンクリートの略語。

**れんが**〈煉瓦〉低級の粘土に顔料を混ぜ，成型焼成したもの。標準的なものは210 × 100×60 mmの直方体。ほかに耐火れんが，軽量れんが，特殊れんがなどがある。塀，床張りなどエクステリア材として広く用いられる。

**れんけつピン**〈連結—〉枠組足場の建枠の連結部に使用する継ぎ金具。「ジョイントピン」ともいう。→わくぐみあしば

**レンジ**〈range〉コンロとオーブンを上下にまとめた台所用加熱台。ガスとか電気が熱源として用いられる。

**れんじごうし**〈連子格子〉組子の見付け寸法の2～3倍にあきをとる比較的粗い格子。連子は一方向にのみ間隔をとって桟木を並べたものであるが，さらに直角方向にも格子状に組子を配したもの。

**れんじまど**〈連子窓〉細い縦材を密に並べた連子を外側に付けた窓。防犯用，目隠し用として雨戸のない小窓などに用いられる。

**れんぞくすみにくようせつ**〈連続隅肉溶接〉溶接継目の仕様で，すみ肉溶接を連続的に行ったもの。連続に対して「断続すみ肉溶接」がある。

**れんぞくちちゅうかべこうほう**〈連続地中壁工法〉地下室や基礎を構築するために行う根切り工事において，その周囲の地中に，鉄筋コンクリート造の山留め壁を前もって造成し，中の地盤を掘削していく工法。土圧が大きい場合は支保工が施され，山留め壁はそのまま地下壁として利用される。

**れんぞくフーチングきそ**〈連続—基礎〉⇒ぬのきそ

**レンチ**〈wrench〉⇒スパナ

## ろ

**ろうか**〈廊下〉建築物内の動線を形成する通路。片廊下，中廊下，渡り廊下などがある。

**ろうづけ**〈鑞付け〉金属板接着法の一つ。接着金属よりも融点の低い他の金属を溶融し，母材を溶かさず接合する方法。ろうとしては銀ろう，黄銅ろう，はんだなどがある。

**ろうどうあんぜんえいせいほう**〈労働安全衛生法〉「この法律は，労働基準法と相まって，労働災害の防止のための危害防止基準の確立，責任体制の明確化及び自主的活動の促進の措置を講ずる等，その防止に関する総合的計画的な対策を推進することにより職場における労働者の安全と健康を確保するとともに，快適な作業環境の形成を促進することを目的とする。」(第1条目的)

**ろうむかんり**〈労務管理〉建設現場の労務者に関する雇用，配置，給与などの管理，および作業指導，安全指導，衛生指導などの管理をいう。

**ろうむしゃしゅくしゃ**〈労務者宿舎〉現場労務者のための食事・宿舎用仮設建物。現場内もしくはその近くに仮設される。「飯場」ともいう。

**ろうむぶがかり**〈労務歩掛り〉建築工事の原価計算に用いるもので，各部分工事ごとの単位当たり標準労務量。ほかに「材料歩掛り」などがある。

**ローゼット**〈rozette〉天井などに設けられる電気器具で，電灯コードを取り付けるための接続器具。

**ロータップシェーカー**〈ro-tap shaker〉水平かつ回転運動により，骨材のふるい分けをする機械。「ふるい分け試験」に用いられる。

**ロータリーベニヤ**〈rotary veneer〉丸太材を回転させながら外側から薄くはぎ取ってつくられる単板。または，その単板を交互に張り合わせた合板。ほかに，スライドベニヤ，ソードベニヤがある。

**ロータリーボーリング**〈rotary boring〉ボーリングロッド(せん孔軸管)の先端に取り付けたビット(せん孔用きり)を動力で

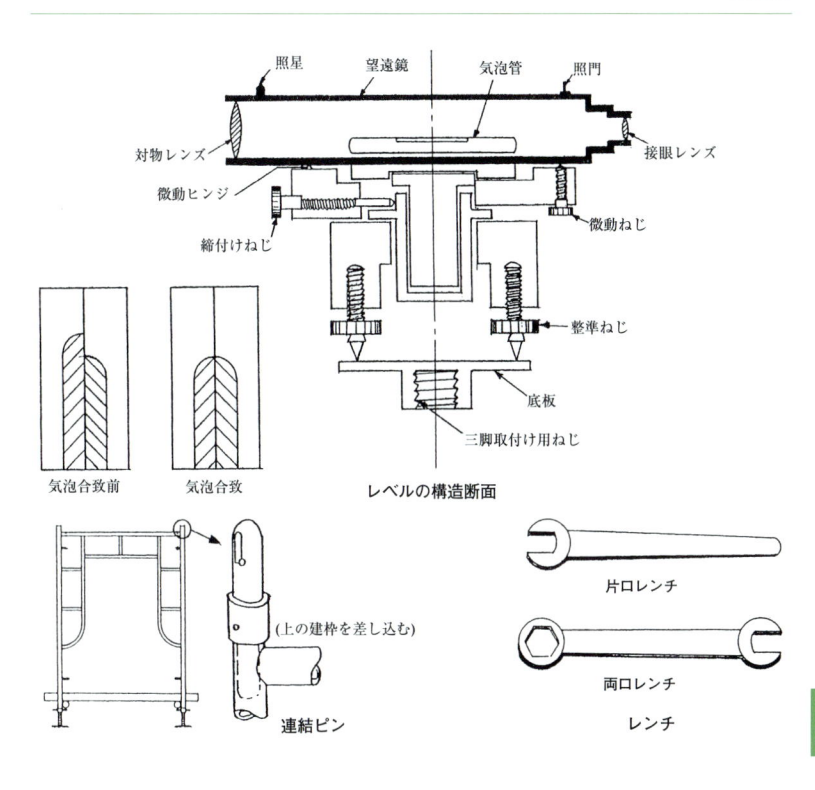

ろおたり

**レベルの構造断面**

照星／望遠鏡／気泡管／照門／接眼レンズ／対物レンズ／微動ヒンジ／締付けねじ／微動ねじ／整準ねじ／底板／三脚取付け用ねじ

気泡合致前　気泡合致

連結ピン（上の建枠を差し込む）

片口レンチ
両口レンチ
レンチ

ローゼット

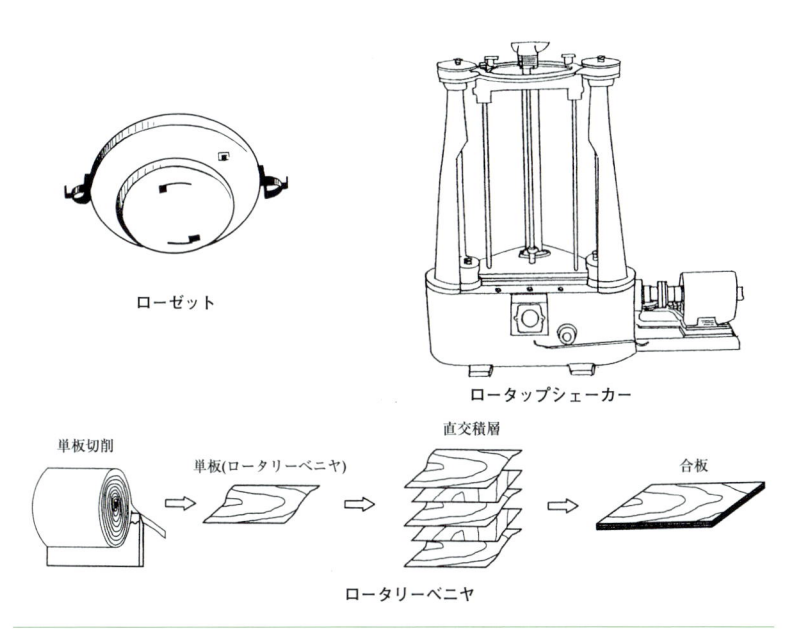

ロータップシェーカー

単板切削 ⇒ 単板(ロータリーベニヤ) ⇒ 直交積層 ⇒ 合板

ロータリーベニヤ

**ロータンク**〈low tank〉水洗便器の洗浄水を貯水するタンクで，低い位置に設けられるもの。通常，便器と一体となっている。「ローシスターン」ともいう。

**ローディングショベル**〈roading shovel〉掘削機械の一つ。前向きに取り付けられたバケットを押し出しながら掘削するもので，機械の位置から下方も上方も掘削できる。キャタピラー走行だが土の運搬もできる。バックホーのバケットを逆向きにした形のもの。

**ロームそう**〈─層〉土層の一つ。火山灰が堆積し風化したもの。砂，シルト，粘土の混合物で，関東ローム層が有名。

**ローラーコンベヤー**〈roller conveyor〉円筒形のローラーを並べて取り付けた搬送機。その上に物を置いて移動させる。動力式と人力式がある。

**ローラー**〈roller〉転圧によって地盤を締め固める土工機械。マカダムローラー，タンデムローラー，タイヤローラー，振動ローラーなどがある。

**ローラーぬり**〈─塗り〉ローラーばけを用い，塗料を塗り付けて仕上げるもの。「ローラーブラシ塗り」ともいう。

**ローラーはけ**〈─刷毛〉円筒状のはけに塗料を含ませ，これを回転させて塗装するもの。長柄を取り付け高い部分などにも使うことができる。

**ローリングタワー**〈rolling tower〉移動式組立足場のこと。枠組足場のユニットを高く組み合わせ，脚部に「キャスター」と呼ばれる自在車を取り付けて自由に移動させて使用する。

**ロールコアごうはん**〈─合板〉合成樹脂等で処理したクラフト紙を波形・筒形状に加工して心材とし，両面から単板を接着した合板。「ロール合板」ともいう。

**ろくずみ**〈陸墨〉墨糸などで引いた水平線。レベル等で水準測量し，建物内外の仕上げ工事や基礎工事などに使用する。

**ろくだなこうほう**〈陸棚工法〉山留め支保工の一つ。矢板と支柱を所定の深さまで打ち込み，第１段階の掘削に合わせて腹起しや切梁を水平に組んだ陸棚をつくる。根切りが進むに従い２段，３段と下方に向かっ

て陸棚を組み山留め工事を行う方法。

**ログハウス**〈log house〉丸太またはそま角材を水平に積み上げ，壁体とする木造建物。「校倉造り」ともいう。

**ろくばり**〈陸梁〉洋風小屋組の部材の一つで，両端で合掌を受ける梁。トラス小屋組の水平部材。

**ろくやね**〈陸屋根〉勾配が1/100から3/100程度の水平な屋根をいう。鉄筋コンクリート構造に多い屋根で，アスファルト防水，シート防水などの防水施工が行われる。「平屋根」ともいう。付図参照

**ろじ**〈露地〉茶室に付属する庭で，塀や垣根で日常的な空間から区画されたもの。通常は外露地と内露地からなり，茶室に至る通路として使われる。寄付きや腰掛待合，中門や中潜り，つくばいや雪隠，石灯籠などが配置され，飛び石や延べ段によって導かれる。

**ろしゅつこうじ**〈露出工事〉電線管や給排水管などが隠ぺいされず，外から見える露出配管などをいう。

**ろしゅつぼうすい**〈露出防水〉陸屋根などの防水工事で，軽量コンクリートやモルタルでの防水層保護を行わず，そのままむき出しとする防水法。人の歩かない屋根などに用いる。

**ロックウール**〈rock wool〉安山岩や玄武岩などを高温で溶かし，圧縮空気や高圧蒸気を吹き付けてのち，急冷して繊維状にしたもの。断熱材や吸音材として用いられるほか，ボードやフェルトなどに加工される。「岩綿」ともいう。

**ロッジ**〈lodge〉山中などに建てられる簡易宿泊所，休憩所。山小屋。

**ロッド**〈rod〉棒，さお，支柱の意。ボーリング機械でせん孔する際，種々の先端工具を取り付けるための金属製せん孔棒。

**ろばん**〈路盤〉路面からの荷重を分散させて路床に伝える，道路構造上の中間層。砕石などを半固結状に突き固め，通常，上層路盤と下層路盤の２層に分ける。仕上げはアスファルト舗装，コンクリート舗装などが用いられる。

**ロビー**〈lobby〉ホテルや劇場・美術館などの出入口に接して設けられる広間。動線を兼ねた休憩・談話室。「ラウンジ」や「ホワイエ」と同義語。

ろひい

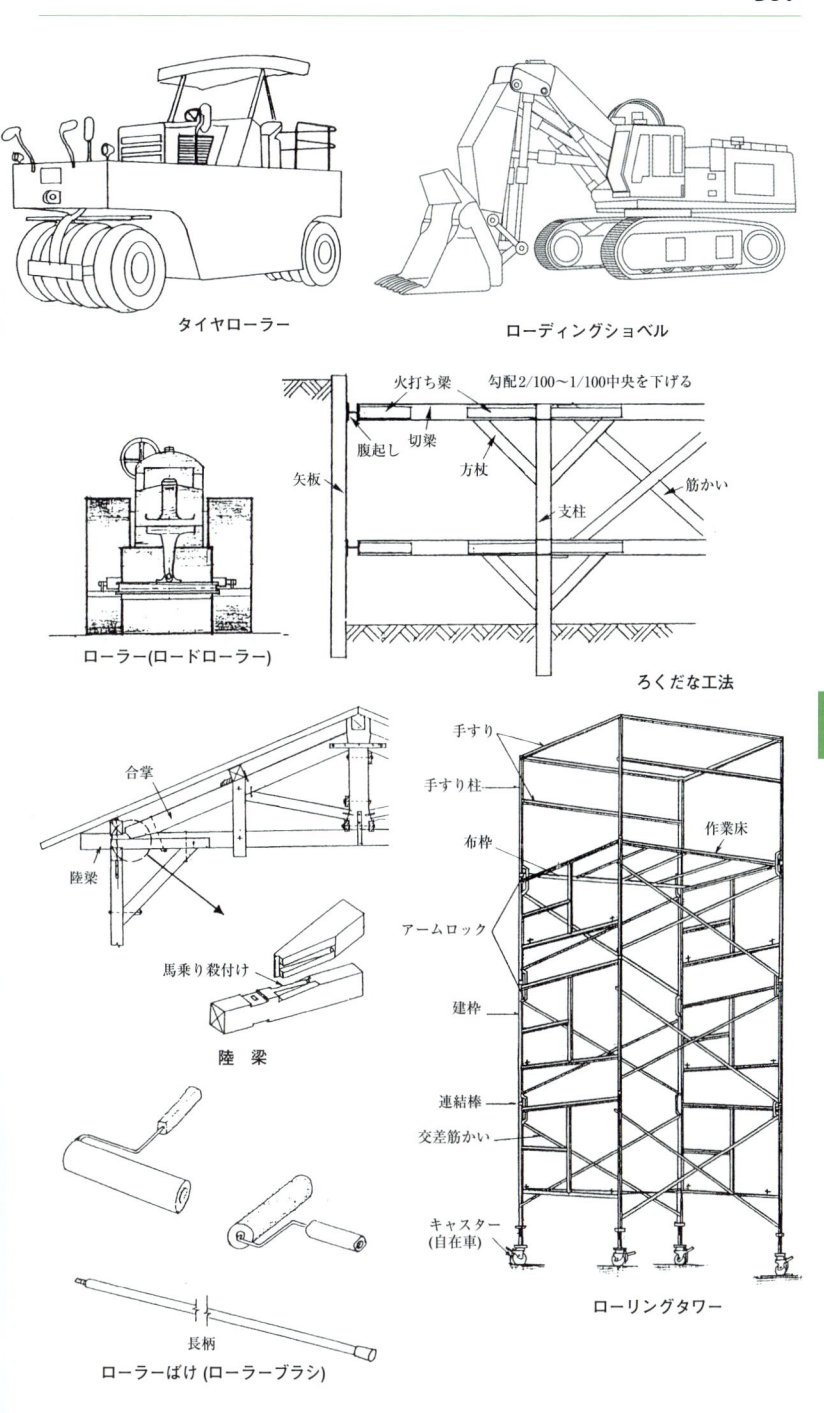

タイヤローラー

ローディングショベル

ローラー(ロードローラー)

ろくだな工法
火打ち梁　勾配2/100〜1/100中央を下げる
矢板　腹起し　切梁　方杖　支柱　筋かい

陸梁
合掌
陸梁
馬乗り殺付け

ローラーばけ (ローラーブラシ)
長柄

ローリングタワー
手すり
手すり柱
布枠
作業床
アームロック
建枠
連結棒
交差筋かい
キャスター(自在車)

# わ

**ワーカビリティ**〈workability〉⇒せこうなんど

**ワーレントラス**〈warren truss〉平行弦の中に，二等辺三角形が上向き，下向きになって並ぶ形のトラス。大スパンの鉄橋などに用いられる。山形状のものもある。

**ワイヤークリップ**〈wire clip〉⇒クリップ

**ワイヤーゲージ**〈wire gauge〉⇒せんばん

**ワイヤーラスしたじ**〈―下地〉木造外壁のモルタル塗りの下地に使われ，防水紙の上に針金を編んでつくったワイヤーラスをステープルで留め，力骨を入れて補強する下地。

**ワイヤーソー**〈wire saw〉ダイヤモンドを取り付けた切刃をもつワイヤーを高速回転させ，石やコンクリートを切断する機械。

**ワイヤーロープ**〈wire rope〉鋼線をより合わせて細いロープをつくり，このロープをさらに数本より合わせたもの。引張力に巨大な力を発揮し，揚重機械の吊上げロープなどに用いられる。

**わかれつぎ**〈別れ継ぎ〉木材の材軸方向の継手で，元口と元口を継ぐことをいう。また末口と末口を継ぐことを「ゆき合い継ぎ」という。→ゆきあいつぎ

**わがわら**〈和瓦〉西洋で用いられる洋瓦に対するわが国古来の日本瓦の名称。瓦は粘土を焼成してつくるが，表面仕上げからいぶし瓦，ゆう(釉)薬瓦，塩焼き瓦，および素瓦に区分される。また寸法・大きさによる分類，使用箇所による形状の分類がある。「日本瓦」ともいう。

**わきがんな**〈脇鉋〉鴨居，敷居の溝脇や，しゃくり板の脇などを仕上げ削りするかんな。かんな台の側面に刃を出したもの。

**わくぐみあしば**〈枠組足場〉鋼管を一定の枠型に加工した足場。建枠・布枠・継手金具・ベース金具・交差筋かい・張り枠などで組み立てられる。現在最も多く使用される。「ビティ足場」ともいう。

**わくぐみかべこうほう**〈枠組壁工法〉木構造の一種で，骨組を持つ両面合板張りパネルをつくり，これを壁体として床や屋根を支持する形式のもの。2×4インチの平割り材を用いるツーバイフォー工法もこの一つ。

**わごや**〈和小屋〉日本の在来工法でつくられる木造小屋組。梁の上に小屋束を立てて母屋を受ける形のもの。付図参照

**わたいた**〈綿板〉⇒おりべいた

**わたりあご**〈渡り腮〉直交する上下の部材を組む仕口で，両部材を一部切り欠いて合わせる。→あご

**ワッシャー**〈washer〉⇒ざがね

**ワッフルスラブ**〈waffle slab〉鉄筋コンクリート造の床版で，下面に格天井のような格子リブをもつもの。通常はプレキャスト版として造られる。

**わなぎこみ**〈輪薙込み〉⇒わなぎほぞ

**わなぎほぞ**〈輪薙柄〉2枚または3枚のほぞをつくり，取付け部材を挟み込む形のほぞ。洋小屋組の真束と棟木の仕口などに用いる。輪なぎほぞによって組み込むことを「輪なぎ込み」という。

**ワニス**〈varnish〉樹脂類を油・揮発性溶剤などで溶かした塗料。塗布後に液体が乾固・揮発して透明な皮膜をつくる。ワニスには白セラック，白ワニスなどの天然樹脂性ワニスと，黒ワニス，ラッカーなどの合成樹脂性ワニス，そして油ワニスがある。建築や車両の内装，家具などに用いられる。

**ワニスステイン**〈varnish stain〉⇒ちゃくしょくワニス

**ワニスぬり**〈―塗り〉木部の素地を下地ごしらえした後，ワニスをひとはけで塗る棒状塗りとして，とのこを用いて研ぐ胴ずり仕上げ，またはつや消し仕上げとする。

**わらい**〈笑い〉石積みにおいて，目地の部分が外に開いた形で積まれるもの。唇を開いて笑っているように見える。

**わりくさび**〈割楔〉仕口を固めて抜けにくくするため，ほぞの先端に打ち込む木片。割くさびを打ち込んで組む仕口を「割くさび締め」という。

**わりくさびじめ**〈割楔締め〉⇒わりくさび

**わりぐりいし**〈割栗石〉基礎工事で，地盤を固めるために用いる岩石を割った砕石。または自然にできた玉石。図次頁

**わりぐりじぎょう**〈割栗地業〉根切り底に

わりくり

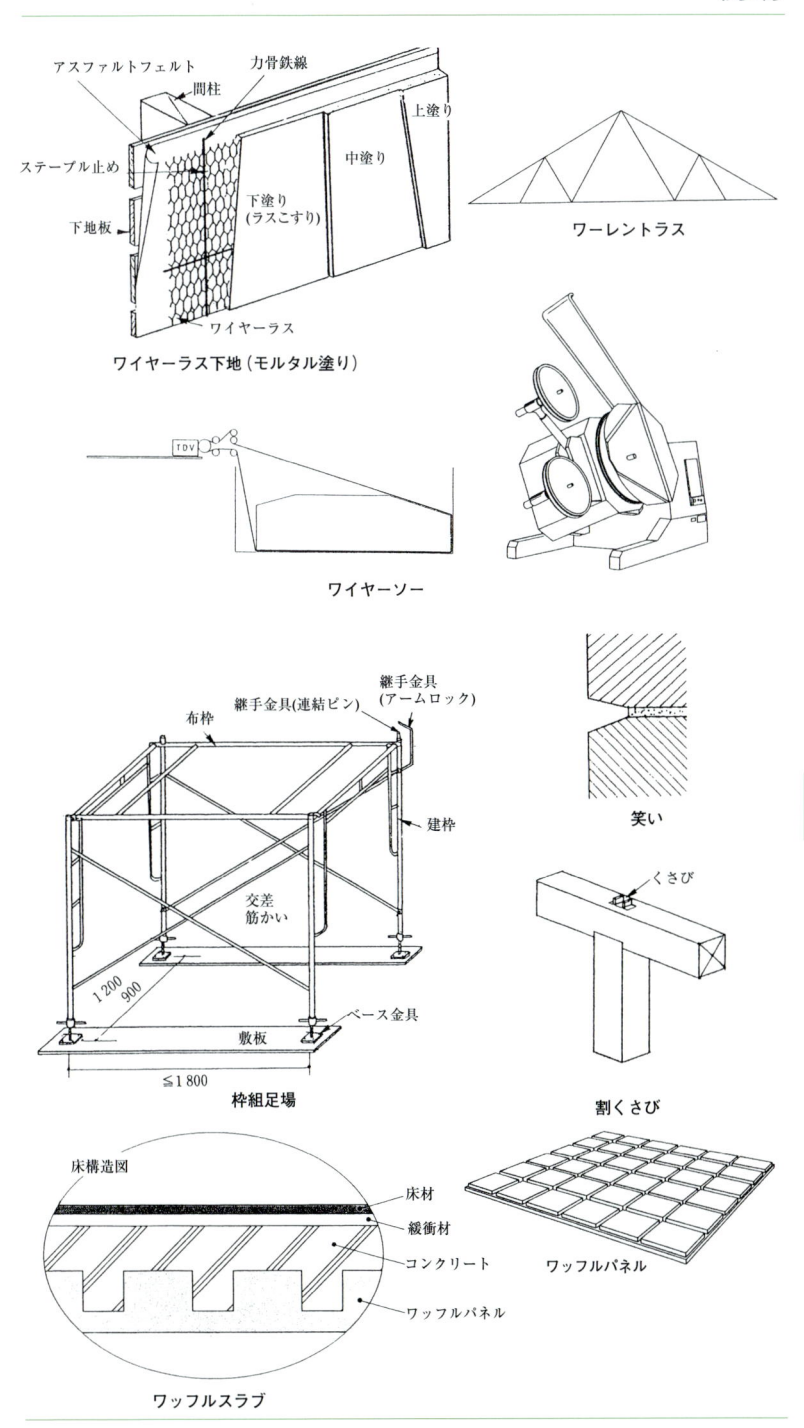

**ワイヤーラス下地（モルタル塗り）**
- アスファルトフェルト
- 間柱
- 力骨鉄線
- 上塗り
- 中塗り
- ステープル止め
- 下塗り(ラスこすり)
- 下地板
- ワイヤーラス

**ワーレントラス**

**ワイヤーソー**

**枠組足場**
- 継手金具(連結ピン)
- 継手金具(アームロック)
- 布枠
- 建枠
- 交差筋かい
- 1 200
- 900
- ベース金具
- 敷板
- ≦1 800

**笑い**

**割くさび**
- くさび

**ワッフルスラブ**
- 床構造図
- 床材
- 緩衝材
- コンクリート
- ワッフルパネル

**ワッフルパネル**

割ぐり石を小端立てに敷き並べ，そのすきまに目つぶし砂利を入れて突き固めた基礎地盤。建築地盤造成法の一つ。

**わりけびき**〈割罫引き〉比較的軟らかい木材を引き割ったり，切り欠いたりするときに用いる工具。定規板にさお木を通し，刃を取り付けたもの。

**わりつけ**〈割付け〉建物内外の仕上げにあたって，材料の張付け寸法や取付け配置を決めること。

**われ**〈割れ〉乾燥収縮によって生じる木材の亀裂をいう。肌割れ，心割れ，目回りなどがある。

**わんトラップ**〈椀―〉床の排水口などに設けられるトラップ。排水管口の周りに封水部をつくり，その上から椀状の金属蓋を伏せる形のもの。臭気や虫類が逆入するのを防ぐ。「ベルトラップ」ともいう。

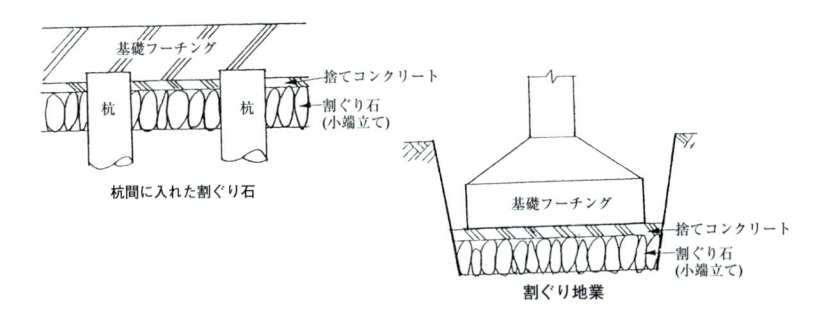

基礎フーチング　　捨てコンクリート
杭　　杭　　割ぐり石
(小端立て)

**杭間に入れた割ぐり石**

基礎フーチング　　捨てコンクリート
割ぐり石
(小端立て)

**割ぐり地業**

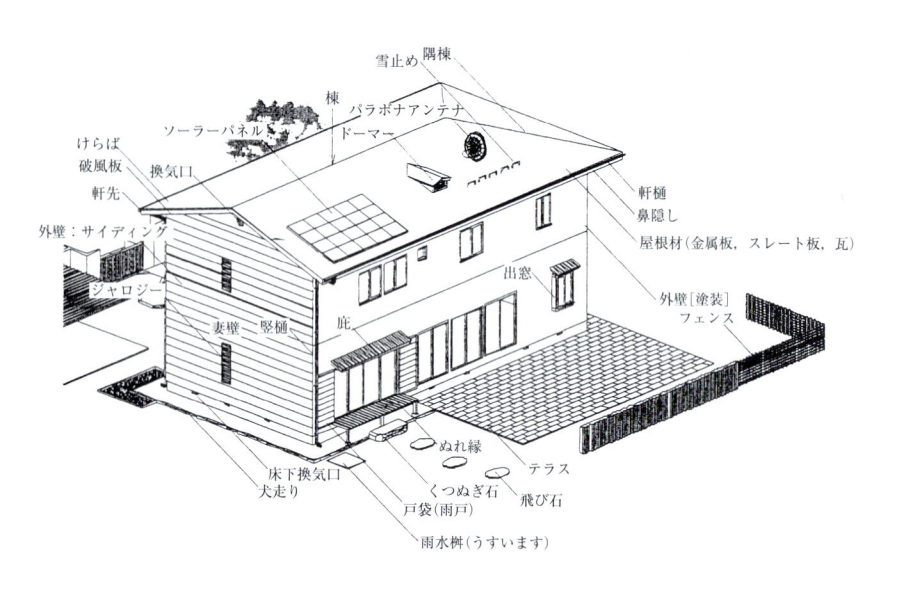

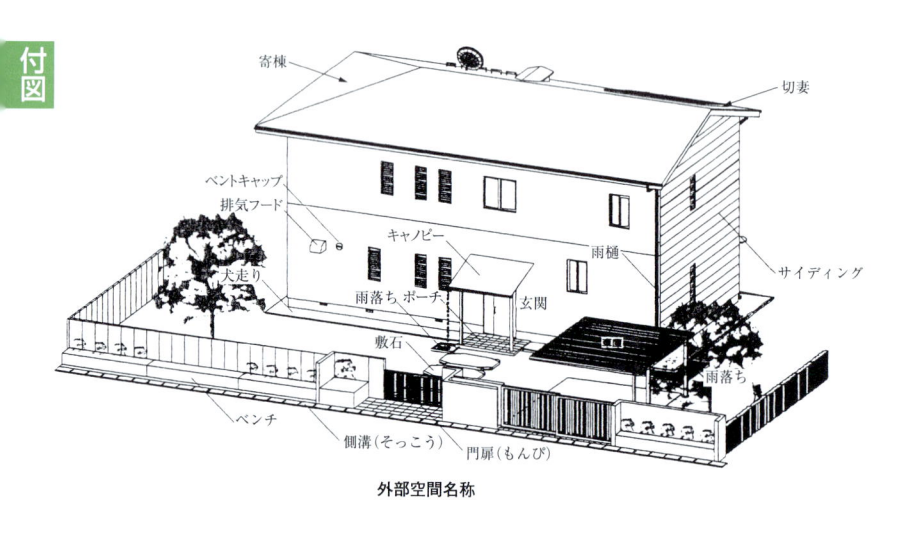

付図

外部空間名称

付図

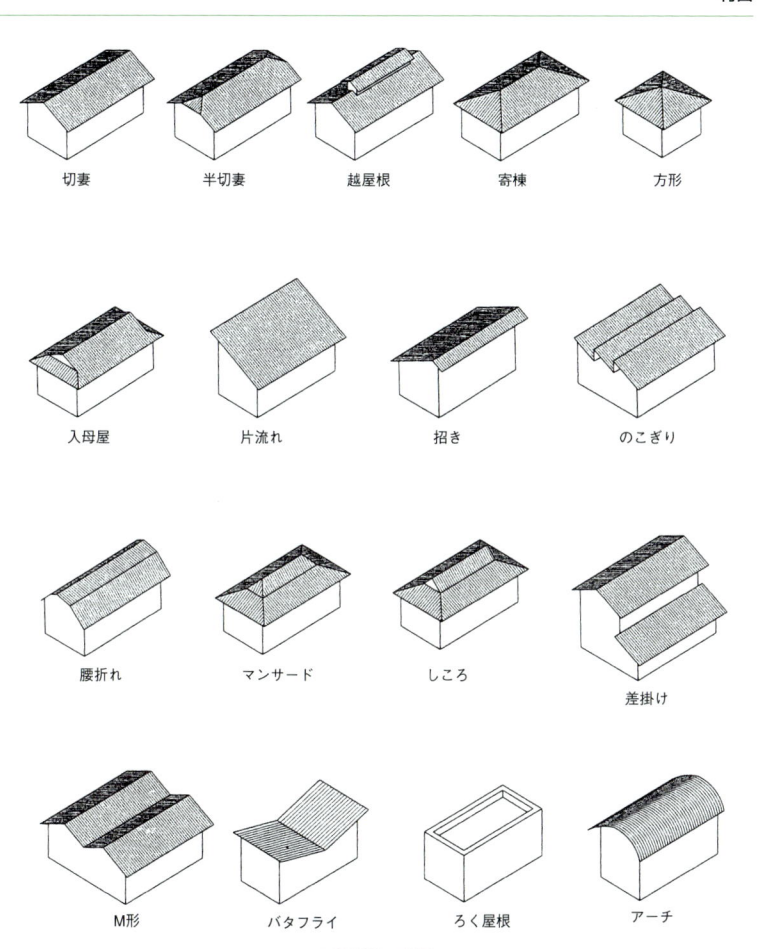

切妻　半切妻　越屋根　寄棟　方形

入母屋　片流れ　招き　のこぎり

腰折れ　マンサード　しころ　差掛け

M形　バタフライ　ろく屋根　アーチ

**屋根形状の種類**

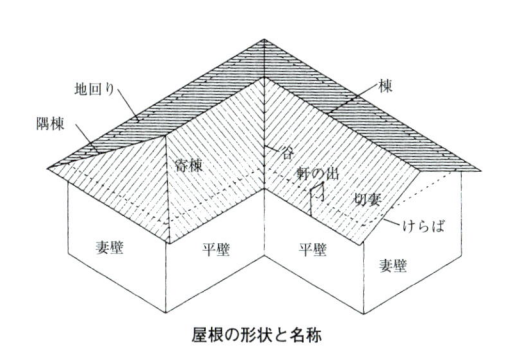

地回り　棟　隅棟　谷　軒の出　寄棟　切妻　けらば　妻壁　平壁　平壁　妻壁

**屋根の形状と名称**

341

付図

桟瓦葺

軒先の納まり

棟の納まり

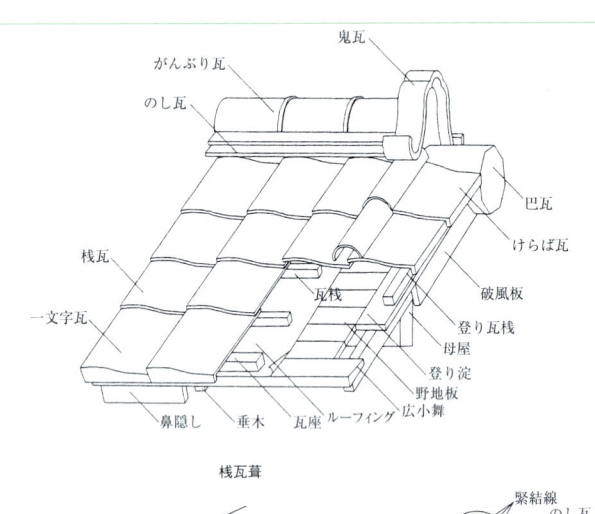

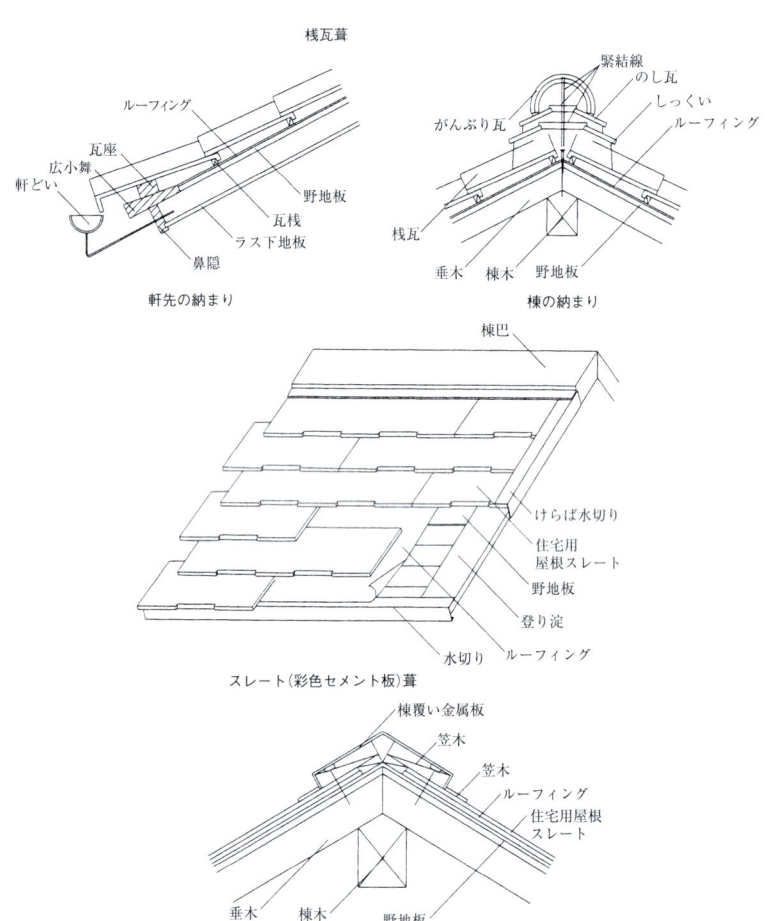

スレート（彩色セメント板）葺

棟の納まり

屋根材の構成

342

付図

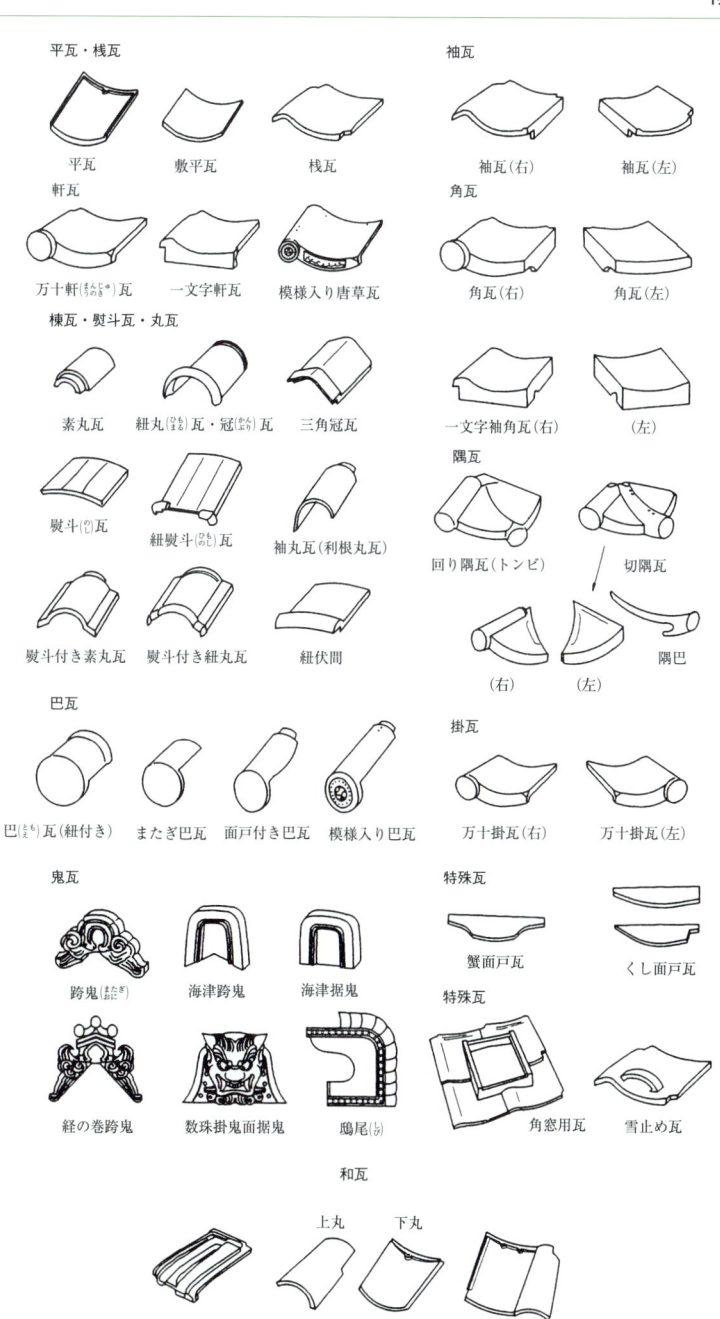

## 瓦の種類

**平瓦・桟瓦**
- 平瓦
- 敷平瓦
- 桟瓦

**軒瓦**
- 万十軒(まんじゅう)瓦
- 一文字軒瓦
- 模様入り唐草瓦

**棟瓦・熨斗瓦・丸瓦**
- 素丸瓦
- 紐丸(ひもまる)瓦・冠(かんむり)瓦
- 三角冠瓦
- 熨斗(のし)瓦
- 紐熨斗(ひものし)瓦
- 袖丸瓦(利根丸瓦)
- 熨斗付き素丸瓦
- 熨斗付き紐丸瓦
- 紐伏間

**巴瓦**
- 巴(ともえ)瓦(紐付き)
- またぎ巴瓦
- 面戸付き巴瓦
- 模様入り巴瓦

**鬼瓦**
- 跨鬼(またぎおに)
- 海津跨鬼
- 海津据鬼
- 経の巻跨鬼
- 数珠掛鬼面据鬼
- 鴟尾(しび)

**袖瓦**
- 袖瓦(右)
- 袖瓦(左)

**角瓦**
- 角瓦(右)
- 角瓦(左)
- 一文字袖角瓦(右)
- (左)

**隅瓦**
- 回り隅瓦(トンビ)
- 切隅瓦
- (右) (左)
- 隅巴

**掛瓦**
- 万十掛瓦(右)
- 万十掛瓦(左)

**特殊瓦**
- 蟹面戸瓦
- くし面戸瓦
- 角窓用瓦
- 雪止め瓦

**和瓦**
- フレンチ形桟瓦
- スパニッシュ形瓦（上丸・下丸）
- S形桟瓦

おもな洋瓦

**瓦の種類**

343

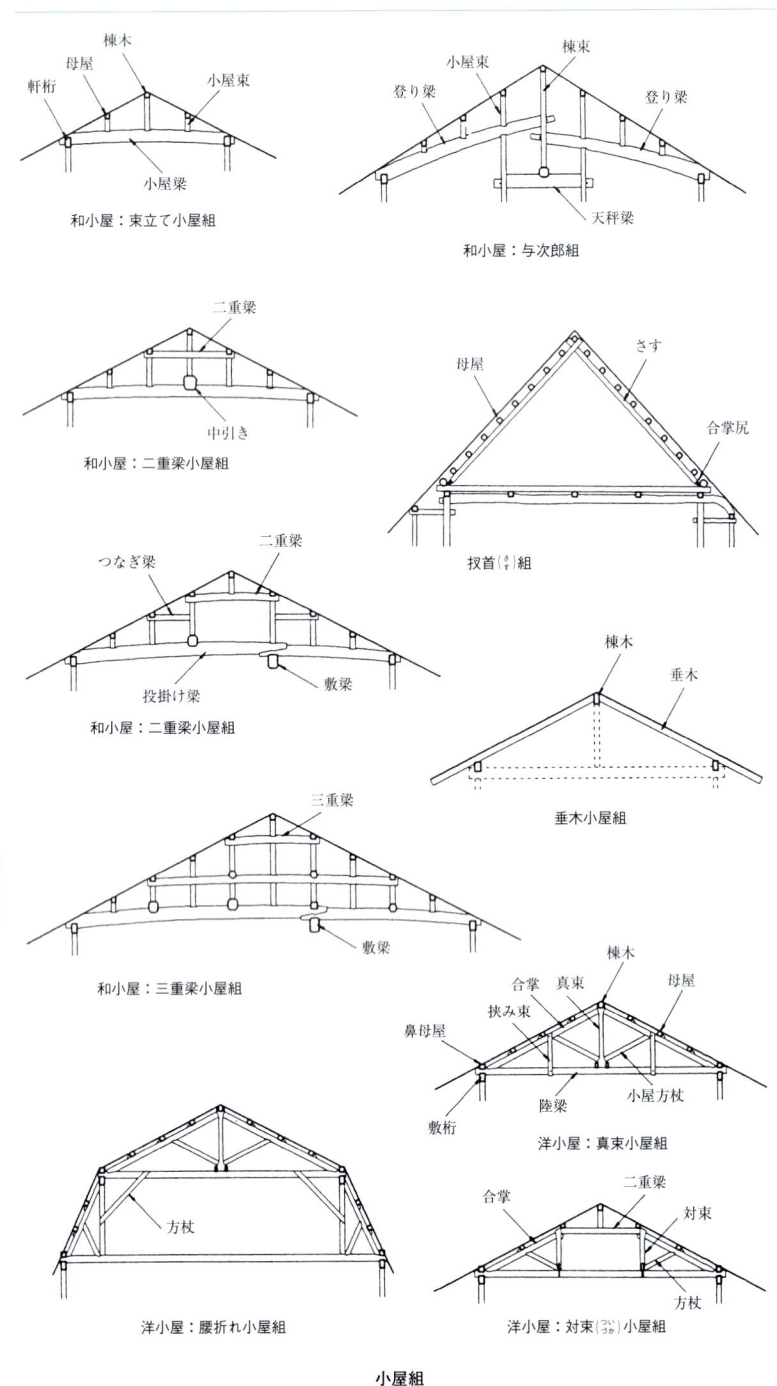

付図

和小屋：束立て小屋組（軒桁、母屋、棟木、小屋束、小屋梁）

和小屋：与次郎組（小屋束、棟束、登り梁、天秤梁）

和小屋：二重梁小屋組（二重梁、中引き）

扠首（さす）組（母屋、さす、合掌尻）

和小屋：二重梁小屋組（つなぎ梁、二重梁、扠掛け梁、敷梁）

垂木小屋組（棟木、垂木）

和小屋：三重梁小屋組（三重梁、敷梁）

洋小屋：真束小屋組（鼻母屋、合掌、真束、挟み束、棟木、母屋、陸梁、小屋方杖、敷桁）

洋小屋：腰折れ小屋組（方杖）

洋小屋：対束（ついづか）小屋組（合掌、二重梁、対束、方杖）

**小屋組**

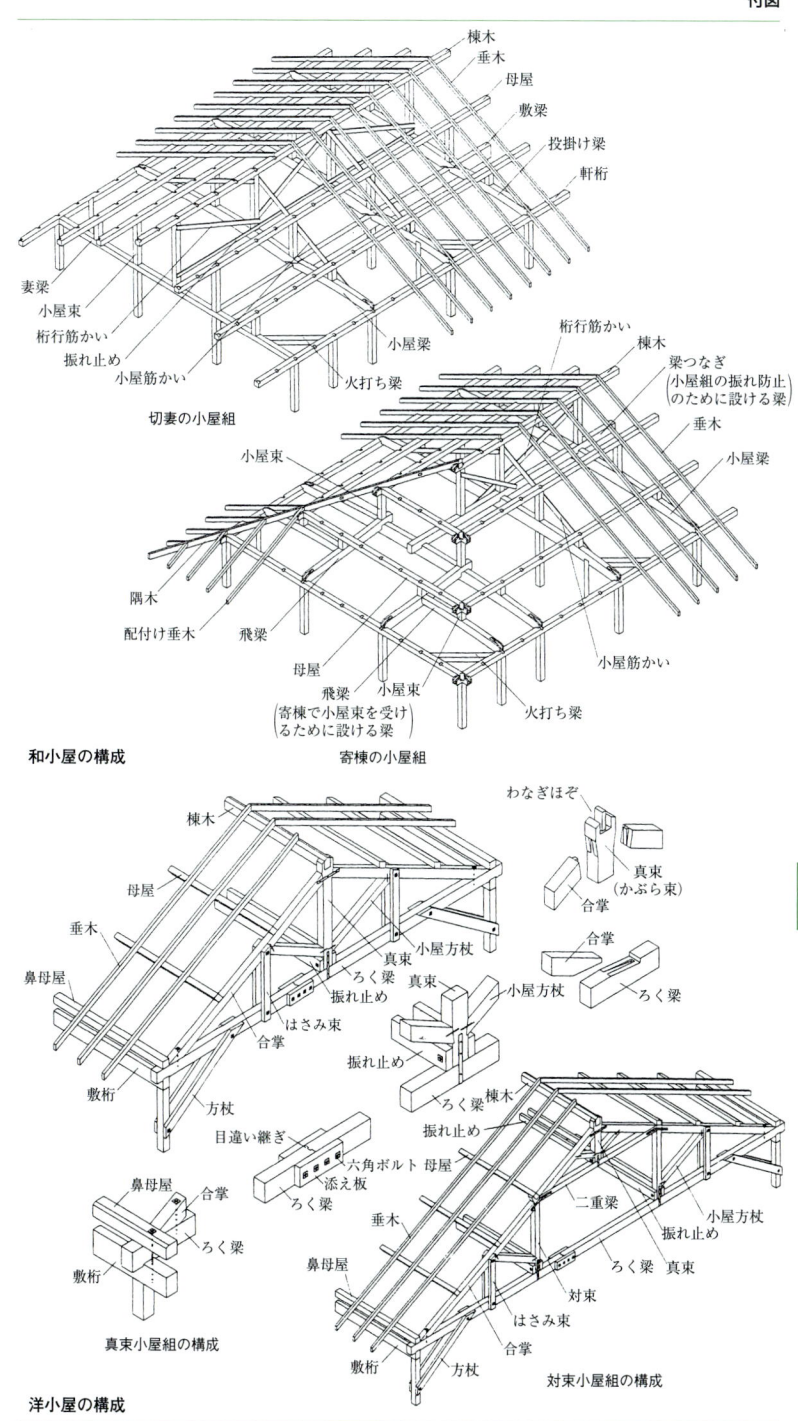

付図

**和小屋の構成**

切妻の小屋組
- 棟木
- 垂木
- 母屋
- 敷梁
- 投掛け梁
- 軒桁
- 妻梁
- 小屋束
- 桁行筋かい
- 振れ止め
- 小屋筋かい
- 小屋梁
- 火打ち梁

寄棟の小屋組
- 桁行筋かい
- 棟木
- 梁つなぎ（小屋組の振れ防止のために設ける梁）
- 垂木
- 小屋束
- 小屋梁
- 隅木
- 配付け垂木
- 飛梁
- 母屋
- 飛梁（寄棟で小屋束を受けるために設ける梁）
- 小屋束
- 火打ち梁
- 小屋筋かい

**洋小屋の構成**

真束小屋組の構成
- 棟木
- 母屋
- 垂木
- 鼻母屋
- 真束
- 小屋方杖
- ろく梁
- 振れ止め
- 合掌
- はさみ束
- 敷桁
- 方杖
- 目違い継ぎ
- 六角ボルト
- 添え板
- ろく梁
- 鼻母屋
- 合掌
- 敷桁
- ろく梁
- わなぎほぞ
- 真束（かぶら束）
- 合掌
- 小屋方杖
- ろく梁

対束小屋組の構成
- ろく梁
- 棟木
- 振れ止め
- 母屋
- 二重梁
- 小屋方杖
- 振れ止め
- ろく梁
- 真束
- 対束
- はさみ束
- 合掌
- 敷桁
- 方杖
- 鼻母屋
- 垂木

345

付図

## 天井の形

- 平天井
- 片流れ天井・勾配天井
- 舟底天井
- 二重折上げ天井
- 明かり天井
- 掛込み天井
- 落ち天井
- 折れ天井

## 造作方法によるおもな天井の種類

**格天井**
- 二重回り縁
- 板野縁
- 格縁
- 鏡板
- 回り縁
- 長押

**竿縁天井**
- 吊り木
- 天井板
- 回り縁
- 竿縁
- 長押
- 付鴨居

**目透かし天井**
- 隠し回り縁
- 吊り木
- 野縁
- 天井板
- 付鴨居

**打上げ天井**
- 野縁
- 吊り木
- 野縁
- 天井板
- 回り縁
- 付鴨居

## 天井のディテール

**回り縁**
- 野縁
- 天井板
- 回り縁
- 壁散り含み
- 胸の出
- 柱面
- 壁面

**天井目透かし（回り縁なし）**
- 野縁
- 天井板
- モルタル

**隠し回り縁**
- 回り縁
- はっかけ
- 壁面

**二重回り縁**
- 平縁
- 天井板
- 回り縁
- 天井長押

### 天井の種類

## 床の間の構成部材

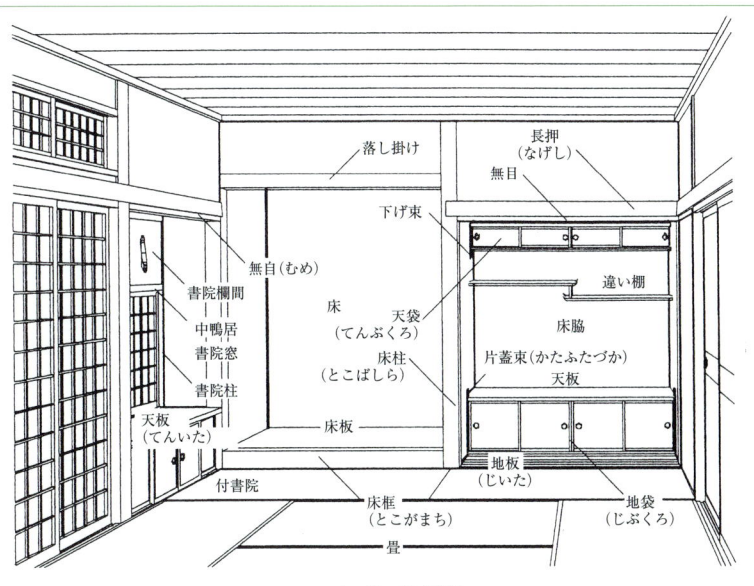

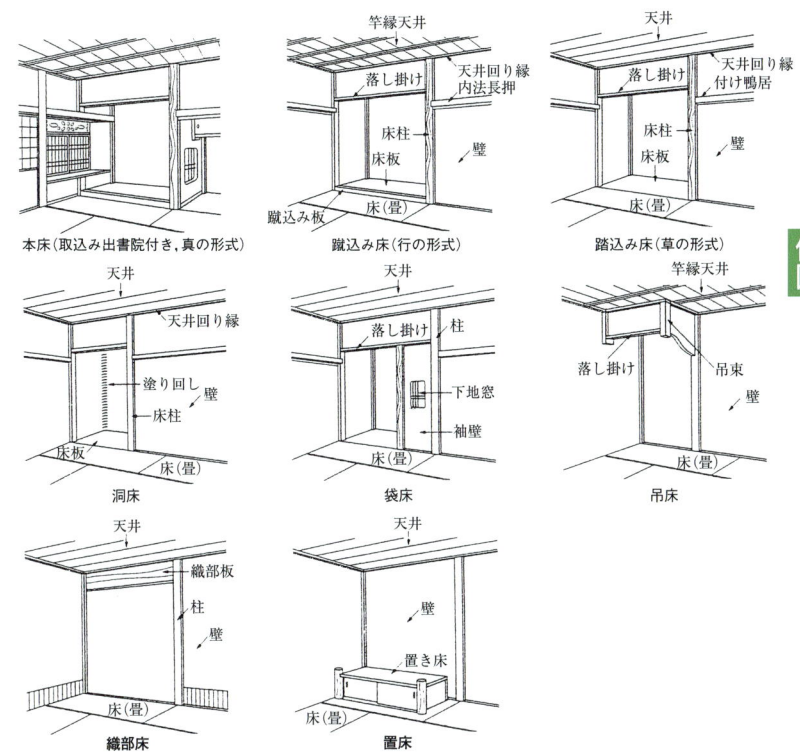

- 落し掛け
- 長押（なげし）
- 無目
- 下げ束
- 無目（むめ）
- 書院欄間
- 中鴨居
- 書院窓
- 書院柱
- 床
- 天袋（てんぶくろ）
- 違い棚
- 床脇
- 片蓋束（かたふたづか）
- 天板
- 床柱（とこばしら）
- 天板（てんいた）
- 床板
- 付書院
- 床框（とこがまち）
- 地板（じいた）
- 地袋（じぶくろ）
- 畳

## 床の間の種類

**本床（取込み出書院付き，真の形式）**

**蹴込み床（行の形式）**
- 竿縁天井
- 落し掛け
- 天井回り縁 内法長押
- 床柱
- 床板
- 壁
- 蹴込み板
- 床（畳）

**踏込み床（草の形式）**
- 天井
- 落し掛け
- 天井回り縁 付け鴨居
- 床柱
- 床板
- 壁
- 床（畳）

**洞床**
- 天井
- 天井回り縁
- 塗り回し壁
- 床柱
- 床板
- 床（畳）

**袋床**
- 天井
- 落し掛け
- 柱
- 下地窓
- 袖壁
- 床（畳）

**吊床**
- 竿縁天井
- 落し掛け
- 吊束
- 壁
- 床（畳）

**織部床**
- 天井
- 織部板
- 柱
- 壁
- 床（畳）

**置床**
- 天井
- 壁
- 置き床
- 床（畳）

付図

## 建具表示記号（平面表示記号）(JIS A 0150)

| | | |
|---|---|---|
| 出入口一般 | 片引き戸 | 上げ下げ窓 |
| 両開きとびら | 引込み戸 | 両開き窓 |
| 片開きとびら | 雨戸 | 片開き窓 |
| 自由とびら | 網戸 | 引違い窓 |
| 回転とびら | シャッター | 格子付き窓 |
| 折りたたみ戸 | 両開き防火戸および防火壁 | 網窓 |
| 伸縮間仕切り<br>（材質および様式記入） | 窓一般 | シャッター付き窓 |
| 引違い戸 | はめ殺し窓・回転窓<br>すべり出し窓・突出し窓<br>（開閉方法記入） | 階段昇り表示 |

| | | |
|---|---|---|
| とびら | | とびらの開け方表示 |
| 引違い戸 | （片引き戸，引込み戸も<br>これにならう） | |
| シャッター | | |

注）開き戸の立面表示記号について：開き戸の斜線の方向については，組織内の規格として検討され，表示方法を決定してよい。そのため，図の三角部を丁番側に表示する例が多い。

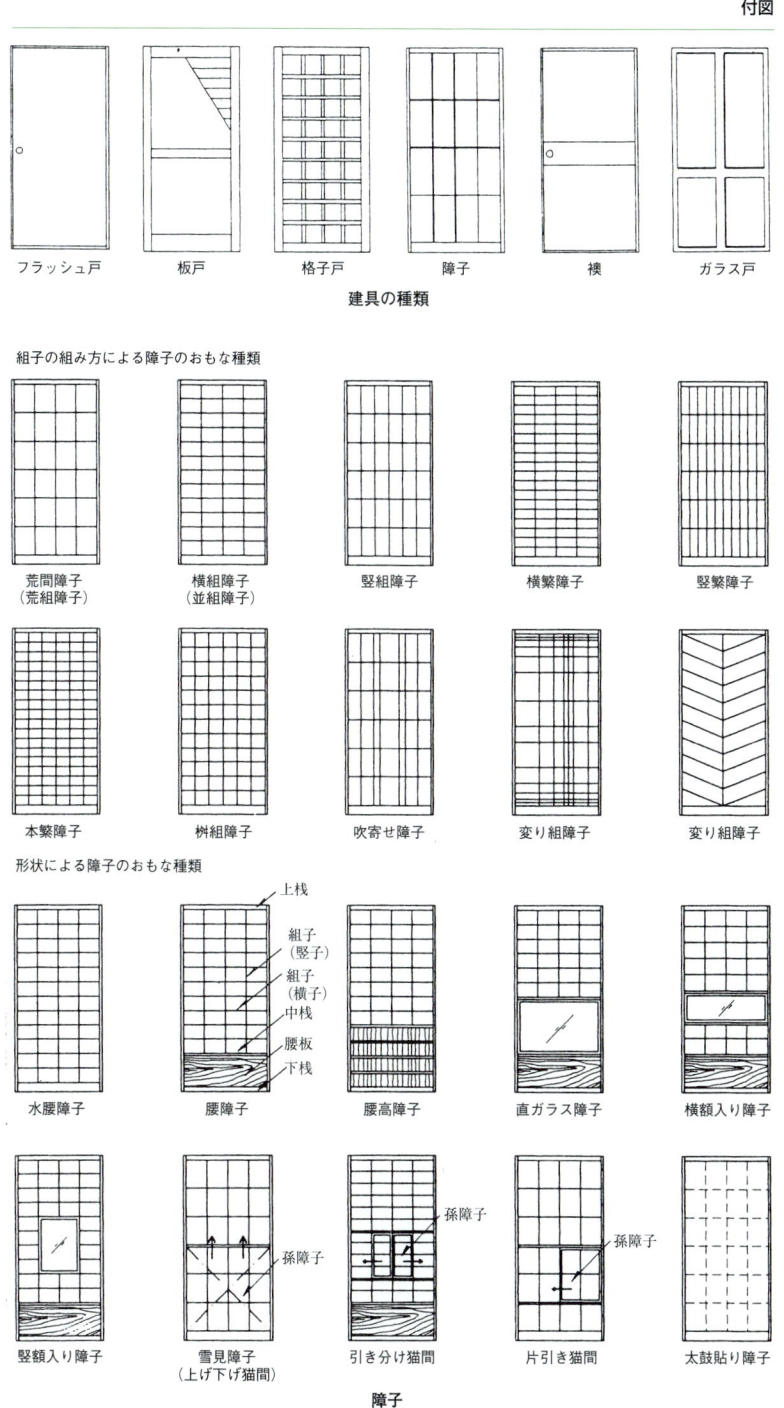

付図

**建具の種類**

| フラッシュ戸 | 板戸 | 格子戸 | 障子 | 襖 | ガラス戸 |

組子の組み方による障子のおもな種類

| 荒間障子（荒組障子） | 横組障子（並組障子） | 竪組障子 | 横繁障子 | 竪繁障子 |

| 本繁障子 | 桝組障子 | 吹寄せ障子 | 変り組障子 | 変り組障子 |

形状による障子のおもな種類

ラベル：上桟／組子（竪子）／組子（横子）／中桟／腰板／下桟

| 水腰障子 | 腰障子 | 腰高障子 | 直ガラス障子 | 横額入り障子 |

| 竪額入り障子 | 雪見障子（上げ下げ猫間） | 引き分け猫間（孫障子） | 片引き猫間（孫障子） | 太鼓貼り障子 |

**障子**

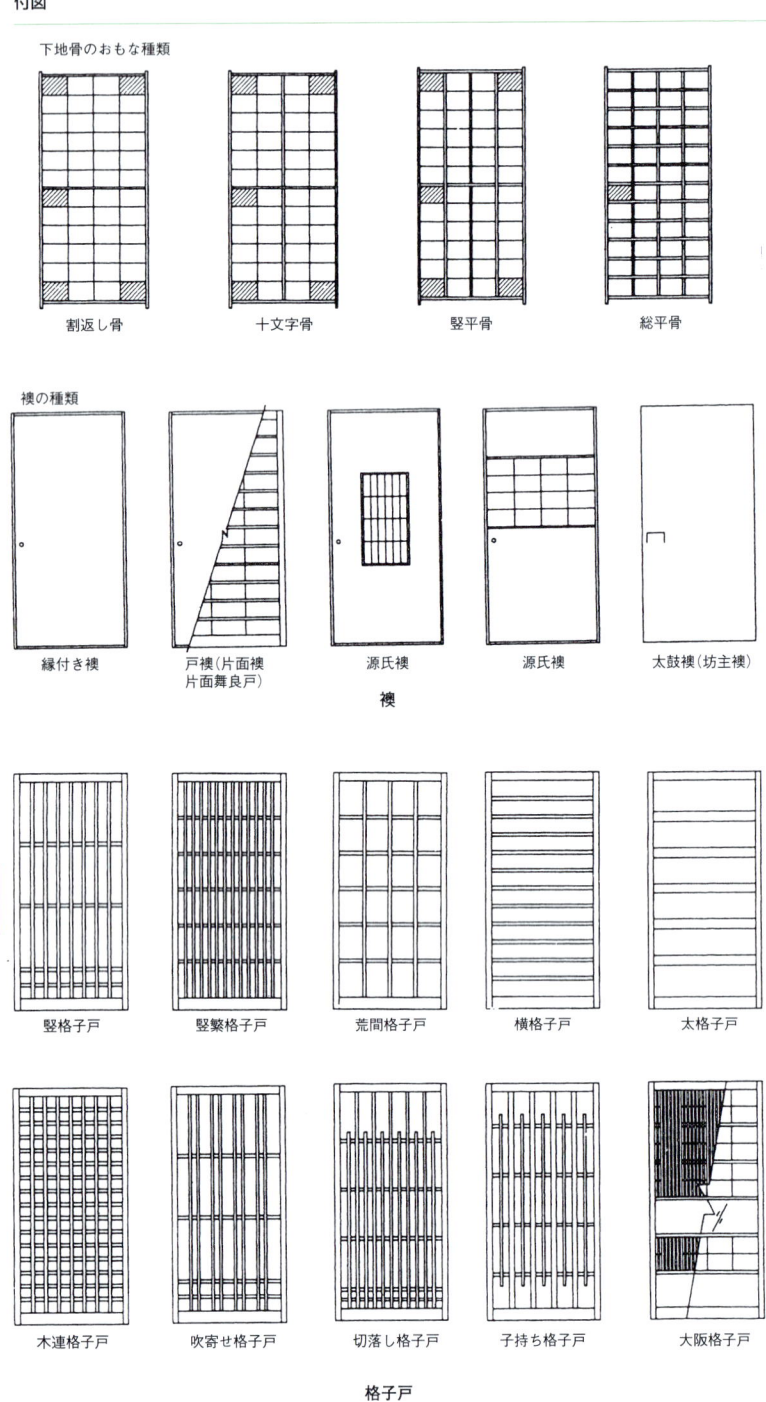

付図

下地骨のおもな種類

| 割返し骨 | 十文字骨 | 竪平骨 | 総平骨 |

襖の種類

| 縁付き襖 | 戸襖(片面襖 片面舞良戸) | 源氏襖 | 源氏襖 | 太鼓襖(坊主襖) |

襖

| 竪格子戸 | 竪繁格子戸 | 荒間格子戸 | 横格子戸 | 太格子戸 |

| 木連格子戸 | 吹寄せ格子戸 | 切落し格子戸 | 子持ち格子戸 | 大阪格子戸 |

格子戸

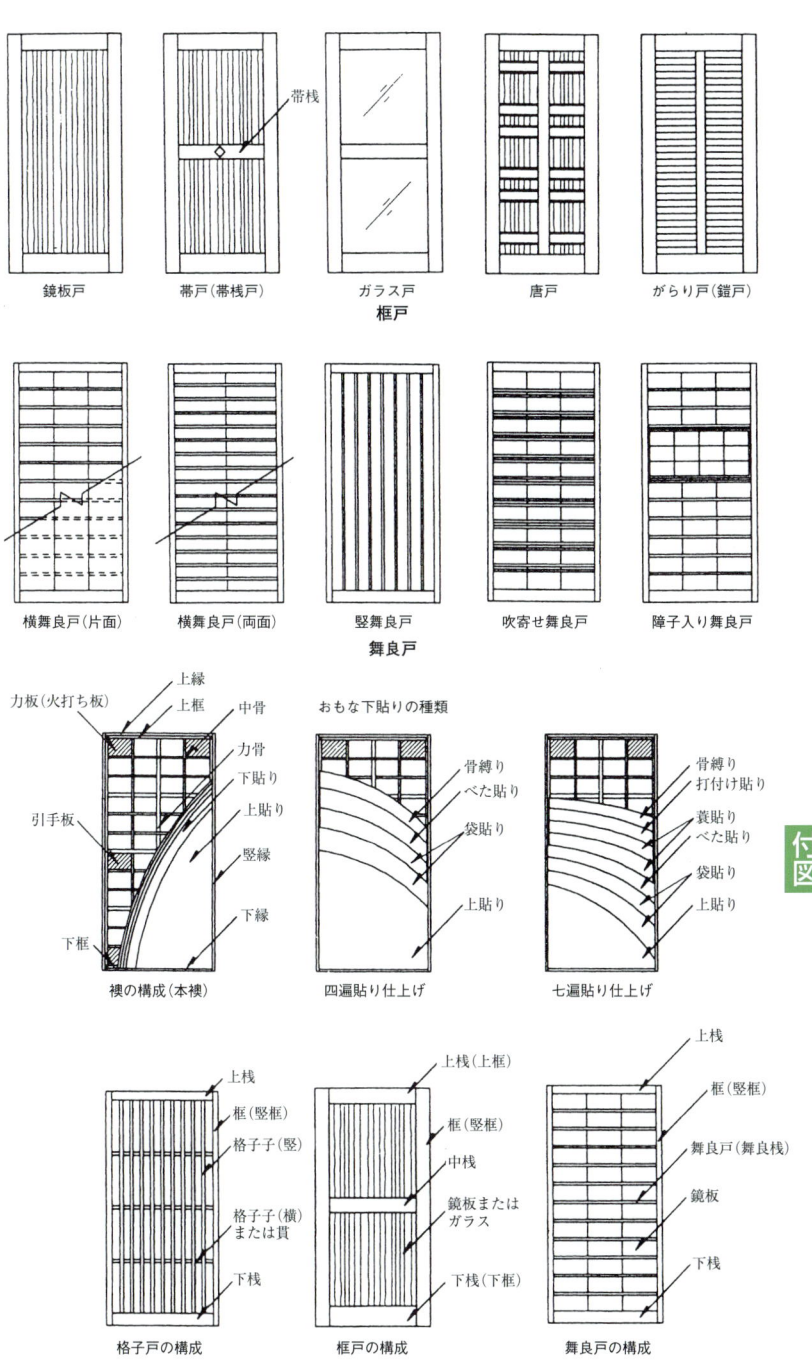

付図

## 框戸

- 鏡板戸
- 帯戸（帯桟戸）　帯桟
- ガラス戸
- 唐戸
- がらり戸（鎧戸）

## 舞良戸

- 横舞良戸（片面）
- 横舞良戸（両面）
- 竪舞良戸
- 吹寄せ舞良戸
- 障子入り舞良戸

### 襖の構成（本襖）

力板（火打ち板）、上縁、上框、中骨、力骨、下貼り、引手板、上貼り、竪縁、下縁、下框

### おもな下貼りの種類

- 四遍貼り仕上げ：骨縛り、べた貼り、袋貼り、上貼り
- 七遍貼り仕上げ：骨縛り、打付け貼り、蓑貼り、べた貼り、袋貼り、上貼り

### 格子戸の構成

上桟、框（竪框）、格子子（竪）、格子子（横）または貫、下桟

### 框戸の構成

上桟（上框）、框（竪框）、中桟、鏡板またはガラス、下桟（下框）

### 舞良戸の構成

上桟、框（竪框）、舞良戸（舞良桟）、鏡板、下桟

351

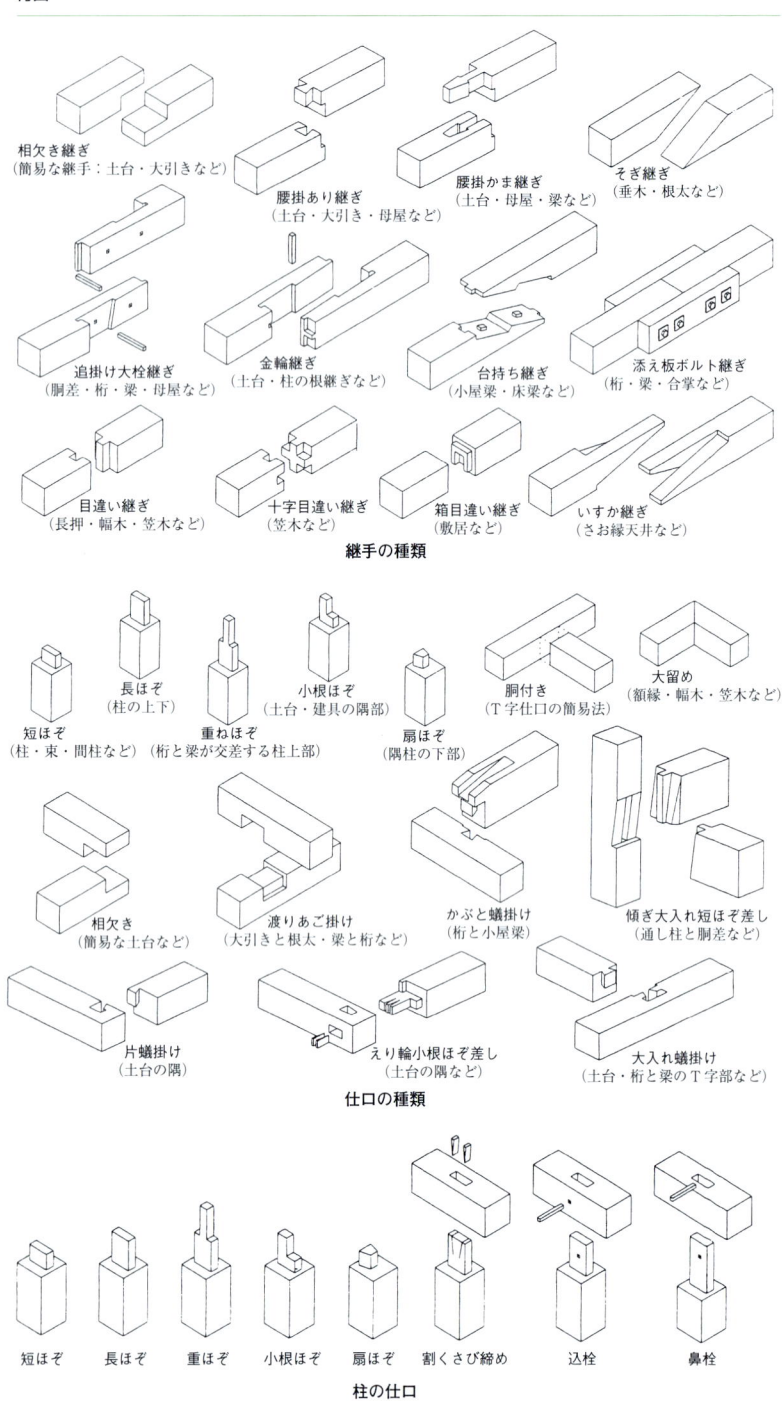

付図

## 継手の種類

- 相欠き継ぎ（簡易な継手：土台・大引きなど）
- 腰掛あり継ぎ（土台・大引き・母屋など）
- 腰掛かま継ぎ（土台・母屋・梁など）
- そぎ継ぎ（垂木・根太など）
- 追掛け大栓継ぎ（胴差・桁・梁・母屋など）
- 金輪継ぎ（土台・柱の根継ぎなど）
- 台持ち継ぎ（小屋梁・床梁など）
- 添え板ボルト継ぎ（桁・梁・合掌など）
- 目違い継ぎ（長押・幅木・笠木など）
- 十字目違い継ぎ（笠木など）
- 箱目違い継ぎ（敷居など）
- いすか継ぎ（さお縁天井など）

## 仕口の種類

- 短ほぞ（柱・束・間柱など）
- 長ほぞ（柱の上下）
- 重ねほぞ（桁と梁が交差する柱上部）
- 小根ほぞ（土台・建具の隅部）
- 扇ほぞ（隅柱の下部）
- 胴付き（T字仕口の簡易法）
- 大留め（額縁・幅木・笠木など）
- 相欠き（簡易な土台など）
- 渡りあご掛け（大引きと根太・梁と桁など）
- かぶと蟻掛け（桁と小屋梁）
- 傾ぎ大入れ短ほぞ差し（通し柱と胴差など）
- 片蟻掛け（土台の隅）
- えり輪小根ほぞ差し（土台の隅など）
- 大入れ蟻掛け（土台・桁と梁のT字部など）

## 柱の仕口

- 短ほぞ
- 長ほぞ
- 重ほぞ
- 小根ほぞ
- 扇ほぞ
- 割くさび締め
- 込栓
- 鼻栓

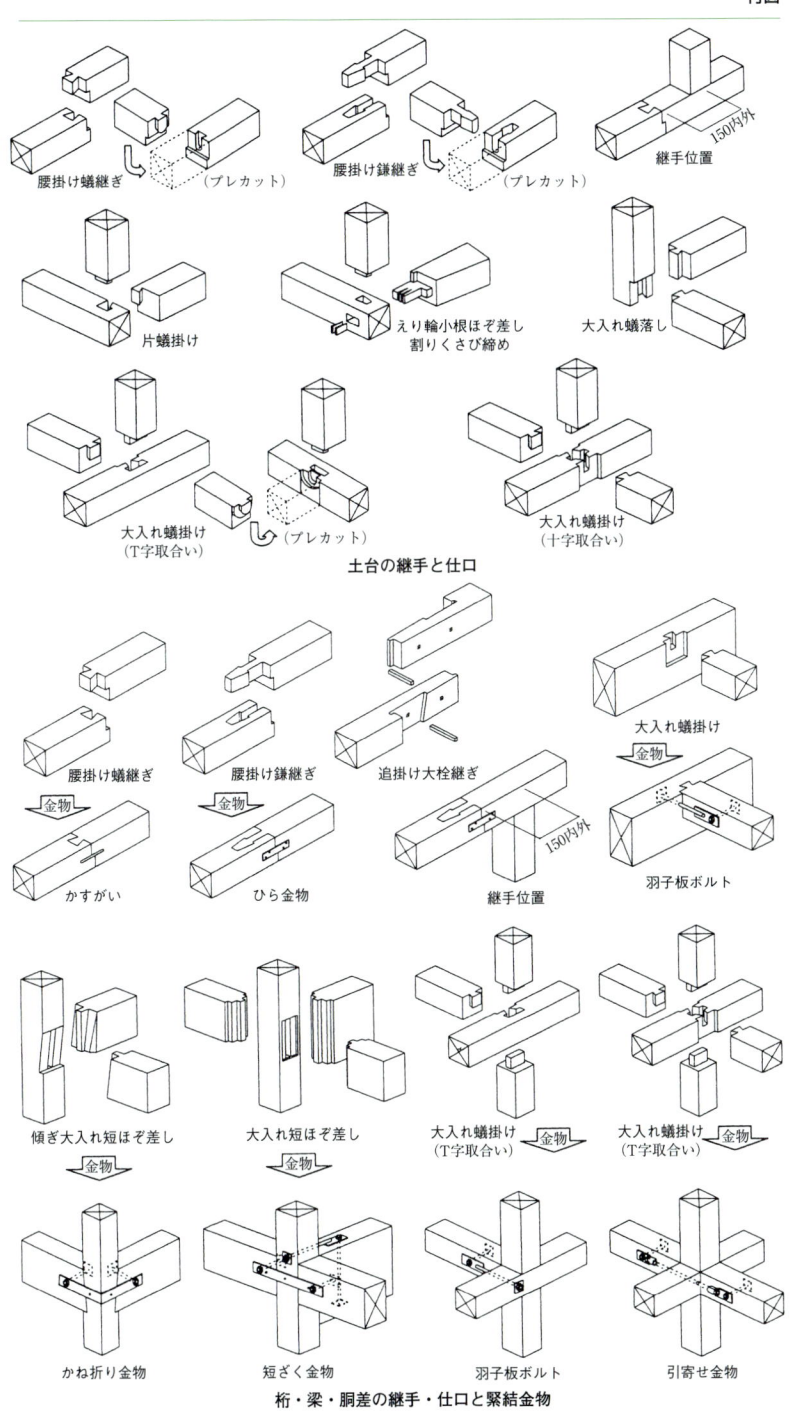

付図

## 土台の継手と仕口

- 腰掛け蟻継ぎ（プレカット）
- 腰掛け鎌継ぎ（プレカット）
- 継手位置 150以外
- 片蟻掛け
- えり輪小根ほぞ差し割りくさび締め
- 大入れ蟻落し
- 大入れ蟻掛け（T字取合い）（プレカット）
- 大入れ蟻掛け（十字取合い）

## 桁・梁・胴差の継手・仕口と緊結金物

- 腰掛け蟻継ぎ
- 腰掛け鎌継ぎ
- 追掛け大栓継ぎ
- 大入れ蟻掛け　金物
- かすがい　金物
- ひら金物　金物
- 継手位置 150以外
- 羽子板ボルト
- 傾ぎ大入れ短ほぞ差し　金物
- 大入れ短ほぞ差し　金物
- 大入れ蟻掛け（T字取合い）金物
- 大入れ蟻掛け（T字取合い）金物
- かね折り金物
- 短ざく金物
- 羽子板ボルト
- 引寄せ金物

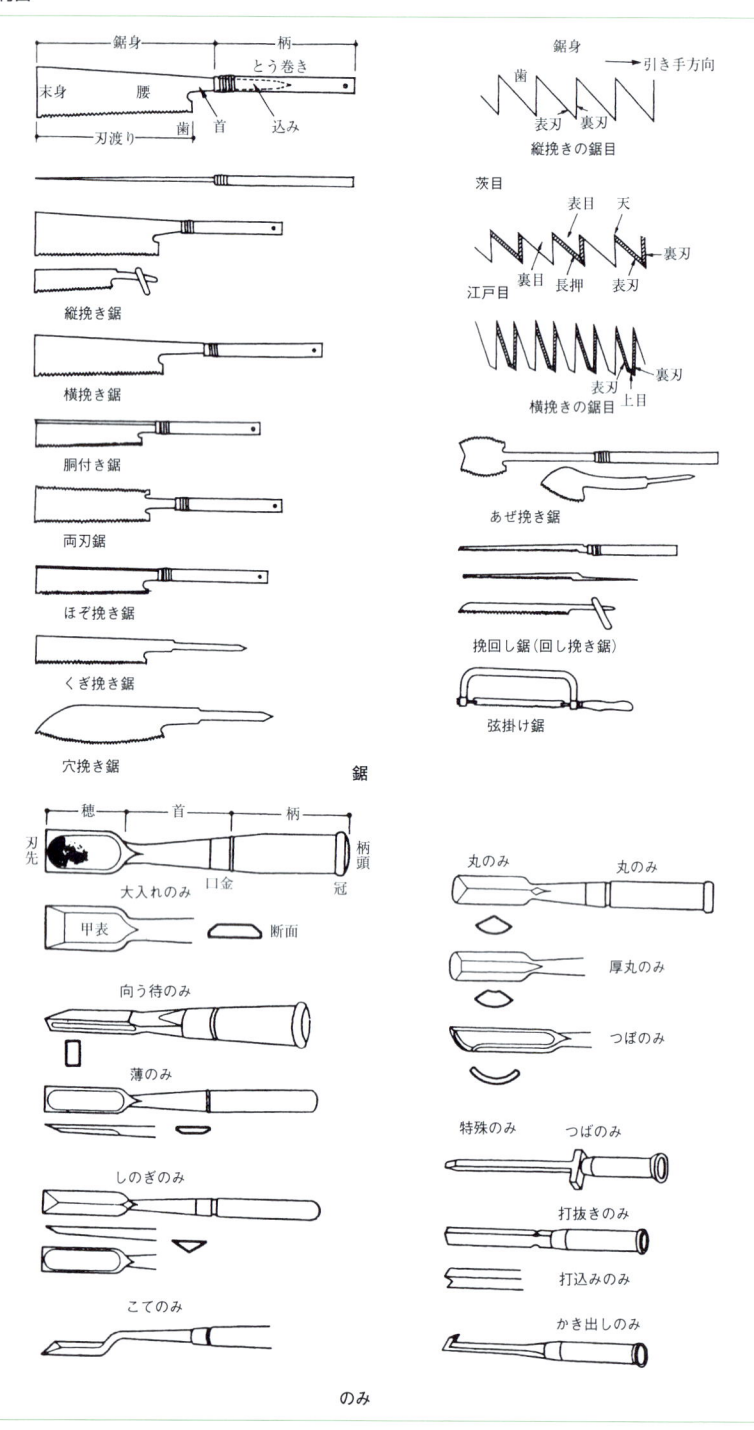

付図

### 鋸

縦挽き鋸
横挽き鋸
胴付き鋸
両刃鋸
ほぞ挽き鋸
くぎ挽き鋸
穴挽き鋸

縦挽きの鋸目
横挽きの鋸目
あぜ挽き鋸
挽回し鋸（回し挽き鋸）
弦掛け鋸

### のみ

大入れのみ
向う待のみ
薄のみ
しのぎのみ
こてのみ
丸のみ
厚丸のみ
つぼのみ
特殊のみ　つばのみ
打抜きのみ
打込みのみ
かき出しのみ

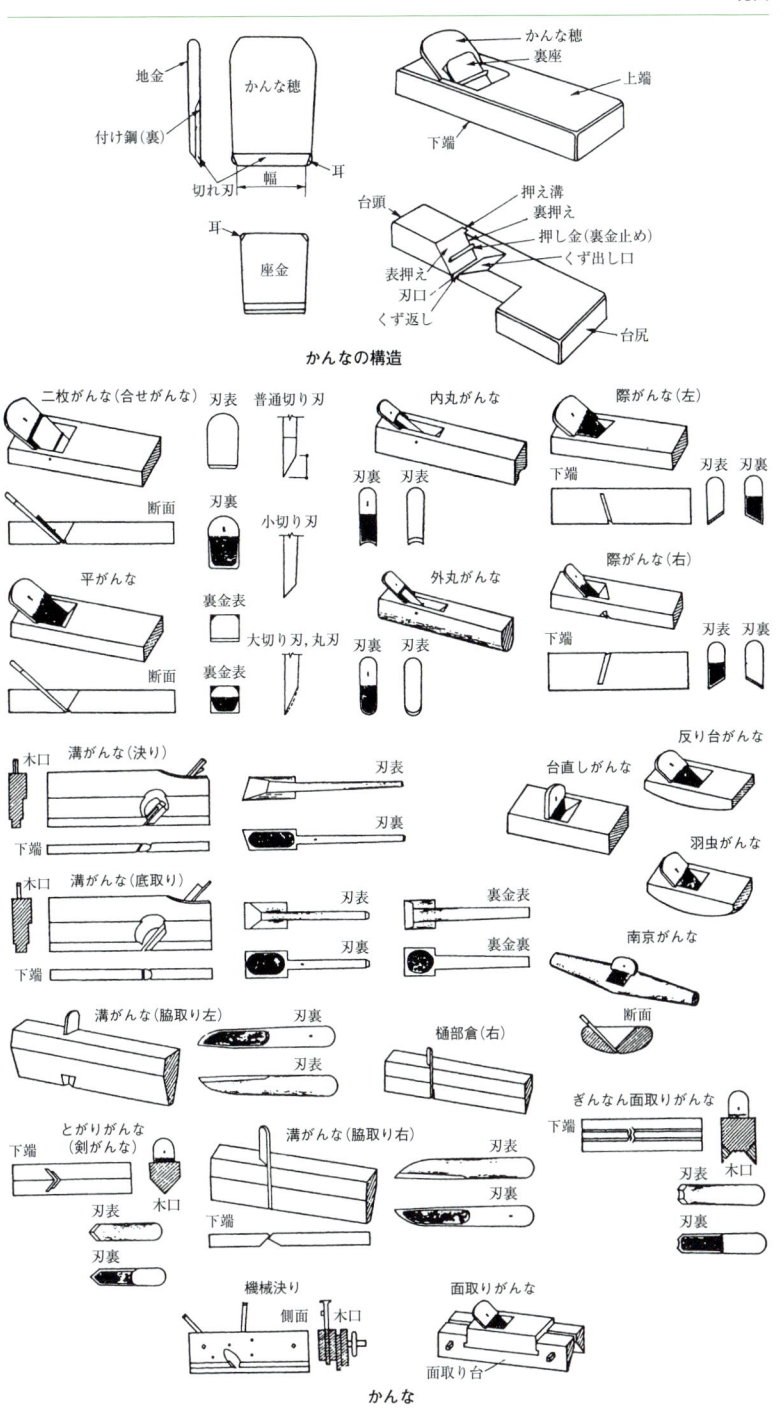

付図

## かんなの構造

地金 / 付け鋼（裏）/ かんな穂 / 切れ刃 / 幅 / 耳 / 座金

かんな穂 / 裏座 / 上端 / 下端

台頭 / 押え溝 / 裏押え / 押し金（裏金止め）/ 表押え / くず出し口 / 刃口 / くず返し / 台尻

### かんな

- 二枚がんな（合せがんな）／断面
- 平がんな／断面
- 刃表／刃裏／裏金表／裏金裏
- 普通切り刃／小切り刃／大切り刃，丸刃
- 内丸がんな（刃裏／刃表）
- 外丸がんな（刃裏／刃表）
- 際がんな（左）／下端／刃表／刃裏
- 際がんな（右）／下端／刃表／刃裏
- 溝がんな（決り）／木口／下端／刃表／刃裏
- 溝がんな（底取り）／木口／下端／刃表／刃裏／裏金表／裏金裏
- 溝がんな（脇取り左）／刃裏／刃表
- 溝がんな（脇取り右）／下端／刃表／刃裏
- とがりがんな（剣がんな）／下端／刃表／刃裏／木口
- 樋部倉（右）
- 台直しがんな
- 反り台がんな
- 羽虫がんな
- 南京がんな／断面
- ぎんなん面取りがんな／下端／刃表／木口／刃裏
- 機械決り／側面／木口
- 面取りがんな／面取り台

355

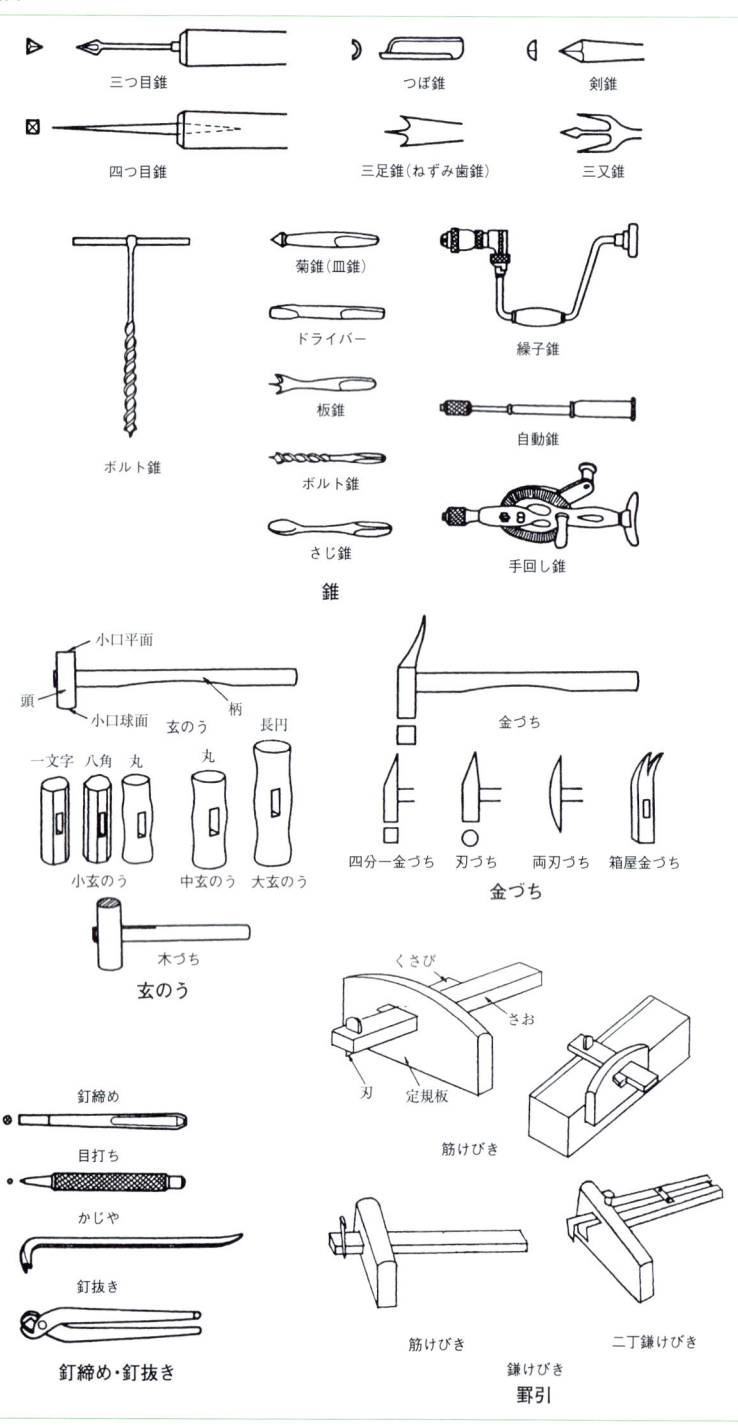

付図

### 錐

三つ目錐　つぼ錐　剣錐
四つ目錐　三足錐(ねずみ歯錐)　三又錐
ボルト錐　菊錐(皿錐)　繰子錐
ドライバー
板錐　自動錐
ボルト錐
さじ錐　手回し錐

### 玄のう

小口平面、頭、小口球面、柄、玄のう、長円
一文字、八角、丸、丸
小玄のう、中玄のう、大玄のう
木づち
玄のう

### 金づち

金づち
四分一金づち　刃づち　両刃づち　箱屋金づち
金づち

### 釘締め・釘抜き

釘締め
目打ち
かじや
釘抜き
釘締め・釘抜き

### 罫引

くさび、さお、刃、定規板
筋けびき
筋けびき　二丁鎌けびき
鎌けびき
罫引

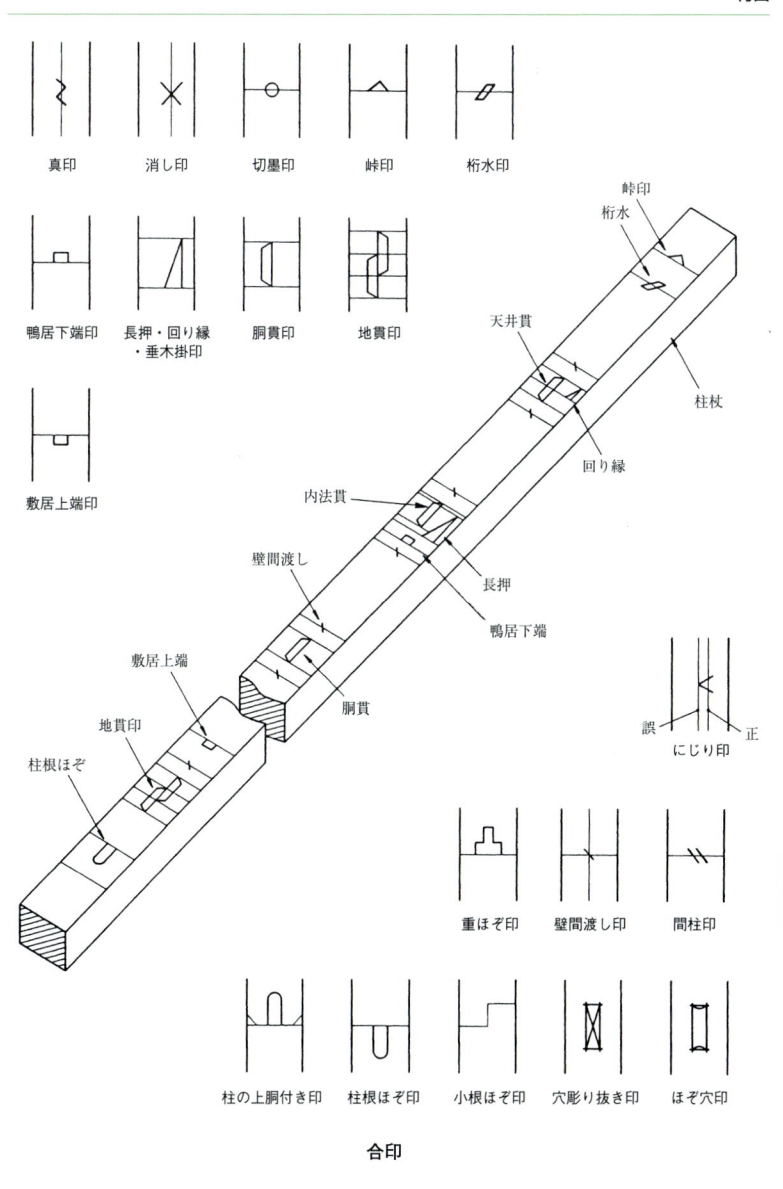

付図

真印　消し印　切墨印　峠印　桁水印

鴨居下端印　長押・回り縁・垂木掛印　胴貫印　地貫印

敷居上端印

峠印
桁水
天井貫
柱枕
回り縁
内法貫
長押
壁間渡し
鴨居下端
敷居上端
胴貫
地貫印
柱根ほぞ

誤　正
にじり印

重ほぞ印　壁間渡し印　間柱印

柱の上胴付き印　柱根ほぞ印　小根ほぞ印　穴彫り抜き印　ほぞ穴印

合印

357

● 建築施工用語研究会
[執筆者]
杉田　博
能丸瑛治
安達一成
[執筆協力]
稲本　稔
河合進弌
谷川恭一

・本書の複製権・翻訳権・上映権・譲渡権・公衆送信権（送信可能化権を含む）は株式会社井上書院が保有します。
・JCOPY〈(一社)出版者著作権管理機構 委託出版物〉
本書の無断複写は著作権法上での例外を除き禁じられています。複写される場合は，そのつど事前に(一社)出版者著作権管理機構(電話03-5244-5088,FAX03-5244-5089, e-mail:info@jcopy.or.jp)の許諾を得てください。

[図解] 建築施工用語辞典 [改訂版]

1991年10月25日　第1版第1刷発行
2006年7月10日　改訂版第1刷発行
2024年4月1日　改訂版第9刷発行

編　者　　建築施工用語研究会Ⓒ
発行者　　石川泰章
発行所　　株式会社 井上書院
　　　　　東京都文京区湯島 2-17-15 斎藤ビル
　　　　　電話（03）5689-5481　FAX（03）5689-5483
　　　　　http://www.inoueshoin.co.jp
　　　　　振替 00110-2-100535
印刷所　　日本フィニッシュ株式会社
装　幀　　川畑博昭

ISBN 978-4-7530-0031-9　C3552　Printed in Japan

## 建築現場実用語辞典 改訂版

建築慣用語研究会編　初学者や建設業に携わる幅広い層を対象に、建築現場で使われている実用語を中心に5200余語と用語の理解に役立つカラー図版640点を収録。建築実務の広がりにあわせて関連する諸分野の最新用語を積極的に採用し、簡潔かつ平易に説明。　A5変形判・346頁・カラー　定価3740円

## 建築携帯ブック 現場管理用語辞典

現場施工応援する会編　設計、計画、一般力学、構造力学、施工、設備、環境、材料、重機、道具、品質管理、工程管理、安全管理、契約、積算、建築関係法規ほか、現場管理に欠かせない必須用語4900語と図表2100点を収録したコンパクトサイズの用語辞典。　新書判・568頁・二色刷（ビニル装）定価3520円

**好評シリーズ！現場管理者必携の技術ハンドブック**

### 建築携帯ブック 現場管理 改訂2版

ものつくりの原点を考える会編　建築工事でおさえておきたい施工の基本や実践的ノウハウを全工種にわたって解説。　新書判・320頁・二色刷　定価3245円

### 建築携帯ブック 工事写真

ものつくりの原点を考える会編　全工種にわたる工事写真の撮り方がわかるよう、重要撮影項目500点を完全解説。　新書判・280頁・二色刷　定価3135円

### 建築携帯ブック 配筋 改訂2版

現場施工応援する会編　配筋に関する知識や管理技術の向上に役立つポイントを、規準図とあわせて施工部位別に図解。　新書判・112頁・二色刷　定価1870円

### 建築携帯ブック コンクリート 改訂3版

現場施工応援する会編　調合・試し練りから、打込み管理、仕上げ・養生、試験・検査まで徹底解説。新JASS 5対応。新書判・148頁・カラー　定価2310円

### 建築携帯ブック 防水工事

社団法人建築業協会施工部会編　防水クレームの実態と対策について、現象・工法別に整理した43の事例に基づき解説。新書判・112頁・カラー　定価2090円

### 建築携帯ブック 設備工事 改訂版

現場施工応援する会編　電気、空調、衛生、防災、昇降機等の各設備工事における不具合防止や品質管理のポイントを図解。新書判・160頁・二色刷　定価2200円

### 建築携帯ブック クレーム

社団法人建築業協会施工部会編　よく起きる55のクレーム事例について、現象、原因、処置、再発防止対策を図解。　新書判・128頁・二色刷　定価2200円

＊上記定価は消費税10％を含んだ総額表示です。